D1674138

utb 8515

Eine Arbeitsgemeinschaft der Verlage

Böhlau Verlag · Wien · Köln · Weimar
Verlag Barbara Budrich · Opladen · Toronto
facultas · Wien
Wilhelm Fink · Paderborn
A. Francke Verlag · Tübingen
Haupt Verlag · Bern
Verlag Julius Klinkhardt · Bad Heilbrunn
Mohr Siebeck · Tübingen
Ernst Reinhardt Verlag · München · Basel
Ferdinand Schöningh · Paderborn
Eugen Ulmer Verlag · Stuttgart
UVK Verlagsgesellschaft · Konstanz, mit UVK/Lucius · München
Vandenhoeck & Ruprecht · Göttingen · Bristol
Waxmann · Münster · New York

Unternehmensführung

Herausgegeben von

Franz Xaver Bea

Steffen Scheurer

Elisabeth Göbel

Unternehmensethik

Grundlagen und praktische Umsetzung

5., überarbeitete und aktualisierte Auflage

UVK Verlagsgesellschaft mbH · Konstanz
mit UVK/Lucius · München

Prof. Dr. Elisabeth Göbel lehrt an der Universität Trier und forscht zu den Themen Organisation, Neue Institutionenökonomik, Strategisches Management und Wirtschaftsethik. Sie studierte an der RWTH Aachen und an der Universität Tübingen. Dort war sie danach Assistentin am Lehrstuhl für Planung und Organisation bei Prof. Dr. F. X. Bea.

Online-Angebote oder elektronische Ausgaben sind erhältlich unter www.utb-shop.de.

Bibliografische Information der Deutschen Bibliothek
Die Deutsche Bibliothek verzeichnet diese Publikation in der Deutschen Nationalbibliografie; detaillierte bibliografische Daten sind im Internet über <http://dnb.ddb.de> abrufbar.

Einbandgestaltung: Atelier Reichert, Stuttgart
Einbandmotiv: terex – fotolia.com
Druck und Bindung: Pustet, Regensburg

UVK Verlagsgesellschaft mbH
Schützenstr. 24 · 78462 Konstanz
Tel. 07531-9053-0 · Fax 07531-9053-98
www.uvk.de

UTB-Nr. 8515
ISBN 978-3-8252-8710-8

Vorwort zur 1. Auflage

Es gibt wohl kaum ein Teilgebiet der Betriebswirtschaftslehre (BWL), welches so umstritten ist wie die Unternehmensethik. Schon seit Jahrzehnten wird über Sinn und Notwendigkeit einer Unternehmensethik diskutiert. Ja, wir brauchen eine Unternehmensethik, denn eine an den Kriterien praktischer Vernunft orientierte Ethik stellt ein wichtiges, den Wettbewerb ergänzendes Steuerungsinstrument für die Unternehmen dar, postulierten *Horst Steinmann* und *Bernd Oppenrieder* vor rund 20 Jahren in einem programmatischen Aufsatz in der Zeitschrift „Die Betriebswirtschaft" (vgl. [Unternehmensethik]). Nein, Unternehmensethik zu betreiben, ist „anmaßend" und „unfruchtbar", lautet dagegen das Verdikt von *Dieter Schneider* (vgl. [Gewinnprinzip]). Die BWL könne getrost auf „Moralprediger" verzichten, heisst es auch in einem Beitrag (2005) von *Horst Albach* in der „Zeitschrift für Betriebswirtschaft" (vgl. [Betriebswirtschaftslehre]).

Interessanterweise argumentieren die Gegner einer Unternehmensethik teilweise völlig konträr. Nach dem Motto „Schuster bleib bei deinem Leisten" fordert *Schneider* die Betriebswirte auf, sich auf ihr ureigenes Terrain, nämlich die „Wissenschaft von der Profiterzielung" (875), zu beschränken. In der Tradition von *Wilhelm Riegers* „Privatwirtschaftslehre" bejaht er ausdrücklich das Gewinninteresse der privatwirtschaftlichen Unternehmung und fordert von der Betriebswirtschaft, auf dieser Grundlage unternehmerisches Handeln zu erklären und zu prognostizieren. Solche rein betriebswirtschaftlichen Erkenntnisse könnten dann auch in eine ethische Folgenabwägung einfließen, welche aber keinesfalls Aufgabe einer ethisch-normativen Betriebswirtschaftslehre sei. Während *Schneider* also Unternehmensethik ablehnt, weil er Ethik und BWL klarer trennen will, behauptet *Albach* die Identität von BWL und Unternehmensethik. Eine eigene Unternehmensethik ist nach seiner Argumentation deshalb nicht nötig, weil die BWL die Ethik immer schon enthielte und es einen Konflikt zwischen der ökonomischen, erwerbswirtschaftlichen Rationalität des Unternehmers und moralischem Verantwortungsbewusstsein einfach „gar nicht gibt" ([Betriebswirtschaftslehre] 811). Die erwerbswirtschaftliche Rationalität des Unternehmers wird schlicht mit der praktischen Vernunft im Sinne *Immanuel Kants* gleichgesetzt, so dass alles, was sich für den Unternehmer rechnet, zugleich als umfassend vernünftig ethisch gerechtfertigt erscheint.

Beide Argumentationen gegen die Unternehmensethik sind nicht stichhaltig. Dass mit dem Gewinnprinzip zugleich die umfassende Vernunft wirtschaftlicher Entscheidungen garantiert ist, wird ständig durch die Realität widerlegt. Schließlich gibt es die Probleme der Umweltverschmutzung, der Arbeitslosigkeit, des Hungers und der Armut, unmenschlicher bis lebensgefährlicher Arbeitsbedingungen, der Ausbeutung von Kindern, minderwertiger, gefährlicher und umstrittener Produkte, der Korruption, des Betruges, der Bilanzfälschung usw. auch in den Ländern, in denen gewinnorientierte private Unternehmen im Rahmen einer Wettbewerbsordnung produzieren. Es ist falsch und irreführend, diese Probleme zu verdrängen und so zu tun, als sei das Interesse des Unternehmers der „Dienst am Nächsten" (vgl. *Albach* [Betriebswirtschaftslehre] 814).

Dass der Unternehmer eine gesellschaftlich sinnvolle Funktion erfüllt, ist eine von ihm in der Regel nicht primär intendierte und auch ungewisse Nebenfunktion des Gewinnstrebens, wie schon *Wilhelm Rieger* sehr klar erkannt hat (vgl. [Privatwirtschaftslehre] 46f.). In dieser Hinsicht kann man *Dieter Schneider* nur zustimmen, wenn er die Betriebswirtschaftler ermahnt, nicht aus Gründen der Selbstdarstellung die Beschränkung der ökonomischen Rationalität auf den Einkommenserwerb zu verleugnen. Nicht folgen kann ich ihm allerdings darin, dass man sich deshalb als Betriebswirt ganz aus den ethischen Fragen herauszuhalten habe. Gerade wer anerkennt, dass mit der ökonomischen Rationalität noch nicht die umfassende praktische Vernunft wirtschaftlichen Handelns garantiert ist, darf (und sollte) sich doch dafür interessieren, wie man die absehbaren schlechten Folgen einer entfesselten und unbeschränkten ökonomischen Rationalität bändigen könnte. Gesetzliche Verbote alleine reichen dazu nicht aus. In der Logik ökonomischer Rationalität liegt es nämlich, sich auch gegenüber der Gesetzgebung als rationaler Nutzenmaximierer zu verhalten, also zu kalkulieren, ob sich eine Gesetzesübertretung „rechnet" (was angesichts von zahlreichen Kontrolldefiziten sowie einer hoffnungslos überlasteten Justiz häufig der Fall sein wird). Hinzu kommt, dass in vielen Bereichen Gesetze fehlen und dass sie – soweit vorhanden – stets auslegungsbedürftig sind, insbesondere im internationalen Kontext. Moral wird so zum Desiderat einer menschendienlichen Wirtschaft.

Es gehört zum „Grundwissen der Ökonomik", dass man als Entscheidungsträger in der Wirtschaft nicht in einem moralfreien Raum agiert. Das Buch wendet sich deshalb zum einen an diejenigen, die bereits heute Verantwortung in der Unternehmenspraxis haben, zum anderen an die Studierenden der Betriebswirtschaftslehre, welche die Entscheidungsträger von morgen sein werden. Die philosophischen Grundlagen der Ethik werden vergleichsweise ausführlich behandelt. Auch wenn das für Betriebswirte ungewohnte und vielleicht auch harte Kost ist, halte ich es für unabdingbar, sich damit auseinanderzusetzen, wenn Unternehmensethik wirklich „Ethik" sein will und nicht nur eine Art strategisches Reputationsmanagement im rein ökonomischen Sinne. Zugleich soll das Buch aber auch praxisrelevant sein und so konkret wie möglich aufzeigen, wie die Ethik in den Alltag des Unternehmens eingebracht werden kann.

Herzlich danken möchte ich zum Schluss meinem Mann Prof. Dr. phil. Dr. theol. Wolfgang Göbel für zahlreiche anregende und klärende Gespräche. Mein Dank gilt weiterhin meinem geschätzten akademischen Lehrer, Herrn Prof. Dr. Franz Xaver Bea, der sich gegenüber dem Thema Wirtschafts- und Unternehmensethik schon bei meiner Dissertation sehr aufgeschlossen gezeigt hat. Herrn Prof. Dr. von Lucius danke ich für die verlegerische Betreuung des Buches, dem Service Büro Sibylle Egger für die gute Zusammenarbeit bei der Gestaltung des Textes.

Juni 2006 Elisabeth Göbel

Vorwort zur 2. Auflage

Das Thema Unternehmensethik „boomt" in den letzten Jahren, wenn auch oft unter anderen Labeln wie „Corporate Social Responsibility" (CSR), „Corporate Responsibility" (CR) und „Corporate Citizenship" (CC). Negativ ausgelegt kann der Boom damit begründet werden, dass die schädlichen Folgen wirtschaftlichen Handelns eher zu- als abgenommen haben. Man kann es aber auch positiv interpretieren als wachsende Einsicht der Wirtschaftspraktiker in die Notwendigkeit, sich auch um die nachteiligen Folgen ihres Entscheidens und Handelns für Gesellschaft und Umwelt zu kümmern. Es mangelt jedenfalls nicht an Bekenntnissen zur Notwendigkeit von mehr Verantwortungsübernahme, vor allem seitens großer Unternehmen und wirtschaftsnaher Institutionen.

Auch die Verankerung wirtschaftsethischer Themen in der wirtschaftwissenschaftlichen Ausbildung macht Fortschritte. Das ist zu begrüßen.

Die zweite Auflage habe ich genutzt, um die aktuellen Entwicklungen der letzten Jahre aufzugreifen. Dazu waren an manchen Stellen Änderungen und Erweiterungen nötig. So wird die ISO-Norm 26000 „Guidance on social responsibility" vorgestellt, die Messung der „Corporate Social Performance" als Information für den Kapitalmarkt wird thematisiert, das Prinzip Gerechtigkeit wird stärker betont und die Lohngerechtigkeit eigens diskutiert. Eine Liste mit Internetadressen zu einschlägigen Institutionen und Initiativen trägt der Entwicklung Rechnung, dass man sich heute immer häufiger online informiert.

Einen zusätzlichen und besonderen Dank möchte ich Frau Sabine Hesselmann aussprechen, die den Text der Neuauflage mit viel Engagement lektoriert und noch leserfreundlicher gestaltet hat.

Trier im März 2010 Elisabeth Göbel

Vorwort zur 3. Auflage

Das Interesse an Unternehmensethik ist nach wie vor hoch. Zumindest bei den großen Unternehmen findet man mittlerweile nahezu durchgängig Bekenntnisse zu Corporate Social Responsibility oder Corporate Citizenship oder Nachhaltigkeit. Mit CR-Reports, Nachhaltigkeitsberichten oder Gemeinwohlbilanzen versuchen sie, die Ernsthaftigkeit und den Erfolg ihrer Bemühungen um mehr gesellschaftliche Verantwortung nachzuweisen. Mag auch vieles im Moment noch eher Lippenbekenntnis sein: Die Praxis hat längst gemerkt, dass die Wirtschaft ohne Moral ihre Legitimität verliert, und fragt zunehmend ethische Expertise nach. Die Institutionen wirtschaftswissenschaftlicher Ausbildung reagieren darauf mit einer Ausweitung des Angebotes zu Themen wie CSR, Nachhaltigkeit, Wirtschafts- und Unternehmensethik. Die Führungskräfte von morgen sollen ihre Tätigkeit auch ethisch reflektieren können. Dazu möchte das Buch beitragen.

Die Änderungen gegenüber der 2. Auflage bestehen vor allem in der Aktualisierung von Zahlen, Beispielen und Literatur. Ausführlicher behandelt wird das Prinzip des Gemeinwohls. Hinzu gekommen ist ein Glossar, welches den Lesern online zur Verfügung steht und die zentralen Begriffe des Buches kurz erläutert.

Mein herzlicher Dank gilt Herrn Dr. Jürgen Schechler für die unkomplizierte und freundliche Zusammenarbeit und die gute verlegerische Betreuung.

Trier im November 2012 Elisabeth Göbel

Vorwort zur 4. Auflage

Seit der ersten Auflage sind zehn Jahre vergangen. Jahre, in denen in Wissenschaft und Praxis viel über die Verantwortung der Unternehmen geschrieben und gesprochen wurde. Wenn man auf das Jahr 2015 zurückblickt, dann lassen die Skandale bei den deutschen Vorzeigeunternehmen Volkswagen und Deutsche Bank auf der einen Seite daran zweifeln, dass „Corporate Social Responsibility" (CSR) wirklich schon in der Praxis angekommen ist. Auf der anderen Seite gibt es aber auch gute Nachrichten. Im

September 2015 beschlossen die Vereinten Nationen siebzehn „Sustainable Development Goals". Eines der siebzehn Ziele lautet „Responsible Consumption and Production", spricht also unmittelbar die Verantwortung der Wirtschaft an. Ebenfalls 2015 wurde in Paris das historische Klimaschutzabkommen getroffen. Das Ziel, die Erderwärmung deutlich unter 2° zu halten, kann ohne die massive Mithilfe der Industrie nicht erreicht werden. Auch auf der Ebene der EU werden die Forderungen nach mehr sozialer Verantwortung der Unternehmen lauter. Bis Ende 2016 muss die EU-Richtlinie 2014/95/EU (CSR-Richtlinie) in nationales Recht umgesetzt sein. Gemäß dieser Richtlinie wird eine CSR-Berichterstattung EU-weit für Unternehmen mit mehr 500 Mitarbeitern verpflichtend, wenn das Unternehmen von öffentlichem Interesse ist. Diese Unternehmen müssen dann Informationen offenlegen u.a. über ihre Umweltschutzmaßnahmen, die Einhaltung der Menschenrechte, Maßnahmen zur Verhinderung von Korruption, Anstrengungen für mehr Gleichberechtigung der Geschlechter. Schließlich wächst der Druck der Konsumenten und Investoren auf die Unternehmen. Fair gehandelte und biologisch erzeugte Produkte werden von Jahr zu Jahr deutlich mehr nachgefragt. Das ethische Investment hat hohe Zuwachsraten. Die Unternehmen reagieren auf diese Forderungen und stellen vermehrt Mitarbeiter mit CSR-Kompetenz ein. Studierende suchen und finden verstärkt Bildungsangebote zu Themen wie Nachhaltigkeitsmanagement, CSR und Unternehmensethik. Bleibt zu hoffen, dass diese Entwicklungen einen Kulturwandel anzeigen, der in langfristiger Perspektive zu einer verantwortungsvolleren und lebensdienlicheren Wirtschaft führt.

Die Neuauflage habe ich vor allem genutzt, um die Zahlen und Beispiele zu aktualisieren sowie neuere Gesetzesinitiativen vorzustellen. Da die CSR-Berichterstattung für immer mehr Unternehmen zur Selbstverständlichkeit wird – sei es freiwillig oder wegen gesetzlicher Verpflichtung – habe ich dieses Thema in einem eigenen Abschnitt ausführlicher behandelt.

Herrn Dr. Jürgen Schechler danke ich herzlich für die freundliche Unterstützung und gute Zusammenarbeit. Mein Dank gilt weiterhin Herrn Christian Haller für wertvolle Hinweise.

Trier im Februar 2016 Elisabeth Göbel

Vorwort zur 5. Auflage

Wie sehr das Thema Unternehmensethik bzw. Corporate Social Responsibility mittlerweile etabliert ist, zeigt sich nicht zuletzt an ersten Werken zur CSR-Geschichtsschreibung. In meinem Schlusswort werde ich unter der Überschrift „Rückblick" darauf kurz eingehen. Die nunmehr langjährigen Erfahrungen mit CSR in der Praxis sind auch ein Anlass, im Kapitel V den kritischen Stimmen mehr Raum zu geben und zu fragen, wo das Konzept eines Managements der sozialen Verantwortung möglicherweise seine Schwächen hat. Die Neuauflage habe ich wieder genutzt, um Beispiele und Zahlen zu aktualisieren.

Herrn Dr. Jürgen Schechler möchte ich für die gute verlegerische Betreuung meinen herzlichen Dank aussprechen.

Trier im März 2017 Elisabeth Göbel

Inhaltsverzeichnis

Einführung

Seit Jahren stehen Unternehmen vermehrt in der öffentlichen Kritik, und es kommen immer wieder neue Vorwürfe auf. Einige **Beispiele**:

- *Volkswagen* hat mit einer „Schummel-Software" bei Millionen Autos die Testwerte für die Abgase und den Verbrauch manipuliert und damit den wohl größten und teuersten Wirtschaftsskandal der letzten Jahre verursacht. Im Zuge der Aufarbeitung dieses Skandals gab es weitere Erkenntnisse über fragwürdige Testergebnisse auch bei anderen Produkten. So wird bspw. der Energieverbrauch von Staubsaugern mit leerem Staubbeutel gemessen. Mit dem realen Stromverbrauch hat dieser Messwert wenig zu tun, denn sobald der Staubbeutel sich füllt, steigt der Energieverbrauch deutlich an und liegt dann klar über dem Verbrauch, welcher dem Käufer durch die Energieeffizienzklasse versprochen wird. Bei Fernsehgeräten wird der Bildschirm im Testmodus abgedunkelt, um auf diese Weise einen günstigen Energieverbrauch attestiert zu bekommen, der dann im Alltagsgebrauch des Gerätes deutlich überschritten wird.
- Seit es keine vorgeschriebenen Verpackungsgrößen mehr gibt (seit 2009), werden von der Industrie gerne kleinere Mengen als bisher abgepackt, allerdings zum alten Preis. Die Verbraucherberatungen sprechen von „Mogelpackungen", weil dem Verbraucher die versteckte Preiserhöhung von bis zu 100% nicht ohne weiteres auffällt.
- Verbraucher wollen immer häufiger Produkte aus der Region einkaufen, u.a. weil sie lange Transportwege vermeiden wollen. Lebensmittelerzeuger machen sich diesen Trend zunutze und werben für ihre Waren mit Zusätzen wie „aus der Heimat", „unser Norden" oder „frisch aus der Region". Während der Käufer in aller Regel davon ausgeht, dass solche Waren in räumlicher Nähe erzeugt und verarbeitet wurden, muss das keineswegs der Fall sein. Viele dieser Bezeichnungen sind überhaupt nicht genau definiert und sagen gar nichts aus über den realen Bezug zur Region. Und selbst bei offiziellen Länderkennzeichnungen wie bspw. „geprüfte Qualität Thüringen" müssen nur 50,1 % der Zutaten tatsächlich aus der Region Thüringen stammen.
- Mit Bestürzung reagierte die Öffentlichkeit auf die Nachricht, dass in der Intensivtierhaltung mittlerweile sieben Mal mehr Antibiotika eingesetzt werden als in der Humanmedizin. Es besteht der Verdacht, dass die Medikamente vor allem als Masthilfe dienen. Als Folge dieses Medikamentenmissbrauchs entwickeln sich zunehmend multiresistente Keime, welche Leben und Gesundheit der ganzen Bevölkerung bedrohen.
- Trotz steigender Beschäftigung und Mindestlöhnen nimmt die Armut auch unter den Beschäftigten zu, weil immer mehr nur in befristeten Jobs arbeiten, mit Werkverträgen, in Teilzeit oder in Minijobs. Das Armutsrisiko ist in den letzten 20 Jahren bei den 25- bis 35-Jährigen um mehr als acht Prozentpunkte gestiegen. Mehr als 40% aller neu unterschriebenen Arbeitsverträge sind mittlerweile befristet. Schon längst hat sich auch im Wissenschaftsbetrieb ein „akademisches Prekariat" heraus-

gebildet. Hochqualifizierte Akademiker arbeiten für Stundenlöhne weit unter dem Mindestlohn oder gleich gänzlich unbezahlt.

- 2015 erhielt der Vorstand von *VW* insgesamt 63,2 Millionen Euro an Gehältern, während die *VW*-Mitarbeiter wegen des Abgasskandals und der Verluste um ihre Jobs fürchteten. Anfang 2017 bekam eine ehemalige Vorstandsfrau des Konzerns eine Abfindung von mehr als zwölf Millionen Euro nach etwas mehr als einem Jahr Arbeit. Im Mittel verdienen die Vorstände das 57-fache eines durchschnittlichen Beschäftigten in ihren Betrieben.
- Nach dem Brand in einer pakistanischen Textilfabrik mit über 250 Toten geriet der Textildiscounter *KiK* in die Kritik, weil die Firma als Hauptauftraggeber nicht auf ausreichende Sicherheitsstandards geachtet habe. Die Identifikation der Toten wurde durch die Tatsache erschwert, dass kaum einer der Arbeiter einen ordentlichen Arbeitsvertrag hatte.

Die Liste ließe sich mühelos noch um einige Punkte erweitern. Gemeinsam ist den Beispielen, dass die beschriebenen Handlungsweisen **kaum justiziabel** sind: *VW* hat zumindest in den USA mit einem Strafprozess zu rechnen. Aber dass die Staubsauger mit leerem Beutel getestet werden, ist von der EU so vorgeschrieben. Einer Klage des Staubsaugerherstellers *Dyson* gegen *Bosch* und *Siemens* wegen Verbrauchertäuschung wurde daher auch nicht stattgegeben. Auf den „Mogelpackungen" ist der Inhalt korrekt angegeben. Solange man keine falschen Angaben zur Herkunft von Waren macht, ist die Erzeugung einer „regionalen Anmutung" nicht verboten. Die Antibiotika in der Tiermast werden vorschriftsmäßig von Tierärzten verschrieben und sind angeblich medizinisch notwendig. Die Arbeitnehmer arbeiten freiwillig zu Niedrigstlöhnen und lassen sich auf Leiharbeit, befristete Verträge und Werkverträge ein. Hohe Vorstandsvergütungen und überdimensionierte Abfindungen sind vertraglich vereinbart. Und die Einkäufer von KiK können sich darauf berufen, dass der Fehler beim Lieferanten lag.

Und dennoch **empfinden** die meisten Menschen das Verhalten der Unternehmen **als falsch** und, wie es der Bayerische Ministerpräsident *Horst Seehofer* in einem Interview mit der „Welt am Sonntag" ausdrückte, als „zutiefst unmoralisch" (2. August 2009). Wie der wissenschaftliche Beirat beim Bundeswirtschaftsministerium 2010 in einem Gutachten zur Akzeptanz der Marktwirtschaft feststellte, gibt es mittlerweile eine breite Marktverdrossenheit in der Bevölkerung. Eine Mehrheit hat keine gute Meinung von der Marktwirtschaft als System. Den Beinamen „sozial" verdient sie nach Ansicht der meisten nicht mehr. Vielmehr führt sie nach Meinung einer Mehrheit zu wachsender Ungerechtigkeit. Die Wirtschaftswoche konstatiert am 10.11.2012 auf der Grundlage einer Umfrage des Allensbach-Institutes: „Noch nie war die Zustimmung zum hiesigen Wirtschaftssystem so gering." Es steht nicht weniger als die Akzeptanz unseres Wirtschaftssystems auf dem Spiel. In seltener Einmütigkeit fordern daher Bundespräsident und Kanzlerin, Politiker aller Couleur, die Gewerkschaften, Vertreter der evangelischen und der katholischen Kirche, Sozialverbände und selbst Repräsentanten der Industrie: Die Wirtschaft braucht mehr Moral!

Die Handlungen von Wirtschaftsakteuren, insbesondere der Entscheidungsträger in den Unternehmen, haben eben nicht nur eine ökonomische Dimension. Da wirtschaftliche Entscheidungen die legitimen Interessen anderer betreffen, darf und muss immer auch gefragt werden, ob sie **umfassend vernünftig und moralisch richtig** sind. Die Forderung nach mehr Moral in der Wirtschaft wirft aber auch eine ganze Reihe von

Fragen auf. Was empfinden wir eigentlich als unmoralisch an den Marktergebnissen? Wer von den Wirtschaftsakteuren trägt die Hauptverantwortung für die unerwünschten Folgen wirtschaftlichen Handelns? Sind in einer Marktwirtschaft nicht letztlich die Käufer verantwortlich, wenn sie bspw. ein T-Shirt für 4 Euro wollen? Wenn sie versäumen, Menge und Preis eines Produktes in Relation zu setzen? Wenn sie als Anleger unrealistisch hohe Renditen erwarten und das „Kleingedruckte" nicht lesen? Oder müssen sich die Politiker den Schwarzen Peter zuschieben lassen, weil sie über die Gesetzgebung das Wirtschaftshandeln wesentlich steuern? Oder sind vielleicht die Wettbewerber schuld, die mit niedrigen Preisen die Konkurrenten quasi zwingen, ihre Lohnkosten ebenfalls immer weiter zu senken? Und wenn man den Unternehmen eine wesentliche Verantwortung für die Marktergebnisse zuordnet, sind es dann die Führungskräfte als Einzelpersonen, die falsch oder richtig gehandelt haben, oder kann das Unternehmen als Institution verantwortlich sein? Kann die Marktwirtschaft überhaupt mit Moral vereinbar sein, wo sie doch systematisch auf das Selbstinteresse der Menschen setzt?

Die folgenden Ausführungen wollen versuchen, auf einen Teil dieser Fragen Antworten zu geben. Dieses Buch besteht aus zehn Kapiteln:

(1) Zunächst wird in den **Grundlagen der Ethik** (Kapitel I) eine integrative Perspektive der Ethik erarbeitet, die aufzeigen soll, dass es erstens bei der moralischen Bewertung von Entscheidungen und Handlungen gleichermaßen auf die Motive der Akteure, ihre konkreten Handlungen und deren Folgen ankommt, dass zweitens eine Beziehung wechselseitiger Beeinflussung zwischen den Individuen und den sie umgebenden Institutionen besteht und dass drittens die monologische Verantwortungsethik und der Diskurs mit den Betroffenen sich gegenseitig ergänzen.

(2) Im zweiten Kapitel wird dann die **Ethik mit der Ökonomik konfrontiert**. Fundamentale Unterschiede in der Denkweise der beiden Disziplinen haben zu der weit verbreiteten Ansicht geführt, Wirtschafts- und Unternehmensethik sei so etwas wie ein „hölzernes Eisen", also ein Widerspruch in sich.

(3) Wie die **beiden Disziplinen dennoch sinnvoll in Beziehung** gebracht werden können, wird im dritten Kapitel vorgeführt. Erstens kann die Ethik als Ausgangsdisziplin verstanden und auf die Wirtschaftspraxis bezogen werden. Zweitens ist eine Moralökonomik denkbar, bei welcher die Disziplin „Ökonomik" auf die moralische Praxis angewendet wird. Schließlich kann man anstreben, die beiden Disziplinen ineinander zu überführen und ihre faktische Auseinanderentwicklung rückgängig zu machen. Im weiteren Verlauf der Argumentation wird das erste Modell einer angewandten Wirtschaftsethik weiterverfolgt. Das Spannungsfeld zwischen den Disziplinen Ethik und Ökonomik wird grundsätzlich akzeptiert, zugleich werden aber auch Schnittmengen zwischen Moralität und Wirtschaftlichkeit eine große Rolle spielen.

(4) Die **Anwendung** von ethischen Kategorien auf die Wirtschaft findet **auf verschiedenen Handlungsebenen** statt (Kapitel IV). Selbstverständlich erscheint zunächst die Einforderung von Moralität bei den einzelnen Wirtschaftsakteuren, z.B. von Konsumenten, Managern, Mitarbeitern, Investoren. Da Rollenmodelle und Handlungsweisen der Wirtschaftsakteure maßgeblich durch die wirtschaftliche Rahmenordnung geprägt werden, ist eine moralische Verantwortung zugleich den Gestaltern dieser Rahmenordnung zuzuordnen. Doch können auch Instituti-

onen selbst Verantwortung haben? Können insbesondere Unternehmen als moralische Akteure verstanden werden?

(5) Diese Frage wird positiv beantwortet und eine **Verantwortung der Unternehmen** eingefordert (Kapitel V). Die ethische Kategorie der Verantwortung harmoniert mit der in Kapitel I entwickelten integrativen Perspektive der Ethik und erfasst das Anliegen der Unternehmensethik besonders gut. Die Unternehmung bzw. die in ihr arbeitenden Personen sollen auf die Folgen ihrer wirtschaftlichen Entscheidungen achten und diese gegenüber den Betroffenen verantworten. Sehr häufig wird dieses Anliegen auch mit den Begriffen Corporate Social Responsibility (CSR) oder Corporate Responsibility (CR) zum Ausdruck gebracht. Die Idee der Verantwortung wird aber nur dann Eingang in die Unternehmenspraxis finden, wenn sie systematisch in den Planungs- und Entscheidungsprozessen, den Strategien und Institutionen berücksichtigt wird. Es muss ein **Management der Verantwortung** stattfinden.

(6) In den Kapiteln VI bis IX werden die Bausteine eines solchen ethischen Managements vorgestellt, wobei die individuelle und die institutionelle Seite der Ethik verknüpft werden. Kapitel VI befasst sich mit der **analytischen Komponente der Unternehmensethik**: Der Stakeholderanalyse. Hier werden alle, die gegenüber dem Unternehmen legitime Ansprüche haben, mit Hilfe eines systematischen Prozesses wahrgenommen, ihre Anliegen werden analysiert und zukünftige Anliegen prognostiziert. Die Ansprüche werden als Grundlage für ein Stakeholdermanagement aus Verantwortung bewertet.

(7) In Kapitel VII steht dann die **strategische Komponente** der Unternehmensethik im Mittelpunkt der Betrachtung: Wie können Stakeholderkonflikte durch die Harmonisierung von Moral und ökonomischen Interessen entschärft werden?

(8) Kapitel VIII ist der **personalen Komponente** der Unternehmensethik gewidmet: Was bedeutet ein Management der Verantwortung für die Führungskräfte und die Mitarbeiter?

(9) Kapitel IX befasst sich mit der Frage, wie die **innerbetrieblichen Institutionen gestaltet** werden sollten, damit sie ein Management der Verantwortung unterstützen.

(10) Schließlich sind auch die Einflüsse zu berücksichtigen, welche von den **überbetrieblichen Institutionen** auf das einzelne Unternehmen ausgehen (Kapitel X). Denn das Unternehmen bildet nicht nur das institutionelle Umfeld für die Entscheidungen der Unternehmensmitglieder, es ist zugleich selbst in ein Umfeld eingebettet und dessen Einflüssen ausgesetzt. Nachhaltigen Erfolg bei der Umsetzung der Idee der Verantwortung verspricht nur das Zusammenwirken der drei Ebenen der Wirtschaftsethik: Die Individualethik der Wirtschaftsakteure muss zusammen treffen mit unterstützenden institutionellen Rahmenbedingungen auf der Ebene des Unternehmens und der (globalen) Rahmenordnung.

Die folgende Abbildung verdeutlicht den Aufbau des Buches:

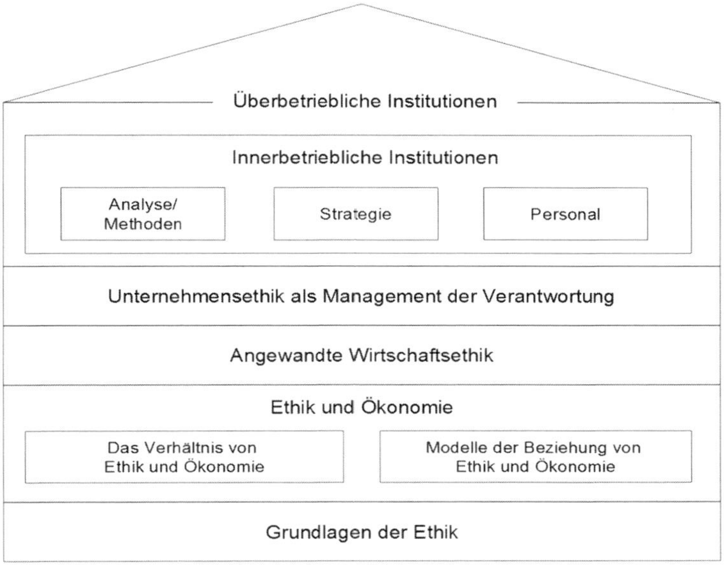

Überbetriebliche Institutionen

Innerbetriebliche Institutionen

Analyse/ Methoden

Strategie

Personal

Unternehmensethik als Management der Verantwortung

Angewandte Wirtschaftsethik

Ethik und Ökonomie

Das Verhältnis von Ethik und Ökonomie

Modelle der Beziehung von Ethik und Ökonomie

Grundlagen der Ethik

I Grundlagen der Ethik

[1] Zentrale Begriffe
[2] Unterschiedliche Typen ethischer Argumentation

1 Zentrale Begriffe

Dieses Kapitel dient der Klärung der wichtigsten Begriffe, die in der Ethik eine Rolle spielen:

- Freiheit und Verpflichtung
- Moral, Recht und Ethos
- Verschiedene Bereiche der Ethik: Deskriptive Ethik, Normative Ethik, Methodenlehre und Metaethik

1.1 Freiheit und Verpflichtung

„Wie soll ich handeln?" lautet die Grundfrage der Ethik (vgl. *Quante* [Einführung] 11). In dieser Frage kommt zweierlei zum Ausdruck, nämlich Freiheit und Verpflichtung.

Erstens haben die Menschen die **Freiheit**, eine Entscheidung zu treffen. Sie können wirklich handeln im Sinne eines bewussten und gewollten Tätigwerdens und sind nicht durch Instinkte auf ein bestimmtes Verhalten festgelegt. Sie haben Handlungsalternativen und sind in der Lage, vernünftig dazwischen zu wählen. Ohne Freiheit sind moralische Überlegungen müßig, denn der Begriff der Moral oder Sittlichkeit gehört zur Tätigkeit „vernünftiger und mit einem Willen begabter, freier Wesen" (*Kant* [Grundlegung] BA100).

Zweitens bringt der deontische Begriff des „Sollens" die Wahrnehmung einer Einschränkung dieser Freiheit durch eine **Verpflichtung** zum Ausdruck (griech. to déon: die Pflicht). Gerade aus der Freiheit des Menschen und der daraus erwachsenden Unsicherheit ergibt sich die Notwendigkeit zur Reglementierung des Handelns, zur Etablierung einer Ordnung.

Ordnung meint zum einen, dass das **Handeln** des jeweils anderen für uns mit einiger Sicherheit erwartbar und vorhersehbar sein muss. Ohne diese Konstanz und Verlässlichkeit im Handeln, die Korrespondenz der Erwartungen, könnte kein Glied der Gesellschaft seine Ziele wirksam verfolgen. Zum anderen wird über die reine Verhaltenssicherheit hinaus ein bestimmtes Handeln erwartet, damit im Ergebnis eine „gute", „wohltätige" und „vernünftige" Ordnung entsteht (vgl. *Hayek* [Regeln] 19).

Das moralische Sollen bezieht sich somit nicht nur darauf, was getan werden sollte, sondern auch auf Situationen oder **Zustände**, die der Fall sein sollten (vgl. *Broad* [Types]

141f.). Der „Naturzustand" eines Krieges aller gegen alle ist bspw. schlecht, weil die Existenz des Einzelnen in einem solchen Zustand von ständiger Furcht bestimmt, „armselig, widerwärtig, vertiert und kurz" ist (*Hobbes* [Leviathan] 105). Er sollte nicht sein. Umgekehrt impliziert dieses Urteil, dass Frieden, Freiheit, Sicherheit, Wohlstand, ein „humanes" und langes Leben erwünschte, gute Zustände sind, die sein sollen. Solche „Strebensziele" werden auch als Werte oder „Güter" bezeichnet (vgl. *Forschner* [Güter] 120).

Das ethische Sollen trifft den Menschen aber noch in einer dritten Form, nämlich als Verpflichtung zu einer bestimmten inneren **Grundhaltung**. Der Mensch soll nicht nur gut handeln und gute Zustände anstreben, sondern gut (edel, wertvoll, sittlich tüchtig) sein (vgl. *Aristoteles* [NE] 1099b, 1103b). In allgemeinster Form betrifft dieses Sollen die innere Verpflichtung, überhaupt moralisch handeln zu wollen (Moralität, Ethos). Ohne diese innere Verpflichtung würden die Menschen gar nicht erst den Anspruch ihres Gewissens spüren, ihre Handlung moralisch zu prüfen. Das Sollen kann darüber hinaus in Form bestimmter erwünschter „Tugenden" präzisiert sein (wie Besonnenheit, Großzügigkeit, Aufrichtigkeit, Gerechtigkeit; vgl. *Aristoteles* [NE] 1107b-1108b).

Aus dem, was der Fall sein soll (erwünschte Zustände, Strebensziele, Werte oder Güter), lassen sich Rückschlüsse ziehen auf das, was die Menschen tun sollten (erwünschte Handlungen, Normen oder Pflichten) und wie sie sein sollten (erwünschte Haltung, Gesinnung oder Tugenden). Und aus der Vorstellung, dass die Menschen eine bestimmte innere Haltung haben und in einer bestimmten Art und Weise handeln, lassen sich Rückschlüsse ziehen auf den daraus erwachsenden Zustand. Insofern stehen die hier unterschiedenen Bedeutungen des Sollens eng miteinander in Verbindung. (vgl. Abb. I/1).

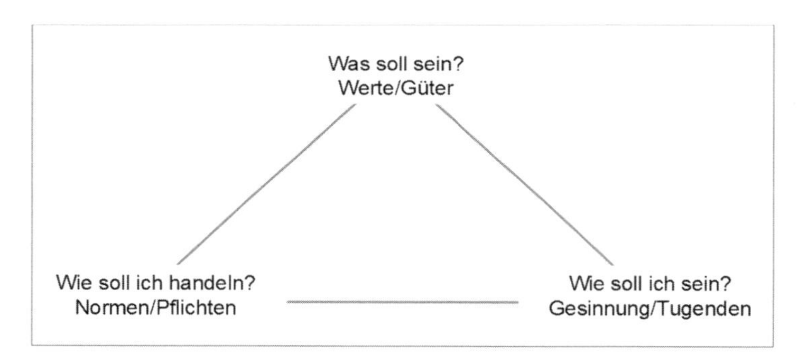

Abb. I/1: Formen des Sollens

Verschiedene Typen ethischen Argumentierens betonen aber oft einseitig die eine oder die andere Form des Sollens. Auf die innere Haltung stellt die Gesinnungs- oder Tugendethik ab, die Handlungen stehen im Mittelpunkt der Pflichtenethik und die Güter- oder Folgenethik verweist besonders auf die erstrebenswerten Zustände. Die unterschiedlichen Typen werden später genauer erläutert.

Die freiheitsbeschränkende Verpflichtung gibt sich der Mensch selbst. Gerade „weil wir uns die Freiheit des Willens beigelegt haben" müssen wir uns selbst Gesetze geben, heißt es bei *Kant* in seiner „Grundlegung zur Metaphysik der Sitten" (BA105). Der Mensch ist zugleich „gesetzgebend, aber auch diesen Gesetzen selbst unterworfen" (ebenda BA75). Freiheit bedeutet also nicht Willkür, sondern Autonomie als die Freiheit, selbst an einer guten Ordnung mitzuwirken und diese freiwillig zu befolgen.

1.2 Moral, Recht und Ethos

1.2.1 Moral

Was zu einer bestimmten Zeit in einer bestimmten Gesellschaft im Allgemeinen als Handlung, Zustand oder Haltung für gut und wünschenswert bzw. für böse und verboten gehalten wird, bezeichnet man zusammenfassend als die jeweils herrschende **Moral**.

Die Moral stellt den „für die Daseinsweise der Menschen konstitutiven … normativen Grundrahmen für das Verhalten vor allem zu den Mitmenschen, aber auch zur Natur und zu sich selbst dar" (*Höffe* [Moral] 204). Erkennbar wird die Moral vor allem in den **Handlungsnormen** (Regeln, Vorschriften, leitenden Grundsätzen). Normative Vorstellungen zeigen sich aber auch in Wertmaßstäben, Sinnvorstellungen, Vorbildern sowie der Verfasstheit öffentlicher Institutionen. Die Moral wird gegen die Etikette (Tischsitten, Anredeformen usw.) und das Brauchtum (bspw. Feiertagsbräuche) abgesetzt. Im Vergleich zu Etikette und Brauchtum geht es bei der Moral um **wichtigere, grundsätzlichere Aspekte des Verhaltens**, die mit einem größeren Maß an Verbindlichkeit geregelt werden müssen und deren Vorschriften deshalb auch einer stärkeren Begründung bedürfen. Die Grenzen sind allerdings nicht immer eindeutig, denn wie sehr eine Gesellschaft darauf vertraut, dass die überkommenen Bräuche und Sitten gültig, wichtig und verbindlich sind, ist wiederum eine Frage der herrschenden Moral. In einer modernen Gesellschaft, in der Toleranz und Kritikfähigkeit hoch geschätzt werden, gelten immer mehr Verhaltensnormen als relativ unverbindliche Konventionen, Sitten und Bräuche. Als geschichtlich gewordene konkrete Lebensform ist die Moral immer nur mehr oder weniger angemessen und muss offen bleiben für Kritik und Wandel.

1.2.2 Recht

In modernen Gesellschaften wird ein großer Teil der Handlungsnormen zu Gesetzen formalisiert und damit zum geltenden Recht. Das Recht stellt als öffentliches Regelsystem eine zentrale Institution dar.

Das **Recht** kann verstanden werden als ein System von positiven, an Menschen adressierten Zwangsnormen, einschließlich der damit im Zusammenhang stehenden Sanktionen.

Den Kern der Rechtsordnung bilden die Gesetze. Unter Gesetzen verstehen wir

- verbindliche Muss-Normen,
- die von dazu legitimierten staatlichen Autoritäten (dem Gesetzgeber)
- in verbindlich vorgeschriebenen Gesetzgebungsverfahren
- schriftlich erlassen und öffentlich bekannt gemacht werden,
- die zu einem bestimmten Termin in Kraft treten oder außer Kraft gesetzt werden,

- deren Einhaltung systematisch von dazu befugten Stellen kontrolliert
- und deren Nichteinhaltung grundsätzlich bestraft wird.

Viele Gesetze bringen Moral zum Ausdruck, indem sie Handlungen formal als geboten oder verboten kennzeichnen, die gleichzeitig auch als sittlich gut bzw. sittlich schlecht angesehen werden. In den Bereichen, die für das Miteinander der Menschen, für ihr Verhältnis zu sich und zur Natur als sehr wichtig gelten, wird das Handeln besonders genau, planvoll und verbindlich vorgeschrieben. Dass Gesetze Ausdruck der Moral sein können, zeigt sich zunächst in der großen **Übereinstimmung zwischen** philosophisch oder religiös begründeten **moralischen Normen und den Gesetzen**.

> Dafür einige Beispiele: Die zentrale moralische Norm der Achtung vor der Würde der Person ist bei uns in Artikel 1 des Grundgesetzes gesetzlich verankert worden. Die biblischen Verbote des Betruges, des Diebstahls und des Mordes finden ihren Niederschlag in umfangreichen Strafgesetzen. Die moralische Idee der Gerechtigkeit steht hinter dem Allgemeinen Gleichbehandlungsgesetz AGG. Mehr Lohngerechtigkeit zwischen Frauen und Männern soll eine Gesetzesvorlage zur Förderung der Transparenz von Entgeltstrukturen bringen, welche am 11. Januar 2017 im Bundeskabinett beschlossen wurde.

Weiterhin kann der moralische Gehalt vieler Gesetze auch daran abgelesen werden, dass immer öfter **Ethik-Kommissionen** explizit **in das Gesetzgebungsverfahren einbezogen** werden (etwa beim Embryonenschutzgesetz, Organspendegesetz, Gentechnikgesetz). Das heißt nicht, dass nur solche heftig diskutierten Gesetze einen moralischen Inhalt haben. Man ist in manchen Fällen nur besonders unsicher, was man als sittlich gut und wünschenswert gesetzlich vorschreiben bzw. als sittlich schlecht und unerwünscht gesetzlich verbieten soll.

Schließlich nimmt auch das **Recht** immer wieder **ethische Kategorien** in Anspruch und verweist bspw. in §138 BGB auf die „guten Sitten" und in §157 BGB auf „Treu und Glauben". Ein extrem niedriger Lohn zum Beispiel gilt juristisch als verboten, weil „sittenwidrig".

Moral und Recht sind aber nicht deckungsgleich. Vielmehr handelt es sich um zwei Sphären, die sich teilweise überschneiden, die teilweise aber auch nur moralischen bzw. nur rechtlichen Charakter haben (vgl. *Kaufmann* [Recht]). Einige Gesetze bringen keine sittlichen Wertungen zum Ausdruck, sondern stellen lediglich praktische Übereinkünfte dar, um Verhalten erwartbar zu machen (z.B. das Rechtsfahrgebot oder die Vorfahrtsregeln im Straßenverkehrsrecht). Die Erfahrung lehrt außerdem, dass Gesetze unsittlich sein können. Man denke etwa an die Gesetze zur Enteignung der Juden im Dritten Reich.

Weiterhin gehören zur Moral auch noch die zahlreichen **informalen Normen**, die sich in mehrfacher Hinsicht von Gesetzen unterscheiden können. Sie sind

- weniger verbindliche Soll- und Kann-Normen (bspw. Gebote der Nachbarschaftshilfe oder der Unterstützung der Armen),
- entstehen „von selbst" als gewachsene Lebensform
- oder werden von nicht-staatlichen Autoritäten (bspw. Kirchen) vorgeschrieben,
- liegen oft nicht explizit ausformuliert vor,

- treten nicht zu einem bestimmten Zeitpunkt in Kraft
- und werden anders kontrolliert und sanktioniert. Die Kontrolle erfolgt nicht durch staatliche Stellen, sondern in Form sozialer Kontrolle durch die Mitmenschen oder durch die Selbstkontrolle des Gewissens. Die Sanktionen bestehen nicht in Freiheits- oder Geldstrafen, sondern in sozialen Strafen wie Tadel, Missachtung, Vermeiden von Kontakten oder in Gewissensbissen.

Abbildung I/2 verdeutlicht die Unterschiede und die Schnittmenge zwischen der Moral und dem Recht.

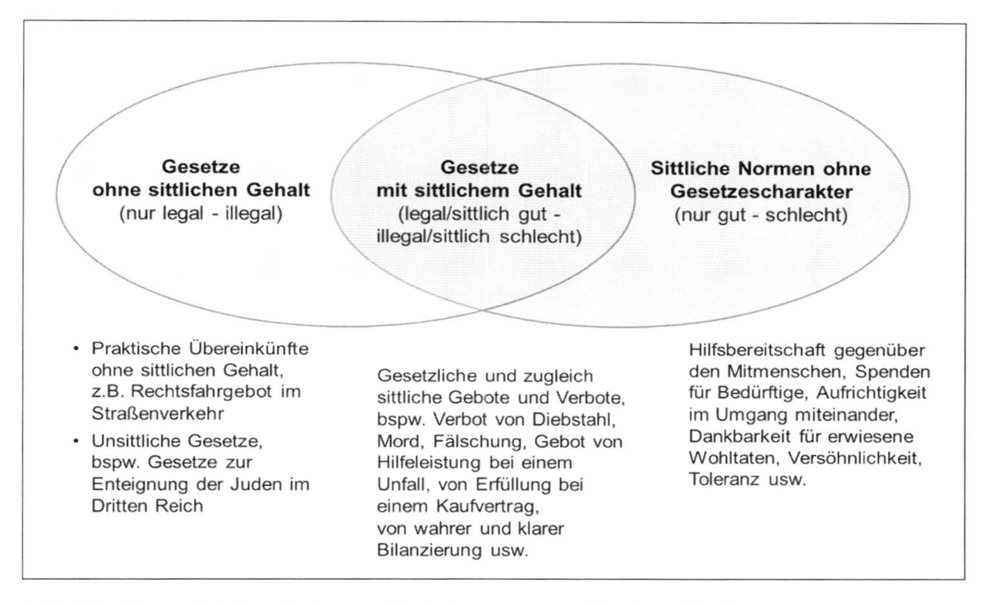

Abb. I/2: Unterschiede zwischen und Schnittmenge von Moral und Recht

Für die USA stellt *Bird* (vgl. [History] 18f.) eine Entwicklung hin zur Verrechtlichung von „Business Ethics“ fest, d. h. vormals „nur“ moralische Erwartungen an Unternehmen werden immer stärker in die Form von Gesetzen gegossen. Da nicht jede Form erwünschten Verhaltens gesetzlich geregelt werden kann und auch die Einhaltung der geltenden Gesetze durch die staatlichen Kontrollen und Sanktionen alleine niemals gewährleistet werden kann, haben die nicht-formalen Regeln, Kontroll- und Sanktionsmechanismen aber eine sehr wichtige ergänzende Funktion für die Gesellschaftsordnung.

1.2.3 Ethos

Als Rahmen für das Verhalten erscheint die herrschende Moral zunächst als etwas den Subjekten Äußerliches und Vorgegebenes. Die Moral erschöpft sich aber nicht in ihren äußeren Manifestationen, sondern umfasst auch die persönlichen Haltungen, Wertmaßstäbe, Überzeugungen, Sinnvorstellungen und Tugenden der Subjekte. Als sittliche Subjekte haben sie eine innere Moral, die man auch als Ethos bezeichnen kann.

Anerkennt ein Subjekt eine bestimmte Moral als verpflichtend für sein Handeln und ist das Handeln dauerhaft durch die Anerkennung geprägt, so spricht man von **Ethos**.

Der Begriff „Ethos" wird teilweise auch anders verwendet, bspw. als Sammlung von Regeln für bestimmte Berufsgruppen wie Ethos des Mediziners, Ethos des Kaufmanns, oder auch als Synonym für Moral. Im Folgenden ist mit Ethos eine **innere Verpflichtung zum Guten** gemeint. Durch sein Ethos fühlt sich das Subjekt an bestimmte Handlungsweisen gebunden, die es als gut und wünschenswert erkannt hat (bspw. Gesetzestreue, Mildtätigkeit, Ehrlichkeit). In gleicher Bedeutung wird auch der Begriff der „Moralität" verwendet (vgl. *Höffe* [Sittlichkeit] 272) oder – altmodisch – von Tugend gesprochen.

Mit der Moralität wird ein weiterer **Unterschied zwischen Recht und Moral** angesprochen. Denn während die von Recht und Moral ausgesprochenen Pflichten die gleichen sein können (bspw. Verträge einzuhalten, sie nach Treu und Glauben auszulegen) ist die Art der Verpflichtung eine andere. Dem Gesetz kann man rein äußerlich Folge leisten ohne innere Überzeugung, nur aus Angst vor Strafe, während zum moralischen Handeln die innere Triebfeder gehört, gut handeln zu wollen und zwar insbesondere auch dann, wenn man nicht dazu gezwungen ist (vgl. *Kant* [Rechtslehre] AB16,17).

Weil auch die Moralität Gegenstand der Ethik ist, kann man nicht sagen, dass die Ethik erst da anfängt, wo das Gesetz endet und sozusagen nur den (kleinen) Rest an Normen betrifft, die bisher noch nicht gesetzlich geregelt sind (zu dieser These vgl. *Crane/Matten* [ethics] 9). Vielmehr ist es eine Frage des Ethos, als gut und vernünftig akzeptierte Gesetze prinzipiell zu befolgen, einfach weil das Handeln als richtig erkannt wurde und nicht aus Angst vor Strafe. Zur Selbstverpflichtung kommt die Selbstkontrolle durch das Gewissen, als Sanktion wirkt das „schlechte Gewissen". Das heißt, man fühlt sich unwohl und schuldig, wenn man etwas getan hat, was nach eigener Überzeugung schlecht war. In diesem Urphänomen menschlicher Erfahrung erlebt vermutlich jeder Mensch den Anspruch des Moralischen.

Das Ethos bildet sich zum Teil durch die Verinnerlichung der herrschenden Moral im Rahmen der **Sozialisation** in Familie und Gesellschaft. Das aus dem Griechischen stammende Wort Ethos wird mit „Charakter, sittliche Gesinnung", aber auch mit „gewohnter Lebensort" und „Gewöhnung" übersetzt. *Aristoteles* war der Überzeugung, dass man Ethos erlernt und einübt wie eine Handwerkskunst, indem man sich an Vorbildern orientiert und die als richtig geltenden Handlungen vollzieht (vgl. [NE] 1103b).

Das Ethos muss aber mehr sein als das schlichte Abbild der geltenden Moral im Inneren des Menschen, denn sonst wären Kritik an der herrschenden Moral und ihre Weiterentwicklung nicht denkbar. Der Mensch kann sich aufgrund seines persönlichen Ethos geradezu verpflichtet fühlen, den geltenden Gesetzen, der geltenden Moral nicht Folge zu leisten. Das sittliche Subjekt schöpft offenbar bei seinen moralischen Urteilen noch aus anderen Quellen als den äußeren Vorgaben, vor allem aus der „Vernunft als praktisches Vermögen" (*Kant* [Grundlegung] BA7). Diese ermöglicht sowohl eine kritische Distanz gegenüber den geltenden Normen (weshalb bspw. u. U. ein nicht legales Handeln als moralisch empfunden werden kann) als auch die Neuschöpfung von

Normen, wenn dies aufgrund veränderter Lebensbedingungen oder neuer empirischer Erkenntnisse (bspw. Gentechnik) nötig wird.

Die Moral kann sich zu keinem Zeitpunkt auf den gerade gültigen Komplex von Normen, Wertmaßstäben usw. beschränken, sondern braucht das **sittliche Subjekt mit seinem Ethos**, das die **geltende Moral bewertet**, durch sein Handeln zur Geltung bringt oder sie auch abändert und ergänzt. Äußere und innere Moral (Ethos) sind in einer Art von Zirkel miteinander verbunden, denn das sittliche Subjekt ist zugleich Schöpfer und Adressat der Moral, ihr passives Vollzugsorgan und ihr aktiver Gestalter (vgl. Abbildung I/3).

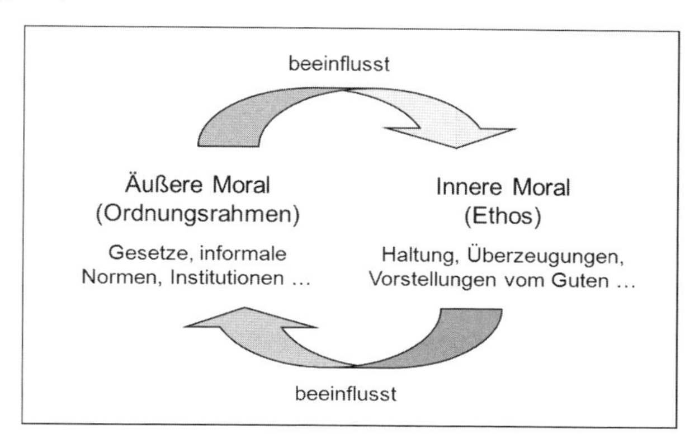

Abb. I/3: Zusammenhang von Moral und Ethos

1.3 Ethik

1.3.1 Allgemeine Kennzeichnung

Die **Ethik** kann ganz allgemein gekennzeichnet werden als die Lehre oder auch die Wissenschaft von Moral und Ethos, also vom menschlichen Handeln, welches sich von der Differenz zwischen gut/sittlich richtig und böse/sittlich falsch leiten lässt.

Ethik ist Teil der **praktischen Philosophie**. Die Philosophie, dem Wortsinne nach „Liebe zur Weisheit" (griech. philos = Freund; sophia = Weisheit), will das Wissen der Vernunft um die Gesamtwirklichkeit, insbesondere das Sein und Sollen des Menschen, vermehren und dabei „zu den letzten Gründen" vordringen. Ihrem eigenen Anspruch nach ist sie Wissenschaft, weil sie auf methodisch gesicherten Wegen systematisch zu einem gedanklich geklärten Wissen beiträgt (vgl. *Brugger* [Philosophie] 294f.).

Nach *Aristoteles* beschäftigt sich die theoretische Philosophie mit Theologie, Mathematik und Naturwissenschaften. Diese werden auch als betrachtende Wissenschaften bezeichnet. Dagegen gehören zur praktischen Philosophie die handelnden Wissenschaften, deren Prinzip die Entscheidungen von Handelnden sind (vgl. *Aristoteles* [Metaphysik] 1025b-1026a; 1064a).

Praktische Philosophie ist zu charakterisieren

- durch ihren Erkenntnisgegenstand, nämlich die menschliche Praxis, das **menschliche Handeln**
- sowie durch ihre praktische Intention der **Orientierung und Verbesserung dieser Praxis** im Hinblick auf die Erreichung eines Endzieles oder obersten Gutes.

1.3.2 Deskriptive Ethik

Die **deskriptive Ethik** beschreibt als empirische Disziplin, wie es in bestimmten Gesellschaften oder bei bestimmten Gruppen um Moral und Ethos bestellt ist.

Das Ethische soll in seinen verschiedenen zeit- und kulturabhängigen Ausprägungen möglichst genau erfasst werden.

Beispiel: Während es bis 1969 nicht nur als unsittlich galt, sondern sogar strafbar war, wenn Menschen ihre Homosexualität lebten, ist die gleichgeschlechtliche Partnerschaft heute eine allgemein akzeptierte Lebensform, die in Form der eingetragenen Lebenspartnerschaft sogar eheähnlichen Status genießt.

Man könnte sagen, deskriptive Ethik sei im Grunde mehr Ethnologie oder Geschichtswissenschaft als Ethik, weil man nur beschreibend feststellt, was bei bestimmten Völkern, Stämmen, Gruppen, Schichten, Klassen usw. als „moralisch" galt bzw. gilt. Es geht der deskriptiven Ethik aber nicht darum, die Neugier zu stillen durch die Beschreibung möglicherweise exotisch anmutender Sitten und Bräuche. Vielmehr nimmt sie zu den Befunden wiederum wertend Stellung. Wenn festgestellt wird, dass immer weniger Menschen in einer Gesellschaft bereit sind, sich entsprechend der herrschenden Moral richtig zu verhalten, wird das bspw. als ein Werteverfall problematisiert, der Handlungsbedarf auslöst. Die Beschreibung der Unterschiede zwischen den Moralvorstellungen verschiedener Kulturen (etwa islamische und christliche Kultur) oder verschiedener Zeiten gibt Anlass, die eigenen Vorstellungen zu prüfen und zu relativieren. Und die Entdeckung weit verbreiteter, von fast allen Menschen anerkannter Grundnormen macht Hoffnung auf die Möglichkeit eines Weltethos (bspw. in der Form der Anerkennung zentraler Menschenrechte).

1.3.3 Normative Ethik

Die deskriptive Ethik liefert mit ihrer Beschreibung der herrschenden moralischen Praxis einen wichtigen Input für die normative Ethik, die als eigentlicher Kern der Ethik gilt.

Die normative Ethik sucht nach den richtigen sittlichen Sollensaussagen. Sie will begründete und verbindliche Aussagen dazu machen, wie der Mensch handeln soll (Handlungsnormen oder Pflichten), was er anstreben soll (Strebensziele oder Werte/Güter) und wie er sein soll (Haltungsnormen oder Tugenden).

Man sucht nach dem festen, verbindlichen Maßstab für das Gute, mit dem man die geltende Praxis bewerten, orientieren und verbessern kann.

1.3.4 Methodenlehre

Häufig vernachlässigt wird ein Bereich der Ethik, der von *Kant* als „Methodenlehre" bezeichnet wird.

Die **Methodenlehre** sucht nach der Art, „wie man den Gesetzen der reinen praktischen Vernunft Eingang in das menschliche Gemüt, Einfluß auf die Maximen desselben, d.i. die objektiv-praktische Vernunft auch subjektiv praktisch machen könne." (vgl. [Kritik] A269).

In moderner Diktion würde man sagen, es geht um die Motivation zum Guten oder die **Implementation von Moral**.

Diese Implementation kann zum einen an der Gesinnung, am Ethos des Individuums ansetzen. Ihm soll die „Triebfeder zum Guten" eingepflanzt werden, so dass es zur selbstverständlichen Gewohnheit wird, die Handlungen nach moralischen Kriterien zu prüfen und sich für das Gute zu entscheiden (vgl. *Kant* [Kritik] A273, A285). Ähnlich wie auch *Aristoteles* sieht *Kant* die Erziehung der Jugend als wichtigste Methode, um sittliche Subjekte (Aristoteles spricht von „wertvollen Menschen") herauszubilden (vgl. *Kant* [Kritik] A275ff.; *Aristoteles* [NE] 1103b).

Zum anderen wird, vor allem im ökonomischen Diskurs, die Möglichkeit erwogen, das Ethos des Individuums sozusagen zu umgehen und durch geschickt gestaltete Anreize auf der Ebene der äußeren Moral dafür zu sorgen, dass auch der unmoralische Mensch zuverlässig in erwünschter Weise handelt. Für *Kant* wäre dies „lauter Gleisnerei, das Gesetz würde gehaßt, oder wohl gar verachtet, indessen doch um des eigenen Vorteils willen befolgt werden" ([Kritik] A271). Für andere, in erster Linie Wirtschaftsethiker, erscheint es als einzig realistische Möglichkeit, Moral – vor allem in der Wirtschaft – zu implementieren (vgl. bspw. *Homann* [Unternehmensethik] 42). Diese Kontroverse wird uns später noch beschäftigen.

1.3.5 Metaethik

Schließlich ist als vierter Bereich noch die Metaethik zu nennen.

Die **Metaethik** will keine inhaltlichen Aussagen über das sittlich Gute machen, sondern ethische Aussagen untersuchen. Ihr Forschungsgegenstand ist die Ethik an sich, nicht Moral und Ethos.

Ihre wichtigste Methode ist die **Sprachanalyse**. Sittliche Prädikate wie „gut", „richtig", „Sollen", „Pflicht" werden auf ihre Bedeutung hin untersucht und die sittliche von der nicht-sittlichen Verwendung unterschieden. Weitergehend versucht man die Frage zu klären, ob ethische Aussagen die Form von Behauptungen haben und damit wahrheitsfähig sind.

Die unterschiedliche Beantwortung dieser Frage trennt die Lager der Nonkognitivisten und der Kognitivisten. Der Kognitivismus hält an der prinzipiellen Erkennbarkeit des Sittlichen fest, der Nonkognitivismus meint dagegen, ethische Aussagen könnten nicht im wissenschaftlichen Sinne wahr oder falsch sein. Obwohl die Metaethik sich selbst als ethisch neutrale Sprachwissenschaft versteht, haben ihre Urteile große Relevanz auch für die normative Ethik. Denn wenn die sittlichen Aussagen nicht wahrheitsfähig sind, ist es sehr schwer, ihre Gültigkeit zu begründen.

Abbildung I/4 vermittelt nochmals einen kurzen Überblick über diese Ethikbereiche und ihre jeweils zentrale Fragestellung.

deskriptive Ethik	Was wird für das Gute gehalten?
normative Ethik	Was ist das Gute?
Methodenlehre	Wie kann man Menschen bewegen, das Gute zu verwirklichen?
Metaethik	Sind Aussagen über das Gute wahrheitsfähig?

Abb. I/4: Bereiche der Ethik

Im Folgenden steht die normative Ethik im Vordergrund.

2 Unterschiedliche Typen ethischer Argumentation

Schon seit Jahrtausenden wird von Philosophen und Theologen systematisch über das Gute nachgedacht, ohne dass bis heute ein definitiver Abschluss dieses Prozesses zu verzeichnen wäre. Im Verlaufe der Diskussion haben sich teils recht kontroverse Meinungen herausgebildet, die im Folgenden vorgestellt werden sollen. Um der Übersichtlichkeit willen werden die Aussagen zu „Typen" verdichtet, auch wenn damit notgedrungen eine gewisse Verkürzung und Vereinfachung verbunden ist.

Wir unterscheiden

- nach der **Bewertungsgrundlage** die Gesinnungs-, Pflichten- und Folgenethik,
- nach dem **Ort der Moral** die Individual-, Institutionen- und „Öffentlichkeitsethik" und
- nach verschiedenen **Methoden**, zu ethisch vertretbaren Entscheidungen zu kommen, die monologische Ethik und die Diskursethik.

2.1 Bewertungsgrundlage: Gesinnung, Handlung, Folgen

Zur Illustration der Problematik werden zunächst drei fiktive Beispiele für das Verhalten verschiedener Personen vorgestellt.

> Szene 1
>
> Frau A. sieht, wie eine Frau von einem Mann verfolgt wird, und denkt: „Der Kerl will ihr sicher Böses tun, ich will sie retten". Als der Mann zu ihr kommt und sie

fragt, wohin die Frau gelaufen sei, zeigt sie in die falsche Richtung und sagt: „Da entlang!“ Nachher stellt sich heraus, dass die Frau eine Diebin war und der Verfolger der Bestohlene. Die entkommene Diebin stiehlt weiterhin.

Szene 2

Frau B. sieht, wie eine Frau von einem Mann verfolgt wird, und denkt: „Der Kerl will ihr sicher Böses tun, das kann ja spannend werden“. Als der Mann zu ihr kommt und sie fragt, wohin die Frau gelaufen sei, zeigt sie eifrig in die richtige Richtung. Nachher stellt sich heraus, dass die Frau eine Diebin war und der Verfolger der Bestohlene. Der Verfolger erwischt die Diebin und sie wird bestraft.

Szene 3

Frau C. sieht, wie eine Frau von einem Mann verfolgt wird, und denkt: „Der Kerl will ihr sicher Böses tun. Wenn ich doch helfen könnte“. Als der Mann zu ihr kommt und sie fragt, wohin die Frau gelaufen sei, sagt sie die Wahrheit, weil sie den Grundsatz vertritt, dass man nie lügen darf. Nachher stellt sich heraus, dass die Frau vor ihrem gewalttätigen Ehemann flüchtete, der sie findet und schlägt.

Vor die Frage gestellt, welche der drei Frauen sittlich gut oder böse gehandelt hat, wird bewusst, dass ganz unterschiedliche Argumente ins Feld geführt werden können. Waren ihre Absichten gut? Waren ihre Taten gut? Waren die Folgen gut? All das kann man sich fragen, und je nachdem, worauf man die sittliche Bewertung stützt, wird man zu verschiedenen Urteilen gelangen. Auch die philosophische Ethik hat dazu keine endgültige Antwort gefunden. Vielmehr können unterschiedliche Typen ethischer Argumentation gerade danach unterschieden werden, welcher Bewertungsgrundlage sie den Vorzug geben. Dies soll nun näher ausgeführt werden.

2.1.1 Gesinnungsethik

2.1.1.1 Allgemeine Kennzeichnung

Unter **Gesinnung** versteht man das subjektive Wollen des Individuums, die Motivation oder innere Disposition, aus der heraus gehandelt wird. Moralisch ist, das Gute zu wollen.

„Es ist nichts in der Welt, ja überhaupt auch außerhalb derselben zu denken möglich, was ohne Einschränkung für gut könnte gehalten werden, als allein ein guter Wille .... Der gute Wille ist nicht durch das, was er bewirkt, oder ausrichtet, nicht durch seine Tauglichkeit zur Erreichung irgend eines vorgesetzten Zweckes, sondern allein durch das Wollen, d.i. an sich, gut ...“ (*Kant* [Grundlegung] BA1, 3). Mit diesen Worten stellt *Kant* die Moralität der Gesinnung als ganz entscheidend für die sittliche Bewertung von Handlungen heraus. Was gut ist, erkennt die praktische Vernunft in der Gestalt des Gewissens. „Wenn aber jemand sich bewußt ist, nach Gewissen gehandelt zu haben, so kann von ihm, was Schuld oder Unschuld betrifft nichts mehr verlangt werden“ (*Kant* [Tugendlehre] A38). Entscheidend für die Bewertung einer Handlung ist das subjektive Wissen und Wollen des Individuums, seine Absicht, das Gute zu tun.

2.1.1.2 Vorteile und Probleme einer Gesinnungsethik

Die Gesinnungsethik betont das Recht des Individuums auf die persönliche „Gewissensfreiheit" und stärkt damit die Subjektstellung des Menschen. Die Moral kann sich weiter entwickeln, wenn sich Menschen aus Gewissensgründen auch über herrschende Normen hinwegsetzen. Die Betonung der Gesinnung kommt auch unserem alltäglichen Moralverständnis durchaus entgegen, denn es wird im Allgemeinen als triftige Entschuldigung angesehen, wenn man „in bester Absicht" etwas Falsches getan hat. Man kann die möglicherweise eintretenden schlechten Folgen ja häufig gar nicht voraussehen. Dieses Denken schlägt sich auch in der Rechtsprechung nieder, wo es für die Strafzumessung oft entscheidend darauf ankommt, ob eine Tat mit Absicht oder nur fahrlässig verübt wurde. Weil die Gesinnung des Handelnden bedeutsam erscheint für die sittliche Bewertung, neigen wohl die meisten dazu, das Handeln von Frau A. und Frau C. (vgl. Szene 1 und 3) nicht als böse anzusehen, auch wenn es schlechte Folgen hat und im Falle von Frau A. auch noch eine Lüge hinzukommt. Frau B. (vgl. Szene 2) hingegen, welche die Wahrheit sagt und so zur Ergreifung einer Diebin beiträgt, mögen wir nicht ohne weiteres Sittlichkeit bescheinigen, weil hinter ihrem Tun die voyeuristische Absicht stand, sich am Unglück anderer zu weiden. Eine an sich richtige Tat mit guten Folgen wird durch das Fehlen der rechten Gesinnung entwertet. Für die moralische Bewertung ist die Gesinnung ohne Zweifel von großer Bedeutung.

Die Gesinnung zum alleinigen Maßstab der Bewertung des Guten zu machen, bringt aber eine Gefahr mit sich, für welche der Volksmund den treffenden Spruch kennt: Das Gegenteil von gut ist gut gemeint. Im Extremfall wird jemand aus moralischer Gesinnung zum „Gesinnungstäter", bspw. als Selbstmordattentäter, der sich bei seinen schrecklichen Taten selbst als Märtyrer für eine heilige Sache versteht. Auf der Grundlage einer reinen Gesinnungsethik müsste man ein solches Handeln eigentlich rechtfertigen, denn der Täter gibt sogar sein Leben hin, um das in seinen Augen Gute zu tun. Doch wird eine solche Rechtfertigung den meisten Menschen widerstreben. Man fragt sich: Kann denn Gewissensentscheidung bedeuten, dass jemand tun kann, was er will, solange er es nur selbst gut findet? Spielt die Tat mit ihren Folgen für die Betroffenen keine Rolle? Gibt es keine verbindlichen, objektiven Maßstäbe dafür, was gutes und richtiges Handeln ist?

Auch *G. W. F. Hegel* kritisiert die bloße Innerlichkeit des guten Willens, „daß nämlich alle an und für sich seiende und geltende Bestimmtheit des Guten und Schlechten, des Rechts und Unrechts, aufgehoben, und dem Gefühl, Vorstellen und Belieben des Individuums diese Bestimmung zugeschrieben wird." Wenn nur die Überzeugung des Einzelnen, dass etwas recht sei, die sittliche Natur der Handlung bestimme, könne letztlich jedes Verbrechen gerechtfertigt werden, solange es nur aus guter Absicht bzw. mit gutem Gewissen verübt würde (*Hegel* [Grundlinien] § 140). Die Subjektivität des guten Willens braucht also als Orientierungshilfe und Korrektiv immer die Kommunikation mit den anderen über das „objektive Sittliche", welches über das subjektive Meinen und Belieben erhaben ist (vgl. *Hegel* [Grundlinien] §144).

Kant löst dieses Problem, indem er postuliert, dass ein schlechterdings guter Wille die Gültigkeit bestimmter Prinzipien und der daraus ableitbaren Normen wollen muss, weil die Vernunft es gebietet. „Das moralische Sollen ist also eigenes notwendiges Wollen..." ([Grundlegung] BA113), und selbst der „ärgste Bösewicht" kann aufgrund seiner Vernunft erkennen, dass er eigentlich Handlungen nicht wollen kann, die nicht zum allgemeinen Gesetz werden könnten, also verallgemeinerungsfähig sind (ebenda

BA112). Auf der anderen Seite gesteht er zu, dass man sein Gewissen kultivieren und sich selbst darüber aufklären muss, was Pflicht ist und was nicht (vgl. [Tugendlehre] A39). Das Ideal der (Selbst-)Erziehung ist die Tugend.

Tugend ist die durch fortgesetzte Übung erworbene Lebenshaltung einer sittlich gebildeten Persönlichkeit.

In der Methodenlehre sinnt er überdies darüber nach, wie ein ungebildetes und verwildertes Gemüt ins Gleis der moralischen Gesinnung gebracht werden könne (vgl. [Kritik] A271). Er traut offenbar der Treffsicherheit des subjektiven moralischen Urteils doch nicht so ganz, und tatsächlich entwickelt er ja auch einen umfangreichen Kanon verbindlicher ethischer Pflichten, welche die Gewissensentscheidung „normieren". Diese werden im Folgenden dargestellt.

2.1.2 Pflichtenethik

2.1.2.1 Allgemeine Kennzeichnung

Ein Hauptkritikpunkt an einer reinen Gesinnungsethik ist, dass die subjektive Auffassung vom Guten falsch sein kann. Für den Handelnden selbst mag es als Rechtfertigung reichen, etwas mit gutem Gewissen getan zu haben, aber für die von einer Handlung Betroffenen sind die Tat und ihre Folgen entscheidend. Die Tötung und Verstümmelung unschuldiger Menschen kann nicht wirklich gut geheißen werden, auch wenn ein fanatischer Selbstmordattentäter persönlich überzeugt ist, den Willen Gottes zu erfüllen. Das Gewissen muss gebildet werden, um das objektiv Sittliche zu wollen.

Nach *Kant* ist es die Aufgabe der praktischen Philosophie „... den Weg zur Weisheit, den jedermann gehen soll, gut und kenntlich zu bahnen" und „... der Verirrung einer noch rohen und ungeübten Beurteilung" vorzubeugen ([Kritik] A292). Er nimmt an, durch die systematische, wissenschaftliche Zergliederung von Beispielen der moralischurteilenden Vernunft schließlich zu moralischen Gesetzen zu kommen, welche die Handlungen, die geschehen sollen, objektiv als notwendig vorstellt und damit zur Pflicht macht (vgl. *Kant* [Rechtslehre] AB14).

„**Pflicht** ist diejenige Handlung, zu welcher jemand verbunden ist" (*Kant* [Rechtslehre] AB21). Moralisch ist, das Gute zu tun.

Das gilt für Gesetzespflichten wie für Tugendpflichten. Pflichtenethik setzt also bei den Handlungen an, die geboten oder verboten sind. Es gibt sozusagen einen Katalog von Normen, welche konkret sagen, welches Tun richtig und falsch ist. Als Beispiel eines solchen Normenkatalogs kann der mosaische Dekalog genannt werden mit Geboten wie „Du sollst nicht töten", „Du sollst nicht stehlen", „Du sollst nicht falsch Zeugnis ablegen wider deinen Nächsten".

Speziell bei *Kant* ist die Befolgung der Pflichten jedoch nur dann Ausdruck von Moralität, wenn die innere Triebfeder zum Guten (die moralische Gesinnung, das Pflichtgefühl, die Haltung der Tugend) für die Befolgung entscheidend ist und nicht bspw.

Angst vor Strafe ([Rechtslehre] AB18). Daraus folgt eine doppelte Verpflichtung: Moralisch ist, „das Pflichtgemäße zu tun“ und es „aus Pflicht“ zu tun. Pflichtenethik im Sinne *Kants* beruht demnach auf den Bewertungsgrundlagen Gesinnung und Handlung.

2.1.2.2 Die Erkenntnis des Pflichtgemäßen auf der Grundlage von Imperativen

Doch wie erkennt man, welche Handlung Pflicht ist? „Der Grundsatz, welcher gewisse Handlungen zur Pflicht macht, ist ein praktisches Gesetz. Die Regel des Handelnden, die er sich selbst aus subjektiven Gründen zum Prinzip macht, heißt seine Maxime“ (*Kant* [Rechtslehre] AB25). Die subjektiven Maximen verbindet Kant mit dem, was die Vernunft objektiv gebietet durch zwei Grundsätze der Sittenlehre. Der erste wird kategorischer Imperativ genannt.

Der **kategorische Imperativ** lautet in einer seiner verschiedenen Formulierungen: „handle nach einer Maxime, welche zugleich als ein allgemeines Gesetz gelten kann“ (*Kant* [Rechtslehre] AB25).

Das sittliche Subjekt ist also frei darin, sich persönliche Regeln zu setzen, wie es prinzipiell handeln will (Maximen). So könnte jemand nach der Maxime handeln, immer dann ein Versprechen zu brechen, wenn es ihm nutzt. Zugleich aber ist er verpflichtet, die objektive Gültigkeit dieser Regel zu prüfen, indem er sich nach der Verallgemeinerungsfähigkeit dieser Handlungsmaxime fragt. Kann ich wollen, dass alle anderen Menschen auch nach dieser Maxime handeln, meine Maxime also zum Gesetz wird? Dieser formalen, negativen Bestimmung (die Maxime deines Handelns soll einem Gesetz nicht widerstreiten) stellt *Kant* eine materiale, positive Bestimmung des Inhalts guter Maximen zur Seite, den praktischen Imperativ.

Der **praktische Imperativ** lautet: „Handle so, daß du die Menschheit, sowohl in deiner Person, als in der Person eines jeden anderen, jederzeit zugleich als Zweck, niemals bloß als Mittel brauchest“ (*Kant* [Grundlegung] BA66f.; vgl. auch [Tugendlehre] A54).

Eine weitere Konkretisierung erfährt der praktische Imperativ durch die Prinzipien, nach **eigener Vollkommenheit** sowie **fremder Glückseligkeit** zu streben (vgl. *Kant* [Tugendlehre] A13).

2.1.2.3 Die Pflichten im Einzelnen

Noch genauere Vorstellungen davon, welche Pflichten als verbindlich anzusehen sind, entwickelt *Kant* in seiner Rechtslehre und seiner Tugendlehre. Für die Rechtspflichten ist eine äußere Gesetzgebung möglich, für die Tugendpflichten nicht, weil sie „ein innerer Akt des Gemüts“ sind, den niemand erzwingen kann (*Kant* [Rechtslehre] AB47). Die Tugendpflichten (vgl. [Tugendlehre] A1ff.) zielen zum einen auf bestimmte gebotene oder verbotene Handlungen, zum anderen auf gebotene oder verbotene innere Haltungen und zwar sowohl im Hinblick auf sich selbst als auch auf andere.

Pflichtgemäßes Handeln gegen sich selbst umfasst bspw.: Das Gebot der Selbstachtung der eigenen Würde, das Verbot des Selbstmordes und der Selbstverstümmelung, das Verbot zu lügen, das Verbot sich durch Versoffenheit und Gefräßigkeit selbst zu schaden, das Gebot der Erhaltung der Art, der Pflege des Körpers und des Geistes, der Entfaltung eigener Potenziale, der Selbsterkenntnis, der Gewissensbildung. Auch Wohlhabenheit anzustreben gilt ihm zumindest als eine indirekte Pflicht, weil Armut eine große Versuchung zu Lastern mit sich bringe (vgl. ebenda A18).

Pflichtgemäßes Handeln gegen andere bedeutet für *Kant*: Die Würde der anderen zu achten, ihnen Wohltaten zu erweisen und in der Not beizustehen, sie nicht zu betrügen, zu verleumden und zu verhöhnen, sich dankbar zu erweisen und versöhnlich zu zeigen.

Als **innere Haltungen** geboten sind: Zuallererst die innere Verpflichtung zum moralischen Handeln als die eine Tugendverpflichtung, sodann als spezielle Tugendpflichten Wohlwollen, Mitleid und Mitfreude oder allgemein Mitmenschlichkeit, Dankbarkeit, Wahrhaftigkeit, Redlichkeit, Achtung für das Recht. Verbotene Laster sind dagegen: Neid, Missgunst, Schadenfreude, Hochmut, Rachbegierde, Geiz.

Grundsätzlich verpflichtend sind natürlich auch die Rechtsgesetze, welche nach dem Prinzip zu bilden sind, dass „die Freiheit der Willkür eines jeden mit jedermanns Freiheit nach einem allgemeinen Gesetze zusammen bestehen kann“ (*Kant* [Rechtslehre] AB33). Dass Verträge einzuhalten, Schulden zu zahlen, Eigentum zu achten ist, das sind bindende Pflichten. Von den Tugendpflichten unterscheiden sie sich aber dadurch, dass man ihnen nur äußerlich folgen kann, ohne dass die Achtung vor dem Recht die Triebfeder des Handelns ist.

Schließlich entwickelt *Kant* auch Vorstellungen von ethisch positiv zu bewertenden Zuständen. Wünschenswerte Zustände sind bspw. eigene Vollkommenheit, allgemeine Glückseligkeit, Freiheit, Sicherheit, Gerechtigkeit, Frieden, und der Mensch ist verpflichtet, solche Zustände zu verwirklichen. Die moralisch-praktische Vernunft sagt bspw. „Es soll kein Krieg sein“ ([Rechtslehre] A233/B264) oder sie sagt, es sei unrecht, in einem Zustand sein und bleiben zu wollen, der kein rechtlicher ist und in dem niemand vor Gewalttätigkeit sicher ist (vgl. ebenda AB158). Es ist Pflicht, sich aus dem Naturzustand des Krieges eines jeden gegen jeden zu befreien und das Gemeinwesen durch eine „bürgerliche Verfassung“ zu ordnen (ebenda AB86; vgl. auch *Kant* [Religion] A126f./B134f.). Die aus den Handlungen erwachsenden Folgen (Zustände) hält er aber nicht für eine gültige Bewertungsgrundlage für sittliches oder unsittliches Handeln.

2.1.2.4 Vorteile und Probleme einer Pflichtenethik

Eine Ethik, welche verbindliche Pflichten entwickelt, nennt man auch eine **deontologische Ethik** (griech.: to déon = das Erforderliche, die Pflicht).

Deontologische Ethik **im weiteren Sinne** kann sich auf Haltungen beziehen (z.B. du sollst Achtung vor dem Recht haben, du sollst wahrhaftig sein), auf Handlungen (z.B. tue niemandem Unrecht, lüge nicht) und auf Zustände (z.B. erstrebe Gerechtigkeit, erstrebe Wahrheit). **Im engeren Sinne** ist mit deontologischer Ethik gemeint, dass verbindliche Handlungsnormen vorgegeben werden, wie wir sie bspw. auch aus den zehn Geboten der Bibel kennen, und dass die unbedingte Gültigkeit dieser Normen ohne Rücksicht auf die Folgen behauptet wird (vgl. *Quante* [Einführung] 129).

Die Ethik *Kants* wird oft als Paradebeispiel einer solchen deontologischen Ethik im engeren Sinne angesehen. Tatsächlich hat er vor allem die **Pflicht zur Wahrhaftigkeit** als „ein heiliges, unbedingt gebietendes, durch keine Konvenienzen einzuschränkendes Vernunftgebot" angesehen, welches auch dann nicht außer Kraft gesetzt wird, wenn die Wahrheit für den Sprecher oder einen anderen einen großen Nachteil mit sich bringt (*Kant* [Recht] A307). Selbst wenn ein potentieller Mörder nach dem Versteck des von ihm Angefeindeten frage, müsse man ihm ehrlich antworten, denn für die möglicherweise üblen Folgen sei nicht der Gefragte verantwortlich zu machen, sondern der Zufall (vgl. ebenda).

Der **Vorteil** einer Pflichtenethik, vor allem in der Form unbedingter Handlungsnormen, liegt darin, dass klare und eindeutige Handlungsanweisungen vorliegen. Zu beurteilen, was gut ist, wird nicht der Beliebigkeit persönlichen Fühlens und Meinens überlassen, wie in einer reinen Gesinnungsethik, sondern objektiviert. Unbedingte, „heilige" Gebote, vermitteln das Gefühl, auf festem Grund zu stehen. Der Einzelne wird davon entlastet, selbst entscheiden zu müssen, welche Handlung richtig ist.

Aber auch diese Form der Ethik weist **Probleme** auf, wie das obige Beispiel von *Kant* schon andeutet. Kann ich denn wirklich von den Folgen meines Handelns abstrahieren, auch wenn diese mit ziemlicher Sicherheit sehr schlecht für einen anderen Menschen ausfallen, wie dies der Fall ist, wenn ich einem Mörder den Aufenthaltsort des Opfers verrate? Bin ich denn nicht mit gleicher Verbindlichkeit zur Menschenliebe und zum „Wohltun" verpflichtet? Darf ich auch dann keine Lebensmittel stehlen, wenn es ums Überleben geht? Als geradezu klassisches Dilemma kann in diesem Zusammenhang auch das Problem eines Arztes angesehen werden, der eine werdende Mutter nur retten kann, indem er das Ungeborene tötet. Richtet er sich nach dem Gebot „Du sollst nicht töten" und unternimmt nichts, sterben mit Sicherheit Mutter und Kind. Trotz dieser absehbaren schrecklichen Folgen hat die Moraltheologie lange Zeit das deontologische Tötungsverbot als absolut verbindlich angesehen (vgl. *Schüller* [Begründung] 197f.).

Wie die Beispiele zeigen, können sowohl die äußeren Bedingungen mit den unbedingten Geboten kollidieren als auch die Gebote untereinander sich widerstreiten. Eine Handlung hat eben oft gleichzeitig mehrere Wirkungen. Man fragt sich, muss es nicht angesichts der Probleme einer unbedingten Einhaltung der Pflichten erlaubt sein, sie situativ zu relativieren? Auf diesen Überlegungen basiert die Folgenethik, die als Nächstes vorgestellt wird.

2.1.3 Folgenethik

2.1.3.1 Allgemeine Kennzeichnung

Die **Folgenethik** macht die sittliche Bewertung einer Handlung bzw. einer Handlungsregel von deren Folgen abhängig. Moralisch ist, das Gute zu erreichen. Man spricht auch von einer **teleologischen Ethik** (griech. télos = Ziel, Zweck).

Von bestimmten erwünschten Zuständen her wird zurückgeschlossen auf die dafür nötigen Handlungen. Die richtigen Handlungen können so situativ unterschiedlich ausfallen. Nach einer Folgenethik ist es bspw. erlaubt zu lügen und sogar zu töten, wenn sich auf andere Weise unerwünschte noch schlimmere Folgen nicht abwenden lassen.

Ein prominenter Verfechter der Folgenethik ist *Max Weber* (vgl. [Politik] 551ff.). Er will sich weder auf „die Flamme der reinen Gesinnung" verlassen, die möglicherweise zu irrationalen Taten führe, noch auf die „absolute Ethik" deontologischer Handlungsnormen. Als Beispiele für deontologische Normen, die zu unerwünschten Folgen führen können, nennt er das biblische Gebot der Gewaltlosigkeit und das Kantianische Gebot der Wahrheitspflicht. Absolute Gewaltlosigkeit würde bedeuten, Übeltätern nicht zu widerstehen und so das Böse zu fördern. Aktuelles Beispiel: Man dürfte dann auch in einem akuten Notfall keine Terroristen erschießen. Und der Wahrheitspflicht entspräche auch der Verrat von Staatsgeheimnissen mit möglicherweise desaströsen Folgen für das ganze Land. Der Mensch im Allgemeinen, besonders aber der Entscheidungsträger in Staat und Gesellschaft, dürfe nicht sagen: Ich tue, was recht ist und stelle den Erfolg Gott anheim. Vielmehr hätten die Menschen für die voraussehbaren Folgen ihres Handelns aufzukommen, d.h. Verantwortung zu tragen. *Max Weber* spricht daher auch von **Verantwortungsethik**.

2.1.3.2 Vorteile und Probleme einer Folgenethik

Mit der Beachtung der Folgen sind viele Vorteile verbunden. Gegenüber einer deontologischen Normenethik scheint die Folgenethik humaner und flexibler. Sie trägt dem Umstand Rechnung, dass in spezifischen Fällen die Befolgung allgemein verbindlicher Normen zu einem größeren Übel führt als deren Übertretung. Sie kennt generelle Normen aber auch Ausnahmen. Auch wird der Mensch als autonomes moralisches Subjekt sichtbarer als es der Fall ist bei einem bloßen Gehorsam gegenüber vorgegebenen Normen. Das moralische Subjekt muss sich ein eigenes Urteil bilden über die Folgen seines Tuns und deren Bewertung. Die tatsächlich eintretenden Folgen stellen überdies eine Art „Rückmeldung" dar, welche hilft, die Richtigkeit von Normen und Entscheidungen immer wieder zu prüfen und falls nötig zu korrigieren. Eine Weiterentwicklung der Moral im Kontakt mit einer sich verändernden Wirklichkeit ist leichter möglich. Dass auch die Folgen einer Handlung für die sittliche Bewertung Bedeutung haben, leuchtet ein. Deswegen würden wohl viele sagen, die Protagonistin der Szene 3, Frau C., habe unverantwortlich gehandelt, als sie dem Verfolger die Wahrheit sagte und so ein Verbrechen ermöglichte. Wären allerdings alleine die Folgen Bewertungsgrundlage, müsste man Frau B. (vgl. Szene 2) verantwortungsbewusstes Handeln bescheinigen, obwohl sie von diesen Folgen selbst überrascht wurde.

Hier zeigt sich ein erstes **Problem** der Folgenethik, nämlich die mangelnde Vorhersehbarkeit der guten oder schlechten Folgen. Sie können im Guten wie im Schlechten weit von den Erwartungen abweichen. Kann man dann die Folgen dem Handelnden überhaupt noch zurechnen? Hat das nicht mehr mit Glück oder Pech zu tun als mit gutem oder bösem Handeln? Für *Kant* (vgl. [Recht] A310) liegt im Wirken des Zufalls ein Hinderungsgrund für eine teleologische Ethik vor.

Als zweites Problem erweist sich die Bewertung der Ziele und der dafür nötigen Mittel. Man braucht ja wiederum ein Fundament verbindlicher Vorstellungen vom Guten, um überhaupt abwägen zu können, was eine gute Folge und was eine üble Folge ist und welche Ausnahmen von einer generellen Norm in einem speziellen Fall durch die Erreichung eines guten Zieles bzw. durch die Vermeidung eines noch größeren Übels gerechtfertigt wird und welche nicht. Beispielhaft sollen einige Aussagen von Philosophen zu diesem Problemkomplex vorgestellt werden.

2.1.3.3 Der Handlungsutilitarismus von *Jeremy Bentham*

Als oberstes Gut und Endziel gilt schon seit *Aristoteles* (vgl. [NE] 1097a/b) häufig das **Glück**, meistens mit dem Zusatz „allgemeines Glück". Doch um wessen Glück es geht, worin dieses Glück besteht und welche Mittel geeignet sind, es zu erlangen, ist umstritten. Besonders präzise hat sich dazu *Jeremy Bentham* geäußert. In seiner 1780 erstmals erschienen Schrift „An Introduction to the Principles of Morals and Legislation" erläutert er das „Nützlichkeitsprinzip" oder das „Prinzip des größten Glücks" und gilt damit als einer der Gründerväter des Utilitarismus (lat. utilis = nützlich).

Im normativen Konzept des **Utilitarismus** wird menschliches Handeln von seinem Nutzen her beurteilt. Wird das Nützlichkeitsprinzip auf Einzelhandlungen bezogen, spricht man auch von **Handlungsutilitarismus**.

Nach dem Nützlichkeitsprinzip ist jede Handlung zu billigen, die geeignet ist, das Glück der Gruppe, deren Interessen in Frage steht, zu vermehren, und jede Handlung zu missbilligen, die das Glück vermindert bzw. Leid erzeugt. Soll die Billigkeit einer Handlung nach dem Ausmaß an Freude und Leid bestimmt werden, die sie hervorruft, steht man allerdings vor der äußerst diffizilen Aufgabe, **Freude und Leid zu messen**.

Bentham weicht dieser Aufgabe nicht aus (vgl. [Einführung] 79ff.):

- Er benennt Arten des Glücks (bspw. Sinnenfreuden, Reichtum, Kunstfertigkeit, Macht, ein guter Ruf, Freuden der Mildtätigkeit, der Frömmigkeit und der Missgunst) und
- Arten des Leides (bspw. Entbehrungen, Unbeholfenheit, Feindschaft, ein schlechter Ruf, Leiden aus Mildtätigkeit, Frömmigkeit und Missgunst).

Jedes Leid und jede Freude kann außerdem noch größer oder geringer sein, je nach ihrer Intensität, der Dauer, der Gewissheit und Ungewissheit sowie der Ferne und der Nähe. Schließlich ist auch noch zu berücksichtigen, mit welcher Wahrscheinlichkeit auf ein momentanes Leid später Freude folgt (bspw. aus mühsamen Lehrjahren spätere Kunstfertigkeit) und umgekehrt Freude später zu Leid führt (bspw. aus momentanen leiblichen Genüssen spätere Unpässlichkeit resultiert).

Sind durch eine Handlung mehrere Personen betroffen, muss man zunächst für jeden Einzelnen das Ausmaß an Freude und Leid berechnen und dessen „Netto-Nutzen" ermitteln, der positiv oder negativ ausfallen kann (also bspw. aus der Sicht eines Gebenden von den Freuden der Mildtätigkeit die damit verbundenen Leiden – etwa die Einbuße an Reichtum – abziehen). Dann addiert man die Netto-Nutzen über die Anzahl der betroffenen Personen, also den Nutzen des Gebenden und den Nutzen des Nehmenden und zieht die Bilanz. Überwiegt die Anzahl der Betroffenen mit einem positiven Netto-Nutzen, ist die Handlung gut und moralisch richtig. Das Konzept des Utilitarismus weist eine große Nähe zur Ökonomie auf, welche auch einem Nutzenkalkül folgt.

Gerade *Benthams* konsequente Umsetzung des Utilitarismus bis hin zur Berechnung einer Glücksbilanz (hedonistisches Kalkül genannt), deckt die Schwächen dieser Ethik auf. Diese liegen erstens in der **Bestimmung des Glücks**. Kann man die Sinnesfreuden, die Freuden der Missgunst und der Macht wirklich auf eine Stufe stellen mit den Freuden der Frömmigkeit, der Mildtätigkeit und des guten Rufes? Soll es denn für die sittliche Bewertung gleichgültig sein, ob jemand sein Glück aus Fress- und Saufgelagen und missgünstigen Intrigen oder aus Wohltätigkeit und Anstand zieht? Ist das nicht, wie scharfe Kritiker sagten, eine „Schweine-Philosophie", die alles für gut erklärt, was mit genügend „Freuden" verbunden ist? (vgl. *Mill* [Utilitarismus] 86). Der zweite Einwand bezieht sich auf die **interpersonale Verrechnung von Freuden und Leiden**. Darf man nach dem Motto „Der Zweck heiligt die Mittel" beliebiges Leid Einzelner hinnehmen, wenn es nur genügend Leuten nutzt? Nach dieser Vorstellung wäre es bspw. erlaubt, einen gesunden Menschen zu töten und ihm die Organe zu entnehmen, wenn man damit drei Kranken das Leben retten kann.

2.1.3.4 Die Weiterentwicklung des Utilitarismus durch *John Stuart Mill*

Weiterentwicklungen des Utilitarismus versuchen, diese Probleme zu lösen. So unterscheidet *John Stuart Mill* (vgl. [Utilitarismus]) höhere und niedrigere Freuden und spricht ihnen so eine „objektive" Qualität zu, die sie unabhängig vom individuellen Glücksempfinden als wünschenswert und wertvoll oder eben „niedrig" erscheinen lassen. Ähnlich wie *Aristoteles* erklärt er es zum höchsten Glück für den Menschen, gemäß seiner Würde zu leben und tugendhaft zu sein (vgl. [Utilitarismus] 89). Aller Erfahrung nach sei es so, dass ein „edler Charakter" den Handelnden selbst am glücklichsten mache und mit Sicherheit sei „Edelmut" am besten geeignet, das größte Glück insgesamt zu schaffen. „Deshalb gebietet die utilitaristische Norm ... die größtmögliche Ausbildung der Liebe zur Tugend als das, was in seiner Bedeutung für das allgemeine Glück von nichts übertroffen wird" (ebenda 96). Außerdem sieht er Handlungen als moralisch an, welche die „Tendenz haben, Glück zu befördern" (85). Das hat man so interpretiert, dass es bei *Mill* nicht einzelne Handlungen sind, welche über ihren Nutzen gerechtfertigt werden, sondern Handlungsregeln (vgl. *Urmson* [Interpretation] 130f.).

Laut *Mill* gibt es verbindliche Verbote und Gebote, die man deshalb für moralisch richtig hält, weil sie „in der Tendenz" (in der Regel, im Normalfall) das allgemeine Glück befördern. Man spricht auch von einem **Regelutilitarismus** (vgl. *Brandt* [Regelutilitarismus]) oder einem eingeschränkten Utilitarismus (vgl. *Smart* [Utilitarismus]).

Einzelne Handlungen sind also anhand von Regeln zu prüfen und Regeln anhand von Konsequenzen. Nur wenn es für eine Handlung keine maßgebende Regel gibt oder wenn die Handlung unter zwei Regeln fällt, die sich widersprechen (wie in dem Fall, wenn man lügen muss, um einen Unschuldigen vor seinem Verfolger zu retten), soll man die einzelne Handlung direkt aufgrund ihrer Folgen bewerten.

2.1.3.5 Das Verhältnis von Pflichtenethik und Utilitarismus

In diesen moderneren Versionen kommt der Utilitarismus der Pflichtenethik recht nahe. *Kant* geht von unbedingten Pflichten aus, von denen er durchaus annimmt, dass sie normalerweise der eigenen und der fremden Glückseligkeit dienen (vgl. [Tugendlehre] AVII, A13), aber er macht ihre Gültigkeit im Einzelfall nicht davon abhängig. *Mill* geht vom allgemeinen Glück als Ziel aus und leitet daraus Regeln ab, die normalerweise verbindliche Geltung haben. Die Beziehungen werden in Abb. I/5 dargestellt.

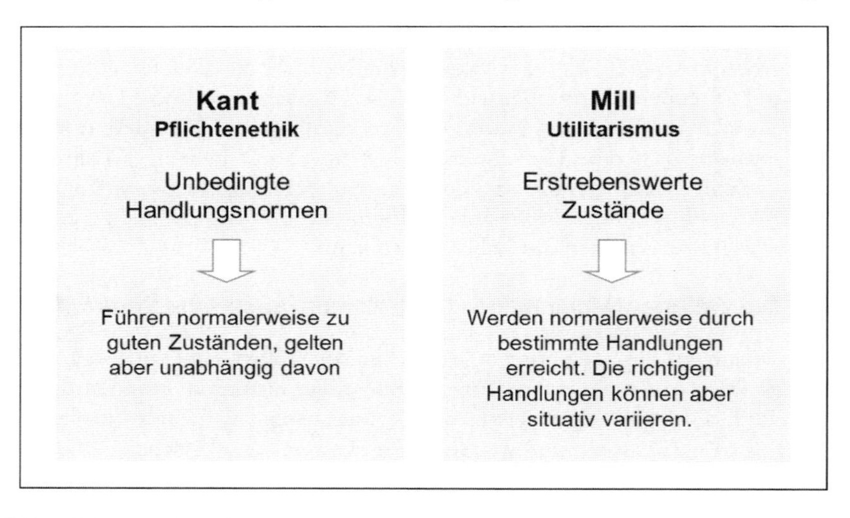

Abb. I/5: Pflichtenethik und Utilitarismus

Stellte man eine Liste auf, welche Handlungsweisen i. A. als sittlich anzusehen sind, wären wohl kaum Unterschiede zwischen Folgen- und Pflichtenethik zu erkennen. Auch der Utilitarist kommt zu Regeln wie „Du sollst Versprechen halten", „Du sollst nicht töten" oder „Du sollst nicht lügen" (vgl. *Urmson* [Interpretation] 127) und er fordert, dass Tugend erstrebt werden sollte. Im Unterschied zum Deontologen gelten für ihn diese Regeln aber nicht absolut und „diktatorisch" (*Kant* [Tugendlehre] A IX), sondern eben nur, wenn sie im Hinblick auf das übergeordnete Ziel wirklich zielführend sind. Geraten sie untereinander in Konflikt (sog. **Pflichtenkollision**, bspw. wenn der Tod eines Menschen nur durch eine Lüge zu verhindern ist), darf und muss man die Handlung wählen, die zu weniger Leid und mehr Glück führt.

Durch die größere Offenheit in der Bewertung dessen, was sittliches Handeln konkret heißt, gewinnt der Einzelne bei einer teleologischen Ethik mehr Freiheit, aber er übernimmt auch eine **schwierige Aufgabe**. Er muss in Konfliktfällen genau überlegen, wer in welcher Weise von der Handlung betroffen wird, wer gute und schlechte Folgen zu tragen hat, ob vielleicht kurzfristig gute Folgen mit langfristig schlechten erkauft werden oder umgekehrt, welche primären und sekundären Wirkungen auftreten usw.

Hoch umstrittene Technologien wie die Kerntechnik oder die Gentechnik zeigen, wie schwer es ist über die Folgen zu urteilen, weil auch die Experten uneinig sind. Außerdem gehören zum Radius der Folgen oft auch schwer vorhersehbare soziale Effekte. So müsste bei jeder Lüge auch noch mitbedacht werden, dass sie das allgemeine Vertrauen der Menschen in die Wahrhaftigkeit untergräbt. Und wer im Ausnahmefall auch das Töten Unschuldiger erlaubt, gerät immer in Gefahr, einen Präzedenzfall zu schaffen, der möglicherweise den Beginn einer verhängnisvollen Entwicklung markiert. Überlässt man die Bewertung der Ziele und Mittel „individueller Wahl und Selbstleitung" (*Sidgwick* [Methoden] 118), dann tauchen sofort wieder die Gefahren der reinen Gesinnungsethik auf. Dem Einzelnen mag es nämlich durchaus einleuchten, dass bspw. der gute Zweck der Revolution auch das Blutopfer Unschuldiger rechtfertigt, oder dass man um den rechten Glauben durchzusetzen auch Ketzer verbrennen darf. Eine Teleologie, die wirklich Verantwortungsethik sein soll, braucht daher auf jeden Fall ein deontologisches Fundament verbindlicher Regeln und Werte und tut gut daran, deren Gültigkeit nicht zu leichtfertig in Frage zu stellen.

2.1.4 Synopse

In Abbildung I/6 werden die unterschiedlichen Typen ethischen Argumentierens nochmals in Kurzform gegenübergestellt.

Gesinnungsethik	Moralisch ist, das Gute zu wollen und seinem Gewissen zu folgen.
Pflichtenethik	Moralisch ist, das Pflichtgemäße zu tun (absolut gültigen Handlungsnormen zu folgen). Bei *Kant* kommt hinzu, dass man das Pflichtgemäße „aus Pflicht" tun muss (mit einer moralischen Gesinnung).
Folgenethik	Moralisch ist, das Gute zu erreichen, also auf die Folgen des Handels zu achten.

Abb. I/6: Typen ethischer Argumentation nach der Bewertungsgrundlage

Wenn auch die unterschiedlichen Typen ethischer Argumentation verschiedene Akzente setzen, was die jeweilige Bedeutung der Bewertungsgrundlage betrifft, so zeigt sich bei näherem Hinsehen doch auch, dass letztlich keine der drei Grundlagen isoliert für sich ausreicht.

(1) Gesinnungsethik

Sich **nur auf die reine Innerlichkeit des guten Willens** zu beziehen, ohne die realen Taten und deren Folgen zu beachten und dem subjektiven Willen Regeln objektiver Sittlichkeit vorzugeben, ist gefährlich. Wenn „die *Überzeugung*, welche *etwas für recht hält*, es sein soll, wodurch die sittliche Natur einer Handlung bestimmt" wird, dann kann jedes Verbrechen durch die gute Absicht gerechtfertigt werden und es gibt überhaupt keine Handlungen mehr, die „*an und für sich* Vergehen, Laster und Verbrechen sind" (*Hegel* [Grundlinien] §140e). Die schrecklichen Taten der Terroristen des sog. Islamischen Staates sind ein eindrückliches Beispiel für die Gefährlichkeit einer fehlgeleiteten, vermeintlich „guten" Gesinnung.

Man kommt aber auch **ohne den guten Willen** nicht aus. Denn objektiv schlechte Taten und vor allem objektiv schlechte Folgen werden unterschiedlich bewertet, je nachdem, ob sie mit Absicht verübt bzw. verursacht wurden oder nicht. Wer bloß fahrlässig einen Brand entfachte, hat bei gleicher Tat und gleichen Folgen weniger Schuld auf sich geladen als ein vorsätzlicher Brandstifter. „Der Inhalt des subjektiven oder moralischen Willens enthält eine eigene Bestimmung: er soll nämlich, wenn er auch die Form der Objektivität erlangt hat, dennoch meine Subjektivität immerfort enthalten, und die Tat soll nur gelten, insofern sie innerlich von mir bestimmt, mein Vorsatz meine Absicht war" (*Hegel* [Grundlinien] §110). Der gute Wille soll aber die allgemeine Natur einer Tat und die gewöhnlichen Folgen wissen und bedenken und insofern nicht willkürlich handeln (vgl. ebenda §118). Tugend als sittliche Tüchtigkeit beinhaltet nicht nur den Willen zum Guten, sondern auch die kognitiven Kräfte und Fähigkeiten, um sich ein richtiges Urteil über das jeweils konkrete Gute zu bilden. Nicht von ungefähr spricht man davon, dass jemand nach bestem Wissen und Gewissen gehandelt hat.

(2) Pflichtenethik

Wären die **pflichtgemäßen Handlungsweisen einzige Bewertungsgrundlage**, dann würde man auch eine äußerlich bleibende Legalität aus Angst vor Strafe als moralisch anerkennen (obwohl das Moment der moralischen Gesinnung fehlt) sowie die möglicherweise schrecklichen Folgen der Handlung übersehen. Sich in seinen Handlungen streng nach den Pflichten zu richten, so dass „dir die öffentliche Gerechtigkeit nichts anhaben" kann (*Kant* [Recht] A306), kann geradezu brutal sein in seinen Wirkungen auf andere. Die Pflichtenethik braucht ein teleologisches Komplement, welches eine situative Abwägung der Pflichten erlaubt. Würden auf der anderen Seite **keine verbindlichen Verpflichtungen** gesetzt, dann fehlte der Gesinnung die Orientierung und für die teleologische Bewertung der Ziele und Mittel fehlte das Fundament.

(3) Folgenethik

Einzig die Folgen als Bewertungsgrundlage heranzuziehen erscheint falsch, weil es ungerecht wäre, die Endlichkeit der menschlichen Erkenntnis nicht in Rechnung zu stellen, welche nicht alle Folgen genau vorhersehen kann. Daher müssen **auch der gute Wille und die gute Tat zählen**. Sonst ist man einerseits zu streng, indem man schlechte Folgen, welche der Zufall bewirkt hat, dem Individuum als Schuld anrechnet, und andererseits zu lax, weil man alles erlaubt, was zu guten Folgen führt und dabei keinerlei absolute Grenzen für unzulässige Handlungen mehr anerkennt. **Ohne Beachtung der Folgen** kommt man nie zu Regeln, die in die Wirklichkeit passen und die tatsächlich mehr Gutes als Schlechtes bewirken. Auch der kategorische Imperativ beachtet ja insofern die Folgen des Handelns, als man sich vorstellen soll, was geschähe, wenn ein solches Handeln allgemein üblich wäre. Überdies ist ja auch das Durchsetzungsproblem der Moral zu beachten. Verlangte eine Regel prinzipiell, sich selbst zu schaden, wäre kaum mit ihrer Durchsetzung zu rechnen.

Nicht nur die Grundlagen einer moralischen Bewertung sind umstritten, sondern auch, an wen sich sittliche Ansprüche eigentlich wenden, wo quasi Moral „verkörpert" wird. Naheliegend ist es, Individuen mit ihrer Gesinnung und ihren Handlungen als Träger und Quelle von Moral anzusehen. Daneben können aber auch Institutionen der Wirtschafts- und Gesellschaftsordnung einer sittlichen Bewertung unterzogen werden. Die institutionelle Rahmenordnung für die individuellen Handlungen kann zum einen in sich mehr oder weniger den sittlichen Prinzipien genügen und zum anderen mittelbar das Handeln der Individuen lenken. Vor allem von den Ökonomen wird diese institutionelle Außenlenkung quasi als Ersatz für die individuelle Verantwortung aufgefasst. Die Diskursethik sieht schließlich nicht in erster Linie den Einzelnen als moralische Instanz an, sondern die kritische Öffentlichkeit freier und mündiger Bürger. Die drei „Orte der Moral" werden nun näher betrachtet.

2.2 Der Ort der Moral: Individuum, Institution, Öffentlichkeit

2.2.1 Individualethik

Als **Individuum** bezeichnet man den einzelnen Menschen in der Einmaligkeit seiner Bedürfnisse, Interessen, Talente, Fähigkeiten, Lebensweise und Sinnvorstellungen. Mit dem Begriff der **Individualethik** kann man zum Ersten meinen, dass es sich um eine Ethik für das Individuum handelt, welche die Würde und Einzigartigkeit jedes Einzelnen betont und schützt. In diesem Sinne ist die christlich-abendländische Ethik sicherlich eine Individualethik, angefangen von *Kants* praktischem Imperativ, einen Menschen niemals nur als Mittel, sondern immer auch als Zweck an sich selbst anzusehen, bis hin zur Erklärung der Menschenrechte. Das Individuum, die Person, ist **Adressat und Objekt der Ethik**. Sittliche Normen und Handlungen müssen **menschengerecht und lebensdienlich** sein. Die grundsätzliche Verpflichtung, die Würde des Menschen zu achten, betrifft dabei immer auch das Verhältnis des Individuums zu sich selbst. Man hat auch für sich selbst Sorge zu tragen. Bei *Kant* drückt sich diese Pflicht des „Ich" für sein „Selbst" bspw. in einem Verbot der Selbsttötung aus (vgl. [Tugendlehre] A72). Bei manchen Autoren wird sogar nur diese Verantwortung für sich selbst als Individualethik bezeichnet (vgl. *Rich* [Wirtschaftsethik] 58f).

Zum Zweiten bedeutet Individualethik aber auch, dass das Individuum Träger und Quelle jeglicher Moral ist. Es sind immer sittliche Subjekte nötig, um Moral zu etablieren, zu vollziehen, zu kritisieren und abzuändern. Individualethik in diesem Sinne bildet den Gegenbegriff zur Institutionenethik.

Die **Individualethik** untersucht die Pflichten des Individuums gegen sich selbst, die Mitmenschen und die Natur.

Nach *Kant* ist es gerade diese Bedeutung des sittlichen Subjekts als „gesetzgebender Wille", welche zur Achtung seiner Würde nötigt (vgl. [Grundlegung] BA87). Die Achtung gilt dem vernünftigen Subjekt, welches das moralische Gesetz in sich spürt (vgl. *Kant* [Kritik] A289) und welches deshalb auch aufgefordert ist, gegenüber sich selbst, den Mitmenschen und der ganzen Schöpfung Pflichten zu erfüllen und Verantwortung zu tragen. Das Individuum, die Person, ist **Träger und Subjekt der Ethik**. Der Ort der Moral ist das Individuum.

2.2.2 Institutionenethik

Sittlichkeit manifestiert sich nicht nur im Handeln von Personen, sondern ebenso in der Struktur institutioneller Beziehungen. Zu den **Institutionen** zählt man so verschiedene

Dinge wie den Staat, die Verfassung, den Vertrag, die Ehe, die Sprache, das Recht, das Geld, die Marktwirtschaft, das Unternehmen, das Eigentum und vieles andere mehr. Allen Institutionen gemeinsam ist, dass sie Erscheinungsformen eines geregelten Miteinanderumgehens, einer geordneten Kooperation von Menschen sind. *Rawls* definiert eine Institution als ein öffentliches Regelsystem bzw. eine soziale Verfahrensweise, die regelmäßig ausgeführt wird und so die wechselseitigen Erwartungen der Individuen stabilisiert (vgl. [Gerechtigkeit] 74ff.). Durch eine solche Stabilisierung von Erwartungen Ordnung im Bereich des Sozialen zu schaffen, ist der zentrale Zweck einer Institution. Damit dies gelingt, muss das Regelsystem für eine längere Zeit und einen größeren Kreis von Menschen Geltung erlangen.

Institutionen können quasi „von selbst" entstehen, aus Tradition oder Gewohnheit (bspw. die Sprache), oder aber bewusst gestaltet werden (bspw. die Verfassung). Sie können das Miteinander fast aller Menschen betreffen (bspw. die UNO), oder auch nur eine Zweierbeziehung regeln (bspw. die Ehe). Sie können als reines Regelsystem auftreten (bspw. das Recht) oder die Form abgrenzbarer Organisationen annehmen (bspw. als Unternehmen).

Viele **Institutionen bringen Moral zum Ausdruck**. Auf der Hand liegt der moralische Hintergrund des Rechts (auch wenn dieser Hintergrund vom sog. Rechtspositivismus abgelehnt wird). Zahlreiche gesetzliche Gebote und Verbote sind deckungsgleich mit moralischen Erwartungen (bspw. Verbot des Diebstahls, Mordes, Betruges usw., Gebot, die Würde der Menschen zu achten, sie gerecht zu behandeln usw.). Vieles, was zunächst „nur" moralisch erwartet wird, wird nach einiger Zeit dann doch gesetzlich verankert.

Beispiele: Die Angemessenheit der Vorstandsvergütung oder die ehrliche Beratung von Bankkunden waren zunächst „nur" moralische Erwartungen, welche aber mittlerweile in Gesetzen kodifiziert wurden. Das VorstAG fordert seit 2009, dass die Vorstandsvergütungen nicht unangemessen hoch sein dürfen. Mit dem Anlegerschutzgesetz wird die Offenlegung von Provisionen bei der Vermittlung von Geldanlagen zur Pflicht.

Aber auch in vielen anderen Institutionen steckt ein moralischer Kern. Die Staatsform der Demokratie erscheint uns bspw. besonders gerecht, weil sie der moralischen Überzeugung von der Freiheit und Gleichheit der Menschen besser entspricht als eine Diktatur. Freie Verträge zwischen gleichberechtigten Tauschpartnern gelten als gerechte Form der Eigentumsübertragung, während der Diebstahl keine sittlich zulässige Form des Eigentümerwechsels ist. Schon seit *Aristoteles* (vgl. [Politik II] 1263a/b) wird das Privateigentum als sittlich gute Institution angesehen, weil es zu Fleiß und Sorgfalt animiert und so den allgemeinen Wohlstand fördert. Aus dem gleichen Grund wird auch die Marktwirtschaft als moralisch richtige Institution gepriesen (vgl. *Molitor* [Wirtschaftsethik] 73).

Die **Institutionenethik** (in ähnlicher, wenn auch nicht immer genau gleicher Bedeutung werden auch die Begriffe Sozialethik und Ordnungsethik verwendet) sucht systematisch nach guten und gerechten Institutionen.

Sie will begründete Aussagen dazu machen, welche verbindlichen Regelsysteme für das Zusammenleben der Menschen sittlich empfehlenswert sind, weil sie in besonderem Maße menschengerecht und lebensdienlich erscheinen. Bei diesen Überlegungen ist immer zu beachten, dass die Institutionen nicht nur „in sich“ mehr oder weniger moralisch sein können, sondern auch als **Rahmenbedingungen** das individuelle moralische Handeln beeinflussen. Zum Ersten wird durch das Ausmaß an institutionalisierter Moral der Freiraum des Einzelnen für individuelle moralische Entscheidungen abgesteckt. Bei einer – nur hypothetisch denkbaren – perfekten institutionalisierten Moral müsste das Individuum nur noch die persönliche moralische Grundsatzentscheidung treffen, den Regelsystemen prinzipiell Folge zu leisten. Zum Zweiten setzt der institutionelle Rahmen Anreize für ein bestimmtes Verhalten, indem er dieses belohnt oder bestraft. Die Institutionenethik wird deshalb auch manchmal als Anreizethik bezeichnet (vgl. *Homann* [Relevanz] 330).

Die **Anreizethik** will die institutionellen Rahmenbedingungen so gestalten, dass individuelles Handeln aufgrund eines Vorteilskalküls der Einzelnen in die moralisch gewünschte Richtung gesteuert wird.

An sich gute Institutionen können falsche Anreize setzen und dadurch selbst diskreditiert werden. So kann sicherlich im Grundsatz moralisch nichts gegen das Gemeineigentum eingewendet werden. Im Gegenteil: Dass allen alles gemeinsam gehören soll, entspricht vor dem Hintergrund der prinzipiellen Gleichheit aller Menschen einem intuitiven Gerechtigkeitsempfinden. Erfahrungsgemäß führt aber Gemeineigentum dazu, dass die Menschen sich ausbeuterisch verhalten. Das heißt, Gemeineigentum wird oft übermäßig genutzt, weil die daraus entstehenden Schäden auf alle anderen abgewälzt werden können. Zugleich ist niemand bereit, privat in Gemeineigentum zu investieren, weil der Nutzen auch all den anderen zugutekommt, die nichts beitragen (vgl. *Göbel* [Institutionenökonomik] 73f.). Die an sich gute Institution provoziert individuell unmoralisches Verhalten und führt deshalb zu einem schlechten Ergebnis für die Allgemeinheit. Diese Anreizwirkungen muss man bei einer Gestaltung der Institutionen im Auge behalten.

2.2.3 Die Öffentlichkeit als Ort der Moral

Der Begriff „öffentlich“ wird in mannigfaltigen Bedeutungen benutzt. „Öffentlich“ kann heißen „offen wahrnehmbar“ bzw. „bekannt“. Der Gegenbegriff ist dann „geheim“ oder „verborgen“. „Öffentlich“ meint aber auch „auf das Gemeinwesen bezogen“ (bspw. öffentliche Sicherheit, öffentliches Wohl, öffentliches Interesse) mit dem Gegenbegriff „privat“. Auch das Substantiv **„Öffentlichkeit“** hat entsprechend unterschiedliche Bedeutungen: die Publizität (die Tatsache des Offenseins) sowie das Publikum (die Versammlung der Bürger, das Volk) (vgl. *Rinken* [Öffentlichkeit] 139f.).

An beide Bedeutungen können ethische Überlegungen anknüpfen. Nach *Kant* lässt sich die Richtigkeit einer Maxime leicht überprüfen, indem man sich fragt, ob man sie „laut werden lassen“ darf, ob sie also die Fähigkeit zur Publizität hat. Würde man die Maxime lieber geheim halten, weil man ansonsten Widerstand befürchtet, ist dies ein starkes Indiz für ihre Ungerechtigkeit (vgl. *Kant* [Friede] A93/B99): „Alle auf das Recht anderer Menschen bezogene Handlungen, deren Maxime sich nicht mit der Publizität verträgt, sind unrecht."

Während bei *Kant* das einsame Subjekt im Gedankenexperiment prüft, was wohl die Öffentlichkeit sagen würde, wenn die Maxime publik würde, müsste nach der Diskursethik (vgl. auch das Kapitel 2.3) das Publikum selbst an die Stelle des Individuums treten. Der öffentliche Diskurs wird nicht im Kopf simuliert, sondern zum realen Ort der Moral. Sobald es um Entscheidungen geht, welche das öffentliche Interesse bzw. das Gemeinwohl betreffen, kann eigentlich nur die Öffentlichkeit selbst als Gemeinschaft der Betroffenen über die sittlich richtigen Handlungen, Normen und Institutionen befinden. Die öffentliche Meinung bestimmt, was moralisch ist. Ihrer „Idee nach verlangt eine aus der Kraft des besseren Arguments geborene öffentliche Meinung jene moralisch prätentiöse Rationalität, die das Rechte und das Richtige in einem zu treffen sucht" (*Habermas* [Strukturwandel] 73).

Ort der Moral ist die (kritische) **Öffentlichkeit** insofern, als in ihr die argumentative Legitimitätsprüfung allen öffentlich relevanten Handelns durch das räsonierende Publikum erfolgt (vgl. *Ulrich* [Integrative] 306).

Wie bei der Darstellung der Diskursethik noch im Einzelnen erläutert wird, ist die normative Gültigkeit eines Diskursergebnisses aber immer an die Einhaltung der Diskursbedingungen geknüpft. Eine faktische öffentliche Meinung, wie sie bspw. in Meinungsumfragen zum Ausdruck kommt, in den Schlagzeilen der Massenmedien oder im Diskutieren an den Stammtischen ist noch längst keine sittlich richtige Meinung.

Damit die Öffentlichkeit zum Ort der Moral wird, müssen im Vorfeld **sittliche Voraussetzungen individueller und institutioneller Art** erfüllt sein: Die teilnehmenden Bürger müssen bspw. am Gemeinwohl orientiert, wahr und wahrhaftig, gut informiert und kompetent diskutieren. „Ort der Moral kann das „Publikum" nur als aufgeklärtes und vernunftgeleitetes sein" (*Ulrich* [Integrative] 306). Institutionell muss der allgemeine und freie Zugang zum Diskurs gesichert und die Ausnutzung von Machtunterschieden verhindert werden. Eine derart qualifizierte öffentliche Meinung bleibt in gewisser Weise immer eine „Fiktion" (vgl. *Habermas* [Strukturwandel] 278ff.). Der ideale öffentliche Diskurs findet seine realen Grenzen bspw. im Desinteresse der Bürger, in (scheinbar) unaufhebbaren Interessenkonflikten, in erheblichen Informations- und Machtasymmetrien.

Nach *Habermas* hat sich der Kommunikationszusammenhang eines „räsonierenden Publikums von Privatleuten" im Laufe der Zeit immer mehr aufgelöst ([Strukturwandel] 291). Einer Masse von informellen Privatmeinungen stehe heute die quasiöffentliche Meinung der publizistisch wirksamen Massenmedien gegenüber, die aber selbst eher manipulativ als aufklärend wirkten. Um diesem Trend entgegenzusteuern, müssten mehr Privatleute im Rahmen organisationsinterner Öffentlichkeiten (bspw. in Parteien, Verbänden, Interessengruppen) in formeller Kommunikation ihre Meinung öffentlich machen und diese in den Kreislauf der quasi-öffentlichen Meinung einschleusen, die dadurch der tatsächlichen öffentlichen Meinung ähnlicher werde (vgl. ebenda 292).

Trotz der praktischen Umsetzungsprobleme kann man auf die Idee des öffentlichen Diskurses als regulatives Ideal nicht verzichten. Legitime Politik in einer Demokratie muss sich auf das kontrafaktische Ideal einer qualifizierten öffentlichen Meinung beziehen. „Der moderne Staat setzt als das Prinzip seiner eigenen Wahrheit die Volkssouveränität voraus, und diese wiederum soll die öffentliche Meinung sein" (*Habermas* [Strukturwandel] 280).

2.2.4 Synopse

Welche „Orte der Moral" unterschieden werden, zeigt zusammenfassend Abbildung I/7.

Individualethik	Das sittliche Subjekt mit seiner Gesinnung, seinen Tugenden und Handlungen ist Ort der Moral.
Institutionenethik	Die öffentlichen Regelsysteme und etablierten sozialen Verfahrensweisen sind Ort der Moral, weil sie moralische Überzeugungen verkörpern und Anreize für das individuell moralische Handeln setzen.
„Öffentlichkeitsethik"	Der ideale Diskurs der Öffentlichkeit ist Ort der Moral, weil nur dort über Regeln entschieden werden kann, die das Gemeinwohl betreffen.

Abb. I/7: Die unterschiedlichen Orte der Moral

Die analytische Unterscheidung verschiedener „Orte der Moral" legt die Vorstellung nahe, man müsse sich für eine der Auffassungen entscheiden. Im Folgenden soll gezeigt werden, dass die Moral nicht an einen Ort gebunden ist, sondern die verschiedenen Orte der Moral in einer **vielschichtigen Wechselbeziehung** zueinander stehen.

Institutionenethik ist ohne individualethisches Fundament nicht denkbar.

Institutionen werden durch sittliche Subjekte ins Leben gerufen, erhalten oder verändert, wobei in einer Demokratie letztlich nicht isolierte Einzelne die Institutionen legitimieren, sondern die Öffentlichkeit. Die Institutionenethik kann die Individualethik zwar bis zu einem gewissen Grad ersetzen. Je mehr das Handeln bspw. durch Gesetze geregelt wird, desto weniger Bedarf an individuellen moralischen Entscheidungen ist gegeben. Oder je mehr die zwischenmenschliche Solidarität auf Institutionen (z.B. Krankenversicherung, Pflegeversicherung, Rentenversicherung) übertragen wird, desto weniger ist das Individuum zur persönlichen Solidarität (z.B. Pflege alter und kranker Angehöriger) verpflichtet. Die Substitution der Individualethik durch Institutionenethik ist aber nur sehr begrenzt möglich.

- Erstens braucht man ja auf jeden Fall sittliche Subjekte, um die moralischen **Institutionen überhaupt zu schaffen** und gegebenenfalls an neue Umstände anzupassen. Die Individualverantwortung für die Schaffung guter Institutionen kann teilweise von den Bürgern auf ihre politischen Vertreter verschoben, nicht aber beseitigt werden. Gerade wenn Institutionen etabliert werden, die alle Bürger binden, steht überdies im Hintergrund als eigentliche Legitimationsinstanz die Öffentlichkeit.
- Zweitens muss das sittliche Subjekt überall da **individuelle moralische Entscheidungen** treffen, wo die Institutionen nicht hinreichen. Keine Rahmenordnung kann so perfekt sein, dass alles und jedes institutionell vorgeregelt ist.

- Drittens ist jede Institution auf die **Anerkennung durch die Individuen** angewiesen. Wenn nicht die meisten Individuen die moralische Grundentscheidung träfen, den bestehenden Institutionen prinzipiell Folge zu leisten (aus Achtung vor dem Gesetz, wie *Kant* es ausdrückt), könnte kein Gemeinwesen bestehen, weil eine fehlende Selbstverpflichtung niemals durch externe Kontrollsysteme vollständig kompensiert werden könnte.
- Viertens schließlich ist es auch Aufgabe der Individuen, die bestehenden Institutionen immer wieder **kritisch zu prüfen und Verbesserungen anzuregen**. Änderungen in der moralischen Bewertung von Sachverhalten (bspw. die veränderte Einstellung gegenüber der Homosexualität) müssen sich ja auch in veränderten Institutionen niederschlagen (bspw. Abschaffung der strafrechtlichen Verfolgung der Homosexualität, Möglichkeit der gleichgeschlechtlichen eingetragenen Partnerschaft).

Zugleich ist aber auch eine **Individualethik ohne rahmengebende Institutionen schwer vorstellbar**.

- Der Einzelne bildet seine moralischen Überzeugungen in einem institutionellen Rahmen aus und unterliegt ständig den Einflüssen der öffentlichen Meinung. Über die **Sozialisation** finden die Institutionen und die Öffentlichkeit ihren Niederschlag im Ethos der Individuen.
- Außerdem **beeinflussen die Institutionen die Folgen von Handlungen**, was nach folgenethischer Sichtweise auf die Sittlichkeit der Handlungen zurückwirkt. So kann die an sich gute Handlung des Verzichtes auf Kinderarbeit in den armen Ländern wegen fehlender sozialer Sicherungssysteme zu gravierender Existenznot der betroffenen Familien führen und damit unverantwortlich sein. Auch die Folgen für den Handelnden selbst werden über die Institutionen vermittelt. Verzichtet bspw. in einer Wettbewerbswirtschaft ein Unternehmen auf billige Kinderarbeit, während die Konkurrenten das nicht tun, können diesem Unternehmen Wettbewerbsnachteile bis hin zur Existenzbedrohung entstehen. Institutionell vermittelte schlechte Folgen individuell sittlicher Handlungen können so zu großen Durchsetzungsproblemen der Moral führen, weil es von den Folgen her praktisch unzumutbar wird, das eigentlich sittlich Gebotene zu tun. Damit individuell gute Handlungen auch gute Folgen zeitigen, müssten zunächst die Institutionen verändert werden.

Die Schaffung solcher „lebensdienlicher" Institutionen obliegt wiederum den verantwortlichen Individuen, die sich im öffentlichen Diskurs mit den anderen Betroffenen über die sittlich richtigen öffentlichen Regelsysteme verständigen. Ein solcher **Diskurs hat selbst institutionelle Voraussetzungen** (bspw. ein parlamentarisches Gesetzgebungsverfahren) **und individuelle Voraussetzungen** (bspw. die Bereitschaft, sich in die Lage der Betroffenen hineinzuversetzen und konsensorientiert zu argumentieren). „Öffentlichkeitsethik" muss so von Individual- und Institutionenethik flankiert werden, um sich von einem bloßen strategischen „Bargaining" (*Milgrom/Roberts* [Economics] 140ff.) zu unterscheiden, bei dem die Beteiligten in erfolgsorientierter Einstellung ihre privaten Interessen bestmöglich durchsetzen wollen und dabei bspw. auch nicht vor dem Verschleiern, Verbergen und Verzerren von Informationen zurückschrecken.

Die verschiedenen Orte der Moral korrespondieren mit den verschiedenen ethischen Entscheidungsmethoden, die im Folgenden besprochen werden.

2.3 Ethische Entscheidungsmethoden: Monologische Ethik und Diskursethik

2.3.1 Formale und materiale Ethik

Die normative Ethik kann an sich gute Zwecke, Handlungsnormen oder Haltungen inhaltlich benennen (bspw. allgemeines Glück als guter Zweck, das Gebot, nicht zu lügen, als gute Handlungsnorm, die Mitmenschlichkeit als Tugend). Man spricht bei solchen inhaltlichen Konkretisierungen des Guten von einer **materialen Ethik**. Die **formale (prozedurale) Ethik** sucht dagegen nur nach der richtigen Prozedur der moralischen Willensbildung und überlässt dann den Entscheidern selbst die Antwort auf ihre moralisch-praktischen Fragen. Sie gibt lediglich ein formales **Moralprinzip** vor (vgl. *Forschner* [Ethik] 74).

Prinzipien sind die letzten Grundsätze und Regeln, welche selbst nicht mehr aus einer allgemeineren Norm ableitbar sind.

Mit Hilfe eines solchen Prinzips können dann untergeordnete Normen gefunden, begründet und auch kritisiert werden (vgl. *Forschner* [Moralprinzip] 209). Die formale Ethik gibt den Weg vor, wie man zu sittlichen Urteilen gelangt bzw. wie man den „moral point of view" einnimmt, ohne das moralische Urteil in Form von konkreten Normen und Handlungsanweisungen vorwegzunehmen (vgl. *Habermas* [Erläuterungen] 13).

Die Sittlichkeit wird sozusagen in die Methode, das Verfahren der Normfindung gelegt und von den Ergebnissen im Einzelnen abgekoppelt. Man braucht andererseits schon eine allgemeine Vorstellung von einer erwünschten sittlichen Qualität der Ergebnisse, um die richtige Methode daraus zu entwickeln. Die Methode zielt auf Ergebnisse, die alle vernünftigen Wesen wollen können, die also universalisierbar sind, weil sie gerecht sind, die Würde des Einzelnen beachten und das allgemeine Wohl fördern (vgl. *Habermas* [Erläuterungen] 12, 16f.). Damit solche Ergebnisse erwartet werden dürfen, muss die Methode der moralischen Willensbildung vor allem unparteilich sein und auf das Allgemeine zielen. „Den Standpunkt, von dem aus moralische Fragen unparteilich beurteilt werden können, nennen wir den „moralischen Gesichtspunkt" (moral point of view)" (*Habermas* [Erläuterungen] 13). Im Folgenden werden unterschiedliche Methoden der moralischen Willensbildung vorgestellt.

2.3.2 Monologische Ethik

Als Musterbeispiel einer formalen Ethik wird die Ethik *Kants* angesehen (vgl. *Forschner* [Ethik] 74). Der Einzelne soll die Sittlichkeit seiner persönlichen Maximen mit Hilfe des **kategorischen Imperativs** prüfen. Er soll sich also fragen, ob er wollen kann, dass die Maxime seines Handelns ein allgemeines Gesetz werde (vgl. [Grundlegung] BA52).

Beispiel: Auch jemand, der die Maxime hat, dass er jede Gelegenheit zum Diebstahl nutzen will, will selbst nicht bestohlen werden. Er kann also nicht wollen, dass Diebstahl allgemein erlaubt wird, und somit kann er auch wissen, dass Diebstahl Unrecht ist.

Der kategorische Imperativ wird häufig auch vereinfachend mit der „**goldenen Regel**" ausgedrückt: Was du nicht willst, dass man dir tu, das füg auch keinem anderen zu. Hilfsweise kann man sich auch fragen, ob man sich öffentlich zu dieser Maxime bekennen würde. Würde man sie lieber geheim halten, wäre das ein starkes Indiz für ihre Unsittlichkeit (vgl. *Kant* [Frieden] A93/B99). Als formale Ethik kann man dies ansehen, weil dem Handelnden zunächst lediglich ein **formales Moralprinzip** vorgegeben wird, ohne inhaltliche Festlegungen. Wie bereits dargestellt wurde, zeigt *Kant* aber auch auf, welche Pflichten sich seines Erachtens aus diesem Prinzip ergeben und gibt eine ganze Reihe von Normen und Tugenden inhaltlich vor. Gerade *Kants* Ethik führt so zu unbedingten Geboten und Verboten und überlässt es nicht dem Handelnden selbst, über deren Richtigkeit zu entscheiden. Insofern ist anzuzweifeln, ob der oft gegen die Ethik *Kants* erhobene Vorwurf des reinen Formalismus überhaupt berechtigt ist.

Als ein weiteres Beispiel prozeduraler Ethik gilt *John Rawls* „Theorie der Gerechtigkeit". Bei *Rawls* wird der unparteiliche moralische Standpunkt durch den „**Schleier des Nichtwissens**" garantiert (vgl. [Theorie] 159f.). Die Menschen sollen sich bei der Suche nach sittlichen Normen in einen fiktiven Urzustand versetzen, in welchem niemand seine persönliche Situation kennt. Weder die persönlichen Gaben, noch der Platz in der Gesellschaft, ja nicht einmal die Zugehörigkeit zu einer bestimmten Generation sollen bekannt sein. Jeder muss sich so in jede nur denkbare Rolle hineinversetzen und von dieser unparteilichen Warte aus überlegen, ob er die Gültigkeit der Norm wollen kann. Auf diese Weise sollen vor allem gerechte Regeln des Zusammenlebens in Staat und Gesellschaft gefunden werden. Das heißt, diese formale Ethik ist dann anzuwenden, wenn es um die Gestaltung von Institutionen und sozialen Systemen geht. Für den Einzelmenschen werden dagegen direkt materiale Normen benannt, von *Rawls* „natürliche Pflichten" genannt. Dazu gehören die Pflichten, anderen in Not zu helfen, kein unnötiges Leid zu erzeugen, nicht grausam zu sein, Gutes zu tun, nach gerechten Sozialstrukturen zu streben und bestehende gerechte Systeme und Institutionen zu unterstützen (vgl. [Theorie]136f.).

Schließlich wird auch noch das Konzept der „**idealen Rollenübernahme**" von *George Herbert Mead* als eine Art prozeduraler Ethik betrachtet (vgl. *Habermas* [Erläuterungen] 13). *Mead* fordert, dass bei moralischen Entscheidungen allen im Spiel befindlichen Werten bzw. Interessen Rechnung zu tragen sei und zwar unparteilich (vgl. [Geist] 439). Der Einzelne kann dies leisten, indem er sich in die Rolle der Betroffenen versetzt und deren Standpunkt innerlich einnimmt (ebenda 301). So kann er seinen Handlungen und Maximen eine „allgemeine Form" geben und prüfen, ob jedermann sie unter den gleichen Voraussetzungen gut finden müsste (ebenda 430).

Als „monologisch" werden diese Verfahren von den Vertretern der Diskursethik bezeichnet (vgl. *Habermas* [Erläuterungen] 20, 156; *Apel* [Grenzen] 18).

Monologische Ethik meint, dass der „einsame Einzelne“ die Aufgabe hat, im Gedankenexperiment den moralischen Standpunkt einzunehmen und zu ermitteln, welche Handlungsregeln bzw. Handlungen wohl moralisch gültig sind.

Allenfalls hilft ihm dabei – in der Theorie *Meads* – die abstrakte Gesellschaft, deren Erfahrungen er in seine Urteile „hineinholt“. Angesichts einer immer komplexer werdenden Welt und der zunehmenden Zahl von Handlungen mit globalen und langfristig kaum absehbaren Folgen scheint aber die „Urteilskraft“ der Individuen mehr und mehr überfordert. Dies gilt vor allem bei strittigen Normen oder bei Handlungen, die widersprüchlichen Normen gerecht werden sollen und die gute und schlechte Folgen haben. Dann sollte nicht mehr das einsame Subjekt in eigener Person die Normenprüfung bzw. Handlungsentscheidung für alle anderen durchführen, sondern sich intersubjektiv mit den anderen über einen gemeinsamen Willen verständigen, d.h. zur Diskursethik übergehen.

2.3.3 Diskursethik

2.3.3.1 Allgemeine Kennzeichnung

„In der **Diskursethik** tritt an die Stelle des kategorischen Imperativs das Verfahren der moralischen Argumentation. Sie stellt den Grundsatz >D< auf, daß nur diejenigen Normen Geltung beanspruchen dürfen, die die Zustimmung aller Betroffenen als Teilnehmer eines praktischen Diskurses finden könnten.“ (*Habermas* [Erläuterungen] 12).

Zustimmung der Betroffenen werden nur Normen finden, deren voraussichtliche Folgen und Nebenfolgen sie zwanglos akzeptieren können. Die Diskursethik hat die Folgenorientierung von vorneherein in ihre Prozedur eingebaut (vgl. ebenda 23).

Damit das Ergebnis eines praktischen Diskurses normative Gültigkeit beanspruchen kann, sind allerdings eine Reihe von Bedingungen zu erfüllen (vgl. *Habermas* [Erläuterungen] 13f.; [Legitimationsprobleme] 148ff.; [Moralbewußtsein] 97ff.):

- Alle Betroffenen, alle Themen und Beiträge werden zum Diskurs zugelassen.
- Die Diskursteilnehmer sind frei, d.h. es darf keinerlei Druck auf sie ausgeübt werden. Nur der Zwang des besseren Argumentes zählt.
- Die Diskursteilnehmer sind gleich. Jeder darf jede Behauptung einführen und problematisieren, jeder darf seine Wünsche, Einstellungen und Bedürfnisse äußern.
- Alle Diskursteilnehmer sind an einer kooperativen Wahrheitssuche interessiert. Sie empfinden und erfüllen ihre Pflicht zur Transsubjektivität, behaupten nur das, was sie selbst glauben, täuschen nicht und sind wahrhaftig, was ihre Ansichten, Gefühle und Wünsche betrifft.
- Alle Teilnehmer werden als zurechnungsfähig und aufrichtig anerkannt.
- Jeder ist verpflichtet, logisch konsistent zu argumentieren.
- Wer eine Aussage angreift, muss einen Grund benennen.

2.3.3.2 Anwendungsbereiche der Diskursethik

Die Diskursethik wird erstens als **Verfahren der Letztbegründung von Ethik** verwendet. *Apel* argumentiert folgendermaßen: Wer immer sich überhaupt auf eine ernsthafte Argumentation einlässt, und sei es mit Behauptung, Ethik sei nicht begründbar, muss notwendigerweise schon ethische Voraussetzungen für sich in Anspruch nehmen. Wenn man nicht annehmen kann, dass er wahr und wahrhaftig argumentiert und die kooperative Wahrheitssuche sein Ziel ist, dann findet gar keine ernsthafte Argumentation statt. Insofern könne niemand ohne Selbstwiderspruch ernsthaft behaupten, es gäbe keine gültigen ethischen Prinzipien (vgl. [Grenzen] 7ff; [Standpunkt] 110ff.). *Apel* spricht von der „transzendentalpragmatischen Letztbegründung" ([Standpunkt] 110). Als transzendental bezeichnet man eine aller Erfahrung vorausgehende Vernunfterkenntnis, pragmatisch bedeutet u. a. „das Sprachverhalten betreffend".

Zweitens beschreibt die Diskursethik ein Verfahren der konsensual-kommunikativen Begründung inhaltlicher sittlicher Normen (**Begründungsdiskurs**) sowie der Entscheidung zwischen situativ konkurrierenden Normen (**Anwendungsdiskurs**) (vgl. *Habermas* [Erläuterungen] 137ff.). Mit der Unterscheidung von Begründungs- und Anwendungsdiskurs geht *Habermas* auf die mögliche Differenz zwischen einer richtigen Regel und der situativen Anwendung der Regel durch eine Handlung ein. Eine Norm wird für richtig gehalten, weil ihre allgemeine Befolgung voraussichtlich (im Normalfall) zu guten Folgen führt. In einer konkreten Situation kann die Einhaltung der Norm aufgrund schlechter Folgen aber auch einmal falsch sein. Die richtige Handlung ergibt sich dann durch ein Abwägen zwischen verschiedenen verbindlichen Normen (bspw. „du sollst nicht stehlen" versus „du sollst nicht töten", wenn man sich oder andere nur durch den Diebstahl von Lebensmitteln vor dem Hungertod bewahren kann).

Der praktische Diskurs ist also eine Methode, um zu sittlich richtigen materialen Urteilen über Zwecke, Regeln und Handlungen zu kommen. Solchermaßen als **Methode der sittlichen Willensbildung** verstanden bildet die Diskursethik den Kontrapunkt zur monologischen Ethik. Die Diskursethik stellt vor allem eine ideale prozedurale Ergänzung der Verantwortungsethik (Folgenethik) dar, weil im Diskurs alle von Folgen und Nebenfolgen der Entscheidung Betroffenen authentisch ihre Sicht der Dinge einbringen und gleichberechtigt über die ideale Norm bzw. situativ richtige Handlung diskutieren können. Wird auf diese Weise ein **Konsens** erzielt, den alle zwanglos akzeptieren können, dann „drückt dieser Konsensus einen „vernünftigen Willen" aus" (*Habermas* [Legitimationsprobleme] 148). Ein solcher Konsens (lat. Zustimmung) ist allerdings grundsätzlich nur bei „verallgemeinerungsfähigen Interessen" zu erwarten. Bleiben die Interessen partikular, dann ist lediglich ein **Kompromiss** (lat. Übereinkunft) zu erzielen, der allerdings wiederum als „fair" bezeichnet werden kann, wenn die Diskursbedingungen erfüllt wurden (vgl. ebenda 149, 154f.; sowie [Erläuterungen] 23).

2.3.3.3 Probleme und Vorzüge der Diskursethik

Während die Vorstellungen der Diskursethik als „regulative Idee" sofort einleuchten, liegt das große Problem dieser Methode in ihrer **praktischen Unzumutbarkeit**. Diese Unzumutbarkeit ergibt sich einerseits durch Probleme praktischer Natur, die selbst bei einem allseits guten Willen nicht leicht zu lösen sind.

Beispiele: Wie grenzt man den Kreis der Betroffenen ein, vor allem wenn es um öffentliche Interessen geht? Wie bekommt man sie an einen Tisch? Wie erstellt man eine zu bewältigende Tagesordnung? Wann wird der Diskurs beendet? Wie gleicht man unterschiedliche Informationsstände und Diskurskompetenzen aus? Wer trägt die Kosten? Dies sind beileibe keine marginalen Probleme.

Noch größer indes scheint *Apel* das Problem des fehlenden guten Willens. Man müsse davon ausgehen, dass man es faktisch sehr oft mit „Selbstbehauptungssystemen" zu tun habe, in denen vornehmlich „strategisch" argumentiert würde und nicht konsens- und wahrheitsorientiert. Wer sich gegenüber solchen Selbstbehauptungssystemen selbst nicht strategisch verhalte, handele möglicherweise unverantwortlich, indem er die geschichtlich konkrete Situation ignoriere (vgl. [Standpunkt] 129; [Grenzen] 21f.).

Trotz solcher Umsetzungsprobleme können die Vorstellungen der Diskursethik nicht als irrelevant abgetan werden. Der Diskurs weist viele Vorzüge auf.

- Erstens erscheint es angesichts der für einen Einzelnen **kaum noch überschaubaren Folgen** von Handlungen bzw. Maximen tatsächlich immer schwieriger, „einsam" die richtigen Entscheidungen zu treffen. Die Beratung zwischen den Betroffenen und die Einbeziehung von Experten muss das mangelhafte Wissen Einzelner kompensieren.
- Zweitens gewinnt man durch die Diskursethik ein **Ideal**, an welchem die faktischen Diskurse und die Gültigkeit ihrer Ergebnisse gemessen werden können. Die – vor allem von Ökonomen gern behauptete – normative Gültigkeit eines Konsenses von Vertragsparteien kann so kritisch hinterfragt werden. Solange hinter dem Vertragsschluss Macht- und Informationsungleichgewichte und strategisches Argumentieren zu vermuten sind, ist der Vertrag möglicherweise nicht einmal Ausdruck eines fairen Kompromisses.
- Drittens schließlich kann das regulative Ideal zum Ziel erklärt werden, welches anzustreben ist. Das Ergänzungsprinzip >E< zur Diskursethik lautet demnach: Arbeite daran mit, Hindernisse für die Diskursethik zu beseitigen (vgl. *Apel* [Standpunkt] 145). Wenn es gelingt, mehr Betroffene zu Beteiligten zu machen, wird es auch leichter, allseits akzeptierte Regeln und Handlungsweisen zu finden.

2.3.4 Synopse

Abbildung I/8 gibt die Unterscheidungen nochmals in Kurzform wieder.

materiale Ethik	Das Gute wird inhaltlich konkretisiert in guten Zwecken, Handlungen und Haltungen.
formale Ethik	Es wird die Regel aufgezeigt, wie man etwas unter dem moralischen Gesichtspunkt betrachtet. Die inhaltlichen Konkretisierungen des Guten müssen die Menschen selbst finden.
	monologische Ethik
	Das einsame Subjekt prüft je für sich, was das Gute inhaltlich bedeutet, bspw. mit Hilfe des Kategorischen Imperativs.
	Diskursethik
	Von einer Regel (oder Handlung) Betroffene führen einen praktischen Diskurs und suchen nach einer konsensuellen Lösung, die alle zwanglos akzeptieren können.

Abb. I/8: Typen ethischer Entscheidungsmethoden

Auch hier zeigt sich, dass die analytisch durchaus sinnvollen Differenzierungen letztlich nicht als sich ausschließende Alternativen aufgefasst werden sollten.

Die **formalen Ethiken** kommen nicht ohne eine zumindest rudimentäre Vorstellung von der erwünschten „materialen“ Qualität der Normen bzw. Handlungen aus, welche die Menschen selbst finden sollen. Diese sollen bspw. der Gerechtigkeit dienen, die unantastbare Würde des Individuums zur Geltung bringen und dem Wohl der Gemeinschaft zuträglich sein.

> **Beispiel:** Sollen sich zwei Kinder einen Riegel Schokolade teilen, dann gilt als gerechtes Verfahren, dass der eine teilt und der andere als Erster wählen darf.

Hinter dem Verfahren steckt die materiale Wertidee der Gerechtigkeit, dass jeder das Gleiche bekommen soll, was man mit diesem Verfahren normalerweise auch erreicht. Die Diskursethik verpflichtet das Individuum überdies auf eine ganze Reihe von materialen Diskursnormen (wahr sprechen, alle Betroffenen zulassen usw.) und innere Haltungen (wahrhaftig sein, konsensorientiert sein usw.). Schließlich kann man ohne konkrete inhaltliche Vorstellungen von der Legitimität eines Anliegens gar nicht entscheiden, wer als Betroffener ein Recht zur Teilnahme am Diskurs haben soll.

Auf der anderen Seite ist keine **materiale Ethik** vorstellbar, die einen so kompletten Katalog inhaltlicher Pflichten und Tugenden entwickelt, dass der Einzelne überhaupt keine eigene sittliche Willensbildung mehr betreiben muss. Man braucht also sicherlich immer auch eine Vorstellung davon, wie man den moralischen Standpunkt einnimmt und von dort aus selbstständige moralische Entscheidungen trifft.

Ebenso ergänzen sich monologische und diskursive Ethik. Monologische Praktiken wie die ideale Rollenübernahme oder das unparteiliche Denken unter dem Schleier des Nichtwissens müssen vorausgesetzt werden, damit der **Diskurs** überhaupt gelingt. Ohne die „solidarische Einfühlung eines jeden in die Lage aller anderen wird es zu einer Lösung, die allgemeine Zustimmung verdient, gar nicht erst kommen können“, heißt es denn auch bei *Habermas* ([Erläuterungen] 19). Auf der anderen Seite wird auch der **einsame Einzelne**, wenn er sittliche Entscheidungen treffen muss, die auch andere betreffen, immer eine Art inneren Diskurs führen und sich überlegen, welche Lösung wohl konsensfähig wäre (vgl. *Apel* [Grenzen] 7).

Im Folgenden wird zu zeigen sein, wie diese ethischen Überlegungen in der Wirtschaftsethik und speziell in der Unternehmensethik zur Geltung gebracht werden können. Dazu ist zunächst einmal das Verhältnis von Ethik und Ökonomik grundsätzlich zu klären.

II Das Verhältnis von Ethik und Ökonomik

[1] Kennzeichnung der Ökonomik
[2] Die Auseinanderentwicklung von Ethik und Ökonomik
[3] Das Verhältnis von Sittlichkeit und Selbstinteresse: unvereinbar oder vereinbar?

1 Kennzeichnung der Ökonomik

Um das Verhältnis von Ethik und Ökonomik untersuchen zu können, ist zunächst eine Begriffsklärung für die „Ökonomik" notwendig. Anschließend wird dargestellt, welches Modell zur Erklärung menschlichen Verhaltens in der Ökonomik heute meist zugrunde gelegt wird: Der „Homo Oeconomicus".

1.1. Begriff der Ökonomik

Ökonomik, so könnte man zunächst denken, ist die Wissenschaft von der Ökonomie, also der Wirtschaft als dem Funktionsbereich der Gesellschaft, in welchem es um die Beschaffung, Produktion und Verteilung von Gütern und Dienstleistungen gegen Entgelt geht. Mit dem Erfahrungsgegenstand „Wirtschaft" beschäftigen sich allerdings sehr unterschiedliche Disziplinen. Psychologen untersuchen die Gründe für Mobbing am Arbeitsplatz, Mediziner prüfen die Auswirkungen von Schadstoffemissionen in Betrieben, Juristen klären Rechtsstreitigkeiten im Zusammenhang mit wirtschaftlicher Betätigung, Ethiker fragen nach der Verantwortbarkeit von Waffenexporten in Krisenregionen usw.

Um die Ökonomik von anderen Teilwissenschaften unterscheiden zu können, braucht man offenbar eine andere Abgrenzung ihres Erkenntnisgegenstandes. Ökonomik ist nicht die Wissenschaft vom Handeln in der Wirtschaft, sondern die **Wissenschaft vom wirtschaftlichen Handeln**. Was aber ist wirtschaftliches Handeln? Beispielhaft seien zwei Definitionen aus wirtschaftswissenschaftlichen Lehrbüchern angeführt:

- Wirtschaftliches Handeln ist rationales Handeln mit dem Zweck, die – an den Bedürfnissen der Menschen gemessen – bestehende Knappheit der Güter zu verringern, d.h. die Menschen bestmöglich mit Gütern zu versorgen (vgl. *Wöhe* [Einführung] 2).
- „The goal of any economic organization, including the economic system as a whole, is to satisfy the wants and needs of individual human beings .... The economic system is judged on how well it satisfies the economic needs of the population (*Milgrom/Roberts* [Economics] 22).

Wirtschaftliches Handeln intendiert nach diesen Definitionen also die Produktion der „knappen" Güter zu niedrigen Kosten mit dem Effekt einer optimalen Befriedigung der menschlichen Bedürfnisse nach Waren und Dienstleistungen und damit die Beseitigung von Mängeln (vgl. *Milgrom/Roberts* [Economics] 23). Ein wirtschaftlich handelnder Produzent sollte sich dieser Definition gemäß nach dem **mengenmäßigen ökonomischen Prinzip** richten, wonach es anzustreben ist, mit einem gegebenen Aufwand an Ressourcen so viel „Mängel" wie möglich zu beseitigen oder einen festgelegten Gütereertrag mit so wenig Ressourcen wie möglich herzustellen.

Nun ist aber zu beobachten, dass in der realen Wirtschaft (Ökonomie als Erfahrungsgegenstand) häufig knappe und lebenswichtige Ressourcen von Unternehmen verschwendet werden, um Produkte herzustellen, die alles andere als knapp sind. Man verbraucht bspw. reine Luft, sauberes Wasser, Erdöl, Regenwald und viele andere wichtige, ständig knapper werdende Ressourcen zur Erzeugung einer weiteren Sorte von Putz- oder Waschmittel, obwohl es bereits viele verschiedene Sorten dieser Mittel gibt und von einem zu beseitigenden Mangel keine Rede sein kann. Gleichzeitig werden sehr dringende Bedürfnisse (Nahrung, medizinische Versorgung) in vielen Ländern der Welt von der Wirtschaft überhaupt nicht befriedigt. Wie ist das mit der Idee vereinbar, Ökonomik zeige die besten Wege auf, Mängel zu beseitigen und mit Knappheiten rational umzugehen?

Es geht bei der Ökonomik offenbar nicht um eine „objektiv" beste Verwendung knapper Mittel mit dem Ziel optimaler globaler Bedürfnisbefriedigung. Es geht vielmehr um die „subjektiv" beste Verwendung knapper Mittel zur optimalen Erreichung je individuell festgelegter Ziele. Das **formale ökonomische Prinzip** wird vom materialen Inhalt der allgemeinen optimalen Güterversorgung entleert und zum reinen Rationalprinzip der Zweck-Mittel-Optimierung (*Wöhe* [Einführung] 1f.): Handle so, dass du deine Zwecke mit möglichst geringem Mitteleinsatz erreichst oder maximiere mit einem bestimmten Einsatz an Mitteln die Zielerreichung, lautet dann das ökonomische Prinzip.

Die Ökonomik stelle lediglich ein **Analyseschema für menschliches Handeln** bereit, sei „reine Logik", heißt es denn auch (*Pies* [Grundlagen] 19). Es werde nichts anderes behauptet, als dass Verhaltensänderungen von Menschen auf äußere Restriktionenänderungen zurückgeführt werden könnten, dass sich menschliches Handeln an „Kosten" (im weitesten Sinne) bzw. Anreizen orientiere. In dieser Allgemeinheit gilt das Analyseschema allerdings für die Erklärung von menschlichem Handeln schlechthin. Jede Sozialwissenschaft, die menschliches Handeln erklären will, unterstellt, dass es für andere nachvollziehbar ist, weil es zweckrational erfolgt (zum Folgenden vgl. *Weber* [Wirtschaft] 2ff., 9f.). Eine Erklärung von Handeln basiert auf der Vermutung, dass ein Mensch vor dem Handeln überlegt, ob dieses nach den zu erwartenden Folgen bestimmten gegebenen Interessen förderlich ist oder nicht. A hat x getan, weil er z erreichen wollte, lautet das allgemeine Erklärungsschema für menschliches Handeln. Und er hat x getan und nicht y, weil die Handlung x nach Abwägung der Vor- und Nachteile seinen Interessen förderlicher schien. Andere Menschen können sich das Handeln erklären, wenn sie dem Handelnden einen Zweck zuschreiben und die Beziehung zwischen Zweck und Mitteln kennen.

Irrationales Handeln, bspw. eine Affekthandlung, können Außenstehende im Einzelfall auch verstehen, d.h. sie können manchmal deutend rekonstruieren, wie es soweit kommen konnte. Aber die Sozialwissenschaftler suchen in erster Linie nicht nach Einzelfallerklärungen, sondern nach generellen Regeln des Geschehens, aus denen man auch Prognosen und Gestaltungsempfehlungen ableiten kann. Das gelingt nur, wenn man unterstellt, dass die Menschen typischerweise rational und damit nachvollziehbar handeln. Weiterhin müssen jedoch auch typische Zwecke (Motive) unterstellt werden. Was nun die Ökonomik von anderen Sozialwissenschaften unterscheidet, ist der unterstellte typische „ökonomische" Zweck. Der **ökonomische Zweck** aber besteht in der direkten Deckung des eigenen Bedarfs an Gütern und im Erwerb (Gewinn oder anderweitiges Einkommen), um damit wiederum über Güter verfügen zu können (vgl. *Weber* [Wirtschaft] 200). Ohne eine solche Festlegung auf einen ökonomischen Zweck wäre auch die Entscheidung zwischen dem Schreiben von Gedichten und dem Schenken von Rosen als Mittel zur Eroberung einer geliebten Frau eine ökonomische Entscheidung, ebenso wie die Wahl zwischen dem Pflanzen von Tulpen oder Osterglocken als Mittel zur Verschönerung des Gartens eine ökonomische Handlung wäre. Jedes zweckrational angelegte Handeln, jedes Abwägen von Vor- und Nachteilen vor einer Entscheidung wäre zugleich ökonomisches Handeln, was den Gegenstandsbereich der Ökonomik in höchst unzweckmäßiger Weise ausdehnen würde (vgl. auch *Weber* [Wirtschaft] 199).

Zugleich würden dadurch Aussagen der Ökonomik gegen empirische Überprüfungen immunisiert, weil man ex post beliebige Zweck-Mittel-Überlegungen unterstellen könnte, welche das tatsächliche Handeln „ökonomisch" erscheinen lassen. Selbst jemand, der Geld an die Armen verschenkt oder einen anderen Menschen unter Einsatz seines Lebens aus einer Notsituation rettet, würde zum ökonomischen Nutzenmaximierer mutieren, indem man ihm bspw. unterstellt, er hätte den Zweck verfolgt, in den Himmel zu kommen und in der Mildtätigkeit bzw. Rettung des Mitmenschen das beste Mittel dazu gesehen. Tatsächlich wird deshalb in ökonomischen Modellen nahezu immer das **eigene materielle Interesse** als handlungsleitendes Motiv der Akteure unterstellt. Wirtschaften könne mit dem **Einkommensaspekt** menschlicher Tätigkeit gleichgesetzt werden, heißt es auch (vgl. *Schneider* [Betriebswirtschaftslehre] 1). Nur vor dem Hintergrund einer solchen Konkretisierung der generalisierenden Grundannahme kann man dann auch empirisch prüfen, wie weit diese Art der Erklärung trägt und wo sie versagt. So konnte bspw. durch zahlreiche spieltheoretische Experimente nachgewiesen werden, dass Menschen nicht immer die Handlungsalternative wählen, die ihnen den größten materiellen Gewinn bringt, sondern sich auch von Gerechtigkeitsüberlegungen leiten lassen (vgl. *Fehr/Schmidt* [Fairness]).

Das formale ökonomische Prinzip der Zweck-Mittel-Optimierung bzw. Nutzenmaximierung muss inhaltlich wieder gefüllt werden für bestimmte Wirtschaftsakteure, sonst taugt es nicht zur Abgrenzung von ökonomischen Handlungen aus der Gesamtmenge zweckrationaler Handlungen. Als typischer Zweck eines privatwirtschaftlichen Betriebes in einer Marktwirtschaft, also eines Unternehmens, gilt bspw. die **Gewinnmaximierung** (vgl. *Wöhe* [Einführung] 3). Ein Waschmittelhersteller handelt bei diesem Ziel wirtschaftlich, d.h. ökonomisch rational, wenn er anstrebt, die Spanne zwischen dem Verkaufspreis für das Waschmittel am Markt und den Kosten der Herstellung zu maximieren. Solange er für sein Produkt mehr bekommt, als ihn die Herstellung kostet, ist sein Handeln wirtschaftlich, ganz unabhängig davon, ob ein objektiver Mangel beseitigt wird. Als ökonomisch rational kann auch die Vernichtung von Lebensmitteln durch die Produzenten gelten, wenn eine Überschussproduktion die Preise drückt, auch wenn mit diesen Lebensmitteln einem echten Mangel, nämlich Hunger, abgeholfen werden könnte. Ebenso ist es – das Ziel der Gewinnmaximierung vorausgesetzt – für einen Pharmakonzern ökonomisch rational, ein hochwirksames Medikament vom Markt zu nehmen, wenn der Profit nicht hoch genug ist, weil die therapierte Krankheit nicht häufig genug auftritt.

Ökonomik ist also die **Wissenschaft von den individuell rationalen Wahlhandlungen** der Menschen in einer Welt unbegrenzter Bedürfnisse und knapper Ressourcen, mit dem Ziel, die eigene materielle Situation zu verbessern.

Die Ökonomik ist demnach nicht über den Gegenstandsbereich „Wirtschaft" und die Funktion der Güterversorgung zu charakterisieren, sondern über eine **bestimmte Art des Denkens**, nämlich das zweckrationale Denken in Alternativen, in Restriktionen und Input-Output-Relationen (vgl. *Mag* [Denken] 773). Ziel ist die Auswahl der nutzenmaximalen (insbesondere einkommensmaximalen) Alternative. Dieses Denken charakterisiert wiederum den ökonomischen Menschen, den Homo Oeconomicus, einen idealtypischen Modellmenschen, der nun genauer beschrieben werden soll.

1.2 Das Modell menschlichen Verhaltens in der Ökonomik

Hinter dem Handlungsmodell des Homo Oeconomicus stehen bestimmte Grundannahmen, mit deren Hilfe menschliches Verhalten erklärt und vorhergesagt werden soll.

„Dazu zählen:

- das Individualprinzip,
- das Prinzip der Problemorientierung,
- das Prinzip der Trennung zwischen Präferenzen und Restriktionen,
- das Rationalitätsprinzip,
- das Prinzip der Nicht-Einzelfall-Betrachtung,
- das Prinzip des methodologischen Individualismus" (*Erlei/Leschke/Sauerland* [Neue] 2f.).

(1) Individualprinzip

Das Individualprinzip besagt, dass das Individuum selbstinteressiert handelt. Es verfolgt **seine eigenen Ziele**, die als gegeben hinzunehmen sind. Der Homo Oeconomicus hat – ganz neutral gesprochen – eine Nutzenfunktion oder Präferenzen. Mögliche Problemlösungen sind nur vor dem Hintergrund dieser gegebenen Präferenzen zu bewerten. Eine Bewertung der Präferenzen (des individuell bestimmten Nutzens) durch andere ist nicht möglich.

(2) Prinzip der Problemorientierung

Das Entscheidungsmodell wird **problembezogen** gebildet. Man nimmt an, dass der Homo Oeconomicus die Präferenzen und die Alternativen, die für ein Entscheidungsproblem relevant sind, vollständig und richtig abbilden kann, dass er also jedes Wahlproblem richtig modellieren kann.

(3) Prinzip der Trennung zwischen Präferenzen und Restriktionen

Der Homo Oeconomicus sieht sich mit seinen gegebenen inneren **Präferenzen** einem externen Handlungsfeld gegenüber, welches seine Wahl beeinflusst (**Restriktionen**). Aus dem Zusammenspiel zwischen seinen Wünschen und den aktuellen Bedingungen wählt er die optimale Handlung. Beobachtet man nun eine Änderung in den Handlungen, dann wird diese einzig auf die Änderung der externen Restriktionen zurückgeführt, während die inneren Präferenzen (die Nutzenfunktion) als stabil gelten. Wenn jemand heute weniger Alkohol als früher trinkt, dann erklärt das der Ökonom durch eine Erhöhung der Alkoholpreise (Änderung der Restriktionen) und nicht durch ein gewachsenes Gesundheitsbewusstsein der Person (Änderung der Präferenzen). Wie Präferenzen entstehen und sich wandeln, interessiert den Ökonomen in der Regel nicht.

(4) Rationalitätsprinzip

Nach dem Rationalitätsprinzip muss das Individuum versuchen, die **optimale, nutzenmaximale Entscheidung zwischen alternativen Möglichkeiten** zu treffen. Moralische Überlegungen spielen dabei keine Rolle. Das Individuum scheut auch vor Lügen, Vertragsbruch, Betrug und anderen Regelbrüchen nicht zurück, wenn es ihm einen persönlichen Vorteil bringt (vgl. *Milgrom/Roberts* [Economics] 42). Ändern sich die Bedingungen im Handlungsfeld, muss der Homo Oeconomicus darauf in vorhersehbarer Weise mit Anpassungsentscheidungen reagieren. Die Ökonomik kann sein Verhalten weder erklären noch vorhersagen, wenn er sich „irrational“ verhält und bspw. trotz der Preiserhöhung eines Gutes aus Gewohnheit die gleiche Menge weiter konsumiert.

Zur Kennzeichnung des Homo Oeconomicus reicht im Prinzip aus, wenn er sich nach Kräften bemüht, rational zu handeln (intendiert rationales oder eingeschränkt rationales Handeln), auch wenn er nicht alle Alternativen und deren Folgen genau kennt (vgl. *Kirchgässner* [Homo] 31f.).

(5) Prinzip der Nicht-Einzelfall-Betrachtung

Die sehr strikte Annahme rationalen Verhaltens wird auch dadurch aufgeweicht, dass ein solches Verhalten nicht von jedem Individuum in jeder Situation erwartet wird, sondern nur als **tendenzielles Verhalten** der meisten Akteure. Das rationale Verhalten muss allerdings deutlich dominant sein, wenn die Ökonomik ihre Erklärungs- und Prognosekraft für die Praxis nicht verlieren will. Der Homo Oeconomicus ist als Idealtyp zwar eine Fiktion. Ein solcher Idealtyp wäre aber eine wertlose Konstruktion wenn nicht angenommen werden könnte, dass das menschliche Verhalten tatsächlich mit einer gewissen Häufigkeit diesem Modell entspricht (vgl. *Weber* [Wirtschaft] 5f.).

(6) Prinzip des methodologischen Individualismus

Alle Eigenschaften, die sozialen Systemen (Gruppen, Gesellschaften, Familien, Unternehmen usw.) zugesprochen werden, müssen aus den **individuellen Eigenschaften und Verhaltensweisen** der beteiligten Akteure erklärbar sein. Insbesondere dürfen nach dem methodologischen Individualismus nur den Individuen Intentionen und Ziele zugeschrieben werden. Es gibt also z. B. keine Ziele oder Strategien der Unternehmung, sondern nur individuelle Ziele und Strategien von Personen in Unternehmen. Wer sein Ziel durchsetzen will, muss mit den möglicherweise konträren Zielen anderer rechnen.

Der **Homo Oeconomicus** wählt bei gegebenen Präferenzen und Restriktionen stets die Alternative, die ihm den höchsten (materiellen) Nutzen verspricht. An Änderungen der Restriktionen passt er sich rational an.

Die beiden wesentlichen Grundannahmen für wirtschaftliches Handeln sind somit Rationalität und Streben nach Nutzenmaximierung (vgl. *Wöhe* [Einführung] 9). Einwände gegen das Menschenbild des Homo Oeconomicus werden von Ökonomen mit dem Hinweis auf dessen Modellcharakter zurückgewiesen. Es werde gar nicht behauptet, dass Menschen tatsächlich strikt selbstinteressiert und rational handelten sowie stabile Präferenzen hätten. Dies sei nur ein methodischer Kniff, eine Heuristik, ein Analyse-Schema, damit Verhaltensweisen und deren Änderungen nicht vorschnell auf Irrationalität oder Präferenzänderungen zurückgeführt werden könnten, sondern nach den äußeren Einflussgrößen auf das Verhalten gesucht werde (vgl. *Pies* [Grundlagen] 16f.). Es wird sozusagen eine Möglichkeitsanalyse durchgeführt: Wie würde das Handeln aussehen, wenn es sich nach rein ökonomischer Zweckrationalität richten würde? (Vgl. *Weber* [Wirtschaft] 10). Auf dieser Grundlage kann man erkennen, inwieweit reales Handeln tatsächlich ökonomisch zweckrational zu sein pflegt bzw. inwieweit andere Motive eine Rolle spielen. Dass die Menschen meist viel sozialer gesonnen sind, als es das Homo Oeconomicus-Modell vorsieht, ist inzwischen durch zahlreiche Untersuchungen der experimentellen Wirtschaftsforschung eindeutig nachgewiesen.

Beispiel: Das bekannteste Experiment der experimentellen Wirtschaftsforschung ist das sog**. Ultimatumspiel**. Ein Spieler A erhält einen Geldbetrag von bspw. 100 €. Er muss einem Spieler B einen Vorschlag machen, wie dieser Betrag zwischen A und B aufgeteilt werden soll. B kann diesen Vorschlag annehmen oder ablehnen. Lehnt B den Vorschlag ab, bekommen beide Spieler nichts. Würden sich beide Spieler „rational" nach dem Homo Oeconomicus-Modell verhalten, dann müsste A dem B einen Cent anbieten und B müsste dieser Teilung zustimmen, weil er damit immerhin einen Cent mehr hat als vorher. Tatsächlich bietet eine Mehrheit von zwei Dritteln der Spieler zwischen vierzig und fünfzig Euro an, weil sie diese Teilung als fair empfinden. Bieten sie weniger als 20 Euro, was allerdings nur vier von hundert Personen machen, dann lehnt der andere Spieler in mehr als der Hälfte der Fälle ab. Das heißt, der Spieler B verzichtet auf bares Geld, um das als unfair empfundene- Verhalten des Spielers A zu bestrafen (vgl. *Sigmund et al.* [Teilen]).

2 Die Auseinanderentwicklung von Ethik und Ökonomik

2.1 Ethik und Ökonomik als miteinander verbundene Teile der praktischen Philosophie

Ursprünglich waren Ethik und Ökonomik unter dem Dach der **praktischen Philosophie** eng verbunden. Die praktische Philosophie wurde nach *Aristoteles* gekennzeichnet als eine Wissenschaft, deren Prinzip die Entscheidungen von Handelnden sind (vgl. [Metaphysik] 1025b-1026a; 1064a). Menschliche Praxis soll durch diese Philosophie des Handelns auf der Basis von Vernunfterkenntnis systematisch orientiert und verbessert werden.

Die Philosophie des Handelns umfasst bei *Aristoteles* zwei große Bereiche, die **Ethik** und die **Politik** (Kunst der Staatsführung). Im ersten Buch seiner politischen Schriften stellt er außerdem Überlegungen zur „Hausverwaltung" an. Deshalb wird häufig ein dritter Bereich der praktischen Philosophie unterschieden, nämlich die **Ökonomik**, die Lehre vom Haushalt oder von der Kunst der Haushaltsführung (griech. oikos = Haushalt; nomos = Gesetz).

Umstritten ist das Verhältnis der drei Bereiche zueinander. Es gibt sowohl die Auffassung, dass letztlich alle drei Bereiche zur Ethik zählen, Ethik also mit praktischer Philosophie gleich zu setzen sei, als auch die Auffassung ihrer relativen Eigenständigkeit (vgl. *Schütrumpf* [Erläuterungen] 71ff.). Zumindest besteht bei *Aristoteles* insofern eine enge Verbindung der drei Bereiche als es immer um die **Erreichung „des Guten" oder eines „obersten Gutes"** geht, sei es nun bei der Frage nach den guten Haltungen (Tugenden) der Individuen (Ethik im engeren Sinne), der guten Hausverwaltung (Ökonomik) oder der guten Gestaltung der Verfassung (Politik). „Jedes praktische Können und jede wissenschaftliche Untersuchung, ebenso alles Handeln und Wählen strebt nach einem Gut, wie allgemein angenommen wird" ([NE] 1094a).

Weiter heißt es: Da es viele Formen des Handelns, Könnens und Wissens gebe, könnten die Ziele unterschiedlich sein: die Heilkunst strebe nach Gesundheit, die Kriegskunst nach Sieg, die Wirtschaftsführung nach Wohlstand usw. Alle Formen des Handelns und ihre jeweiligen Teilziele seien aber einem Endziel oder obersten Gut unterzuordnen, nämlich dem **Glück** (vgl. [NE] 1095a). Das Glück der Einzelnen zu erreichen und zu sichern, sei bereits schön, schöner und erhabener jedoch sei es, dass allgemeine Glück (aller Bürger eines Staates) zu erlangen (vgl. [NE] 1094b). Ihren eigentlichen Sinn finden Ethik, Politik und Ökonomik so in der gemeinsamen Aufgabe der **Ermöglichung eines gelungenen Lebens für die Menschen**.

Eine sinnvolle Ökonomik trägt insofern zur Erreichung des obersten Gutes bei, als sie den Menschen mit den notwendigen, unerlässlichen und nützlichen Gütern versorgt und so eine Grundvoraussetzung erfüllt für ein glückliches, gelingendes Leben, welches auch „die äußeren Güter" braucht (*Aristoteles* [NE] 1099b).

Das natürliche und lobenswerte **ethische Ziel der Ökonomik** ist daher die Versorgung mit Gütern bzw. die Sicherung des Wohlstandes (vgl. *Aristoteles* [Politik 1] 1258a, b).

In ausreichendem Umfang Werte und Güter zu schaffen bzw. Mängel zu beseitigen durch den Erwerb systematischer Kenntnisse zur Verbesserung von Ackerbau und Viehzucht, Rohstoffgewinnung, Verarbeitung und Handel, ist nach Meinung des griechischen Philosophen sinnvoll und nützlich, solange die Sorge der Ökonomik „in größerem Maße den Menschen als dem Besitz an leblosen Dingen gilt" (vgl. [Politik 1] 1059b), der **Wohlstand also Mittel zum Zweck bleibt und nicht zum Selbstzweck wird**. Der Wohlstand ist selbst nicht das Endziel oder oberstes Gut, sondern ein Mittel, das beitragen kann zur Entfaltung des humanen Potenzials.

2.2 Von der materialen zur formalen Auslegung des ökonomischen Prinzips

Heute erscheint uns die Trennung von Ethik und Ökonomik (und natürlich auch Politik) in eigenständige Einzelwissenschaften selbstverständlich. Teilweise sind allerdings die alten Verbindungen noch zu erkennen. So wird – wie oben dargelegt – als Erkenntnisgegenstand der Ökonomik oft dasjenige Gebiet menschlichen Handelns angesehen, welches der Bedürfnisbefriedigung dient. Es gehe in der Wirtschaft um die „Beschaffung von Dingen, die einen Wert haben" bzw. um die Beseitigung von Mängeln, heißt es (*Ott* [Wirtschaftstheorie] 16). In dieser Fassung ist die Ökonomik als Lehre vom Wirtschaften prinzipiell verträglich mit der löblichen „naturgemäßen Erwerbskunst" bei *Aristoteles*.

Diese aristotelische Verbindung zwischen Ethik und Ökonomik wird da gekappt, wo die Ökonomik sich vom materiellen Ziel der Güterversorgung distanziert und das ökonomische Prinzip zum rein formalen Rationalprinzip der individuellen Zweck-Mittel-Optimierung erklärt, „das keinerlei Aussagen über die Motive oder die Zielsetzungen des wirtschaftlichen Handelns macht" (*Wöhe* [Einführung] 2). Da die Wirtschaft ihren Wert aus ihrer Zielsetzung, nämlich der Befriedigung der Bedürfnisse, ableitet (vgl. *Wöhe* [Einführung] 1), macht der Verzicht auf dieses Ziel sie „wertneutral" (ebenda).

Ökonomik ist dann nicht mehr die Wissenschaft von der bestmöglichen Versorgung der Menschen mit Gütern unter effizienter Ausnutzung der Ressourcen (materiales ökonomisches Prinzip), sondern die Wissenschaft vom Handeln nach dem Rationalprinzip (formales ökonomisches Prinzip). Ökonomisches Handeln ist nun gekennzeichnet durch die Zuordnung (quantifizierbarer) Ergebnisse (Kosten und Nutzen, Einzahlungen und Auszahlungen, Einsatz- und Outputmengen, Vor- und Nachteile) zu den Alternativen, um die aus Sicht eines Entscheiders optimale auswählen zu können.

Das **formale ökonomische Prinzip** wird von jedem materialen Inhalt entleert und lautet: Bei gegebenem Mitteleinsatz ist das Ergebnis zu maximieren (Maximumprinzip) oder bei gegebenem Ergebnis ist der Mitteleinsatz zu minimieren (Minimumprinzip).

Um zu konkreteren Aussagen zu kommen, wird als typisch ökonomisches Ziel in der Regel die Einkommenserzielung angesehen. Die Ergebnisse der Alternativen sind häufig ungewiss, weil sie sich auf die Zukunft mit ihren möglichen Umweltänderungen beziehen und/oder von den Reaktionen anderer Menschen abhängen. Das ökonomische Prinzip wird in diesen Fällen trotzdem beibehalten. Der rationale Entscheider wählt dann eben die Alternative mit dem wahrscheinlich besten Ergebnis, was sich bei einer quantifizierbaren Ungewissheit in der Wahl der Alternative mit dem höchsten Erwartungswert ausdrückt ausdrückt (vgl. *Göbel* [Entscheidungen]).

Diese Veränderung in der inhaltlichen Füllung des ökonomischen Prinzips lässt sich auch in der Geschichte der Betriebswirtschaftslehre an der Auseinandersetzung zwischen *Schmalenbach* und *Rieger* nachzeichnen. *Eugen Schmalenbach* (1873-1955), der als einer der Gründerväter der Betriebswirtschaftslehre (BWL) gilt, erklärte programmatisch, die BWL solle sich nicht mit der Frage befassen, wie der Unternehmer am meisten verdiene, sondern mit der Frage, wie ein Gut mit der größten Ökonomie, d.h. mit sparsamem Ressourcenverbrauch, hergestellt werden könne (vgl. [Kunstlehre] 494). Ziel einer Wirtschaftslehre müsse die gemeinwirtschaftliche Produktivität sein, also die optimale Versorgung der Menschen mit Gütern und Dienstleistungen.

Gegen diese Auffassung vom Gegenstand des Wirtschaftens hat sich *Wilhelm Rieger* (1878-1971) ausgesprochen. Er hielt es für angemessener, sich mit der Unternehmung im Sinne einer Wirtschaftseinheit zu befassen, die von einem Unternehmer (oder beauftragten Managern) mit Gewinnabsicht geleitet wird. Nicht Wirtschaftlichkeit im Sinne von Produktivität ist sein Leitgedanke, sondern Rentabilität, also Gewinn bezogen auf das eingesetzte Kapital. Das Unternehmen ist Mittel zum Zweck der Einkommenserzielung für den Unternehmer (vgl. *Rieger* [Einführung] 41). Es wird nicht geführt, um die Menschen mit Gütern zu versorgen, sondern um Produkte ertragreich zu vermarkten. Die Sättigung des Marktes, also die Behebung eines Mangels, ist für den Unternehmer kein erstrebenswerter Zustand, sondern ein Problem. Das Ziel, ein möglichst hohes Geldeinkommen zu erzielen, ist auch durchaus kompatibel mit einer gewissen Ressourcenverschwendung. So werden Pralinen aufwändig verziert und luxuriös verpackt, obwohl das den Geschmack und Nährwert der Schokolade in keiner Weise verbessert. Solange die Kunden den Mehraufwand durch höhere Zahlungen honorieren, ist ein solches Verhalten gleichwohl wirtschaftlich (vgl. *Rieger* [Einführung] 62).

Obwohl sich der von *Rieger* präferierte Begriff der Privatwirtschaftslehre nicht etablieren konnte, hat sich seine Auffassung ansonsten durchgesetzt. Zumindest für die Betriebswirtschaftslehre ist das ökonomische Prinzip in der Form des erwerbswirtschaftlichen Prinzips maßgeblich. „Die langfristige Gewinnmaximierung wird von den meisten Fachvertretern, die als Objekt der Betriebswirtschaftslehre den Betrieb als planvoll organisierte Wirtschaftseinheit auffassen ..., als oberste Zielsetzung und damit als Auswahlprinzip anerkannt“ (*Wöhe* [Einführung] 17). Sind Eigentum und Kontrolle im Unternehmen getrennt, wird also die Unternehmung nicht von ihren Eigentümern sondern von angestellten Managern geführt, dann sollen diese Manager für die Eigentümer nach dem erwerbswirtschaftlichen Prinzip handeln und bspw. den sog. „Shareholder Value“, also den Wert für die Anteilseigner, maximieren. Andere unternehmerische Teilziele wie Mitarbeiterzufriedenheit, Produktivität, Qualität usw. sind letztlich aus diesem Ziel abgeleitet und werden nicht um ihrer selbst willen verfolgt.

Sinn des Wirtschaftens in einem Unternehmen ist demnach heute nicht mehr die gesamtwirtschaftliche Bedarfsdeckung, sondern die **privatwirtschaftliche Gewinnerzielung**.

Gegenüber dem aristotelischen Verständnis von Ökonomik ergeben sich daraus wichtige Unterschiede.

2.3 Unterschiede zwischen der aristotelischen und der modernen Auffassung von Ökonomik

Die Begriffe „Mangel" und „Bedürfnis" waren ursprünglich auf naturgegebene anthropologische Ansprüche bezogen (etwa als Bedürfnis nach Nahrung, Schlaf, Sicherheit, Wärme, Geborgenheit) und hatten damit einen objektiven Bezugspunkt. Solche Bedürfnisse zu befriedigen bzw. Mängel zu beheben und damit die Basis für ein gutes Leben bereitzustellen, ist nach *Aristoteles* die Aufgabe einer genuin sittlichen, natürlichen Erwerbskunst (vgl. [Politik I) 1256b).

Für die heutige Ökonomik ist das „Bedürfnis" dagegen identisch mit dem faktisch geäußerten (kaufkräftigen) Bedarf. Ein „Mangel" ist dann nichts Objektives mehr (wie bspw. der Mangel an Nahrungsmitteln oder Medikamenten in der sog. dritten Welt), sondern lediglich eine Diskrepanz zwischen einem Bedürfnis und dessen Befriedigung, im Grunde also nichts anderes als ein noch nicht erfüllter Wunsch. In diesem Sinne kann auch der Wunsch nach einem Pelzjäckchen für den Hund, einer Luxusyacht oder einer lukrativen Anlagemöglichkeit für freies Kapital als „Bedürfnis aus der Erfahrung eines Mangels" verstanden werden, zu dessen Beseitigung geeignete Mittel und Wege gefunden werden müssen. Wenn sich solche Bedürfnisse als kaufkräftiger Bedarf manifestieren, werden sie sogar eher als zu behebender „Mangel" wahrgenommen als weitaus existenziellere, aber nicht kaufkräftige Mängel (etwa Mangel an sauberem Trinkwasser in einem Slumviertel).

Ebenso hat der Begriff „Güter" für *Aristoteles* einen objektiven Gehalt. Es sind die Dinge, die für das Leben unerlässlich sind oder zumindest objektiv nützlich, weil sie notwendige Bedürfnisse erfüllen (vgl. [Politik I] 1256b). Güter sind bspw. Nahrungsmittel, Schuhe oder Werkzeuge. Güter sind tatsächlich „gut", weil lebensdienlich.

Dagegen versteht die Ökonomik heute das „Gut" nur noch ganz neutral als „Mittel zur Bedürfnisbefriedigung" (vgl. *Dichtl/Issing* [Wirtschaftslexikon] 870). Drogen, Pornofilme und gewaltverherrlichende Computerspiele sind in gleicher Weise „Güter" wie Medikamente und Nahrungsmittel. Es wird von Wirtschaftswissenschaftlern ausdrücklich abgelehnt, zu den Gütern inhaltlich Stellung zu nehmen und bspw. wichtige und unwichtige Güter zu unterscheiden (vgl. bspw. *Wöhe* [Einführung] 17).

Was ein „Mangel", ein „Bedürfnis" und ein „Gut" ist, wird so von der modernen Ökonomik ganz in das Belieben subjektiver Präferenzen gestellt. Diese hat die Ökonomik als Daten hinzunehmen, weil es sich um reine „Geschmacksfragen" handelt, über die man bekanntlich nicht streiten soll (vgl. *Stigler/Becker* [Gustibus]).

Sinn und Ziel der Wirtschaft ist nach Aristoteles **die ausreichende Versorgung aller Bürger** mit den notwendigen Gütern, also die Erreichung eines gewissen allgemeinen Wohlstands als Mittel zum Zweck des allgemeinen Glücks. Die „äußeren Güter" sind nur notwendige Hilfsmittel, um ein edles, sittlich vortreffliches Leben führen zu können, worin das wahre Glück zu finden ist. Nach moderner Auffassung liegt dagegen der Sinn des Wirtschaftens in der **Maximierung des individuellen (materiellen) Nutzens** als Selbstzweck.

Mit dieser Kennzeichnung ist die von *Aristoteles* getadelte und nicht zur Ökonomik gezählte „Erwerbskunst nach Art des gewinnsüchtigen Handelns" ([Politik 1] 1258b) geradezu zum Paradigma der Ökonomik geworden, vor allem in der unternehmerischen Handlungsmaxime der Gewinnmaximierung. Reichtum und Besitz sind bei dieser Kunst keine Grenzen mehr gesetzt, weil es nicht mehr um die ausreichende Befriedigung objektiver Bedürfnisse geht, sondern um das Ziel „Geld bis ins Unendliche zu vermehren" (*Aristoteles* [Politik I] 1257b). Das Streben nach maximalem privatem Reichtum zählt der griechische Philosoph ausdrücklich nicht zum Gegenstandsbereich der Ökonomik, während nach heutiger Auffassung der maximale Gewinn als klassisches Ziel privatwirtschaftlicher Betätigung gilt und die Ökonomik (speziell die Betriebswirtschaftslehre) Wissen zur besseren Erreichung dieses Ziels bereitstellt.

2.4 Ethik und Ökonomik – zwei Welten?

Ethik und Ökonomik gehörten einst unter dem Dach der praktischen Philosophie eng zusammen. Als gemeinsame Wurzel kann der Wunsch nach Orientierung und Verbesserung der menschlichen Praxis durch die Vernunft angesehen werden. Die Ökonomik hat es ebenso wie die Ethik mit menschlichen Handlungen und den zugrundeliegenden Entscheidungen zu tun. Im Grunde stellt sich auch der Homo Oeconomicus die Frage: Wie soll ich handeln? Wirtschaften sei nichts anderes als die fortgesetzte Wahl zwischen verschiedenen Möglichkeiten, heißt es bspw. bei *Röpke* (vgl. [Lehre] 32). Und *Aristoteles* konstatiert, dass die Entscheidungen in einem besonders engen Verhältnis zur sittlichen Tüchtigkeit stehen. Als Entscheidung definiert er – ganz in Einklang mit der Ökonomik – einen freiwilligen Akt, dem eine Überlegung vorangegangen ist, welches wohl das beste Mittel zur Erreichung eines Zieles sei (vgl. [NE] 1111b-1112b). Allerdings zielt beim Homo Oeconomicus die Frage nicht auf ein Handeln, welches „gut" und „sittlich richtig" ist, sondern auf ein Handeln, welches ihm den maximalen Nutzen (dem Unternehmer bspw. den maximalen Gewinn) bringt.

Die Auseinanderentwicklung von Ethik und Ökonomik hat zu „zwei Welten" mit „zwei Rationalitäten" geführt (vgl. *Ulrich* [Wirtschaftsethik] 2ff.). Eine Handlung ist nicht mehr einfach als vernünftig oder unvernünftig zu bewerten. Sie kann vielmehr ökonomisch rational, aber unsittlich oder moralisch richtig, aber ökonomisch ineffizient sein. Die Rationalität der Ökonomik ist eine technisch-instrumentelle Zweckrationalität, die nichts über die Wünschbarkeit von Zielen und die Zulässigkeit von Mitteln aussagt (vgl. *Göbel* [Entscheidungen] 41). Nicht selten wird deshalb die Frage geäußert, ob denn Ethik und Ökonomik in ihrer heutigen Ausprägung überhaupt noch kompatibel seien und ob sie sich nicht zueinander verhielten wie Feuer und Wasser (vgl. *Kleinfeld* [Ethik]); *Mack* [Wirtschaft]; *Wieland* [Ethik]). Hinter solchen Fragen zur Vereinbarkeit von Ethik und Ökonomik steckt als Kernproblem das prekäre Verhältnis von Sittlichkeit und Selbstinteresse. Dieses soll nun näher beleuchtet werden.

3 Das Verhältnis von Sittlichkeit und Selbstinteresse: unvereinbar oder vereinbar?

3.1 Was heißt Selbstinteresse?

Selbstinteresse heißt der Beweggrund eines Menschen, dem es in seinem Tun und Lassen um sich selbst geht, um seine Selbsterhaltung, die Befriedigung seiner Wünsche und Bedürfnisse, um das eigene Glück.

Das Selbstinteresse gilt als das natürliche Motiv jedes Menschen. Zumindest bei der Selbsterhaltung sprechen wir sogar von einem „Trieb", der uns naturwüchsig antreibt. Aber auch das Streben nach dem eigenen **Glück** wird als natürliches Interesse betrachtet. Als oberstes Ziel des Menschen „gilt in hervorragendem Sinne das Glück" heißt es schon bei *Aristoteles* (vgl. [NE] 1097b). Selbstinteresse und Streben nach Glück werden daher im Folgenden als deckungsgleich angesehen. Die nähere inhaltliche Bestimmung dessen, was Glück bedeutet, ist aber ebenso umstritten wie die Beziehung von Sittlichkeit und Glück. Die wesentlichen Argumente in dieser Kontroverse sollen nun genannt werden.

3.2 Nähere inhaltliche Bestimmung des Selbstinteresses

Eine zumindest partielle Unvereinbarkeit von Sittlichkeit und Glück ergibt sich aus der inhaltlichen Bestimmung des Selbstinteresses bzw. Glücks als „(Sinnen)-Freude" und „Lust". Beschränkt sich das Selbstinteresse auf die Befriedigung von Begierden und Leidenschaften, auf leibliche Genüsse und das Anhäufen materieller Güter, um daraus direkt oder indirekt Lust zu gewinnen, dann ist das Selbstinteresse mit Moralität nur schwer vereinbar. Wie schon *Aristoteles* feststellte, streben auch Tiere nach angenehmen Sinnesempfindungen (vgl. [NE] 1098a). Mit einem **Leben der Lust** stelle sich der Mensch auf eine Stufe mit den Tieren und das entspräche nicht seiner wahren Natur und Würde. Solche Überlegungen haben auch zu der teils sehr scharfen Kritik an *Benthams* Utilitarismus geführt. Wer den Menschen dazu anhalte, ein Höchstmaß an Lust anzustreben, der betreibe eine Philosophie für Schweine, lautet bspw. das Verdikt von *Carlyle* (vgl. *Mill* [Utilitarismus] 86, Anmerkung 4).

Damit wird aber nur eine partielle Unvereinbarkeit von Selbstinteresse und Moralität begründet, denn das Selbstinteresse kann inhaltlich auch ganz anders definiert werden. Es besteht unter den Philosophen weitgehende Einigkeit darüber, dass das ausschließliche Streben nach Lust und Besitz wahres Glück eher behindert als fördert. Das Jagen nach immer mehr materiellen Gütern führt zu eigenen Zwängen und Ängsten und auf die kurzfristig genossene Lust folgt oft genug die Reue über die langfristig nachteiligen Folgen. Der kluge Mensch erkennt dagegen, so *Aristoteles*, dass dauerhafte Freude und Zufriedenheit nur im **Streben nach sittlicher Vortrefflichkeit**, nach einem edlen und gerechten Leben zu finden ist (vgl. [NE] 1098b-1099a).

Ganz ähnlich sieht das auch *John Stuart Mill*, der den Menschen ein größeres Selbstinteresse an den hohen und wertvollen Freuden des Verstandes und des sittlichen Gefühls unterstellt als an den niedrigen Freuden der Lust. Wer den Utilitarismus wegen des Glücksstrebens ablehne, unterschätze die Menschen, denn sie suchten ihr Glück in der Regel nicht in der Lust, sondern in der Würde (vgl. [Utilitarismus] 86ff.). Liegt aber das Selbstinteresse in der eigenen Tugend und Sittlichkeit, dann werden Selbstinteresse und Moralität praktisch identisch, etwa als Freude an Frömmigkeit und Wohlwollen oder als Freude an der Tugend (*Mill* [Utilitarismus] 88).

Zum einen sind also manche Interessen besser als andere geeignet, das Glück wirklich dauerhaft und verlässlich zu sichern. Am besten ist ein Selbstinteresse an den höheren Freuden der Sittlichkeit, denn ein solches befördert wahrscheinlich das eigene Glück, mit Sicherheit aber das allgemeine Glück am meisten (vgl. *Mill* [Utilitarismus] 91). Zum anderen sind manche Interessen aber auch unabhängig von ihrer unmittelbaren Glückswirkung aufgrund ihrer „inneren Beschaffenheit" qualitativ wünschenswerter und wertvoller als andere (vgl. *Mill* [Utilitarismus] 87). Den subjektiven Interessen wird ein objektiver ethischer Wert zu- oder abgesprochen. D.h. es gibt legitime, ethisch akzeptable und illegitime, nicht akzeptable Interessen (etwa Lust am Zerstören). Damit ist der Anspruch verbunden, dass ein Mensch seine Interessen kontrollieren und „kultivieren" sollte, weil nicht jedes Interesse von gleicher sittlicher Qualität ist.

Gegen ein Selbstinteresse an äußeren **Gütern** wie Besitz, Macht, Einfluss, Schönheit ist allerdings auch nichts einzuwenden, solange sie ihrem Wesen nach **als Hilfsmittel und Werkzeug** angesehen werden, als Grundbedingungen für ein gelungenes Leben und nicht als Endzweck. Der wirtschaftende Mensch ist also nicht schon deshalb als unsittlich zu qualifizieren, weil er ein Selbstinteresse an einer ausreichenden Versorgung mit den Gütern hat, welche ihm das Leben überhaupt erst ermöglichen oder es auch schöner und angenehmer machen. Ja, nicht nur die Selbsterhaltung gilt sogar als moralische Pflicht (vgl. *Kant* [Tugendlehre] A69), sondern auch das eigene Glück. *Kant* postuliert dezidiert: „Seine eigene Glückseligkeit sichern, ist Pflicht (wenigstens indirekt), denn der Mangel an Zufriedenheit mit seinem Zustand, in einem Gedränge von vielen Sorgen und mitten unter unbefriedigten Bedürfnissen, könnte leicht eine große Versuchung zur Übertretung der Pflichten werden." ([Grundlegung] BA11f.). Und in der „Kritik der praktischen Vernunft" heißt es: „Es kann sogar in gewissem Betracht Pflicht sein, für seine Glückseligkeit zu sorgen; teils weil sie (wozu Geschicklichkeit, Gesundheit, Reichtum gehört) Mittel zur Erfüllung seiner Pflicht enthält, teils weil der Mangel derselben (z.B. Armut) Versuchungen enthält, seine Pflicht zu übertreten" (*Kant* [Kritik] A166).

Die Ethik gerät demnach mit der Ökonomik nicht schon deshalb in einen Konflikt, weil der Homo Oeconomicus sein Selbstinteresse verfolgt, insbesondere nach einer ausreichenden Versorgung mit Gütern, nach Einkommen und Wohlstand strebt. Ein gewisser Wohlstand (im Gegensatz zur Armut) gilt neben Sicherheit, Freiheit und Gerechtigkeit als anzustrebender fundamentaler Wert einer Gesellschaft. Schwer vereinbar werden sittliche und ökonomische Orientierung allerdings, wenn

- materieller Besitz zum einzigen Strebensziel wird und damit zum Selbstzweck
- und wenn das Besitzstreben keine Grenze mehr kennt.

3.3 Berücksichtigung der Interessen anderer

Ob Selbstinteresse und Sittlichkeit vereinbar sind, hängt weiterhin von dem Ausmaß ab, in welchem auch die **Interessen der Mitmenschen** Berücksichtigung finden. Unsittlich ist es, das Selbstinteresse ohne Rücksicht auf die Interessen und Rechte der anderen zu verfolgen. Das Selbstinteresse wird dann zum **Egoismus**. Der „moral point of view" zeichnet sich dagegen gerade dadurch aus, dass man über das eigene Interesse hinaus auch die der anderen als prinzipiell gleichberechtigt wahrnimmt und gelten lässt. Der sittliche Anspruch des Utilitarismus begründet sich bspw. darin, dass das größte allgemeine Glück angestrebt wird und nicht das größtmögliche private Glück eines Einzelnen. Das Selbstinteresse darf also verfolgt werden, solange nur die Interessen anderer in gleicher Weise beachtet werden, wie die eigenen.

Der hemmungslose Egoismus ist ebenso wie die schrankenlose Besitzgier eher geeignet, das Glück zu behindern als es zu fördern. Allgemeiner Egoismus führt nämlich zu dem von *Hobbes* beschriebenen, beklagenswerten Naturzustand eines Krieges von jedem gegen jeden (vgl. [Leviathan] 105). Menschen mit einem „**aufgeklärten Selbstinteresse**" erkennen die Vorteile einer friedlichen Kooperation, welche nur bei einer wechselseitigen Rücksichtnahme auf die Interessen und Rechte des jeweils anderen zu erwarten ist.

Als „**aufgeklärt**" gilt ein **Selbstinteresse**, wenn sich das Subjekt den Zusammenhang seiner Interessen mit den Interessen anderer verdeutlicht und sich auch die langfristigen Konsequenzen einer Interessenverfolgung vor Augen hält.

Inkonsistenzen zwischen verschiedenen Interessen oder zwischen kurz- und langfristigen Auswirkungen werden idealerweise geklärt und durch Prioritätensetzung gelöst (vgl. *Quante* [Einführung] 57). Auch der rational kalkulierende Homo Oeconomicus wird nach einer solchen Selbstaufklärung die Interessen anderer häufig nicht vernachlässigen, weil es ihm letztlich selbst nutzt, wenn er aus dem Naturzustand herausfindet in ein geordnetes friedliches Miteinander. Diese Verbindung von Selbstinteresse und Gemeinwohl hat allerdings einen großen Haken: Der seinen Eigennutz maximierende Mensch berücksichtigt die Interessen der anderen nur, **wenn** es ihm selbst nutzt und wenn er das auch erkennt, weil für ihn seine partikularen Interessen jederzeit wichtiger sind als das Gemeinwohl. Deshalb hält *Hobbes* es auch für letztlich unabdingbar, die Menschen, die er durchweg für Egoisten hält, durch eine starke Staatsmacht „mit dem Schwert" zur friedlichen Kooperation und wechselseitigen Rücksichtnahme zu zwingen (vgl. [Leviathan] 145ff).

Auch die Ökonomik erkennt also, dass die Berücksichtigung der Interessen anderer häufig nützlich ist.

Beispiel: Ein kluger Kaufmann wird sich hüten, einem Stammkunden minderwertige Waren anzudrehen, weil dieser dann zur Konkurrenz wechseln und auch noch anderen Kunden von seiner schlechten Erfahrung berichten kann.

Da der ökonomisch denkende Mensch aber nur dann und solange zur Rücksicht auf andere bereit ist, wenn es ihm selbst nutzt, ist er nur sehr begrenzt in der Lage, eine stabile, friedliche Gemeinschaft freier und gleichberechtigter Bürger zu schaffen. Erst die moralische Einsicht, dass die Interessen der anderen Menschen prinzipiell gleichberechtigt sind, schafft eine solide Basis für eine solche Gemeinschaft (vgl. *Nusser* [Vertragsethik] 56ff.). Außerdem stellt nur die Ethik die Werte bereit, mit denen entschieden werden kann, wessen Interessen und welchen Interessen überhaupt Bedeutung zukommt bzw. im Konfliktfall Priorität einzuräumen ist (vgl. *Quante* [Einführung] 68).

3.4 Gesinnung der Akteure

Die völlige Unvereinbarkeit von Selbstinteresse und Sittlichkeit scheint in mancher Hinsicht *Kant* zu behaupten. Egal wie gut und richtig eine Handlung auch sein möge, ihre „Erhabenheit" und „Schönheit" als sittliche Handlung würde vernichtet, wenn sie nicht „aus Pflicht", sondern „aus Neigung" geschähe. Da aber alle Menschen von selbst „die mächtigste und innigste Neigung zur Glückseligkeit" haben (*Kant* [Grundlegung] BA12), sind alle Handlungen, die auch zum eigenen Glück beitragen sofort dem Verdacht preisgegeben, aufgrund der falschen Gesinnung zu geschehen, nämlich aus Neigung, und deshalb nicht wahrhaft sittlich zu sein. Das Sollen zeige sich in seiner ganzen Macht und Vollkommenheit nur da, wo der Mensch etwas anderes wolle: „Ich soll etwas tun, darum, weil ich etwas anderes will" (ebenda BA94). Nach diesem **Unvereinbarkeitsmodell** können auch eine „gute" Art von Selbstinteresse (etwa das Interesse an Ehre und Hochschätzung durch die Mitbürger) sowie die gleichzeitige Berücksichtigung der Interessen der anderen den grundlegenden Makel einer Handlung „aus Neigung" nicht beseitigen.

Eine solche Argumentation führt zu kontraintuitiven Konsequenzen. So kann ein Menschenfreund niemals wirklich sittlich handeln, weil fremde Not ihn rührt und „Wohltun" ihm selbst Freude bereitet. Wer dagegen vom Temperament kalt und gleichgültig gegen seine Mitmenschen ist, handelt wahrhaft moralisch, wenn er seinen natürlichen Widerwillen überwindet und nur aus Pflicht bspw. Almosen gibt (vgl. ebenda BA10f.). Je williger und freudiger jemand sittlich handelt, desto fragwürdiger scheint seine Gesinnung zu werden. Im völligen Gegensatz dazu vertritt bspw. *Aristoteles* die Meinung, niemand könne wirklich als edel und gerecht bezeichnet werden, der nicht auch Freude hat an seinem edlen Handeln (vgl. [NE] 1099a).

Kants Ethik scheint darauf hinauszulaufen, dass wahre Sittlichkeit immer mit Opfern und Leid seitens des Handelnden verbunden sein muss, dass **Moralität und Glück sich völlig ausschließen**. Wie mit dem Wort „scheint" schon angedeutet wurde, vertritt er meines Erachtens letztlich diese Position nicht. Denn er postuliert ja auch – wie oben bereits zitiert- das eigene Glück zu verfolgen sei „in gewissem Betracht" Pflicht. Dieser scheinbare Widerspruch löst sich auf, wenn es weiter heißt, das eigene Glück zu befördern könne niemals zum obersten Handlungsprinzip gemacht werden, das Glück sei der Pflicht auf jeden Fall nachzuordnen. Die Pflicht gelte ganz unabhängig davon, ob sie den Menschen im Einzelfall auch glücklich mache. Man sei bspw. auch dann verpflichtet, die Wahrheit zu sagen, wenn man durch eine Lüge einen großen persönlichen Vorteil erlangen könnte, man müsse auch denen wohltun, denen man keine Sympathie entgegenbringe und von denen man keine Gegenleistung erwarten könne. Entscheidend für die Moralität des Handelnden ist seine Gesinnung, nämlich ob die Handlung „aus Achtung fürs moralische Gesetz" geschieht ([Kritik] A151) oder weil sie im eigenen Interesse liegt. Ist Selbstinteresse das Motiv, dann besteht jederzeit die Gefahr unsittlichen Handelns, sobald es nützlich erscheint. Ist die Triebfeder des Handelns aber die moralische Gesinnung, dann darf die Handlung auch dem Handelnden selbst nützen.

Einen Zustand der Übereinstimmung von Glückseligkeit und Sittlichkeit preist *Kant* sogar als „höchstes Gut". Er mahnt aber zugleich, hier auf Erden dürften wir nicht damit rechnen, dass diese Harmonie jederzeit erreichbar sei. Moralität verheiße nicht immer Glück und sei trotzdem Pflicht. „Daher ist auch die Moral nicht eigentlich die Lehre, wie wir uns glücklich machen, sondern wie wir der Glückseligkeit würdig werden sollen" ([Kritik] A234). Gleichwohl gehöre es auch zu den Pflichten, an der Verwirklichung des höchsten Gutes mitzuwirken, also für eine Welt zu sorgen, in der die Guten auch glücklich werden können (vgl. ebenda A225, 233).

Die scheinbare prinzipielle Unvereinbarkeit von Sittlichkeit und Selbstinteresse bei *Kant* erweist sich somit nur als eine **Prioritätensetzung**: Das eigene Glück ist der Sittlichkeit nachzuordnen. Diese Prioritätensetzung stellt eine wichtige Ergänzung der anderen Argumente zur Vereinbarkeit dar. Diese vertrauen nämlich auf eine weitgehende Harmonie von Sittlichkeit und Glück. Ein tugendhaftes und gerechtes Leben findet bspw. seinen Lohn in der inneren Zufriedenheit, Rücksicht auf andere nützt mir durch die vorteilhafte Kooperation mit den anderen. Was aber passiert in den Konfliktfällen? Wenn die Moralität große persönliche Opfer erfordert? Wenn durch die Übervorteilung der anderen die eigene Lage stark verbessert werden kann? In diesen Fällen die Moralität auf dem Altar des Selbstinteresses opfern zu dürfen, dagegen verwahrt sich *Kant* entschieden. Gerade in solchen Fällen zeige sich ja erst die Persönlichkeit des Menschen, seine ganze Würde als sittliches Subjekt, welches in der Lage ist, sich über die unmittelbaren Bedürfnisse zu erheben und trotz aller Nachteile das Richtige zu tun (vgl. [Kritik] A154). Weil solche Konfliktfälle geeignet sind, die **Priorität des Sittlichen vor dem Nützlichen** zu demonstrieren, werden sie von *Kant* (übermäßig) stark betont. Gleichwohl will er Sittlichkeit und Glück nicht prinzipiell als Gegensätze aufgefasst wissen und sieht in der Möglichkeit ihrer Versöhnung sogar das höchste anzustrebende Gut (vgl. ebenda A166, 225).

Man kann glücklich werden durch sittliches Handeln, aber man hat keine Garantie dafür. Vor allem aber darf das Streben nach dem eigenen Glück nicht die entscheidende Triebfeder des Handelns sein. Darin liegt ein wesentlicher Unterschied zwischen Ethik und Ökonomik.

3.5 Kanalisierung des Selbstinteresses durch Institutionen

Bisher wurde vor einem individualethischen Hintergrund argumentiert. **Selbstinteresse kann moralisch vertretbar sein,**

- wenn es vom Subjekt inhaltlich richtig bestimmt wird (bspw. Selbstinteresse an ausreichendem Wohlstand als Mittel für ein sinnvolles und gelungenes Leben),
- wenn die Bereitschaft besteht, auch die Interessen der anderen als prinzipiell gleichberechtigt gelten zu lassen und

- wenn der Sittlichkeit die Priorität gegenüber dem eigenen Glück eingeräumt wird.

Vor allem von der Wirtschaftsethik wird noch ein ganz anderes Modell ins Spiel gebracht, nach welchem das Selbstinteresse (auch in seiner „niederen“ Form des vorrangigen egoistischen Strebens nach materiellem Besitz) durch Institutionen so kanalisiert werden kann, dass auch ganz ohne individuelle Sittlichkeit ein für alle wünschbares und insofern von den Folgen her sittliches Ergebnis erzielt wird. Das Selbstinteresse wird durch den magischen Trichter des **Marktes** in das Gemeinwohl, das größte Glück für alle, transformiert. Der Einzelne kann, ja soll, ungehemmt seinen persönlichen Nutzen maximieren, weil er dann zugleich ungewollt zum Allgemeinwohl, insbesondere zum Wohlstand, beiträgt. Die Versöhnung von Sittlichkeit und Selbstinteresse findet ausschließlich auf der Ebene der Institutionen statt. Diese Überlegungen werden im nächsten Kapitel als Modell der Moralökonomik noch ausführlich dargestellt. Hier sei nur noch bemerkt, dass diese rein institutionenethische Sichtweise der eben dargestellten Kantianischen Position diametral widerspricht, weil der Wille zum Guten völlig fehlt.

3.6 Synopse

Die vorhergehenden Ausführungen haben gezeigt, dass Ökonomik und Ethik nicht schon deshalb auseinander fallen, weil der wirtschaftlich handelnde Mensch sein Selbstinteresse verfolgt. **Selbstinteresse und Moralität lassen sich durchaus verbinden**. Vor allem ein aufgeklärtes Selbstinteresse kann auch einen Nutzenmaximierer zu sittlich richtigen Handlungen, insbesondere zur Rücksicht auf die Interessen anderer, motivieren. Auf der anderen Seite lassen sich aber auch die **moralischen Defizite des idealtypischen Homo Oeconomicus** genauer erkennen.

- Er ist in seinen Handlungen **ausschließlich motiviert durch seinen eigenen Nutzen**. Rücksicht auf andere nimmt er zwar, aber nur, solange es ihm selber Vorteile einbringt. Nach *Kohlbergs* Stufentheorie zur Entwicklung des moralischen Bewusstseins (vgl. [Moralentwicklung]) kann höchstens von einer präkonventionellen Moral, also der untersten Stufe der Moralentwicklung die Rede sein. D. h. er scheut auch vor Nötigung, Betrug, Lügen, Vertragsbruch und anderen Formen von opportunistischem Verhalten nicht zurück, wenn ihm ein solches Handeln vorteilhaft erscheint. Das ökonomische Interesse hat beim idealtypischen Homo Oeconomicus jederzeit Priorität gegenüber moralischen Bedenken.
- „Nutzen“ wird von ihm inhaltlich vor allem im Sinne von **Besitz und Einkommen** präzisiert. Es wird zwar immer wieder darauf verwiesen, der Homo Oeconomicus sei nicht ausschließlich materiell orientiert und könne alle denkbaren Präferenzen haben, also auch bspw. soziale, ethische oder ästhetische (vgl. *Kirchgässner* [Homo] 16f.). Wie bereits früher erläutert bringt eine solche Ausweitung der Motive aber sehr große Schwierigkeiten für eine disziplinäre Abgrenzung der Ökonomik mit sich. Ökonomik wäre dann nämlich so etwas wie die Lehre vom erklärbaren Handeln. Tatsächlich unterstellt man dem ökonomischen Menschen daher in der Regel auch ökonomische Ziele und meint damit materielle Ziele wie bspw. Gewinn bei einem Unternehmer oder Lohn bei einem Arbeitnehmer (vgl. *Ringe* [Homo] 925). Zumindest für die Anwendung des ökonomischen Verhaltensmodells auf die

Wirtschaft darf sicherlich ein vorwiegend materielles Selbstinteresse unterstellt werden.

- Das materielle Nutzenstreben des ökonomisch handelnden Menschen ist außerdem **unbegrenzt und selbstzweckhaft**, was seinen paradigmatischen Ausdruck vor allem im Ziel der Gewinnmaximierung als Oberziel der Unternehmung findet.

Es nimmt also nicht wunder, wenn Ethik und Ökonomik, Wirtschaft und Moral als „zwei Welten" mit je eigener Rationalität wahrgenommen werden und immer wieder die Frage gestellt wird, ob sie überhaupt in eine sinnvolle Beziehung zueinander gebracht werden können. Was kann mit Wortbildungen wie „Wirtschaftsethik" oder „Unternehmensethik" angesichts des offenbar schwierigen Verhältnisses von Ethik und Ökonomik überhaupt gemeint sein? Diese Frage soll uns nun beschäftigen.

III Modelle der Beziehung von Ethik und Ökonomik

Nachdem die Ethik und die Ökonomik gekennzeichnet und ihre Unterschiedlichkeit herausgearbeitet wurden, soll nun geklärt werden, welche Rolle diesen beiden Disziplinen in verschiedenen Modellen der Wirtschaftsethik zukommt. Erörtert werden drei Modelle:

- Anwendung der Ethik auf die Wirtschaft
- Anwendung der Ökonomik auf die Moral
- Integration von Ethik und Ökonomik.

1 Anwendung der Ethik auf die Wirtschaft (Modell 1)

1.1 Ethik als Ausgangsdisziplin

Im ersten Modell ist die Ethik die wissenschaftliche Ausgangsdisziplin. In der Wortbildung „Wirtschaftsethik" stellt der Wortteil „Wirtschafts-" einen genitivus objectivus dar (vgl. *Enderle* [Zusammenhang] 167). Das heißt, es handelt sich um **Ethik für die Wirtschaft**. Wirtschaftsethik steht auf einer Ebene mit anderen Bereichsethiken, wie etwa medizinische Ethik, politische Ethik, Bioethik oder Medienethik. Es handelt sich um eine **angewandte Ethik**, d.h. es werden allgemeine ethische Prinzipien auf bestimmte Lebens- und Handlungsbereiche angewendet und für diese Bereiche konkretisiert (vgl. *Pieper* [Ethik] 84). Häufig wird daher auch vom „Anwendungsmodell" gesprochen.

1.2 Kritik am Anwendungsmodell

Das Anwendungsmodell wird teilweise stark kritisiert. Statt von Anwendungsmodell sprechen die Kritiker vom „Unterdrückungsmodell" (vgl. *Enderle* [Wirtschaftsethik] 19) oder von einer „Reparaturethik" (vgl. *Ulrich* [Wirtschaftsethik] 184). Problematisiert wird, dass die Ethik sozusagen autoritär, von oben in die Wirtschaft eingreife und einen Primat gegenüber der Ökonomik beanspruche. Die Sachgesetzlichkeiten der Wirtschaft würden nicht ernst genommen, wenn eine „reine" Moral der Wirtschaft künstlich aufgepfropft würde. Ethik werde gegen die Ökonomie in Stellung gebracht und gehe auf Kosten der Wirtschaftlichkeit (vgl. *Büscher* [Wirtschaftsethik] 275). Weiterhin wird kritisiert, dieses Modell würde die Zwei-Welten-Konzeption nicht überwinden, sondern im Gegenteil stärken. Die Ethik bekomme die Aufgabe, die ökonomische Rationalität zu „domestizieren" und ihre negativen Folgen zu reparieren. Es werde ein unlösbarer Konflikt zwischen einer morallosen ökonomischen Rationalität und einer sachfremden ethischen Rationalität unterstellt (vgl. *Ulrich* [Sachlichkeit] 411). Eine wirkliche Auseinandersetzung mit den normativen Grundlagen der Wirtschaft unterbleibe. Es komme zu einem „Reflexionsstopp" vor den vorgefundenen wirtschaftlichen Bedingungen der Marktwirtschaft, die selbst nicht weiter hinterfragt würden (vgl. *Ulrich* [Integrative] 103).

Trotzdem wird auch konstatiert, es herrsche weitgehende Einigkeit zwischen den Vertretern einer Wirtschafts- bzw. Unternehmensethik, dass es sich dabei um angewandte Ethik handle (vgl. *Grabner-Kräuter* [Ethisierung] 5, 11). Auch von Philosophen und Theologen wird die Wirtschaftsethik durchgängig als eine angewandte Ethik verstanden. Vermutlich sind diese Diskrepanzen auf ein unterschiedliches Verständnis von angewandter Ethik zurückzuführen.

1.3 Konkretisierung ethischer Grundsätze für unterschiedliche Lebensbereiche

Angewandte Ethik bedeutet zunächst nichts anderes, als dass eben die praktische Disziplin „Ethik" Ausgangspunkt der Überlegungen ist. Maßstab der Bewertung ist das „Gute" bzw. das „sittlich Richtige". Den Menschen sollen nun Hilfen gegeben werden, wie sie gut und richtig handeln können, indem die sehr abstrakten ethischen Prinzipien und die sehr allgemeinen Vorstellungen von erstrebenswerten Zuständen für unterschiedliche Lebens- und Handlungsbereiche konkretisiert werden.

Beispiele: Was bedeutet etwa der zentrale ethische Wert der unantastbaren Würde des Menschen für einen Mediziner? Muss er Menschenleben um jeden Preis erhalten oder sind passive oder sogar aktive Sterbehilfe erlaubt? Unter welchen Umständen ist ein Schwangerschaftsabbruch erlaubt oder verboten? Ist die Forschung mit embryonalen Stammzellen sittlich richtig, weil deren Ergebnisse vielleicht einmal sehr vielen kranken Menschen helfen können? Wann ist ein Arzt befugt, einem Menschen ein Organ zu entnehmen, um es einem anderen zur Wiederherstellung seiner Gesundheit einzupflanzen? Wie verhält man sich richtig, wenn Zeugen Jehovas aus religiösen Gründen ihrem Kind eine lebensrettende Bluttransfusion verweigern?

Wer die Mediziner mit solchen und vergleichbaren ethischen Fragen nicht alleine lassen will, muss angewandte Ethik betreiben. Konkret versuchen häufig interdisziplinär besetzte Ethik-Kommissionen Antworten auf solche Fragen zu finden. Der Ethiker ist auf die Zusammenarbeit mit Fachvertretern, bspw. mit Medizinern, angewiesen. Zum einen können diese die konkreten ethischen Probleme benennen, vor denen sie in ihrer Arbeit stehen. Zum anderen ist oft auch Fachwissen aus anderen Disziplinen für die Beantwortung ethischer Fragen nötig. Für die Organentnahme ist bspw. ganz entscheidend, wann ein Mensch wirklich tot ist. Die Stammzellenforschung steht dagegen vor der Frage, ab welchem Zeitpunkt menschliches Leben beginnt. Für die ethische Bewertung relevant sind außerdem Einschätzungen über die Erfolgsträchtigkeit dieser Forschungen im Hinblick auf die Therapie schwerer Krankheiten sowie über die Brauchbarkeit alternativer Verfahren (z.B. Stammzellengewinnung aus adulten Körperzellen).

Angewandte Ethik heißt weder, dass auf die Unteilbarkeit ethischer Prinzipien verzichtet wird, noch dass man einen Satz fertiger ethischer Lösungen den unterschiedlichsten Disziplinen einfach „autoritär" überstülpt. Vielmehr wird im Dialog mit den jeweiligen Fachvertretern zu ergründen versucht, wie abstrakte ethische Prinzipien für einen ganz bestimmten Lebens- und Handlungsbereich konkretisiert und zur Anwendung gebracht werden können.

Absolut damit vereinbar ist die grundsätzliche Anerkennung der beteiligten Disziplinen als eigenständig und gleichwertig. Sich für eine Disziplin als Ausgangspunkt der Überlegungen zu entscheiden heißt nicht, die anderen Disziplinen zu unterdrücken oder sie als minderwertig anzusehen. Man legt lediglich das Erkenntnisinteresse fest, welches die Überlegungen leitet. Dieses Erkenntnisinteresse ist im Anwendungsmodell ein ethisches, d.h. man geht von einem **Primat der Ethik** aus. Es interessiert aus ethischer Sicht in erster Linie, was sittlich richtiges Verhalten bspw. in Zusammenhang mit der Unternehmenstätigkeit bedeutet. Gerät dieses sittlich richtige Verhalten mit dem ökonomischen Interesse in Konflikt, dann ist aus ethischer Sicht zugunsten der Moral zu entscheiden.

Im nächsten Kapitel werden wir uns mit dem umgekehrten Fall beschäftigen: Der Anwendung der Ökonomik auf die Moral.

2 Anwendung der Ökonomik auf die Moral (Modell 2)

2.1 Ökonomik als universale Erklärungsgrammatik

Bei diesem Modell ist die Ökonomik die Ausgangsdisziplin. Das ökonomische Verhaltensmodell wird heute nicht nur auf die Wirtschaft, sondern auf unterschiedliche Lebens- und Handlungsbereiche bezogen, etwa als Familienökonomik, als ökonomische Theorie des Rechts oder politische Ökonomik. Möglich wurde diese Ausdehnung der Ökonomik, die auch kritisch als „ökonomischer Imperialismus" bezeichnet wird, durch die Art ihrer disziplinären Kennzeichnung als Lehre von den rationalen, nutzenmaximierenden Wahlhandlungen der Menschen. Das ökonomische Analyse-Schema wird zur „universalen Erklärungsgrammatik" (*Pies* [Grundlagen] 26), die eben auch auf die Moral als gelebte sittliche Praxis angewendet werden kann. Im Terminus „Wirtschaftsethik" wäre in diesem Fall das Wort „Wirtschafts-" als genitivus subjectivus zu verstehen. Es geht um eine **ökonomische Theorie der Moral** oder **Moralökonomik**.

2.2 Ort der Moral ist die marktwirtschaftliche Rahmenordnung

2.2.1 Moralisches Handeln muss sich auszahlen

Aus ökonomischer Sicht ist ein **moralisches Verhalten nur dann zu erwarten, wenn es dem Akteur Vorteile verspricht**, also seinen Nutzen steigert. Umgekehrt ist Moral zur Unwirksamkeit verdammt, wenn sie den Akteur etwas kostet.

Als Vorteil der Moralökonomik wird gepriesen, sie könne auf individuelle Gesinnungsethik und auf „Moralisieren, Appellieren, Postulieren" sowie auf Schuldzuweisungen verzichten (vgl. *Homann/Blome-Drees* [Unternehmensethik] 18f.). Der systematische Ort der Moral sei in den Spielregeln, in den für alle verbindlichen Rahmenbedingungen (vor allem den Gesetzen) zu finden. Wirtschaftsethik könne nur als Ordnungs- oder Institutionenethik konzipiert werden, welche eben die richtigen Anreize setzen müsse zur Kanalisierung menschlichen Handelns. Daher wird auch von „Anreizethik" oder „Bedingungsethik" gesprochen (vgl. *Homann* [Ökonomik] 330). Appelle an die individuelle Moral der Wirtschaftsakteure, vor allem der Unternehmer, seien verfehlt, weil sie sich bei Strafe des Ruins wirtschaftlich behaupten müssten (vgl. *Homann/Blome-Drees* [Unternehmensethik] 36ff).

2.2.2 These: Die Marktwirtschaft transformiert Eigennutz in Gemeinwohl

Auch die Moralökonomik kann natürlich auf Wertungen nicht verzichten, sobald Gestaltungsempfehlungen für die Rahmenordnung ausgesprochen werden. Als erstrebenswerte, „gute" Zustände gelten vor allem Wohlstand aller und Freiheit aller bzw. das Wohl der Allgemeinheit (vgl. *Homann/Blome-Drees* [Unternehmensethik] 22, 26). „Das Gemeinwohl ist anzustreben" steht als ethisches Prinzip unverkennbar auch hinter der Moralökonomik, wobei das Gemeinwohl vor allem mit einer reichlichen Versorgung der Konsumenten mit Gütern identifiziert wird. Es wird nun behauptet, der erwünschte Zustand könne ganz ohne moralische Gesinnung der Akteure verwirklicht werden, sozusagen als ungewollter Nebeneffekt. Als Beleg wird gerne *Adam Smith* ([Wohlstand] 17) zitiert:

„Nicht vom Wohlwollen des Metzgers, Brauers und Bäckers erwarten wir das, was wir zum Essen brauchen, sondern davon, daß sie ihre eigenen Interessen wahrnehmen. Wir wenden uns nicht an ihre Menschen-, sondern an ihre Eigenliebe, und wir erwähnen nicht die eigenen Bedürfnisse, sondern sprechen von ihrem Vorteil."

Das Zaubermittel der Transformation von Eigennutz in Gemeinwohl heißt „Marktwirtschaft".

Der **Markt** verbindet nach Ansicht der meisten Ökonomen die **Maximierung des Eigennutzes** (in aristotelischer Diktion die „Erwerbskunst nach Art des gewinnsüchtigen Handelns") **mit dem Wohl der Allgemeinheit** in Form einer ausreichenden Versorgung aller Bürger mit den notwendigen Gütern als Grundvoraussetzung für ein gutes Leben.

Die Marktwirtschaft als Rahmenordnung hat moralische Qualität, während die Akteure in der Marktwirtschaft moralfrei agieren dürfen. Immer wieder wird betont, die moralische Qualität der Wirtschaft sei völlig unabhängig von irgendwelchen moralischen Motiven der Wirtschaftsakteure. Wenn es ein Postulat an die Marktteilnehmer gibt, dann ist es die Aufforderung an die Unternehmer: Maximiere den Gewinn! (vgl. *Homann/Blome-Drees* [Unternehmensethik] 24).

Diese Loslösung von der Individualmoral wird als von *Adam Smith* eingeleitete „paradigmatische Wende" der Ethik gepriesen. Der „böse", „egoistische" und natürlich auch der „gute" Mensch können anscheinend als moralische Kategorien abgeschafft werden, und wer noch immer nach den Motiven der Menschen frage, habe den Anschluss an die Moderne verpasst (vgl. *Homann/Blome-Drees* [Unternehmensethik] 48).

2.2.3 Ethische Probleme der Marktwirtschaft

Doch funktioniert der Markt tatsächlich wie ein „magischer Trichter" (*Ulrich* [Wirtschaftsethik] 9), in welchen oben die Handlungen von Eigennutzmaximierern eingefüllt werden und unten das Allgemeinwohl herauskommt? Gegen diese Ansicht können viele **Einwände** geltend gemacht werden:

- Der Markt hat Probleme im Umgang mit sog. **öffentlichen Gütern**, die quasi allen Menschen gehören, weil niemand unter vertretbaren Kosten vom Konsum ausgeschlossen werden kann. Weite Teile der natürlichen Umwelt zählen dazu (bspw. Luft, Flüsse, Meere, Atmosphäre), aber auch immaterielle Güter wie die innere und äußere Sicherheit eines Staates. Der individuelle Nutzenmaximierer wird kein Interesse haben, in öffentliche Güter zu investieren, denn der Nutzen daraus fällt auch anderen zu, die Kosten aber trägt er privat. Außerdem wird er das öffentliche Gut hemmungslos nutzen, denn der Nutzen fällt privat an, die Kosten aber werden sozialisiert. Die Übernutzung von bzw. die Unterinvestition in öffentliche Güter ist in der Regel zu erwarten, was sich ja auch eindrücklich in der enormen Umweltverschmutzung zeigt.
- Vom Markt werden andererseits **Güter bereitgestellt, die unerwünscht sind**. Von der Eigenliebe der Drogenbosse haben wir die reichliche Versorgung mit Drogen zu erwarten. Rationale Nutzenmaximierer bedienen auch die Nachfrage nach Kinderpornografie, nach Waffen für Kriminelle, nach Staatsgeheimnissen, nach Organen etc.
- Anders als im Modell des idealen Marktes vorgesehen gibt es in der Realität keine völlige Markttransparenz. Es herrscht oft eine **Informationsasymmetrie** zwischen den Beteiligten, was von der neueren Ökonomik, vor allem vom sog. Principal-Agent-Ansatz, ausdrücklich zugestanden wird (vgl. *Göbel* [Institutionenökonomik] 100ff.). Der Konsument weiß bspw. nicht, ob das Fleisch, das er beim Metzger kauft, tatsächlich aus Biohaltung stammt. Der eigennutzmaximierende Metzger könnte bspw. ohne weiteres Fleisch aus Massentierhaltung billig kaufen und es als teures Biofleisch verkaufen. Aus der Informationsasymmetrie entsteht ein „moral hazard", also ein moralisches Risiko.
- Zu beachten sind auch die **Machtasymmetrien** zwischen den Beteiligten. Wie *Adam Smith* selbst problematisiert hat, herrscht ein solches Machtungleichgewicht oft auf dem Arbeitsmarkt zwischen Arbeitgebern und Arbeitnehmern. Rein nach

Marktlogik müsste ein Überangebot an Arbeitskräften die Löhne auf ein Niveau drücken, auf dem die Menschen eben noch vegetieren könnten, ja manche wären ganz einfach zum Verhungern verurteilt. Es wären also Marktergebnisse zu erwarten, die „mit unseren Vorstellungen über Humanität" nicht zu billigen wären (vgl. *Smith* [Wohlstand] 62f.). Machtasymmetrien mit den entsprechenden moralischen Risiken (vor allem der Nötigung des schwächeren Partners zu vertraglichen Zugeständnissen) ergeben sich im Grunde immer, wenn eine Vertragspartei stärker auf den Austausch angewiesen ist als die andere. Auch dieses Problem wird durch die Neue Institutionenökonomik, insbesondere durch den Transaktionskostenansatz, anerkannt (vgl. *Göbel* [Institutionenökonomik] 137f.).

- Der Markt kann nicht für **Bedürfnisgerechtigkeit** sorgen. Wer Güter bekommt, entscheidet die Kaufkraft, nicht die Bedürftigkeit. Der eigennutzmaximierende Bäcker hat keinen Grund, einem Bettler seine Brötchen zu schenken. Ohne das Wohlwollen der Mitmenschen und eine gewisse Solidarität würden alle, die im Markt nicht mithalten können, auf der Strecke bleiben.
- Der Markt verhindert nicht die **Verschwendung knapper Ressourcen**. Obwohl die Sparsamkeit im Umgang mit knappen Ressourcen oft zum Hauptvorteil der Marktwirtschaft erklärt wird (vgl. bspw. *Albach* [Betriebswirtschaftslehre] 811), garantiert der Markt keineswegs eine solche Sparsamkeit. Denn erstens muss die Knappheit einer Ressource im Preis zum Ausdruck kommen, wenn der Markt sie erkennen soll. Wie das Beispiel der Wahrnehmung von Natur und Umwelt als „freies", d.h. „kostenloses" Gut zeigt, können reale Knappheit und Preis weit auseinander liegen. Zweitens werden auch knappe und teure Ressourcen verschwendet, solange der Kunde nur bereit ist, dies über den Preis zu honorieren. So werden in Deutschland immer mehr schwere Geländewagen verkauft, obwohl sie mit ihrem sehr hohen Spritverbrauch sicherlich zur Verschwendung knapper Ressourcen beitragen. Auch die den Anbietern immer wieder vorgeworfene geplante Obsoleszenz, also der bewusst angestrebte frühzeitige Verschleiß vor allem technischer Geräte, ist hochgradig verschwenderisch.
- Die Marktakteure sind häufig nicht an einem fairen Wettbewerb interessiert, sondern versuchen im Gegenteil den Wettbewerb durch Absprachen und Zusammenschlüsse zu verhindern. Die ideale Marktkonstellation aus Sicht eines Unternehmens ist das Angebotsmonopol, bei welchem die Nachfrager keine Ausweichmöglichkeit haben und der Anbieter die Preise praktisch diktieren kann.

2.3 Individualmoral in der Moralökonomik

Die Moralökonomik kann wegen dieser Probleme entgegen ihrem eigenen Anspruch keineswegs auf das individuelle Ethos der Menschen verzichten. Sie braucht

- die Individualmoral der Politiker
- und der Wirtschaftsakteure.

2.3.1 Individualmoral der Politiker

Die oben genannten Beispiele für ethische Probleme der Marktwirtschaft sollten ausreichen, um zu zeigen, dass die Formel: „Eigennutz der Wirtschaftsakteure + Marktwirtschaft = Gemeinwohl" so ganz nicht aufgeht. Es wird denn auch von der Moralökonomik zugestanden, der Markt sei in ein „äußerst artifizielles Regelsystem" einzubetten (*Homann/Blome-Drees* [Unternehmensethik] 25), d.h. der Staat muss eine Menge von zusätzlichen Institutionen schaffen, wenn das Gemeinwohl erreicht werden soll.

Beispiele: Umweltschutzgesetze sollen die Ausbeutung öffentlicher Güter unterbinden. Drogenhandel ist ebenso verboten wie Organhandel und die Verbreitung von Kinderpornographie, der Verkauf von Waffen ist an strenge Auflagen gebunden. Zahlreiche Gesetze verpflichten die Anbieter von Waren und Dienstleistungen zur Offenlegung von Informationen. Institutionen wie die Stiftung Warentest oder Verbraucherberatungen wollen für mehr Markttransparenz sorgen. Arbeitsschutzgesetze verhindern inhumane Arbeitsbedingungen, die Gegenmachtbildung der Arbeitnehmer in Gewerkschaften wird vom Staat unterstützt. Eine Kartellbehörde versucht, die Marktmacht der Unternehmen unter Kontrolle zu behalten. Jedem wird über die Sozialhilfe ein Mindestlebensstandard garantiert usw.

Zumindest bei den Schöpfern dieser „Spielregeln" der Wirtschaft, also vor allem den **Politikern**, muss Individualmoral vorausgesetzt werden. Und so heißt es auch folgerichtig, dass „diejenigen, die diese Regeln gestalten, in ihrem individuellen Erziehungsprozess eine moralische Haltung, Hexis, gewonnen und moralische Erfahrungen gemacht haben" müssen (*Homann/Blome-Drees* [Unternehmensethik] 40). Politiker konkretisieren in Auseinandersetzung mit der Öffentlichkeit die Moralprinzipien und kommen zu moralischen Grundsätzen wie „Umweltverschmutzung ist schlecht", „Organhandel ist unsittlich" oder „Jeder Mensch hat das Recht auf ein Existenzminimum". Ihre persönliche moralische Gesinnung muss in die Gestaltung der Regeln für die wirtschaftlichen Handlungen einfließen.

Politiker dürfen sich nicht als ausschließlich selbstinteressierte „Stimmenmaximierer" nur an der Erhaltung ihrer Macht orientieren, wenn eine gute Rahmenordnung entstehen soll. Vielmehr wird von ihnen erwartet, dass sie **gemeinwohlorientiert entscheiden**.

2.3.2 Individualmoral der Wirtschaftsakteure

Aber auch die Kombination von Eigennutz der Wirtschaftsakteure, moralischer Gesinnung der Politiker, Marktwirtschaft und verbindlichen Spielregeln kann das Gemeinwohl noch nicht zuverlässig erzeugen. Ein konsequent eigennutzmaximierender Wirtschaftsakteur wird sich auch gegenüber den Spielregeln als rationaler Entscheider verhalten. Ob er z.B. ein Gesetz einhält oder nicht, unterliegt einem ökonomischen Kalkül. Wie groß ist der Nutzen eines Gesetzesverstoßes? Wie wahrscheinlich ist die Entdeckung? Wie wahrscheinlich ist bei Entdeckung die Eröffnung eines Strafverfahrens? Wie wahrscheinlich ist eine Verurteilung? Wie hoch ist die vermutliche Strafe? Erfahrungen aus dem Bereich der Wirtschaftskriminalität legen nahe, dass nach einem solchen Kalkül der „rationale" Entscheider sich häufig für den Gesetzesverstoß entscheiden müsste.

Tatsächlich wird denn auch von den Vertretern der Moralökonomik Individualmoral von den **Wirtschaftsakteuren** eingefordert mit dem Postulat: „Die Akteure **sollen** die Regeln der Rahmenordnung, die allgemeinen staatsbürgerlichen Regeln und die Regeln der Wettbewerbsordnung, befolgen" (*Homann/Blome-Drees* [Unternehmensethik] 51; Hervorhebung nicht im Original). Sich **prinzipiell regeltreu zu verhalten**, weil man sich dazu verpflichtet fühlt und nicht, weil man dazu gezwungen wird, ist Ausdruck der individuellen moralischen Gesinnung (vgl. *Kant* [Rechtslehre] AB14f.). Vergleichbares gilt für eine prinzipielle Vertragstreue, welche von den Verfechtern einer reinen Ordnungsethik oft implizit vorausgesetzt wird.

Ein weitergehender Bedarf an Individualmoral ergibt sich aus den **Defiziten der Rahmenordnung**, wie Gesetzeslücken, auslegungsbedürftige und auch falsche Gesetze. Die an die Rahmenordnung delegierte Verantwortung fällt bei Defiziten der Rahmenordnung auf die Akteure zurück (vgl. *Homann/Blome-Drees* [Unternehmensethik] 126).

Das staatliche Regelsystem kann zu keiner Zeit lückenlos sein, alleine schon wegen der Zeitspanne zwischen der Erkenntnis eines Regelungsbedarfs und dessen Kodifizierung durch Gesetze. Eigennutzmaximierende Wirtschaftsakteure werden solche **Gesetzeslücken** aufspüren und ausnutzen, moralische Akteure tun das nicht.

> **Beispiel:** Das „Auslagern" von Mitarbeitern auf Zeitarbeitsfirmen und die Wiederbeschäftigung zu Dumpinglöhnen bei der Drogeriemarktkette *Schlecker* war nicht illegal. Dennoch führte es nicht nur bei den Gewerkschaften, sondern auch bei Politikern zu Empörung.

Außerdem sind bestehende **Gesetze oft interpretationsbedürftig**. Man denke etwa an die gesetzliche Verpflichtung einer Bank, ihre Kunden „gewissenhaft" zu beraten. Die moralische Verpflichtung bezieht sich dann auch darauf, sie „sinngemäß" einzuhalten und sie nicht für die eigenen Bedürfnisse zurechtzubiegen. Das geschieht in der Praxis durchaus.

> **Beispiel:** Nach den Erfahrungen der Finanzkrise hat der Gesetzgeber für Banken seit Januar 2010 Beratungsprotokolle bei Verkaufsgesprächen über Wertpapiere verbindlich vorgeschrieben. Verbraucherschützer warnen die Kunden aber bereits davor, diese Protokolle zu unterschreiben, weil sie entgegen der Intention des Gesetzgebers gerade zur Abwehr von Haftungsansprüchen benutzt werden könnten.

Weiterhin können auch **Gesetze falsch** sein, insbesondere in Ländern, in denen die Legislative nicht unseren rechtsstaatlichen Standards entspricht.

> **Beispiel:** Im Irak sind unabhängige Gewerkschaften verboten.

Der moralische Wirtschaftsakteur soll zwischen Legalität und Legitimität unterscheiden und illegitimes Handeln unterlassen, auch wenn es legal sein sollte.

Nicht zuletzt wird den Wirtschaftsakteuren, vor allem den Unternehmern, zur moralischen Pflicht gemacht, an der **Gestaltung einer guten Rahmenordnung mitzuwirken**. Zum einen sollen sie in Form von kollektiven Selbstbindungen, bspw. Branchenkodizes, staatliche Ordnungspolitik substituieren. Zum anderen sollen sie an den politischen Prozessen gestaltend mitwirken, und zwar nicht als eigennutzmaximierende Lobbyisten, sondern als moralische Subjekte, die nach Möglichkeiten suchen, dass berechtigte moralische Anforderungen erfüllt werden können. Als berechtigt gelten etwa die Forderungen nach einer gerechteren und humaneren Ausgestaltung der Arbeitswelt, einer ökologiegerechten Unternehmenspolitik, einer Verringerung der Produktion von Rüstungsgütern sowie der Bekämpfung der Korruption (vgl. *Homann/Blome-Drees* [Unternehmensethik] 138, 152f., 159, 162f.).

Und schließlich wird den Unternehmen noch nahe gelegt, als „moralische Innovatoren" neue Produkte und Produktionsverfahren zu entwickeln, die höheren moralischen Standards entsprechen. Sie sollen **aktiv nach innovativen Lösungen** für wichtige gesellschaftliche Probleme **suchen** (vgl. *Homann/Blome-Drees* [Unternehmensethik] 136, 144).

2.3.3 Die Unverzichtbarkeit der Individualmoral im Modell der Moralökonomik

Letztlich können die Wirtschaftsakteure auch im Denkgebäude der Moralökonomik nicht „moralfrei" agieren, und es mangelt auch nicht an Postulaten gegenüber den Unternehmen: Sie **müssen** lernen, kritische Anspruchsgruppen als gleichberechtigte Dialogpartner zu akzeptieren. Das Unternehmen **ist aufgerufen**, eigene Handlungsmöglichkeiten zu suchen, um berechtigte moralische Anliegen zu erfüllen. Die Unternehmen **sind aufgefordert**, öffentlich auf bestehende Defizite der Rahmenordnung hinzuweisen und bei Politikern auf eine Lösung des Problems zu drängen. Sie **sollen** durch ihre Wettbewerbsstrategie möglichst weit in den Bereich mit hoher moralischer Akzeptanz vorstoßen. Sie **sind verpflichtet**, geeignete Wege zu suchen, um die Korruptionspraxis zu bekämpfen. Unternehmen **haben Antwort zu geben** auf die Fragen all derer, die von der Unternehmenspolitik betroffen werden (vgl. *Homann/Blome-Drees* [Unternehmensethik] 127, 129, 138, 141, 163, 171).

Vom reinen Eigennutzmaximierer führt kein Weg zu einer moralischen Welt. „Moral und moralische Motivation von einzelnen sind unverzichtbar" heißt es (*Homann/Blome-Drees* [Unternehmensethik] 40) und zwar als

- Moral der **Politiker** bei der Gestaltung einer „guten" Rahmenordnung sowie als
- Moral der **Wirtschaftsakteure** bei der gemeinwohlorientierten Mitwirkung an den politischen Prozessen, der Substitution staatlicher Ordnungspolitik durch kollektive Selbstbindung, der prinzipiellen Befolgung der Regeln bzw. Einhaltung von Verträgen, der sinngemäßen Interpretation von auslegungsbedürftigen Regeln, der Überbrückung von Lücken im Regelsystem, der Bewertung der Legitimität der Regeln und der aktiven Suche nach Produkten und Produktionsverfahren, die moralisch akzeptabel sind.

2.4 Primat der Ökonomik im Konfliktfall

Die Moralökonomik verzichtet also (entgegen ihren eigenen Thesen) weder auf Individualethik noch auf moralische Appelle. Worin liegen dann die Besonderheiten der ökonomischen Theorie der Moral? Zum einen wird die **Bedeutung der Institutio-**

nenethik sehr hoch eingeschätzt, die Relevanz individueller Moralität wird dagegen heruntergespielt, häufig sogar ganz geleugnet. Zum anderen, und damit zusammenhängend, wird im Konfliktfall zwischen ökonomischer Effizienz und moralischer Akzeptanz der **Ökonomik der Primat** eingeräumt. Habe ein Unternehmen durch moralisches Handeln wirtschaftliche Nachteile (sog. „ökonomischer Konfliktfall"), dann dürfe es legitimerweise auf das moralische Handeln verzichten und den Gewinn maximieren. Weil der Wettbewerb zu diesem unmoralischen Handeln zwinge, seien nicht die Individuen verantwortlich zu machen, sondern die Institutionen. Gewinnverzicht gilt als unzumutbar. Es wird sogar in Zweifel gezogen, ob eine ethische Norm gültig ist, wenn sie wirtschaftliche Benachteiligungen nach sich zieht (vgl. *Homann/Blome-Drees* [Unternehmensethik] 46, 145f.).

2.5 Relevanz der Ökonomik für die Implementation ethischer Zielsetzungen

Die Moralökonomik konzentriert ihren Blick auf die **Implementationsproblematik der Ethik** (vgl. *Homann* [Ökonomik] 337, 341), kann also eher zur Methodenlehre gerechnet werden. Im Hintergrund steht das fundamentale Problem des Verhältnisses von **Selbstinteresse und Moral**. Insbesondere im Anschluss an die Pflichtenethik *Kants* scheint sogar pflichtgemäßes Handeln nicht einwandfrei moralisch zu sein, wenn es dem Handelnden selbst Vorteile bringt. Denn dann geschah die Handlung ja vielleicht um dieses Vorteiles willen und nicht rein „aus Pflicht". Die echte moralische Gesinnung ist für Außenstehende jedenfalls nur da erkennbar, wo der Handelnde offenbar gegen seine Neigung handelt, weil er sich selbst schadet.

Die Moralökonomik weist auf die fatalen Folgen für die Durchsetzung ethischer Forderungen hin, wenn diese sich prinzipiell nicht mit dem Eigeninteresse des Handelnden versöhnen lassen. In letzter Konsequenz würde ja sogar so etwas wie die Freude am Wohltun die moralische Gesinnung in Frage stellen, weil man ja vielleicht insgeheim wegen dieser Freude anderen wohltut. Wie wahrscheinlich ist aber die Durchsetzung einer moralischen Norm, deren Einhaltung grundsätzlich mit Opfern und Leid seitens des Handelnden einhergeht?

Von der **Durchsetzungsproblematik** ausgehend setzt die Moralökonomik das Selbstinteresse des Menschen, insbesondere des Wirtschaftsakteurs, als Faktum voraus und fragt, wie unter dieser Prämisse Moral zur Geltung gebracht werden kann.

Der anzustrebende Zustand ist dann gerade der, dass sich moralisches Handeln auszahlt, auf keinen Fall aber mit Opfern verbunden ist.

Im Anschluss wird nun das dritte Modell der Beziehung zwischen Ethik und Ökonomik untersucht: Die Integration von Ethik und Ökonomik.

3 Integration von Ethik und Ökonomik (Modell 3)

3.1 Das Konzept sozialökonomischer Rationalität

Von *Peter Ulrich* (vgl. [Sachlichkeit] 412; [Unternehmensethik] 182ff.; [Korrektive]; [Integrative] 97ff.) werden beide oben beschriebenen Modelle kritisiert:

- Im **Anwendungsmodell** werde eine außerökonomische Moralität auf Kosten der betriebswirtschaftlichen Rationalität zur Geltung gebracht. Ethik komme „von oben", korrigierend und autoritär zur ökonomischen Rationalität hinzu und bleibe äußerlich und aufgesetzt. Außerdem gebe es einen „Reflexionsstopp" vor den vorgefundenen marktwirtschaftlichen Bedingungen.
- Die **Moralökonomik**, auch funktionalistische Wirtschaftsethik genannt, opfere dagegen die ethischen Ansprüche von vorneherein den ökonomischen Sachzwängen. Moralität werde auf ökonomische Rationalität reduziert. „Moralisieren" hier und „Ökonomisieren" dort, beides wird als falsch angesehen.

Was aber ist die Alternative?

Ulrich will Ethik und Ökonomik „im Basisbereich", „von innen her", „von unten", „an der Wurzel" versöhnen. Er will die Zwei-Welten-Konzeption reiner ökonomischer Rationalität auf der einen Seite und außerökonomischer Moralität auf der anderen Seite grundlegend überwinden. Ethik und Ökonomik sollen im **Konzept der sozialökonomischen Rationalität** vereint werden (vgl. *Ulrich* [Integrative] 117). In Begriffen wie „bessere Ökonomie" oder „vernünftiges, wertvolles Wirtschaften" wird die Integrationsidee deutlich.

Ulrich spricht sich nach meinem Eindruck für die aristotelische „naturgemäße Erwerbskunst" als Leitbild des Wirtschaftens aus. Er bedauert die Loslösung der Ökonomie aus der „Mutterdisziplin" der praktischen Philosophie. Die ursprüngliche „Lebensdienlichkeit" der Ökonomie im Sinne einer Versorgung der Menschen mit den lebensnotwendigen Gütern soll wieder in den Vordergrund treten. Die Wirtschaft soll sich auf ihre ureigenste Aufgabe zurückbesinnen, nämlich „Werte" zu schaffen. „Arbeitsteiliges Wirtschaften ist eine gesellschaftliche Veranstaltung zur Befriedigung menschlicher Bedürfnisse der Lebenserhaltung und Lebensqualität" definiert er (*Ulrich* [Integrative] 11). Die Wirtschaft ist nicht Selbstzweck, sondern Mittel im Dienst des Lebens; ihr Erfolg soll sich nach ihrer gesellschaftlichen Funktionsrationalität bemessen (vgl. *Ulrich* [Plädoyer] 34). Der Gegensatz von ökonomischer Rationalität und Ethik wird in dieser Konzeption einer integrativen Wirtschaftsethik „hinfällig" (*Ulrich* [Wirtschaften] 15), Ökonomik „ist Wirtschaftsethik" (ebenda 10).

3.2 Problematik der Integrationsidee

Als „normative Idealtheorie vernünftigen Wirtschaftens" (*Ulrich* [Integrative] 116) ist die Konzeption von *Ulrich* überzeugend. Ja, es wäre wünschenswert, die ökonomische Rationalität philosophisch-ethisch zu transformieren und Wirtschaften nicht mehr mit individueller Nutzenmaximierung gleich zu setzen. Die reine Zweck-Mittel-Rationalität ist höchstens die halbe wirtschaftliche Vernunft, darin ist *Ulrich* zweifellos zuzustimmen. Dennoch sehe ich das Integrationsmodell als nicht unproblematisch an.

Ein Problem dieses Ansatzes kann darin gesehen werden, dass die im vorigen Kapitel dargestellte **faktische Auseinanderentwicklung von Ethik und Ökonomik** zu wenig beachtet wird. Den Keim für diese Auseinanderentwicklung sah schon *Aristoteles* in der Erscheinung der „gewinnsüchtigen Erwerbskunst“, bei welcher nicht mehr die Güterversorgung Ziel des Wirtschaftens ist, sondern die Vermehrung des Reichtums in Form von Geld (vgl. [Politik I] 1256b-1257b). Diese Art von Erwerbskunst stellt sich für ihn erwartungsgemäß in jeder arbeitsteiligen Tausch- und Geldwirtschaft ein, weil das Bedürfnis nach Geld keine natürliche Grenze kennt. In der heutigen, tief arbeitsteiligen und durch globale Handelstätigkeit gekennzeichneten Wirtschaft ist dementsprechend sicherlich mit einer nach Gewinn strebenden Erwerbskunst als Normalfall zu rechnen.

Die Wirtschaft hat sich als Subsystem verselbstständigt und von den unmittelbaren persönlichen Beziehungen, wie sie zwischen den Mitgliedern eines Haushaltes üblich sind, gelöst. Gerade diese Versachlichung und Anonymisierung der wirtschaftlichen Beziehungen in Kombination mit der Anreizwirkung des Gewinns hat zu einer ungeheuren Steigerung der wirtschaftlichen Leistungsfähigkeit geführt. Die nach „rein“ ökonomischer Sachlogik mit dem Ziel der Gewinnmaximierung geführten Unternehmen haben zu einer nie gekannten Fülle an Waren und Wohlstand beigetragen. In dieser Hinsicht wird die Emanzipation der Wirtschaft von unmittelbaren moralischen Ansprüchen und ihre Verselbständigung zum autonomen Subsystem als Modernisierungsprozess gepriesen (vgl. *Homann/Blome-Drees* [Unternehmensethik] 12f.). Andererseits laufen die von moralischen Ansprüchen befreiten Wirtschaftsakteure häufig Gefahr, der Gesellschaft mehr zu schaden als zu nutzen. Die Logik der Eigennutzmaximierung lässt sie bspw. das öffentliche Gut „Umwelt“ gnadenlos ausbeuten, selbst wenn die Folgen für die gesamte Menschheit lebensbedrohlich werden. Zweifellos ist daher eine **Rückbindung** der entfesselten Dynamik ökonomischer Rationalisierung an die Moral notwendig (vgl. *Ulrich* [Sachlichkeit] 415).

Diese Rückbindung sollte aber gerade vor dem Hintergrund der faktischen Differenzierung von Moral und Wirtschaft sowie der Trennung der Disziplinen Ökonomik und Ethik geschehen. Bei einer gedanklichen Re-Integration der Ökonomik in die Ethik wären ja alle Spannungen zwischen moralischer und ökonomischer Rationalität aufgehoben. In einer „sozialökonomisch vernünftigen“ Wirtschaft könnte ein Konflikt zwischen moralischen Ansprüchen und ökonomischer Effizienz nicht mehr auftreten, weil die Ökonomik als normative Idealtheorie vernünftigen Wirtschaftens ja die Ethik bereits enthielte. Dieser Zustand der radikalen Versöhnung von Ethik und Ökonomik kann als **Ideal** angestrebt werden, ist aber heute noch keine Realität.

Die angestrebte „Überwindung der Zwei-Welten-Theorie“ lädt offensichtlich auch zu **Missverständnissen** ein. Genau mit diesem Argument wird nämlich von *Albach* ([Betriebswirtschaftslehre] 811) die Notwendigkeit einer Wirtschafts- und Unternehmensethik entschieden zurückgewiesen: „Diese Zwei-Welten-Theorie behauptet die Existenz eines Konfliktes, den es gar nicht gibt.“ Es gebe keinen Konflikt zwischen ökonomischer Rationalität und Moral behauptet er, weil das Wirtschaftlichkeitsprinzip der BWL grundsätzlich zu vernünftigen, ethisch richtigen Entscheidungen führe. Auch er vertritt damit ein Integrationsmodell, welches den Intentionen *Ulrichs* aber diametral entgegengesetzt ist.

4 Plädoyer für das Anwendungsmodell

Im Folgenden gehe ich vom Anwendungsmodell aus, wie es die meisten Fachvertreter tun. Ausgangsdisziplin ist die Ethik.

Der **Allgemeinen Ethik** geht es um die Klärung theoretischer Grundfragen sittlichen Handelns, der **angewandten Ethik** um die anwendungsbezogenen Erläuterungen sittlichen Handelns in konkreten Handlungsfeldern.

Die Grundüberlegungen der Allgemeinen Ethik zu begründeten ethischen Prinzipien und Normen werden auf einen speziellen Lebensbereich bezogen, hier die Wirtschaft im Allgemeinen und die Unternehmen im Besonderen.

Solche „speziellen" Ethiken haben sich herausgebildet, weil es angesichts der ungeheuren Komplexität der Wirklichkeit einer anwendungsbezogenen Erläuterung und Konkretisierung der Grundüberlegungen bedarf, wenn es um die Lösung praktisch-sittlicher Probleme in einem konkreten Lebenszusammenhang geht. In der Auseinandersetzung mit den Besonderheiten des Anwendungsbereiches kann man u.a. feststellen, welche typischen sittlichen Fragen sich dort stellen, wo und warum es zu moralischen Dilemmata kommt, wie man damit umgehen kann, welche Hindernisse es für eine sittliche Praxis gibt und wie man diese eventuell beseitigen kann.

Dabei werden keine „fertigen Lösungen" in einem „Machtkampf" gegen die Wirtschaft durchgesetzt, wie es dem Anwendungsmodell teilweise unterstellt wird (vgl. *Thielemann* [Angewandte] 45). Aber ich sehe es auch nicht als Aufgabe einer Wirtschafts- und Unternehmensethik an, noch einmal ethische Grundprinzipien wie das der Gerechtigkeit oder der Achtung vor der Würde der Person zu begründen. Die angewandte Ethik fragt vielmehr, was bspw. Gerechtigkeit im Kontext der Wirtschaft bedeutet, in welchen Fällen die Gerechtigkeit besonders gefährdet erscheint, ob und wie mehr Gerechtigkeit zu erreichen ist. Die „Lösung" liegt gerade nicht fertig vor, sondern ist erst in Vermittlung mit den besonderen Gegebenheiten des Bereichs und der Situation zu suchen.

Beispiel: Auf der Basis des Gerechtigkeitsprinzips wird immer wieder diskutiert, ob extrem hohe Vergütungen von Managern noch als „leistungsgerecht" begründet werden können. In der Auseinandersetzung zwischen Unternehmen, Öffentlichkeit und Politik steht zur Debatte, wie Leistung gemessen werden sollte, ob es nicht absolute Obergrenzen für Vergütungen geben müsste, ob nicht auch ein „Malus" bei schlechter Leistung gerecht wäre, wenn es einen „Bonus" für gute Leistungen gibt usw. Aus der Debatte haben sich erste „Lösungsansätze" ergeben, wie das 2009 in Kraft getretene Gesetz zur Angemessenheit der Vorstandsvergütung (VorstAG) oder auch veränderte Vergütungsregelungen in einer Reihe von Großunternehmen.

Auch im „Anwendungsdiskurs" (vgl. auch Kapitel I, 2.3.3.2) muss natürlich mit guten Gründen argumentiert werden. Insofern ist die begriffliche Unterscheidung von Begründung und Anwendung vielleicht etwas missverständlich, wird aber sowohl in der philosophischen als auch in der theologischen Ethik häufig benutzt.

Dass die Bedingungen der modernen Wirtschaft als Gegebenheiten vorausgesetzt werden, bedeutet keinen Reflexionsstopp vor den Unzulänglichkeiten der Marktwirtschaft und keine unkritische Legitimation der bestehenden Verhältnisse (so *Thielemann* [Angewandte] 57). Es wird ja gerade aufgezeigt, zu welchen Problemen diese Systembedingungen führen, dass Gewinnorientierung und Wettbewerb nicht grundsätzlich das Gemeinwohl fördern. Sollte sich Ethik für die Unternehmen in den bestehenden Verhältnissen als „unzumutbar" erweisen, etwa weil weniger moralisch gesonnene Wettbewerber den moralischen Akteur in den Ruin treiben, dann sind diese „bestehenden Verhältnisse" auf der Ebene von Recht und Wirtschaftsordnung so zu ändern, dass Moral wieder zumutbar wird. Darin kann eine **Verbindung zur Konzeption der Moralökonomik** gesehen werden. Es wird aber nicht die moralökonomische Position vertreten, dass Durchsetzungsprobleme auf die Geltung der ethischen Forderungen „durchschlagen" und sie außer Kraft setzen. Die Gewinnerzielung steht unter einem Legitimitätsvorbehalt und ist nicht oberster Wert.

Eine **Verbindung zum Integrationsmodell** besteht insofern, als *Ulrichs* Konzeption von einer lebensdienlichen, sozialökonomisch vernünftigen Wirtschaft als anzustrebendes Ideal und ethische Richtschnur vor Augen steht. Es ist der eigentliche und ursprüngliche Sinn der Wirtschaft, im Dienste der Menschen Werte zu schaffen, zu den notwendigen materialen Voraussetzungen für ein gelingendes Leben beizutragen, die Menschen mit Gütern und Diensten zu versorgen. Gleichzeitig wird konstatiert, dass die Wirtschaft heute im Allgemeinen nach dem Prinzip individueller Nutzenmaximierung funktioniert. Es wäre geradezu unverantwortlich, vom Idealzustand einer Integration von Ethik und Ökonomik auszugehen (vgl. *Apel* [Diskursethik] 296). Auch aus einer rein ökonomischen Orientierung können sich vernünftige und lebensdienliche Lösungen von Knappheitsproblemen ergeben. Dass der Marktautomatismus jede eigennützige wirtschaftliche Entscheidung in eine Erhöhung des Gemeinwohls transformiert, ist aber ein Mythos. Hier und heute muss sich daher die Ethik kanalisierend, korrigierend, begrenzend und wegweisend mit den möglicherweise unerwünschten Folgen ökonomischer Rationalität auseinandersetzen, und zwar als angewandte Ethik.

IV Bereiche einer angewandten Wirtschaftsethik

[1] Allgemeine Abgrenzung der Wirtschaftsethik
[2] Die Mikroebene der Wirtschaftsethik: Die Wirtschaftsakteure
[3] Die Makroebene der Wirtschaftsethik: Die Rahmenordnung
[4] Die Mesoebene der Wirtschaftsethik: Unternehmensethik
[5] Zusammenwirken von Mikro-, Meso- und Makroebene der Wirtschaftsethik

1 Allgemeine Abgrenzung der Wirtschaftsethik

Das Problemfeld der Ethik deckt sich grundsätzlich mit der Wirklichkeit des Menschen in der ganzen Komplexität seiner Existenz. Durch das Abgrenzen von bestimmten Sachbereichen des Ethischen versucht man, diese Komplexität zu reduzieren und zu konkreteren Aussagen zu kommen. Rein normative Überlegungen ergeben allgemeine Beurteilungsmaßstäbe für das Gute und Richtige, die dann noch mit den spezifischen Sinnstrukturen und Gesetzlichkeiten eines bestimmten Sachbereiches und mit konkreten Situationsfaktoren zu vermitteln sind. Der Sachbereich um den es im Folgenden geht ist der der **Wirtschaft**.

Unter „Wirtschaft" versteht man allgemein den Funktionsbereich einer Gesellschaft, der sich mit der Beschaffung, Produktion und Verteilung von Waren und Dienstleistungen gegen Entgelt beschäftigt.

Um das Subsystem Wirtschaft von anderen Subsystemen abzugrenzen (etwa von der Politik oder von der Kultur) wird in aller Regel Bezug genommen auf den wirtschaftlichen Zweck der (bestmöglichen) Befriedigung von menschlichen Bedürfnissen bei knappen Ressourcen (vgl. *Münch* [Struktur] 577). Gesellschaftlicher Sinn der Wirtschaft ist die Versorgung der Menschen mit nützlichen Gütern und Diensten (vgl. *Weber* [Wirtschaft] 199).

Wie bereits dargelegt, wird **Ökonomik** als wissenschaftliche Disziplin hier nicht als Lehre von der Wirtschaft verstanden, sondern als Lehre vom rationalen, am (materiellen) Eigennutz orientierten Entscheiden. Dieses Verhaltensmodell kann auf die unterschiedlichen gesellschaftlichen Subsysteme angewendet werden, etwa als ökonomische Theorie des Rechts, Politische Ökonomik oder Moralökonomik. Andere disziplinäre Zugänge bieten u.a. Ethik, Soziologie oder Psychologie, welche ebenfalls auf die verschiedenen Subsysteme angewandt werden.

Subsysteme der Gesellschaft / Wissen-schaftliche Disziplinen	Wirtschaft	Politik	Technik	Moral	Recht	Familie	…
Ethik							
Ökonomik							
Soziologie							
Psychologie							
Jurisprudenz							
…							

Abb. IV/1: Zuordnung von gesellschaftlichen Subsystemen und wissenschaftlichen Disziplinen

Wenn von **Wirtschaftsethik** gesprochen wird, bedeutet das also eine doppelte Abgrenzung: Der disziplinäre Zugang erfolgt über die Ethik, das betrachtete Subsystem ist die Wirtschaft. Das kann nun aber nicht bedeuten, dass alle anderen Spalten und Zeilen überhaupt keine Rolle spielen in der Argumentation. Dies geht schon deshalb nicht, weil es in der Realität zu zahlreichen „Interprenetationszonen“ (*Münch* [Struktur] 613ff.) zwischen den Subsystemen und den Disziplinen kommt, die ja künstliche Abgrenzungen darstellen.

(1) Interprenetation von Disziplinen

Die Erkenntnisse der Werbepsychologie oder der Organisationssoziologie sind bspw. für viele Unternehmer von höchster Relevanz in Bezug auf das ökonomische Ziel der Gewinnmaximierung. Auch ethische Überlegungen können ökonomisch von Interesse sein, bspw. wenn ein Unternehmer den Imageschaden fürchtet, den ein Umweltskandal erzeugt. Erkenntnisse aus anderen Disziplinen werden also in der Ökonomik verwendet, was sich ja auch in der universitären Ausbildung von Kaufleuten niederschlägt.

Ebenso kann aus wirtschaftsethischer Sicht das Wissen anderer Disziplinen relevant werden. So muss ein Projekt zur Humanisierung der Arbeit sicher zur Kenntnis nehmen, was bspw. die Arbeitspsychologie oder die Organisationssoziologie über die Menschengerechtigkeit von Arbeitsbedingungen aussagen. Die Ökonomik produziert Erkenntnisse zu den Kosten und Nutzen humaner Arbeitsbedingungen für das Unternehmen. Solche psychologischen, soziologischen und ökonomischen Erkenntnisse fließen in eine ethische Folgenabwägung ein.

(2) Interprenetation von Subsystemen

Aber nicht nur zwischen den Disziplinen, auch zwischen den Subsystemen gibt es zahlreiche Berührungspunkte. Politik und Recht kanalisieren und reglementieren bspw. das wirtschaftliche Handeln maßgeblich, technische Erkenntnisse revolutionieren ganze Wirtschaftszweige, die Art des Wirtschaftens beeinflusst die Form des familiären Zusammenlebens usw.

Solche Berührungspunkte zwischen den Subsystemen spielen auch für die Wirtschaftsethik eine wichtige Rolle. So könnte wirtschaftsethisch bspw. Thema werden, inwieweit die Wirtschaft dazu verpflichtet ist, auf familiäre Bindungen Rücksicht zu nehmen (etwa durch familienfreundliche Arbeitszeiten) oder ob sie aus moralischen Gründen auf bestimmte Techniken (bspw. Gentechnik) verzichten sollte. Häufig diskutiert wird auch die Frage, inwieweit die Subsysteme Politik und Recht die Wirtschaft von eigenen moralischen Pflichten entlasten können.

Ausgangspunkt der wirtschaftsethischen Überlegungen ist aber in jedem Fall die Frage, was Moral im Funktionsbereich Wirtschaft bedeutet und wie man sie dort zur Geltung bringen kann.

Wirtschaftsethik ist Anwendung der Ethik auf den Sachbereich Wirtschaft. Sie befasst sich mit den ethischen Fragen von guten und richtigen Handlungen und Haltungen sowie sittlich erwünschten Zuständen im Subsystem Wirtschaft. Bei der Beantwortung dieser Fragen müssen die Interprenetationszonen zwischen der Ethik und anderen Disziplinen (insbesondere der Ökonomik) und zwischen der Wirtschaft und anderen Subsystemen (insbesondere Politik und Recht) beachtet werden.

Häufig wird die allgemeine Wirtschaftsethik noch weiter untergliedert in speziellere Teilbereiche. Geläufig ist die Einteilung in eine Mikro-, Meso- und Makroebene der Wirtschaftsethik (vgl. *Enderle* [Wirtschaftsethik] 55ff.):

- Die **Mikroebene** der Wirtschaftsethik beschäftigt sich mit den Wirtschaftsakteuren.
- Die **Mesoebene** der Wirtschaftsethik beschäftigt sich mit den Unternehmen.
- Die **Makroebene** der Wirtschaftsethik beschäftigt sich mit der wirtschaftlichen Rahmenordnung.

Manchmal wird der Begriff „Wirtschaftsethik" auf die Makroebene beschränkt, während er hier als Oberbegriff für alle drei Ebenen benutzt wird. Die Einteilung der Wirtschaftsethik in die drei Ebenen wird nun zum Thema.

2 Die Mikroebene der Wirtschaftsethik: Die Wirtschaftsakteure

Ethische Forderungen wenden sich auf dieser Ebene **an die Individuen in ihrer Rolle als Wirtschaftsakteure**, also als Konsumenten, Unternehmer, Manager, Arbeitnehmer, Investoren, Börsenmakler usw. Aus dem Bündel von Rollen, welches jeder Mensch verkörpert, werden die Rollen als „Wirtschaftsakteure" zum Gegenstand normativer Überlegungen. Was soll der einzelne Wirtschaftsakteur tun? Von Arbeitnehmern werden bspw. Ehrlichkeit bei der Abrechnung von Arbeitsstunden und Arbeitsmoral gefordert, von Käufern Zahlungsmoral, von Verkäufern ehrliche Auskunft über die Produktqualität, von Börsenmaklern der Verzicht auf Insiderhandel, von Bankangestellten eine gewissenhafte Kundenberatung usw. Im Folgenden werden vereinfachend drei große Gruppen von Wirtschaftsakteuren unterschieden:

- Konsumenten,
- Produzenten und
- Investoren.

2.1 Konsumentenethik

2.1.1 Ethische Forderungen an die Konsumenten

Alle Menschen sind in der Rolle als Konsumenten Teilnehmer am Wirtschaftssystem, weshalb die „**Konsumentenethik**" eine herausragende Rolle in der individualethischen Wirtschaftsethik einnimmt.

Als **Konsument** wird der Mensch vor allem aufgefordert, seine Bedürfnisse intensiver zu reflektieren und Verantwortung für seinen Konsum zu übernehmen (vgl. *Korff* [Dimensionen]).

Verantwortung gegenüber sich selbst bedeutet bspw., dass der Konsument seine Mündigkeit und Freiheit gegenüber einer verlockenden und verführenden Außenlenkung durch die Warenwelt behaupten und sich nicht selbst schaden soll (etwa durch übermäßigen Konsum von Genussmitteln).

Eine große Verantwortung wird dem Konsumenten aber auch im **Verhältnis zur natürlichen Umwelt** zugeschrieben. Weil Produktion und Konsumtion von Waren und Dienstleistungen heute vielfach mit Umweltschäden verbunden sind, soll jeder Käufer auch die „Zukunftsfähigkeit" seines Konsums bedenken (vgl. *Hansen/Schrader* [Konsum]). Wenn der heutige Konsum zukünftigen Generationen die Lebensgrundlage zu entziehen droht, erscheint es geboten, über die Dringlichkeit der eigenen Bedürfnisse nachzudenken und Änderungen in den Konsumgewohnheiten sowie auch einen teilweisen Konsumverzicht ins Auge zu fassen.

Schließlich stellt sich auch die Frage, inwiefern Konsumenten Verantwortung für die Produktionsbedingungen der gekauften Waren haben, ob sie mit ihrem Wunsch nach immer niedrigeren Preisen zu den schlechten **Arbeitsbedingungen** und nicht existenzsichernden Löhnen beitragen, die es mittlerweile nicht nur in den Entwicklungsländern zu beklagen gibt.

Die Ethik bringt also die Fragen wieder zur Geltung, welche die moderne Ökonomik aus ihrem Zuständigkeitsbereich ausgeklammert hat, nämlich die Fragen

- nach der tatsächlichen Lebensdienlichkeit von Gütern,
- nach der Wertigkeit von Bedürfnissen und dem ausreichenden Maß an Güterversorgung,
- nach humanen Arbeitsbedingungen sowie
- gerechten Löhnen und Preisen.

Nach einer Trendstudie der Otto Group (www.ottogroup.com/nachhaltigkeitsbericht) nimmt der „ethische Konsum" in den letzten Jahren stetig zu. Für die Zukunft wird eine

Fortsetzung dieses Trends erwartet. Zukunftsforscher sprechen schon von einem „Megatrend". Weltweit wächst die Gruppe der „**Lohas**", das sind Menschen, die einen „**Lifestyle of Health and Sustainability**" anstreben. Der Soziologe *Paul Ray* und die Psychologin *Ruth Anderson* schätzten nach einer groß angelegten empirischen Erhebung das Aufkommen der von ihnen „cultural creatives" genannten Gruppe auf 50 Millionen Menschen allein in den USA (vgl. *Ray/Anderson* [Cultural]). „Lohas leben einen wertbasierten Lebens- und Konsumstil, für sie gibt es neben Preis und Qualität eine neue Dimension der Markenorientierung: Ethik", so definieren sie sich selbst (www.lohas.de). Sie konsumieren bewusster und informierter, wollen langlebige Waren statt Wegwerfartikel, kaufen lieber weniger und dafür hochwertiger, bevorzugen Biowaren und fair gehandelte Produkte, wünschen sich eine allgemeine „Entschleunigung" des Lebens und eine Befreiung vom Konsumzwang. Als Ziele stehen die eigene Gesundheit und Lebensqualität, Umweltschutz sowie Fairness gegenüber den Produzenten im Vordergrund. Der Verkauf fair gehandelter Produkte steigt seit mehreren Jahren mit zweistelligen Raten. 2015 gaben die deutschen VerbraucherInnen mehr als eine Milliarde Euro für fair gehandelte Produkte aus (www.forum-fairer-handel.de). Gegenüber dem Vorjahr war das eine Steigerung um 11%, zwischen 2010 und 2015 haben sich die Umsätze annähernd verdreifacht.

2.1.2 Grenzen der Konsumentenverantwortung

Sieht man den Konsumenten – wie die Neoklassik – in der Rolle des vollkommen informierten, souveränen Nachfragers, der mit seinen autonom gebildeten Präferenzen auf den Markt tritt und mit seiner freien Nachfrage das Angebot lenkt, dann fällt ihm sogar die alleinige Verantwortung für die Marktergebnisse zu. Wie es *Ludwig von Mises* metaphorisch ausdrückte: Die Anbieter müssen den Anordnungen des Kapitäns unbedingt Folge leisten, und der Kapitän ist der Konsument (vgl. [Human] 265). Die Anbieter im Markt könnten sich demnach moralisch vollkommen exkulpieren mit dem Hinweis: Wir bieten nur an, was die Nachfrager wollen.

Dem Konsumenten eine solche Machtfülle zuzusprechen und ihm die alleinige Verantwortung für alle Folgen der Wirtschaftstätigkeit aufzuladen, geht aber an der Realität vorbei.

- Die Verbraucher haben große **Informationsdefizite**. Viele Güter haben nicht nur Inspektionseigenschaften, die man auf den ersten Blick erkennen kann, sondern auch Erfahrungs- und Vertrauenseigenschaften (vgl. *Kaas/Busch* [Vertrauenseigenschaften]). D.h. man merkt erst beim Gebrauch/Verbrauch, ob ein Produkt die erwünschten Eigenschaften hat (bspw. guter Geschmack bei einem Apfel), bzw. man kann als Konsument überhaupt nicht sicher in Erfahrung bringen, ob ein Produzentenversprechen stimmt (bspw. ob der Thunfisch in der Dose wirklich „delphinfreundlich" gefangen wurde). Die zahlreichen Labels und Siegel, die teilweise fast beliebig von Industrie und Handel verwendet werden, verunsichern die Kunden.
- So gut wie kein Verbraucher ist über Dinge informiert wie: die bei der Produktion eingesetzten Techniken, die Arbeitsbedingungen des anbietenden Unternehmens, organisatorische Verflechtungen mit anderen Unternehmen, Standorte von Niederlassungen, Mitarbeiterstruktur, Zuliefererstruktur, Gehaltsstruktur, erzeugte Umweltschäden bzw. Höhe von Umweltschutzinvestitionen usw. Man kann also

schwerlich behaupten, über alle diese Dinge würde der Konsument mit seinen Einkäufen „abstimmen" und sei insofern auch dafür verantwortlich.

- Die Macht der Verbraucher findet eine weitere Grenze durch die **Budget-Restriktion**. Viele Menschen können sich finanziell gar nicht leisten, was sie sich eigentlich lieber kaufen würden (bspw. ökologisch produzierte Lebensmittel). Dass sich laut Studie der Otto Group die jüngeren Verbraucher zwischen 16 und 27 Jahren nicht so stark für den ethischen Konsum interessieren, könnte auch an dem knapperen Budget liegen, über das die Jüngeren im Allgemeinen verfügen.
- Außerdem übernehmen die Anbieter durchaus eine aktive Rolle bei der **Gestaltung des Bedarfs**. Sehr allgemeine Bedürfnisse wie bspw. „Unterhaltung" werden durch die Produzenten in konkrete Produkte umgesetzt, wie Playstation, LCD-Fernseher, Computerspiele usw. Der Prozess der Konkretisierung vom Bedürfnis zum Bedarf erfolgt heute in aller Regel durch den Anbieter. Der Konsument ist heute in fast allen Bereichen seines Konsums viel zu sehr technischer Laie, um beurteilen zu können, ob es bessere Alternativen gegeben hätte. Er kann nur zwischen den Angeboten wählen, welche die Produzenten ihm machen. Im Interesse der Anbieter liegt ein schneller Verbrauch bzw. Verschleiß der Güter. Immer wieder wird den Produzenten eine bewusste „Verschleißstrategie" nachgesagt, die geplante Obsoleszenz. Ein im Drucker eingebauter Chip zählt bspw. die Druckvorgänge mit und setzt den Drucker nach einer bestimmten Anzahl von Druckvorgängen außer Betrieb, auch wenn er technisch noch voll funktionsfähig ist. Häufig werden die Konsumenten auch gegen ihr Interesse zum Wegwerfen von defekten Waren gezwungen, weil diese sich nicht mehr reparieren lassen. Eine Sicherung wird bspw. fest verlötet und lässt sich deshalb nicht mehr austauschen. Die Anbieter erzwingen so eine Ersatzbeschaffung, obwohl technisch auch eine billigere und ökologisch sinnvollere Reparatur möglich wäre. Schließlich versuchen die Anbieter durch ihr Marketing, insbesondere durch die Werbung, massiv Einfluss auf das Kaufverhalten der Konsumenten zu nehmen. Mehr denn je werden dabei gesetzliche Regelungen zur Kennzeichnung von Werbung phantasievoll umgangen und die Grenzen zwischen Werbung und redaktionellen Texten bzw. Fernsehprogrammen so weit verwischt, dass der Leser/Zuschauer gar nicht merkt, dass es um Werbung und nicht um Information geht.

Trotz dieser Einschränkungen hat der Konsument natürlich auch eine Mitverantwortung für die Marktergebnisse. Das gilt besonders dann, wenn er durch überbetriebliche Institutionen in seiner Rolle als souveräner Verbraucher gestärkt wird (vgl. auch Kapitel X).

2.2 Produzentenethik

Aufgrund der eingeschränkten Verantwortungsfähigkeit der Konsumenten kann man sicherlich auch von der Produktionsseite „ethische Investitionen" nachfragen (*Korff* [Dimensionen] 42ff.). Korrespondierend zur Konsumentenethik muss es auch eine Produzentenethik geben. Je nach Rechtsform der produzierenden Einheit wären dabei die Unternehmer oder angestellte Manager als Individuen angesprochen und entsprechend eine **Unternehmer- bzw. Managerethik** zu fordern. Statt der Personen kann man auch ihre Tätigkeit ins Auge fassen und von „**Unternehmensführungsethik**" reden. Hier ist mit „Führungsethik" die individuelle Verantwortung einer Führungskraft für die Art und Weise der Unternehmensführung gemeint, also bspw. für die Wahl einer Produkt-Markt-Strategie oder einer Produktionstechnik. Teilweise wird Führungsethik auch enger interpretiert als Ethik der Personalführung (vgl. bspw. *Ulrich* [Führungsethik] 230).

Auf der Produzentenseite kommt den **Führungskräften** eine besondere Bedeutung zu, weil sie mit ihren Entscheidungen die Unternehmenspolitik bestimmen. Die Mitarbeiter haben sich im Arbeitsvertrag zum Gehorsam gegenüber den Weisungen von Vorgesetzten und zur Loyalität verpflichtet und sind im Wesentlichen für die Ausführung von Entscheidungen zuständig, die andere getroffen haben. Unter Umständen sind sie zwar moralisch verpflichtet, den Gehorsam zu verweigern und unethische Praktiken ihres Arbeitgebers durch „Whistle blowing" an die Öffentlichkeit zu bringen. Insofern ist auch **Mitarbeiterethik** gefragt. Kein Mitarbeiter schuldet seinem Unternehmen das Vertuschen illegalen Handelns (vgl. *Leisinger* [Unternehmensethik] 130ff.). Allerdings kann ihnen keinesfalls eine ebenso große Verantwortung zugemutet werden wie den Führungskräften: Oft können sie die unmoralischen Implikationen einer Entscheidung gar nicht überblicken, sie haben in der Regel wenig Macht, etwas zu ändern und sie gehen beim Aufdecken von Missständen im Unternehmen häufig große persönliche Risiken ein (zur persönlichen Verantwortung der Führungskräfte und Mitarbeiter vgl. auch Kapitel VIII).

2.3 Investorenethik

In den letzten Jahren ist schließlich auch der Ruf nach einer **Investorenethik** lauter geworden. Unternehmen sind immer darauf angewiesen, Kapital, insbesondere Eigenkapital, in ausreichender Höhe zu bekommen. Die Gesellschaftsformen der sog. Kapitalgesellschaften, allen voran die Aktiengesellschaften, sollen den notwendigen Kapitalzufluss erleichtern. Da die Kapitalanleger die Wahl zwischen verschiedenen Anlagemöglichkeiten haben, ist es aus Sicht der Unternehmen wichtig, für potenzielle Anleger attraktiv zu sein. Geht man davon aus, dass der Anleger sich als Homo Oeconomicus verhält, dann ist für ihn vor allem interessant, wie er seine Einkommenssituation durch die Geldanlage verbessern kann. Die Höhe der Rendite und des Risikos sind für ihn die entscheidenden Merkmale zur Bewertung einer attraktiven Anlagemöglichkeit. Wie das Geld verdient wird (z.B. durch Waffenhandel), interessiert ihn dagegen nicht.

Wollen Unternehmen in der Konkurrenz um Kapital bestehen, dann müssen sie den Investoren das bieten, was diese wünschen. Hier setzt die Investorenethik an, welche die Geldanleger auffordert, nicht nur auf die Rendite ihrer Anlage zu schauen, sondern auch nichtmonetäre Ziele in ihre Entscheidung einfließen zu lassen. Der siebten Studie des European Sustainable Investment Forum von 2016 zufolge (www.eurosif.org) ist der Bereich für nachhaltiges und verantwortungsvolles Investieren, auch **SRI** genannt (**Sustainable and Responsible Investment**), in den letzten Jahren ständig kräftig gewachsen. Die Zuwachsraten zwischen 2013 und 2015 waren zweistellig und deutlich höher als im Gesamtmarkt. So gibt es mittlerweile zahlreiche ethische Investmentfonds, welche bewusst nur ökologisch und gesellschaftlich sinnvolle Projekte unterstützen, teilweise bei unter, teilweise auch bei über dem Marktniveau liegender Verzinsung.

Was sich genau hinter einem ethischen Investment verbirgt, kann recht verschieden sein. Als grobe Richtschnur für die Bewertung einer Anlagemöglichkeit wird die Untersuchung der ESG-Aspekte der Geschäftstätigkeit empfohlen, wobei **ESG** für **Environmental, Social and Governance** steht. Der Anleger interessiert sich bspw. für den Einsatz erneuerbarer Energien (E), die Arbeitsbedingungen (S) und die innerbetrieblichen Maßnahmen gegen Korruption (G). Für manche Anleger verbietet sich auch eine Geldanlage in bestimmten Industrien, wie bspw. die Tabakbranche oder die Rüstungsindustrie. Die UNO hat 2007 die **UN Principles for Responsible Investment** (www.unpri.org) eingeführt, um das ethische Investieren zu unterstützen. Professionelle Großanleger, wie etwa die Pensionsfonds, entwickeln häufig eigene ethische Investmentrichtlinien. Die Strategie hinter solchen Richtlinien kann eher darauf gerichtet sein, bestimmte Unternehmen zu vermeiden (Ausschlussfonds) oder darauf, gezielt in Unternehmen zu investieren, die hinsichtlich der Kriterien besonders gut abschneiden (Spitzenfonds, Best-in-Class) oder darauf, die Unternehmen in Richtung auf eine verantwortungsvollere Unternehmensführung hin zu beeinflussen (aktiv engagierte Fonds). Der SRI-Studie von 2016 zufolge sind besonders Ausschlusskriterien mittlerweile sehr weit verbreitet. Ausgeschlossen werden vor allem Investments in die Produktion von Streumunition und Anti-Personen-Minen. Die höchste Zuwachsrate weist allerdings das sog. „Impact Investment“ auf, also die bewusste finanzielle Unterstützung von Stiftungen, Organisationen und auch Unternehmen, die zur Lösung ökologischer und/oder sozialer Probleme beitragen wollen. Dabei ist der Investor anders als ein Spender durchaus an Rendite interessiert, will aber auch eine gute Sache fördern.

Wenn moralisches Verhalten der Unternehmen bei den Investoren positiv besetzt ist und im Kapitalmarkt wertsteigernd umgesetzt werden kann, dann wird es jedenfalls für die Unternehmen bedeutend leichter, moralisch zu handeln (vgl. *Rudolph* [Finanzmärkte] 281ff.). Damit die Investoren überhaupt beurteilen können, was die Unternehmen machen, sind allerdings überbetriebliche Informations- und Kontrollorganisationen nötig (vgl. auch Kapitel X).

Die Unverzichtbarkeit der Individualethik der Wirtschaftsakteure im Rahmen einer Wirtschaftsethik wird allgemein anerkannt (vgl. *Leisinger* [Unternehmensethik] 141ff.; *Enderle* [Wirtschaftsethik] 68; *Homann/Blome-Drees* [Unternehmensethik] 40; *Ulrich* [Wirtschaftsethik] 23). Einigkeit besteht aber auch darin, dass insbesondere auf der Produzentenseite die „einfache Moralisierung der Führungsentscheidungen“ (*Ulrich* [Sachlichkeit] 410) nicht ausreicht. Wie bereits früher gezeigt, muss Individualethik immer institutionenethisch unterstützt werden. Deshalb sind außer der Mikroebene weitere Ebenen der Wirtschaftsethik zu beachten.

3 Die Makroebene der Wirtschaftsethik: Die Rahmenordnung

3.1 Ethische Bewertung wirtschaftlicher Institutionen

Nicht nur die Wirtschaftsakteure, sondern auch die **institutionellen Rahmenbedingungen des Wirtschaftens** unterliegen einer ethischen Bewertung und können mehr oder weniger sittlich richtig sein. Als Institution gilt

„eine zu einer selbständigen Entwicklung gelangte Ordnung des Gemeinschaftslebens, welche das feste Gefäß für das Handeln von Generationen...abgibt: das Eigentum, ... das Marktwesen, das Münzwesen, die Gewerbefreiheit – das sind Beispiele von Institutionen. Es handelt sich bei jeder Institution um eine Summe von Gewohnheiten und Regeln, der Moral, der Sitte und des Rechts, die einen gemeinsamen Mittelpunkt oder Zweck haben, unter sich zusammenhängen, ein System bilden, eine gemeinsame praktische und theoretische Ausbildung empfangen haben, festgewurzelt im Gemeinschaftsleben, als typische Form die lebendigen Kräfte immer wieder in ihren Bannkreis ziehen" (*Schmoller* [Grundriß] 61).

Die Institutionen bilden den äußeren Rahmen für das Handeln der Individuen.

Obwohl letztlich jede Institution nur dadurch Geltung erlangen kann, dass sie von den Menschen handelnd akzeptiert und reproduziert wird, erscheint sie dem Einzelnen als etwas ihm Äußerliches, fertig Vorgefundenes, welches sein Handeln steuert, einschränkt und kontrolliert. Teilweise wirkt diese Steuerung und Kontrolle **unbewusst**. So bei der **Sozialisation** in der Gesellschaft, bei der man unbemerkt bestimmte herrschende Werthaltungen – z.B. eine materielle Orientierung – auch für sich als gültig übernimmt. Teilweise wird die Steuerung auch **explizit** empfunden und – möglicherweise nur widerwillig – **akzeptiert**. So beim Zahlen von Steuern oder bei der Einhaltung von Gesetzen ohne innere Überzeugung, nur aus Angst vor Strafe.

Institutionen beeinflussen individuelles Handeln, indem sie einen Rahmen der möglichen Werte und Zwecke vorbestimmen, bestimmte Mittel nahe legen und mit den Handlungen bestimmte Folgen verbinden. Sie tragen zur Komplexitätsbewältigung bei durch eine Vorselektion von Handlungsmöglichkeiten.

Bei der ethischen Bewertung von institutionellen Rahmenbedingungen des Wirtschaftens kann man zwei (zusammenhängende) Aspekte ins Spiel bringen. Zum Ersten könnte man fragen, wie eine **Institution an sich zu bewerten ist**, ob sie bspw. mit bestimmten ethischen Prinzipien (etwa Menschenwürde, Gerechtigkeit) und erstrebenswerten Zielen (bspw. Wohlstand, Freiheit) zu vereinbaren ist. Zum Zweiten können die **Anreizwirkungen** problematisiert werden, welche von den Institutionen auf das individuelle Handeln ausgehen, sowie die daraus resultierenden Folgen für die Gemeinschaft. Beides wird jetzt für die Institution der Marktwirtschaft untersucht.

3.2 Vorteile und Probleme der Marktwirtschaft

Eine zentrale Frage auf der Makroebene der Wirtschaftsethik ist, welcher Typ von Wirtschaftsordnung (Marktwirtschaft oder Planwirtschaft) besser sei. Sieht man als Sinn und Zweck der Wirtschaft an, die Menschen ausreichend mit Gütern zu versorgen, dann wird der Wirtschaftsordnung vom Typ Marktwirtschaft und den verbundenen Institutionen des Privateigentums und der Vertragsfreiheit deshalb eine „moralische" Überlegenheit gegenüber der Wirtschaftsordnung vom Typ Planwirtschaft bescheinigt, da sie ein sittlich gutes Ziel (angemessener **Wohlstand** als Mittel zum guten Leben) besser erfüllt. Diesen positiven Effekt hat auch Papst Johannes Paul in seiner Sozialenzyklika „Centesimus annus" ausdrücklich gewürdigt (vgl. *Marx/Wulsdorf* [Sozialethik] 291f.). Die Marktwirtschaft gilt zudem als besser, weil sie in größerem Maße zentrale individuelle **Freiheitsrechte** erlaubt (vgl. *Molitor* [Wirtschaftsethik] 70f.). Als **gerecht** könnte man die Marktergebnisse überdies ansehen, weil sie bei angenommener Chancengleichheit im Wettbewerb schließlich zu einer leistungsgerechten Verteilung von Gütern beiträgt.

Die vom Markt ausgehenden **Anreize** gelten als positiv. Der Wettbewerb in Verbindung mit dem Gewinninteresse soll zu besonders innovativen, kundengerechten und preiswerten Gütern und Dienstleistungen führen, bei gleichzeitig sparsamem Einsatz knapper Ressourcen.

Die Marktwirtschaft wird daher – vor allem von Ökonomen – gerne als gemeinwohlorientiert, moralisch, sozial und sogar als besonders solidarisch bezeichnet (vgl. *Molitor* [Wirtschaftsethik] 73; *Homann/Blome-Drees* [Unternehmensethik] 26, 49).

Bei der sehr positiven Bewertung einer marktwirtschaftlichen Rahmenordnung wird allerdings oft unter der Hand die Geltung weiterer institutioneller, insbesondere rechtlicher Rahmenbedingungen unterstellt, welche potenzielle **Lücken und Auswüchse** eines freien Marktes, also das sog. **Marktversagen**, begrenzen.

- So muss bspw. einer Vermachtung der Anbieter mit dem Kartellrecht begegnet werden, um Wettbewerb auf Dauer zu erhalten. Denn die Logik des Marktes macht es für die Anbieter attraktiv, **Monopole** anzustreben und die daraus erwachsende Macht zur Ausbeutung des Käufers zu nutzen.
- Handel mit bestimmten Waren (Menschen, Drogen, Waffen, seltene Tiere etc.) muss verboten werden, weil der Markt dazu anreizt, jede **beliebige Nachfrage** auch zu befriedigen.
- Es muss eine bedenkenlose **Ausbeutung von Umweltgütern** verhindert werden, wenn diese auf dem Markt als freie Güter gelten, deren Inanspruchnahme nichts kostet.
- Das **Existenzminimum** ist auch für die Menschen zu sichern, die im Markt nicht mithalten können, bspw. weil sie aufgrund einer Behinderung nicht arbeitsfähig sind.
- Die Stellung des Konsumenten muss gestärkt werden, bspw. durch bestimmte Informationspflichten der Anbieter, weil diese sonst die **Informationsasymmetrie** im Verhältnis zu den Nachfragern ausnutzen könnten.
- Der **Machtasymmetrie** insbesondere auf dem Arbeitsmarkt muss durch Schutzbestimmungen begegnet werden.

Die heute existierenden „freien“ Marktwirtschaften in den westlichen Industrieländern sind nicht von ungefähr meist **stark staatlich reglementiert**, weil offenbar nur durch die Einbettung des Marktes in ein elaboriertes System von weiteren Institutionen die wünschbaren Ergebnisse auch erreicht werden.

3.3 Zwingt der Markt zur Unmoral?

Die zahlreichen den Markt flankierenden Maßnahmen gelten deshalb als nötig, weil der Wettbewerb die Anbieter in einem Markt „bei Strafe des Ruins“ zwinge, ihren Gewinn zu maximieren und zwar auch mit Hilfe ethisch bedenklicher Mittel. Könne ein Wettbewerber wirtschaftliche Vorteile erlangen durch unmoralisches Handeln, dann seien die anderen gezwungen, diesem schlechten Beispiel zu folgen, um keine wirtschaftlichen Einbußen zu riskieren. Die Anbieter in einer Wettbewerbswirtschaft könnten (und dürften) nämlich keine Gewinneinbußen in Kauf nehmen, wenn sie nicht den Untergang des Unternehmens riskieren wollten (vgl. *Homann/Blome-Drees* [Unternehmensethik] 34). Aus diesem Grund wird teilweise eine Individualmoral der Wirtschaftsakteure, insbesondere der Unternehmer oder Manager in ihrer Eigenschaft als Unternehmensführer, für unmöglich gehalten und die Moral ausschließlich und systematisch in den Spielregeln der Rahmenordnung, also vor allem der Gesetzgebung, verortet (vgl. ebenda, 35). Diese Spielregeln sind nämlich für alle Anbieter gleichermaßen verbindlich, so dass eine **Ausbeutung besonders moralisch handelnder Akteure** unmöglich wird.

Nun lässt sich sicher bezweifeln, ob moralisches Handeln der Anbieter „notwendig zu Lasten der Effizienz“ (ebenda 36) geht und ob dann gleich der wirtschaftliche Ruin ins Haus steht. In der Regel können Unternehmen auch mit Gewinnen unterhalb des „Maximums“ (wie immer man das genau beziffern will) noch ganz gut leben. Selbst bei Gewinneinbußen aus moralischen Erwägungen (bspw. wenn ein großes Handelsunternehmen Tropenholzartikel aus Umweltschutzüberlegungen aus dem Sortiment nimmt) droht normalerweise noch nicht direkt der Untergang des Unternehmens. Außerdem besteht ja auch immer die Möglichkeit, dass gerade moralisches Handeln zum Wettbewerbsvorteil wird, bspw. weil die Konsumenten oder Investoren ethische Aspekte in ihre Kauf- bzw. Anlageentscheidung einfließen lassen.

Aber auch wenn man sicher nicht behaupten kann, dass ethisch einwandfreies Handeln automatisch zum wirtschaftlichen Ruin führt, so kann man sich fragen, was passiert, **wenn** dieser Fall eintritt.

> **Beispiel:** Ein Produzent von Schokolade fühlt sich verpflichtet, den Kakaolieferanten faire – und das heißt deutlich über dem Marktpreis liegende – Preise für den Rohstoff zu zahlen. Natürlich verteuert sich dadurch auch das Endprodukt bei unveränderter Geschmacksqualität. Weiter sei angenommen, die Konsumenten würden sich bei ihren Konsumentscheidungen am Preis orientieren und bei vergleichbarer Geschmacksqualität die billigere Schokolade kaufen. Vermutlich hätte der faire Produzent dann tatsächlich bald Umsatz- und Gewinneinbußen zu verzeichnen und würde vielleicht sogar gänzlich aus dem Markt gedrängt.

Es ist dies die idealtypische Situation eines **ökonomischen Dilemmas**, in welcher Moralität und ökonomischer Erfolg negativ korrelieren. Ist der Produzent dann trotzdem zur Fairness gegenüber den Lieferanten verpflichtet? Verallgemeinernd kann man fragen: Was passiert in einer Situation, in welcher moralisches Handeln mit dem Selbstinteresse kollidiert und der Gute nicht glücklich wird?

Nach Kantianischer **Pflichtenethik** (vgl. Kapitel I, 2.1.2) müsste man darauf antworten, dass es für die sittliche Verpflichtung überhaupt keine Rolle spielt, ob man dabei auch glücklich wird. Man muss bspw. auch dann ehrlich sein, wenn man sich selbst damit schadet. Der Hinweis auf die Gewinneinbuße hätte demnach keinerlei Bedeutung für die Gültigkeit einer moralischen Pflicht.

Die **teleologische Ethik** (vgl. Kapitel I, 2.1.3) würde dagegen die möglichen schlechten Folgen eines Ruins mit in die Güterabwägung einbeziehen. Solche schlechten Folgen sind bspw. der Verlust von Arbeitsplätzen, der Ausfall von Steuern, die Nichtbefriedigung von Gläubigern, weniger Wettbewerb durch Wegfall eines Anbieters. Diese schlechten Folgen müssten mit den guten Folgen für die Rohstoffproduzenten quasi verrechnet werden. Man berücksichtigt also, dass es gleichzeitig verschiedene Verpflichtungen geben kann, die teilweise kollidieren. Es wäre dann Sache einer Folgenabwägung, ob man den Unternehmer trotz der Gewinneinbußen für moralisch verpflichtet hält, seine Lieferanten fair zu bezahlen.

Für den **Moralökonomen** (vgl. Kapitel III, 2) scheint dagegen überhaupt keine Verpflichtung mehr zur Einhaltung ethischer Normen zu bestehen, sobald dies mit wirtschaftlichen Nachteilen für den Handelnden verbunden ist. Die Dilemmasituation schlage auf die Gültigkeit der Normen durch und es könne gar keine ethische Begründung für Normen geben, die ständige wirtschaftliche Benachteiligungen nach sich zögen, heißt es (vgl. *Homann/Blome-Drees* [Unternehmensethik] 46, 146). Weil der **Markt den Anbieter zur Unmoral zwingt**, wird der einzelne Anbieter durch die Moralökonomik von der Verpflichtung freigesprochen, moralisch zu handeln, solange andere Anbieter eben dieses Verhalten für ihre wirtschaftlichen Interessen ausnutzen können.

Aus ethischer Sicht ist die **moralökonomische Position nicht haltbar**, die Verbindlichkeit einer moralischen Norm von ihrer Vereinbarkeit mit dem Gewinninteresse des Unternehmers abhängig zu machen. Es war noch nie eine triftige Entschuldigung für falsches Verhalten, dass andere genauso handeln und das Überleben eines Unternehmens ist kein höchster Wert. Was aber sicher stimmt ist, dass schlechte Beispiele die Sitten verderben und dass der Eindruck, der Ehrliche sei immer der Dumme die Moralität zermürbt.

Nicht im Hinblick auf die Gültigkeit der Normen, aber im Hinblick auf ihre **Durchsetzbarkeit** ist es daher angebracht, solche Dilemmasituationen zwischen Moral und Markterfolg wenn irgend möglich zu vermeiden.

3.4 Staatliche Rahmenordnung

Eine Lösung eines ökonomischen Dilemmas – nicht die einzige – liegt in der Änderung der Rahmenordnung. Was vorher der Individualmoral der Akteure überlassen blieb, wird bspw. **gesetzlich** für alle Anbieter verbindlich gemacht und Verstöße werden **sanktioniert**.

Die Situation soll so verändert werden, dass die als richtig und verbindlich erkannte Handlungsweise **attraktiver** wird bzw. ein Verstoß dagegen **unattraktiver**.

Dies kann auch mit Hilfe der Steuer- und Finanzpolitik geschehen, bspw. indem bestimmte erwünschte Handlungsweisen steuerlich begünstigt werden. Oder es werden

Subventionen abgebaut, die bisher einen Anreiz geben, sich bspw. umweltschädigend zu verhalten. Die Grundidee hinter solchen Maßnahmen ist immer, dass die institutionellen Rahmenbedingungen bestimmte Handlungen begünstigen, weil sie mit ökonomischen Vorteilen verbunden sind, und dass man von den Wirtschaftsakteuren kaum erwarten kann, diese Anreize zu ignorieren. Daher müssen die Politiker bei der Festlegung dieser Rahmenbedingungen sehr sorgfältig die ökonomischen Interessen der Menschen im Auge behalten um ihr Verhalten gezielt in die richtige Richtung zu lenken (vgl. auch Kapitel X).

3.5 Überstaatliche Rahmenordnung

Solche institutionenethischen Überlegungen müssen heute eigentlich von der innerstaatlichen auf eine überstaatliche Ebene ausgedehnt werden.

> Es gibt nicht nur einen Wettbewerb zwischen den Anbietern in einem Land, sondern mehr und mehr auch einen **Länderwettbewerb** um die Ansiedlung von Unternehmen und die damit verbundenen Arbeitsplätze und Steuerzahlungen.

Die Argumentation des ökonomischen Dilemmas wiederholt sich auf einer anderen Betrachtungsebene: Wenn einzelne Unternehmen in Länder ausweichen, die bspw. weniger Wert auf Umweltschutz oder Arbeitsschutz oder faire Entlohnung legen, dann bekommen Unternehmen, die das nicht tun, u. U. wirtschaftliche Probleme, was als unzumutbar gilt. Werden deshalb immer mehr Arbeitsplätze „exportiert", bringt das schließlich die gesamte Volkswirtschaft und die verantwortlichen Politiker in Bedrängnis. Das ganze Land gerät in ein ökonomisches Dilemma und muss sich fragen, ob man sich als richtig erkannte Handlungsweisen (bspw. Umweltschutz) eigentlich noch leisten kann.

Eine Anpassung „nach unten", ein „race to the bottom" ist zu befürchten.

> **Beispiel**: Nach dem verheerenden Brand in einer pakistanischen Textilfabrik mit über 250 Toten zeigte sich der pakistanische Textilverband vor allem besorgt um seine Wettbewerbsfähigkeit. Vorwürfe wegen mangelhafter Sicherheit, schlechten Arbeitsbedingungen und Hungerlöhnen seien unfair, weil in Bangladesch unter noch viel schlechteren Bedingungen und zu noch niedrigeren Löhnen produziert werde. Man dürfe den wichtigsten Wirtschaftszweig Pakistans nicht schädigen, indem man westliche Standards anlegt.

Der Einwand, mit der Einführung der Standards der entwickelten Industrieländer würden die armen Länder um ihren Wettbewerbsvorteil gebracht, ist nicht von der Hand zu weisen (vgl. *Noll* [Grundriss] 315). Aber daneben besteht immer noch die bessere Option, die Rahmenbedingungen international auf einem höheren Niveau verbindlich zu machen. Die wirtschaftsethische Makroebene wäre in diesem Fall die **Weltwirtschaftsordnung**. Nur auf dieser Ebene könnte auch das Problem der gerechteren Verteilung von Gütern zwischen den Ländern gelöst werden (vgl. auch *Rich* [Wirtschaftsethik II] 345ff.). Teilweise sieht man gerade die multinationalen Großunternehmen, die Global Player, als besonders geeignete Institutionen, um globale

Standards durchzusetzen. Sie haben oft mehr Macht als die Nationalstaaten und sind Kosmopoliten, Weltbürger. Wenn von den Unternehmen **Corporate Citizenship** (CC), also gesellschaftliches oder bürgerschaftliches Engagement gefordert wird, dann meint man damit nach einer bestimmten erweiterten Auffassung von CC eine aktive, politische Rolle der multinationalen Unternehmen. Sie könnten bspw. Vorreiter sein bei der Einhaltung von Menschenrechten. (vgl. *Crane/Matten* [ethics] 67ff.).

4 Die Mesoebene der Wirtschaftsethik: Unternehmensethik

4.1 Das Unternehmen als moralischer Akteur?

Mit der Mesoebene der Wirtschaftsethik ist das **moralische Agieren von wirtschaftlichen Organisationen** angesprochen und zwar vor allem das der privatwirtschaftlichen Unternehmen als den wichtigsten wirtschaftlichen Organisationen (vgl. *Enderle* [Wirtschaftsethik] 56). Wie der Begriff „Mesoebene" schon ausdrückt, wird zwischen der Mikroebene der Individualethik der Wirtschaftsakteure und der Makroebene der gesamtwirtschaftlichen Rahmenordnung eine weitere Betrachtungsebene eingezogen. Wie diese „Mittelstellung" des Unternehmens zu interpretieren ist, ist nicht unumstritten.

- Man könnte zum Ersten die Unternehmung in relativ großer Nähe zur Mikroebene sehen, als eine besondere Art von Subjekt und **moralischem Akteur**.
- Zum Zweiten kann man die Unternehmung aber auch als Rahmenordnung für die in ihr handelnden Individuen mehr in die Nähe der Makroebene rücken. Es ginge dann eben nicht um die gesamtwirtschaftliche, sondern die **einzelwirtschaftliche Rahmenordnung**.

Die erste Sichtweise, nach welcher das Unternehmen selbst ein moralischer Akteur ist (vgl. bspw. *Enderle* [Grundlegung]; *French* [Corporation]; *Goodpaster/Matthews* [Unternehmen]) erscheint zunächst recht problematisch. Können Unternehmen denn einen „guten Willen" haben oder ein „schlechtes Gewissen"? Können sie „Schuld" auf sich laden oder „Verantwortung übernehmen"? Man neigt zu einer Verneinung dieser Fragen, denn Erscheinungen wie freier Wille, Gewissen, Schuld, Reue, Mitgefühl und überhaupt „Moralfähigkeit" werden doch ganz allgemein auf menschliche Subjekte, auf Personen, bezogen. Das heißt, die **Moralfähigkeit** wird vom Personenstatus abhängig gemacht (vgl. *Fetzer* [Verantwortung] 124). Und Unternehmen sind doch keine Personen, oder?

Allerdings gibt es – auch außerhalb der Wirtschaftsethik – durchaus **zahlreiche „Personifizierungen" des Unternehmens**.

- Eine Unternehmung ist rechtlich gesehen eine juristische Person mit einem Eigennamen (der Firma).
- Sie kann wie eine Person Verträge schließen, Aufträge erteilen, Einkommen erzielen und Steuern zahlen.
- Eine Unternehmung hat ein eigenes Image und eine eigene Reputation, die nicht identisch sind mit dem Image bzw. der Reputation einzelner Unternehmensmitglie-

der. Es gibt also stabile Verhaltenserwartungen gegenüber dem Unternehmen als Ganzes.

- Unternehmen müssen Rechenschaft ablegen für ihr Tun. Seit Inkrafttreten der „Federal Sentencing Guidelines for Organizations" (1991) gilt in den USA sogar ein Unternehmensstrafrecht. Das heißt, nicht nur Mitarbeiter von Unternehmen können angeklagt werden für Betrug, Bestechung, Umweltvergehen, Gesundheitsschäden usw., sondern die Unternehmung selbst steht vor dem Kadi. Strafrechtlich geht man in Deutschland bisher davon aus, dass nur Personen schuldhaft handeln können, nicht aber Unternehmen als solche. Eine korporative Verantwortung der Unternehmung wird insofern juristisch abgelehnt. Allerdings können bei Ordnungswidrigkeiten, etwa Verstößen gegen das Kartellrecht, auch bei uns Geldbußen gegen das Unternehmen verhängt werden. In der Verhängung solcher Geldbußen erkennen manche Juristen ein „Quasi-Strafrecht" gegen Unternehmen.
- Unternehmen wenden sich mit Verlautbarungen an die Öffentlichkeit und erscheinen insofern „sprachfähig".
- Auch der allgemeine Sprachgebrauch personifiziert die Unternehmen häufig. Es heißt bspw. *VW* hat bei den Abgaswerten geschummelt, *Amazon* beutet Leiharbeiter aus, *Merck* hat die Nebenwirkungen des Rheumamittels *Vioxx* verheimlicht, *Vaude* erhält einen Preis für Unternehmensethik, die *Deutsche Bank* hat den Goldpreis manipuliert usw. Das Unternehmen selbst wird in diesen Aussagen als Handlungsträger angesehen.

Ganz offensichtlich erschöpft sich das Unternehmen nicht in der Menge der gerade dort arbeitenden Individuen, sondern beansprucht einen eigenen Status neben den Unternehmensmitgliedern. Das Unternehmen existiert weiter, auch wenn die ganze Belegschaft ausgetauscht wird. Könnte man das Unternehmen selbst nicht als Akteur ansehen, wäre auch die Rede von einer besonderen Verantwortung des Unternehmens für sein Personal (vgl. *Drumm* [Personalwirtschaftslehre] 656) unsinnig.

4.2 Bedingungen für die Moralfähigkeit von Unternehmen

Es gibt also gute Gründe, von Unternehmen als Personen zu sprechen. Zugleich gibt es aber auch gute Gründe, das nicht zu tun (vgl. *Fetzer* [Verantwortung] 134ff.). In letzter Konsequenz müsste man dann nämlich auch den Unternehmen Menschenrechte zubilligen, u.a. bspw. das Wahlrecht. Auch hätte man ihnen gegenüber eine besondere Fürsorge-Verantwortung und dürfte sie bspw. nicht ohne weiteres „sterben" lassen. Es ist aber auch gar nicht notwendig, Unternehmen im vollen Wortsinne zu „Personen" zu deklarieren, um sie für „moralfähig" zu halten. Für eine sinnvolle Verantwortungszuschreibung reichen folgende Bedingungen aus (vgl. *Fetzer* [Verantwortung] 142ff.):

- Das Unternehmen muss als Subjekt identifizierbar sein, also eine gewisse **stabile Identität** gegenüber sich selbst und gegenüber anderen aufweisen.
- Das Unternehmen muss als Subjekt die **Macht** haben, Wirkungen in Bezug auf „Objekte" hervorzurufen (Kausalbeziehung zwischen Subjekt und Objekt).
- Das Unternehmen darf bei seinen Entscheidungen nicht vollständig extern determiniert sein. Das heißt, die Ursache der Unternehmenshandlungen darf nicht nur

außerhalb der Unternehmung liegen. Vielmehr muss das Unternehmen eine **innere Struktur** aufweisen, welche seine Handlungen mitbestimmt (Wille, Intentionalität).

- Diese innere Struktur muss prinzipiell unter Mitwirkung des Subjekts selbst veränderbar sein. Parallelen zur Person wären hier die Selbstbestimmung des Willens, Einsichts- und **Lernfähigkeit**, Selbst- oder reflexives Bewusstsein, Gewissen.
- Das Unternehmen muss eine gewisse **Sozialität** aufweisen, d.h. mit anderen in Kontakt treten können. Es muss fähig sein, Beziehungen zu Adressaten der Verantwortung aufzubauen (Relationalität) und deren Anliegen wahrzunehmen, zu verarbeiten sowie darauf zu antworten (Kommunikationsfähigkeit).

4.3 Unternehmen sind moralfähig

Alle diese Bedingungen können als erfüllt gelten. **Unternehmen haben eine stabile Identität**. Wäre das Unternehmen nicht identifizierbar, dann wären bspw. auch so selbstverständliche Dinge wie Unternehmensrechnung, Unternehmensbewertung, Unternehmenskauf oder Unternehmensbesteuerung nicht möglich, weil man ja gar nicht wüsste, worauf man die Rechnung, den Wert, den Preis, die Steuern beziehen sollte. Wie sogenannte Corporate Identity-Maßnahmen zeigen, legen Unternehmen sogar besonderen Wert auf eine von anderen Unternehmen unterscheidbare „prägnante Unternehmenspersönlichkeit" (vgl. *Nieschlag/Dichtl/Hörschgen* [Marketing] 609).

Das Unternehmen hat ohne Zweifel auch die **Macht, Objektwirkungen hervorzubringen**, die andere betreffen. Unternehmenshandeln hat bspw. Wirkungen auf die Güterversorgung, die Beschäftigungssituation, die Gesundheit, die natürliche Umwelt, die Staatsfinanzen usw. und damit auch wieder auf die Lebensbedingungen zahlloser Menschen.

Weiterhin sind Unternehmensentscheidungen **nicht extern determiniert**. Es gehen zwar zahlreiche Einflüsse von außen, von den Absatz-, Finanz- oder Arbeitsmärkten, der Rechtsprechung, der Politik etc. in die Unternehmensentscheidungen ein. Trotzdem kann das Unternehmen die Fragen „Was wollen wir machen?" und „Wie wollen wir es machen?" weitgehend selbst entscheiden. Die Analyse von (freien) Unternehmensentscheidungen gilt ja sogar als zentraler Gegenstand der Betriebswirtschaftslehre (vgl. *Küpper/Picot* [Gegenstand] 132). Angefangen von der Rechtsform- und Standortwahl, über die Wahl von Produkt-Markt-Strategien, Wettbewerbsstrategien, Strukturmodellen und Produktionsverfahren, die Lieferanten- und Mitarbeiterselektion, bis hin zu der Fülle von Entscheidungen über operative Maßnahmen reicht die Palette von Unternehmensentscheidungen.

Rein material gesehen werden diese Entscheidungen zwar von Individuen im Unternehmen getroffen. Man kann vor allem bei den Entscheidungen im laufenden Geschäft dennoch zu Recht auch von Unternehmensentscheidungen sprechen, weil aus der Sicht des Individuums – bspw. der Führungskraft – die „**innere Struktur**" des Unternehmens die Entscheidungen wesentlich mitbestimmt. Diese „innere Struktur" beschränkt sich nicht auf die Organisationsstruktur. Es gibt vielmehr eine umfassende, die Entscheidung mitbestimmende Organisationsrealität, welche sozusagen das Sediment früherer Entscheidungen darstellt.

Zu dieser **inneren Struktur** gehören strategische Pfade, die eingeschlagen wurden, vorhandene Maschinen, Gebäude, Mitarbeiter, Techniken, Informations- und Kommunikationssysteme, Stellen, Verfahrensweisen, Anreizsysteme, vertragliche Verpflichtungen, gewachsene kulturelle Normen usw. Wie das Unternehmen in den Rahmen der Wirtschaftsordnung eingebettet ist und durch diese Einbettung eine Kanalisierung und Restriktion erfährt, so ist auch der einzelne Entscheidungsträger im Unternehmen durch die „innere Struktur“ in seinen Entscheidungen beeinflusst.

Deshalb kann man auch zu Recht davon sprechen, dass ein Unternehmen „intentional“ handelt und bspw. Mitarbeiter entlässt oder einstellt, sich in Märkte begibt oder daraus zurückzieht, die Umwelt verschmutzt oder schont usw. Der einzelne Mitarbeiter kann sich genötigt fühlen, im Namen der Unternehmung Entscheidungen zu treffen, die er als „Privatmensch“ bedauert.

Die vorhandene innere Struktur ist aber selbst wiederum intentional veränderbar. Genau dieser Vorgang ist gemeint, wenn man vom „**organisationalen Lernen**“ spricht, insbesondere in der Form des sog. „double-loop learning“ (*Argyris* [Learning] 8f.). Sind Entscheidungen und Aktionen des Unternehmens aus irgendeinem Grund unbefriedigend, sei es nun ökonomisch oder moralisch, dann fragt man sich beim double-loop learning, welche Rahmenbedingungen diese Entscheidungen bzw. Handlungen vermutlich hervorgerufen haben. Man setzt mit der Korrektur also nicht direkt bei den einzelnen Entscheidungen und Handlungen an (das wäre single-loop learning), sondern bei den „governing variables“ bzw. bei der inneren Struktur, welche gerade diese Aktionen begünstigt hat. Erst bei einer Änderung der inneren Struktur liegt ein organisationales Lernen vor.

Eine notwendige, aber nicht hinreichende Bedingung für das organisationale Lernen stellt das individuelle Lernen dar. Es muss zunächst Einzelne geben, welche die bisherigen „outputs“ der Unternehmung aus irgendeinem Grund für korrekturbedürftig halten und die deshalb die innere Struktur ändern wollen. Wie schwer oder leicht es die Einzelnen haben, ihre Einsichts- und Lernfähigkeit auf der Ebene der Unternehmung zur Geltung zu bringen, hängt selbst wieder von der vorhandenen inneren Struktur ab. Eine steile Hierarchie, starke Zentralisation von Entscheidungen, ausgeprägte Arbeitsteilung, die Bestrafung desjenigen, der Fehler aufdeckt, ein Klima der Angst und des Wettbewerbs unter Kollegen, das sind bspw. Rahmenbedingungen, die es erschweren, dass individuelles Lernen auf der Ebene der Organisation „ankommt“ und zu organisationalem Lernen führt (vgl. *Argyris* [Learning] 27ff.). In diesem Sinne kann offenbar die **Unternehmung selbst unterschiedlich einsichts- und lernfähig sein**.

Schließlich kann den Unternehmen auch die **Fähigkeit zur Relationalität und zur Kommunikation** zugesprochen werden. Vielfach gibt es sogar spezielle Stellen oder Abteilungen für die Beziehungspflege bspw. mit der Öffentlichkeit (Public Relations), den Kunden (Customer relations) oder den Investoren (Investor relations). Das Unternehmen kann auch offenbar nach innen, gegenüber den eigenen Mitarbeitern, und mit der Außenwelt kommunizieren. Es informiert die Kunden, wendet sich mit Erklärungen an die Mitarbeiter, verhandelt mit Lieferanten, verteidigt sich gegen Anschuldigungen der Presse, nimmt Stellung zur öffentlichen Meinung, spricht sich für oder gegen eine bestimmte Politik aus usw. Natürlich müssen Menschen die eigentlichen Sprechakte übernehmen, aber sie sind oft nicht mehr als das Sprachrohr des Unternehmens. Wie sehr ein Unternehmen in der Lage ist, Anliegen aus der Innen- oder Außenwelt wahrzunehmen, zu verarbeiten und zufriedenstellende Antworten darauf zu geben, ist wieder eine Frage der inneren Struktur.

Es sind demnach alle Bedingungen für die Zuschreibung von Verantwortungsfähigkeit an die Unternehmen erfüllt.

Unternehmen rufen als intentional handelnde Subjekte Wirkungen hervor, die andere betreffen, mit denen sie darüber kommunizieren können. Da die innere Struktur die Beziehungs-, Kommunikations-, Einsichts- und Lernfähigkeit der Unternehmung prägt und das Entscheiden und Handeln der Individuen in der Unternehmung maßgeblich beeinflusst, ist sie im übertragenen Sinne das „Gewissen" der Unternehmung (vgl. *Goodpaster/Matthews* [Unternehmen]).

4.4 Die Mitverantwortung der Individuen in der Unternehmung

Es kann nicht allein der Moralität und dem Gewissen des Einzelnen in der Unternehmung überlassen bleiben, dafür zu sorgen, dass die Unternehmung verantwortungsbewusst handelt. Damit wäre er überfordert, denn er ist in gewisser Weise nur Agent des Unternehmenshandelns und bewegt sich in vorgezeichneten Gleisen. Trotzdem ist natürlich auch in diesem Zusammenhang wieder zu betonen, dass dies keinen Verzicht auf die Individualethik bedeuten kann. Sowenig wie die Unternehmung durch die gesamtwirtschaftliche Rahmenordnung determiniert ist, sowenig ist das Unternehmensmitglied durch die innere Struktur der Unternehmung determiniert. Der einzelne Wirtschaftsakteur im Unternehmen kann

- die vorhandene innere Struktur sowie die daraus hervorgehenden Entscheidungen und Handlungen hinterfragen,
- an einer guten inneren Struktur mitwirken,
- guten Regeln prinzipiell (und nicht nach ökonomischem Kalkül) Folge leisten,
- Lücken und Mehrdeutigkeiten in den Rahmenbedingungen überbrücken und
- als „Innovator" selbst Beispiel geben für Entscheidungen und Handlungen, die höheren ethischen Standards genügen.
- Insofern sind Unternehmensverantwortung als Ganzes und die Mitverantwortung von Individuen zwei sinnvolle Ansatzpunkte, die zusammenwirken müssen.

Man könnte dieses zweifache Ansetzen mit dem Konzept der „**Dualität von Struktur**" (*Giddens* [Konstitution] 430) begründen. Dualität von Struktur meint, dass diese zugleich **Medium und Resultat** des individuellen Handelns ist. Bspw. führt eine vorgegebene hierarchische Beziehung dazu, dass der Untergebene den Weisungen des Chefs folgt. Insofern ist die Struktur ein Medium der Vermittlung eines bestimmten Verhaltens. Gleichzeitig führt erst der Gehorsam des Untergebenen dazu, dass aus der „virtuellen" Überordnung, die ja zunächst mal nur auf dem Papier steht, ein reales Autoritätsverhältnis wird. Insofern ist die Struktur das Ergebnis von Handlungen. Sie kann keinerlei Wirkung entfalten, wenn sie nicht in Handlungen umgesetzt wird.

Im Unternehmen kann die **innerbetriebliche Rahmenordnung** (bestehend bspw. aus der Organisationsstruktur und -kultur, Prozessen, Anreizsystemen, Strategien, Informationssystemen usw.) als Medium des Handelns zum Ort der Moral werden und bildet insofern einen ganz wesentlichen Aspekt einer Unternehmensverantwortung. Zugleich sind es aber die Individuen in der Unternehmung, die diese Rahmenordnung erst handelnd reproduzieren oder auch ergänzen und ändern. Daher ist auch nicht eine formale Struktur verantwortlich zu machen, sondern nur das „**belebte Relationssystem**" Unternehmung, zu welchem auch konkrete Menschen in ihrer Rolle als Mitarbeiter oder Führungskraft gehören (vgl. *Fetzer* [Verantwortung] 159). Führungs- und Mitarbeiterethik sind demnach integraler Bestandteil einer Unternehmensethik.

5 Zusammenwirken von Mikro-, Meso- und Makroebene der Wirtschaftsethik

Die Unternehmensethik steht nicht nur zwischen der Mikroebene der Individualethik der Wirtschaftsakteure und der Makroebene der Spielregeln für die Wirtschaft, sie reicht auch in die beiden anderen Ebenen hinein. Abbildung IV/2 bringt diese Bezüge simplifizierend zum Ausdruck.

(1) Individuum → Unternehmung

Individuen schaffen, bestätigen oder verändern die innere Struktur der Unternehmung. Gründerpersönlichkeiten prägen der Unternehmung ihre persönlichen Überzeugungen ein, wählen einen Standort, eine Rechtsform und ein Produktionsprogramm, Führungskräfte (Unternehmer oder angestellte Manager) stellen die Weichen für die weitere Entwicklung des Unternehmens, indem sie Strategien und institutionelle Bedingungen festlegen, Mitarbeiter reproduzieren die vorhandene Struktur und/oder weichen davon ab (offen oder verdeckt) und verändern sie.

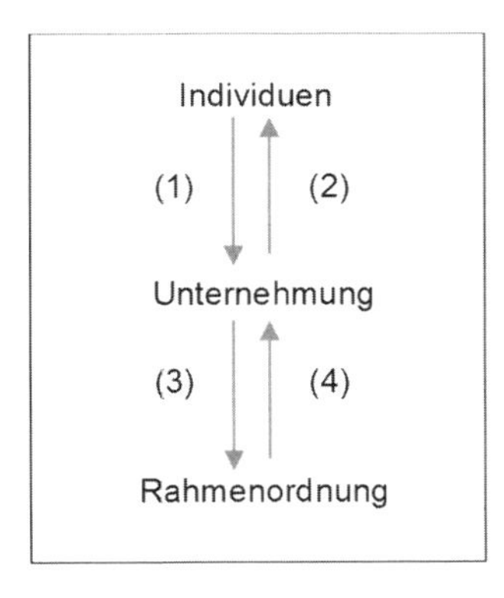

Abb. IV/2: Zusammenwirken von Mikro-, Meso- und Makroebene der Wirtschaftsethik

(2) Unternehmung → Individuum

Die vorhandene innere Struktur prägt die Entscheidungen der in ihr handelnden Menschen und gibt ihnen bestimmte Verhaltensmodelle vor. Es werden einerseits zum Unternehmen passende Menschen selektiert und die Menschen werden andererseits im Unternehmen sekundär sozialisiert. Ziele, Mittel und Theorien über Ziel-Mittel-Zusammenhänge sind im Unternehmen bereits vorselektiert, Entwicklungen sind in Gang gesetzt, Anreizsysteme sind installiert, Pläne verabschiedet, Zuständigkeiten verteilt, es herrscht eine bestimmte Kultur usw. Es gibt zahlreiche formale und informale Verhaltenserwartungen der Unternehmung an „ihre" Mitglieder, welche deren Verhalten kanalisieren.

(3) Unternehmung → Rahmenordnung

Unternehmen beeinflussen, bestätigen oder verändern die „Spielregeln" der Rahmenordnung. Die Spielregeln können sich sowohl auf eine Branche (bspw. die Textilbranche), als auch auf ein Land (bspw. Deutschland) oder größere Regionen (bspw. die Europäische Union oder die ganze Welt) beziehen. Bewusste Absprachen zwischen Unternehmen einer Branche, das eher unbewusste Kopieren von Branchenführern, Lobbying zur Änderung von Gesetzen, das Unterlaufen von Landesgesetzen durch die Wahl eines ausländischen Standortes, die Mitwirkung an internationalen Verhaltenskodizes, all das und mehr beeinflusst die Rahmenordnung für die Unternehmen.

(4) Rahmenordnung → Unternehmung

Die vorhandene Rahmenordnung prägt die Entscheidungen der in ihr handelnden Unternehmen und schreibt ihnen eine Rolle zu, bspw. die des Wettbewerbers in einer Marktwirtschaft. Bestimmte Handlungsweisen sind gesetzlich geboten oder verboten, kulturelle Normen legen bestimmte Handlungsweisen nahe. Auch Unternehmen werden in gewisser Weise in der umgebenden Landeskultur „sozialisiert" und übernehmen unbewusst die geltenden Skripten, Schemata, Welt- und Menschenbilder, die als selbstverständlich gelten. Institutionalisten sprechen bei diesem Prozess von „Mimetik" (vgl. *Scott* [Institutions] 52). Konkurrenten drängen auf die Einhaltung der Branchenspielregeln, die Öffentlichkeit übt einen Legitimationsdruck auf die Unternehmen aus. Steuer- und Subventionsregelungen machen bestimmte Alternativen (bspw. bei der Rechtsform- oder Standortwahl) finanziell attraktiv oder unattraktiv. Internationale Kodizes verpflichten die Unternehmen auf bestimmte Handlungsweisen, wenn auch auf freiwilliger Basis. Es gibt eine Fülle formaler und informaler Erwartungen an das Unternehmenshandeln. Die Ziele, Strukturen, Strategien und Prozesse von Unternehmen sind nicht unabhängig von der Umwelt.

Unternehmen üben demnach Einfluss auf die Menschen in der Unternehmung aus (2) und auf die Rahmenordnung (3) und werden selbst sowohl von ihren Mitgliedern (1) als auch von der Rahmenordnung (4) beeinflusst. Die Einflüsse sind nicht determinierend, so dass es zu Abweichungen von den vorgezeichneten Rollen, Spielregeln und Strukturen kommen kann und eine gezielte Änderung bzw. Weiterentwicklung möglich erscheint.

Wichtig für eine sittliche Bewertung der Reaktionen ist der unterstellte **Freiheitsgrad** der Entscheidungen. Genuin unternehmensethische Fragestellungen können nur auftreten, wenn das Handeln in und von Unternehmungen nicht durch die externen Einflüsse bereits vollständig vorprogrammiert ist (vgl. *Küpper/Picot* [Unternehmensethik]

132). Unbewusste Anpassungsprozesse von Individuen und Organisationen wie Sozialisation und Mimetik scheinen die Wirtschaftsakteure auf der einen Seite in ihren Rollen überhaupt erst hervorzubringen und ihr Verhalten in ein vorgeformtes Korsett zu pressen. Auf der anderen Seite gehen sowohl Ethik wie auch Ökonomik davon aus, dass die Wirtschaftsakteure (Individuen und Organisationen) immer auch eine Wahl haben bei der Gestaltung von Institutionen und beim Handeln in Institutionen. Sie können und sollen daher die Verantwortung für ihr Handeln unter bestimmten institutionellen Bedingungen und eine (Mit-)Verantwortung für die institutionellen Rahmenbedingungen übernehmen.

Wie diese Verantwortung konkret aussehen könnte, wird nun zum Thema.

V Unternehmensethik als Management der Verantwortung

[1] Verantwortung: Die ethische Grundkategorie der Unternehmensethik
[2] Verantwortung als Integrationsbegriff
[3] Die praktische Umsetzung der Unternehmensverantwortung im Management

1 Verantwortung: Die ethische Grundkategorie der Unternehmensethik

Die fundamentale ethische Forderung im Rahmen der Unternehmensethik lautet, dass die Unternehmen bzw. ihre Agenten (Mitarbeiter und Führungskräfte) Verantwortung zu übernehmen haben. Sehr häufig spricht man daher auch von Corporate Social Responsibility (CSR) oder Corporate Responsibility (CR).

Verantwortung heißt im Kern „Eintreten(-Müssen) eines Subjekts für ein Objekt" (*Fetzer* [Verantwortung] 88).

Um von Verantwortung sprechen zu können, müssen demnach mindestens drei Elemente gegeben sein: Ein Subjekt, ein Objekt und eine Relation dazwischen.

1.1 Subjekt der Verantwortung

Mit dem Subjekt der Verantwortung wird auf die Frage geantwortet, **wer** für etwas einzutreten hat. Beantwortet werden kann die Frage nach dem Subjekt, das Verantwortung trägt, erstens im Sinne der **Aufgabenverantwortung**, also der Zuständigkeit für bestimmte Funktionen, Ämter und Rollen und zweitens im Sinne der **Handlungsverantwortung**, d.h. der Zuständigkeit für die Folgen und Nebenfolgen des eigenen Tuns und Lassens (vgl. *Höffe* [Verantwortung] 315).

Subjekte der Unternehmensverantwortung sind zum einen die menschlichen Personen, die in einem Unternehmen in ihrer Rolle als **Wirtschaftsakteure** für das Unternehmen handeln, also die Mitarbeiter und Führungskräfte. Daneben kann aber auch das **Unternehmen selbst** als Subjekt der Verantwortung angesprochen werden, wie im vorigen Kapitel begründet wurde. Als wichtige Bedingungen für die Möglichkeit dieser Zuschreibung wurden genannt, dass das Unternehmen als Subjekt identifizierbar ist und dass seine Handlungen nicht extern determiniert, sondern frei sowie durch die innere Struktur gewissermaßen intentional sind.

Die Zuschreibung von Verantwortung an Unternehmen ist nicht nur **möglich**, sondern auch **sinnvoll**. In einem arbeitsteiligen System wie der Unternehmung mit ihrer starken Fragmentierung der Aufgabenverantwortung, ist ja häufig nicht einwandfrei feststellbar, wer mit welcher Handlung im Einzelnen zu bestimmten Folgen (etwa Umweltschäden oder Gesundheitsschäden bei Kunden) beigetragen hat. Die Folgen sind dann zwar eindeutig der Unternehmung zuzuschreiben, nicht aber einzelnen Personen. Gäbe es keine Unternehmensverantwortung, könnten für viele der negativen Folgen wirtschaftlichen Handelns überhaupt keine Verantwortungssubjekte mehr gefunden werden. Man spricht auch von der organisierten Unverantwortlichkeit (vgl. *Beck* [Gegengifte]). Diese muss durch die Unternehmensverantwortung vermieden werden.

Im weiteren Sinne können auch noch andere Wirtschaftsakteure als Subjekte der Verantwortung für das Unternehmenshandeln angesprochen werden, insbesondere die Konsumenten, die Investoren und die Politiker. Ihr Handeln kann nämlich Unternehmensethik erschweren oder erleichtern. Ihr Einfluss auf das Unternehmenshandeln ist aber nur indirekt. Die Hauptverantwortung liegt bei den Entscheidungsträgern in den Unternehmen, den Mitarbeitern und dem Unternehmen selbst.

1.2 Objekt der Verantwortung

Auch ein **Verantwortungsobjekt** muss benannt werden. Das Subjekt tritt ein **für etwas**. Dieses „Etwas" kann verschieden präzisiert werden.

Bezogen auf das, was das Subjekt tut (oder unterlässt) können Aufgaben, Handlungen, Unterlassungen, Entscheidungen bzw. deren Folgen als Verantwortungsobjekte gelten.

> **Beispiele:** Sie ist verantwortlich für die Buchhaltung (Aufgabe). Er hat die Bilanzfälschung begangen (Handlung). Die mangelhafte Kontrolle fällt in die Verantwortung des Vorgesetzten (Unterlassung). Sie hat die Entlassungen angeordnet (Entscheidung). Er ist verantwortlich für den Ruin des Unternehmens (Folge).

Auch Charaktereigenschaften gelten teilweise als Verantwortungsobjekt (vgl. *Höffe* [Verantwortung] 315).

Unter die Verantwortungsobjekte werden oft auch diejenigen gerechnet, auf die sich die Verantwortung bezieht, also die **Adressaten**. Im Hinblick auf den Adressaten der Verantwortung kann man Verantwortung für sich und andere haben.

> **Beispiele:** Er ist für sich selbst verantwortlich. Sie ist für ihre Mitarbeiter verantwortlich. Wir sind alle für die Natur verantwortlich.

Adressaten der Unternehmensverantwortung sind diejenigen Subjekte, denen gegenüber ein Unternehmen seine Verantwortung erklärt oder welche ein Unternehmen auf seine Verantwortung ansprechen (vgl. *Fetzer* [Verantwortung] 209).

Schließlich wird das Objekt auch noch normativ bestimmt als **erwünschter Zustand, Gut oder Wert bzw. dessen Verletzung**.

> **Beispiele:** Das Subjekt ist – als Imperativ formuliert – bspw. verantwortlich für die ausreichende Versorgung aller Menschen mit Gütern, die Erhaltung der Umwelt, die Gesundheit der Menschen, die Einhaltung der Menschenrechte bzw. – als Vorwurf

formuliert – für schädliche Produkte, für Umweltverschmutzung, Krankheiten, Ausbeutung usw.

Das hinter solchen Imperativen bzw. Vorwürfen steckende System von Bewertungsmaßstäben wird manchmal auch als eigenes Element neben Verantwortungssubjekt und Verantwortungsobjekt gestellt und nicht zum Verantwortungsobjekt gerechnet (vgl. *Bayertz* [Geschichte] 15f.).

Eine präzise Bestimmung des Verantwortungsobjektes enthält **alle drei Elemente**. Man macht bspw. das Unternehmen (Subjekt) verantwortlich für die Krankheit (unerwünschter Zustand) von Kunden (Adressaten), weil gefährliche Nebenwirkungen eines Medikamentes vertuscht wurden (Handlung). Die Handlung bildet zusammen mit den negativ bewerteten Folgen für die Kunden das Verantwortungsobjekt.

1.3 Verantwortungsrelation

Weiterhin wird eine **Relation** zwischen Subjekt und Objekt hergestellt (vgl. *Fetzer* [Verantwortung] 91, 96ff.). Grundlage dieser Relation ist eine retrospektive oder prospektive Kausalbeziehung, d.h. es wird eine **Einflussmöglichkeit des Subjekts auf das Objekt** vorausgesetzt. Kausaler Einfluss ist eine notwendige Bedingung für Verantwortungsübernahme bzw. -zuschreibung.

Im **retrospektiven Fall** macht man ein Subjekt für vergangene Handlungen und deren (schlechte) Folgen verantwortlich.

Beispiel: Unternehmen A hat das Fischsterben durch die Einleitung von Abwässern in den Fluss verursacht.

Im **prospektiven Fall** macht man ein Verantwortungssubjekt für zukünftige Handlungen und deren (gute) Folgen veranwortlich. Dann spricht man häufig auch von Aufgabenverantwortung.

Beispiel: Die Unternehmen haben die Aufgabe, in Zukunft mehr für den Gewässerschutz zu tun.

Verbindungen zwischen Subjekten und Objekten können aus zwei Richtungen gesucht werden. Vom Subjekt ausgehend kann man sich fragen, wie weit dessen Verantwortung reicht, also welche Handlungswirkungen ihm zuzuschreiben sind.

Beispiel: Wofür ist der Vorstandsvorsitzende der XY AG verantwortlich?

Vom Objekt ausgehend kann man sich fragen, welches Subjekt oder welche Subjekte dafür verantwortlich sind.

Beispiel: Wer hat durch die Verschmutzung des Flusses zum Fischsterben beigetragen?

Vor allem für die moralische Bewertung ist die kausale Verursachung alleine aber nicht ausreichend. Das Subjekt muss die Folgen seines Entscheidens, Handelns oder Unterlassens auch prinzipiell voraussehen und anders entscheiden bzw. handeln können. Es ist oft nicht einfach zu entscheiden, ob man bestimmte Folgen hätte vorhersehen können oder müssen.

1.4 Instanz der Verantwortung

Schließlich kann auch noch gefragt werden, vor wem man eigentlich verantwortlich ist bzw. wer die **Instanz** ist, vor der man sich zu verantworten hat. Anders formuliert: Wer hat eigentlich das Recht, Verantwortungsrelationen zu formulieren und zu bewerten? Die Instanz ist der normative Bezugspunkt, der idealtypisch über Inhalt und Reichweite der Verantwortung entscheidet und die Bewertungskriterien festlegt (vgl. *Fetzer* [Verantwortung] 209).

In der obigen Definition von Verantwortung steht die Aktiv-Passiv-Formulierung „Eintreten/Eintreten-Müssen", was darauf verweist, dass sowohl das Subjekt selbst die Relation herstellen kann als auch andere diese dem Subjekt zuschreiben können. Man kann **Verantwortung übernehmen,** aber auch **zur Verantwortung gezogen werden**. Häufig werden es die Adressaten der Verantwortung sein, also die von Handlungen oder Unterlassungen und deren Folgen Betroffenen, die dem Unternehmen Verantwortung zuschreiben, Rechenschaft fordern und evtl. auch Strafe, Schadenersatz und/oder Wiedergutmachung verlangen. Sie sind aber nicht selbst die Instanz, die über die Legitimität ihres Anspruches entscheidet. Als Instanzen kommen in Frage: Gerichte bzw. Richter, die (unbegrenzte) kritische Öffentlichkeit, Gott bzw. religiöse Institutionen, die Vernunft, das Gewissen (vgl. *Fetzer* [Verantwortung] 90f., 211ff.).

Moralische Verantwortung beinhaltet die **Selbstverpflichtung** des Subjektes zum Eintreten für die Verantwortungsobjekte. Unternehmensethik bedeutet, „das Unternehmen tritt für die Ergebnisse seines Handelns oder Unterlassens ein und nicht andere" (*Fetzer* [Verantwortung] 200). Diese Selbstverpflichtung gilt natürlich auch für die Mitarbeiter und Führungskräfte im Unternehmen. Verantwortung im moralischen Sinne ist immer Eigenverantwortung, d.h. sie wird von den moralischen Subjekten selbst übernommen. Als interne Instanzen, welche auch ohne Anschuldigungen von außen Verantwortungsrelationen herstellen bzw. von außen zugeschriebene Verantwortung ablehnen oder anders bewerten, wirken Vernunft und Gewissen.

Abbildung V/1 gibt die Elemente der Unternehmensverantwortung nochmals im Überblick wieder.

Subjekte der Verantwortung	Objekte der Verantwortung	Verantwortungsrelation	Instanz der Verantwortung
Wer hat für etwas einzutreten? • Führungskräfte • Mitarbeiter • Unternehmen (Konsumenten, Investoren, Politiker, …)	Für wen oder was hat das Subjekt einzutreten? • Aufgaben • Handlungen • Unterlassungen • Entscheidungen • Folgen • Adressaten • Zustände • Güter • Werte	Welche Beziehung besteht zwischen Subjekt und Objekt? Wie weit reicht die Verantwortung eines Subjektes? Welches Subjekt ist für ein gegebenes Objekt verantwortlich?	Vor wem hat man sich zu verantworten? • Gerichte • Öffentlichkeit • Gott • Vernunft • Gewissen

Abb. V/1: Überblick über die Elemente der Unternehmensverantwortung

2 Verantwortung als Integrationsbegriff

Der Verantwortungsbegriff bietet wie kaum ein anderer ethischer Begriff Anknüpfungspunkte für unterschiedliche Typen ethischer Argumentation. Wir werden im Folgenden die Einteilungen aus Kapitel I, Abschnitt 2 aufgreifen und nacheinander in diesem Zusammenhang untersuchen.

Zunächst lassen sich gesinnungs-, pflicht- und folgenethische Elemente finden.

2.1 Integration von Gesinnungs-, Pflichten- und Folgenethik

Was die Bewertungsgrundlage betrifft, so stehen zunächst einmal die **Folgen** des Handelns im Vordergrund einer Verantwortungsethik. Das Subjekt soll eintreten für die voraussehbaren Folgen von Entscheidungen, Handlungen und Unterlassungen. Dies entspricht der Argumentation der **teleologischen Ethik** (vgl. Kapitel I, 2.1.3). Wichtig für die sittliche Bewertung von wirtschaftlichen Aktivitäten sind demnach die daraus entstehenden Zustände, die wegen veränderlicher Randbedingungen situativ unterschiedlich ausfallen können. Es kann also kein erschöpfender Katalog absolut richtiger Handlungsweisen für Unternehmen oder deren Führungskräfte und Mitarbeiter aufgestellt werden.

Vielmehr ist die moralische Urteilskraft gefordert, um zu entscheiden, unter welchen Umständen welche Handlungsweise im Hinblick auf die Erreichung eines übergeordneten Zieles richtig ist. Gerade die Entscheidungsträger in Wirtschaft und Politik müssen die Folgen ihres Tuns bedenken, da sehr viele andere Menschen davon betroffen werden. Die sittlich richtige Entscheidung erfordert oft umfangreiche empirische Erkenntnisse (bspw. welche Folgen einer Entscheidung treffen vermutlich welche Personen? Wie langfristig sind die Folgen? Sind sie reversibel?) und komplizierte Beurteilungsprozesse (bspw. was ist eine gute, was eine schlechte Folge? Sind kurzfristig schlechte Folgen hinzunehmen wegen langfristig guter Folgen oder umgekehrt? Müssen manche Menschen schlechte Folgen akzeptieren, damit es anderen gut geht?). Eine zentrale unternehmensethische Aufgabe besteht demnach darin, die nötigen **Informationen für die Folgenabschätzung** zusammenzutragen.

Der große Vorteil der teleologischen Ethik liegt in ihrer situativen Flexibilität. Es kann je nach Situation Unterschiedliches bedeuten, sittlich richtig zu handeln.

> **Beispiel**: Eigentlich ist Stehlen verboten, aber man darf Lebensmittel stehlen, um sich oder andere vor dem Hungertod zu retten.

Zugleich kann man gerade darin auch eine Schwäche sehen, weil man sich deshalb auf sehr schwankendem Boden bewegt. Was ist denn überhaupt ein anzustrebender Zustand, ein gutes Ziel bzw. ein erstrebenswertes Gut, ein hoher Wert? Was passiert in den Fällen, in denen gleichzeitig gute und schlechte Folgen zu erwarten sind, also Güter/Werte in Konflikt geraten? Und welche Mittel werden durch gute Ziele geheiligt und welche nicht?

> **Beispiele**: Kann man unmenschliche Arbeitsbedingungen und Hungerlöhne damit rechtfertigen, dass nur über die Billigproduktion der Export angekurbelt und damit der allgemeine Wohlstand eines Landes gehoben werden kann? Kann man so weit

gehen, um des kollektiven Vorteils (bspw. billige Energieversorgung) willen einzelne Arbeitnehmer in Lebensgefahr zu bringen (bspw. durch mangelhafte Arbeitssicherheit in Bergwerken)?

Die Verantwortungsethik braucht offenbar auch eine Art festes **deontologisches Fundament** (vgl. Kapitel I, Abschnitt 2.1.1) von „objektiven" **Werten, Gütern und Pflichten**, um nicht in subjektive Beliebigkeit abzugleiten und alles für gut zu erklären, was gerade (aus Sicht einer Gruppe) nützlich erscheint. Deontologisch ist die Ethik in Bezug auf verbindliche sittliche Grundsätze, teleologisch ist sie in Bezug auf die Anwendung dieser Grundsätze auf bestimmte Lebensbereiche und konkrete Situationen (vgl. *Furger* [Ethik] 55). Es mag angesichts der zunehmenden Globalisierung der Wirtschaft prekär erscheinen, verbindliche Aussagen zu Gütern und Pflichten für Verantwortungssubjekte und ihnen korrespondierende Rechte für Verantwortungsobjekte zu formulieren. Man muss jedoch an diesem Element der Verbindlichkeit festhalten, wenn der Verantwortungsbegriff nicht inhaltsleer werden soll.

Schließlich enthält der Verantwortungsbegriff auch ein **gesinnungsethisches Moment** (vgl. Kapitel I, Abschnitt 2.1.1), indem das Subjekt die Verantwortung für sein Tun und Lassen selbst übernimmt und in letzter Instanz gegenüber seinem Gewissen rechtfertigen muss. Ohne die Selbstverpflichtung zum verantwortungsvollen Handeln könnten auch gute Folgen des Handelns auftreten. Dies bliebe aber dem Zufall überlassen. Es wäre jederzeit auch mit schlechten Handlungen und Folgen zu rechnen, wenn es dem Subjekt bspw. im Hinblick auf seinen eigenen Nutzen vorteilhaft erschiene. Erst die durchgängige Ausrichtung des Willens auf verantwortungsbewusstes Handeln erzeugt die notwendige Verlässlichkeit im Guten.

Die gute Gesinnung kann zugleich das Subjekt da von Schuld entlasten, wo trotz bester Absichten die Folgen des Handelns sich als schlecht erweisen. Der gute Wille soll zwar die allgemeine Natur einer Tat und die gewöhnlichen Folgen wissen und bedenken und insofern nicht willkürlich handeln (vgl. *Hegel* [Grundlinien] §118), aber es wäre auch ungerecht, die Endlichkeit und Irrtumsanfälligkeit der menschlichen Erkenntnis nicht in Rechnung zu stellen. Sicherlich können bei allem guten Willen nicht immer alle Folgen von Handlungen richtig bedacht und vorhergesehen werden. Dann zählt auch die gute Absicht.

Unternehmensverantwortung bedeutet also, dass sich Subjekte (Unternehmensmitglieder sowie die Unternehmung selbst) für ihr Tun und Lassen und die Folgen daraus verantwortlich erklären und sich gemäß dieser Verantwortung auf der Grundlage sittlicher Verbindlichkeiten richtig verhalten wollen.

Unter dem Begriff der Unternehmensverantwortung können auch die verschiedenen **„Orte" der Moral** – Individuum, Institution und Öffentlichkeit – integriert werden.

2.2 Integration von Individuen, Institutionen und Öffentlichkeit

Die **individualethische Komponente** liegt in der individuellen Verantwortung der Unternehmensmitglieder, vor allem – aber nicht nur – der **Führungskräfte**. Sie sollen zum einen die unmittelbaren Folgen ihres Handelns für die davon Betroffenen bedenken, bspw. ihre Untergebenen nicht entwürdigend behandeln. Zum anderen sind sie aber auch für die Verantwortungsfähigkeit des Unternehmens verantwortlich. Sie gestalten den institutionellen Rahmen, die innere Struktur des Unternehmens, mit, welche im übertragenen Sinne als das Gewissen der Unternehmung gelten kann. Indirekt haben sie damit auch Einfluss auf das Handeln der Mitarbeiter in diesem institutionellen Rahmen, weil bestimmte Verhaltensweisen durch den institutionellen Rahmen nahe gelegt werden. Die **Mitarbeiter** können sich aber auch nicht von jeder Verantwortung freisprechen durch den Hinweis auf ihre Einbindung in den institutionellen Rahmen des Unternehmens. Sie sind nicht in einer wehrlosen Opferrolle. Wenn das Unternehmen von ihnen unverantwortliches Handeln verlangt, können und sollen sie sich wehren.

Die **institutionenethische Komponente** besteht in der **institutionellen Verbesserung der Verantwortungsfähigkeit** der Unternehmensmitglieder und des Unternehmens selbst. Konkret kann die Verantwortungsfähigkeit bspw. gesteigert werden durch die Etablierung bestimmter Verfahrensweisen (bspw. Stakeholderanalyse), durch die Weiterbildung moralischer Kompetenz (ethische Personalentwicklung), durch die Einrichtung bestimmter Strukturen (bspw. Ethik-Kommissionen) und die Ausrichtung der Unternehmenskultur auf ethische Grundsätze (bspw. mit Hilfe eines Leitbildes). Maßnahmen zur Steigerung der Verantwortungsfähigkeit können auch über die innerbetrieblichen Institutionen hinausweisen und auf die Ebene der Branche oder der Gesamtwirtschaft zielen (bspw. in der Form eines Branchenkodex oder der politischen Einflussnahme auf internationale Gesetze). Durch Institutionalisierung soll Verantwortungsübernahme im Unternehmen zur festgewurzelten und typischen Verhaltensweise werden. Indem die innere Struktur des Unternehmens auf die Übernahme von Verantwortung ausgerichtet wird, wird das Unternehmen selbst quasi verantwortungsbewusst.

Schließlich spielt auch die unbegrenzte **kritische Öffentlichkeit** der Wirtschaftsbürger (vgl. *Ulrich* [Wirtschaftsethik] 19, 22) im Konzept der Unternehmensverantwortung eine wichtige Rolle. Die „räsonierende" Öffentlichkeit fordert die Lebensdienlichkeit der Wirtschaft im Allgemeinen und Verantwortungsbewusstsein von den Unternehmen im Besonderen. Mit kritischer Aufmerksamkeit begleitet sie die Unternehmensaktivitäten und verlangt von den Unternehmen, dass diese sich als „gute Bürger" (**good corporate citizenship**) auch für die Sache des Gemeinwohls engagieren. Kaum eine Veröffentlichung zur Unternehmensethik verzichtet auf den einleitenden Hinweis einer zunehmend kritischen Öffentlichkeit, um die Notwendigkeit der Unternehmensethik zu begründen. Aus der öffentlichen Diskussion können die Unternehmen lernen, was von ihnen erwartet wird und wo sie mit ihrer Unternehmenspolitik dem öffentlichen Interesse entgegenstehen.

Ein erstes Indiz für unverantwortliches Handeln ist oft die Angst, es könnte publik werden. Zahlreiche Gesetze zwingen die Unternehmen zu mehr Transparenz, sei es bei den Inhaltsstoffen von Lebensmitteln, der finanziellen Lage des Unternehmens oder der Gehaltsstruktur. Die Transparenz soll kritische Öffentlichkeit herstellen. Aber die **Öffentlichkeit kritisiert** und **kontrolliert** die Unternehmen nicht nur. Sie kann das Unternehmensgebaren auch **sanktionieren**. Besonders wirksam sind Maßnahmen, die auf den ökonomischen Erfolg der Unternehmen durchschlagen, bspw. wenn öffentliche Kritik am Unternehmenshandeln dem Image schadet und Kunden oder potenzielle

Mitarbeiter von einem Vertragsschluss abhält, oder – im positiven Fall – wenn ein guter Ruf in der Öffentlichkeit das unternehmerische Akquisitionspotenzial verbessert. Konkretisiert und an die Unternehmen herangetragen werden die öffentlichen Anliegen oft von bestimmten Gruppen, wie z.B. Menschenrechts- oder Umweltschutzorganisationen. Diese werden häufig als **Non-Governmental Organizations** (kurz: NGOs) oder als **Civil Society Groups** bezeichnet.

Die Unternehmensverantwortung findet ihren Platz im Verantwortungswillen und der Verantwortungsfähigkeit der Unternehmensmitglieder sowie in den von ihnen (mit-) gestalteten institutionellen Rahmenbedingungen für verantwortungsbewusstes Handeln. Nicht nur die Unternehmensmitglieder, sondern auch die Unternehmen selbst wollen sich als gute Wirtschaftsbürger vor der kritischen Öffentlichkeit aller Menschen guten Willens rechtfertigen können.

2.3 Integration von Diskursethik und monologischer Verantwortungsethik

Was die ethische Entscheidungsmethode betrifft, so stellt die **Diskursethik** die ideale prozedurale Ergänzung der Verantwortungsethik dar. In der Diskursethik geht es ja gerade darum, solche Normen zu finden und Entscheidungen zu treffen, deren voraussichtliche Folgen und Nebenfolgen von den Betroffenen zwanglos akzeptiert werden können (vgl. Kapitel I, Abschnitt 2.3.3). Die Folgenorientierung ist also in die Diskursethik eingebaut (vgl. *Habermas* [Erläuterungen] 23). Gerade wenn gute und schlechte Folgen auftreten, also die Erreichung eines Gutes (z.B. Wohlstand) gleichzeitig zu einem Übel (z.B. Umweltschäden) führt, dann scheint es geboten, mit den Betroffenen über das situativ richtige Handeln im sog. **Anwendungsdiskurs** zwanglos zu diskutieren, bis ein Konsens gefunden wird. Mit dem Begriff der Verantwortung wird ja bereits impliziert, dass man gegenüber einer Instanz Rede und Antwort zu stehen hat.

Was als **regulative Idee** sofort einleuchtet, ist allerdings in Reinform kaum in die Praxis umsetzbar. So haben Umweltschäden heute oft ein globales Ausmaß (man denke etwa an den Klimawandel), betreffen also alle Menschen der Welt. Ja, im Grunde betreffen sie auch noch viele zukünftige Generationen. Ein Diskurs mit den Betroffenen ist dann unmöglich. Reale Diskurse in und mit Unternehmen sind außerdem gekennzeichnet durch Macht- und Informationsasymmetrien, durch Zeit- und Kostenrestriktionen, durch strategisches Argumentieren und bleibende partikulare Interessen.

Die Diskursethik kann in der Unternehmenspraxis die **monologische Verantwortlichkeit** der Handlungsträger (noch) nicht ersetzen, weil die Anwendungsbedingungen für den Diskurs zurzeit faktisch nicht existent sind (vgl. *Apel* [Diskursethik] 298). Als regulatives Ideal bleibt die Idee des Diskurses mit den Betroffenen aber auch in der monologischen Verantwortlichkeit präsent (vgl. Kapitel I, Abschnitt 2.3.2). Denn wenn der Einzelne je für sich prüft, ob er die Folgen seiner Handlungen vor den davon Betroffenen verantworten könnte, muss er den Diskurs sozusagen im Kopf simulieren, indem er sich in die Rolle der Betroffenen hineinversetzt und von einer **unparteilichen**

Warte aus beurteilt, ob es nicht gute Gründe gegen sein Handeln gibt. Hilfe leistet dabei auch die Meinung der kritischen Öffentlichkeit, repräsentiert bspw. durch bestimmte Gruppen, wie Menschenrechts-, Umweltschutz- oder Tierschutzorganisationen. Der Einzelne kann den öffentlichen Diskurs sozusagen fiktiv in seine Entscheidungen hineinholen und so versuchen, zu einem ausgewogenen Urteil zu kommen.

Zumindest partiell kann aber auch der innere Diskurs durch einen faktischen Dialog mit den Betroffenen ersetzt werden. Es gehört zur (monologischen) Verantwortung vor allem der Führungskräfte in der Wirtschaft, **bessere Bedingungen für künftige Diskurse** zu schaffen. Angelehnt an das Modell des idealen Diskurses sollte es mehr Möglichkeiten geben, mit den Vertretern von Anspruchsgruppen möglichst zwanglos, unvoreingenommen und ergebnisoffen zu diskutieren.

> Unternehmensverantwortung beinhaltet die **monologische Verantwortung** der Unternehmensmitglieder für die Folgen ihres Handelns und für die Verbesserung der Diskursfähigkeit des Unternehmens, um zukünftig mit mehr Betroffenen in einen **praktischen Diskurs** eintreten und eine konsensuelle Lösung finden zu können.

Was heißt das nun für den Unternehmensalltag?

3 Die praktische Umsetzung der Unternehmensverantwortung im Management

3.1 Warum „Management"?

„Unternehmensethik" wird hier nicht als eine Sonderleistung verstanden, die mit dem Unternehmensalltag nichts zu tun hat, wie es bspw. eine großzügige Spende des Unternehmens für ein humanitäres Projekt wäre. Ein solches **Corporate Giving** ist lobenswert, bildet aber nicht den Kern der Unternehmensverantwortung. Stattdessen geht es darum, in die alltäglichen wirtschaftlichen Entscheidungsprozesse mehr Verantwortungsbewusstsein hineinzubringen.

Die meisten, wenn nicht gar alle wirtschaftlichen Entscheidungen werfen auch ethische Fragen auf. Unternehmensethik bedeutet, sich dieser **ethischen Komponente im Unternehmensalltag** bewusst zu sein und prinzipiell nach umfassend vernünftigen Entscheidungen unter Berücksichtigung der Interessen Betroffener zu suchen. Besonders gefordert ist dieses Verantwortungsbewusstsein bei den langfristigen, strategischen Entscheidungen. Die typischen strategischen Fragen der Unternehmensführung lauten: Wofür setzen wir uns ein? Wohin führt unser Weg? Wie kommen wir dorthin? Wie sieht unser Handlungsplan aus? Diese Fragen nach den (langfristigen) Zielen und Mitteln des Unternehmenshandelns kann man rein ökonomisch oder eben auch im Bewusstsein von moralischen Anforderungen stellen (vgl. *Freeman/Gilbert* [Unternehmensstrategie] 97ff.).

Die **systematische Berücksichtigung der Ethik im wirtschaftlichen Tagesgeschäft** firmiert unter Begriffen wie „Management der sozialen Verantwortung“ (*Göbel* [Management]), „praxisorientierte Managementethik“ (*Wittmann* [Managementethik]), „Management-Ethik“ (*Staffelbach* [Management-Ethik]) oder „Ethisches Management“ (*Brink/Tiberius* [Management]). Die aus dem angelsächsischen Sprachraum kommenden Begriffe Corporate Responsibility (kurz: CR) bzw. Corporate Social Responsbility (kurz: CSR) haben sich auch bei uns mehr und mehr etabliert. In all diesen Begriffsbildungen kommt das Anliegen zum Ausdruck, die Ethik mit der Führungspraxis im Unternehmen so zu verbinden, dass sie jenseits von wohlfeilen Sonntagsreden und reinem Mäzenatentum Eingang in das wirtschaftliche Alltagshandeln findet.

3.2 Kritik an der Idee eines Managements der Verantwortung

Das Konzept einer sozialen Verantwortung der Unternehmung (CSR) wird aus verschiedenen Richtungen kritisiert. Vier Typen von Kritik werden von *Blowfield* und *Murray* unterschieden:

[1] Corporate Responsibility is anti-business.

[2] Corporate Responsibility is pro-business.

[3] The scope of corporate responsibility is too narrow.

[4] Corporate Responsibility fails to achieve its goals.

(*Blowfield/Murray* [corporate] 312ff.)

Ad (1) Die Forderung nach mehr sozialer Verantwortung sei **anti-wirtschaftlich** und behindere die Unternehmen in ihrer Kernaufgabe ist eine vor allem von Seiten der Wirtschaft vorgetragene Kritik. Freie Unternehmen in einem kapitalistischen System hätten zu einem nie gekannten Wohlstand beigetragen und damit das Gemeinwohl gesteigert. Der Glaube an die unsichtbare Hand des Marktes führt zu dem Schluss, Gewinnmaximierung für die Shareholder sei die einzige Verantwortung der Unternehmen. Unterschiede innerhalb dieser Kritikergruppe bestehen bei der Rolle des Staates. Einen Abbau staatlicher Regulierung fordern die Verfechter der neoliberalen These, freie Märkte erzeugten automatisch das höchste Gemeinwohl. Die Durchsetzung gesellschaftlicher Anliegen wird von ihnen ausschließlich als Aufgabe der Konsumenten gesehen, die ja bestimmte Güter und/oder Unternehmen boykottieren könnten. Eine andere Gruppe ist vom Automatismus der „unsichtbaren Hand“ nicht so überzeugt, sieht aber die Zuständigkeit für Marktkorrekturen nicht bei den Unternehmen, sondern beim Staat. Politiker müssten durch die Gestaltung der wirtschaftlichen Rahmenbedingungen (Gesetze, Steuern, Subventionen usw.) für erwünschte Marktergebnisse sorgen, während die Unternehmen alleine für die Gewinnmaximierung zuständig seien.

Ad (2) Das CSR-Konzept wird im Gegensatz zur obigen Kritik auch als zu wirtschaftsfreundlich angesehen. Eine enge Verknüpfung des (strategischen) Managements mit der Unternehmensethik wird auch von *Ulrich* recht skeptisch beurteilt (vgl. [Integrative] 443ff.). Dass hier von einem „Management“ der Verantwortung die Rede ist, nährt den Verdacht, es gehe unter dem Deckmantel der Ethik letztlich doch wieder nur um wirtschaftliche Effizienz. Ethik werde von der Managementlehre im Hinblick auf ökonomische Ziele **instrumentalisiert**, sei es in Form eines Akzeptanzmanagements, eines Reputations- oder Wertemanagements, lautet das Verdikt. Unternehmen würden zwar offiziell CSR auf ihre Fahnen schreiben. Dies sei aber nur Fassade und diene vor allem dazu, strengere gesetzliche Regulierungen zu verhindern (vgl. *Blowfield/Murray* [corporate] 318). Die Macht der Unternehmen werde nicht grundsätzlich problematisiert, die bestehenden Verhältnisse würden eher zementiert als in Frage gestellt.

Ad (3) In eine ähnliche Richtung zielt auch die Kritik, der CSR-Ansatz sei **zu eng**. Unternehmen hätten oft einen guten Ruf als besonders verantwortungsbewusst, auch wenn sie nur sehr partiell Verantwortung zeigten. Sie spendeten einerseits große Summen bei Katastrophen, versuchten aber andererseits Steuern zu vermeiden oder zu hinterziehen, sie zeigten sich engagiert im Umweltschutz, wären aber gleichzeitig in Korruptionsaffären verwickelt, sie nähmen umstrittene Produkte aus ihrem Programm, setzten aber zugleich kleine Handelspartner unmäßig unter Druck usw. Das Engagement beschränke sich immer auf die Bereiche, in denen die Stakeholder gerade besonderen Druck machten.

Ad (4) Schließlich wird von Kritikern darauf verwiesen, dass sich trotz zahlreicher Bekenntnisse von Unternehmen zu CSR-Verpflichtungen **in der Realität wenig geändert** habe. Die Teilnahme von ca. 7000 Unternehmen am UN Global Compact (vgl. Kap. X) werde als großer Erfolg gefeiert, obwohl damit nur etwas mehr als 1% der multinationalen Unternehmen Mitglied geworden seien. Von den Mitgliedern würde wiederum nur ein knappes Viertel über ihre Aktivitäten zur Umsetzung von CSR berichten. Hinter der Teilnahme am UN Global Compact wird ein „Bluewashing" vermutet. Der Vorwurf: Die Unternehmen versuchen am guten Image der UN, die mit der Farbe Blau assoziiert wird, teilzuhaben, ohne tatsächlich etwas zur Umsetzung der zehn Prinzipien des Global Compact zu tun. Der Begriff „Bluewashing" ist angelehnt an den älteren Begriff des „Greenwashing". Damit meint man die bewusste Fehlinformation der Öffentlichkeit, um sich ein „grünes" will sagen „umweltbewusstes" Image zu erschleichen.

Was ist von dieser Kritik zu halten? Wie bereits früher dargelegt, sind weder die unsichtbare Hand des Marktes noch die Kombination von Marktwirtschaft und Gesetzen geeignet, ein unbändiges Profitstreben einzelner Unternehmen in das Gemeinwohl zu verwandeln. Dem Unternehmen bleibt auch in einer regulierten Marktwirtschaft viel Raum für mehr oder weniger verantwortungsbewusste Entscheidungen. CSR ist nicht überflüssig.

Ist das Konzept denn zu wirtschaftsfreundlich? Der Begriff eines „Managements der sozialen Verantwortung" legt den Verdacht nahe, dass man im alten ökonomischen Denken verhaftet bleibt und die bekannten Marketing- und Public Relations-Strategien nur mit einem neuen Namen versieht. Mit „Management" ist hier aber keine Instrumentalisierung der Ethik impliziert. Vielmehr ist gemeint, dass man die Idee der Verantwortung systematisch in Unternehmenspraxis umsetzen und dazu planvoll unterstützende Prozesse, Systeme und Strukturen schaffen muss. Die Ethik findet nur Eingang in den Unternehmensalltag über die Managementprozesse und die flankierenden Führungssubsysteme (vgl. auch *Göbel* [Management]). Sie muss im Kerngeschäft verankert werden.

Die Ethik wird also nicht für das Ziel der Gewinnerzielung instrumentalisiert, sondern das Wissen der Managementlehre wird zur besseren Durchsetzung ethischen Handelns im Unternehmenskontext funktionalisiert.

In diesem Sinne ist das Verantwortungsmanagement oder ethische Management durchaus deckungsgleich mit dem „Integritätsprogramm" oder „Ethikprogramm", welches auch von *Ulrich* zur praktischen Durchsetzung der Ethik propagiert wird (vgl. [Integrative] 456ff.).

Zu beachten ist bei dieser Verknüpfung von Management und Ethik der Primat der Ethik: Der ökonomische Erfolg heiligt nicht die Mittel. Vielmehr *kann* aus moralischem Handeln auch ein finanzieller Vorteil erwachsen. Kluges erfolgsstrategisches Handeln im Rahmen der für legitim befundenen Zweckentscheidungen und Verhaltensgrundsätzen ist aber nicht nur zulässig, sondern sogar empfehlenswert, denn selbstverständlich gehören auch die unternehmerischen Gewinninteressen zu den legitimen Ansprüchen, zumal von der Gewinnerzielung auch die Bedienung einer Vielzahl weiterer legitimer Ansprüche abhängt (vgl. *Ulrich* [Integrative] 439f.).

Zweifellos wurde unter dem Label CSR von den Unternehmen viel Missbrauch betrieben. *VW* stellte sich selbst jahrelang als Vorzeigeunternehmen in Sachen CSR und insbesondere Umweltschutz dar und scheute sich zugleich nicht, insgeheim die Abgaswerte ihrer Autos zu manipulieren. Bei CSR-Audits von Zulieferern werden nicht selten im gegenseitigen Einvernehmen Berichte geschönt und Missstände verschleiert. Internationale Modeketten setzen sich offiziell für faire Löhne und verbesserte Arbeitsbedingungen ein, fordern aber zugleich niedrige Produktionskosten von ihren Lieferanten. Ein solches Verhalten zeigt, dass CSR bei vielen Unternehmen noch nicht im „Kerngeschäft" angekommen ist, sondern eine oberflächliche PR-Strategie geblieben ist. Es findet noch kein Management der sozialen Verantwortung statt, wie es im Folgenden vorgestellt wird.

Dass betriebswirtschaftliche Professionalität und moralische Gesinnung sich nicht ausschließen müssen, zeigt sich auch an der wachsenden Zahl von **Sozialunternehmen** (social entrepreneurs), die ein gesellschaftliches bzw. soziales Ziel verfolgen, sich dabei aber selbst finanzieren und zumindest keine Verluste erwirtschaften wollen (vgl. www.ger many.ashoka.org oder www.schwabfound.org). Wenn Gewinne erzielt werden, dann dienen sie der Selbstfinanzierung des Sozialunternehmens oder zur Unterstützung anderer sozialer Projekte. Sie nehmen eine hybride Stellung ein zwischen den klassischen Wohlfahrtsorganisationen sowie anderen NGOs, die meist über staatliche Unterstützung und Spenden finanziert werden, und den „normalen" Unternehmen, die in erster Linie Gewinne erwirtschaften wollen.

Wo und wie kann mehr Verantwortungsbewusstsein in einem Unternehmen etabliert werden?

3.3 Die Bausteine eines Managements der Verantwortung

Bei der Stärkung des Verantwortungsbewusstseins in einem Unternehmen spielen **fünf Komponenten** eine wichtige Rolle.

(1) Die erste Komponente bildet die (strategische) **Analyse** als Teil des strategischen Managementprozesses. Der Managementprozess wird häufig in die beiden Phasen der Planung/Entscheidung (strategische Planung) einerseits und der Durchsetzung/Steuerung (Implementierung) andererseits unterteilt. Im Rahmen der strategischen Planung ist die weitere Einteilung des Prozesses in die Komponenten Zielbildung, Umweltanalyse, Unternehmensanalyse und Strategiewahl üblich (vgl. *Bea/Haas* [Management] 58). Umwelt- und Unternehmensanalyse bzw. -prognose dienen der Problemfeststellung, die Strategiewahl beinhaltet die Suche nach Alternativen, deren Bewertung und schließlich die Entscheidung.

Der Fit-Gedanke steht bei der strategischen Führung im Vordergrund (vgl. *Bea/Haas* [Management] 17). Das betrifft zunächst den System-Umwelt-Fit, d.h. die Unternehmung soll konsequent auf die Anforderungen aus der Unternehmensumwelt ausgerichtet sein. Probleme ergeben sich aus einer mangelhaften Abstimmung zwischen Unternehmung und Umwelt. Dieser Leitgedanke passt im Grunde sehr gut zur Unternehmensverantwortung, denn die ethische Forderung an die Unternehmen lautet: Unternehmensentscheidungen sollen grundsätzlich unter Berücksichtigung der legitimen Interessen Betroffener gefällt werden.

Dennoch sind auch Unterschiede zu konstatieren zwischen der „normalen" strategischen Führung und einem von besonderem Verantwortungsbewusstsein getragenen Planungs- und Entscheidungsprozess. Unter dem ökonomischen Ziel der Gewinnmaximierung interessieren bspw. nur die Betroffenen, die für das Unternehmen eine ökonomische Bedeutung haben oder mit hoher Wahrscheinlichkeit erreichen können. Bekennt sich das Unternehmen zum Ziel der Verantwortung (Zielbildung), ist dagegen zunächst zu klären, wer oder was als Verantwortungsobjekt dem Unternehmen zugeordnet werden kann. Entscheidend für die Berücksichtigung eines Anliegens muss dessen **Legitimität** sein, **nicht die Macht** einer Gruppe Betroffener.

Kollidieren verschiedene legitime Anliegen muss zudem unter Abwägung der Folgen ein allseits tragbarer Kompromiss gefunden werden. Wer in welcher Weise vom Unternehmenshandeln betroffen ist und legitime Ansprüche stellt, kann natürlich nicht allgemeingültig geklärt werden, sondern bedarf jeweils situativer Überlegungen. Möglich ist allerdings die Entwicklung eines Vorgehensleitfadens als Hilfe bei der Beantwortung dieser Fragen. Ein solcher Vorgehensleitfaden auf der Basis des **Stakeholderkonzeptes** soll im folgenden Kapitel VI vorgestellt werden.

(2) Im Ergebnis sollte die Stakeholderanalyse in der verantwortungsvollen Wahl von Strategien münden (Kapitel VII). Die zweite, die **strategische Komponente** der Unternehmensethik beinhaltet die langfristigen, richtungsweisenden Entscheidungen der Unternehmung. Über die Strategien wird ganz wesentlich mitbestimmt, auf welchen Gebieten und in welcher Art und Weise das Unternehmen in den Wettbewerb treten will. Zugleich werden damit auch die Weichen dafür gestellt, wer in Zukunft mit welchen Folgen vom Unternehmenshandeln betroffen sein wird. Die Verantwortung besteht darin, eben diese Folgen in die Bewertung und Entscheidung einfließen zu lassen.

(3) Mit der dritten, der **personalen Komponente**, werden die persönlichen Anforderungen an die **Mitarbeiter** und **Führungskräfte** als individuelle Verantwortungssubjekte präzisiert (Kapitel VIII). Da sie sowohl für die Gestaltung der inneren Struktur der Unternehmung verantwortlich zeichnen als auch für ihr persönliches Tun und Lassen in dieser Struktur, hängt die Unternehmensverantwortung ganz wesentlich von ihrer persönlichen Integrität ab. Unternehmensverantwortung ohne individuelle Verantwortlichkeit ihrer Mitglieder ist unmöglich. Die personelle Komponente bildet sozusagen den innersten Kern der Unternehmensethik. Mitarbeiter und Führungskräfte müssen moralische Überlegungen in ihr Entscheiden und Handeln, in die Problemanalyse und die Strategiewahl einfließen lassen.

Der (strategische) Planungs- und Entscheidungsprozess wird zum (strategischen) Management ausgebaut, indem auch noch die Realisation bzw. Implementierung der geplanten Maßnahmen ins Auge gefasst wird. Das strategische Management beruht vor allem auf dem Grundgedanken, dass alle Führungssubsysteme zielgerichtet aufeinander abgestimmt sein müssen, wenn man eine richtungsweisende Idee im Unternehmen umsetzen will. Der Fit-Gedanke tritt hier in der Variante des Intra-System-Fit auf (vgl. *Bea/Haas* [Management] 17ff.).

(4) Als vierte Komponente eines Managements der Verantwortung kommen vor diesem Hintergrund die **innerbetrieblichen Institutionen** ins Spiel (Kapitel IX). Die im Unternehmen etablierte innere Struktur, bestehend aus dem offiziellen Zielsystem, der gewachsenen Unternehmenskultur, Verfahren der Personalselektion, Aus- und Weiterbildung, Kontrollverfahren und Anreizsystemen, organisatorischen Strukturen sowie Informationssystemen legt bestimmte individuelle Verhaltensweisen mehr oder weniger fest, kanalisiert sie zumindest in eine bestimmte Richtung.

Die **innere Struktur** lässt das Unternehmen als Subjekt identifizierbar werden, dem auch Absichten und Handlungen und ein „Gewissen" zugeschrieben werden können. Es ist für Einzelne im Unternehmen sehr schwierig, gegen die innere Struktur des Unternehmens zu handeln. Sie können oft wenig ausrichten und müssen auch mit persönlichen negativen Konsequenzen rechnen. Daher erscheint auch eine individuelle Verantwortlichkeit der Unternehmensmitglieder ohne eine entsprechende **institutionelle Unterstützung** unzumutbar. Zugleich sind es aber auch wieder Individuen, welche die innerbetrieblichen Rahmenbedingungen schaffen, so dass eine wechselseitige Einflussnahme stattfindet.

(5) Was für Individuen im Unternehmen gilt, kann teilweise auch auf Unternehmen im Verhältnis zur sie umgebenden Rahmenordnung geltend gemacht werden: Sie können manchmal alleine wenig ausrichten und müssen auch noch mit negativen Konsequenzen rechnen, wenn sie sich verantwortungsbewusster verhalten als ihre Konkurrenten. In solchen Fällen sind Änderungen in den **überbetrieblichen Institutionen** gefragt, die zu einer stärkeren Verpflichtung auch der Konkurrenten führen oder auch zu einer verstärkten Verantwortungsfähigkeit anderer Wirtschaftssubjekte, vor allem der Kunden und Investoren (Kapitel X). Solche überbetrieblichen Maßnahmen, die auf das Unternehmen einwirken und gleichwohl auch vom Unternehmen ausgehen oder von ihm unterstützt werden können, bilden die fünfte Komponente der Unternehmensverantwortung.

Im Überblick:

- Die Stakeholderanalyse soll Informationen liefern, wer in welcher Weise von der Unternehmenstätigkeit betroffen wird (**analytische Komponente**).
- Durch die verantwortungsbewusste Wahl von Strategien sollen die Interessen Betroffener berücksichtigt werden (**strategische Komponente**).
- Verantwortlich für den Managementprozess sind zunächst die Unternehmensmitglieder, besonders die Führungskräfte, aber auch die Mitarbeiter (**personale Komponente**).
- Da sie durch die innerbetrieblichen Institutionen in ihrem Handeln beeinflusst werden, sind auch diese Institutionen verantwortungsbewusst zu gestalten (**Komponente der innerbetrieblichen Institutionen**).
- Weil die Unternehmen selbst wiederum in eine überbetriebliche Rahmenordnung eingebettet sind, von welcher Einflüsse auf die Unternehmenstätigkeit ausgehen, muss schließlich auch diese Rahmenordnung verantwortungsbewusst (mit-)gestaltet werden (**Komponente der überbetrieblichen Institutionen**).

Abbildung V/2 verdeutlicht die fünf Bausteine und ihre Zusammenhänge. Die fünf Bausteine werden in den nächsten Kapiteln ausführlich erläutert.

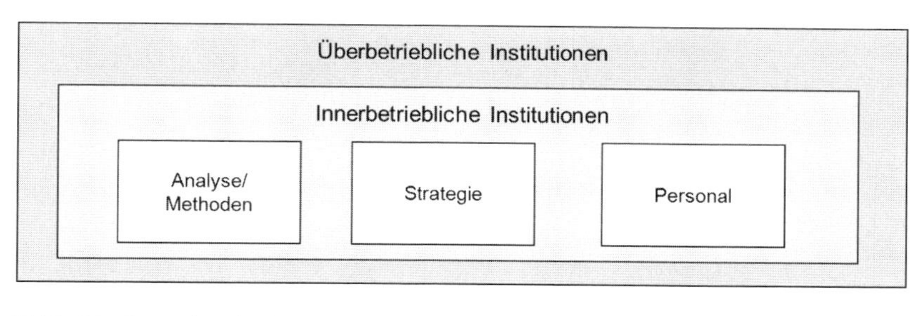

Abb. V/2: Die Bausteine des Managements der Verantwortung

VI Die analytische Komponente der Unternehmensethik: Stakeholderanalyse

[1] Begriff des Stakeholders

[2] Ablauf der Stakeholderanalyse

[3] Ethische Grundlagen für die Legitimitätsbewertung

[4] Die mögliche Kollision legitimer Stakeholderinteressen

[5] Die strategische Option einer Konfliktentschärfung

Als erster Baustein eines Managements der Verantwortung wird im Folgenden die Stakeholderanalyse als analytische Komponente der Unternehmensethik vorgestellt (Abschnitt 1 und 2).

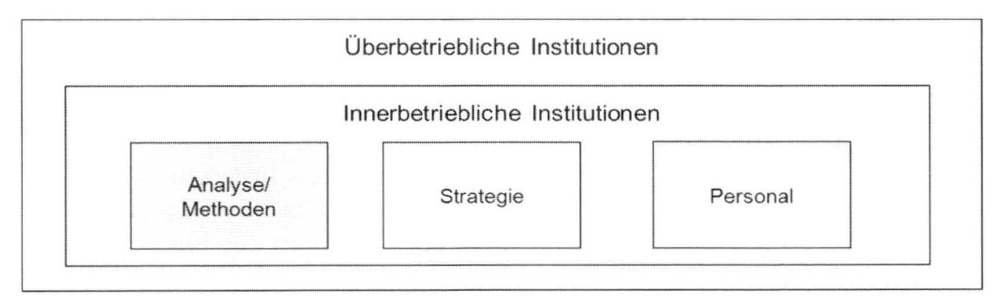

Abb. VI/1: Die analytische Komponente im Management der Verantwortung

Eine wichtige Grundlage für den Umgang mit den Stakeholdern ist die Bewertung der Legitimität ihrer Anliegen. Mit diesem Thema beschäftigt sich Abschnitt 3.

Im Rahmen der Legitimitätsprüfung werden häufig verschiedene Anliegen als legitim anerkannt. In Abschnitt 4 werden Schwierigkeiten thematisiert, die sich ergeben können, wenn es zu Interessenkollisionen zwischen verschiedenen Stakeholdern kommt. Abschnitt 5 spricht Möglichkeiten an, mit Hilfe von Strategien auftretende Konflikte zu entschärfen, die dann im nächsten Kapitel VII detailliert besprochen werden.

Wenden wir uns zunächst der methodischen Grundlage, der Stakeholderanalyse, zu.

1 Begriff des Stakeholders

1.1 Die Stakeholder als Adressaten der Unternehmensverantwortung

Schon zu Beginn der 20er Jahre des letzten Jahrhunderts sahen verschiedene amerikanische Manager „... business as an institution in which each of the parties had a *stake* and an interest", wobei man zu den „interest groups" bspw. neben den Anteilseignern noch die Kunden, die Arbeitnehmer und die Öffentlichkeit rechnete (vgl. *Heald* [Responsibility] 380f.). Der Begriff „stakeholder" wurde aber vermutlich zum ersten Mal 1963 in einem internen Papier des *Stanford Research Institute* verwendet (vgl. *Freeman* [Management] 31). Die Ähnlichkeit mit dem Begriff des „stockholders" oder „shareholders", also des Aktionärs, war beabsichtigt. Man wollte damit zum Ausdruck bringen, dass es neben den Aktionären oder – allgemeiner gesprochen – den Kapitaleignern einer Unternehmung noch weitere Personengruppen gibt, für die im Zusammenhang mit der Unternehmenstätigkeit etwas auf dem Spiel steht und die deshalb als **Adressaten der Unternehmensverantwortung** in Frage kommen. In vergleichbarer (nicht immer genau gleicher) Bedeutung ist auch von claimants, clientele groups, pressure groups, Bezugs-, Anspruchs- oder Interessengruppen die Rede.

1.2 Unterschiedliche Definitionen des Stakeholders

Wer zu den Verantwortungsadressaten einer Unternehmung zu rechnen ist, kann je nach der zugrunde gelegten kausalen Relation zwischen Unternehmen und Stakeholder sehr unterschiedlich abgegrenzt werden.

- Nimmt man den Begriff wörtlich, dann sind nur diejenigen Stakeholder, die im Unternehmen einen „Einsatz halten" (to have a stake in something = ein Interesse oder einen Anteil an etwas haben), also in irgendeiner Weise etwas in das Unternehmen **investiert haben** und deshalb ein persönliches Verlustrisiko eingegangen sind (to be at stake = etwas steht auf dem Spiel). Neben den Eigenkapitalgebern sind das bspw. die Fremdkapitalgeber (also etwa Banken, die Kredit geben oder Lieferanten, die Zahlungsfristen einräumen) und die Mitarbeiter, wenn sie spezifisches Humankapital in das Unternehmen einbringen, welches bei einer Entlassung entwertet würde.
- Erweitert wird das Spektrum der Stakeholder, wenn man alle diejenigen dazurechnet, **auf deren Unterstützung das Unternehmen angewiesen ist**. Stakeholder in diesem Sinne sind alle „... without whose support the organization would cease to exist" (*Freeman* [Management] 31) bzw. „... on whom the company is dependent" (*Rhenman* [Democracy] 25). Vor allem die Kunden kommen nach dieser Abgrenzung als weitere Stakeholder neben den bereits genannten in den Blick, denn von ihren Kaufakten hängt das Unternehmen existenziell ab.
- Nach der weitesten Interpretation gehört jeder zu den Stakeholdern, der sich von der Unternehmenstätigkeit **in irgendeiner Weise direkt oder indirekt betroffen fühlt und/oder der Einfluss auf das Unternehmen nehmen kann**. Zu den Stakeholdern zählt dann „... any group or individual who can affect or is affected by the achievement of the organizations objectives" (*Freeman* [Management] 46). Die Medien, Gewerkschaften, Verbraucherverbände, Anwohner, Politiker, Umweltschutz-, Menschenrechts- und Tierschutzgruppen und andere Nichtregierungsorganisationen (NGOs) bzw. Civil Society Groups werden nach dieser Definition u.a. in den Kreis aufgenommen.
- Ein Problem dieser sehr weiten Abgrenzung besteht darin, dass damit auch Personen als Stakeholder anerkannt werden, deren Interessen und Mittel in keiner Weise

legitim erscheinen, also bspw. Erpresser, welche zweifellos das Unternehmen beeinflussen können. Auf solche Individuen oder Gruppen kann eine moralische Verantwortung der Unternehmung aber sicher nicht ausgedehnt werden.

- Von *Ulrich* (vgl. [Unternehmen] 13) wird daher vorgeschlagen, nur solchen Personen den Status eines Stakeholders zuzugestehen, die ihrerseits bereit sind, ihre Ansprüche argumentativ zu begründen. Außerdem muss die **Legitimität (Berechtigung) ihrer Anliegen** zumindest ansatzweise erkennbar sein.

Stakeholder im ethischen Sinne sind alle, die gegenüber dem Unternehmen legitime Ansprüche haben.

1.3 Unterschiedliche Auffassungen von den Funktionen einer Stakeholderanalyse

Aus den oben genannten verschiedenen Definitionen lassen sich unterschiedliche Auffassungen von den Funktionen einer Stakeholderanalyse herauslesen:

(1) Strategische Stakeholderanalyse

Zählt man nur diejenigen zu den Stakeholdern, auf deren Unterstützung das Unternehmen (existenziell) angewiesen ist, dann rücken die Interessen der fokalen Unternehmung respektive ihrer Anteilseigner in den Vordergrund. Die Beschäftigung mit den Interessengruppen wird zum Instrument strategischer Unternehmensführung und ist ein Gebot ökonomischer Klugheit, um die „Ressourcenlieferung“ (*Figge/Schaltegger* [Stakeholder] 12) durch die Stakeholder nicht zu gefährden. Als Stakeholder anerkannt werden nur Personen, die dem Unternehmen knappe und für die Leistungserstellung notwendige Ressourcen liefern, wobei zu den Ressourcen im weitesten Sinne auch der gute Ruf des Unternehmens gehört. Die Relation zwischen Unternehmung und Stakeholdern wird aus dem Blickwinkel des Unternehmens hergestellt.

Die **strategische Anspruchgruppenanalyse** fragt: Von wem hängt die Unternehmung ab? Wer kann auf das Unternehmen positiv oder negativ einwirken?

(2) Ethische Stakeholderanalyse

Aus ethischer Sicht verdient dagegen zunächst einmal jeder die Anerkennung als Stakeholder, der gegenüber dem Unternehmen Ansprüche vertritt, die sich (möglicherweise) als legitim erweisen, ganz unabhängig davon, ob sie/er dem Unternehmen nutzen oder schaden kann (vgl. *Ulrich* [Unternehmen] 13). Die Relation zwischen Verantwortungssubjekt und -objekt wird gerade andersherum hergestellt.

Die **ethische Stakeholderanalyse** fragt: Auf wen oder was hat die Unternehmung einen positiven oder negativen Einfluss? Wie weit reichen Handlungsfolgenverantwortung und Aufgabenverantwortung der Unternehmung?

Im Prinzip kann jedermann Stakeholder einer Unternehmung sein, sogar wenn er selbst nicht unmittelbar betroffen ist, sondern sich nur für ein legitimes Anliegen stark macht. Natur- und Tierschutz sind typische Fälle von Stakeholderanliegen, bei denen nicht die direkt „Betroffenen“ (also bspw. die Hühner in der Legebatterie) das Anliegen vertreten können, sondern sich Menschen durch Unrecht, welches andere trifft (bspw. auch spätere Generationen), betroffen fühlen und sich solidarisieren. Eine Relation zwischen Verantwortungssubjekt (Unternehmung) und Verantwortungsobjekt im Sinne einer prospektiven oder retrospektiven Kausalbeziehung muss aber auf jeden Fall gegeben sein. Das Unternehmen muss also tatsächlich Einwirkungsmöglichkeiten auf das Verantwortungsobjekt (bspw. die Natur, Tiere oder Menschen) haben, damit ein legitimer Stakeholderanspruch entstehen kann.

Wer Stakeholder der Unternehmung ist, lässt sich nicht einfach in Form eines abschließenden Kataloges dekretieren. Vielmehr ist es gerade die Aufgabe einer systematischen Stakeholderanalyse, eben dies festzustellen.

2 Ablauf der Stakeholderanalyse

Die Stakeholderanalyse läuft idealtypisch nach einem Vier-Phasen-Schema ab (vgl. *Freeman* [Management]).

- In der ersten Phase geht es um die **Identifikation** möglicher Stakeholder (scanning).
- Die zweite Phase dient der genauen **Beobachtung und Analyse** der Stakeholder und ihrer Ansprüche (monitoring).
- Auf dieser Grundlage folgt die **Prognose** von relevanten Trends (forecasting).
- Schließlich müssen die Stakeholderanliegen zur endgültigen Entscheidungsvorbereitung auch noch **bewertet** werden (assessment).

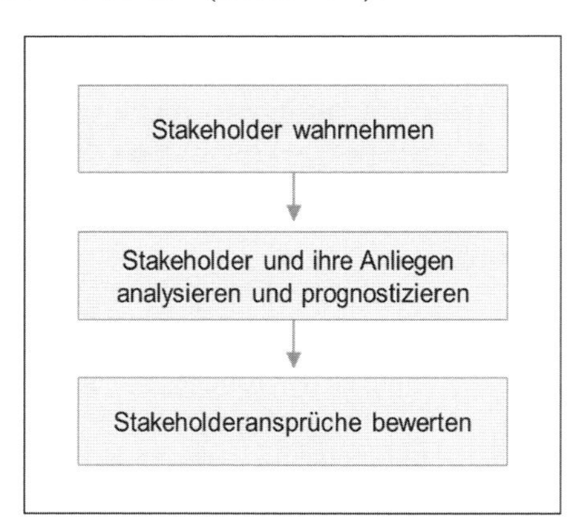

Abb. VI/2: Ablauf der Stakeholderanalyse

In der Realität sind Analyse und Prognose allerdings sehr eng miteinander verwoben. Im Weiteren gehen wir daher von einem leicht veränderten Phasenablauf aus, der in Abb. VI/2 aufgezeigt wird. Die einzelnen Phasen werden nun vorgestellt.

2.1 Stakeholder wahrnehmen

2.1.1 Überblick über typische Stakeholder

Wenn Unternehmen gegenüber den von ihrem Tun und Lassen Betroffenen Verantwortung übernehmen wollen, müssen in einem ersten Schritt diese Betroffenen identifiziert werden. Es wird nach den **Adressaten der Unternehmensverantwortung** gesucht, also nach den Subjekten, denen gegenüber die Unternehmung eine Verantwortung erklärt oder welche ein Unternehmen auf seine Verantwortung ansprechen. In vielen Veröffentlichungen zum Stakeholdermanagement finden sich mehr oder weniger umfangreiche „stakeholder maps", in denen typische Stakeholdergruppen einer Unternehmung zusammengestellt sind. Ein Beispiel zeigt Abbildung VI/3.

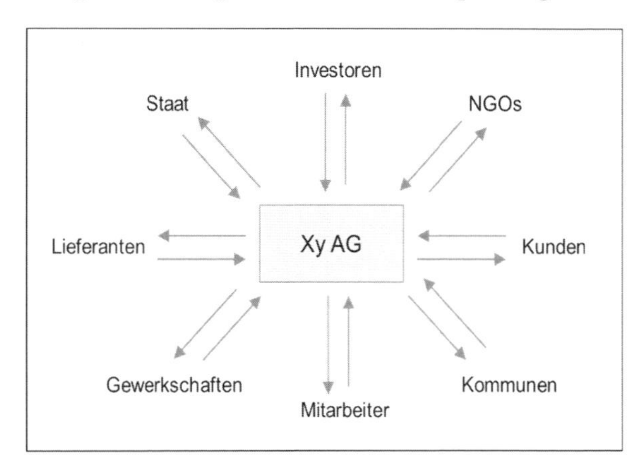

Abb. VI/3: Typische Stakeholder einer Unternehmung

Stakeholder sind zunächst die **Shareholder** oder allgemeiner die **Eigenkapitalgeber** (auch Investors oder Owners genannt), welche ihr Kapital in das Unternehmen investieren und erwarten, dass als Kompensation des Risikos dieses Kapital vermehrt, zumindest aber erhalten wird. Mit dem Konzept des „Shareholder Value" (vgl. *Rappaport* [Shareholder]) ist dieses Recht der Anteilseigner in den letzten Jahren sehr nachdrücklich betont worden. Dass die „Eigentümer" des Unternehmens als externe Adressaten der Unternehmensverantwortung angesehen werden, mag auf den ersten Blick verwundern, leuchtet aber vor allem im Hinblick auf Aktiengesellschaften sofort ein, weil die Aktionäre mit der Führung des Unternehmens in der Regel nichts zu tun haben. Sie investieren lediglich Geld und erwarten vom Unternehmen eine angemessene Verzinsung ihrer Investition. Sind die Eigentümer selbst in der Unternehmensführung tätig, dann gehören sie in dieser Rolle zur Gruppe der Führungskräfte und damit zu den internen Stakeholdern.

Problemlos als Stakeholder zu erkennen sind daneben alle diejenigen, zu denen das Unternehmen vertragliche Beziehungen unterhält. **Mitarbeiter, Kunden, Lieferanten und Fremdkapitalgeber** (letztere sind in Abbildung VI/3 unter „Investoren" subsumiert) sind die wichtigsten. Manchmal werden auch die **Vertriebspartner** als „supply chain associates" in die Stakeholderübersicht aufgenommen (vgl. *Post/Preston/Sachs*

[Redefining] 22). Mitarbeiter haben Interesse an einem humanen und sicheren Arbeitsplatz sowie gerechter Entlohnung, Kunden wollen qualitativ hochwertige, sichere und preiswerte Güter und ehrliche Produktinformationen, Lieferanten liegt oft an langfristigen Lieferbeziehungen sowie an pünktlicher und gerechter Bezahlung, Fremdkapitalgebern stehen Zinsen und Tilgung zu, Händler wollen gute Lieferkonditionen.

Die genannten Gruppen nehmen ihre Interessen teilweise nicht selbst wahr, sondern delegieren die Interessenwahrnehmung an andere Personen oder Institutionen. Ihre Ansprüche werden dann stellvertretend bspw. von **Banken**, **Fondsmanagern** oder speziellen **Verbänden** (für die Shareholder), von **Betriebsräten** und **Gewerkschaften** (für die Mitarbeiter), **Testinstituten** und **Verbraucherberatungen** (für die Kunden) gestellt. Gewerkschaften werden in fast allen Stakeholderübersichten explizit genannt, Verbrauchervertreter und Verbände nur sporadisch.

Ohne Zweifel werden auch die **Konkurrenten** vom Verhalten der Unternehmung berührt, bspw. von der Art und Weise, in welcher der Wettbewerb ausgetragen wird. Konkurrenten können durchaus legitime Ansprüche gegeneinander vertreten und bspw. postulieren, dass sich kein Wettbewerber mit unfairen Mitteln Vorteile verschaffen sollte. Sie werden aber nur teilweise zu den Stakeholdern gerechnet (bspw. von *Freeman* [Management] 55 und *Hill* [Shareholder] 416). Von manchen Autoren werden sie auch explizit aus dem Kreis der Stakeholder ausgeschlossen, was mit der jeweiligen Definition eines Stakeholders zusammenhängt. Für *Post/Preston/Sachs* (vgl. [Redefining] 19) bspw. sind Stakeholder nur solche Individuen oder Gruppen, mit denen die Unternehmung zum gegenseitigen Vorteil kooperiert, was die Konkurrenten natürlich ausschließt. Nur wenn sie z.B. im Rahmen einer strategischen Allianz zum **Kooperationspartner** werden, gehören sie nach dieser Abgrenzung in den Kreis der Stakeholder.

Zu den Stakeholdern gezählt wird oft auch der **Staat**, vor allem in seiner Rolle als Fiskus mit dem Anrecht auf Steuerzahlungen. Über die Zahlung von Steuern, aber auch die Bereitstellung von Arbeitsplätzen sind die Unternehmen darüber hinaus mit ihren **Standortgemeinden** verbunden. Schließlich nehmen sie durch verschiedene externe Effekte wie Schmutz und Lärm oft direkt Einfluss auf die **Anwohner**, die allerdings selten explizit benannt werden.

2.1.2 Die Öffentlichkeit als Stakeholder

Manchmal wird neben diesen Personengruppen auch noch die „**allgemeine Öffentlichkeit**" als Stakeholder und Vertreter der sog. „öffentlichen Interessen" genannt (vgl. bspw. *Hill* [Shareholder] 416). Die Beachtung des öffentlichen Interesses bzw. der „social-political environment" gilt teilweise sogar als das eigentliche Kernelement des Stakeholdermanagements (vgl. *Post/Preston/Sachs* [Redefining] 255). Dass man sich um die Anliegen der Öffentlichkeit, respektive „der Gesellschaft", kümmern muss, ist vor allem für die großen Aktiengesellschaften mit ihrem Status quasi-öffentlicher Einrichtungen nichts Neues. Wie der Historiker *Heald* am Beispiel amerikanischer Großunternehmen nachweist, ist die Idee einer Verantwortung der Unternehmen gegenüber „der Gesellschaft" schon vor über hundert Jahren diskutiert worden (vgl. [Responsibility]). Doch was sind öffentliche Interessen und wer vertritt sie?

Als öffentliche im Gegensatz zu privaten Interessen gelten **verallgemeinerungsfähige Anliegen**, die prinzipiell jedermann vertritt, weil sie dem Wohl der Allgemeinheit dienen. Beispielhaft für öffentliche Interessen seien genannt: Friedliche Kooperation, innere und äußere Sicherheit, soziale Gerechtigkeit, Wohlstand, Bildung, Rechtsstaatlichkeit, Vollbeschäftigung, Geldwertstabilität, Volksgesundheit, Umweltschutz, Vereinbarkeit von Beruf und Familie, Bekämpfung der Korruption. Konkret an die Unternehmung herangetragen werden solche Ansprüche der Gesellschaft oft von staatlichen oder privaten, nationalen oder internationalen Organisationen, die sich ein bestimmtes Anliegen zueigen gemacht haben.

Beispiele: *United Nations* UN – Erhaltung des Friedens in der Welt; *Amnesty International* AI – Schutz der Menschenrechte; *Greenpeace* – Umweltschutz; *International Labor Organization* ILO – soziale Gerechtigkeit und menschengerechte Gestaltung der Arbeitsbedingungen; *Transparency International* – Bekämpfung der Korruption; *World Health Organization* WHO – Gesundheit; *Food and Agriculture Organization* FAO – weltweite Versorgung der Menschen mit gesunden Lebensmitteln; *European Fair Trade Association* EFTA – fairer Handel insbesondere mit der dritten Welt.

In Aufzählungen von typischen Stakeholdern gelten als Vertreter des öffentlichen Interesses Staat und Kommunen, „regulatory authorities" und „private organizations" (vgl. *Post/Preston/Sachs* [Redefining] 50f.) oder auch „activist groups" und „political groups" (vgl. *Freeman* [Management] 55). Eine zentrale Rolle als Vertreter öffentlicher Interessen spielen vor allem die sog. **Nichtregierungsorganisation** (Non-Governmental Organizations, NGOs) oder **Civil Society Groups**. Das sind private Zusammenschlüsse, die nicht vom Willen einer Regierung abhängen und sich zur Aufgabe gemacht haben, Unternehmen (und auch Staaten) zu überwachen, Missstände öffentlich anzuprangern und die von ihnen vertretenen Interessen in (politischen) Entscheidungsprozessen zur Geltung zu bringen. Zum Teil sind die Vertreter des öffentlichen Interesses explizit religiös motiviert. Auch die christlichen Kirchen haben sich immer wieder zur gesellschaftlichen Verantwortung der Unternehmen geäußert, die katholische Kirche vor allem im Rahmen der katholischen Soziallehre und verschiedener sog. Sozialenzykliken.

Aber auch von den „ökonomischen" Stakeholdern wie den Kunden, Investoren und Mitarbeitern werden neben ihren privaten **öffentliche Anliegen** mit vertreten. Sie sind ja auch selbst immer Teil der Öffentlichkeit. Zum Beispiel interessieren sich die Konsumenten heute nicht nur für den Preis und die Qualität von Eiern, sondern auch für die artgerechte Haltung von Legehennen. Oder sie geben mehr Geld aus für Lebensmittel, deren Erzeuger in den Entwicklungsländern fair entlohnt wurden, weil sie fairen Handel wollen. Investoren erwarten Rendite, aber sie möchten ihr Geld nicht mit Waffenexporten in Krisenregionen verdienen. Und Mitarbeiter wünschen zwar Lohn, aber sie wollen auch ihre Integrität bewahren und nicht von ihren Kindern und Freunden als Umweltfrevler bezeichnet werden.

Einen legitimen Anspruch gegenüber der Unternehmung können also auch Personen oder Gruppen stellen, die nicht (nur) für sich selbst, sondern (auch) für andere sprechen. Sie leihen sozusagen den eigentlich Betroffenen aus **Solidarität** ihre Stimme. Diese Solidarität erstreckt sich nicht nur auf die eigenen Landsleute, sondern auch bspw. auf die Menschen in anderen Ländern, auf spätere Generationen, auf die Natur und auf Tiere.

Die „kritische Öffentlichkeit" stellt so eigentlich nicht einen Stakeholder neben anderen dar, sondern ist eher ein „*Ort der unternehmensethischen Legitimation*" (*Ulrich* [Integrative] 449), an dem ein Diskurs über die öffentlichen Interessen geführt wird, die dann von Stakeholdern konkretisiert und an die Unternehmen herangetragen werden. Indem die Stakeholder ihre Ansprüche an das Unternehmen öffentlich zur Geltung bringen, stellen sie diese Ansprüche gleichzeitig hinsichtlich ihrer Legitimität und allgemeinen Anerkennungswürdigkeit öffentlich zur Diskussion. Die **unbegrenzte kritische Öffentlichkeit** ist zugleich **Adressat und Instanz der Unternehmensverantwortung**. Jeder Stakeholder ist aufgefordert, als verantwortungsbewusster Wirtschaftsbürger sein Privatinteresse mit dem öffentlichen Interesse abzugleichen.

2.1.3 Die Medien als Stakeholder

Bei der Vermittlung öffentlicher Interessen an die Unternehmen spielen die **Medien** eine wichtige Rolle. „Öffentlich" bedeutet auch das Gegenteil von „geheim" und oft sind es die Medien, die eine Sache öffentlich und damit zur öffentlichen Sache machen. Sie haben gegenüber der Unternehmung vor allem den Anspruch offener und ehrlicher Information. Mit ihrer Fähigkeit, die Öffentlichkeit zu mobilisieren, können sie den Stakeholdern helfen, moralischen Druck zu erzeugen. Ob sie dabei selbst vorrangig das öffentliche Interesse im Auge haben oder im privaten Interesse an die Steigerung der Auflage denken, wird man oft nicht sicher entscheiden können. Als Medienunternehmen unterliegen sie aber selbstverständlich auch selbst der ethischen Forderung nach verantwortungsvollem Handeln, bspw. nach Ehrlichkeit (vgl. *Zerfass* [Medienunternehmen]). Sie können überdies als Vertragspartner im Rahmen der Werbung auch zu Dienstleistern des Unternehmens werden und haben als solche Anspruch auf faire Behandlung. Sie werden selten als Stakeholder genannt.

2.1.4 Die Führungskräfte und Mitarbeiter als Stakeholder

Schwierig ist die Rolle der **Führungskräfte** einzuordnen. Die Unternehmensführung kann dem oder den Eigentümern selbst obliegen oder Managern übertragen werden. Manager sind angestellte Führungskräfte, welche weitgehend autonom das Unternehmen leiten, ohne es zu besitzen. Diese Trennung von Eigentum und Kontrolle ist typisch für größere Kapitalgesellschaften und besonders ausgeprägt in Aktiengesellschaften. Manager können einerseits selbst als Stakeholder gegenüber der Unternehmung auftreten und legitime Ansprüche an das Unternehmen stellen, bspw. gerechte Entlohnung fordern oder eine bessere Vereinbarkeit von Beruf und Familie durch eine Reduktion der Überstunden erwarten. Meist werden sie zur Gruppe der „employees" gezählt. Andererseits sind sie als Entscheidungsträger und Agenten des Unternehmens auch diejenigen, welche in besonderer Weise für die Wahrnehmung und Berücksichtigung der anderen Stakeholderanliegen verantwortlich sind.

Von der Institutionenökonomik, insbesondere der Agencytheorie, wurde diese **Doppelrolle** der Manager im Hinblick auf die Shareholder in den letzten Jahren oft problematisiert. Ausgehend vom ökonomischen Menschenbild des Eigennutzmaximierers erwarten die Vertreter der Agencytheorie, dass die Manager ausschließlich ihre eigenen Interessen verfolgen (sich bspw. auf Kosten des Unternehmens bereichern wollen) und dabei den Eigentümern u.U. auch schaden. Die Unternehmensethik erwartet hingegen von den Managern die Berücksichtigung und das moralische Ausbalancieren aller Stakeholderansprüche einschließlich derjenigen der Eigentümer sowie ihrer eigenen (vgl. *Post/Preston/Sachs* [Redefining] 32).

In etwas abgeschwächter Form gilt diese Doppelrolle als Stakeholder und verantwortlicher Agent des Unternehmens auch für die **Mitarbeiter**. Um ihre Sonderrolle zu betonen, werden Mitarbeiter und Manager auch manchmal als **interne Stakeholder** bezeichnet und von den externen Stakeholdern unterschieden (vgl. *Hill* [Shareholder] 415). Besonders schwer fällt die gedankliche Trennung von Unternehmen und Führungskraft bei den **Eigentümerunternehmern**. Aber auch sie stehen als Person dem Unternehmen als Institution gewissermaßen gegenüber. Dass sie auch „Betroffene des Unternehmenshandelns" sein können, merken sie oft erst, wenn ihr Körper die ständige Überforderung durch das Unternehmen verweigert und sie mit einem Herzinfarkt im Krankenhaus liegen.

2.1.5 Instrumente zur Unterstützung der Stakeholderwahrnehmung

Die oben dargestellten Stakeholdermaps geben einen ersten Anhaltspunkt zur Ermittlung der Stakeholder, ersetzen aber nicht die **unternehmensspezifische** Identifikation von Stakeholdern. Welche Relationen zwischen Unternehmung und Stakeholdern relevant sind, variiert nicht nur von Unternehmen zu Unternehmen, sondern auch „from issue to issue and from time to time" (*Post/Preston/Sachs* [Redefining] 23), muss also immer wieder neu wahrgenommen werden. Das **„scanning"** der Umwelt gilt als der Teil der Umweltanalyse, der am schlechtesten strukturiert und mit den größten Unsicherheiten belastet ist.

Am leichtesten in den Blick kommen sicher die Stakeholder und Anliegen, die für das Florieren der Unternehmung entscheidend sind. Dass Unternehmen sich bspw. für die Ansprüche ihrer Kunden interessieren müssen, ist eine betriebswirtschaftliche Selbstverständlichkeit. Daher verwundert es wenig, wenn von hochkarätigen Managern die Aussage kommt, der Kunde sei der wichtigste Stakeholder überhaupt (vgl. *Stippel* [Kunde] 15). Für das Stakeholdermanagement in ethischer Absicht ist aber nicht entscheidend, von wem die Unternehmung abhängt, sondern wer sich durch das unternehmerische Handeln selbst oder stellvertretend für andere betroffen fühlt oder betroffen fühlen könnte. Man muss die Unternehmung sozusagen „von außen" mit den Augen der Betroffenen wahrnehmen. Ein solcher **„outside-in-approach"** stellt für viele Manager eine ungewohnte Perspektive dar.

Um Wahrnehmungsbarrieren zu überwinden, wurden einige Instrumente entwickelt, die Umwelt- und Unternehmensanalyse miteinander verknüpfen:

- Social Issue Analysis
- Produktlebenszyklusanalyse
- Dialog mit den Stakeholdern.

2.1.5.1 Social Issue Analysis

So können erstens in einer „social issue analysis" (vgl. *Freeman* [Management] 99ff.) die **zur Zeit wichtigen gesellschaftlichen Themen** ermittelt werden. Verschiedene Sachgebiete, wie Ökonomie, Technologie, Recht, Politik, natürliche Umwelt, soziokulturelle Umwelt werden einer Problemanalyse unterzogen. Einige Themen von aktueller Bedeutung sind bspw. die hohe Zahl von Flüchtlingen, die Angst vor terroristischen Anschlägen und kriegerischen Auseinandersetzungen, die demografische Überalterung der Bevölkerung und deren Folgen, die Zunahme katastrophaler Wetterereignisse durch den Klimawandel, die Verschmutzung und Überfischung der Meere, die Unbezahlbarkeit der herkömmlichen sozialen Sicherungssysteme, das schwierige Verhältnis von Industrie- und Entwicklungsländern in einer globalen Wirtschaft, Hunger in vielen Regionen der Erde, die Angst vor terroristischen Anschlägen und kriegerischen Auseinandersetzungen, die unwägbaren Folgen der Gentechnik. Die Unternehmen können sich fragen, inwiefern sie durch ihre Unternehmenspolitik **zur Verschärfung solcher Probleme beitragen** (bspw. weil sie Waffen in Krisenregionen liefern) bzw. ob sie nicht durch innovative Strategien **an deren Beseitigung mitwirken** könnten (bspw. indem sie durch innovative Produkte zur Reduktion der Treibhausgase beitragen).

Ausgangspunkt sind dann also **Verantwortungsobjekte** im Sinne von unerwünschten Zuständen und davon Betroffenen, zu denen Verantwortungssubjekte gesucht werden. Die Zuordnung von Verantwortung für bestimmte Objekte an ein Subjekt ist allerdings nur sinnvoll, wenn die damit verbundenen Aufgaben auch in den Möglichkeitsraum der Handlungswirkungen des Subjekts fallen (vgl. *Fetzer* [Verantwortung] 97). Man muss also prüfen, ob eine Handlungsfolgenverantwortung oder Aufgabenverantwortung der Unternehmung im Hinblick auf diese Probleme behauptet werden kann (zu den beiden Begriffen vgl. Kapitel V, Abschnitt 1.1).

2.1.5.2 Produktlebenszyklusanalyse

Einen anderen Ansatzpunkt für die Stakeholderwahrnehmung bietet die **Produktlebenszyklusanalyse**. Jedes Produkt durchläuft die Phasen der Entwicklung, Produktion, Marktbeeinflussung, Ge- und Verbrauch sowie schließlich der Beseitigung. In allen diesen Phasen können Effekte auftreten, durch die sich Menschen betroffen fühlen. Von einem Verantwortungssubjekt – bspw. einem produzierenden Unternehmen – ausgehend wird also gefragt, wie weit eigentlich dessen Einfluss und Verantwortung reicht. Manchmal ruft schon die Entwicklung eines Produktes Proteste hervor. Man denke etwa an die Genforschung oder Tierversuche bei der Produktentwicklung. Die Produktions- und die Beseitigungsphase sind häufig mit Umweltbeeinträchtigungen verbunden, die Anwohner oder Umweltschutzgruppen als Stakeholder auf den Plan rufen. In der Produktionsphase wird zusätzlich das Problem inhumaner Arbeitsbedingungen besonders virulent.

Auch die Rohstoffe und Vorprodukte, die in die Produktion eingehen, können in die Analyse einbezogen werden. Für die Herstellung eines Waschmittels werden bspw. Tenside aus Palmöl gewonnen und für die Palmöl-Plantagen wird Regenwald vernichtet. In anderen Fällen führt die Produktverwendung zu Betroffenheit. So sind Nichtraucher wichtige Stakeholder der Zigarettenindustrie, weil sie ihre Gesundheit durch das sog. Passivrauchen gefährdet sehen. Waffen sind äußerst umstrittene Güter, weil sie auch für Angriffskriege und Verbrechen verwendet werden können. Schließlich kann auch die Marktbeeinflussung Betroffenheit erzeugen. Zum Beispiel beklagen Eltern, dass schon Kinder einem „Markenterror" unterlägen, der durch massive Werbung erzeugt werde.

Von der *Steilmann-Gruppe*, einem großen europäischen Bekleidungshersteller, wird die Produktlebenszyklusanalyse eingesetzt, um gezielt nach möglichen Umweltbelastungen zu suchen (vgl. *Schmidt* [Steilmann-Gruppe] 3ff.). Abbildung VI/4 zeigt schematisch die textile Kette von der Rohstofferzeugung bis zur Entsorgung.

Abb. VI/4: Die textile Kette von der Rohstofferzeugung bis zur Entsorgung (Quelle: *Schmidt* [Steilmann-Gruppe] 3)

Anhand von Abbildung VI/4 wird deutlich, dass durch die Produktlebenszyklusanalyse die Verantwortung auch auf Objekte ausgedehnt wird, die mit den Tätigkeiten, die in den Fertigungsstätten von *Steilmann* durchgeführt werden (Design und Fertigung), wenig oder gar nichts zu tun haben. Dennoch ist die **Ausdehnung der Verantwortung auf vor- und nachgelagerte Stufen** sinnvoll. Man spricht auch vom Sustainable Supply Chain Management.

Die Betrachtung vorgelagerter Prozesse ist wichtig, weil die ökologisch gesteuerte **Marktmacht** im Einkauf die größten Umweltentlastungen bewirken kann. Die Verantwortung reicht dann bspw. bis hin zum Anbau der Baumwolle, welcher bisher durch den massiven Einsatz von Herbiziden, Fungiziden, Insektiziden und Entlaubungsmitteln zu einer erheblichen Umweltbelastung führt (wertmäßig gehen mehr als 10% der weltweiten Pestizidproduktion in den Baumwollanbau, auf weniger als 2% der Weltackerfläche). Als ökologisch problematisch sind auch viele Veredelungsschritte (Färben, Ausrüsten) einzustufen, weil mit aggressiven Chemikalien gearbeitet wird.

Auf der Fertigung nachgelagerte Stufen kann die Verantwortung ausgedehnt werden, weil auch der weltweite Transport von Fertigprodukten sowie die Pflege (bspw. chemische Reinigung) und Entsorgung der Kleidung wiederum zu Umweltbelastungen führt. Als Betroffene sind vor allem jene Mitarbeiter aber auch Anwohner einzustufen, die direkt mit Pestiziden und Chemikalien in Berührung kommen und dadurch Gesundheitsschäden erleiden. Bleiben chemische Rückstände in der Kleidung, können auch die Endkunden krank werden. Betroffen ist auch die Natur. Pflanzen- und Tierarten sterben aus, Gewässer werden verschmutzt, die Luft wird belastet, Pestizide gelangen in den Nahrungskreislauf usw., wodurch indirekt das Leben weiterer Menschen beeinträchtigt wird.

Die Analyse der gesamten textilen Kette deckt nicht nur die Verantwortungsobjekte umfassend auf, sie lässt auch erkennen, an welcher Stelle der Kette Maßnahmen die größte Wirkung zeigen.

Nach den Leitlinien der Global Reporting Initiative (GRI) zur Erstellung von Nachhaltigkeitsberichten ist es obligatorisch für die Unternehmen, ihre Lieferkette transparent zu machen und darzustellen, ob die Lieferanten bestimmte Anforderungen des GRI erfüllen oder nicht. Die Verantwortung der Unternehmen macht an den Grenzen der Organisation nicht Halt.

2.1.5.3 Dialog mit den Stakeholdern

Als weitere Möglichkeit, die Wahrnehmung von Stakeholderanliegen zu unterstützen, kann die Einrichtung von **speziellen Stellen** (bspw. Verbraucherbeauftragte, Hotline für Mitarbeiter) oder von **Ethik-Kommissionen** genannt werden. Wer bewusst eine Anlaufstelle für Beschwerden schafft und geradezu darum wirbt, dass Betroffene ihre Meinung äußern, der erhält wichtige Hinweise darauf, wie die Unternehmung nach außen wirkt. Das Unternehmen *Shell* versieht seine regelmäßig erstellten stakeholderorientierten *„Shell Reports“* bspw. mit Antwortkarten, um den Dialog mit den Stakeholdern zu stimulieren (vgl. *Post/Preston/Sachs* (Redefining] 220). Es wird also eine Initiative von Seiten der Stakeholder erwartet und begünstigt. Da viele Menschen vor einer Beschwerde zurückschrecken, würde das passive Abwarten alleine aber zu viele Verantwortungsobjekte unentdeckt lassen.

Schließlich liefern auch **Umfrageergebnisse** Anhaltspunkte für die Wahrnehmung von Stakeholderanliegen. Nach einer Umfrage des *Instituts für Wirtschaftsethik der Universität St. Gallen* (vgl. [Unternehmensverantwortung] 24) sehen die meisten Bürger die Unternehmen in der Verantwortung für mehr Produktsicherheit und bessere Produktinformationen, den Umweltschutz, die Einhaltung der Menschenrechte, die Beseitigung von Kinderarbeit in der dritten Welt, einen fairen Handel mit den Entwicklungsländern, eine bessere Versorgung mit Produkten in den armen Ländern sowie die Integration von Behinderten. Solche Kataloge von Anliegen sind allerdings sehr allgemein und müssen unternehmensspezifisch und teilweise auch projektspezifisch relativiert werden.

2.1.6 Die unvermeidbare Selektivität der Stakeholderwahrnehmung

Der größte Vorteil einer Umweltwahrnehmung „von außen nach innen“, nämlich die **Fülle der Informationen**, ist zugleich deren größtes Problem. Wie Fallstudien zeigen, können selbst für einzelne Projekte noch hunderte von speziellen Stakeholdern identifiziert werden. Für das *„Camisea Project“*, die Exploration von Erdgas im Amazonasbecken in Peru, identifizierte *Shell* bspw. zunächst 350 unterschiedliche Stakeholdergruppen aus den Bereichen Business, Society, Politics, Environment.

Um die Komplexität überhaupt bewältigen zu können, ist schon in der Wahrnehmungsphase immer eine gewisse Bewertung der Anliegen nötig, um eine Vorauswahl besonders relevanter Stakeholder zu treffen, die anschließend einer eingehenderen Analyse unterzogen werden. „Abgrenzungsurteile" bei der Wahrnehmung der Betroffenen sind unvermeidbar. *Shell* suchte bspw. zu 200 Gruppen den direkten Kontakt und stufte schließlich 40 Gruppen als primäre Stakeholder ein, zu denen der Kontakt besonders intensiv gepflegt wurde (vgl. *Post/Preston/Sachs* [Redefining] 157ff.).

Zu fordern ist, dass durch solche Urteile das Bezugsfeld nicht zu eng abgegrenzt und nicht nur die kurzfristigen privaten Interessen der unmittelbar Beteiligten wahrgenommen werden sollten. Außerdem sollte man sich der unvermeidlichen subjektiven Selektivität solcher Abgrenzungen immer bewusst bleiben und für neue Anliegen und Gruppen offen bleiben.

Nachdem die relevanten Stakeholder nun identifiziert wurden, folgt der nächste Schritt der Stakeholderanalyse: Die inhaltliche Analyse und die Prognose der Stakeholder und ihrer Anliegen.

2.2 Stakeholder und ihre Anliegen analysieren und prognostizieren

2.2.1 Analyse der Stakeholderanliegen

In der zweiten Phase geht es darum, gezielt und strukturiert möglichst viele Informationen über die relevant erscheinenden Stakeholder und ihre Ansprüche zu sammeln (**monitoring**). Eine solche **Analyse** könnte von Fragen geleitet werden wie:

- Welche Anliegen vertreten die Stakeholder genau? Was werfen sie der Unternehmung vor bzw. was fordern sie? Welche Risiken/Schäden befürchten sie für sich oder andere?
- Welche Nah- und Fernziele verfolgen sie? Wie sollen Risiken reduziert, Schäden verhindert oder kompensiert werden?
- Welche Motive stecken hinter diesen Zielen?
- Welche Mittel setzen die Stakeholder ein?
- Wie verhalten sich unterschiedliche Stakeholdergruppen zueinander? Zwischen welchen Gruppen ergeben sich Interessenkonflikte? Wo gibt es Interessenharmonien? Sind sich die Stakeholder der Konflikte bzw. Harmonien bewusst?
- Worauf basiert ein möglicher Einfluss der Stakeholder auf das Unternehmen? Haben sie verbriefte Mitentscheidungsrechte, wirtschaftlichen Einfluss über den Markt, politischen Einfluss über die Gesetzgebung, Einfluss auf die öffentliche Meinung?
- Wie fundiert sind die Vorwürfe/Befürchtungen? Auf welche ethischen Werte und Güter berufen sich die Stakeholder?
- Wie gravierend sind negative Folgen des Unternehmenshandelns? Wie lange dauern sie an? Wie viele Menschen sind davon betroffen?

2.2.2 Prognose der Stakeholderanliegen

An diese Analyse schließt sich als dritte Phase die **Prognose** (**forecasting**) an. Man versucht, Richtung und Geschwindigkeit der Weiterentwicklung der Stakeholderanliegen vorherzusagen. Quantitativ exakte und theoriegestützte Prognosen sind in der

Regel nicht möglich, wohl aber auf Plausibilitätsüberlegungen beruhende Projektionen. So erscheint die **rasche Weiterentwicklung** eines Anliegens umso **wahrscheinlicher,**

- je gravierendere negative Folgen die Betroffenen für sich oder andere befürchten,
- je größer die Macht der Stakeholder ist,
- je konkreter und berechtigter das Anliegen ist,
- je weniger die Anliegen anderer Gruppen konkurrieren,
- je schwächer die Legitimation der Unternehmung erscheint,
- je deutlicher zentrale gesellschaftliche Werte verletzt werden.

Nimmt man als **Beispiel die Zigarettenindustrie**, dann spricht für eine weitere Durchsetzung des Anliegens von Rauchgegnern,

- dass Rauchen mit gravierenden negativen Folgen für die Gesundheit behaftet ist, bis hin zu lebensgefährlichen Erkrankungen (z.B. Lungenkrebs), und zwar auch für Nichtraucher,
- dass die Nichtraucherlobby auf die Unterstützung durch große Teile der Gesellschaft, einflussreiche Politiker und Teile der Medien setzen kann,
- dass die Berechtigung ihrer Vorwürfe immer eindeutiger wissenschaftlich belegt werden kann,
- dass die Zigarettenindustrie in der Vergangenheit ihre Glaubwürdigkeit teilweise verspielt hat (bspw. durch geheime, suchtverstärkende Zusätze in den Zigaretten),
- dass Leben und Gesundheit zentrale Werte darstellen.

Die neuesten Erfolge der Rauchgegner in der EU, wie das Gebot drastischer Bilder und Warnhinweise auf jeder Zigarettenpackung und weitgehende Werbeverbote auch für die sog. E-Zigarette, die zunehmende Einrichtung rauchfreier Zonen in Gaststätten sowie die von der WHO verabschiedete internationale Konvention gegen das Rauchen, unterstützen die Vermutung, dass sich das Nichtraucheranliegen weiterentwickelt. Ab dem Mai 2016 wurden die strengen Vorgaben der EU-Richtlinie für Tabakprodukte von 2014 auch in Deutschland zum Gesetz.

Zugleich erscheint aber auch die Durchsetzung eines völligen Rauchverbotes unwahrscheinlich. Gegen ein Verbot von Zigaretten sprechen vor allem die **konkurrierenden Interessen** anderer Gruppen als da sind: Die Raucher, die Anteilseigner von Zigarettenfirmen, Mitarbeiter der Tabakindustrie, alle weiteren Personen, deren Arbeitsplatz völlig oder maßgeblich von der Zigarettenindustrie abhängt, bspw. Tabakfarmer, Automatenaufsteller, Tabakwarenhändler, Hersteller von Zigarettenverpackungen, Mitarbeiter der Medien, die von Zigarettenwerbung profitieren und schließlich der Staat, der Milliarden an Tabaksteuer einnimmt. Außerdem können auch die Gegner eines Rauchverbotes auf einen zentralen gesellschaftlichen Wert pochen, nämlich die individuelle Freiheit.

2.2.3 Datenquellen für Analyse und Prognose von Stakeholderanliegen

Als **Datenquellen** für die Analyse und Prognose von Stakeholderanliegen kommen die Auswertung der Massenmedien, gezielte Umfragen, Experteninterviews und schließlich der Dialog mit den Stakeholdern selbst in Frage.

Es ist als eine Stärke des Stakeholderansatzes anzusehen, dass er konkrete Adressaten der Verantwortung benennt und damit also Subjekte, mit denen ein Diskurs möglich ist. Das **direkte Gespräch mit den Betroffenen** stellt sicher die wünschenswerteste Lösung dar, können sie doch so ihre Anliegen authentisch und selbstbestimmt in die Diskussion einbringen. Missverständnisse und subjektive Wahrnehmungsverzerrungen können leichter ausgeräumt werden. Wie die Alltagserfahrung lehrt, ist es für eine friedliche Verständigung außerdem zuträglich, wenn man sich persönlich kennt. Die Einbeziehung der Betroffenen schlägt eine Brücke von der „Datenerhebung über andere" zum „Gespräch mit den anderen" und damit auch von der monologischen zur Diskursethik (vgl. Kapitel I, Abschnitt 2.3).

Für *Summer* (vgl. [Verantwortung] 151) kann Verantwortung sogar nur kommunikativ verstanden werden. Wer für sich, auf der Grundlage seiner eigenen Vernunft, verantwortungsbewusst handeln wolle, handle geradezu verantwortungslos, weil er die Grundlagen der Verantwortung in einer kommunikativen Gemeinschaft der Rechtfertigung außer Acht lasse, lautet sein Verdikt.

Mit allen Betroffenen direkt ins Gespräch zu kommen und bis zum allseitigen Konsens zu diskutieren, ist allerdings im Unternehmensalltag ein Ding der Unmöglichkeit. Wenn es heißt „Unternehmensverantwortung ist dialogisch wahrzunehmen – im Stakeholderdialog" (*Ulrich* [Unternehmen] 21), dann kann das nur als regulative Leitidee aufgefasst werden und nicht als praktische Handlungsanweisung für Führungskräfte. In der Praxis wird es oft nur möglich sein, sich mit **Repräsentanten** bestimmter Interessengruppen oder **Experten** für bestimmte Themen zu zeitlich begrenzten „consultation workshops" (*Post/Preston/Sachs* [Redefining] 159) zu treffen. Der Konsumgüterhersteller Henkel trifft bspw. im „Roundtable on Sustainable Palm Oil" mit Vertretern des World Wildlife Fund und Greenpeace zusammen, um gemeinsam Strategien für eine nachhaltigere Gewinnung von Palmöl zu entwickeln. Zumindest partielle Foren für eine sanktions- und machtfreie, ergebnisoffene Argumentation mit den Betroffenen zu schaffen, kann als wesentlicher Baustein eines ethischen Managements angesehen werden (vgl. *Ulrich* [Integritätsmanagement] 47).

2.3 Stakeholderansprüche bewerten

2.3.1 Ethische versus strategische Bewertung

Nachdem möglichst viele Informationen über die Stakeholder und ihre Anliegen zusammengetragen und die voraussichtliche Entwicklung prognostiziert wurde, steht als letzte Phase die Bewertung an. Erst in dieser Phase kann sich die ethische Ausrichtung des Konzeptes eindeutig zeigen, denn auch eine Stakeholderanalyse in rein ökonomisch-strategischer Absicht würde in den ersten drei Phasen kaum anders verlaufen. Die Bewertung der Informationen aber richtet sich – je nach Intention – nach unterschiedlichen Kriterien.

In einem **rein strategischen Anspruchsgruppenmanagement** ist das ökonomische Kalkül ausschlaggebend. Kann es dem Unternehmen nutzen, auf die Interessen der Stakeholder einzugehen bzw. was kann es das Unternehmen kosten, die Anliegen zu ignorieren?

Letztlich werden also die Interessen der Stakeholder **instrumentalisiert**, um des ökonomischen Erfolges willen. Wenn bspw. von „Stakeholder Value" gesprochen wird, dann steht in der Regel die Frage im Vordergrund, welchen Wert der Stakeholder für das Unternehmen hat (vgl. *Figge/Schaltegger* [Stakeholder] 16). Die Stakeholder sind nur die „Werttreiber" für den Shareholder Value. Oder sie sind „Störenfriede", die den ökonomischen Erfolg gefährden, bspw. indem sie mit Klagen drohen, das Image beschädigen, Kunden abspenstig machen usw.

In vielen Stakeholderabgrenzungen kommt zum Ausdruck, dass nur diejenigen relevant sind, die Beiträge oder Ressourcen zur Erreichung der Unternehmensziele liefern (vgl. bspw. *Post/Preston/Sachs* [Redefining] 19 und *Hill* [Shareholder] 415). Ansprüche von Stakeholdern, die keine knappen, für die Leistungserstellung notwendigen Ressourcen bereitstellen bzw. die jetzt und in Zukunft vermutlich keinen größeren (Image-) Schaden anrichten können, dürfen nach diesem Kalkül getrost ignoriert werden. Berücksichtigt werden nur die für den Unternehmenserfolg „kritischen" Stakeholder, und das Stakeholdermanagement hat den Sinn, deren Ansprüche abzuwehren oder zumindest soweit zu neutralisieren, dass man sich wieder in Ruhe der „Kernaufgabe" der Unternehmenswertsteigerung für die Shareholder widmen kann (vgl. *Schaltegger* [Bildung] 14ff.).

Stakeholdermanagement aus Verantwortung stellt dagegen nicht die Interessen einer Gruppe, nämlich die der Shareholder, a priori über die der anderen, sondern strebt einen gerechten Ausgleich verschiedener legitimer, möglicherweise aber konkurrierender Forderungen an.

Es geht um mehr als „Akzeptanzmanagement". Dazu ist eine zweifache ethische Bewertung nötig: Als Erstes ist die Legitimität der Ansprüche zu bewerten, zweitens muss bei konfligierenden legitimen Ansprüchen entschieden werden, wessen Anspruch Vorrang haben soll bzw. wie ein Kompromiss aussehen könnte.

2.3.2 Bewertung der Legitimität der Stakeholderanliegen

2.3.2.1 Die Legitimität des Anspruchs macht den normativ-relevanten Stakeholder

Aus ethischer Sicht verdient jeder die Anerkennung als Stakeholder, der gegenüber dem Unternehmen Ansprüche hat, die als **legitim** ausgewiesen sind, definiert *Ulrich* (vgl. [Unternehmen] 13). Zunächst ist also endgültig zu klären, welche Anliegen überhaupt als legitim, d.h. im normativen Sinne gültig anzusehen sind. Alle ermittelten bzw. vorgebrachten Interessen von Stakeholdern sind zunächst nur „Kandidaten" (*Thielemann* [Prinzip] 130) für legitime Ansprüche, die explizit auf ihre Berechtigung hin zu prüfen sind. Die „Legitimität des Anspruchs macht den normativ-relevanten Stakeholder" (*Fetzer* [Verantwortung] 225).

Darin unterscheidet sich die verantwortungsvolle Folgenabwägung im Sinne einer deontologischen Teleologie von einem „Vulgärutilitarismus", der alle privaten Glücksvorstellungen in das „hedonistische Kalkül" aufnimmt, womöglich auch völlig unsoziale Interessen, wie die Lust an Sadismus oder Zerstörung, Aggression und Herrschsucht. Nur die „sozial nicht disqualifizierten" (*Höffe* [Einführung] 21), ethisch akzeptablen, legitimen Interessen sind im Weiteren kalkulationswürdig, wenigstens solange man über der Kalkulation nicht ihren Sinn, das allgemeine Wohlergehen, vergisst.

2.3.2.2 Das Verständnis von Legitimität

Das Verständnis von Legitimität tritt in zwei Varianten auf (vgl. *Homann* [Legitimation] 54):

(1) Juristisches Verständnis

Nach einem juristischen Verständnis beruht die Legitimität von Ansprüchen allein auf einer ordnungsgemäß von dazu befugten Körperschaften **gesetzten Rechtsgrundlage**. Im Hintergrund steht als Instanz, also als normativer Bezugspunkt, das Gericht bzw. die Rechtsprechung. Legitime Ansprüche an die Unternehmung anmelden kann also jeder, der sich auf ein Gesetz berufen kann, bspw. auf die gesetzlich postulierte Erfüllung von Vertragspflichten.

(2) Philosophisch-ethisches Verständnis

Einem solchen legalistischen Verständnis setzen Kritiker ein philosophisch-ethisches Verständnis entgegen, wonach alle Anliegen legitim sind, für deren Anerkennung „**gute Gründe**" geltend gemacht werden können. Als Instanzen gelten bspw. Vernunft, Gewissen und öffentlicher Diskurs. Die Kritiker weisen darauf hin, dass schon sehr vieles legal war oder heute noch ist, was gleichwohl unmoralisch erscheint und, vice versa, manchen moralisch gerechtfertigten Ansprüchen die gesetzliche Grundlage fehlt. Nicht alles was rechtens ist, ist auch recht. „Wenn Manager an der Himmelspforte sagen: Ich war nie vorbestraft, ich habe hier Zutritt, wird man ihnen klar erwidern: Das reicht nicht aus." Mit diesen Worten verdeutlicht Kardinal Marx in einem Interview im Handelsblatt (Wochenendausgabe 18./19./20. Mai 2012, Titelblatt) den Unterschied zwischen einem moralischen Subjekt und jemandem, der nur darauf achtet, dass er sich juristisch nichts zuschulden kommen lässt.

2.3.2.3 Legalität und Legitimität

Für das Stakeholdermanagement bedeutet das: Den Legitimitätstest bestehen werden in der Regel alle gesetzlich verbürgten Ansprüche. Von der **Legalität** eines Anspruchs auf die moralische Berechtigung zu schließen, ist dann erlaubt, wenn die Gültigkeit des vorgelagerten Gesetzgebungsverfahrens mit guten Gründen anerkannt werden kann. Wenn die Gesetze nach demokratischen, rechtsstaatlichen Prinzipien zustande gekommen sind, kann das als guter Grund für deren moralische Anerkennung gelten.

Legalität und Legitimität sind aber nicht deckungsgleich. Eine Handlung kann **legal, aber unmoralisch** sein. Kinderarbeit, Frauendiskriminierung, lebensgefährliche Arbeitsbedingungen oder die körperliche Züchtigung von Mitarbeitern als Disziplinierungsmaßnahme erscheinen auch dann nicht moralisch gerechtfertigt, wenn sie – wie in manchen Ländern der Erde – nicht ungesetzlich sind. Vor allem international tätige Unternehmen, die sich in unterschiedlich entwickelten Rechtssystemen bewegen, sollten sich davor hüten, Legalität mit Moralität zu verwechseln.

Und auch in einem Rechtsstaat sind bei weitem **nicht alle legitimen Ansprüche gesetzlich garantiert**. Gesetzlich verankert ist bspw., dass für eine Lieferung oder Leistung die vereinbarte Vergütung zu zahlen ist. Moralisch kann darüber hinaus legitimerweise gefordert werden, dass der vereinbarte Preis oder Lohn auch „gerecht" ist, d.h. einen angemessenen Gegenwert repräsentiert. Oder: Gesetzlich einfordern kann niemand das Recht auf Arbeit oder einen Ausbildungsplatz. Gleichwohl scheinen die Wünsche der Arbeitslosen nach Arbeit und die der Jugendlichen nach einer Berufsausbildung legitim, weil (bezahlte) Arbeit heute die wichtigste Basis für gesellschaftliche Anerkennung und Teilhabe darstellt. Viele Ansprüche sind nicht explizit vertraglich festgelegt und einklagbar, aber dennoch legitim.

Gesetze lassen in der Regel immer noch viele **Interpretations- und Handlungsspielräume** offen und nehmen selbst wieder auf moralische Kategorien Bezug. So kann auch eine vertraglich vereinbarte Lohnhöhe „sittenwidrig" sein, wenn Leistung und Gegenleistung in einem krassen Missverhältnis stehen.

Das heißt, für die Bewertung der Legitimität von Stakeholderanliegen braucht man mehr als das Legalitätskriterium. Aber wie prüft man nun die moralische Berechtigung von Ansprüchen? Wessen Interessen sind ethisch akzeptabel? Will man legitime von illegitimen Interessen unterscheiden, ist die Inanspruchnahme verbindlicher ethischer Pflichten, Güter und Werte letztlich unverzichtbar, d.h. Ethik ist nicht auf den Ausgleich faktisch existierender Interessen reduzierbar (vgl. *Quante* [Einführung] 69). Man braucht zur Präzisierung der Unternehmensverantwortung ein **System von Bewertungsmaßstäben**, die man als „gute Gründe" für die Legitimität eines Anspruches ins Feld führen kann.

3 Ethische Grundlagen für die Legitimitätsbewertung

3.1 Menschenwürde als ethisches Prinzip für die Bewertung von Stakeholderanliegen

Ein weithin akzeptiertes ethisches Bezugssystem bilden die **Menschenrechte**. Das sind individuelle Rechte, die nicht speziellen Menschen zukommen, sondern universal den Menschen schlechthin, unmittelbar erfließend aus der menschlichen Natur. Als wichtige Etappen in der Entwicklung der Menschenrechtsidee gelten die amerikanische *Virginia Bill of Rights* von 1776 und die französische *Menschenrechtsdeklaration*, die 1789 im Zuge der französischen Revolution ausgerufen wurde (vgl. *Maier* [Menschenrechte]).

Ihre philosophische Begründung finden die Menschenrechte bei *Immanuel Kant* 1785 in der Selbstzwecklichkeit und **Würde des Menschen** (bzw. der Menschheit) als Vernunftwesen (vgl. [Grundlegung] BA 66f., 78). Diese besondere Würde kommt dem Menschen zu, weil er über den Willen und das Vermögen verfügt, sich selbst sittliche Gesetze zu geben. Seine Moralität macht ihn zum Gegenstand besonderer Achtung, zur Person, welche niemals nur als Mittel im Dienste anderer Zwecke angesehen werden darf. Wie *Kant* es mit seinem praktischen Imperativ ausdrückt ([Grundlegung] BA 66f.):

„Handle so, daß du die Menschheit, sowohl in deiner Person, als in der Person eines jeden anderen, jederzeit zugleich als Zweck, niemals bloß als Mittel brauchest."

Von *Kant* selbst werden aus diesem Imperativ als Gesetze des Willens abgeleitet: Das Verbot, Menschen zu töten, zu verstümmeln oder zu verderben, das Verbot von Angriffen auf Freiheit und Eigentum anderer, das Verbot zu lügen und Versprechen zu brechen. Es ist Pflicht, zur Erhaltung der Menschheit als Zweck an sich selbst beizutragen, was auch die Selbsterhaltung umfasst. Darüber hinaus ist es verdienstliche Pflicht, die Menschheit, auch in der eigenen Person, zu befördern. Eine solche „Beförderung" besteht in der Vervollkommnung der eigenen Anlagen, also bspw. darin wahrhaftig, großzügig, gewissenhaft und besonnen zu werden. Die „Beförderung" anderer besteht in Beiträgen zu ihrem Glück, bspw. durch Wohltaten (vgl. *Kant* [Grundlegung] BA67ff. und [Tugendlehre] A13ff.).

Es hat seit diesen Anfängen viele Versuche gegeben, Kataloge von Menschenrechten zu formulieren. Am bekanntesten ist heute wohl die „***Allgemeine Erklärung der Menschenrechte***" durch die Generalversammlung der Vereinten Nationen vom 10. Dezember 1948 (vgl. *Maier* [Menschenrechte] 95ff.), die sich in der Präambel ausdrücklich auf das Prinzip der Menschenwürde beruft. Laut UN-Menschenrechtsdeklaration sind **Freiheit, Frieden, Gerechtigkeit und gute Lebensbedingungen für alle Menschen** die höchsten Werte oder Güter, die als Ideal von allen Menschen anzustreben sind.

- Als **Freiheitsrechte** werden konkreter benannt: Recht auf eine persönliche Freiheitssphäre, Recht auf freie Wahl des Wohnsitzes und Auswanderungsfreiheit, Freiheit der Eheschließung und Familiengründung, Gewissens- und Religionsfreiheit, Meinungs- und Informationsfreiheit, Versammlungs- und Vereinsfreiheit, Koalitionsfreiheit, freie Bildungs- und Berufswahl, Freiheit des Kulturlebens. Freiheitsrechte begründen auch das Verbot von Sklaverei und Leibeigenschaft sowie das Verbot willkürlicher Inhaftierung.
- Der **Gerechtigkeit** dienen insbesondere das allgemeine Verbot der Diskriminierung, das Gebot der Gleichheit vor dem Gesetz, der Anspruch auf Rechtsschutz, rechtliches Gehör und ein gerechtes Gerichtsverfahren, das allgemeine und gleiche Wahlrecht, das gleiche Recht von Männern und Frauen bei der Eheschließung, in der Ehe und bei deren Auflösung, das Recht auf gleichen Lohn für gleiche Arbeit, gleicher Zugang zu den Bildungsmöglichkeiten nur nach Maßgabe von Fähigkeiten und Leistungen. Wegen ihrer besonderen Bedeutung im Rahmen der Wirtschaft wird die Gerechtigkeit später noch eigens besprochen.
- Zu den **guten Lebensbedingungen** gehört zunächst einmal fundamental das Recht auf Leben und Sicherheit, das Verbot der Folter, dann das Recht auf Eigentum (auch geistiges), auf soziale Sicherheit, auf Arbeit bei angemessenen und befriedigenden Arbeitsbedingungen sowie angemessener und befriedigender Entlohnung, die dem Arbeitenden und seiner Familie eine menschenwürdige Existenz sichert. Zu einer menschenwürdigen Lebenshaltung gehören Nahrung, Kleidung, Wohnung, ärztliche Betreuung sowie soziale Fürsorge bei Arbeitslosigkeit, Krankheit, Invalidität, Verwitwung, Alter. Auch der Schutz vor unmenschlicher oder erniedrigender Behandlung oder Strafe gehört zu einem menschenwürdigen Dasein. Weitere Rechte sind der Anspruch auf Erholung und Freizeit, eine vernünftige Begrenzung der Arbeitszeit, periodischen bezahlten Urlaub. Schließlich gehören auch das Recht auf Bildung und Teilnahme am kulturellen Leben zu einem guten Leben.

Die UN-Deklaration war zunächst nicht mehr als eben eine Deklaration, also eine rechtlich unverbindliche Erklärung, hat aber über den Umweg von staatlichen Gesetzen und Verfassungen (bspw. das deutsche Grundgesetz von 1949) sowie internationalen Abkommen zumindest in Teilen inzwischen eine größere Verbindlichkeit erreicht (vgl. *Hilpert* [Menschenrechte] 26ff.). Bei rechtlich-institutionell verbürgten Menschenrechten spricht man auch von Grundrechten.

Wichtige Abkommen sind bspw. die *„Europäische Konvention zum Schutze der Menschenrechte und Grundfreiheiten"* von 1950, der *„Internationale Pakt über staatsbürgerliche und politische Rechte"* sowie der *„Internationale Pakt über wirtschaftliche, soziale und kulturelle Rechte"*, beide 1966 verabschiedet und seit 1976 durch die Erreichung der Mindestzahl an Ratifizierungen (35) in Kraft. Die Menschenrechte bilden überdies ein häufiges und gewichtiges Thema der amtlichen kirchlichen Verkündigung in den Enzykliken. Teilweise werden die schon genannten Rechte in diesen Verlautbarungen noch weiter präzisiert und ergänzt. Nach den **internationalen Pakten von 1966** (vgl. *Maier* [Menschenrechte] 103ff.)

- dürfen Menschen nicht ohne ihre freiwillige Zustimmung wissenschaftlichen oder medizinischen Versuchen unterworfen werden und
- keine Zwangsarbeit verrichten (außer im Falle einer rechtmäßigen Verurteilung),
- haben Menschen das Recht auf sichere und gesunde Arbeitsbedingungen,
- auf beruflichen Aufstieg ohne Diskriminierung,
- auf ausreichende Arbeitspausen,
- auf die Bildung von Gewerkschaften und Streik,
- auf einen angemessenen Lebensstandard sowie
- auf ein Höchstmaß an körperlicher und geistiger Gesundheit,
- sollen berufstätige Mütter während einer angemessenen Zeit vor und nach der Niederkunft einen besonderen Schutz genießen und bezahlten Urlaub oder Urlaub mit angemessenen Leistungen aus der sozialen Sicherheit erhalten,
- sollen Kinder und Jugendliche besonders vor wirtschaftlicher und sozialer Ausbeutung geschützt werden, insbesondere sollen Kinder nicht entgeltlich arbeiten, sondern zur Schule gehen,
- soll der Hunger überall in der Welt bekämpft werden durch eine effiziente Erschließung der natürlichen Hilfsquellen und eine gerechte Verteilung der Nahrungsmittelvorräte der Welt.

Wenn Stakeholder gegenüber den Unternehmen die Einhaltung solcher (institutionalisierter) Menschenrechte anmahnen, kann die Legitimität des Anspruchs kaum bezweifelt werden. Die Verengung der Perspektive auf die Zuständigkeit von Staaten für die Einhaltung der Menschenrechte würde ignorieren, wie sehr heute vor allem die großen multinationalen Unternehmen Urheber von Menschenrechtsverletzungen sind. Vom UN-Menschenrechtsrat werden Unternehmen ausdrücklich aufgefordert, die Menschenrechte in ihr operatives Geschäft, in ihre Unternehmenskultur und in ihre corporate governance zu integrieren. Zugleich sollen die Staaten sich aktiv dafür einsetzen, Menschen vor Menschenrechtsverletzungen durch Unternehmen zu schützen sowie den Opfern Mechanismen zur Streitbeilegung und Wiedergutmachung anzubieten (vgl. *Kirchschläger* [CSR] 276f.).

3.2 Gemeinwohl als ethisches Prinzip für die Bewertung

Durch die Deklaration von Menschenrechten werden die Rechte des Einzelnen betont. Die institutionell verankerten Grundrechte werden häufig im Sinne von Abwehr- oder Schutzrechten verstanden, vor allem gegenüber dem Staat, aber auch gegenüber den Mitmenschen. Die Person mit ihrer Würde darf nicht ohne weiteres aus Gründen der Staatsräson oder weil es vielen anderen nutzt in ihren Grundrechten beschnitten werden.

> **Beispiele**: Auch beim Verdacht auf ein Verbrechen darf die Polizei nicht ohne staatsanwaltliche Erlaubnis in die Wohnung eines Verdächtigen eindringen oder sein Telefon abhören. Auch wenn es möglicherweise zukünftig vielen Kranken nutzt, können damit medizinische Experimente, welche Menschenleben aufs Spiel setzen, nicht gerechtfertigt werden.

Auf der anderen Seite kennen wir durchaus legitime Einschränkungen der Grundrechte.

> **Beispiele**: Ein Verbrecher wird seiner Freiheit beraubt und eingesperrt. Das Privateigentum eines Grundstückbesitzers wird vom Staat enteignet, um eine Straße bauen zu können. Trotz Berufsfreiheit darf nur ein approbierter Apotheker eine Apotheke eröffnen.

Die Legitimation solcher Eingriffe in die Grundrechte ergibt sich aus dem Ziel des Gemeinwohls. **Gemeinwohl** ist ein Begriff, der überaus häufig gebraucht, aber nur selten eindeutig definiert wird. Man behilft sich zur näheren Kennzeichnung mit Synonymen, wie „Wohl der gesamten Gesellschaft“, „Wohl der Allgemeinheit“, „Wohl des Ganzen“. Es werden in ähnlicher Bedeutung auch die Begriffe „öffentliches Interesse“, „res publica“ oder „bonum commune“ verwendet. Der Freiheitsentzug bei Verbrechern dient dem „allgemeinen Sicherheitsinteresse der Gesellschaft“. Nach § 87 Baugesetzbuch ist eine Enteignung zulässig, „wenn das Wohl der Allgemeinheit sie erfordert“. Die Einschränkung der Berufsfreiheit der Apotheker dient dem Ziel, „im öffentlichen Interesse“ eine ordnungsgemäße Versorgung mit Arzneimitteln sicher zu stellen.

Das Gemeinwohl oder öffentliche Interesse kann mit dem Einzelwohl bzw. Einzelinteresse in Konflikt geraten. Wie spannungsreich das Verhältnis von individuellen Grundrechten und dem Gemeinwohl sein kann, zeigt sich auch in zwei zunächst gegensätzlich erscheinenden Thesen. Die eine besagt, das Gemeinwohl habe Vorrang vor dem Einzelwohl. Gemeinwohl gilt als das höchste allgemeine Gut. Nach der anderen ist das Gemeinwohl als ein Dienstwert aufzufassen, der die Voraussetzungen schafft für die Erreichung des Einzelwohls (vgl. *Kerber* [Gemeinwohl] 857f.). Im Grunde stimmt beides: Jeder hat im Prinzip ein Interesse an Sicherheit, an einer guten Infrastruktur, an einer ordnungsgemäßen Versorgung mit Arzneimitteln, um nur Beispiele für „öffentliche Interessen“ zu nennen. Insofern schafft das Gemeinwohl die besten Voraussetzungen für die Erreichung des Einzelwohls und ist somit Dienstwert. Trotzdem kann in bestimmten Fällen das Einzelinteresse dem öffentlichen Interesse widerstreiten. Der Verbrecher würde lieber nicht ins Gefängnis, auch wenn er zugleich ein Interesse an allgemeiner Sicherheit hat. Der Enteignete hätte den Straßenbau gerne verhindert, trotz seines Interesses an einer guten Infrastruktur. In solchen Fällen muss das Einzelinteresse gegen das Gemeinwohl abgewogen werden und ihm gegebenenfalls untergeordnet werden. In Bezug auf das Verhältnis von Privateigentum und Gemeinwohl heißt es bei *Spieker* (vgl. [Eigentumsethik]): Das Privateigentum steht im Dienst des Gemeinwohls, aber das Gemeinwohl steht zugleich im Dienst der Person, zu deren Freiheits- und Entfaltungswerten das Recht auf Privateigentum gehört. Das Gemeinwohl ist oft nur möglich als vernünftig legitimierter Ausgleich zwischen verschiedenen Rechten und Interessen, wobei u. U. auch auf Rechte verzichtet werden muss.

Das sittliche Ziel des Gemeinwohls erfordert von den Menschen die Tugend des **Gemeinsinns**. Gemeinsinn heißt jene Einstellung, die sich im Gegensatz zum bloßen Selbstinteresse auch für das Gemeinwohl einsetzt und auch zu Einschränkungen bereit ist (vgl. *Höffe* [Gemeinsinn] 89). In gleicher Bedeutung werden auch die Begriffe Bürgersinn oder Bürgertugend verwendet.

Die Menschenrechte werden flankiert von **Menschenpflichten**, um privates und öffentliches Interesse zu vermitteln:

- Zunächst die Pflicht, die Rechte der anderen als prinzipiell gleichberechtigt anzuerkennen und bei der Abwägung der Interessen vernünftig zu kooperieren.
- Weiterhin die Pflicht, Beschränkungen der eigenen Rechte hinzunehmen, wenn nur dadurch die Rechte und Freiheiten anderer sowie das Gemeinwohl gewährleistet werden können.
- Schließlich die Pflicht, an der Verwirklichung des Gemeinwohls in seinen Konkretisierungen (bspw. Frieden, Freiheit, Gerechtigkeit, Sicherheit, Gesundheit, Bildung, Umweltschutz) mitzuwirken.

Auch die in Artikel 1 der UN-Menschenrechtserklärung geforderte „**Brüderlichkeit**" (Solidarität) weist auf die mit den Rechten verbundene Pflicht hin, auch für das allgemeine Wohl zu sorgen.

Die Würde des Menschen und das Gemeinwohl gelten als grundlegende (wirtschafts-) ethische Prinzipien (vgl. *Turkson/Toso* [Unternehmer] 12). Sie sind allerdings noch sehr abstrakt und werden bspw. in der Weise konkretisiert, dass die Unternehmen

- Güter und Dienstleistungen anbieten sollen, die zum Gemeinwohl beitragen, und sich wieder stärker auf das Leitziel der Versorgung besinnen sollen. Das beinhaltet auch ein gewisses Maß an Solidarität mit den Armen, welche aufgrund ihrer mangelnden Kaufkraft durch den Markt nicht ausreichend versorgt werden.
- die Würde ihrer Mitarbeiter achten und gute Arbeitsplätze schaffen sollen, welche den Arbeitnehmern auch eine gewisse Eigenverantwortung zubilligen.
- nachhaltig wirtschaften und die natürlichen Ressourcen sparsam einsetzen sollen.
- Gerechtigkeit anstreben sollen, vor allem bei der Verteilung des erarbeiteten Wohlstandes.

Diese konkreteren Empfehlungen werden „praktische Prinzipien" genannt (vgl. ebenda, 17). Die praktischen Prinzipien der Nachhaltigkeit und der Gerechtigkeit werden nachfolgend noch detaillierter erörtert. Eigens hervorgehoben wird zusätzlich das Prinzip des Tierschutzes, weil die Tiere als lebendige Kreaturen unter den natürlichen Ressourcen eine Sonderstellung einnehmen.

3.3 Nachhaltigkeit als ethisches Prinzip für die Bewertung

Speziell im Hinblick auf den Umweltschutz hat die Forderung der „**Nachhaltigkeit**" (vgl. *Vogt* [Nachhaltigkeit]) mittlerweile eine ähnlich breite Anerkennung gefunden, wie die Menschenrechte.

> **Nachhaltigkeit** besagt, dass der Mensch aktiv und vorausschauend Verantwortung für die Erhaltung der natürlichen Lebensgrundlagen übernehmen soll.

Die Schutzwürdigkeit der Natur ist mittlerweile sogar in den Rang eines Grundgesetzes aufgestiegen (Art. 20a GG). Weil der Mensch letztlich Voraussetzung und Schutzziel nachhaltiger Entwicklung ist, kann diese Forderung im Grunde auf die Menschenrechte zurückgeführt werden.

Manchmal spricht man auch von einer neuen Generation von Menschenrechten, die sich weniger an den Rechten der Einzelnen als vielmehr an den Rechten von Völkern bzw. der gesamten Menschheit orientieren (vgl. *Hilpert* [Menschenrechte] 41). Zu diesen Rechten der Völker bzw. der Menschheit gehört das Recht auf eine intakte Umwelt, weil Leben, Gesundheit und Wohlbefinden von den natürlichen Lebensbedingungen abhängen. Umweltinteressen werden nicht gegen humane Interessen ausgespielt. Vielmehr stellen **Umwelt- und Naturschutz** einen notwendigen und grundlegenden Bestandteil der Verteidigung personaler Entfaltungsmöglichkeiten für die heute lebenden Menschen, aber auch für zukünftige Generationen dar. Die Erhaltung einer intakten Umwelt ist insofern auch ein typisches öffentliches Interesse und Teil des Gemeinwohls Die Weltmeere, der Weltraum, die Atmosphäre, das Großklima, das Trinkwasser, die Artenvielfalt, die Atemluft gehören zum gemeinsamen Erbe der gesamten Menschheit, und keiner hat das Recht, das Leben anderer Menschen durch Zerstörung und unwiderruflichen Verbrauch dieser Ressourcen deutlich zu verschlechtern oder sogar unmöglich zu machen. Wie ernst diese Gefahr bereits geworden ist, zeigt sich bspw. in Peking, wo die Menschen wegen der schlechten Luft nicht mehr ohne Atemschutzmaske ins Freie gehen können.

Nachhaltiges Wirtschaften sorgt dafür, dass bei erneuerbaren Ressourcen die Verbrauchsraten deren Erneuerungsraten nicht überschreiten. Es wird bspw. nicht mehr Wald abgeholzt, als wieder nachwächst. Bei den nicht-erneuerbaren Ressourcen müssen rechtzeitig Ersatzressourcen erschlossen werden, welche am besten erneuerbar sind (vgl. *Pufé* [Nachhaltigkeit] 34). Dies geschieht gerade im großen Stil im Bereich der Energiegewinnung, welche von den nicht-erneuerbaren fossilen Brennstoffen auf die erneuerbaren Energien Wind, Wasser und Sonne umgestellt wird. Bis dahin muss man vor allem mit den nicht-erneuerbaren Ressourcen äußerst sparsam umgehen. Der Wunsch nach einer stärkeren Berücksichtigung des Nachhaltigkeitsprinzips durch die Wirtschaft stellt zweifellos ein legitimes Anliegen dar.

3.4 Tierschutz als ethisches Prinzip für die Bewertung

Die moralische Verpflichtung zum **Tierschutz** ist teilweise durch das Nachhaltigkeitsprinzip mit abgedeckt. Auch Tiere gehören zu den natürlichen Ressourcen, welche im

Interesse zukünftiger Generationen zu schützen sind. Die Erhaltung der „**Biodiversität**“ (vgl. *Weinschenck/Dabbert* [Tiere] 560ff.) soll Optionen offen halten für spätere landwirtschaftliche, pharmazeutische oder technische Nutzung von Tieren. Selbst die bloße Freude an der Beobachtung von Tieren kann als Nutzen gelten, welcher auch unseren Nachkommen noch möglich sein sollte. Es erscheint demnach legitim zu fordern, dass bestimmte Tierarten durch wirtschaftliche Tätigkeit nicht ausgerottet werden sollen.

Neben solchen Nützlichkeitserwägungen wird den Tieren aber auch ein Wert an sich zugestanden. Als lebendigen und leidensfähigen Mitgeschöpfen kommt ihnen eine „**Würde der Kreatur**“ (vgl. *Teutsch* [Würde]) zu, die eine völlig beliebige Instrumentalisierung verbietet. Nach *Kant* (vgl. [Tugendlehre] A108) widerspricht die gewaltsame und zugleich grausame Behandlung der Tiere sogar der Pflicht des Menschen gegen sich selbst, weil dadurch das Mitgefühl am Leiden anderer abgestumpft wird. Insbesondere sind auch „martervolle physische Versuche, zum bloßen Behuf der Spekulation, wenn auch ohne sie der Zweck erreicht werden könnte, zu verabscheuen“. Tiere ohne Qual zu töten, bspw. weil man ihr Fleisch als Lebensmittel benötigt, oder Tiere im Arbeitsprozess einzusetzen, gehört dagegen zu den Befugnissen des Menschen.

Die Frage nach dem moralischen Status von Tieren gehört zu den umstrittensten Fragen der gegenwärtigen angewandten Ethik. Die Meinungen gehen von der absoluten Ablehnung jeglicher Form der Tiernutzung bis hin zum weitest gehenden Verfügungsrecht der Menschen über die Tiere. Darüber, dass Leben und Wohlbefinden von Tieren grundsätzlich schützenswert sind und ihnen ohne einen vernünftigen Grund kein Leid zugefügt werden darf, besteht jedoch ein weitgehender Konsens, der mittlerweile auch zu einer Verankerung des Tierschutzes im Grundgesetz geführt hat (Art. 20a GG). Wenn Stakeholder den Kreaturen ihre Stimme leihen, um von den Unternehmen mehr Rücksicht auf die kreatürliche Würde zu fordern, dann vertreten sie ein legitimes Anliegen.

3.5 Gerechtigkeit als ethisches Prinzip für die Bewertung

Seit der Antike gilt die Gerechtigkeit sowohl als zentrales ethisches **Handlungsprinzip** als auch als fundamentale **Tugend**. In einem „objektiven“ Sinn ist Gerechtigkeit das grundlegende normative Prinzip des Zusammenlebens, in einem „subjektiven“ Sinn ist es die sittliche Haltung im Verhältnis zum Mitmenschen, die jede Art von Übervorteilung ablehnt (vgl. *Höffe* [Gerechtigkeit]).

In der Marktwirtschaft ist vor allem die Idee der **Tauschgerechtigkeit** virulent. Leistung und Gegenleistung sollen in einem ausgewogenen Verhältnis zueinander stehen. Die bloße vertragliche Übereinkunft ist – anders als viele Ökonomen behaupten – noch keine Garantie für Tauschgerechtigkeit. Konkret werden häufig die Preisgerechtigkeit und die Lohngerechtigkeit diskutiert.

Dass Preise und Löhne teilweise sehr unterschiedlich sind, wird mit der **Leistungsgerechtigkeit** begründet. Nach dem Grundsatz „Jedem das Seine“ wird eine bessere Qualität bzw. Leistung auch höher honoriert. Während man dem Prinzip der Leistungsgerechtigkeit prinzipiell zustimmen kann, bleibt natürlich ein zentrales Problem festzulegen, welche Art von Leistung für wen Maßstab der Leistungsmessung sein soll.

Dies wird vor allem im Hinblick auf die Lohngerechtigkeit diskutiert. Die *New Economics Foundation* hat in einem Aufsehen erregenden Beitrag den „Social Return on Investment" verschiedener Berufe verglichen und herausgefunden, dass bspw. Müllmänner und Putzfrauen für die Gesellschaft ein Vielfaches ihres Lohnes an Leistung erbringen, dass dagegen Banker und Steuerberater sehr viel mehr an Lohn bekommen, als ihnen aufgrund ihrer Leistung für die Gesellschaft zustehen würde (vgl. www.neweconomics.org). Vor allem in Zusammenhang mit den exorbitanten Managervergütungen und Abfindungen, die nicht selten im dreistelligen Millionenbereich liegen, ist die Debatte um die Leistungsgerechtigkeit in jüngerer Zeit wieder sehr aktuell.

Gleichzeitig wird auch die **Bedürfnisgerechtigkeit** wieder zum Thema, wenn immer mehr Arbeitnehmer trotz einer Vollzeitstelle in die Armut abrutschen. Bereits 1892 wurde von *Papst Leo XIII.* in der bekannten Sozialenzyklika „Rerum novarum" moniert, der vereinbarte Lohn könne nicht mehr als gerecht angesehen werden, wenn er einem rechtschaffenen Arbeiter den Lebensunterhalt nicht abwirft. In späteren kirchlichen Verlautbarungen wird sogar gefordert, der Arbeiter müsse sich „und die Seinigen" von seinem Lohn angemessen erhalten können.

Und auch der **Gleichheitsgrundsatz** ist in der Wirtschaft immer noch nicht erfüllt, wenn bspw. Löhne, Einstellungs- und Aufstiegschancen für Frauen nach wie vor schlechter sind als für Männer, auch bei gleichen Leistungen und Qualifikationen. Seit Jahren wird der „gender pay gap" immer wieder festgestellt und beklagt, aber bis heute konnte er nicht beseitigt werden.

Oft kann nicht genau gesagt werden, welches Ergebnis bspw. eines Verteilungsprozesses gerecht ist. Dann kann trotzdem über die **Verfahrensgerechtigkeit** nachgedacht werden, also über die Gestaltung des Prozesses, der zu dem Ergebnis führt (vgl. *Rawls* [Theorie] 106f.). Als genuines „Verfahren" zur Bewertung der Marktergebnisse gilt in der sozialen Marktwirtschaft der **faire Wettbewerb**. Fairer Wettbewerb wird behindert durch **Monopole** und **Kartelle**, durch **Korruption** und **exzessives Lobbying** bis hin zum „Kaufen" von politischen Entscheidungen. Als unlauterer Wettbewerb gelten auch alle Handlungen, welche die **Interessen der Marktteilnehmer spürbar beeinträchtigen**: Gegenüber den Kunden bspw. das Ausüben von Druck, das Ausnutzen von Unerfahrenheit oder einer Zwangslage, die unzumutbare Belästigung mit Werbung, die Irreführung über Merkmale der Produkte oder Geschäftsbedingungen; gegenüber den Konkurrenten ist bspw. verboten, sie vor Dritten herabzusetzen oder sie gezielt in ihrer Geschäftstätigkeit zu behindern (vgl. Gesetz gegen den unlauteren Wettbewerb, UWG).

Die Forderung nach mehr Verfahrens- und Ergebnisgerechtigkeit in der Wirtschaft ist zweifellos legitim.

4 Die mögliche Kollision legitimer Stakeholderanliegen

4.1 Die Kollision von Interessen

Am Ende einer solchen Legitimitätsprüfung werden in der Regel eine ganze Reihe unterschiedlicher Anliegen als legitim anerkannt sein, deren gleichzeitige Verwirklichung gleichwohl auch ethisch gesonnenen Entscheidungsträgern im Unternehmen aufgrund von Zielkonflikten nicht immer möglich ist. Vor allem wenn moralisches Handeln zu Gewinneinbußen führt, also im sog. ökonomischen Konfliktfall, kommt es in der Folge zu erheblichen **Interessenkollisionen** zwischen den Stakeholdern.

Beispiele: Die Einstellung der Produktion umstrittener, weil gesundheitsschädlicher Produkte, höhere Investitionen in Umweltschutz und artgemäßere Tierhaltung, gerechtere Preise für die Lieferanten aus den armen Ländern, mehr Arbeitssicherheit, mehr Beschäftigung, höhere Löhne und vieles andere, was den Interessen von bestimmten Stakeholdern entgegenkommt, senkt möglicherweise den Umsatz bzw. lässt die Kosten steigen und schmälert so den Gewinn. Solche Gewinneinbußen betreffen nicht nur die Shareholder negativ, denn aus dem Gewinn kommen wiederum die Mittel zur Befriedigung zahlreicher anderer legitimer Stakeholderinteressen (vgl. *Simon* [Erfolg] 23). Geht es dem Unternehmen wirtschaftlich schlecht, müssen evtl. freiwillige Zusatzleistungen für die Mitarbeiter oder sogar Arbeitsplätze abgebaut werden, Lieferanten können nicht mehr bezahlt, Kredite nicht mehr getilgt und Kunden nicht mehr beliefert werden, und es kommt zu Steuerausfällen.

Treten solche Konflikte zwischen legitimen Interessen auf, steht eine zweite, besonders schwierige Bewertung an, nämlich die Abwägung konfligierender Ansprüche (bspw. Umweltschutz versus Arbeitsplätze) und die Suche nach einem interpersonalen Kompromiss. Einzel-, Gruppen- und öffentliches Interesse müssen gemeinwohlorientiert vermittelt werden.

4.2 Abwägung konfligierender Ansprüche

4.2.1 Pflichten, Güter und Werte als Basis der Abwägung

Was geschieht, wenn die Erfüllung von legitimen Stakeholderanliegen in der Folge die ebenso legitimen Interessen anderer Stakeholder verletzt? Die Frage „Was soll ich tun?“ bedeutet in diesem Fall, dass jemand wissen will, welche der offenen Möglichkeiten des Handelns transsubjektiv gewogen die überwiegenden Gründe für sich hat. Das heißt, er muss in einem fiktiven oder tatsächlichen Diskurs das Für und Wider der Alternativen erwägen bzw. diskutieren, wobei die objektive – oder besser transsubjektive – Geltung bestimmter Werturteile behauptet wird.

Bevor eine handlungsbezogene Abwägung erfolgen kann, muss die Einsicht in die Bedeutung der **Pflichten, Güter und Werte** geklärt sein. Der Erkenntnis und Feststellung von Pflichten, Gütern und Werten, welche beim Handeln beachtet sein wollen (Werteinsicht), folgt ihre **Abwägung im sittlichen Urteil** (vgl. *Böckle* [Fundamentalmoral] 21ff.).

Pflicht meint die verbindliche Gebotenheit einer bestimmten Handlung. Handlungen nach juridisch fixierten und/oder nach Moral und Sitte eingespielten Normen können nur Pflicht sein, sofern diese Handlungen durch ein Moralprinzip begründet sind.

In einfachen Fällen ist eindeutig klar, wie man aufgrund seiner Pflichten zu handeln hat. Aber Pflichten können kollidieren, d.h. sich für den Moment der Handlung gegenseitig ausschließen (vgl. *Forschner* [Pflichtenkollision]). Aus der Menschenwürde lässt sich bspw. die Pflicht, für eine materielle Existenzgrundlage der heute lebenden Menschen und Arbeitsplätze zu sorgen ebenso ableiten wie die Pflicht, im Hinblick auf künftige Generationen eine intakte Umwelt zu erhalten. Bei einer konkreten wirtschaftlichen Entscheidung kann es zum Konflikt zwischen diesen Pflichten kommen.

Beispiel: Ein Flughafenausbau mit der Aussicht auf zig neue Arbeitsplätze und wachsenden Wohlstand führt gleichzeitig zu einem größeren Ausstoß an klimaschädlichen Treibhausgasen. Mit Rinderzucht und dem Anbau von Sojabohnen kann in Brasilien für viele Menschen eine Existenzgrundlage geschaffen werden, dafür wird aber der Amazonasregenwald vernichtet.

Stehen Normen im Konflikt, muss man im Blick auf die konkreten Umstände der Entscheidungssituation klug abwägen, welche Handlungsweise die besseren Folgen zeitigt. Dieser Abwägung liegen Vorstellungen über Güter und Werte zugrunde.

Güter sind als Gegenstände bzw. Sachverhalte Ziele unseres Strebens, weil sie den gelungenen Vollzug menschlichen Lebens ermöglichen. Das anzustrebende „Bonum“ (das Gute) lässt sich konkret immer nur in und an den „bona“, also den Gütern, verwirklichen (vgl. *Korff* [Entscheidungsverfahren] 312).

Für die **Ökonomik** ist jedes Mittel der Bedürfnisbefriedigung ein Gut, für die **Ethik** ist ein Gut durch seinen Beitrag für gelungenes menschliches Leben qualifiziert. Zentrale Güter, die sich auch in den Menschenrechtserklärungen bzw. darauf aufbauenden Verfassungen und Konventionen wiederfinden, sind bspw. Leben, Gesundheit, Würde, Freiheit, Frieden, Wohlstand, Eigentum, Sicherheit, menschliche Gemeinschaft und Gesellschaft und ihre Institutionen (insbesondere Demokratie und Familie), Bildung, intakte Umwelt, Kultur. Neben den Gütern werden auch Werte zur Basis der Abwägung gemacht. Was Werte sind, wird sehr unterschiedlich definiert. Eine mögliche Abgrenzung lautet:

Als **Werte** werden die bewussten oder unbewussten Orientierungsstandards und Leitvorstellungen, von denen sich Individuen oder Gruppen bei ihrer Handlungswahl leiten lassen, bezeichnet (vgl. *Horn* [Wert]). Sie stehen sozusagen als fundamentale Auffassungen vom Wünschenswerten hinter den Gütern.

Nach obiger Definition sind die Werte noch grundlegender, zentraler und allgemeiner als die Güter. Aus den Werten ergibt sich, welche Dinge oder Zustände man für „Güter“ hält und welchen Rang man ihnen einräumt. So sind etwa Eigentum und Wohlstand Güter, weil man menschliches Leben für wertvoll erachtet, und dieses Leben auch der materiellen Güter bedarf Die Begriffe Werte und Güter werden aber auch oft einfach synonym verwendet. Frieden, Freiheit, Gerechtigkeit, Gesundheit, intakte Umwelt und Familie werden bspw. sowohl als Güter als auch als Werte bezeichnet. Zu den Werten rechnet man nicht selten auch innere Haltungen und Tugenden:

Fairness, Menschenliebe, Verantwortungsbewusstsein, Pflichtbewusstsein, Toleranz, Friedfertigkeit sind Werte, Rücksichtslosigkeit, Egoismus, Neid, Geiz, Feindseligkeit und Intoleranz sind „Unwerte" (vgl. *Krobath* [Werte]). In Pflichten, Gütern und Werten konkretisiert sich, was eine Person, eine Gruppe, eine Gesellschaft für gut und wünschenswert hält.

Urteile über Pflichten, Güter und Werte als Konkretisierungen des anzustrebenden Guten bilden die Grundlage des gesamten menschlichen Zusammenlebens und der praktischen Argumentation. Ein Privatinteresse (z.B. an höherem Gewinn oder Lohn) wird erst sittlich legitim durch den Bezug auf Güter und Werte, bspw. auf Wohlstand oder Gerechtigkeit.

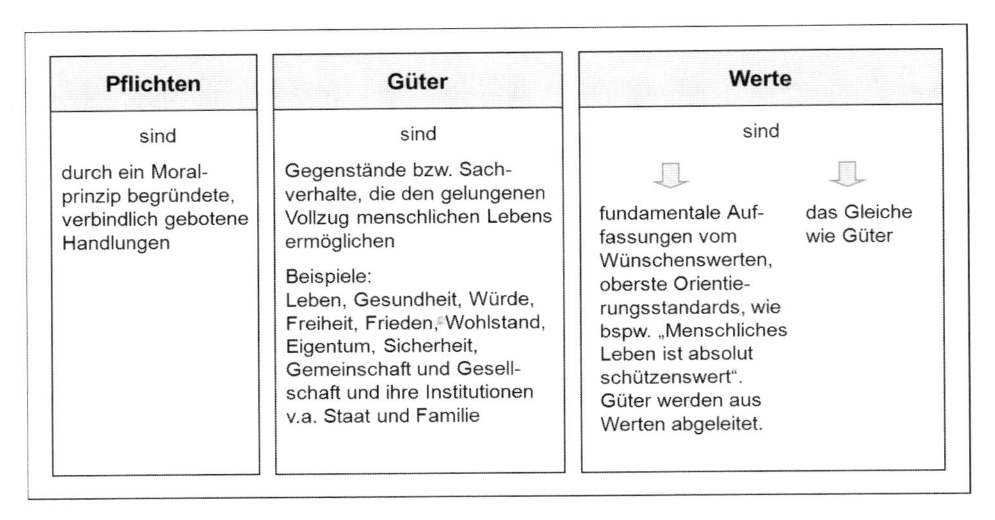

Abb. VI/5: Konkretisierungen des Guten in Pflichten, Gütern und Werten

4.2.2 Vorzugsregeln für die Güter- und Übelabwägung

Die Verwirklichung eines Gutes oder Wertes kann diejenige anderer Güter oder Werte beeinträchtigen oder ausschließen, ja sogar gleichzeitig zu Übeln führen, weshalb der Mensch häufig zu Abwägung, Gewichtung und Auswahl zwischen den Gütern und Übeln aufgefordert ist. In ethischer Diktion ist eine „**Güter- und Übelabwägung**" notwendig (vgl. *Korff* [Entscheidungsverfahren] 310).

Ziel der Abwägung ist es, den Zustand zu verwirklichen, der unter größtmöglicher Wahrung des Wohls des Einzelnen Gemeinwohl mit Gerechtigkeit verbindet.

Dieses oberste Ziel einer teleologischen Ethik ist insofern nicht identisch mit dem utilitaristischen „größten Glück der größten Zahl", als die Achtung der Würde des Einzelnen und die Gerechtigkeit explizit in die Zielformulierung einbezogen werden. Nach einem „Vulgärutilitarismus" sind dagegen auch extreme Ungerechtigkeit und die Verletzung der Menschenwürde Einzelner zulässig, solange der Gesamtnutzen steigt (vgl. *Höffe* [Einführung] 45). In vielen Fällen wird man allerdings kaum Besseres erreichen können als die Wahl des kleineren Übels (bspw. Umweltverschmutzung oder Arbeitsplatzverlust, Kinderarbeit oder noch weniger Einkommen für Familien in armen Ländern, Produktion von umstrittenen Produkten oder Steuerausfälle).

Die Ethik versucht, den Menschen „**Verfahrensregeln**" (vgl. *Laubach* [Entscheidungen] 268ff.) und „**Vorzugsregeln**" (vgl. *Korff* [Moraltheologie] 68ff.) als Hilfsmittel bei der Güter- und Übelabwägung an die Hand zu geben.

Als **Verfahrensschritte** werden empfohlen:

- Die Problem- und Sachanalyse mit den Einzelschritten Problemeingrenzung und Erwerben von Sachkompetenz im Dialog mit den zuständigen Einzelwissenschaften.
- Die Analyse geltender Regelungen und Meinungen der Öffentlichkeit, des Rechts und der herrschenden Moral.
- Die kritische Auseinandersetzung mit Argumenten sowie den dahinter stehenden Werten und Prinzipien.
- Die Abwägung von Prioritäten und die Entwicklung von Handlungsalternativen.

Die **Vorzugsregeln** lauten:

- Fundamentalere (dringlichere) Güter sind weniger dringlichen vorzuziehen.
- Vordringlicher als die Vermehrung des Guten ist die Begrenzung von Übeln.
- Eine Handlung mit nur wahrscheinlich üblen Folgen ist einer Handlung vorzuziehen, die das Übel mit Sicherheit verursacht.
- Bei unvermeidlichen Übeln ist das kürzer dauernde dem länger dauernden vorzuziehen.
- Im Konfliktfall ist unter sonst gleichen Umständen zugunsten der vielen und nicht der wenigen zu entscheiden.
- Reversible Folgen sind irreversiblen vorzuziehen.

Die erste Vorzugsregel weist auf eine Güter- oder Wertehierarchie hin. Das Prinzip der **Fundamentalität** gibt dem Gut den Vorzug, das die notwendige Bedingung für die Verwirklichung des anderes Gutes ist. Frieden zu sichern und die materiellen Voraussetzungen für das Leben zu schaffen, wären demnach oberste Ziele in einer Güterordnung, weil ohne Leben Güter wie Gerechtigkeit und Freiheit keine Rolle mehr spielen.

Man kann eine Güterordnung aber auch nach dem Prinzip der **Dignität** aufbauen und die Güter bzw. Werte nach ihrer „Sinnfülle" ordnen. Ein Gut ist demnach höher als ein anderes einzustufen, wenn das höhere Gut dem untergeordneten Gut Sinn verleiht. Demnach könnte man bspw. der Meinung sein, Freiheit sei als oberstes Gut selbst dem Leben überzuordnen, so dass es bspw. gerecht erscheint, Menschen im Krieg für die Freiheit sterben zu lassen. Eine solche Ordnung nach Dignität ist aber immer nur auf dem Hintergrund bestimmter Sinnentwürfe möglich und damit **abhängig vom jeweiligen kulturellen bzw. epochalen Weltverständnis** (vgl. *Böckle* [Fundamentalmoral] 286f.).

Verfahrens- und Vorzugsregeln können Handlungsunsicherheiten und moralische Zweifel nicht ausräumen, wie die oben dargestellte Kontroverse zwischen verschiedenen Arten der Dringlichkeitsstufung schon zeigt, aber sie liefern doch Anhaltspunkte für die Abwägung von Folgen. Dies soll an einigen Beispielen gezeigt werden.

4.2.3 Beispiele für eine Abwägung von legitimen Interessen

(a) Beispiel Tierversuche

Fordern Tierschützer bspw. die Unternehmen auf, qualvolle Tierversuche einzustellen und in der Folge notfalls auch auf Produktneuentwicklungen zu verzichten, dann hat es die Kosmetikindustrie schwerer als die Arzneimittelindustrie, diesen legitimen Anspruch abzuwehren. Bei der **Kosmetikherstellung** stehen dem fundamentalen kreatürlichen Recht auf Leben, Gesundheit und Würde die weniger dringlich erscheinenden Güter Wohlstand und Schönheit gegenüber. Nach dem deutschen Tierschutzgesetz (§7, Abs. 5) sind Tierversuche zur Entwicklung von Kosmetika daher auch grundsätzlich verboten und nur mit Ausnahmegenehmigung erlaubt. Die **Arzneimittelforschung** kann dagegen zu Recht auf den hohen Wert menschlichen Lebens und menschlicher Gesundheit verweisen sowie die vermutlich lang dauernden guten Folgen für sehr viele, wenn es bspw. mit Hilfe von Tierversuchen gelingt, ein Medikament gegen Krebs zu entwickeln.

Wichtig erscheint, dass die Tierversuche nicht „zum bloßen Behufe der Spekulation" unternommen werden, sondern mit dem Ziel, kranken Menschen zu helfen. Außerdem ist zu berücksichtigen, ob auch „ohne sie der Zweck erreicht werden könnte" (*Kant* [Tugendlehre] A108), ob es also nicht alternative Verfahren gibt, um die Wirksamkeit und Verträglichkeit von Medikamenten zu testen. Ob ein Tierversuch „unerlässlich" ist, wird also auf zwei Arten geprüft. Zum Ersten: Ist der Zweck ethisch vertretbar bzw. wird ein wichtiges Bedürfnis erfüllt? Zum Zweiten: Gibt es keine anderen Mittel um diesen Zweck zu erreichen? Hier zeigt sich die große Bedeutung von Sachkompetenz.

Wegen des sehr hohen Wertes des menschlichen Lebens dürfen auf der anderen Seite Menschen niemals für Zwecke der Arzneimittelforschung „geopfert" und ohne ihre Zustimmung zu Versuchszwecken gebraucht werden, auch wenn es möglicherweise noch so vielen anderen helfen würde. Dieses deontologische Argument spricht auch gegen eine verbrauchende Embryonenforschung im Rahmen der Stammzellengewinnung, wie sie zur Zeit wieder sehr stark diskutiert wird.

(b) Beispiel Umweltschutz

Umweltschutzforderungen scheinen dann besonders gewichtig, wenn die Folgen einer Umweltzerstörung sehr vielen Menschen, unter Umständen der gesamten Menschheit, schaden und das Übel lange andauert, möglicherweise sogar irreversibel ist. Die Zerstörung des Regenwaldes ist bspw. ein solches irreversibles Übel mit schädlichen Folgen für die gesamte Menschheit. Dies ist mit einer Wohlstandssteigerung für wenige und auch mit der Erhaltung von Arbeitsplätzen kaum zu rechtfertigen, weil dagegen die Menschenrechte auf Leben und Gesundheit schwer ins Gewicht fallen.

Darüber hinaus ist es auch ungerecht gegenüber den späteren Generationen, wenn ihnen die heute lebenden Menschen durch Zerstörung und unwiderruflichen Verbrauch der natürlichen Umwelt Verschlechterungen der Lebensbedingungen zumuten, die sie selbst nicht ertragen möchten.

(c) Beispiel Kinderarbeit

Kinderarbeit kann man teilweise mit dem Argument rechtfertigen, dass damit Arbeitsplätze und Einkommen verbunden sind. Selbst die Kinderhilfswerke *„Terre des Hommes"* und *Unicef* warnen vor einer rigorosen Abschaffung der Kinderarbeit in den Entwicklungsländern (vgl. *Gilbert* [Social] 143). Kinder tragen in den Entwicklungsländern oft wesentlich zum Familieneinkommen bei. Verzichten die Unternehmen auf Kinderarbeit, geraten die Familien erst recht in große wirtschaftliche Not. In Bolivien haben die Kinder eine Gewerkschaft gegründet, um ein Recht auf Arbeit zu erkämpfen, und tatsächlich hat Bolivien den Passus „Kinderarbeit ist verboten" aus der Verfassung gestrichen. Stattdessen wird nur noch die „Ausbeutung" von Kindern explizit verboten (vgl. *Weydt* [Frage] 50).

Es wäre zwar weitaus besser, wenn die Kinder statt zu arbeiten eine Schule besuchen könnten. Das Gut Bildung erscheint aber nachrangig gegenüber der Existenzsicherung. Um beide Ziele zu erreichen, verlangt der Verhaltensstandard „Social Accountability 8000" (SA 8000) einen Verzicht auf Kinderarbeit bei gleichzeitiger finanzieller Unterstützung der entlassenen Kinder, damit diese zur Schule gehen können (vgl. *Gilbert* [Social] 132).

(d) Beispiel Zigaretten und Alkohol

Gegen die Produktion gesundheitsschädlicher Produkte, bspw. Zigaretten und anderer Tabakerzeugnisse, aber auch Alkohol, spricht, dass mit dem Leben und der Gesundheit für die Konsumenten sehr fundamentale Güter auf dem Spiel stehen. Das scheint selbst durch die Zahlung von Steuern sowie das Einkommen der vielen, die am Tabak- oder Alkoholkonsum irgendwie mitverdienen, kaum kompensierbar.

In der ethischen Bewertung ist aber ein anderes Argument gewichtig, nämlich das der Freiwilligkeit des Konsums. Gibt es prinzipiell die Möglichkeit, vernünftig mit einem potenziell schädlichen Produkt umzugehen und es bspw. so maßvoll zu genießen, dass keine Gesundheitsschäden auftreten, sollte das hohe Gut der Freiheit des Einzelnen bei einer Güterabwägung nicht gering geachtet werden. Es gehört zur Würde des Menschen, dass er ein sich selbst bestimmendes und sich selbst aufgegebenes moralisches Subjekt ist. Verantwortung für die eigene Lebensführung ist im Prinzip undelegierbar.

Aus diesen Überlegungen heraus wird auch verständlich, warum Tabakprodukte weitaus umstrittener sind als Alkohol, denn durch das Rauchen werden auch Nichtraucher gegen ihren Willen geschädigt. Außerdem wird klar, dass insbesondere Kinder und Jugendliche vor Missbrauch geschützt werden müssen, weil von ihnen noch nicht im gleichen Maße Selbstverantwortung erwartet werden kann wie von Erwachsenen. Beispielsweise beruht die vehemente öffentliche Kritik an den sog. „Alcopops", also süßen alkoholhaltigen Mischgetränken, vor allem auf dem Verdacht, diese Getränke würden Kinder und Jugendliche als „Einstiegsdroge" zu einem gesundheitsschädlichen Alkoholmissbrauch verführen. Bedenken bestehen auch gegen eine Werbung für solche gesundheitsschädlichen Produkte.

4.3 Die Rolle des Gewinns bei der Abwägung konfligierender Ansprüche

4.3.1 Die Rolle des Gewinns in einer Marktwirtschaft

Die meisten Spannungen zwischen legitimen Stakeholderinteressen entstehen im **ökonomischen Konfliktfall**, also immer dann, wenn moralisches Handeln dem Unternehmen wirtschaftlich schadet. Der Gewinn, oder allgemeiner formuliert die finanzwirtschaftliche Gesundheit des Unternehmens (gemessen in Liquidität, Cash flow, Rendite, Shareholder Value oder wie auch immer), erscheint deshalb als Anspruch in besonderer Weise berücksichtigungswert, weil in einer Marktwirtschaft die **Existenz des Unternehmens** davon abhängt.

Die **Eigenkapitalgeber** erwarten von ihrer Investition ein Einkommen. Dieses Einkommen besteht in dem Residuum, welches nach Zahlung der vertraglichen Verpflichtungen (bspw. Löhne, Fremdkapitalzinsen, Lieferantenrechnungen) und der staatlichen Zwangsabgaben (Steuern) noch übrig bleibt. Kann das Unternehmen seinen vertraglichen Zahlungsverpflichtungen dauerhaft nicht nachkommen, geht es zwangsläufig in Konkurs. Bleibt der Gewinn aus oder fällt er zu niedrig aus im Vergleich zu anderen Investitionsmöglichkeiten, ziehen sich die Eigenkapitalgeber vermutlich aus dem Unternehmen zurück, was ebenfalls dessen Ruin bedeutet.

Kann im Unternehmen nicht genügend Geld erwirtschaftet werden, dann schadet das letztlich nicht nur den Investoren, sondern **auch vielen anderen Stakeholdern**. Weist die Statistik eines Landes eine hohe Anzahl von Konkursen auf, dann wird das von der Öffentlichkeit mit großer Sorge registriert. Weil viele Stakeholder mit ihren Ansprüchen von der Existenz der Unternehmen abhängen und diese Existenz von der ausreichenden Erwirtschaftung finanzieller Mittel abhängt, scheint manchen Wirtschaftsethikern Gewinnerzielung, ja sogar die Gewinnmaximierung, geradezu als moralische Pflicht (vgl. *Homann/Blome-Drees* [Unternehmensethik] 38f.). Dazu passt auch, dass viele Unternehmen ökonomische Ziele wie Gewinn und Wachstum zu ihren fundamentalen Werten rechnen (vgl. *Aigner-Hof* [Wertorientierungen] 95ff.).

4.3.2 Gewinnerzielung steht unter einem Legitimitätsvorbehalt

Nun kann es aber aus moralischer Sicht nicht gleichgültig sein, wie dieser Gewinn erzielt wird und wer oder was darunter möglicherweise zu leiden hat. Das Gewinnstreben ist von einem „*Legitimitätsvorbehalt*" (*Ulrich* [Integrative] 415) abhängig zu machen, denn möglicherweise werden durch das Gewinnstreben vorrangige Güter und Werte verletzt.

> **Beispiele**
>
> *VW* wollte den Absatz von Dieselfahrzeugen in den USA nicht gefährden und hat darum deren Abgaswerte in Tests so manipuliert, dass offiziell die strengen Limits eingehalten wurden. Der tatsächliche Schadstoffausstoß im Straßenverkehr aber liegt um ein Vielfaches höher und deutlich über den gesetzlichen Vorgaben. Nicht nur die Käufer dieser Autos wurden betrogen. Durch die viel stärkere Umweltbelastung wurden sehr viele Unbeteiligte geschädigt.

Für öffentliche Empörung hat vor Jahren die aggressive Vermarktung von Muttermilchsubstituten in Entwicklungsländern durch die Firma *Nestlé* gesorgt, weil offenbar um des Gewinnes willen der Tod von Säuglingen durch verschmutzte Flaschennahrung in Kauf genommen wurde.

Zur Gewinnsteigerung haben sicher auch die unmenschlichen Arbeitsbedingungen und Hungerlöhne in den sog. Sweatshops von *Nike* beigetragen, die in den letzten Jahren von verschiedenen NGOs angeprangert wurden.

Ebenso werden um des Gewinnes willen Arbeiterinnen und Arbeiter in der Blumenindustrie in Afrika und Südamerika durch rücksichtslosen Pestizideinsatz schwer gesundheitlich geschädigt, bei Löhnen unterhalb der Armutsgrenze.

Gewinnerzielung kann offenbar nicht zum moralischen Handlungsprinzip erhoben werden, sondern ist nur – wie auch Arbeitsplatzerhaltung oder Umweltschutz – ein legitimes Interesse unter anderen und damit **Gegenstand der Güterabwägung**. Im Grunde stellen ja auch die Verfechter der „Gewinnmaximierung als moralische Pflicht" die Art und Weise der Gewinnerzielung unter einen rigorosen Legitimitätsvorbehalt. Es heißt nämlich, dass die Gewinnmaximierung genau dann und nur dann moralisch ist, wenn eine „geeignete Rahmenordnung" sowie deren Befolgung vorausgesetzt werden kann (vgl. *Homann/Blome-Drees* [Unternehmensethik] 38f.).

Genau genommen ist diese **Rahmenordnung** aber nur „geeignet" als Plattform für legitime Gewinnmaximierung, wenn in ihr sämtliche legitimen Ansprüche von Stakeholdern bereits berücksichtigt sind, wenn sie „vollständig und lückenlos ausgestaltet" ist (ebenda 53). Außerdem müssen die Wirtschaftsakteure alle Regeln der Rahmenordnung prinzipiell und lückenlos befolgen (ebenda 51). Die „Pflicht zur Gewinnmaximierung" beschränkt sich damit auf einen rigoros eingegrenzten Raum von rechtlich (und moralisch) zulässigen Handlungsmöglichkeiten. Es soll nur das Unternehmen dauerhaft und systematisch finanzielle Vorteile erzielen, das die legitimen Interessen seiner Mitmenschen beachtet und zum allgemeinen Vorteil wirtschaftet, wobei zu den Vorteilen nicht nur Wohlstand gehört, sondern auch bspw. Gesundheit und ein gutes vernünftiges Leben in Gemeinschaft mit anderen.

4.3.3 Gewinneinbußen können das kleinere Übel sein

Unter Umständen ist nach sorgfältiger Abwägung der Folgen eine Gewinneinbuße als das kleinere Übel hinzunehmen.

Der Zweck „Gewinn" heiligt nicht die Mittel, auch wenn durch eine Gewinneinbuße zugunsten einiger Stakeholder andere Stakeholder negativ betroffen werden.

Beispiele

So hat die Firma *Nestlé* sich verpflichtet, in der Dritten Welt auf die aggressive Vermarktung von Muttermilchsubstituten zu verzichten, weil es aufgrund der mangelhaften hygienischen Bedingungen in diesen Ländern immer wieder zu schweren gesundheitlichen Schäden bei den Säuglingen kam, die mit der Flasche gefüttert wurden. Die mit der zurückhaltenderen Vermarktung verbundene Umsatzeinbuße ist gegenüber dem Tod von Kindern das vergleichsweise kleinere Übel (vgl. *Steinmann/Oppenrieder* [Unternehmensethik] 171).

Motorola verzichtete auf Geschäfte mit lateinamerikanischen Regierungen, weil Geschäftsabschlüsse nur durch Korruption erreichbar gewesen wären.

Der Trikotagenhersteller *Trigema* hat auf Kostenersparnisse durch die Produktion im Ausland bewusst verzichtet, um die 1200 Arbeitsplätze in Deutschland zu erhalten. In über 40 Jahren wurde noch nie jemand entlassen.

Nike hat nach anhaltenden Protesten gegen die Hungerlöhne und die inhumanen Arbeitsbedingungen in den asiatischen Zulieferbetrieben schließlich für eine signifikante Verbesserung der Situation der Arbeitnehmer gesorgt und nimmt dabei Kostensteigerungen in Kauf (vgl. *Scherer* [Unternehmen]).

In Einzelfällen kann moralisches Handeln sogar ruinös sein. Das ist vor allem dann zu erwarten, wenn weniger bedenkliche Konkurrenten das ethisch richtige, ökonomisch aber nachteilige Verhalten der moralischen Unternehmen ausnutzen und wenn es ihnen so gelingt, die Käufer für sich zu gewinnen.

Beispiel: So dürfte es ein Importeur von Bananen, der den Lieferanten aus der dritten Welt aus Fairnessgründen deutlich mehr zahlt als die Konkurrenz, im Wettbewerb schwer haben, solange die Konsumenten beim Kauf vor allem auf den Preis achten.

Vor allem in solchen extremen **Dilemmasituationen** kann nur noch eine Änderung der Rahmenordnung – also **Institutionenethik auf überbetrieblicher Ebene** – Abhilfe schaffen. Ansonsten müsste man in Kauf nehmen, dass gerade die verantwortungsbewussten Unternehmen vom Markt selektiert werden. Die Verantwortung verschiebt sich von den Managern zu den Politikern, die aufgefordert sind dafür zu sorgen, dass moralisch richtiges Handeln nicht länger „bestraft" wird.

Konkret kann das heißen, allen Unternehmen das richtige Handeln **gesetzlich vorzuschreiben** sowie Gesetzesverstöße konsequent zu verfolgen und zu sanktionieren, und zwar nach Möglichkeit auf internationaler Ebene, damit es zwischen den Ländern nicht zu einem „Ethikdumping" kommt. Eine andere Möglichkeit besteht darin, den Konsumenten **staatlicherseits finanzielle Anreize** zu geben, damit sie bspw. teure, aber umweltschonende oder fair gehandelte Produkte kaufen. Vielleicht reicht es auch schon, durch staatlich unterstützte Verbraucherberatung oder eine Ausweitung der Informationsrechte der Verbraucher für mehr Markttransparenz zu sorgen und so die Verantwortungsfähigkeit des Konsumenten zu verbessern (vgl. auch Kapitel X).

5 Die strategische Option einer Konfliktentschärfung

Im Zusammenhang mit der Inkaufnahme von negativen Nebenwirkungen sittlichen Handelns ist jedoch grundsätzlich zu berücksichtigen, dass solche nachteiligen Folgen durch geeignete Maßnahmen abgeschwächt oder sogar verhindert werden können. Die eleganteste Lösung von Stakeholderkonflikten ist die Reduktion von möglichen schädlichen Folgen durch entsprechende Maßnahmen zur Harmonisierung von Moral und ökonomischen Interessen.

Im positiven Kompatibilitätsfall schadet moralisches Handeln dem Unternehmen nichts oder zahlt sich sogar aus. Dieser Zustand kann durch entsprechende Wettbewerbsstrategien angestrebt werden.

Gelingt den Unternehmen die Lösung des ökonomischen Konflikts nicht aus eigener Kraft, dann können sie trotzdem im Rahmen einer ordnungspolitischen Strategie an der Lösung der Stakeholderkonflikte mitwirken und das ihre dazu tun, damit die Lebensdienlichkeit der Wirtschaft verbessert wird.

Kann weder auf der Ebene des einzelnen Unternehmens noch auf der Ebene der überbetrieblichen Institutionen eine Harmonisierung von ethischen und ökonomischen Zielen erreicht werden, und sind nach einer Güterabwägung die Folgen des weiteren Betriebs im Hinblick auf legitime Ansprüche von Stakeholdern nicht zumutbar, dann bleibt nur noch die Marktaustrittsstrategie als letzte Möglichkeit.

Die strategischen Optionen werden nun näher erläutert.

VII Die strategische Komponente der Unternehmensethik

[1] Das Ziel einer Entschärfung von Stakeholderkonflikten durch die Harmonisierung von Moral und ökonomischen Interessen

[2] Wettbewerbsstrategien

[3] Ordnungspolitische Strategien

[4] Marktaustrittsstrategien

Mit der strategischen Komponente der Unternehmensethik wird im Folgenden der zweite Baustein eines Managements der Verantwortung diskutiert (vgl. Abb. VII/1).

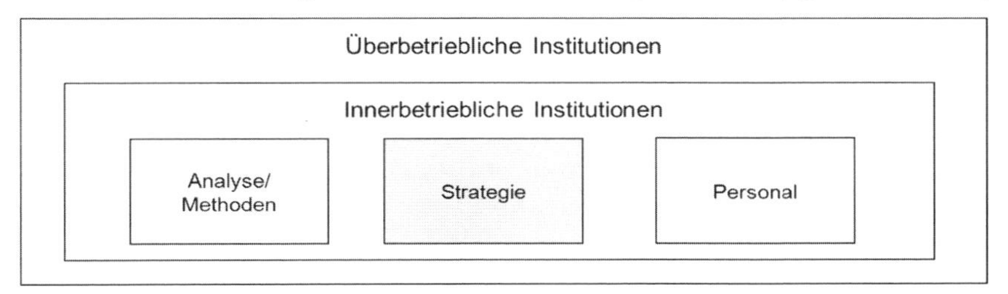

Abb. VII/1: Die strategische Komponente im Management der Verantwortung

Nach einer Einführung in die Thematik (Abschnitt 1) werden in den Abschnitten 2 bis 4 verschiedene Strategien vorgestellt und im Hinblick auf ihre ethische Ausrichtung untersucht.

1 Das Ziel einer Entschärfung von Stakeholderkonflikten durch die Harmonisierung von Moral und ökonomischen Interessen

Die meisten Spannungen zwischen legitimen Stakeholderanliegen entstehen – wie im vorigen Kapitel erläutert – im **ökonomischen Konfliktfall**, also immer dann, wenn moralisches Handeln zu wirtschaftlichen Einbußen führt. Zur Befriedigung legitimer Stakeholderinteressen (bspw. Dividende für die Shareholder, Zins für die Fremdkapitalgeber, Lohn für die Mitarbeiter, Steuern für den Staat) stehen bei finanziellen Einbußen weniger Mittel bereit. Im Extremfall geht das Unternehmen sogar unter. Das muss unter Umständen als kleineres Übel akzeptiert werden. Weder der Gewinn noch der Erhalt eines Unternehmens sind sakrosankt. Von den Folgen her eindeutig besser ist allerdings der Fall, in welchem moralisch begrenztes Gewinnstreben zu einem auch wirtschaftlich gesunden Unternehmen führt, welches bspw. umweltgerechte Produkte und humane Arbeitsplätze bereitstellt. Gewinn als Formalziel legt weder weitere Ziele noch Mittel eindeutig fest. Es gibt strategische Handlungsoptionen.

Daher kann man mit *Homann/Blome-Drees* sagen: „Unser Ansatz von Unternehmensethik stellt den Unternehmen die generelle Aufgabe, möglichst weit in den Bereich mit hoher moralischer Akzeptanz vorzustoßen, ohne dabei die legitimen ökonomischen Zielsetzungen zu mißachten" ([Unternehmensethik] 141). Die generelle strategische Stoßrichtung lautet also: Verantwortung soll sich lohnen. Oder um es philosophischer auszudrücken: Wir sollen das höchste Gut zu befördern suchen und das höchste Gut ist die **Verbindung von Sittlichkeit und Glück**, womit auch das eigene Glück gemeint ist (vgl. *Kant* [Kritik] 254ff.).

Damit von Ethik die Rede sein kann, ist allerdings zu postulieren, dass es die **Moral** sein *muss*, die den Suchprozess nach lebensdienlichen und ökonomisch effizienten Lösungen für wichtige Probleme unserer Wirtschaft und Gesellschaft anleitet und die wirtschaftliche Überprüfung nur ein Moment der Güterabwägung darstellen darf. Gegen *Homann/Blome-Drees* vertrete ich die Meinung, dass Gewinnerzielung und/oder Erhalt des Unternehmens nicht prinzipiell die obersten Güter sind, denen alle anderen legitimen Ansprüche im Konfliktfall unterzuordnen sind (vgl. [Unternehmensethik] 145). Um es noch einmal mit *Kant* auszudrücken: Das (eigene) Glück darf nicht oberster Bestimmungsgrund des Handelns sein. Man kann nur hoffen und anstreben, dass es sich zusammen mit der Moralität einstellt (vgl. [Kritik] 261).

Es gilt also: Alles, **was verantwortbar ist, darf sich auch lohnen**, aber nicht alles, was sich lohnt, ist deshalb automatisch verantwortbar!

Manager müssen lernen, die **Strategien auf der Basis ethischer Grundannahmen** zu konzipieren (vgl. *Freeman/Gilbert* [Unternehmensstrategie] 11). Drei Klassen von Strategien werden im Folgenden genauer betrachtet:

- Wettbewerbsstrategien,
- Ordnungspolitische Strategien und
- Marktaustrittsstrategien.

2 Wettbewerbsstrategien

2.1 Arten von Strategien

Strategie kann definiert werden als „fundamental pattern of present and planned resource deployments and environmental interactions that indicates how the organization will achieve its objectives" (*Hofer/Schendel* [Strategy] 25). In dieser Definition stecken die zwei wesentlichen strategischen Entscheidungen, nämlich

- die Festlegung der „domaine" der Unternehmung, d.h. auf welchen Gebieten sie überhaupt tätig sein will (fundamental pattern of environmental interactions) sowie
- die planvolle Verteilung der Ressourcen (resource deployments), um in bestimmten Bereichen besondere Kompetenzen und Wettbewerbsvorteile zu erreichen.

Strategische Entscheidungen sind im Gegensatz zu operativen Entscheidungen **betont langfristig** orientiert und dienen insbesondere der **Abstimmung zwischen Unter-**

nehmung und Umwelt (vgl. *Bea/Haas* [Management] 13.). Diese Abstimmung ist nicht im Sinne einer einseitigen Anpassung des Unternehmens an eine ex ante gegebene Umwelt zu verstehen. Mit der Strategie wählt vielmehr das Unternehmen ein Stück weit die Umwelt aus, mit der es interagieren will. Was nach der strategischen Wahl als von der Umwelt ausgehender „Sachzwang" empfunden wird, steht vor der Wahl zur Disposition. Insofern wählt das Unternehmen auch die eigenen Begrenzungen oder Sachzwänge immer mit aus, denen es sich später gegenüber sieht. Weil die Strategien als **fundamentale Weichenstellungen** den Handlungsrahmen für die Akteure im Unternehmen wesentlich vorgeben, ist ihre Gestaltung besonders wichtig zur Erreichung des Ziels einer legitimen Gewinnerzielung.

2.1.1 Unternehmensstrategie

Es gibt eine Fülle von Strategien, die nach unterschiedlichen Kriterien klassifiziert werden können (vgl. *Göbel* [Management] 231ff). Nach dem organisatorischen Geltungsbereich lassen sich Unternehmens-, Geschäftsbereichs- und Funktionsbereichsstrategien unterscheiden. Mit der Unternehmensstrategie oder „corporate strategy" wird die **Gesamtausrichtung des Unternehmens** festgelegt. Typische Entscheidungen auf dieser Ebene sind:

- die Wahl von bestimmten Produkt-Markt-Kombinationen. Bei der **Wahl von Produkt-Markt-Kombinationen** lassen sich weiterhin unterscheiden: Die Beibehaltung, aber verstärkte Durchdringung bisheriger Märkte mit bisherigen Produkten (Marktdurchdringung), die Produktneuentwicklung für bisherige Märkte (Produktentwicklung), die Erschließung neuer Märkte mit vorhandenen Produkten (Marktentwicklung) sowie die Diversifikation, also die Wahl völlig neuer Tätigkeitsbereiche.
- die **Wahl, national, international oder global zu agieren**. Den Aktionsradius kann das Unternehmen auf ein Land beschränken oder es kann im Inland und Ausland, also international, agieren. Von einem multinationalen, transnationalen oder globalen Unternehmen spricht man in der Regel nur dann, wenn sowohl Produktion als auch Beschaffung und Absatz im In- und Ausland stattfinden.
- Entscheidungen über die **organisatorischen Grenzen**. Jedes Unternehmen kann durch den Verkauf von Unternehmensteilen oder die horizontale oder vertikale Integration von anderen Unternehmen seine Grenzen verschieben.
- Entscheidungen über **Kooperationen** mit anderen Unternehmen. Kooperationen können sowohl mit Wettbewerbern eingegangen werden (strategische Allianz) als auch mit ausgewählten Lieferanten (Zulieferer-Abnehmer-Netzwerke).
- Entscheidungen über die **Unternehmensverfassung**. Unternehmen können bspw. wählen, ob sie in der Form einer Aktiengesellschaft agieren wollen.
- Entscheidungen über die innerbetriebliche **Organisationsstruktur**, bspw. Wahl der funktionalen oder divisionalen Organisation.
- Die Wahl von **Personalstrategien** zum langfristigen Aufbau, Erhalt, Nutzung oder Abbau von Personalpotenzialen.

2.1.2 Geschäftsbereichsstrategie

Die Geschäftsbereichsstrategie (business strategy) zielt darauf ab, innerhalb gewählter Tätigkeitsbereiche **Wettbewerbsvorteile** gegenüber den Konkurrenten aufzubauen und zu erhalten. Im Anschluss an *Michael E. Porter* (vgl. [Wettbewerbsstrategie]) werden häufig drei Ansatzpunkte für die Gewinnung von Wettbewerbsvorteilen unterschieden:

- die umfassende **Kostenführerschaft**, d.h. man ist der billigste Anbieter auf einem Markt,
- die Strategie der **Differenzierung**, d.h. man versucht, das Produkt in den Augen der Käufer einmalig und nicht austauschbar zu machen sowie
- die **Nischenstrategie**, bei der man ein Produkt oder eine Dienstleistung passgenau auf eine ganz bestimmte Käufergruppe zuschneidet.

Im Grunde findet in dieser Klassifizierung der Strategien eine Einteilung nach zwei unterschiedlichen Kriterien statt. Der strategische Vorteil liegt erstens entweder im Kostenvorsprung oder in der Singularität aus Sicht des Käufers. Einfach ausgedrückt muss ein Angebot entweder billiger oder besser als das der Konkurrenz sein, um einen Vorteil im Wettbewerb zu haben. Daneben kann die Strategie zweitens auf den Gesamtmarkt zielen (bspw. den Uhrenmarkt) oder auf einen ganz speziellen Teilmarkt (bspw. den Markt für handgefertigte mechanische Uhren nach historischen Vorbildern). Die Konzentration auf die Nische muss aber auch wieder dazu führen, dass man den Kunden entweder etwas Einmaliges bietet oder dass man die Leistung besonders preisgünstig erbringt.

Mit dem Begriff „Wettbewerbsstrategien" werden häufig nur die oben genannten drei Strategien auf der Geschäftsbereichsebene bezeichnet. Hier wird der Begriff umfassender benutzt, für alle Strategien, die auf den (legitimen) Erfolg des Unternehmens im Wettbewerb zielen, auch auf der Unternehmens- und der Funktionsbereichsebene.

2.1.3 Funktionsbereichsstrategie

Die Unternehmens- und Geschäftsbereichsstrategien müssen durch Funktionsbereichsstrategien (functional area strategy) **realisiert** werden, bspw. durch Forschungs- und Entwicklungs-, Beschaffungs-, Produktions- und Absatzstrategien. Auch sind auf der Ebene der Funktionsbereiche häufig wiederum Organisations- und Personalentscheidungen zu treffen. Die Funktionsbereichsstrategien sollten sich gegenseitig im Hinblick auf die Umsetzung der Unternehmens- und Geschäftsbereichsstrategien ergänzen und unterstützen.

2.2 Können Strategien „moralisch" sein?

Strategien sind Maßnahmen zur Sicherung des langfristigen Erfolgs eines Unternehmens (vgl. *Bea/Haas* [Management] 55), zielen also zunächst auf ökonomische Effizienz. Die Herkunft des Begriffes Strategie aus dem Militärwesen (griech. strategós = Heerführer) ist in vielen Büchern zum strategischen Management noch unmittelbar spürbar, wenn dort bspw. von Angriff, Verteidigung, Vergeltung, Drohung, Abschreckung, Macht, Stärke, Taktik oder sogar direkt vom Wettbewerbskrieg gesprochen wird (vgl. bspw. *Porter* [Wettbewerbsstrategie] und [Wettbewerbsvorteile]).

Es geht also bei den Strategien scheinbar darum, mit allen Mitteln den ökonomischen Erfolg zu sichern. Sich „strategisch“ zu verhalten, wird daher geradezu als Gegenteil von Moralität verstanden. Der Stratege ist derjenige, der sich (um jeden Preis) selbst behauptet, der nicht nach der gemeinsamen Lösung sucht, sondern den Gegner besiegen will. Strategische und ethische Rationalität werden demnach als Gegensätze aufgefasst (vgl. *Apel* [Situation] 60ff.).

Entscheidend für eine solche Entgegensetzung von strategisch-instrumentell und ethisch-konsensual ist aber die **Gesinnung** des Strategen und nicht die Tatsache der langfristigen Weichenstellung eines Unternehmens durch die Wahl von Strategien. Auch ein Unternehmen, welches verantwortungsvoll handeln und die legitimen Ansprüche der Stakeholder berücksichtigen will, muss Strategien wählen, konkret bspw. Standortentscheidungen treffen, Produkt-Markt-Kombinationen wählen und überlegen, welchen Kundenvorteil es im Wettbewerb zu bieten hat. Für die ethische Bewertung von zentraler Bedeutung ist, ob diese strategischen Entscheidungen „jeweils in der konkreten Situation mit einer langfristigen Zielstrategie der konsensualen Moral vermittelt werden“ (*Apel* [Situation] 67), ob sich das Unternehmen also um die Vermittlung der Interessen aller Betroffenen gerade durch die Wahl von Strategien bemüht.

Den genannten Strategien vorgeschaltet wird also die fundamentale Entscheidung für die Übernahme von Verantwortung gegenüber den Stakeholdern.

Bei einer verantwortungsvollen Unternehmensführung werden alle Strategien in eine grundsätzliche unternehmensethische **Wertorientierung** eingebettet.

Diese Grundsatzentscheidung wird teilweise auch wieder als Strategie bezeichnet, etwa als „legitimacy strategy“ oder „enterprise strategy“, teilweise auch als „top management philosophy“ oder Unternehmensphilosophie, als „mission“, „purpose“, „Vision“, „Leitidee“, „Company Creeds“ oder „Fundamental Principles“ (vgl. *Göbel* [Management] 120, 233 und die dort angegebene Literatur).

Alle anderen Strategien empfangen ihr Gepräge von dieser Grundsatzentscheidung. Das heißt, es gibt nicht bestimmte Klassen von Unternehmens-, Geschäftsbereichs- oder Funktionsbereichsstrategien, die je in sich schon mehr oder weniger moralisch wären, sondern es kommt immer darauf an, in welchem Geiste und auf welches Ziel hin sie eingesetzt werden. Die Strategien können bspw. – wie es im nächsten Abschnitt näher erläutert wird – auf einen verbesserten Umweltschutz abzielen. Ein Verzicht auf strategische Planung, also vorausschauende Unternehmenspolitik, ist sicher nicht die verantwortungsvollere Alternative.

2.3 Verantwortungsbewusste Strategiewahl am Beispiel Umweltschutz

2.3.1 Umweltschutz als Unternehmensziel

Der Problemkomplex Ökologie/Ökonomie hat in den vergangenen Jahrzehnten die Unternehmen sicher am meisten beschäftigt, wenn er auch zwischenzeitlich im öffentlichen Bewusstsein etwas hinter den Problemkomplexen „Euro-Krise“ und „Flüchtlingskrise“ zurückgetreten ist. Schon vor über 20 Jahren bekundeten 75% der Unternehmen den Willen, ihr Handeln in Zukunft mehr auf den Umweltschutz auszurichten (vgl. *Gege* [Möglichkeiten] 77f.), und inzwischen ist offensives und präventives Umweltschutzmanagement bei Unternehmen keine Seltenheit mehr.

Es beginnt mit einer explizit positiven Einstellung gegenüber dem Umweltschutz, ausgedrückt in Leitbildern und Zielen. Durch ein solches offizielles, nach außen und innen dokumentiertes **Bekenntnis zum Umweltschutz als Unternehmensziel** legt sich das Unternehmen verbindlich auf einen Kurs fest.

Beispiele

Als Vorreiter kann die *Otto*-Handelsgruppe genannt werden, die größte Versandhandelsgruppe der Welt, die bereits Mitte der achtziger Jahre Umweltschutz zum Unternehmensziel deklarierte. In jüngerer Zeit hat sie sich zusätzlich die Durchsetzung sozialer Mindeststandards im weltweiten Handel zum Ziel gesetzt (vgl. *Lohrie/Merck* [Sozialverantwortung] 44f.).

Die Firma *„Interface“*, ein Hersteller von Teppichfliesen, startete 1994 seine „Mission Zero“. Die Vision ist, bis 2020 keinen negativen Einfluss mehr auf die Umwelt zu haben. Durch mehr Effizienz in der Produktion, radikale Innovationen und ein ausgeprägtes Recycling-Bestreben will das Unternehmen diese Vision verwirklichen. Konkretisiert wird die „Mission“ in Zielen wie: Abfall vermeiden, umweltneutrale Emissionen, Umstellung auf erneuerbare Energien, ressourceneffizienter Transport, Nachhaltigkeit in der Unternehmenskultur verankern.

Die Ernsthaftigkeit solcher Grundsatzerklärungen wird durch Organisations-, Informations- und Personalmaßnahmen unterstrichen, bspw. durch die Einrichtung neuer Stellen (bei *Otto* war das z.B. der Stabsbereich Umwelt- und Gesellschaftspolitik), durch die systematische Erhebung und Verarbeitung von umweltrelevanten Daten (z.B. den CO_2-Verbrauch pro qm Teppichfliese bei Interface), durch Mitarbeiterschulungen, durch Anreize für ökologisch vorbildliches Verhalten.

2.3.2 Umweltbewusste Unternehmensstrategien

Auf der Ebene der **Unternehmensstrategie** entscheidet sich, mit welchen Produkten und auf welchen Märkten man tätig sein will. Ein umweltfreundliches Geschäftsbereichsportfolio kann die Unternehmung entwickeln, indem sie besonders umweltgefährdende strategische Geschäftseinheiten ganz aufgibt oder versucht, den Markt über neue umweltfreundliche Produktentwicklungen zu halten. Ökologisch unbedenkliche Produkte werden gefördert, indem man versucht, neue Märkte für diese Produkte zu erschließen.

Beispiel: Der Teppichfliesenhersteller *Interface* will nach und nach alle Produkte entweder aus recycelten oder aus biobasierten Rohstoffen herstellen. Das Produktprogramm enthält mittlerweile schon mehrere hundert Designs aus 100% recyceltem Garn, Produkte aus neuen biobasierten Fasern, eine Fair-Trade-Kollektion sowie Fliesen, die dank eines neuen Befestigungssystems nicht mehr verklebt werden müssen.

Durch verbundene horizontale Diversifikation kann ein Unternehmen anstreben, ein umfassendes Programm ökologisch unbedenklicher Produkte anzubieten. Alle Produktinnovationen, -variationen und -eliminierungen erfolgen nach ökologischen Kriterien, bspw. mit Hilfe von Checklisten für umweltfreundliche Produkte. Wegweisend ist dabei der Gedanke der Problemlösung, d.h. man versucht, den Funktionsnutzen für den Verbraucher zu erhalten und gleichzeitig umweltschädliche Auswirkungen zu vermindern. Die Sicherstellung einer umweltfreundlichen Herstellung von Inputfaktoren bzw. einer ökologisch optimierten Distribution kann das Ziel einer vertikalen Rückwärts- bzw. Vorwärtsintegration sein. Aber auch Zulieferer-Abnehmer-Kooperationen können speziell dem Ziel dienen, die Wertschöpfungskette gemeinsam umweltverträglicher zu gestalten. Die Standortwahl sollte ebenso wie die Planung der Industrieanlagen auch nach ökologischen Kriterien erfolgen.

Bei globaler Tätigkeit nutzt man die unter Umständen niedrigeren Umweltstandards im Ausland nicht aus, sondern versucht eher, diese Länder beim Umweltschutz zu unterstützen.

Beispielhaft kann hierfür die *Alfred Ritter GmbH & Co. KG* genannt werden, welche seit 1990 ein agroforstliches Entwicklungsprojekt in Nicaragua betreibt. Mit Hilfe von Knowhow-Transfer und durch die Zahlung fairer Preise werden die ortsansässigen Kakaobauern dabei unterstützt, den Kakao nachhaltiger zu erzeugen und keinen Regenwald mehr abzuholzen. Im Rahmen einer Public Private Partnership arbeitet das Unternehmen dabei mit der *Deutschen Gesellschaft für Technische Zusammenarbeit* Hand in Hand.

2.3.3 Umweltbewusste Geschäftsbereichsstrategien

Auf der **Geschäftsbereichsebene** bietet sich vor allem die **Differenzierungsstrategie** als Wettbewerbsstrategie an, d.h. die Unternehmung versucht, ein von den Wettbewerbern deutlich abgesetztes, einzigartiges Profil gerade durch ihr besonders umweltbewusstes Verhalten zu erlangen. Dazu sollte der Geschäftsbereich in ein ökologisch vertretbares Gesamtportfolio eingebettet sein. Die Differenzierung erfolgt heute noch häufig im Rahmen einer **Nischenstrategie**, d.h. man spricht bewusst das Marktsegment der ökologisch bewussten Verbraucher an, die auch bereit sind, die Bemühungen des Unternehmens als Zusatznutzen zu honorieren. Gibt es für die Konsumenten weder Funktions- noch (größere) Kostennachteile, dann kann aber grundsätzlich auch mit branchenweiten Absatzmöglichkeiten für bewusst umweltgerechte Produkte gerechnet werden. Der zunehmende Verkauf von Bioprodukten über Lebensmitteldiscounter spricht dafür, dass biologisch erzeugte Nahrungsmittel schon heute kein reines Nischenprodukt mehr sind.

Die **Kostenführerstrategie** scheint zunächst weniger gut zum Gedanken des Umweltschutzes zu passen, weil man davon ausgeht, dass Umweltschutz etwas kostet. Tatsächlich stimmt das oft. In der ökologischen Landwirtschaft hat man bspw. geringere Erträge durch den Verzicht auf Kunstdünger, man muss mehr kostenintensive Handarbeit verrichten, der Verzicht auf Pestizide kann zu Ernteausfällen führen, Schweine brauchen ohne künstliche Mastmittel länger bis zur Erreichung des Schlachtgewichtes usw. Biolebensmittel können sicher nicht über den Preis mit den industriell erzeugten Lebensmitteln konkurrieren, sondern nur über die bessere Qualität.

Umweltschutz muss aber keineswegs immer Zusatzkosten verursachen. Der Verzicht auf eine aufwändige Verpackung oder auf überflüssige Zusatzstoffe, energie- und wassersparende Produktionsverfahren, Recycling von Abfallstoffen, das sind nur Beispiele für Maßnahmen, die zugleich die Umwelt schonen und Kosten sparen. Was den sparsamen Einsatz von Ressourcen betrifft, gehen Ökologie und Ökonomie oft Hand in Hand.

2.3.4 Umweltbewusste Funktionsbereichsstrategien

Die Geschäftsbereichsstrategien müssen in den **Funktionsbereichen** umgesetzt werden:

- Da jede ökologisch orientierte Produkt- und Verfahrensänderung vorbereitender **Forschung und Entwicklung (F&E)** bedarf, gehört zu einem offensiven Umweltschutzmanagement sicherlich die Ausrichtung der F&E am Gedanken des Umweltschutzes. Insbesondere die Entwicklung von neuen Produkten und Techniken sollte nach der Maxime größtmöglicher Umweltschonung erfolgen. Schon mit dem Design wird weitgehend festgelegt, ob ein Produkt schadstoffarm, langlebig, reparaturfreundlich und entsorgungsgerecht ist.

Beispiel: *Interface* arbeitet intensiv an der Entwicklung neuer biobasierter Fasern und neuer umweltfreundlicher Rückenbeschichtungen für die Teppichfliesen.

- Bei der **Produktion** entstehen Lärm, Staub, Abwärme, Abwässer, Abgase, Abfälle, und es werden Ressourcen verbraucht. Die Art und Weise der Produktion ist also entscheidend bei den standortbezogenen Umweltschutzaktivitäten der Unternehmung. Wie die Praxis zeigt, sind umweltschonende Verfahrensänderungen im Bereich der Produktion nicht selten mit Kosteneinsparungen (z.B. aufgrund von Energieeinsparungen) verbunden. Eigene Blockheizkraftwerke können die Energie effizienter erzeugen. Die verstärkte Verwendung nachwachsender natürlicher Ressourcen in der Produktion (bspw. Kokosfasern) kann neben der Schonung erschöpfbarer Ressourcen eine Entwicklungshilfe für arme Länder bedeuten und Kosten reduzieren.

Beispiel: *Interface* hat den Energieverbrauch in der Produktion durch zahlreiche Maßnahmen stark reduziert. Es werden fast nur noch erneuerbare Energien verwendet und wenig Frischwasser verbraucht. Emissionen sollen durch neue Filtertechniken völlig umweltneutral werden.

- Beim offensiven Umweltschutzmanagement ändert sich auch die Richtung der **Abfallwirtschaft**. Abfallvermeidung hat Priorität gegenüber der Abfallbeseitigung, und zwar nicht nur im Unternehmen, sondern auch beim Kunden. Angesichts der steigenden Kosten der Abfallbeseitigung ist die ökologisch sinnvollere Abfallvermeidung zugleich häufig die billigere Alternative.

Beispiel: „Abfall vermeiden" gehört zu den wichtigsten Zielen beim Unternehmen *Interface*. Konkret soll bspw. bei der Herstellung und beim Verlegen der Fliesen Verschnitt vermieden werden. Erreicht wird das z.B. durch ein Design, welches ein „richtungsfreies" Verlegen ermöglicht. Durch das modulare Fliesensystem und die kleberfreie Verlegung können außerdem einzelne Fliesen leicht ausgetauscht werden, so dass der Kunde bei Flecken oder anderen Schäden nicht den ganzen Bodenbelag wegwerfen muss.

- Wo Abfälle unvermeidlich sind, sollten sie nach Möglichkeit wiederverwertet werden. Ist das innerbetrieblich nicht möglich, kann eine branchenweite oder -übergreifende Recyclingstrategie helfen. Die Abfallbeseitigung sollte als letzte Option so umweltschonend wie möglich erfolgen. Billige Lösungen sind oft nur kurzfristig billig, wie die enormen Kosten für die sog. Altlastensanierung immer wieder belegen. Auch für die Beseitigung bieten sich überbetriebliche Strategien an, z.B. gemeinsame Verbrennungsanlagen für Sondermüll, welche durch viele Benutzer intensiver und gleichmäßiger ausgelastet werden können (vgl. auch *Meller* [Möglichkeiten]).

Beispiel: Gebrauchte Bodenbeläge werden von *Interface* zurückgenommen und recycelt.

- Im **Beschaffungsbereich** kann der gesamte Einkauf nach ökologischen Beschaffungsrichtlinien abgewickelt werden. Dazu sind allerdings im Vorfeld oft erhebliche Anstrengungen nötig. Man braucht sowohl Umweltverträglichkeitskriterien zur Beurteilung der Einsatzstoffe als auch detaillierte Stofflisten, wobei man häufig auf die Mithilfe der Lieferanten angewiesen ist. Sind Umstellungen bei den eingesetzten Stoffen nötig, so zieht das unter Umständen Produkt- und Verfahrensänderungen nach sich.
- Da die Unternehmen immer größere Teile der Wertschöpfung auf die Lieferanten verlagern, steigt die Bedeutung der ökologisch gesteuerten Beschaffung. Bei der Erzeugung der Rohstoffe und Vorprodukte lassen sich oft die größten Umweltentlastungen bewirken, weil in den meist armen Erzeugerländern der Umweltschutz häufig noch sehr nachlässig gehandhabt wird. Deshalb ist dort der Grenznutzen einer eingesetzten Geldeinheit deutlich höher als bei uns.

Beispiel: *Interface* hat in Zusammenarbeit mit verschiedenen Umweltschutzorganisationen auf den Philippinen ein Projekt gestartet, bei welchem ausgediente Fischernetze aus Nylon eingesammelt und dann als Rohstoff für die Teppichfliesenproduktion verkauft werden. Dadurch wird die Umwelt deutlich sauberer, es werden Ressourcen geschont und die Armut der Bevölkerung wird bekämpft.

- Für Handelsunternehmen ist die Marktmacht im Einkauf der entscheidende Ansatzpunkt zur Durchsetzung von Umweltschutz. Die Integration ökologischer und sozialer Aspekte in das Lieferkettenmanagement, auch als Sustainble Supply Chain Management bezeichnet, gewinnt immer größere Bedeutung.

Beispiel: Aldi Süd verlangt als erster großer Lebensmittelhändler von seinen Zulieferern, auf acht bienengefährdende Pestizide zu verzichten. Anlass ist die dramatisch sinkende Zahl von Bienen und anderen Insekten. Die Anbauverbände haben sich bisher strikt gegen eine strengere Regulierung ausgesprochen.

- Schließlich bietet auch der gesamte **Absatzbereich** zahlreiche Möglichkeiten für ökologisch orientiertes Management. So können überdimensionierte Verpackungen vermieden, Mehrwegsysteme und Recycling gefördert sowie problemlos zu entsorgende Materialien bevorzugt werden. Der Kundendienst kann spezielle Service- und Beratungsleistungen anbieten, wie z.B. Umweltberater, welche die Kunden über die richtige, umweltschonende Produktverwendung aufklären oder die Umweltfachseminare für den Handel durchführen. Das Versandhandelsunternehmen *Otto* hat einen eigenen Webshop „ecorepublic“ eingerichtet, der besonders nachhaltige Produkte anbietet.

- Mit der Preispolitik kann die Unternehmung ökologisch verträgliche Produkte bewusst fördern. Kosteneinsparungen durch Umweltschutz sollten selbstverständlich an den Kunden weitergegeben werden. Bei höheren Kosten für die Öko-Produkte kann eine Mischkalkulation die Preise an die der gängigen Produkte angleichen. Sind höhere Preise aufgrund höherer Kosten unvermeidlich, hat die Werbung die Aufgabe, die Umweltverträglichkeit als Zusatznutzen herauszustellen. Besonders glaubwürdig kann mit den Ergebnissen unabhängiger Testinstitute geworben werden, die insbesondere eine ökologische Bewertung von Produkten vornehmen.
- Auch die Distribution bietet Möglichkeiten für eine ökologische Profilierung des Unternehmens. Die Gewährleistung des Rückflusses von verbrauchten Produkten durch den Absatzkanal – die sog. Retrodistribution – ist eine der denkbaren Maßnahmen. Ziel ist entweder die Wiederverwendung oder die fachgerechte Entsorgung. Die Retrodistribution ist häufig nur als branchenübergreifende Strategie möglich, bspw. in Zusammenarbeit mit dem Handel und abfallverwertenden Unternehmen. Weitere Maßnahmen sind z.B. die Umstellung der Distribution von der Straße auf die Schiene, Verringerung der Luftfracht, effizientere Routenplanung oder die Erhöhung der Sicherheitsstandards beim Transport umweltgefährdender Stoffe.

2.3.5 Integration von Moralität in die strategische Unternehmensführung

Aus der Fülle der möglichen betrieblichen Maßnahmen zur Verbesserung des Umweltschutzes wurden hier nur einige genannt. Mit Hilfe dieser Beispiele sollte klar werden, dass es bei der Unternehmensethik erstens nicht um eine Zusatzmaßnahme geht, die neben der „normalen" (strategischen) Unternehmensführung herläuft (also bspw. um Spenden für karitative Zwecke), sondern um die **verantwortliche Gestaltung eben dieser Unternehmensführung**. Alle Entscheidungen im Unternehmen, insbesondere aber die weit reichenden strategischen, sind unter dem **Legitimitätsvorbehalt** zu treffen. Es erscheint wenig sinnvoll, zunächst im Rahmen des „profit making" unmoralisch zu handeln (bspw. massiv zur Vernichtung von Regenwäldern beizutragen), um anschließend aus dem so erzielten Gewinn im Namen der Moral „profit spending" zu betreiben (und bspw. den Naturschutzbund zu unterstützen) (vgl. auch *Ulrich* [Integrative] 423).

Zweitens sollten die Beispiele aber auch zeigen, dass eine solche verantwortungsbewusste Unternehmensführung nicht notwendig zu Lasten des Gewinns gehen muss. Tatsächlich kamen empirische Studien zu dem Ergebnis, dass Unternehmen, die sozial verantwortlich handeln, ihre ökonomischen Ziele oft genauso gut wie oder besser als andere Unternehmen erreichen (vgl. *Donaldson/Preston* [Stakeholder] 71; *Margolis/Walsh* [People]; *Bassen u.a.* [Influence]). Umweltschutzmaßnahmen z.B. können direkt Kosten sparen oder kostenneutral sein. Erzeugen sie höhere Kosten, können diese auf die Kunden überwälzt werden, wenn sie bereit sind, für umweltgerechte Produkte bzw. Produktion höhere Preise zu zahlen. Ökologische Produktion kann sogar zum entscheidenden Wettbewerbsvorteil eines Unternehmens im Rahmen einer Differenzierungsstrategie werden.

> **Beispiel:** Der traditionelle Wursthersteller *„Rügenwalder Mühle"* hat in Zusammenarbeit mit dem Vegetarierbund verschiedene vegetarische Produkte entwickelt, mit denen nach Auskunft des Marketing- und Entwicklungschefs *Godo Röben* aus dem

Stand 100 Millionen Euro Umsatz erzielt wurden. Es mussten bereits 100 zusätzliche Mitarbeiter eingestellt werden, eine neue Produktionsstätte ist im Bau. Nach anfänglichem Widerstand der Mitarbeiter gegen diese neuen Produkte hat Röben sie schließlich mit dem Argument überzeugt, dass der Fleischkonsum viel zu viele Ressourcen verbraucht und unser hoher Fleischkonsum global gesehen unverantwortlich ist. Bei den Konsumenten kommen die neuen Produkte sehr gut an. Bereits vier der zehn meistverkauften Produkte des Unternehmens sind fleischfrei, und das Unternehmen wächst, während die Branche schrumpft.

Bei der Harmonisierung von Moral und Gewinn treten allerdings auch Probleme auf, die nicht verschwiegen werden sollen.

2.4 Probleme der Harmonisierung von Moral und Gewinn durch Wettbewerbsstrategien

2.4.1 Die unterschiedliche Fristigkeit von Kosten und Nutzen

Das erste Problem ist die unterschiedliche Fristigkeit von Kosten und Nutzen. Weil bei vielen moralisch motivierten Maßnahmen die Kosten sofort anfallen, die positiven Wirkungen sich aber erst später einstellen, können **kurz- und mittelfristig ökonomische Konflikte** auftreten, welche sich erst langfristig auflösen. Die Bereinigung des Sortiments von umweltschädlichen Produkten (z.B. Tropenholzartikel, FCKW-haltige Spraydosen) bedeutet zunächst einen Umsatzverlust für ein Handelsunternehmen und erst später (vielleicht) einen Differenzierungsvorteil bei den Kunden.

Das Finanzziel einer **langfristigen** Unternehmenswertsteigerung (Shareholder Value) lässt sich daher auch leichter mit diversen Stakeholderansprüchen versöhnen als eine kurzfristige Gewinnmaximierung (vgl. *Madrian* [Unternehmensführung] 229).

Entwickelt wurde das Shareholder Value-Konzept jedenfalls, um eine nachhaltige, betont strategische Unternehmensführung zu propagieren. Zum Wert des Unternehmens gehören nach diesem Konzept außerdem auch immaterielle Werte, wie bspw. eine gute Reputation (vgl. *Hill* [Shareholder] 413).

Die prinzipiell bessere Vereinbarkeit von Moral und ökonomischem Interesse beim Ziel einer langfristigen Unternehmenswertsteigerung kann aber nicht zum Beweis dafür genommen werden, dass die Maximierung des Shareholder Value selbst schon als moralisches Prinzip gelten kann. Denn natürlich können legitime Ansprüche von anderen Stakeholdern auch bei langfristiger Orientierung mit den Ansprüchen der Shareholder kollidieren. Und dann hat nicht automatisch der Einkommensanspruch der Shareholder Vorrang vor allen anderen legitimen Interessen, bspw. vor dem Umweltschutz.

In der **Praxis** ist außerdem das Konzept des Shareholder Value in den letzten Jahren oft in der Weise falsch verstanden oder missbraucht worden, dass die Unternehmensführung alles daran gesetzt hat, **kurzfristig** den Börsenkurs des Unternehmens hochzutreiben, auch mit langfristig sehr fragwürdigen Maßnahmen. Die Manager haben sich oft mehr daran interessiert gezeigt, sich durch die Ausübung von Aktienoptionen ein hohes Zusatzeinkommen zu beschaffen, als wirklich nachhaltige Unternehmenspolitik zu betreiben. Zumal die viel gepriesene Mobilität der Führungskräfte mit den raschen Arbeitsplatzwechseln einer langfristigen Orientierung nicht gerade förderlich ist. Man müsste bei einer strategisch und investiv angelegten Unternehmensführung ja dann oft die Ernte der Früchte einem anderen überlassen, während man selber die Kosten zugerechnet bekommt.

Anreiz- und Motivationssysteme, die den **kurzfristigen** finanziellen Erfolg honorieren, und **rascher Personalwechsel** behindern die Nachhaltigkeit der Unternehmensführung, und zwar sowohl die ökonomische, als auch die soziale und ökologische Nachhaltigkeit.

2.4.2 Die unterschiedliche Bewertbarkeit von Kosten und Nutzen

Ein zweites Problem besteht in der unterschiedlichen Bewertbarkeit von Kosten und Nutzen. Bei vielen moralisch motivierten Maßnahmen sind die Kosten für das Unternehmen sehr viel leichter zu **messen** als der Nutzen. Letzterer zeigt sich nämlich oft in **immateriellen Größen** wie Image, Legitimation, Reputation, Mitarbeitermotivation, Engagement, Loyalität, Vertrauen, Zufriedenheit, politische Stabilität, Kooperationsbereitschaft usw. Nach einer *Emnid*-Umfrage stiegen bspw. bei 85% der Mitarbeiter Zufriedenheit und Motivation bei einer stärkeren Berücksichtigung familiärer Aspekte in der Personalpolitik (vgl. *Becker* [Familie]) 33).

Man kann annehmen, dass sich aus diesen immateriellen Größen auch handfeste **finanzielle Vorteile** ergeben:

- Motivation, Engagement und Loyalität der Mitarbeiter münden etwa in besonderen freiwilligen Anstrengungen und Leistungen für das Unternehmen,
- die gute Reputation veranlasst Kunden zum Kauf und verbessert das Akquisitionspotenzial für Mitarbeiter, was die Rekrutierungskosten senkt,
- Vertrauen in die Integrität eines Unternehmens erleichtert Kooperationen mit Lieferanten und Wettbewerbern, senkt das Risiko und damit auch die Kapitalkosten,
- das Image des „guten Bürgers“ verhilft zu Standortvorteilen,
- politisch stabile Verhältnisse erleichtern die Planung usw.

Schätzungen kommen durchaus zu hohen positiven Effekten.

Laut *Prognos AG* ergibt sich aus der Kosten-Nutzen-Analyse familienfreundlicher Maßnahmen von Unternehmen bspw. eine geschätzte Rendite von mindestens 25% (vgl. *Prognos AG* [Effekte]). Sicher quantifizieren lassen sich diese Vorteile aber oft nicht.

Eher lässt sich manchmal ein durch unmoralisches Handeln verursachter Schaden beziffern, bspw. ein Umsatzverlust in engem zeitlichem Zusammenhang mit einem Unternehmensskandal oder Schadenersatzforderungen von Betroffenen. Die dann genannten immensen Summen lassen erahnen, wie wertvoll moralisches Handeln auch ökonomisch sein kann. Für das Unternehmen *Sears, Roebuck & Company* beziffert *Paine* bspw. den Schaden aus unmoralischen Verkaufspraktiken auf 60 Mio. Dollar (vgl. [Managing] 108). Der Mineralölkonzern BP musste für die Schäden aus der Bohrinsel-Explosion im Golf von Mexiko bereits 16,8 Milliarden US-Dollar Schadenersatz an private Kläger zahlen und weitere 4,5 Milliarden als Strafzahlung. Viele zusätzliche Milliarden an Schadenersatz sind noch aus den Klagen der betroffenen Bundesstaaten zu erwarten. *VW* muss aufgrund der Schummeleien bei den Abgaswerten mit hohen Strafzahlungen rechnen. Steuerbehörden verschiedener Länder verlangen Gelder zurück, die auf der Basis der gefälschten Abgaswerte den Käufern erlassen wurden. Rückruf und Umrüstung der betroffenen Millionen Fahrzeuge werden teuer. Schadenersatzforderungen drohen von Seiten der Käufer, aber auch die Aktionäre und die Bürger, die sich von der zusätzlichen Umweltbelastung durch die höheren Abgase betroffen fühlen. Wird die Bonität des Unternehmens herabgesetzt, steigen die Zinsen für die Fremdfinanzierung. Ein Imageschaden lässt Umsatzeinbrüche befürchten. Schätzungen gehen von bis zu 60 Milliarden Euro Schaden aus. Aber in der Regel lassen sich die ökonomischen Vorteile der Moralität nicht exakt berechnen.

2.4.3 Die Unsicherheit hinsichtlich der Reaktion der anderen Marktteilnehmer

Ein drittes Problem stellt schließlich die grundsätzliche Unsicherheit hinsichtlich der Reaktion der anderen Marktteilnehmer dar. Ob sich moralisches Handeln für das Unternehmen auszahlt oder ob der moralische Konflikt nur durch die Hinnahme eines ökonomischen Konfliktes zu lösen ist, wird zu einem erheblichen Teil von der **Reaktion der anderen Marktteilnehmer** mitbestimmt. Moralisch gesonnene Manager werden daher im ökonomischen Konfliktfall auch versuchen, Einfluss auf die Marktteilnehmer zu nehmen, insbesondere auf die, von deren Zahlungen das Unternehmen abhängt.

(1) An die Verantwortung der **Konsumenten** zu appellieren, ist der naheliegendste Schritt. Sind diese bereit, für Produkte, die unter Beachtung ethischer Standards produziert wurden und deshalb Mehrkosten verursachen, mehr zu zahlen, dann kann ein ökonomisches Dilemma vermieden werden. Nur wenn die Konsumenten mitziehen, kann es den Unternehmen gelingen, ihr moralisches Handeln auch bei Kostennachteilen in einen Wettbewerbsvorteil umzumünzen.

> **Beispiel:** Im hart umkämpften Kosmetik- und Körperpflegemarkt behauptet sich der „*Body Shop*“ z.B. gerade deshalb gut, weil das Unternehmen damit wirbt, seine Lieferanten in der dritten Welt fair zu bezahlen und auf Tierversuche ganz zu verzichten. Zumindest ein Teil der Käufer ist offenbar bereit, ein gutes Gewissen quasi als Zusatznutzen eines Produktes zu honorieren.

Die Unternehmen müssen allerdings die ethische Vorzugswürdigkeit des Produktes auch glaubwürdig kommunizieren.

(2) Ebenso kann man die **Investoren**) in die Verantwortung nehmen. In den letzten Jahren sind an den Finanzmärkten besondere Anlageformen entwickelt worden, die bewusst nichtmonetäre Ziele bei der Geldanlage ansprechen. Anleger können auf diese Weise gezielt Unternehmen unterstützen, die sich ethisch einwandfrei verhalten und so ihren Anteil zur Harmonisierung der Stakeholderinteressen beitragen.

(3) Aber auch die anderen Stakeholder, bspw. die **Mitarbeiter**, die **Lieferanten** und die **Kooperationspartner** sollten eine faire Behandlung durch das Unternehmen mit Loyalität, Vertrauenswürdigkeit und Engagement honorieren. Nur so können Mehrkosten durch Nutzen kompensiert werden.

Den Unternehmen bzw. den Führungskräften kommt die Aufgabe zu, die Möglichkeiten für intelligente, interessenharmonisierende Lösungen auszuloten. Weil die Kosten von moralisch motivierten Maßnahmen oft sofort und in messbarer Form anfallen, die Rückflüsse dagegen in Anfall und Höhe unsicher sind, kann schnell der Eindruck einer Unvereinbarkeit von Moral und Gewinn entstehen, der jedoch bei **langfristiger und umfassender Vorteilsbetrachtung** revidiert werden kann. Die anderen Marktteilnehmer müssen aber auch ihren Teil zur Lösung des potentiellen Konflikts zwischen Gewinn und Moral beitragen, indem sie nicht nur Verantwortung fordern, sondern **selbst verantwortliche wirtschaftliche Entscheidungen** treffen und sich im besten Sinne als „Wirtschaftsbürger" verhalten, die das kurzfristige Eigeninteresse transzendieren.

3 Ordnungspolitische Strategien

3.1 Die Notwendigkeit von Ordnungspolitik

Mit den Wettbewerbsstrategien versucht das Unternehmen, aus eigener Kraft in die Zone moralisch akzeptabler und ökonomisch tragbarer Lösungen vorzudringen. Das gelingt oft, aber nicht immer. Schwierig wird es vor allem dann, wenn durch die Berücksichtigung legitimer Stakeholderinteressen Mehrkosten entstehen, denen kein kompensierender Nutzen gegenübersteht, wie etwa ein Differenzierungsvorteil bei den Kunden.

Die Käufer verhalten sich ja nicht selten geradezu schizophren: Sie erwarten für sich selbst in der Rolle als Arbeitnehmer sichere Arbeitsplätze und hohe Löhne bei humanen Arbeitsbedingungen und guter sozialer Absicherung, in der Rolle des Anwohners wollen sie keinen Lärm und keine Abgase dulden, in der Rolle als Eltern sorgen sie sich um die Plünderung unseres Planeten und in ihrer Rolle als Konsumenten kaufen sie – „Geiz ist geil!" – die billigsten Produkte, die unter oft menschenverachtenden, ausbeuterischen und höchst umweltschädigenden Bedingungen in anderen Ländern hergestellt wurden.

In einer solchen Situation erleiden gerade die **Unternehmen Wettbewerbsnachteile, die sich moralisch verhalten** und bspw. ihren Lieferanten und Arbeitnehmern faire Entgelte zahlen, den Umweltschutz beachten, humane Arbeitsplätze bieten, auf Kinderarbeit verzichten usw. Konkurrenten machen sich diese Kostennachteile zunutze und ködern die Kunden mit niedrigen Preisen. Es ist dies die typische Situation, in welcher der „Ehrliche der Dumme ist", wie es der Volksmund formuliert.

Natürlich könnte man sagen, genau diese Situation sei die Nagelprobe für die Ernsthaftigkeit der moralischen Grundeinstellung. Erst wenn Verantwortung sich nicht lohne, trenne sich die Spreu eines instrumentalistisch verkürzten Akzeptanzmanagements vom Weizen echter Unternehmensethik. Von den Folgen her ist eine solche Situation aber alles andere als wünschenswert, denn das Gesamtniveau an Moralität in der

Geschäftswelt sinkt, wenn systematisch die Verantwortungsbewussteren durch das Sieb des Wettbewerbs fallen.

Ob es dem einzelnen Unternehmen gelingt, sich im Wettbewerb durch legitime Strategien zu behaupten oder nicht, hängt immer auch von den Rahmenbedingungen ab. An diesen **überbetrieblichen Rahmenbedingungen** setzen die ordnungspolitischen Strategien an. Sie zielen ebenso wie die Wettbewerbsstrategien darauf ab, die ökonomische Nachteiligkeit des richtigen moralischen Verhaltens zu mindern oder zu beseitigen, aber auf einer dem Unternehmen übergeordneten Ebene (Branche, Wirtschaftsordnung eines Landes, Weltwirtschaftsordnung).

3.2 Staatliche Ordnungspolitik

Zuständig für die Gestaltung der Rahmenordnung ist zunächst die **Politik.** Politiker können erwünschtes Verhalten per **Gesetz** vorschreiben und so alle Unternehmen darauf verpflichten. Die „Ausbeutung" des erwünschten Verhaltens durch weniger bedenkliche Konkurrenten wird damit offiziell unterbunden und die verantwortungsbewussten Unternehmen müssen sich nicht mehr in einem unlauteren Wettbewerb behaupten. Allerdings entfällt damit auch die Chance, sich als Unternehmen durch dieses Verhalten zu profilieren.

Das Niveau des Wettbewerbs wird durch human höherwertige Randbedingungen insgesamt gehoben. Bspw. müssen alle Arbeitgeber in Deutschland die Arbeitsschutzgesetze einhalten und ihren Mitarbeitern Sicherheit und Gesundheitsschutz nach dem Stand der Technik und Arbeitsmedizin gewährleisten. Im globalen Wettbewerb bieten die Landesgesetze aber keinen Schutz für die verantwortungsbewussten Unternehmen, weil Konkurrenten mit weniger moralischen Bedenken einfach ihren Produktionsstandort in Länder verlegen, in denen praktisch kein Arbeitsschutz besteht. Dort müssen dann Arbeitnehmer bspw. ohne Schutzkleidung mit gefährlichen Säuren, Laugen oder Pestiziden hantieren oder in sehr schlecht gesicherten Bergwerken arbeiten, weil das Kosten erspart. Durch die Globalisierung der Wirtschaft wird eine **überstaatliche, weltweit gültige Rahmenordnung** immer wichtiger, ist aber sicher noch in weiter Ferne.

Eine andere Möglichkeit der Politik, die Vereinbarkeit von Verantwortung und Gewinn zu verbessern, besteht in der **Kompensation von ökonomischen Nachteilen** verantwortungsbewusster Unternehmenspolitik durch Zahlungen. Die Zahlungen können direkt an die Unternehmen fließen, bspw. in der Form von Zuzahlungen zum Lohn bei der Einstellung von leistungsgeminderten Personen oder in Prämien für das Brachliegenlassen von landwirtschaftlichen Flächen, um damit die Artenvielfalt zu erhalten. Oder den Kunden wird der Kauf von ökologisch sinnvollen, aber teuren Produkten durch Zuzahlungen schmackhaft gemacht, etwa durch staatliche Fördermittel für die Installation von Solarheizungen oder den zeitlich begrenzten Erlass der Kfz-Steuer für besonders umweltfreundliche Autos.

Statt das richtige Verhalten durch Anreize zu belohnen, kann auch das unerwünschte Verhalten **bestraft** werden. Bei hohen Energiesteuern wird bspw. nicht nur die Energieverschwendung in den Unternehmen selbst bestraft, sondern auch den Kunden ein indirekter Anreiz geboten, ökologisch sinnvolle energiesparende Produkte zu kaufen.

Bei den Kunden setzen auch die staatlichen Maßnahmen zur **Verbesserung der Markttransparenz** an. Die stärkere Verpflichtung der Produzenten zur Deklaration von Inhaltsstoffen sowie zur Offenlegung von Herkunftsländern und Produktionsweisen, die Einrichtung von wirtschaftsunabhängigen Testinstituten (z.B. *Stiftung Warentest*) sowie die Etablierung staatlich überwachter Warenzeichen (z.B. Öko-Label) erlauben es dem Konsumenten, verantwortungsvollere Entscheidungen zu treffen. Schließlich kann auch die staatliche **Verbraucherbildung** helfen, ökonomische Dilemmata zu vermeiden, indem bspw. das allgemeine Bewusstsein für ethisch problematische Produkte und/oder Produktionsweisen gehoben wird, was schließlich dann auch in verantwortungsvolleren Kaufentscheidungen münden sollte.

Die staatlichen Bemühungen werden oft von privaten Institutionen, den sog. **Nichtregierungsorganisationen** oder **Civil Society Groups**, unterstützt. Auch sie machen sich für verbesserte gesetzliche Regelungen stark, erhöhen die Markttransparenz durch Produkt- und Unternehmensanalysen, prangern Fehlverhalten von Unternehmen an und entwickeln Warenzeichen für vorbildliche Produkte. Mit dem *TransFair*-Siegel werden bspw. Importwaren ausgezeichnet, die „fair" gehandelt wurden, das Warenzeichen *Rugmark* wird vergeben für die Herstellung von Teppichen ohne ausbeuterische Kinderarbeit (vgl. dazu auch Kapitel X).

Ziel all dieser Maßnahmen ist es, den verantwortungsvoll handelnden Unternehmen beizustehen, um sie vor der Ausbeutung durch Konkurrenten mit niedrigeren moralischen Standards zu schützen bzw. um ihrer Wettbewerbsstrategie zu mehr Erfolg zu verhelfen.

3.3 Ordnungspolitische Strategien der Unternehmen

3.3.1 Unterstützung staatlicher Ordnungspolitik

Die ordnungspolitischen Strategien der Unternehmen bestehen nun zum Ersten darin, die dargestellten **Bemühungen anderer Akteure** (Politiker, staatliche Institutionen und Nichtregierungsorganisationen) um eine bessere Rahmenordnung zu **unterstützen**. Zum Zweiten können sie auch aus eigener Initiative **ergänzende Maßnahmen** ergreifen.

Im ersten Fall ist die **ordnungspolitische Mitverantwortung** gefordert. Die Unternehmen sollen in „republikanischem Engagement" (*Ulrich* [Integrative] 434) durch politische Teilnahme an der humanen Verbesserung der Rahmenordnung mitwirken. In der Vergangenheit waren die politischen Strategien der Unternehmen und ihrer Verbände allerdings oft als „Self-Defeating Lobbying" (*Maitland* [Lobbying]) angelegt, d.h. man hat seine ganze Macht gegen gemeinwohlorientierte ordnungspolitische Maßnahmen eingesetzt, um sein (kurzfristiges) Eigeninteresse zu wahren. Immer wieder mussten Arbeitnehmerschutz-, Verbraucherschutz- oder Umwelt- und Tierschutzinteressen gegen den erbitterten Widerstand der Industrie durchgesetzt werden, der es als Sieg erschien, wenn sie die Verbesserung der Rahmenordnung möglichst lange verzögern, verwässern oder ganz verhindern konnte.

Beispiele: Ein unrühmliches Paradebeispiel lieferte die Firma *Ford*, welche durch Self-Defeating Lobbying das Inkrafttreten von staatlichen Sicherheitsauflagen für PKWs um acht Jahre verzögerte, um den *Ford Pinto*, einen billigen, aber bei Unfällen höchst gefährdeten Kleinwagen, ungestört verkaufen zu können. Die zynische Rechnung: Bei geschätzten 180 Unfalltoten im Jahr und einer entsprechenden Anzahl von Verletzten ist es billiger, Prozesskosten und Schadensersatz zu zahlen, als den Sicherheitsstandard der Autos zu erhöhen (vgl. *Wörz* [System] 22). Ein anderes Beispiel für Lobbyismus zur Verteidigung eigener Interessen stellt das Vorgehen der „Eierindustrie“ dar, die alle Hebel in Bewegung setzte, um die tierquälerische, aber billige Haltung von Legehennen in sog. Legebatterien weiter ausüben zu dürfen.

Nur im Rahmen eines Staates, der bspw. das Eigentum schützt, die Einhaltung von Verträgen überwacht, Infrastruktur bereitstellt, Kartelle und grobe Machtasymmetrien verhindert und für mehr Markttransparenz sorgt, kann ein Markt überhaupt funktionieren. Und soll die Marktwirtschaft lebensdienlich sein, muss das Problem der Zumutbarkeit auch auf der Ebene der ordnungspolitischen Rahmenbedingungen angepackt werden. Nicht wenige Unternehmen verkennen diese Funktion der Rahmenordnung und halten jede Einmischung des Staates in das „freie“ Unternehmertum für ein Übel (vgl. *Miles* [Managing] 258). Bei Unternehmen, die verantwortlich handeln wollen, zielt dagegen die ordnungspolitische Strategie auf eine **gemeinwohlorientierte Zusammenarbeit mit den Politikern**. Stellen sie ihre Fachkompetenz in den Dienst der Politik und wirken mit z.B. an der Entwicklung und Gestaltung ökologisch effizienter Gesetze oder Besteuerung, so können die Ergebnisse für beide Seiten praktikabler und befriedigender ausfallen. Basis für eine solche ordnungspolitische Strategie ist die grundsätzliche Anerkennung staatlicher Ordnungspolitik als Garant einer lebensdienlichen Marktwirtschaft.

3.3.2 Ordnungspolitische Eigeninitiativen

Zweitens können die Unternehmen aber auch selbst die Initiative ergreifen und **staatliches Handeln ersetzen oder ergänzen**. Bei den Konkurrenten setzt das Bemühen an, das moralische Handeln freiwillig zum **verbindlichen Branchenstandard** zu machen.

Beispiele

In der Bekleidungs- und Teppichindustrie gibt es bspw. erste Absprachen, Kinderarbeit branchenweit zu ächten, so dass kein „schwarzes Schaf“ sich Kostenvorteile durch Kinderarbeit verschaffen kann (vgl. *Gilbert* [Social] 127). Seit 1996 haben auf Initiative des *Bayerischen Bauindustrieverbandes* ca. 40 Mitgliedsfirmen begonnen, ein bauspezifisches EthikManagementSystem (EMS) zu implementieren (vgl. *Wieland/ Grüninger* [EthikManagementSysteme] 167). Das Ziel ist, gemeinsam illegale und unerwünschte Praktiken (Dumpinglöhne, Schwarzarbeit, Korruption) zu unterbinden und sich so der Logik des Zwanges zur Unmoral (wir müssen so handeln, weil es die andern auch tun) zu entziehen. Der *Blumengroß- und Importhandelsverband* (BGI) bemüht sich darum, dass die Blumenindustrie den Verhaltenskodex für die umwelt- und sozialverträgliche Produktion von Blumen einhält (vgl. *Weißmann* [Kampagne] 122).

Solche verbandspolitischen Selbstregelungen sind besonders im internationalen Kontext wichtig, weil es an international gültigen gesetzlichen Standards fehlt. Wie das Beispiel der Bayerischen Bauindustrie zeigt, können sie aber auch parallel zu bestehenden Gesetzen notwendig sein, weil offenbar viele Wettbewerber auch vor Rechtsbrüchen nicht zurückschrecken, um sich Vorteile zu verschaffen. Daran zeigt sich auch wieder, dass selbst Gesetze nur wenig bewirken, wenn es an der nötigen moralischen Selbstverpflichtung zur Gesetzestreue mangelt.

Die ordnungspolitischen Strategien von Unternehmen können auch zum Ziel haben, die Verantwortungsfähigkeit des Kunden zu stärken. Ob Kunden bereit sind, für umwelt- und sozialverträglich hergestellte Produkte mehr Geld auszugeben, hängt stark von der Glaubwürdigkeit der Unternehmen ab: Bei der Umwelt- und Sozialverträglichkeit von Produkten handelt es sich um typische Vertrauenseigenschaften, die der Kunden nicht durch Inspektion und Erfahrung verifizieren kann. Verantwortungsbewussten Unternehmen muss also sehr daran gelegen sein, dass sie den Kunden ihre Verantwortungsbereitschaft glaubwürdig signalisieren können. Zu diesem Zweck werden auch von Unternehmensgruppen und/oder Verbänden **ethische Warenzeichen** entwickelt, die es dem Kunden leichter machen sollen, verantwortungsbewusst einzukaufen.

Beispiele

Ethische Warenzeichen sind das *Flower Label* für Schnittblumen, die aus Betrieben stammen, die sozial- und umweltverträglich arbeiten (entwickelt vom Blumengroß- und Importhandelsverband) oder *Demeter* als Zeichen für ökologisch erzeugte Lebensmittel (entwickelt von ökologisch wirtschaftenden Erzeugern).

Erarbeiten Unternehmen in Eigenregie entsprechende Warenzeichen, dann sollten im Interesse der Glaubwürdigkeit neutrale Institutionen mit der Überwachung der Einhaltung der selbst auferlegten Standards beauftragt werden. Eine enge Zusammenarbeit mit staatlichen Institutionen oder Nichtregierungsorganisationen bietet sich also auch bei unternehmerischen Initiativen an (zu den Maßnahmen vgl. auch Kapitel X).

4 Marktaustrittsstrategien

Marktaustritte gelten im öffentlichen Bewusstsein oft als Zeichen des Versagens der Unternehmensführung, als Bankrotterklärung. Dabei kann ein Marktaustritt auch das Ergebnis eines systematischen und antizipativen **Desinvestitionsmanagements** sein (vgl. *Bea/Haas* [Management] 193). Unternehmen ziehen sich immer wieder planmäßig aus bestimmten Geschäftsbereichen zurück, streichen Produkte aus dem Produktionsprogramm, geben die Produktion in bestimmten Ländern auf oder stellen die Lieferungen in bestimmte Regionen ein. Solche geplanten Teilausstiege aus bestimmten Bereichen sind ebenso Teil der Marktwirtschaft wie der Untergang ganzer Unternehmen.

Ausschlaggebend sind normalerweise **ökonomische Gründe**. Man schließt unrentable Filialen, stellt die Produktion von Gütern ein, die nur Verluste bringen, trennt sich von Geschäftsbereichen, die nicht zu den Kernkompetenzen des Unternehmens passen, wandert wegen der niedrigeren Kosten mit der Produktion ins Ausland ab oder man muss wegen Zahlungsunfähigkeit das Geschäft liquidieren.

Der Rückzug aus bestimmten Märkten kann aber auch **Ergebnis einer ethischen Güterabwägung** sein.

Beispiele

So hat *Henkel* freiwillig lösemittelhaltige Kleber vom Markt genommen, da Kinder den Klebstoff schnüffelten, um sich an dem Lösemittel zu berauschen. Weil der Funktionsnutzen von lösemittelfreien Klebern schlechter ist, verlor *Henkel* Marktanteile. Zahlreiche Unternehmen zogen sich aus Südafrika zurück, als dort noch die Apartheidspolitik zu massiven Diskriminierungen der schwarzen Bevölkerung führte (vgl. *Noll* [Unternehmensethik] 148). Der Wäschehersteller *Triumph* hat seine Fabrik in Burma geschlossen, um nicht länger mit der dortigen Militärdiktatur kooperieren zu müssen (vgl. *Jensen* [Verhaltenskodizes] 20). Nach den Einkaufsrichtlinien von *Levi Strauss & Co.* führen systematische Menschenrechtsverletzungen eines Landes zum Abbruch der Geschäftsbeziehungen mit diesem Land (vgl. *Haas* [Unternehmensethik] 2). Die Jeansproduktion in China wurde deswegen eingestellt. Die Chemieunternehmen *Novartis* (vormals *Ciba-Geigy*) und *Agrevo* nahmen in Kolumbien verschiedene hochgiftige Pestizide vom Markt, die dort in der Blumenzucht verwendet wurden (vgl. *Weißmann* [Kampagne] 122). Der *Otto Versand* listete FCKW-haltige Spraydosen, Echtpelzbekleidung und Tropenholzprodukte wegen ihrer besonderen Umweltrelevanz aus (vgl. *Lohrie/Merck* [Sozialverantwortung] 44). *Shell* zog sich 1998 freiwillig aus dem Camisea Projekt zurück. Die Ausbeutung der Gasvorkommen im Amazonasbecken in Peru schadete der Umwelt und zerstörte die Heimat von verschiedenen Eingeborenenstämmen. Nach einer sorgfältigen Stakeholderanalyse erschien der Rückzug als beste Lösung. *Home Depot*, eines der weltweit größten Handelsunternehmen für Gebäudezubehör, verkauft seit 2003 keine Produkte mehr, welche Holz aus Urwäldern enthalten (vgl. *Post/Preston/Sachs* [Redefining] 92, 161)

Als problematisch gilt der teilweise oder komplette Marktaustritt aus ethischen Gründen wegen der oft **negativen Folgen** für zahlreiche Stakeholder. Die Shareholder müssen bspw. auf Gewinn verzichten, Arbeitsplätze gehen verloren, dem Staat fehlen die Steuern, die Kunden werden schlechter versorgt, den Lieferanten des Unternehmens kommt ein Kunde abhanden, Gläubiger bleiben unter Umständen auf ihren Schulden sitzen usw. Die Folgen werden besonders hart, wenn das Unternehmen komplett untergeht. In den USA gab es wegen der Arbeitsplatzverluste schon Gesetzesvorlagen, die es Unternehmen erschweren sollten, Niederlassungen in strukturschwachen Gebieten zu schließen (vgl. *Epstein* [Corporate] 100). Und auch in Deutschland führen Betriebsschließungen regelmäßig zu Protesten, insbesondere der betroffenen Arbeitnehmer.

Aber auch der Untergang eines Unternehmens ist als ultima ratio hinzunehmen, wenn die weitere Tätigkeit zu noch schlechteren Folgen führen würde. Besonders deutlich wird dies am Beispiel stark gesundheitsgefährdender Produkte. So scheint es kaum zu rechtfertigen, wegen des Erhalts von Arbeitsplätzen in der europäischen Chemieindustrie den Arbeitern und Arbeiterinnen in Südamerikas Blumenindustrie weiterhin den Einsatz hochgiftiger Pestizide zuzumuten, die bei uns längst verboten sind. Die Erhaltung der Asbestindustrie über lange Jahre, trotz der bekannten enormen Gesundheitsschäden für Arbeitnehmer, Weiterverarbeiter und Endkunden, gilt heute als Paradebeispiel für eine höchst unmoralische Strategie (vgl. *Noll* [Unternehmensethik] 148f.).

Gerade bei einer Marktaustrittsentscheidung treffen häufig verschiedene legitime Interessen aufeinander, eine **ethische Güterabwägung ist hochkomplex** und bleibt sicher auch oft bis zu einem gewissen Grad strittig. So sind nicht nur lösemittelhaltige Klebstoffe, sondern auch zahlreiche andere Produkte leicht zu missbrauchen. Zigaretten, Alkohol, Schmerz- und Schlafmittel können z.B. zu Gesundheitsschäden führen. Sollte man die Produktion deshalb einstellen? In vielen Ländern der Erde sind Menschenrechtsverletzungen an der Tagesordnung, gehört Korruption zum normalen Geschäftsgebaren, regieren nicht demokratisch gewählte Führer. Darf man mit diesen Ländern keinen Handel treiben und dort nicht investieren? Wird die dortige Bevölkerung dann nicht doppelt gestraft? Was passiert mit den Menschen, die vom Handel mit Tropenholz leben, wenn die Großabnehmer aus diesem Markt aussteigen? Weil der Marktaustritt unweigerlich mit Härten für manche Stakeholder verbunden ist, muss ihm eine sorgfältige Abwägung der Interessen vorangehen.

VIII Die personale Komponente der Unternehmensethik

[1] Die Unverzichtbarkeit der personalen Komponente
[2] Führungsethik
[3] Mitarbeiterethik
[4] Führungs- und Mitarbeiterethik als Tugendethik

Mit der personalen Komponente der Unternehmensethik ist dieses Kapitel dem dritten wichtigen Baustein des Managements der Verantwortung gewidmet.

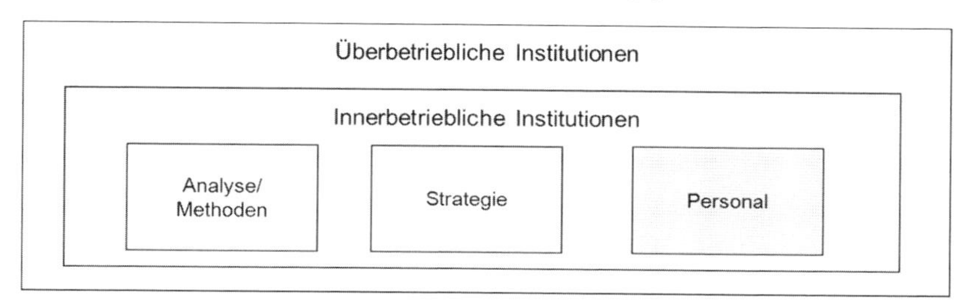

Abb. VIII/1: Die personale Komponente im Management der Verantwortung

Zunächst wird in Abschnitt 1 erläutert, weshalb die Individualmoral der Führungskräfte und der Mitarbeiter für das Management der Verantwortung von entscheidender Bedeutung ist.

Dann wird darauf eingegangen, was das für die Führungskräfte (Abschnitt 2) und die Mitarbeiter (Abschnitt 3) konkret bedeutet.

Zum Abschluss des Kapitels werden Überlegungen angestellt, inwieweit ethisches Handeln im Unternehmen durch die Orientierung an „Tugenden“ unterstützt werden kann und inwieweit eine Ergänzung durch entsprechende Institutionen notwendig ist (Abschnitt 4).

1 Die Unverzichtbarkeit der personalen Komponente

Individualmoral, also die sittliche Verpflichtung des einzelnen Menschen auf das Gute, ist einigen Wirtschaftsethikern suspekt. Sie halten es für **altmodisch und gewagt, auf die Moralität der Wirtschaftsakteure zu setzen**. Altmodisch, weil unter den Bedingungen der modernen Gesellschaft weder die Sozialisierung der Menschen in einer als gültig anerkannten Moral noch die soziale Kontrolle so gut gelingen könnten wie in vormodernen Gesellschaften. Daher auch gewagt, weil man eben mit der Moralität der Menschen nicht rechnen dürfe. Verlässlich – weil natürlich – sei einzig das individuelle Vorteilsstreben. Weil man auf die Moralität der Wirtschaftsakteure nicht rechnen dürfe, müsse institutionenethisch die Rahmenordnung so gestaltet werden, dass *„im*

Schlepptau, im Windschatten des individuellen Vorteilsstrebens" moralisch erwünschtes Verhalten gezeigt werde (vgl. *Homann* [Ethik] 17). Das „geradezu unbändige Streben nach individuellen Vorteilen" wird auf diese Weise sogar zum „Kern aller modernen Moral" und zum „sittlichen Imperativ" (ebenda, 18).

Dieses „unbändige Vorteilsstreben" findet unter folgenden Bedingungen statt:

- „Die Menschen gewinnen zunehmend Kontrolle auch über die Bedingungen ihres Handelns" (ebenda, 7). Das heißt, sie können durch ihr Handeln **räumlich und zeitlich sehr weit reichende Folgen** erzeugen. Die gesamte Welt wird „zugriffsfähig", bis hin zur genetischen Ausstattung des Menschen.
- Die Wirtschaft gebärdet sich als autonomes System gegenüber anderen Funktionssystemen der Gesellschaft, bspw. gegenüber Recht, Politik und Moral (vgl. ebenda). Sie folgt ihren **eigenen Gesetzmäßigkeiten**, ihrem eigenen spezifischen Code der Zahlung/Nichtzahlung von Geld.
- Die **Fremdkontrolle** des Einzelnen durch seine Mitmenschen wird wegen zunehmend großräumiger und wechselnder Kontakte **immer schwieriger** (vgl. *Homann* [Ethik] 6,8).
- Die Handlungsbedingungen ändern sich ständig, so dass immer wieder **neuartige Probleme** auftreten.

Dieser Beschreibung der strukturellen Bedingungen menschlichen Handelns in der Moderne kann man nur zustimmen. Gerade in dieser Situation die gesamte Last der Versöhnung von Eigennutz und Gemeinwohl auf die Rahmenordnung, also die Institutionenethik abzuwälzen und die Wirtschaftsakteure aufzufordern, ihren ökonomischen Nutzen unter dem Verzicht auf Individualmoral „unbändig" zu verfolgen, erscheint aber außerordentlich waghalsig, denn:

- Die staatliche (und innerbetriebliche) Rahmenordnung kann an die dynamische Veränderung der Umweltbedingungen immer nur mit Zeitverzögerung angepasst werden, so dass es immer wieder zu großen **Lücken** kommt. Gesetzliche und innerbetriebliche formale Regelungen weisen zudem immer **Grauzonen** und **Interpretationsspielräume** auf (man denke etwa an die Formulierung in §157 BGB: Verträge sind so auszulegen, wie Treu und Glauben mit Rücksicht auf die Verkehrssitte es erfordern). Wer unbändig eigennützig handelt, wird zweifellos diese Lücken und Grauzonen für sich auszunutzen wissen, solange es sich auszahlt.
- Die zunehmenden Probleme mit der Fremdkontrolle schlagen auch auf die Kontrolle der Einhaltung des formalen Rechts und der formalen betrieblichen Richtlinien durch. Wer unbändig eigennützig handelt, wird die **mangelhafte Kontrolle** ins Kalkül ziehen und das Recht brechen bzw. Richtlinien ignorieren, wenn es ihm nutzt und wenig riskant erscheint.
- Die Rahmenordnung entstammt den Subsystemen Recht, Politik und Moral. Agiert die Wirtschaft autonom nach ihrer eigenen ökonomischen Logik, dann wird sie die Regeln der Rahmenordnung in ihren Code von Zahlung/Nichtzahlung übersetzen und durch Einflussnahme auf die Politiker darauf hinwirken, dass sich die **Spielregeln nach ihrem Code ausrichten** und sie nach Möglichkeit nichts kosten. Das Gleiche gilt für Führungskräfte in Unternehmen, die die innerbetrieblichen Spielregeln zu ihren Gunsten gestalten werden.

- Wenn die Menschen mit ihren wirtschaftlichen Entscheidungen komplexe, weit in die Zukunft reichende und globale Handlungsfolgen hervorrufen, wächst objektiv ihre Verantwortung. Zugleich wird die rechtliche Zuordnung und Sanktionierung negativer Folgen sehr schwierig. Wer unbändig eigennützig handelt, kann sich oft aus der Verantwortung stehlen, weil es bspw. **keine international verbindliche Rechtsgrundlage** gibt oder weil wegen langer Handlungsketten und globaler Arbeitsteilung niemand mehr eindeutig als „Täter" im rechtlichen Sinne benannt werden kann. Auch innerbetrieblich ist die eindeutige Benennung und Bestrafung eines Verantwortlichen wegen der Arbeitsteilung oft schwierig

Individualmoral scheint in dieser Situation nicht marginaler, sondern im Gegenteil **zentraler zu werden denn je**. Moralische Wirtschaftsakteure in Unternehmen müssen

- gut und richtig handeln **wollen**,
- die Institutionen im Unternehmen und auf überbetrieblicher Ebene **menschendienlich gestalten** bzw. mitgestalten,
- sie immer wieder an Umweltentwicklungen **anpassen, überprüfen und ergänzen**
- und die Spielregeln auf der Meso- und Makroebene **aus Moralität beachten** und nicht nur, wenn es ihnen persönlich nutzt.

Was das konkret für die **Führungskräfte** und die **Mitarbeiter** bedeutet, wird nun zum Thema.

2 Führungsethik

2.1 Begriffsklärung

2.1.1 Begriff „Führung"

„Führung" kann institutionell verstanden werden. Dann meint man damit die **Gruppe von Personen** in einem Unternehmen, die mit Weisungsbefugnissen ausgestattet sind, die Führungskräfte. „Führung" wird aber auch ein bestimmter **Komplex von Aufgaben** genannt, den man ganz allgemein als zielorientiertes Gestalten, Lenken und Entwickeln der Unternehmung umschreiben kann (vgl. *Ulrich* [Management] 113). Der institutionelle und der funktionale Führungsbegriff können verknüpft werden. Es sind die Führungskräfte als Personen, welche die Führungsaufgaben wahrzunehmen haben.

Die Aufgabe der zielorientierten Gestaltung, Lenkung und Entwicklung von Unternehmen wird auch als **Unternehmensführung** oder Management bezeichnet. Als eine wesentliche Teilaufgabe im Rahmen der Unternehmensführung gilt die **Personalführung**, die zielgerichtete Beeinflussung des Personals. Bei Personalführung geht es um die direkte, persönliche Interaktion von Vorgesetzten und Mitarbeitern, um einen Kommunikationszusammenhang.

> Führung im weiteren Sinne ist **Unternehmensführung** und meint die Gestaltung des institutionellen Gerüstes, in welchem der Aufgabenvollzug stattfindet, die laufende Steuerung und Kontrolle der Aktivitäten und die permanente Weiterentwicklung des Unternehmens entsprechend den Erfordernissen aus der Umwelt. Führung im engeren Sinne meint nur die **Personal- oder Mitarbeiterführung**.

2.1.2 Begriff „Führungsethik"

Mit Führungsethik ist hier gemeint, dass es sich um ethische Überlegungen für eine bestimmte Gruppe von Personen handelt, nämlich die mit Führungsaufgaben betrauten Führungskräfte in Unternehmen. Führungsethik (man könnte auch von Unternehmer oder Managerethik sprechen) wird damit auf der **Mikroebene der Wirtschaftsethik** angesiedelt (darin vergleichbar bspw. der Konsumentenethik).

Es sind also Individuen in ihrer Rolle als **Entscheidungsträger und Weisungsberechtigte** in Unternehmen, die hier auf ihre moralische Verantwortung angesprochen werden.

Das heißt nicht, eine Sondermoral für Führungskräfte entwickeln zu wollen. Vielmehr geht es im Sinne der angewandten Ethik (vgl. *Enderle* [Führungsethik] 4) darum aufzuzeigen, an welchen Stellen des Führungshandelns ethische Probleme zu erwarten sind und wie sie gelöst werden könnten.

Führungsethik ist im weiteren Sinne **Unternehmensführungsethik** und umfasst dann die gesamte Bandbreite der Unternehmensführungsentscheidungen. Häufig wird allerdings explizit oder implizit der Teilbereich der Personal-, Mitarbeiter- oder Menschenführung als vorrangiger Gegenstand einer Führungsethik angesehen (**Personalführungsethik**). So heißt es bspw. bei *Ulrich* ([Führungsethik] 230): „Es geht in einer zeitgemäßen Führungsethik ... um die normativen Grundsätze der Gestaltung der Beziehungen oder Relationen zwischen Vorgesetzten und Mitarbeitern". Führungskräfte selbst erleben den Bereich der Personalführung als besonders ethisch relevant (vgl. *Dahm* [Management] 6).

Abbildung VIII/2 soll die Begriffsabgrenzung verdeutlichen.

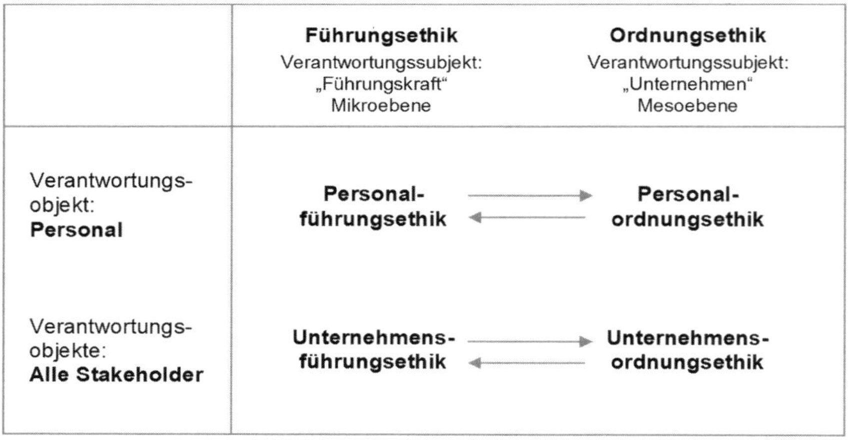

	Führungsethik Verantwortungssubjekt: „Führungskraft" Mikroebene		**Ordnungsethik** Verantwortungssubjekt: „Unternehmen" Mesoebene
Verantwortungs-objekt: **Personal**	**Personal-führungsethik**	→ ←	**Personal-ordnungsethik**
Verantwortungs-objekte: **Alle Stakeholder**	**Unternehmens-führungsethik**	→ ←	**Unternehmens-ordnungsethik**

Abb. VIII/2: Systematische Einordnung der Führungsethik

In diesem Kapitel geht es um die Betrachtung auf der Mikroebene, also um die **Verantwortung bestimmter Personengruppen im Unternehmen**. Zunächst werden die Führungskräfte zum Gegenstand der Untersuchung gemacht, danach dann die

Mitarbeiter. Die ordnungsethische Komponente steht im nächsten Kapitel im Vordergrund. Mit den Pfeilen zwischen den beiden Spalten soll nochmals darauf hingewiesen werden, dass zwischen der Mikro- und der Mesoebene der Wirtschaftsethik (bzw. der Individual- und Institutionenethik) enge Beziehungen zu konstatieren sind. Das individuelle Führungshandeln wird einerseits kanalisiert und mehr oder weniger unterstützt oder konterkariert durch den Ordnungsrahmen. Andererseits entsteht und wandelt sich dieser Ordnungsrahmen durch Führungsentscheidungen, steht also selbst immer wieder zur Disposition.

Zunächst soll die Personalführungsethik näher beleuchtet werden.

2.2 Personalführungsethik

Führungsethik in diesem engen Sinne beschäftigt sich allgemein mit der Frage der menschenwürdigen und fairen **Gestaltung der Beziehung zwischen Vorgesetzten und Mitarbeitern.**

Im Besonderen interessieren die Fragen der Legitimation, der Begrenzung und der verantwortungsvollen Ausübung der Weisungsbefugnisse von Führungskräften im Lichte der personalen Würde und der berechtigten Ansprüche der Geführten (vgl. *Ulrich* [Führungsethik] 230). Eine Befragung von Führungkräften des mittleren Managements ergab, dass 58% der Befragten sich schon einmal gezwungen sahen, gegen ihre persönlichen Wertvorstellungen zu handeln. Gegenstand moralischer Konflikte war an erster Stelle der Umgang mit den eigenen Mitarbeitern (vgl. *Fifka/Kraus* [Management] 48f.).

2.2.1 Voraussetzungen für ein legitimes Führungsverhältnis

Es ist typisch für die Institution Unternehmung, dass sie ein hierarchisches System ist, in welchem manche Personen **Weisungsbefugnisse** haben und andere diese Weisungen ausführen müssen, in welchen also das Prinzip von Befehl und Gehorsam gilt. Diese Weisungsstruktur wird sogar als der entscheidende Vorteil der Unternehmung gegenüber reinen Markttransaktionen angesehen, weil sie relativ rasche und unkomplizierte Anpassungen an neue Gegebenheiten erlaubt. In seinem berühmten Aufsatz „The Nature of the Firm" begründete *Ronald H. Coase* mit diesen Vorteilen des Weisungsrechts, warum Unternehmen überhaupt entstanden sind (vgl. [Nature]).

Die Hierarchie hat also Effizienzvorteile. Vom ethischen Standpunkt könnte man sie dagegen problematisieren, weil sie gegen die prinzipielle Gleichberechtigung der Menschen verstößt. Warum sollte da der eine befehlen dürfen und der andere gehorchen müssen? Eine solche **Herrschaftsbeziehung bedarf der Legitimation.**

Die Hierarchie in Unternehmen wird im Allgemeinen über den **Arbeitsvertrag** legitimiert. Die Mitarbeiter haben sich freiwillig vertraglich verpflichtet, gegen Vergütung bestimmte Dienstleistungen zu erbringen, und zu ihren Dienstpflichten gehört auch, den Weisungen der Vorgesetzten zu folgen. Da die Legitimität des Herrschaftsverhältnisses vom vertraglich ausgedrückten Konsens der Vertragsparteien abhängt, ist bei der ethischen Bewertung allerdings zu fragen, ob der Vertragsschluss tatsächlich Ausdruck von Konsens ist.

Das ist vor dem Hintergrund der Diskursethik nur dann der Fall, wenn man von gleich gut informierten und gleich mächtigen Vertragsparteien ausgehen kann, die sich tatsächlich in einem Diskurs freiwillig einigen. Nun hat aber der Arbeitnehmer, der mit Hilfe seiner Arbeitskraft seinen Lebensunterhalt bestreiten muss, strukturell eine schwächere Position als der Arbeitgeber (vgl. *Wittmann* [Ethik] 196). Dieses **Machtungleichgewicht** nimmt in Zeiten hoher Arbeitslosigkeit noch zu. Schon *Adam Smith* hat diese Machtasymmetrie beschrieben und auf die Möglichkeit moralisch unerwünschter Folgen hingewiesen (vgl. [Wohlstand] 58ff.). Es kann auch von einer ungleichen Informationsverteilung zwischen den Parteien ausgegangen werden. Aus Sicht der Personalökonomik wird insbesondere die **Informationsasymmetrie** zugunsten der Mitarbeiter problematisiert. Sie können den zukünftigen Arbeitgeber bspw. über ihre Fähigkeiten und Absichten zu täuschen versuchen. Aber natürlich verfügt auch der Arbeitgeber über vielerlei Exklusivwissen, das er zu seinen Gunsten ausnutzen kann. Wird die Zwangslage eines Arbeitnehmers ausgenutzt, um Druck auszuüben, so dass er schlechten Arbeitsbedingungen notgedrungen zustimmt, oder nutzt die Führungskraft die schlechtere Informationslage eines Arbeitnehmers, um ihn über wesentliche Vertragsinhalte zu täuschen, dann kommt gar kein legitimes Führungsverhältnis zustande, auch wenn möglicherweise ein Vertrag vorliegt.

2.2.2 Die Begrenzung der Weisungsbefugnisse

Die Legitimität des Führungsverhältnisses ist **inhaltlich begrenzt**. Zunächst beschränkt sich das Weisungsrecht der Vorgesetzten natürlich auf Dienste, die zu den Aufgaben des Stelleninhabers in seiner Rolle als Mitarbeiter gehören. Das legitime Führungsverhältnis umfasst sicher nicht Dienstleistungen wie bspw. das Renovieren des Wochenendhauses des Chefs nach Feierabend.

Weiterhin darf der Mitarbeiter auch in seiner funktionalen Rolle nicht zu illegalen und unmoralischen Diensten genötigt werden. Die Anweisung an die Verkäuferin, abgelaufene Lebensmittel mit neuen Etiketten zu versehen, um die Kunden zu täuschen, wird nicht durch das legitime Führungsverhältnis gedeckt.

Mit dem Arbeitsvertrag „kauft“ man keine Person, das wäre Sklavenhandel, sondern nur bestimmte Dienstleistungen entsprechend einem bestimmten Stellenprofil.

2.2.3 Die verantwortungsvolle Gestaltung der Führungsbeziehung

Rein ökonomisch betrachtet ist der Mitarbeiter eines Unternehmens ein Produktionsfaktor, der ebenso wie eine Maschine möglichst effizient eingesetzt werden soll. Die „Humanressource“ Mensch ist Mittel zum Zweck der Gewinnerzielung. Moralisch kann dagegen mit *Kants* kategorischem Imperativ gefordert werden, ihn eben nicht nur als Mittel, sondern auch als Zweck an sich selbst und Person mit Würde anzusehen (vgl. [Grundlegung] BA66f.). Fundamental für die führungsethische Perspektive ist die **Anerkennung des Mitarbeiters als Person und Zweck an sich selbst**.

Als oberste Norm der Führungsethik kann daher gelten, die Würde des Mitarbeiters zu achten und seine Bedürfnisse ernst zu nehmen. Will man das konkretisieren, bietet es sich an, auf die Menschenrechte bzw. Grundrechte und die Prinzipien der Freiheit, Gerechtigkeit und der guten Lebensbedingungen für alle zurückzugreifen. Im Einzelnen werden folgende Normen für den Umgang zwischen Vorgesetzten und Mitarbeitern aufgestellt (vgl. *Ulrich* [Führungsethik] 238ff.; *Lay* [Ethik] 140ff.;):

- Achtungsvoller Umgang miteinander, d.h. keine Schikane, Beleidigung, persönliche Herabsetzung oder sexuelle Belästigung des Mitarbeiters.
- Keine willkürliche und diskriminierende Behandlung, Fairness und Chancengleichheit bei der Einstellung, Bezahlung und Beförderung von Mitarbeitern.
- Schutz der Privatsphäre, also bspw. keine heimliche Überwachung, Datenschutz, Akzeptanz der Gewissensfreiheit.
- Gewährung humaner Arbeitsbedingungen: Schutz von Leben und Gesundheit, ausreichende Pausen und Urlaub, angemessene Entlohnung.
- Freie Ausübung der gesetzlich gewährten Mitbestimmungsrechte.

Über die Gewährung der Grundrechte hinaus werden weitere Forderungen an ein ethisch-verantwortetes Führen gestellt. Mit *Kant* (vgl. [Tugendlehre] 13ff.) könnte man sagen, dass es sich dabei um „verdienstliche Pflichten" handelt, die der „Beförderung" der Mitarbeiter dienen. Diese „Beförderung" kann erstens durch einen bestimmten **Führungsstil** erfolgen. Er trägt folgende Züge:

- Kommunikation zwischen mündigen Personen statt Befehl und Subordination,
- Erklären statt Diktieren von Entscheidungen,
- offene und ehrliche Information,
- partnerschaftlicher, konsensorientierter Umgang,
- Anerkennung guter Leistungen,
- konstruktive Kritik,
- Empathie und Unterstützung.

Zweitens sind **Arbeitsinhalte und -bedingungen** „persönlichkeitsfördernd" zu gestalten. Diesem Leitgedanken entsprechen

- sinnvolle, ganzheitliche Aufgaben mit einer gewissen Anforderungsvielfalt,
- Handlungsspielraum,
- Möglichkeiten zu sozialer Interaktion,
- Partizipation an arbeitsrelevanten Entscheidungen wie bspw. Personalauswahl, Organisations- und Personalentwicklung, Arbeitsplatz- und Arbeitzeitgestaltung,
- Selbstkontrolle und Selbststeuerung,
- Weiterentwicklungsmöglichkeiten.

Personalführungsethik umfasst also nicht nur den Führungsstil des Vorgesetzten im vorgegebenen institutionellen Rahmen, sondern weist in die Personalordnungsethik hinein. Die Arbeitsbedingungen, die Entlohnungssysteme, die Einstellungsprozeduren, die Datenschutzvorkehrungen, die Organisationsstruktur, die Planungs- und Kontrollsysteme, all das mag kurzfristig als externe Vorgabe unveränderlich sein, ist aber letztlich auch durch Führungsentscheidungen entstanden und daher grundsätzlich reformierbar. Zur Führungsethik gehört daher auch die **Bereitschaft der Führungskräfte**, den vorhandenen Ordnungsrahmen immer wieder kritisch zu hinterfragen und sich nicht von (letztlich selbstgemachten) Sachzwängen den Blick auf Gestaltungsoptionen verstellen zu lassen.

Die Situation vieler Mitarbeiter hat sich im Hinblick auf die hier entwickelten Kriterien in den letzten Jahren **eher verschlechtert** als verbessert. Beklagt werden die Wiederkehr monotoner Arbeit (Re-Taylorisierung), erhöhter Leistungsdruck durch Arbeitsverdichtung und „Vermarktlichung" der Arbeit, die „Prekarisierung" von Arbeit durch Leiharbeit, befristete Arbeit und Geringverdiener, eine zunehmend ungerechte Lohnspreizung zwischen Topverdienern und Geringverdienern, Überwachung und Kontrolle bis hin zum Toilettengang, Unterdrückung der Mitbestimmungsrechte und Mobbing.

2.3 Unternehmensführungsethik

2.3.1 Die Unternehmensführung betrifft alle Stakeholder

Die Unternehmensführungsethik erweitert den Verantwortungsbereich der Führungskräfte auf alle von ihren Entscheidungen betroffenen Stakeholder. Es geht bei Führungsethik eben nicht nur um die Vermittlung der Interessen von Kapital und Arbeit, sondern um die umfassende Vermittlung zwischen den Kapitalinteressen und denen anderer Betroffener. In Anlehnung an die Personalführungsethik könnte man auch formulieren:

> Es geht um die Frage der menschenwürdigen und fairen Gestaltung der Beziehung zwischen Führungskräften und Stakeholdern.

Da auch die Mitarbeiter als Stakeholder gelten können, umfasst die Unternehmensführungsethik die Personalführungsethik. Wenn von Unternehmensführungsethik gesprochen wird, dann steht allerdings weniger die persönliche, interaktionelle Beziehung zwischen einzelnen Führungskräften und bestimmten Stakeholdern zur Diskussion, obwohl man sicher fordern kann, dass auch bspw. Kunden oder Lieferanten nicht beleidigend, unfair oder unehrlich behandelt werden sollten. Die Gestaltung der direkten Interaktion mit den externen Stakeholdern wird aber selten problematisiert, weil man im Allgemeinen nicht – wie bei den Mitarbeitern – von langdauernden und stark asymmetrischen Abhängigkeitsbeziehungen ausgeht.

Im Vordergrund der Unternehmensführungsethik stehen stattdessen die **ordnungsbildenden unternehmenspolitischen Entscheidungen** der Führungskräfte.

2.3.2 Typische Unternehmensführungsentscheidungen

Versucht man, Unternehmensführungsentscheidungen und -handlungen zu charakterisieren, dann werden **Merkmale** genannt wie: weitreichend, richtungsweisend, gestaltend, mit hoher Bindungswirkung, das Unternehmen als Ganzes betreffend, mit ausgeprägten Folgewirkungen (vgl. *Macharzina* [Unternehmensführung] 39ff.). Es sind also genau die Entscheidungen, die auch eine hohe Verantwortung implizieren. Unternehmensführung wird definiert als „die Gesamtheit derjenigen Handlungen der verantwortlichen Akteure ..., welche die Gestaltung und Abstimmung ... der Unternehmens-Umwelt-Interaktion im Rahmen des Wertschöpfungsprozesses ... grundlegend beeinflussen“ (*Macharzina* [Unternehmensführung] 42f.).

Was inhaltlich zur Unternehmensführung zählt, ist nicht unumstritten, aber typischerweise sieht man als Unternehmensführungsaufgabe an:

- Entwicklung von Unternehmenszielen und Unternehmensgrundsätzen,
- Planung und Kontrolle,
- Organisation,
- Personaleinsatz (Auswahl, Beurteilung, Entlohnung), Personalentwicklung und Personalführung,
- Gestaltung der Unternehmenskultur,
- Informationsmanagement.

2.3.3 Ethik in der Unternehmensführung

Es liegt auf der Hand, dass gerade bei diesen grundlegenden Entscheidungen die Beachtung der ethischen Dimension wichtig ist. Unternehmensführungsethik fordert von den Führungskräften bei all ihren Führungsentscheidungen die Verantwortung gegenüber den Stakeholdern zu beachten. Im Einzelnen:

- In die **Unternehmensziele und Grundsätze** sollte die ethische Dimension ausdrücklich aufgenommen werden.
- In der **Planung**, insbesondere der strategischen Planung, sollten die Stakeholderanliegen einen systematischen Platz finden. Die Kontrolle sollte sich auch auf die Einhaltung ethischer Grundsätze erstrecken.
- Die **Organisationsstrukturen** sollten auch den Bedürfnissen der Stakeholder (insbesondere der Mitarbeiter) entsprechen. Evtl. sind eigens Stellen zu schaffen, welche die Führungskräfte hinsichtlich ihrer moralischen Verantwortung unterstützen.
- Bei der **Auswahl, Beurteilung und Entlohnung von Führungskräften und Mitarbeitern** sollte die Moralität als wichtiger Aspekt integriert werden, um Inkonsistenzen zwischen den offiziellen Anforderungen (bspw. in den Unternehmensgrundsätzen) und den strukturellen Anreizen zu vermeiden. Die Führungskräfte sollten auf eine maßlose Selbstprivilegierung in Bezug auf ihre Entlohnung verzichten.
- In der **Personalentwicklung** sollte die ethische Sensibilisierung als Bildungs- und Qualifikationsziel ihren Platz finden.
- Die **Personalführung** sollte sich nach den oben beschriebenen Grundsätzen richten.
- Die **Unternehmenskultur** sollte verantwortungsvolles Handeln auf allen Ebenen unterstützen.

- Die **Informationssysteme** sollten die Informationen bereitstellen, die für verantwortungsvolle Entscheidungen erforderlich sind (also bspw. Informationen über die Umweltwirkungen von Produkten).

Im Ergebnis entsteht aus den verantwortungsbewussten, individuellen Unternehmensführungsentscheidungen so eine verantwortungsunterstützende institutionelle Unternehmensordnung, wie sie im nächsten Kapitel genauer beschrieben wird.

Unabdingbare Basis der Unternehmensführungsethik im Allgemeinen und der Personalführungsethik im Besonderen ist die **persönliche Entscheidung** der Führungskräfte, dem allgemeinsten ethischen Prinzip folgen zu wollen, nämlich „das Gute zu tun und das Böse zu meiden" (bonum est faciendum et prosequendum et malum vitandum), wie es *Thomas von Aquin* (1225-1274) in seiner „Summa theologiae" schon im Mittelalter formulierte. Es wird also eine gewisse **kritische Rollendistanz** von den Führungskräften gefordert. Sie sollen sich ihrer Verantwortung für den finanziellen Unternehmenserfolg stellen, aber immer auch auf die Folgen und Nebenfolgen ihrer Entscheidungen für die Betroffenen achten.

Sehr häufig führt die **ökonomische Klugheit** zu richtigen Entscheidungen in Bezug auf die Stakeholder. So sind viele Empfehlungen zu einem verantwortungsbewussten Umgang mit den Mitarbeitern inhaltlich identisch mit Empfehlungen, wie man eine hohe Motivation und Leistungsbereitschaft der Mitarbeiter erreicht. Gerade im Bereich der Personalführung wird eine „Basiskomplementarität" zwischen ökonomischer und sozialer Effizienz unterstellt (vgl. *Krell* [Personal] 342).

Das geht bis hin zu einer Identifikation von Führung und Führungsethik. So wird bspw. postuliert, Führungsethik müsse sich mit der Frage beschäftigen, welche Maßnahmen, Mittel und Methoden besonders dazu geeignet sind, Mitarbeiter zu motivieren, dass sie den größtmöglichen Beitrag zur Erreichung der Firmenziele leisten (vgl. *Hey/Schröter* [Führen] 31).

Ohne moralische Gesinnung der Führungskräfte bleibt das richtige Handeln aber auf die Fälle beschränkt, in denen es sich auch betriebswirtschaftlich „rechnet". Eine echte moralische Gesinnung muss sich dagegen besonders in den Fällen bewähren, in denen sich zwischen dem wirtschaftlich profitablen und dem moralisch Verantwortbaren eine Lücke auftut (vgl. *Ulrich* [Führungsethik] 243f.).

Die **moralische Gesinnung** bzw. sittliche Orientierung, die dem Guten die Priorität gegenüber dem Profitablen einräumt, ist unverzichtbar.

2.3.4 Die besondere Verantwortung der Führungskräfte

Nicht von ungefähr sind es besonders häufig die Führungskräfte, die Unternehmer bzw. Manager, die in den Veröffentlichungen zur Unternehmensethik auf ihre individuelle Verantwortung hingewiesen werden (bspw. in dem Buch „Ethisches Management", hrsg. v. *Brink/Tiberius* oder in der „Ermutigung für Führungskräfte" hrsg. vom Päpstlichen Rat für Gerechtigkeit und Frieden). Das ist folgerichtig, weil Verantwortung von der Macht abhängt, Folgen für andere erzeugen zu können. „Management ...

(ist die; E. G.) Kunst Entscheidungen zu treffen, die andere betreffen" (*Ulrich* [Management]). Die **Macht** der Führungskräfte, Entscheidungen mit vitalen Folgen für viele Menschen treffen zu können, erlegt ihnen auch ein besonderes Maß an Verantwortung auf.

Überdies sehen die Mitarbeiter in den Führungskräften eine wesentliche Referenz-Gruppe für die ethischen Standards, die im Unternehmen gelten. Das Verhalten der Führungskräfte und besonders der Top-Manager wird in vielfältigster Form von den Mitarbeitern beobachtet, diskutiert und reflektiert und scheint in der Praxis noch weit mehr Einfluss zu haben, als innerhalb der Führungsliteratur eingeschätzt wird (vgl. *Schieffer* [Führungspersönlichkeit] 242). Schlechte Vorbilder verderben die Sitten. Zur Führungsethik gehört auch ein Bewusstsein für diese **Vorbildfunktion.** Trotz dieser herausragenden Stellung sind es aber nicht die Führungskräfte alleine, auf die es ankommt. Unternehmensethik muss auch von den Mitarbeitern gelebt werden.

3 Mitarbeiterethik

3.1 Die innerbetriebliche Verantwortung

Mitarbeiter sind zunächst einmal zur Loyalität gegenüber ihrem Arbeitgeber verpflichtet. Vordergründig sind das die Führungskräfte, indirekt aber die Unternehmenseigner. Zur Loyalität gegenüber dem Arbeitgeber gehört zuallererst ein gewisses **Arbeitsethos**, also die Bereitschaft, sich im Rahmen des Arbeitsverhältnisses angemessen für die Erreichung der Unternehmensziele einzusetzen. Im Einzelnen bedeutet das bspw.:

- Keine Drückebergerei durch extra langsames Arbeiten oder übermäßige Pausen zu betreiben,
- nicht ohne triftigen Grund der Arbeit fern zu bleiben,
- auf die Qualität der Arbeit zu achten,
- achtsam mit Maschinen und Material umzugehen,
- zuverlässig und gewissenhaft zu sein,
- kein „consumption on the job" zu betreiben (etwa durch (übermäßiges) privates Telefonieren, privates Surfen im Internet, private Nutzung des Dienstautos),
- auf Fehler hinzuweisen und Verbesserungsvorschläge zu machen.

Zur Loyalität nach innen gehört auch ein gewisses Maß an **Kollegialität**, bspw.:

- kein Schikanieren und Mobben von Arbeitskollegen,
- kein Intrigieren und Lügen, mit dem Ziel, Kollegen bei den Vorgesetzten schlecht zu machen, etwa um selbst Karriere zu machen,
- kein bewusstes Zurückhalten von Informationen, um sich Vorteile zu verschaffen,
- Kooperationswilligkeit,
- wohlwollendes und unterstützendes Verhalten gegenüber den Kollegen.

Schließlich kann von den Mitarbeitern **Integrität** erwartet werden. Konkret bspw.:

- kein Diebstahl von Firmeneigentum,

- keine Sabotage an Firmeneigentum,
- keine Veruntreuung von Firmenmitteln,
- keine Bestechlichkeit und keine Bestechung
- kein Fälschen oder Frisieren von Informationen.

Zwar wird ein solches Verhalten größtenteils bereits durch den institutionellen Rahmen, bspw. Gesetze, Verträge, Dienstanweisungen, Anreiz- und Kontrollsysteme gefordert und gefördert. Weder die expliziten Vorschriften noch die Kontroll- und Anreizsysteme können aber das individuelle Ethos des Mitarbeiters vollständig ersetzen. Erstens fällt ein Teil dieser Pflichten gar nicht unter die rechtlich geschuldeten Arbeitspflichten. Zweitens muss man auch bei Pflichtbeiträgen oft eine undefinierte Handlungsbandbreite einräumen. Drittens fällt anderes Verhalten zwar in den institutionell abgesicherten Pflichtenbereich, kann aber nicht vollständig beobachtet und sanktioniert werden (vgl. *Richter* [Personalführung] 15f.). Dem Mitarbeiter verbleibt ein erhebliches „**Goodwill-Potenzial**", ein verantwortungsrelevanter Handlungsspielraum. Dieses Potenzial zu aktivieren, gilt als eine sehr wichtige Aufgabe im Rahmen der Personal- und Unternehmensführung.

Besonders schwierig wird das moralische Handeln immer dann für den einzelnen Mitarbeiter, wenn er damit gegen seine eigenen Interessen verstoßen muss. Nicht selten werden solche innerbetrieblichen Interessenkonflikte durch eine inkonsistente Unternehmens- und Personalführung hervorgerufen. So werden bspw. einerseits Teamarbeit und Kooperationsbereitschaft gefordert, andererseits aber lässt man die Kollegen als Gegner um den Aufstieg kämpfen. Oder man erwartet offiziell, dass Fehler im Führungsverhalten aufgedeckt werden, bestraft aber tatsächlich den Mitarbeiter, der den Finger in die Wunde legt. An der Berechtigung der normativen Forderungen ändern solche Situationsbedingungen zwar nichts, ihre Durchsetzung aber wird sicherlich erschwert, wenn der einzelne Mitarbeiter für moralisches Verhalten bestraft wird.

3.2 Die Verantwortung gegenüber den Stakeholdern

Nicht nur die Führungskräfte, sondern auch die Mitarbeiter haben im Rahmen der Unternehmensethik die Folgen ihres Tuns für alle Betroffenen zu verantworten. Sie sind immer auch „Wirtschaftsbürger" und als solche auf das Gemeinwohl verpflichtet. Als konkrete Beispiele für verantwortliches Handeln seien genannt:

- die Kunden nicht belügen und täuschen hinsichtlich der Qualität der angebotenen Leistungen und der Geschäftsbedingungen,
- die Abhängigkeit von Lieferanten nicht zur Erpressung niedriger Preise und günstiger Konditionen nützen,
- potenzielle Anleger und Kreditgeber nicht über die finanzielle Lage des Unternehmens täuschen,
- die Öffentlichkeit nicht über Umweltschäden belügen,
- kriminelle Aktivitäten wie Steuerhinterziehung, Subventionsbetrug, Bilanzfälschung, Konkursdelikte, Scheingeschäfte etc. nicht einfach hinnehmen oder gar unterstützen.

Für den einzelnen Mitarbeiter stellt sich insbesondere die Frage, was er machen soll, wenn Kollegen oder Vorgesetzte unverantwortliches Handeln von ihm fordern. Kollegen könnten bspw. mit dem Hinweis auf die Verpflichtung zur Kollegialität verlangen, dass er ihr unmoralisches Handeln deckt. Vorgesetzte könnten behaupten, dass die Loyalität gegenüber dem Arbeitgeber solche Praktiken einschließe und dass bspw. der Umsatz einbräche, wenn Mängel eines Produktes bekannt würden oder dass die Aktienkurse ins Bodenlose sänken, wenn die echten Bilanzzahlen ans Licht kämen. In der Konsequenz steht dann auch der wirtschaftliche Ruin des Unternehmens samt Arbeitsplatzverlusten am Horizont. Die Manager selbst rationalisieren unethische Praktiken häufig mit dem Argument, sie müssten (ausschließlich) im Unternehmensinteresse (bzw. im Kapitalinteresse) handeln und seien quasi zur Unmoral gezwungen. Hinzu kommt der Glaube, nicht erwischt zu werden und – falls man doch erwischt wird – mit einem blauen Auge davon zu kommen (vgl. *Gellerman* [managers] 88ff.).

Die Mitarbeiter werden durch die mehr oder weniger explizite Aufforderung zur Deckung von und Mithilfe bei unethischen Praktiken in einen **Loyalitätskonflikt** gestürzt. Die Reaktion darauf kann sehr unterschiedlich ausfallen (vgl. *Steinmann/Löhr* [Grundlagen] 152ff.). **Gedankenloser Gehorsam** und karriereorientiertes, **opportunistisches Mitläufertum** der Mitarbeiter ersparen ihnen Ärger, führen aber gleichermaßen zu einer heimlichen Komplizenschaft zwischen Unternehmensmitgliedern auf Kosten Dritter, welche ethisch nicht wünschenswert ist. Vermutlich kommen die meisten unmoralischen Verhaltensweisen von Mitarbeitern nicht durch Auflehnung und Ungehorsam zustande, sondern gerade durch beflissene Unterordnung und blinden Gehorsam.

Kündigt der Mitarbeiter, weil er sich dem moralischen Konflikt nicht länger aussetzen will, dann ist dies zum einen für ihn mit großen Nachteilen verbunden und löst zum anderen das moralische Problem des Fehlverhaltens nicht. Die Selbstselektion der Mitarbeiter mit Gewissen würde sogar letztlich das Problem noch verschärfen, weil auf diese Weise die kritischen Mitarbeiter dem Unternehmen verloren gehen. Außerdem kann die Kündigung gegenüber den Kollegen ein fatales Signal aussenden: Wer unmoralisches Handeln nicht mitmachen will, muss gehen! Auch diese Reaktion ist daher nicht wünschenswert.

Empfehlenswert scheint dagegen die **argumentative Auseinandersetzung** mit den betroffenen Kollegen bzw. den relevanten Entscheidungsträgern, mit dem Ziel, eine konsensuelle Lösung zu finden. Das erfordert erhebliche Zivilcourage, ist doch durchaus mit negativen Sanktionen für kritische Meinungsäußerungen zu rechnen. Es wird stark von den institutionellen Rahmenbedingungen im Unternehmen abhängen, bspw. von der vorherrschenden Unternehmenskultur, ob der Einzelne sich traut, Missstände offen zur Sprache zur bringen.

Bringt die direkte Aussprache nicht den gewünschten Erfolg, dann bleibt als letzte Option nur noch das „**Whistle Blowing**“, das „Verpfeifen“ der unethischen Praktiken.

3.3 Whistle Blowing

3.3.1 Kennzeichnung des Whistle Blowing

Ein „**Whistle Blower**" ist jemand, der unethische Praktiken innerhalb einer Organisation gegenüber Vorgesetzten oder gegenüber der Öffentlichkeit aufdeckt.

Whistle Blowing kann auf verschiedenen Ebenen stattfinden (vgl. *Leisinger* [Unternehmensethik] 133ff.). Geht es um unethische Praktiken einzelner Kollegen, dann wird sich der Whistle Blower zunächst auf dem Dienstweg an den Vorgesetzten wenden, um ihm die illegitimen oder illegalen Handlungsweisen zur Kenntnis zu bringen. Kann er auf diese Weise keine Lösung erreichen oder geht es um illegitimes und illegales Verhalten der Unternehmensführung selbst, dann bleibt nur noch der Weg nach außen, an die Öffentlichkeit. Indem der Whistle Blower sich an Behörden oder Medien wendet, erzeugt er öffentlichen Druck, der das Unternehmen zum Handeln zwingt.

Als Vorstufe des Whistle Blowing kann der Mitarbeiter auch zunächst nur damit drohen, dass er sich an die Öffentlichkeit wenden wird, falls die unmoralischen Praktiken nicht aufhören. Sowohl diese Drohungen als auch das eigentliche Verpfeifen können anonym oder öffentlich erfolgen. Die Anonymität schützt den Mitarbeiter vor drohenden Repressalien seitens des Unternehmens, erlaubt aber keine direkte Aussprache über das Problem und erzeugt eine Misstrauens-Atmosphäre. Besonders dem heimlichen Verpfeifen haftet der unangenehme Geruch des Denunziantentums an.

3.3.2 Bewertung des Whistle Blowing

Generell ist die Bewertung des Verpfeifens sehr ambivalent. Der Whistle Blower sieht sich häufig gravierenden Interessenkonflikten gegenüber. Sein Vorgehen kann den Shareholdern, den Vorgesetzten und den Kollegen massiv schaden. Indirekt werden evtl. auch Lieferanten, Kreditgeber und Standortgemeinden geschädigt, bspw. wenn ein Unternehmen aufgrund des Whistle Blowing schließen muss.

Auf der anderen Seite stehen die durch die illegitimen und illegalen Praktiken Geschädigten. Patienten, die an nicht deklarierten Nebenwirkungen von Medikamenten leiden, Personen, die aufgrund von Sicherheitsmängeln an Produkten verunglücken, Kunden, die durch falsche Beratung in den Ruin getrieben wurden, Anwohner, die Gesundheitsschäden durch Umweltverschmutzung erleiden usw.

Von der Öffentlichkeit werden die Whistle Blower häufig als **Helden** gefeiert. Die betroffenen Kollegen und Vorgesetzten werten den Whistle Blower dagegen als illoyalen Verräter und **Nestbeschmutzer**. Da er nicht beweisen kann, dass er aus einer Gewissensentscheidung heraus handelt, werden ihm unlautere Motive wie Neid, Rachegelüste oder Profilierungssucht unterstellt. Die Sanktionen reichen von der sozialen Ächtung bis hin zur Kündigung. Selbst wenn der Whistle Blower gesetzlich vor Mobbing und Kündigung geschützt ist, wie es bspw. seit 1999 in England der Fall ist (vgl. *Thurn/Ott* [Nestbeschmutzer] 104), können die Kollegen ihm das Leben mit subtilen Repressionen sehr schwer machen. Einen ausreichenden gesetzlichen Schutz genießen Whistle Blower nach einer Untersuchung von Transparency International (vgl. [Whistleblowing] nur in vier von 27 europäischen Ländern. Es erfordert also einige Zivilcourage, unethische Praktiken bekannt zu machen.

Beispiel: Ein Mitarbeiter geht im *EADS*-Konzern dem Verdacht von massiven Schmiergeldzahlungen nach. Jahrelang versucht er, das Problem intern anzusprechen und zu lösen, auch über die Complianceabteilung, die offiziell einen Verhaltenskatalog für ethisch sauberes Geschäftsgebaren entwickelt und verbreitet hat. Aber alle internen Lösungsversuche scheitern. Schließlich droht der Mitarbeiter mit einer Anzeige bei der Aufsichtsbehörde. Die Reaktion des Unternehmens: Er wird gewarnt, er solle gut auf sich aufpassen, wenn er alleine unterwegs sei. Er sei in Gefahr. Das gelte auch für seine Familie. Der Mitarbeiter lässt sich letzten Endes auf einen Deal ein. Er verpflichtet sich zum Schweigen und zum Vernichten aller Beweise. Ein anderer Mitarbeiter zeigt das Unternehmen dann aber doch noch bei der englischen Aufsichtsbehörde an, so dass alles publik wird (vgl. *Dahlkamp/Schmitt* [Option].

3.3.3 Empfehlungen für das Whistle Blowing

Nicht nur wegen dieser unangenehmen Folgen für die eigene Person, sondern auch wegen der möglicherweise weit reichenden negativen Folgen für unschuldig Betroffene sollte sich niemand das „Verpfeifen" leicht machen. Erwartet wird vom Whistle Blower,

- dass er nur aufgrund von sicheren Fakten tätig wird;
- dass er zunächst alle Möglichkeiten ausschöpft, um das Problem unternehmensintern, am besten im direkten Gespräch mit den Verursachern zu regeln. Vor allem der Gang an die Öffentlichkeit sollte die ultima ratio sein;
- dass er sich Rechenschaft über seine Motive ablegt und nicht aus Rache, bspw. wegen einer Entlassung, tätig wird;
- dass er nicht finanziell vom Whistle Blowing profitieren will, bspw. brisante Informationen gegen viel Geld an die Medien oder den Staat verkauft;
- dass er eine sorgfältige Güterabwägung vornimmt.

Für diese **Güterabwägung** kann es keine „Musterlösung" geben. Man kann nur versuchen, mit Hilfe der schon früher beschriebenen Vorzugsregeln nach bestem Wissen und Gewissen zu einer verantwortbaren Entscheidung zu kommen. Wo Gesundheit und Leben von Betroffenen auf dem Spiel stehen und/oder wo „Unrecht an vielen zum Vorteil weniger" geschieht (*Lotter* [Whistleblowing] 127), ist das Verpfeifen in der Regel angebracht.

Beispiele: Als Vorbild gilt bspw. *Jeffrey Wigand*, der lange Jahre als Vizepräsident der Forschungsabteilung des Tabakgiganten *Brown & Williamson* arbeitete und schließlich öffentlich bekannt machte, dass die Tabakindustrie heimlich suchtverstärkende Zusätze in die Zigaretten mischt. Gute Beispiele stellen auch die Whistle Blower dar, die im Vorfeld der Challengerkatastrophe auf Sicherheitsmängel hinwiesen und diejenigen, welche katastrophale Sicherheitsdefizite beim *Ford Pinto* anprangerten. In Deutschland wurde der Fall von *Brigitte Heinisch* viel diskutiert. Die Altenpflegerin hatte lange Zeit bei ihren Vorgesetzten auf die unzureichende Pflege der Heimbewohner wegen Unterbesetzung hingewiesen, aber kein Gehör gefunden. Schließlich zeigte sie ihren Arbeitgeber an und wurde prompt gefeuert. Seinen Arbeitsplatz verlor auch ein LKW-Fahrer, der sich weigerte, 11,5 Tonnen Gammelfleisch zu einer Lebensmittelfabrik zu fahren und der die Behörden alarmierte.

Das Unternehmen kann selbst einiges tun, um die enormen Imageschäden zu vermeiden, die durch externes Whistle Blowing entstehen. Empfohlen wird vor allem, ein offenes Ohr für die Kritik von Mitarbeitern zu haben. Das kann institutionell abgesichert werden durch offizielle Beschwerdewege und Ombudsinstitutionen. Auch sollte den Mitarbeitern in den Führungsgrundsätzen zugesichert werden, dass sie keine Sanktionen zu fürchten haben, wenn sie Missstände intern anprangern. Sind die Vorwürfe berechtigt, müssen natürlich dann auch konkrete Taten zur Lösung des Problems folgen. Die Kritik der Mitarbeiter sollte als wichtige Informationsquelle im Rahmen einer verantwortungsbewussten Unternehmensführung aufgefasst werden.

Die personale Komponente der Unternehmensethik betont die innere moralische Haltung, das Ethos der Akteure im Unternehmen. Ihre Moralität wird für unverzichtbar gehalten. Sie müssen sich in eine kritische Distanz zu den Rollenerwartungen und institutionellen Anreizen setzen können, um in Freiheit und damit wirklich moralisch zu handeln. Außerdem bedarf es ihres Urteilsvermögens, um den Erfordernissen des Einzelfalls jeweils gerecht zu werden. Steht die handelnde Person im Vordergrund der ethischen Bewertung, spricht man auch von Tugendethik.

4 Führungs- und Mitarbeiterethik als Tugendethik

4.1 Kennzeichnung von Tugend und Tugenden

Tugend kann definiert werden als die durch fortgesetzte Übung erworbene Lebenshaltung einer sittlich gebildeten Persönlichkeit. Die sittliche Bildung umfasst sowohl den grundsätzlichen **Willen zum Guten** als auch **moralisches Urteilsvermögen** darüber, was in einer bestimmten Situation das Gute ist. Die Tugend ist ein Ideal und „immer im Fortschreiten" (*Kant* [Tugendlehre] A53). Sie ist das Ziel einer dauerhaften (Selbst-)Erziehung. Wer diese Lebenshaltung hat, ist weder Spielball seiner naturwüchsigen Bedürfnisse und Leidenschaften noch der sozialen Rollenerwartungen. Er vermag vielmehr, sich in kritische Distanz zu ihnen zu setzen und frei das sittlich Gute zu wählen (vgl. *Höffe* [Tugend] 306).

Häufig wird auch von einer Mehrheit von **Tugenden** gesprochen. *Kant* erklärt das so, dass das einigende Prinzip der Tugend sich auf verschiedene moralische Gegenstände beziehen kann (vgl. [Tugendlehre] A48). Von verschiedenen Philosophen wurden unterschiedliche **Kataloge von Tugenden** entwickelt. *Aristoteles* nennt folgende: Tapferkeit, Besonnenheit, Großzügigkeit, Großgeartetheit, Hochsinnigkeit, Ehrliebe, Sanftmut, Freundschaft, Aufrichtigkeit, Gewandtheit, Scham-Empfindung, Gerechtigkeit, Güte in der Gerechtigkeit. Diese Tugenden sind alle dadurch gekennzeichnet, dass sie die Mitte zwischen zwei Extremen darstellen. Tapferkeit ist bspw. die Mitte zwischen Feigheit und Draufgängertum, Großzügigkeit die Mitte zwischen Knauserei und Verschwendungssucht, Ehrliebe die Mitte zwischen Geltungssucht und Gleichgültigkeit. Ergänzt werden diese ethischen Tugenden im engeren Sinne von den sog. Verstandestugenden. Richtiges Handeln beruht auf richtigen Entscheidungen und diese wiederum erfordern Verstand und Denken. Die Erkenntnis des Richtigen, die sittliche Einsicht als eine Verstandestugend, lenkt das sittliche Streben in die richtige Bahn.

Im abendländischen Ethos werden häufig in Anlehnung an *Platon* nur vier Tugenden unterschieden, die sog. **Kardinaltugenden**: Klugheit, Gerechtigkeit, Tapferkeit und Besonnenheit. Dieses ethische Gerüst wird für besonders geeignet gehalten, um zu präzisieren, welche Eigenschaften man von sittlichen Wirtschaftsakteuren, insbesondere Führungskräften erwartet (vgl. *Kiefer* [Unternehmenspolitik] 69f.; *Schmidt* [Führungsethik] 40ff.).

Im Einzelnen wünscht man sich von den Wirtschaftsakteuren:

- **Klugheit**
  Die Fähigkeit und feste Bereitschaft, die Wirklichkeit zu erkennen und mit Kritik und Realitätssinn das sittlich Gute situationsgerecht zu bestimmen.
- **Gerechtigkeit**
  Die Anerkennung und Verwirklichung der Rechte des Nächsten und der Gemeinschaft aus dem Wissen um die eigenen Rechte und Pflichten.
- **Tapferkeit**
  Die Bereitschaft, auch bei Nachteilen zu seinen Überzeugungen zu stehen und um der Gerechtigkeit willen auch Konflikte nicht zu scheuen. *Kant* spricht auch von der sittlichen Stärke (fortitudo moralis) (vgl. [Tugendlehre] A46), in moderner Diktion würde man wohl von Zivilcourage sprechen.
- **Besonnenheit**
  In allen Dingen Maß halten und auf ein schädliches Mehr verzichten.

Höffe hält es für angebracht, diesen vier Kardinaltugenden drei weitere „gegenwärtig relevante" hinzuzufügen (vgl. [Tugend] 307f.):

- **Solidarität**
  Die Bereitschaft zur Hilfe für Notleidende und Unterdrückte.
- **Toleranz**
  Die Achtung andersartiger Anschauungen und Handlungsweisen.
- **Gelassenheit**
  Die Fähigkeit, den rechten Zeitpunkt des Handelns abzuwarten und das rechte Maß des Tuns einzuschätzen.

Die Unterschiedlichkeit der aufgezählten Tugenden zeigt an, dass es wohl schwer sein dürfte, den Tugendbegriff inhaltlich durch die Aufzählung von Einzeltugenden vollständig zu füllen. Zumal auch der Inhalt der Einzeltugenden nicht genau abzugrenzen ist. Gehören bspw. zu einer umfassenden Gerechtigkeit Solidarität und Toleranz nicht dazu? Ist Gerechtigkeit das Gleiche wie Gemeinsinn? Und ist Gelassenheit nicht ein Aspekt der Klugheit? Eine vergleichbare Kritik lässt sich im Übrigen auch an der Aufzählung ethisch richtiger Handlungen oder ethisch wünschbarer Folgen üben. Man kann dieser Kritik entgehen, indem man sich auf ganz allgemeine Aussagen zurückzieht: Sei sittlich tüchtig, handle sittlich richtig, erstrebe das Gute. Wie schon *Aristoteles* bemängelt, sind solche Aussagen „verhältnismäßig leer" ([NE] 1107a) und die Ethik sollte dem Handelnden, auch wenn er letztlich im sittlichen Urteil auf sich selbst gestellt ist, doch konkrete Hilfe leisten.

In den Tugendkatalogen kann ein solches hilfreiches **Orientierungswissen** für die Wirtschaftsakteure gesehen werden. Das gilt umso mehr, als in der Wirtschaft oft ganz andere Haltungen als „Tugend" angesehen werden, etwa Härte, Rücksichtslosigkeit, Durchsetzungsvermögen und Cleverness.

4.2 Grenzen der Tugendethik

Die Relevanz der Tugendethik im Rahmen der Unternehmensethik wird von zwei Seiten in Zweifel gezogen.

(1) Kritik von Seiten der Moralökonomik

Die Moralökonomen lehnen als Vertreter einer reinen Institutionenethik oft ausdrücklich ab, die Wirtschafts- und Unternehmensethik mit den Motiven, Handlungsorientierungen und Absichten der Handelnden in Verbindung zu bringen. Eine moderne Ethik müsse sich komplett von den Motiven und Haltungen der Akteure abkoppeln. Nicht die Menschen müssten bspw. solidarisch und gerecht sein, sondern allein die Systeme. Individualethische und besonders tugendethische Argumentationsmuster erscheinen ihnen als veraltetes und sinnloses Appellieren und Postulieren (vgl. *Homann/ Blome-Drees* [Unternehmensethik] 18f; 22f., 38; auch *Pies/Blome-Drees* [Theorienkonkurrenz] 177f.).

An die Stelle der Tugend tritt die Institution.

(2) Kritik von Seiten der Diskursethik

Die Vertreter einer Diskursethik kritisieren die Verankerung der Unternehmensethik im Moralbewusstsein der Unternehmensmitglieder, insbesondere der Führungskräfte, als monologisch und personalistisch (vgl. *Wittmann* [Managementethik] 16f.). Als Gegenmodell zum „privaten" Verantwortungsbewusstsein und Gewissen sehen sie den zwanglosen Diskurs mit allen Betroffenen.

An die Stelle der Tugend tritt ein Verfahren.

Wie bereits im ersten Kapitel des Buches erläutert wurde, erscheint es nicht sinnvoll, die Individual- gegen die Institutionenethik oder die „monologische" Verantwortungsethik gegen die Diskursethik auszuspielen. Die Tugend im Sinne einer grundsätzlichen Ausrichtung des individuellen Willens auf das Gute (moralische Gesinnung) ist das unverzichtbare subjektive Fundament für das moralische Handeln.

In einer rein institutionenethisch konzipierten Wirtschafts- und Unternehmensethik ist der Einzelne nur noch Systemagent. Ihm fehlt die innere Freiheit zur moralischen Entscheidung, wenn er nur auf vorgegebene Anreize reagiert. Er handelt überhaupt nicht mehr, sondern verhält sich systemkonform. Der Verzicht auf das frei entscheidende Subjekt entzieht der gesamten Ethik, und zwar auch der Institutionenethik, die Basis.

Und auch die Diskursethik kann auf die Moralität der beteiligten Subjekte nicht verzichten: Sie müssen bspw. über die Tugend der Gerechtigkeit verfügen, insofern sie den anderen als gleichberechtigten Diskurspartner ansehen müssen. Sie müssen „tapfer" und wahrhaftig zu ihren Überzeugungen stehen, dabei aber besonnen in ihren Forderungen bleiben. Und einen tragfähigen Konsens zu erzielen, erfordert sicher oft ein gerütteltes Maß an Klugheit. Das Verfahren des Diskurses ist kein Ersatz für moralische Gesinnung.

Aus beiden kritischen Lagern wird denn auch letztlich die Unabdingbarkeit der individuellen Moralität akzeptiert. Sie betonen im Grunde nur besonders ausdrücklich die **Grenzen einer reinen Individual- und Tugendethik**. Diese Grenzen liegen in einer möglichen **Überforderung des Einzelnen**, die durch institutionelle Rahmenbedingungen entsteht. Zum Ersten kann diese Überforderung in **systematischen Fehlanreizen** bestehen. Wer immer wieder erlebt, dass moralisches Handeln bestraft wird, wird vermutlich irgendwann in seiner Moralität zermürbt. Zum Zweiten kann auch das **moralische Urteilsvermögen systematisch überfordert** werden, wenn der Einzelne in komplexen, arbeitsteiligen Zusammenhängen die Folgen seines Handelns beim besten Willen nicht mehr überschauen kann.

Darum ist ein Zusammenspiel zwischen den moralischen Intentionen der Einzelnen, „auf die nicht verzichtet werden kann", und „institutionellen Stabilisierungen" moralischer Handlungsweisen nötig (*Homann/Blome-Drees* [Unternehmensethik] 44). Oder wie *Enderle* (vgl. [Führungsethik] 15) es ausdrückt: Führungsethik (und Mitarbeiterethik) muss in die institutionellen Bedingungen auf der Ebene des Unternehmens und der Gesamtwirtschaft eingebettet werden.

Die personale Komponente bedarf der **Ergänzung durch die institutionelle Komponente**. Die institutionelle Komponente wird in den beiden folgenden Kapiteln zum Thema, zunächst auf der betrieblichen, dann auf der überbetrieblichen Ebene.

IX Die innerbetrieblichen Institutionen

[1] Die Bedeutung strukturell-systemischer Führung

[2] Die institutionelle Unterstützung des Sollens

[3] Die institutionelle Unterstützung des Wollens

[4] Die institutionelle Unterstützung des Könnens

Als nächstem Baustein des Managements der Verantwortung wenden wir uns in diesem Kapitel der verantwortungsbewussten Gestaltung der innerbetrieblichen Institutionen zu (vgl. Abbildung IX/1).

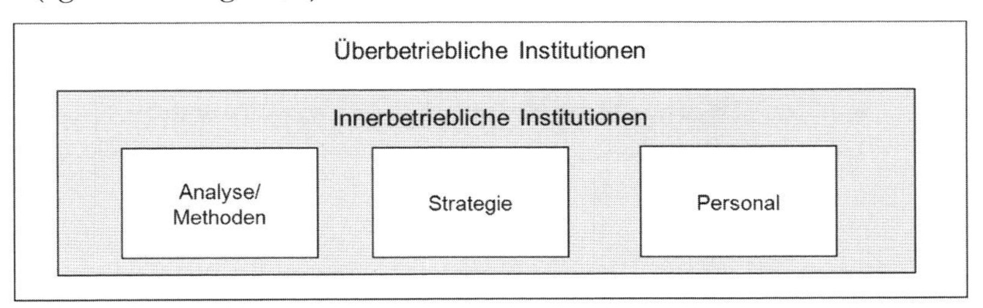

Abb. IX/1: Die Komponente der innerbetrieblichen Institutionen im Management der Verantwortung

Die einzelnen Individuen im Unternehmen werden in ihrem Handeln durch die innerbetrieblichen Institutionen beeinflusst. Diese Zusammenhänge werden in Abschnitt 1 eingehender thematisiert. Diese Institutionen sind daher so zu gestalten, dass die Individuen dabei unterstützt werden, verantwortungsvoll zu handeln. Eine verantwortungsvolle Handlung des Einzelnen setzt voraus, dass

- der Betreffende weiss, wie er handeln **soll** (Abschnitt 2),
- er auch entsprechend handeln **will** (Abschnitt 3) und
- er die entsprechenden Kompetenzen, Fähigkeiten und Informationen besitzt, um richtig handeln zu **können** (Abschnitt 4).

1 Die Bedeutung strukturell-systemischer Führung

Wenn unmoralische Praktiken in der Wirtschaft bekannt werden, fragt man sich meist spontan, was das wohl für *Menschen* sind, die „so etwas" tun, also bspw. gefährliche Nebenwirkungen von Medikamenten bewusst verschweigen, Anleger vorsätzlich falsch beraten, verdorbene Lebensmittel falsch etikettiert in den Verkehr bringen, giftige Abwässer in Flüsse leiten, Bilanzen fälschen, Bestechungsgelder zahlen oder annehmen, mit einer „Schummel-Software" Abgaswerte manipulieren usw.

Diese Frage nach der (fehlenden) Individualmoral ist berechtigt. Zur Unternehmensethik gehört aber noch eine weitere Frage, nämlich „was sind das für *Unternehmen*, in denen Menschen so etwas tun?" (vgl. *Waters* [Corporate] 283f.).

Nicht nur Individuen in der Unternehmung sind moralfähig und zur Verantwortung verpflichtet. Die Unternehmung als Ganzes ist es auch, weil sie eine „**innere Struktur**" aufweist, welche die Entscheidungen und Handlungen der Unternehmensmitglieder maßgeblich beeinflusst. Diese innere Struktur ist im übertragenen Sinne das „Gewissen" der Unternehmung (vgl. auch Kapitel IV, 4.3). Nachdem im vorigen Kapitel die Individualmoral der Unternehmensmitglieder im Vordergrund stand, geht es nun um diese innere Struktur und ihre Auswirkungen auf das Handeln der Individuen.

Grundlegend ist die Vorstellung, dass das Handeln der Menschen durch die Gestaltung der Rahmenbedingungen gezielt beeinflusst werden kann. Die Führungslehre spricht von indirekter, **strukturell-systemischer Führung durch Kontextgestaltung** (vgl. *Wunderer* [Führung] 5). Diese ergänzt zum einen die direkte personal-interaktive Führung durch Kommunikation zwischen Vorgesetzten und Untergebenen. Zum anderen bildet sie zugleich deren Grundlage. Die strukturell-systemische Führung bezieht sich nicht nur auf die untergeordneten Mitarbeiter, sondern beeinflusst auch die Führungskräfte selbst, indem sie deren Handlungen kanalisiert. In dieser **handlungsleitenden Wirkung** – auch auf die Entscheidungsträger – kann ihre besondere Bedeutung gesehen werden.

Damit die Unternehmensmitglieder tatsächlich in der gewünschten Art und Weise handeln, muss die Führung drei Funktionen erfüllen: Sie muss vorgeben, was getan werden soll und dafür sorgen, dass die Unternehmensmitglieder in der gewünschten Art und Weise handeln wollen und können (vgl. Abbildung IX/2).

Sollen	Wollen	Können
Ziel: Es muss deutlich werden, was von dem Unternehmensmitglied erwartet wird, welche Handlungen erlaubt/erwünscht bzw. verboten/unerwünscht sind	**Ziel:** Das Unternehmensmitglied muss bereit sein, in der gewünschten Art und Weise zu handeln	**Ziel:** Dem Unternehmensmitglied muss es aufgrund seiner Fähigkeiten, Kompetenzen und Informationen möglich sein, in der gewünschten Art und Weise zu handeln
Mittel: • Unternehmensleitbild • Unternehmenskultur	**Mittel:** • Personalauswahl • Personalbeurteilung und -honorierung • Kontrollsysteme	**Mittel:** • Personalentwicklung • Organisationsstruktur • Informationssysteme

Abb. IX/2: Überblick über die strukturell-systemischen Maßnahmen zur Unterstützung der Unternehmensethik

Im Folgenden werden die strukturell-systemischen Maßnahmen zur Unterstützung der Unternehmensethik näher erläutert.

2 Die institutionelle Unterstützung des Sollens

In diesem Abschnitt werden die Maßnahmen zur Unterstützung des „Sollens" vorgestellt. Dabei geht es sowohl um die formalen Werte und Normen, die vor allem in der Vision und dem Unternehmensleitbild eines Unternehmens zum Ausdruck kommen, als auch um die informalen Werte und Normen, die tatsächlich gelebt werden und in der Unternehmenskultur verankert sind.

2.1 Formale Werte und Normen: Das Unternehmensleitbild

2.1.1 Das Unternehmensleitbild als Teil der Zielhierarchie

Die Erstellung eines Unternehmensleitbildes (in gleicher oder ähnlicher Bedeutung wird auch von Unternehmensgrundsätzen, Führungsgrundsätzen, Verhaltensrichtlinien, Company Creed, Vision Statement, Corporate Code of Conduct oder Code of Ethics gesprochen) gehört zu den Maßnahmen zur Unterstützung der Unternehmensethik, die in der Theorie am häufigsten empfohlen werden. Laut einer Umfrage in den USA besaßen bereits im Jahr 1989 über 90% der antwortenden Unternehmen schriftliche Ethik-Grundsätze (vgl. *Center for Business Ethics* [Values]). Die seit 1991 geltenden „Federal Sentencing Guidelines for Organizations", welche den Unternehmen eine Mithaftung für wirtschaftskriminelles Verhalten ihrer Mitglieder auferlegen, werden diesen Prozentsatz vermutlich eher noch gesteigert haben.

Im **Unternehmensleitbild** verpflichtet sich das Unternehmen freiwillig auf bestimmte moralische Werte und Verhaltensweisen, die zum einen die strikte Einhaltung von Gesetzen betreffen, zugleich aber über die bloße Einhaltung der Gesetze hinausgehen. Das Leitbild macht Aussagen über das Verhalten des Unternehmens gegenüber den Stakeholdern auf der Grundlage ethischer Prinzipien.

Das Leitbild kann als Teil der Zielhierarchie (vgl. Abb. IX/3) angesehen werden.

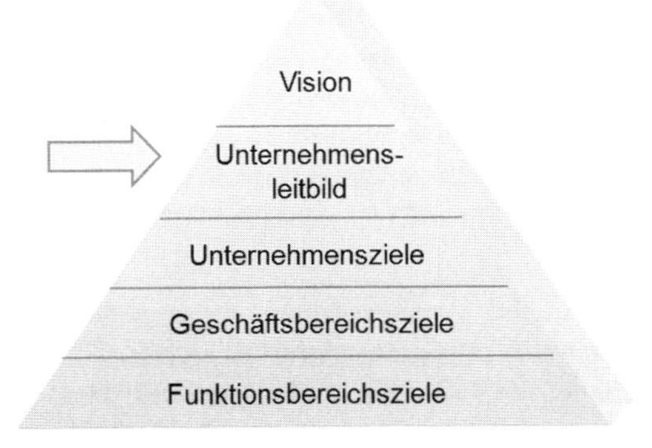

Abb. IX/3: Zielhierarchie (in Anlehnung an *Bea/Haas* [Management] 74)

Es ist ein konstitutives Merkmal der Organisation Unternehmung, dass sie ein **Ziel** bzw. Ziele verfolgt. Ziele, hier ganz allgemein verstanden als Aussagen über erwünschte Zustände, haben vielerlei Funktionen. Sie sind Grundlagen der Planung, Steuerung und Koordination, sie motivieren die Mitarbeiter, leiten ihr Verhalten, geben ihnen Richtung und Sicherheit, verleihen der Unternehmung erkennbare Identität nach innen und außen und Kontinuität im Verhalten.

Ohne Ziele kann der Managementprozess nicht ablaufen, weil man ohne sie weder Probleme (Soll-Ist-Abweichungen) erkennen noch Lösungsalternativen finden und bewerten könnte. Auch Kontrolle wäre ohne Ziele unmöglich, und schließlich kann man die Relevanz von Informationen nur im Zusammenhang mit bestimmten Zielen beurteilen.

Ziele sind zu kennzeichnen durch

- den Zielinhalt (bspw. Gewinn, Marktanteil, Verbesserung des Umweltschutzes oder der Produktsicherheit),
- den Zeitbezug (kurz-, mittel- oder langfristig),
- den sachlichen Geltungsbereich (bspw. Gesamtunternehmung, Funktionsbereich, Tochtergesellschaft) und
- das Zielausmaß (Extremierung, Fixierung, Satisfizierung).

Verschiedene Ziele können untereinander in Konflikt geraten (bspw. Kosten einzusparen und die Produktqualität zu verbessern). Dann muss man sich über eine Prioritätensetzung Gedanken machen. Ziele können aber auch als Ober- und Unterziele in einer Instrumentalbeziehung zueinander stehen (bspw. Oberziel: Erwirtschaftung einer bestimmten Rendite, Unterziel: Umsatzsteigerung bei einem bestimmten Produkt) (vgl. *Bea* [Ziele] 1674f.).

2.1.2 Das Bekenntnis zur Verantwortung in Vision und Leitbild

Führt man sich die zahlreichen Funktionen von Zielen vor Augen, dann ist es zweifellos die erste unabdingbare Voraussetzung zur Erhöhung der Verantwortungsfähigkeit der Unternehmung, den **Willen zur Verantwortungsübernahme explizit in das Zielsystem zu integrieren** und das Unternehmen bzw. seine Mitglieder auf die Einhaltung ethischer Standards zu verpflichten. Diese Integration geschieht auf verschiedenen Ebenen der Zielhierarchie, wie sie die Abbildung IX/3 schematisch darstellt.

Am häufigsten propagiert wird eine Integration ethischer Orientierungen auf den obersten Ebenen der Zielhierarchie, also in der Vision und dem Leitbild. Die **Vision** (in gleicher oder ähnlicher Bedeutung wird auch von Unternehmensphilosophie oder basic mission gesprochen) soll ganz allgemein die Einstellung der Unternehmung zu ihrer Rolle und ihrem Verhalten in der Gesellschaft klären.

Beispiele

„Wir tragen gesellschaftliche Verantwortung und engagieren uns für eine bessere Welt" (*Siemens* Corporate Responsibility Report 2003).

„We conduct our operations with honesty, integrity and openness, and with respect for the human rights and interests of our employees. We shall similarly respect the legitimate interests of those with whom we have relationships" (*Unilevers* Code of Business Principles).

> „Ethical conduct and social responsibility characterize our way of doing business. We are honest and trustworthy. We do what we say we are going to do" (Values and Vision von *Levi Strauss & Co.*).
>
> „*Faber-Castell* bekennt sich zu den 9 Prinzipien des Global Compact und hat mit dem Beitritt zu dieser Initiative seine Unterstützung bekräftigt, durch sozial und ökologisch verträgliches Wirtschaften zu besseren Bedingungen für Mensch und Natur beizutragen." (*Faber-Castell* Sozial- und Umweltprojekte 2003/04).
>
> „Wir verpflichten uns freiwillig zur Einhaltung und Förderung international anerkannter Prinzipien in den Bereichen Menschenrechte, Arbeitsnormen, Umweltschutz und Korruptionsbekämpfung" (*BASF* Bericht 2008).
>
> „Wir übernehmen in unserem täglichen Handeln ökonomische, soziale und ökologische Verantwortung" (*Kaufland*).

Während die Vision ganz grundsätzlich den Willen zur Verantwortung ausdrückt, werden die Grundsätze, welche gemeinsam das **Leitbild** formen, konkreter. Man könnte auch sagen, die Vision beinhaltet eher die Werte der Unternehmung, also die fundamentalen Auffassungen von wünschenswerten Zuständen und Haltungen, wie bspw. Einhaltung der Menschenrechte und Erhaltung der Umwelt oder Ehrbarkeit und Vertrauenswürdigkeit. In den Grundsätzen werden dagegen eher **konkrete Verhaltensnormen** formuliert. Sie beziehen sich auf bestimmte Stakeholdergruppen und/oder auf bestimmte Problembereiche (bspw. Umweltverschmutzung, Korruption, Armut in der dritten Welt).

In den Leitbildern zeigen sich auch eher unternehmensspezifische Besonderheiten als in den Visionen. Chemieunternehmen betonen die Verantwortung für den Umweltschutz, Unternehmen, die viel in Entwicklungsländern engagiert sind, gehen auf Technologietransfer, Verrechnungspreise, lokale Rechtsprechung und Kinderarbeit ein, große Unternehmen beschäftigen sich mit der Problematik ihrer Macht, für Banken sind Insidergeschäfte ein Thema. Es gibt aber auch große Ähnlichkeiten zwischen den Leitbildern. So werden in den meisten Leitbildern als Adressaten der Verantwortung explizit die Mitarbeiter, die Kunden, die Eigentümer/Aktionäre und die Öffentlichkeit genannt, teilweise auch die Lieferanten und Konkurrenten.

2.1.3 Einige typische Leitbildaussagen

Folgende Grundsätze sind typisch:

- In Bezug auf die **Mitarbeiter**: Achtung der Würde jedes Mitarbeiters, diskriminierungsfreie Einstellung und Beförderung der Mitarbeiter, Schaffung sicherer und gesunder Arbeitsbedingungen, Verzicht auf jede Form von Zwangs- und Kinderarbeit, Entfaltung und Entwicklung der Mitarbeiterfähigkeiten, Recht auf die Bildung einer Mitarbeitervertretung, offene Information der Mitarbeiter, Vertrauen und Respekt zwischen Vorgesetzten und Untergebenen, Zahlung einer angemessenen Entlohnung, wertschätzender Umgang miteinander.
- In Bezug auf die **Kunden**: Hohe Produktqualität, ein angemessenes Preis-Leistungs-Verhältnis und hohe Produktsicherheit, offene, ehrliche und sachliche Informationen (auch in der Werbung), ständige Suche nach verbesserten Produkten, eingehende Beratung, guter Service, Aufgeschlossenheit für Beschwerden.

- In Bezug auf **Eigentümer/Aktionäre**: Steigerung des Unternehmenswertes und angemessene Verzinsung des Eigenkapitals, Unternehmensführung nach bestem Wissen und Gewissen, offene, ehrliche und frühzeitige Information der Eigentümer über alle relevanten Entwicklungen im Unternehmen.
- In Bezug auf die **Öffentlichkeit**: Einhaltung der Gesetze, Schutz der natürlichen Umwelt, Entwicklung von innovativen, gesellschaftlich verträglichen Problemlösungen, Unterstützung der Standortkommune, Förderung der Gleichberechtigung der Geschlechter, bessere Vereinbarkeit von Beruf und Familie (Work-Life-Balance).
- In Bezug auf **Lieferanten** beschränken sich die Leitbilder meist auf den Grundsatz der fairen Behandlung. Die selteneren genaueren Bestimmungen beinhalten z.B. den Wunsch, dauerhaft mit Lieferanten zusammenzuarbeiten, die Verpflichtung, Lieferanten nicht zu diskriminieren sowie den Verzicht auf Gegengeschäfte, die den Lieferanten unter Druck setzen könnten. Häufiger wird ausdrücklich von den Lieferanten verlangt, dass diese sich ebenfalls an den ethischen Leitlinien des Unternehmens orientieren.
- Gegenüber den **Konkurrenten** gibt es vor allem die Verpflichtung, den freien Wettbewerb nicht durch Absprachen zu behindern.

Neben den Grundsätzen, die sich auf bestimmte Stakeholdergruppen beziehen, finden sich auch thematisch geordnete Grundsätze vor allem zu den Bereichen Umweltschutz bzw. Nachhaltigkeit, Bekämpfung der Korruption, Sicherheit, Gesundheit, Umgang mit Minderheiten, Spenden und Sponsoring, Corporate Citizenship.

2.1.4 Empfehlungen für das Leitbild

Idealerweise sind die Grundsätze **realistisch**, in sich **stimmig** und nach innen und außen **konsensfähig.** Die **Verpflichtung zur Einhaltung** der Grundsätze wird im Leitbild selbst ausdrücklich unterstrichen, etwa indem auf formale Kontrollmaßnahmen hingewiesen wird und die Mitarbeiter ermutigt werden, jeden Verstoß gegen die Grundsätze gegenüber den Führungskräften oder gegenüber den Kontrollinstanzen bekannt zu machen. Da es zu Zielkonflikten zwischen den ökonomischen Zielen und den propagierten ethischen Werten und Normen kommen kann, scheint es ebenfalls sehr wichtig, die **Priorität des moralischen Handelns** im Konfliktfall zu betonen.

> **Beispiele**: So heißt es bspw. im Leitbild von *Unilever*: „The Board will not criticise management for any loss of business resulting from adherence to these principles and other mandatory policies and instructions“. Bei der *BASF* wird betont, dass wirtschaftliche Belange keinen Vorrang gegenüber Sicherheit, Gesundheit und Umweltschutz haben. Und im Leitbild von *Levi Strauss* steht die Formulierung, dass zur Integrität der Wille gehört, die richtigen Dinge zu tun, „ ... even when economic pressures confront us“.

Grundsätzlich wird aber in den Leitbildern eher ein **komplementäres Verhältnis zwischen Ethik und Gewinn** postuliert. Dabei sollte Ethik die Basis für den Gewinn sein und nicht umgekehrt.

Beispiele: „Our values are fundamental to our success" heißt es bspw. im Leitbild von *Levi Strauss*, „Compliance with these principles is an essential element in our business success", formuliert *Unilever* und „Umweltschutz und gesellschaftliche Verantwortung sind die Grundlagen für den Erfolg", postuliert man bei *Henkel*.

Die Grundsätze im Unternehmensleitbild sind noch wenig operational, d.h. der Zielinhalt ist nicht sehr präzise, Zielausmaß und Zeitbezug sind oft gar nicht genannt und zuständig ist „das Unternehmen". Das ist auch sinnvoll, weil das Leitbild knapp und prägnant das Wesentliche nach innen und außen kommunizieren soll. Damit die Grundsätze in das Alltagsgeschäft tatsächlich Eingang finden, müssen sie sich allerdings auch in den stärker operationalisierten Zielen und Verhaltensrichtlinien wiederfinden.

2.1.5 Die Präzisierung der Grundsätze in Zielen und Richtlinien

Die Vision und das Leitbild enthalten auch schon Ziele und Verhaltensrichtlinien, weil ja bestimmte Zustände, Haltungen und Handlungsweisen als erstrebenswert und erwünscht gekennzeichnet werden. Zur Unterstützung der praktischen Umsetzung im Unternehmensalltag sind aber oft **präzisere Bestimmung des Zielinhalts** sowie Angaben zum **Ausmaß**, zum **Zeithorizont** und **Geltungsbereich** der Ziele hilfreich. In der oben dargestellten Zielhierarchie wird erst bei solchen Präzisierungen von Unternehmenszielen gesprochen.

Beispiele für Ziele: Im *BASF*-Unternehmensbericht von 2008 finden sich u.a. folgende, zum Grundsatz des Umweltschutzes gehörige Ziele: Reduktion der Treibhausgase je Tonne Verkaufsprodukt um 25%, 70% weniger luftfremde Stoffe sollen in die Luft emittiert werden. Darüber hinaus sollen 80% weniger organische Stoffe, 80% weniger Stickstoff und 60% weniger Schwermetalle in das Wasser abgegeben werden. Basisjahr für die Berechnung der Reduktion ist 2002, Zieljahr 2020. Bei *BMW* werden als konkrete Ziele benannt, die CO_2- Emissionen der Neuwagenflotte um mindestens 25% zu senken und mindestens 1 Million Nutzer für den Car Sharing Service zu gewinnen, Zieljahr 2020.

Nicht alle Grundsätze eignen sich so gut für eine exakte Quantifizierung. Dennoch muss man sich, auch im Hinblick auf eine Kontrolle der Einhaltung der Grundsätze, Gedanken darüber machen, was man konkret wie und in welcher Zeit erreichen will, also Ziele und Ausführungsrichtlinien formulieren. Eine solche Präzisierung ist – vor allem bei großen diversifizierten und/oder global agierenden Unternehmen – eher auf der Ebene der Geschäftsbereiche oder Tochterunternehmen sinnvoll, weil sich die Schwerpunkte der Probleme stark unterscheiden können. „Day-to-day responsibility is delegated to the senior management of the regions and operating companies. They are responsible for implementing these principles, if necessary through more detailed guidance tailored to local needs", heißt es dazu bspw. im Leitbild von *Unilever*. Präzisere Ausführungsrichtlinien können auch für bestimmte Funktionsbereiche oder bestimmte Problembereiche erarbeitet werden.

Beispiele für Richtlinien: Das Unternehmen *Johnson Wax* legt bspw. in eigenen Marketingrichtlinien fest, dass sie keine Werbespots in Programmen schalten, die Gewalt verherrlichen.

IBM postuliert in den Einkaufsrichtlinien, dass kein Lieferant mehr als 30% seiner Kapazität mit Aufträgen für das Unternehmen auslasten darf, damit keine allzu große Abhängigkeit und damit eine Grundlage für Machtmissbrauch entsteht.

Von *Levi Strauss* wurden genaue Richtlinien ausgearbeitet für die Auswahl von Geschäftspartnern, die mit den ethischen Standards des Unternehmens kompatibel sind.

Der Grundsatz, Korruption weder aktiv noch passiv zuzulassen, wird bei *Motorola* durch Richtlinien ergänzt, bis zu welchen Grenzen Geschenke, Einladungen oder sonstige Vorteile erlaubt sind. Weil in bestimmten Kulturen (bspw. Japan) das Austauschen von Geschenken zur Pflege der Geschäftsbeziehung üblich ist, empfehlen die Richtlinien für solche Länder statt der Geschenke an das Unternehmen bzw. seine Mitarbeiter eine Spende an eine gemeinnützige Organisation.

Bei aller gebotenen Konkretheit der ethischen Verhaltensrichtlinien kann natürlich niemals jedes ethische Problem vorab prognostiziert und sozusagen eine Musterlösung dafür entwickelt und vorgeschrieben werden. Es bleiben Grauzonen, Unsicherheiten und Zweifel, die nur durch das moralische Urteilsvermögen der Individuen aufgehellt werden können. Sehr umfassende und präzise Vorschriften können sogar kontraproduktiv wirken, weil sich die Unternehmensmitglieder dann als selbstverantwortliche, moralische Individuen entmündigt fühlen. Es gilt, die Mitte zu finden zwischen sehr allgemeinen und dann leicht leerformelhaften Grundsätzen und einem umfassenden Katalog von hoch standardisierten, bürokratischen Vorschriften, welche die Individualverantwortung nicht ermutigen, sondern ersetzen sollen. Intendiert ist nicht, jeden Schritt für die Mitarbeiter vorzuschreiben, sondern ihnen die Richtung zu weisen und eine Art **Kompass** an die Hand zu geben (vgl. *Leisinger* [Unternehmensethik] 119f.).

2.1.6 Der Prozess der Leitbilderstellung

Kritisiert wird an den Leitbildern zum einen, dass sie häufig nur die „Privatmoral" der Führungskräfte wiedergäben, die ihre Moral- und Wertanschauungen für organisationsweit verbindlich erklären und vorschreiben würden (vgl. *Wittmann* [Managementethik] 88f.). Zum anderen liegt der Verdacht nahe, dass sie nur der Imagepflege nach außen dienen und im Unternehmensalltag gar keine Rolle spielen, weil sie bei den Mitarbeitern gar nicht „ankommen". Beide Kritikpunkte können durch den Prozess der Leitbilderstellung entschärft werden.

Selbst wenn die Initiative zur Erstellung eines Leitbildes vom Top-Management ausgeht, so müssen doch die **Mitarbeiter** und evtl. auch **Vertreter der Stakeholder** und **externe Berater** in den Prozess der Formulierung einbezogen werden. Damit wird sichergestellt, dass eine kritische Analyse der Ausgangslage stattfindet und alle Aktivitäten der Unternehmung auf ihre möglichen negativen Folgen für Stakeholder abgeklopft werden.

Die gefundenen Werte und Normen erlangen weiterhin einen höheren Grad an Legitimität, wenn sie als **konsensfähig aus einem kritischen Diskurs** hervorgegangen sind (vgl. Kapitel I, Abschnitt 2.3.3). Die Einbeziehung der Mitarbeiter führt außerdem zu einer größeren Identifikation mit den Leitlinien und zu einer verbesserten Motivation im Hinblick auf ihre Befolgung. Eine „Verordnung" von Moral wird schnell als Kritik an der persönlichen moralischen Kompetenz und als Bevormundung empfunden. Die Einbeziehung der Mitarbeiter „vor Ort“ kann zudem Missverständnissen vorbeugen und die Unternehmung vor überzogenen Versprechungen schützen, die dann tatsächlich nicht einlösbar sind.

Die Einbeziehung von Mitarbeitern und externen Stakeholdern sorgt schließlich auch von Anfang an für einen gewissen Bekanntheitsgrad der Grundsätze. Die umfassende **Kommunikation der Grundsätze** nach innen und außen ist unabdingbar für ihre Umsetzung. Nach innen müssen die Grundsätze unmissverständlich klar gemacht werden, weil natürlich niemand von den Mitarbeitern die Einhaltung von Grundsätzen erwarten kann, die ihnen unbekannt oder unverständlich sind. Die Kommunikation nach außen dient nicht nur der Imagepflege, sondern bekräftigt auch die Selbstbindung der Unternehmung, denn öffentlich bekannte Verhaltensvorgaben können von den Bezugsgruppen auch kontrolliert und eingefordert werden.

Nach einer Umfrage unter 237 mittleren Managern wurden allerdings nur 20% an der Ausarbeitung eines Kodex beteiligt (vgl. *Fifka/Kraus* [Management] 67). Zumeist werden die Kodizes von einer kleinen Gruppe entwickelt oder sogar gänzlich von externen Beratern. Das erschwert die Identifikation mit dem Kodex.

2.2 Informale Werte und Normen: Die Unternehmenskultur

2.2.1 Kennzeichnung der Unternehmenskultur

Im Leitbild wird formal festgelegt und öffentlich dokumentiert, wofür die Unternehmung steht und wie sie sich gegenüber den Stakeholdern verhalten will. Für die Unternehmensmitglieder werden damit zugleich Verhaltensstandards vorgegeben.

Allerdings kann die Unternehmenspraxis von diesem Leitbild erheblich abweichen. In Anlehnung an die Terminologie von *Argyris* (vgl. [Learning] 216f.) könnte man sagen, es gibt zwei Arten Verhaltensvorgaben im Unternehmen: Die, für die man offiziell eintritt (espoused norms) und daneben die tatsächlich geltenden Vorgaben (norms-in-use). Die in einem Unternehmen tatsächlich gelebten und geteilten Werte und Normen sind Kernbestandteil der sog. **Unternehmenskultur**.

> Die **Unternehmenskultur** kann definiert werden als „tiefenstrukturelle Werte, Normen und Grundannahmen, die sich an der beobachtbaren Oberfläche als Artefakte sowie als sprachliche und interaktionelle Muster manifestieren“ (*Mayrhofer/Meyer* [Organisationskultur] 1026).

In dieser Definition wird Bezug genommen auf das Drei-Ebenen-Konzept der Unternehmenskultur nach *Schein* (vgl. [Culture] 263). Nach diesem Konzept bilden Werte und Normen den Kernbereich der Unternehmenskultur. Sie stehen auf der mittleren Ebene (vgl. Abb. IX/4). Ihr aufgesetzt werden als oberste Ebene die äußerlich sichtbaren Verhaltensweisen und Artefakte der Unternehmung, die als wahrnehmbare Manifestationen einer bestimmten Kultur gelten können. Dazu gehören bspw. Umgangsformen, Rituale, Sprachregelungen, Gebäude, Symbole. Als Basis für die Werte und Normen und unterste Ebene der Unternehmenskultur gelten die größtenteils unbewussten Grundannahmen der Menschen, vor allem ihr Bild von der Natur des Menschen und der Beschaffenheit menschlicher Beziehungen.

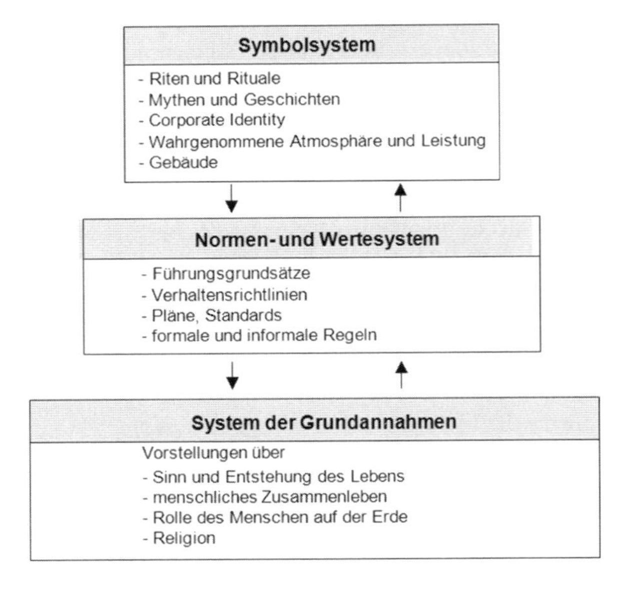

Abb. IX/4: Drei-Ebenen-Modell von *Schein* (Quelle: *Schein* [Organizational Culture] 14)

Die Unternehmenskultur ist das soziale Produkt der Unternehmensmitglieder. Sie entsteht durch Interaktion. Obwohl also der Einzelne an der Kultur mitwirkt, erlebt er sie zugleich als etwas Äußeres und Vorgegebenes, als etwas, was die Unternehmung hat und was gerade für diese Unternehmung „typisch" ist (*Neuberger/Kompa* [Kult] 62). Die Kultur tritt ihm als **handlungsleitende Institution** gegenüber.

Das Individuum soll und will sich normalerweise auch „enkulturieren", d.h. an die vorhandene Kultur anpassen. Diese Enkulturation ist ein vielschichtiger Vorgang, der als teils bewusstes, teils unbewusstes Nachahmen, Einüben, Internalisieren, Interpretieren, Einfühlen von Seiten der zu enkulturierenden Person und als teils bewusstes, teils unbewusstes Lehren, Einweisen, Vorschreiben von Seiten der enkulturierenden Institution angesehen werden kann. Die Soziologie spricht auch von der „**sekundären Sozialisation**", die den Erwachsenen nach der primären Sozialisation in der Kindheit „instutionelle Subwelten" und deren spezifische Rollen lernen und verinnerlichen lässt (vgl. *Berger/Luckmann* [Konstruktion] 148ff.).

2.2.2 Beziehung zwischen Unternehmenskultur und Unternehmensethik

Die Beziehung zwischen Unternehmenskultur und Ethik kann auf zwei Arten geknüpft werden:

- Man kann sich fragen, ob eine bestimmte Unternehmenskultur die Unternehmensethik fördert oder behindert.
- Es kann problematisiert werden, ob man eine Unternehmenskultur überhaupt gestalten darf.

(1) Kann die Unternehmenskultur die Unternehmensethik fördern?

Hier soll zunächst die erste Frage im Vordergrund stehen.

> Die Unternehmenskultur wird als eine **institutionelle Rahmenbedingung** aufgefasst, die das moralische Handeln im Unternehmen systematisch beeinflusst (so auch *Berkel/Herzog* [Unternehmenskultur] 113).

Es liegt auf der Hand, dass die informellen Werte und Normen der Unternehmenskultur mit den formalen Werten und Normen in Konflikt geraten können. Dabei entwickeln die kulturellen Vorgaben, die ja erst dadurch entstehen, dass sie „gemeinsam getragen" und „gelebt" werden, offenbar eine ganz **besondere Art von Verbindlichkeit**. Besteht eine deutliche Diskrepanz zwischen den formalen Vorgaben im Leitbild und der „gelebten" Kultur, dann wird das Leitbild zur Makulatur, irrelevant für die Praxis, denn die Mitarbeiter erleben oft einen erheblichen sozialen Druck, sich in die Kultur einzufügen.

Tatsächlich klaffen die offiziell erwünschten Verhaltensweisen und die „heimlichen Spielregeln" (*Scott-Morgan* [Spielregeln]) oft weit auseinander. Die Mitarbeiter beobachten bspw., was den Führungskräften wichtig oder unwichtig ist, wer aufgrund welcher Kriterien Karriere macht, was belohnt oder bestraft wird, wie sich Kollegen in bestimmten Situationen verhalten, nach welchen Kriterien Ressourcen zugeteilt werden, welche Umgangsformen üblich sind usw., und sie ziehen ihre Schlüsse daraus. **Vorbilder** erleichtern die Deutung unklarer Situationen und erlauben ein Lernen durch stellvertretende Erfahrung (vgl. *Grundherr* [Kompetenz] 330f.). Gelebte Kultur und formal geforderte Verhaltensweisen unterscheiden sich möglicherweise stark.

> **Beispiele**: Offiziell wird großer Wert auf Kollegialität und Offenheit gelegt, zugleich ist aber kulturell verankert, dass man im harten Wettbewerb mit den Kollegen steht und Informationen als „Herrschaftswissen" besser für sich behält. Offiziell wird Umweltschutz propagiert, befördert wird aber derjenige, der die größten Kosteneinsparungen vorzuweisen hat, auch wenn sie auf Kosten des Umweltschutzes gehen. *VW* hat bspw. noch 2014 in seinem Nachhaltigkeitsbericht als Ziel genannt, bis 2018 der nachhaltigste Autoproduzent weltweit zu werden. Wie man inzwischen weiß, wurden die Verbrauchs- und Abgaswerte von Millionen Autos bewusst gefälscht und eine hohe Belastung der Umwelt in Kauf genommen und vorsätzlich verheimlicht. Verantwortlich dafür ist nach Aussagen beteiligter Mitarbeiter auch eine „Kultur der Angst" unter dem Chef *Winterkorn*. Die vollmundigen Versprechen zur Reduktion von Abgaswerten und Verbrauchswerten waren mit legalen Mitteln unter dem herrschenden Zeit- und Kostendruck gar nicht zu erreichen, was aber offiziell niemand sagen durfte.

„Cultural forces ... seem to explain, better than anything else, why people in organisations behave, ethically or unethically, as they do" (*Sinclair* [Approaches] 68). Als Erklärungsgröße für die bekannten Bilanzfälschungs-, Korruptions- und Betrugsskandale bei *Enron* und *WorldCom* wird neben dem Versagen der Kontrollmechanismen auch eine bestimmte Kultur herangezogen, nämlich eine Unternehmenskultur, die Reichtum und Erfolg als oberste Werte propagiert und aggressive Konkurrenz als probates Mittel, um diese Werte anzustreben (vgl. *Windolf* [Korruption] 193ff.). In der Anklage gegen den

Mineralölkonzern *BP* wegen der Schäden in Zusammenhang mit der Bohrinsel-Explosion im Golf von Mexiko kritisierte der zuständige Staatsanwalt, die *BP*-Kultur habe den Profit über die Vorsicht gestellt.

Nach der empirischen Untersuchung von *Waters* (vgl. [Morality]) zu den Gründen für illegales und unmoralisches Handeln in Unternehmen sind vier von sieben „organizational blocks", welche Ethik im Unternehmen verhindern, dem Bereich der Kultur zuzurechnen, nämlich

- eine allgemeine Billigung oder Duldung unmoralischer Praktiken, wobei insbesondere das Beispiel der Führungskräfte Schule macht,
- eine ausgeprägte Gruppenloyalität, welche die Aufdeckung unmoralischer Praktiken verhindert und zu Konkurrenz und Feindschaften im Unternehmen führt,
- eine starke Orientierung an quantitativ-ökonomischen Werten und
- die Hemmung, über moralische Aspekte des Unternehmenshandelns zu sprechen.

Den Unternehmensmitgliedern werden also **widersprüchliche Signale** über das erwünschte Verhalten und die Rangfolge der Werte gesendet. Da die offiziellen Werte und Normen nicht gegen die gelebte Kultur durchsetzbar sind, muss demnach versucht werden, die Kultur ebenfalls „ethikorientiert" zu gestalten (*Berkel/Herzog* [Unternehmenskultur] 113). Damit wird aber zugleich die zweite Beziehung zwischen Unternehmenskultur und Ethik zum Thema: Ist es überhaupt ethisch vertretbar, die Unternehmenskultur gezielt ändern zu wollen?

(2) Darf man die Unternehmenskultur gestalten?

Kritiker sehen darin einen manipulativen „Wertedrill", einen instrumentalisierenden Zugriff auf den „ganzen Menschen", eine zwanghafte soziale Normierung (vgl. *Osterloh* [Unternehmensethik] 153 und die dort angegebene Literatur). Diese radikale Ablehnung eines Kulturmanagements wird allerdings von den wenigsten Forschern auf diesem Gebiet geteilt. Gegen eine völlige Ablehnung des gezielten Kulturwandels lässt sich einwenden,

- dass es sehr üble, zwanghafte und unmoralische Unternehmenskulturen gibt, deren Änderung für alle Betroffenen sehr wünschenswert ist.
- dass der Prozess des kulturellen Wandels keineswegs in der Form eines manipulativen Wertedrills ablaufen muss.

Mit der Unternehmensethik vereinbar erscheint so ein **kulturbewusstes Management**, welches zum Ersten inhaltlich darauf abzielt, die Kultur ethikorientierter zu machen und das zum Zweiten offen und partizipativ abläuft (vgl. *Schreyögg* [Unternehmenskulturen]).

Der Prozess der „Kurskorrektur" beginnt mit der Beschreibung und Bewusstmachung der bestehenden Kultur. Auch wenn eine Kultur aufgrund ihres größtenteils nicht direkt wahrnehmbaren Charakters nicht vollkommen und vollständig rekonstruiert werden kann, so können doch offenbar – was zahlreiche Beispiele belegen – wesentliche Inhalte beschrieben und große Unterschiede in bestehenden Kulturen festgestellt werden. Die **Offenlegung kultureller Muster** ist ethisch gesehen wünschenswert, weil sie bisher möglicherweise verborgene Verhaltenseinflüsse sichtbar und kritisierbar macht. Bringt diese Beschreibung an den Tag, dass heimliche Spielregeln gelten, welche unmoralische Praktiken nahe legen, dann folgt im nächsten Schritt der Versuch einer Umorientierung.

2.2.3 Ansatzpunkte für ein „Kulturmanagement“

Wie die Anführungszeichen um den Begriff „Kulturmanagement“ schon andeuten sollen, ist die Kultur nicht ohne weiteres zielgerichtet zu gestalten und zu entwickeln, eben zu „managen“. Als **Gründe für die schwierige Veränderbarkeit der Kultur** werden genannt (vgl. *Schreyögg* [Unternehmenskulturen]):

- Kulturen sind sehr tief verankert in den oft unbewussten und unhinterfragten Basisannahmen der Unternehmensmitglieder.
- Die Unternehmensmitglieder geben eine einmal erlernte Kultur nur ungern auf, weil die gewohnten Orientierungsmuster ihnen helfen, sich in der Unternehmung zurechtzufinden.
- Ein Kulturwandel kann auch die Position bestimmter Unternehmensmitglieder bedrohen. Bspw. verlieren die Vorgesetzten an Macht, wenn eine „partizipative“ Kultur eine „autoritäre“ Kultur ablösen soll.
- Der komplexe Enkulturationsprozess enthält auch zahlreiche unplanbare, spontane Abläufe.
- Die Unternehmenskultur ist oft in sich uneinheitlich und besteht aus verschiedenen Subkulturen.

Trotz dieser Probleme gelten auch Unternehmenskulturen als willentlichem Wandel zugänglich. Naheliegend ist, an den sichtbaren Zeichen der Unternehmenskultur anzusetzen. Man versucht quasi, durch die Änderung der Oberflächenphänomene der Kultur auch einen Wandel in den tiefer liegenden Schichten anzustoßen. *Probst* (vgl. [Selbst-Organisation] 97ff.) spricht in diesem Zusammenhang vom **symbolischen Organisieren** und unterscheidet:

- die symbolische Gestaltung von **Sprache**,
- die symbolische Gestaltung von **Artefakten** und
- die symbolische Gestaltung von **Handlungen**.

a) Sprache

Der Versuch, über **Sprachänderungen** auch Bewusstseinsänderungen herbeizuführen, begegnet uns alltäglich in den Bemühungen, bei der Wortwahl männliche und weibliche Formen zu benutzen. Viele früher ohne weiteres benutzte diskriminierende Ausdrücke („Neger“, „Krüppel“) sind mittlerweile aus dem Sprachgebrauch fast verschwunden. Privatisierte ehemalige Staatsbetriebe wollen die Kundenorientierung ihrer Mitarbeiter u. a. auch dadurch fördern, dass durchgängig vom „Kunden“ gesprochen wird und nicht bspw. vom „Antragsteller“ Meier oder vom „Vorgang“ Meier.

Zu den sprachlichen Mitteln der Kulturgestaltung wird auch das Erzählen von Geschichten gerechnet. Geschichten aktivieren Emotionen und bieten Anhaltspunkte für Identifikationen. Schon *Kant* hat in seiner „Methodenlehre“ dazu geraten, Beispiele von pflichtgemäßem Handeln Einzelner zu erzählen, um den Wert eines solchen Handelns anschaulich zu machen und zur Identifikation anzuregen. Wird stattdessen im Unternehmen bspw. gerne erzählt, wie bestimmte Manager einen Kunden oder Lieferanten „clever“ über den Tisch gezogen haben, oder wie „geschickte“ Kollegen es immer wieder schaffen, Firmenressourcen für sich zu nutzen, dann wirkt sich das sicherlich auf das ethische Klima im Unternehmen aus.

Weil die **Sprache die Kultur kommuniziert**, gilt sie als zentraler Ansatzpunkt sowohl für die Analyse als auch für die Gestaltung der Unternehmenskultur. Alle sprachlichen Manifestationen (Leitbilder, Geschichten, Redewendungen, Bezeichnungen für Personen, Abteilungen und Vorgänge, Geschäftsberichte, Präsentationen, Verhandlungen usw.), ja selbst die nonverbale Kommunikation durch Gestik und Mimik, transportieren Botschaften an die Unternehmensmitglieder. So kann bspw. die offizielle direkte Anweisung, sich streng an die Umweltrichtlinien des Unternehmens zu halten, schon durch ein gleichzeitiges komplizenhaftes Augenzwinkern in ihr Gegenteil verkehrt werden.

Als sprachliche Maßnahme zur Verankerung von Ethik in den Unternehmen wird auch die Umbenennung der „Unternehmensethik“ oder „Unternehmensverantwortung“ in Termini wie „**Corporate Citizenship**“, „**Reputationsmanagement**“, **Corporate Social Responsibility** (CSR) oder **Corporate Responsibility** (CR) empfohlen. Man kann einen Vorteil darin sehen, dass diese Begriffe besser zum häufig englischen Wirtschaftsjargon passen, als die als sehr akademisch und anspruchsvoll empfundenen Begriffe „Ethik“ und „Moral“. Auf der anderen Seite wird „Corporate Citizenship“ bisher von den meisten sehr eng verstanden und mit Philanthropie und Mäzenatentum gleichgesetzt. Beim „Reputationsmanagement“ entsteht zumindest der Eindruck, es ginge eben nur um die Außenwirkung der Unternehmung, um die schöne Fassade. Allgemein üblich geworden ist inzwischen allerdings die Verwendung der englischen Übersetzung des Begriffes Unternehmensverantwortung, nämlich „Corporate Social Responsibility“ (CSR) oder auch „Corporate Responsibility“ (CR). Obwohl damit inhaltlich nichts anderes gemeint ist als mit der hier beschriebenen Unternehmensethik, hilft die Verwendung der englischen Begriffe möglicherweise, Berührungsängste abzubauen. Es klingt moderner und stärker nach „Management“, wenn von „guidance on social responsibility“ die Rede ist statt von Ethikrichtlinien.

b) Artefakte

Auch die Gestaltung der **Artefakte** (Einrichtungen, Ausstattungen, Gebäude, Technologien, Hilfsmittel, Produkte etc.) repräsentiert eine bestimmte Unternehmenskultur. So werden Machtunterschiede oft schon durch die Größe und Lage von Büros sowie deren Ausstattung augenfällig symbolisiert. Ist in den Führungsgrundsätzen ein partnerschaftlicher und offener Umgang zwischen Vorgesetzten und Untergebenen gefordert, dann müssen auch die Artefakte entsprechend gestaltet werden. Eine symbolische Betonung der Statusüberlegenheit und räumliche Abschottung der Führungskraft wird die offene Kommunikation sicherlich behindern. Wie ernst bestimmte Stellen im Unternehmen genommen werden, zeigt sich auch an den Artefakten. Wird bspw. ein Umweltbeauftragter in das kleinste und schäbigste Büro verbannt und erhält so gut wie keine Hilfsmittel, dann signalisiert das deutlich an die Mitarbeiter, dass seine Aufgabe als unwichtig eingestuft wird.

c) Handlungen

Schließlich senden auch alle **Handlungen** Signale an die Unternehmensmitglieder aus. Mitarbeiter beobachten vor allem die Handlungen der Vorgesetzten und schließen daraus, was wirklich in der Unternehmung wichtig genommen wird und erwünscht ist. Bewusste symbolische Handlungen sind vor allem **Riten und Zeremonien**, also bspw. die offizielle Ehrung des Mitarbeiters des Monats oder das tägliche gemeinsame Frühstück in der Abteilung.

Letztlich senden aber alle Handlungen Signale aus. Verstoßen insbesondere die Führungskräfte in ihren Handlungen sichtbar gegen die ethischen Leitlinien, dann werden sich bald auch die anderen Mitarbeiter nicht mehr daran gebunden fühlen. In der Diskussion um die ausufernden Managervergütungen wurde auch auf die **fatale Signalwirkung** hingewiesen, wenn die obersten Führungskräfte Gier und Selbstbedienungsmentalität zeigen. Eine Befragung von Führungskräften im mittleren Management ergab, dass das Vorbild der Topmanager für die Implementierung und Umsetzung ethischer Werte als ganz entscheidend angesehen wird (vgl. *Fifka/Kraus* [Management] 69).

Die Handlungen haben aber nicht nur direkt symbolischen Wert. Durch das Handeln der Führungskräfte entstehen ja auch die **weiteren Rahmenbedingungen**, welche wiederum auf die Unternehmenskultur einwirken. Alle im Folgenden noch zu erläuternden Maßnahmen, wie Personalauswahl, -beurteilung und -honorierung, Gestaltung der Organisationsstruktur, Aufbau von Kontroll- und Informationssystemen usw. haben auch Einfluss auf die Unternehmenskultur und wirken insofern direkt und indirekt auf das moralische Handeln der Unternehmensmitglieder ein.

Um dem Vorwurf der Manipulation zu entgehen, muss der gesamte Prozess der Kulturanalyse und der Kulturentwicklung offen und partizipativ gestaltet werden. Es soll keine „Gehirnwäsche" stattfinden, sondern ein innerbetrieblicher Diskurs, der an das kritische Reflexions- und Argumentationsvermögen der Beteiligten anknüpft (vgl. *Ulrich* [Kulturentwicklung] 319).

Beispiel: Bei dem Wurstfabrikanten *„Rügenwalder Mühle"* stieß die Idee des Marketingchefs, in Zukunft auch vegetarische Wurst anzubieten, zunächst auf vehemente Ablehnung durch die Mitarbeiter. Diese sind zum großen Teil ausgebildete Metzger und stolz auf die 180jährige Firmengeschichte der Wurstfabrikation. Erst ein mitreißender Vortrag des Marketingchefs über die globalen Auswirkungen des Fleischverzehrs und ein Appell an die Verantwortung der Mitarbeiter für die zukünftige Ernährung einer wachsenden Erdbevölkerung brachte die Wende.

Nachdem die Maßnahmen zur Unterstützung des „Sollens" diskutiert wurden, geht es nun um die Förderung der inneren Bereitschaft, verantwortungsvoll zu handeln.

3 Die institutionelle Unterstützung des Wollens

In Abbildung IX/2 wurden als Maßnahmen zur Unterstützung des Wollens des Einzelnen aufgeführt:

- Personalauswahl,
- Personalbeurteilung und -honorierung,
- Kontrollsysteme.

Im Folgenden werden wir uns jeweils mit den einzelnen Maßnahmen und mit den Zusammenhängen zwischen der Maßnahme und der Unternehmensethik beschäftigen. Im letzten Schritt werden konkrete Empfehlungen für die verantwortungsorientierte Gestaltung der Maßnahme abgeleitet.

3.1 Personalauswahl

3.1.1 Das Personalauswahlverfahren

Als **Personalauswahl** bezeichnet man die Entscheidung über die Besetzung einer frei gewordenen, frei werdenden oder noch zu schaffenden Stelle aus dem Angebot an internen und externen Bewerbern. Im weiteren Sinne werden auch die vorbereitenden Tätigkeiten (bspw. Formulierung einer Stellenanzeige oder Durchführung von Tests) zum Personalauswahlverfahren gerechnet.

Die Auswahl von Mitarbeitern und insbesondere von Führungskräften gilt als eine der bedeutendsten und zugleich komplexesten Aufgaben im Unternehmen. Bedeutend, weil man sich normalerweise lange aneinander bindet und dem Unternehmen durch fehlendes Können und/oder Wollen eines Mitarbeiters viel Schaden entstehen kann. Komplex, weil viele der erwünschten Eigenschaften des Bewerbers nur sehr schwer exakt festgestellt werden können.

Die Bestimmung der bestgeeigneten Person für eine bestimmte Stelle setzt zunächst einmal eine genaue Festlegung der Anforderungen voraus (Anforderungsprofil). Dann muss das Leistungs- und Persönlichkeitsprofil des Bewerbers möglichst exakt erfasst werden, um es mit dem Anforderungsprofil vergleichen zu können. Als Quellen für Bewerberinformationen kommen in Frage: Bewerbungsanschreiben, Lebenslauf, Daten in Personalfragebogen, Zeugnisse, Referenzen, Lichtbild, Handschrift, Ergebnisse von Eignungstests, Assessment-Center, ärztliche Eignungsuntersuchung, persönliches Verhalten und Gespräch, Arbeitsproben (vgl. *Richter* [Personalführung] 411).

Die Personalauswahl ist fehlerhaft, wenn nicht geeignete Bewerber ausgewählt werden oder wenn besonders gut geeignete Bewerber nicht erkannt werden. Das Auswahlverfahren gilt als relativ fehleranfällig. Oft ist schon das Anforderungsprofil nicht ausreichend konkretisiert oder nicht stellenangemessen formuliert. Bewerberseitig kann es zu taktischen Verstellungen und „geschönten" Informationen kommen. Auf der Seite des Beurteilers spielen subjektive Wahrnehmungsfilter und Fehlinterpretationen sowie fehlende Sachkunde eine negative Rolle. Auch sind die eingesetzten Testverfahren oft sehr umstritten, was ihre Gültigkeit und Zuverlässigkeit betrifft.

3.1.2 Personalauswahl und Unternehmensethik

Mit der Unternehmensethik kann die Personalauswahl auf zwei Arten in Verbindung gebracht werden:

- Das Auswahlverfahren muss erstens selbst bestimmten moralischen Ansprüchen genügen und
- zweitens soll es zur Rekrutierung von moralischen Mitarbeitern beitragen.

(1) Anforderungen an das Auswahlverfahren

Zunächst sind an das **Auswahlverfahren selbst moralische Anforderungen** zu stellen. Es soll bspw. **diskriminierungsfrei** verlaufen, so dass die Bewerber nur nach ihrer sachlichen Eignung und nicht bspw. aufgrund von Geschlecht oder Rasse ausgewählt oder ausgeschieden werden. Eine subtile Diskriminierung von Frauen besteht darin, dass nach wie vor die Vorstellung des „idealen Managers“ stark durch stereotyp männliche Eigenschaften (wie bspw. Aggressivität, Dominanz, Ehrgeiz, Risikofreude, Selbstbehauptung) geprägt ist (vgl. *Gmür* [Was] 414f.). Konkrete Zielvorgaben, wie die, den Frauenanteil in den Führungsetagen auf mindestens 5% zu erhöhen, können hilfreich sein. Unter dem Begriff „Diversity“ haben sich heute schon viele Unternehmen auf die Fahnen geschrieben, ganz bewusst die Vielfalt der Belegschaft zu erhöhen und bspw. Junge und Ältere, Frauen und Männer, Behinderte und Nichtbehinderte, Inländer und Ausländer zu beschäftigen.

> **Beispiel**: *Die AfB gGmbH* ist auf die Abholung, zertifizierte Löschung und Wiedervermarktung gebrauchter IT-Hardware spezialisiert. Alle Prozesse sind barrierefrei gestaltet, da es zur Unternehmenspolitik gehört, Menschen mit Handicap einzustellen. Etwa die Hälfte der ca. 200 Mitarbeiter in Deutschland sind Menschen mit Beeinträchtigung.

Mit dem Recht auf **Schutz der Privatsphäre** ist es u. a. nicht vereinbar, Fragen nach Partei- oder Konfessionszugehörigkeit, nach den Vermögensverhältnissen, der Herkunft oder nach einem Kinderwunsch zu stellen. Problematisiert werden kann auch der Einsatz von tiefenpsychologischen Tests, die den Probanden quasi zwingen, Einblick in seine Intimsphäre zu geben. Ebenso problematisch erscheint es, die Kandidaten in sog. Stressinterviews bewusst unter **Druck** zu setzen und sie vorsätzlich zu ängstigen.

Selbstverständlich besteht – auf beiden Seiten – die Pflicht zur **Ehrlichkeit**. Unternehmensseitig soll der Bewerber bspw. offen über die Anforderungen des Arbeitsplatzes, die wirtschaftliche Lage des Unternehmens und seine Entwicklungsmöglichkeiten aufgeklärt werden. Weiterhin erscheint es empfehlenswert, den zukünftigen Kollegen bzw. Untergebenen als Betroffenen ein **Mitspracherecht** einzuräumen. Und schließlich ist auch zu überlegen, wie man mit ausgeschiedenen Bewerbern umgeht. **Feedback-Gespräche**, in denen die Gründe für das Scheitern der Bewerbung erläutert werden, können dem Bewerber helfen, mit seiner Enttäuschung fertig zu werden und ihm auch Hilfestellung leisten für künftige Bewerbungen. Viele dieser Anforderungen sind mittlerweile auch gesetzlich festgeschrieben.

(2) Die Auswahl moralisch gesonnener Mitarbeiter

Die zweite, im hier thematisierten Zusammenhang wichtigere Art der Beziehung zwischen Personalauswahl und Unternehmensethik besteht darin, dass man zur Unterstützung der Unternehmensethik versuchen sollte, **Personen mit einer gewissen Moralität als Mitarbeiter auszuwählen**, welche den ethischen Unternehmensleitlinien aus eigenem Antrieb folgen wollen.

Bisher, so stellt *Windolf* bei seiner Analyse der gigantischen Betrugsaffären bei *Enron* und *WorldCom* fest, führen die Selektions- und Selbstselektionsmechanismen der Wirtschaft eher dazu, jene Individuen (für Führungspositionen) auszuwählen, die aggressiv und im Grenzfall auch mit krimineller Energie ein hohes Einkommen anstreben (vgl. [Korruption] 195f.). Die Unternehmen suchen nicht selten bewusst die jungen und

„hungrigen" Absolventen, die vor allen Dingen rasch Karriere machen wollen und die Art der Geschäfte tunlichst nicht in Frage stellen. Untersuchungen über das Ethos von Führungskräften zeigten ebenfalls, dass besonders die jüngeren Führungskräfte zum Opportunismus neigen und unmoralisches oder gar kriminelles Handeln billigen, wenn es ihnen materiellen Erfolg einbringt (vgl. *Kerber* [Ethos] 280). „Man überlebt nicht, wenn man die Moral hochhält", ist nach einer repräsentativen Erhebung unter Vorstandsmitgliedern der 100 größten Unternehmen in Deutschland verbreitete Meinung (vgl. *Buß* [Moral]). Besonders die Topmanager großer Unternehmen nehmen ein starkes Spannungsfeld zwischen der wirtschaftlichen Handlungslogik und gesellschaftlichen Erfordernissen und Werten wahr. Sie fühlen sich genötigt, die Konflikte zugunsten des Unternehmenswohls zu lösen (vgl. *Alemann* [Verantwortung] 367).

Die Bemühungen, die ethische Qualität unternehmerischen Handelns mit Hilfe von Leitlinien und Kulturmanagement zu erhöhen, scheitern in der Praxis, wenn die Mitarbeiter, besonders in Führungspositionen, große individidualethische Defizite aufweisen. Die Moralität der Mitarbeiter muss daher schon bei der Personalauswahl beachtet werden. „Mit einer anspruchsvollen Personalselektion, besonders für hohe Positionen, ... kann ein Unternehmen Einfluss darauf nehmen, dass diejenigen, die es nach innen und außen repräsentieren, bestimmte qualitative Wesensaspekte (Tugenden) haben .... Das wären Führungskräfte, die sich ihrer vollen Verantwortung für alles, was sie tun oder unterlassen, bewusst und darüber hinaus sittlich orientiert sind. „Sittlich orientiert" ist eine Persönlichkeit, die ihre handlungsleitenden Werte ethisch verantwortet übernimmt und ernsthaft versucht, ihr Leben danach zu richten." (*Leisinger* [Unternehmensethik] 143). Bei der *BASF* gehört es zu den Unternehmensgrundsätzen, Mitarbeiter und insbesondere Führungskräfte zu gewinnen, die im Einklang mit den Grundwerten und Leitlinien handeln wollen. Doch wie kann man solche Personen gezielt suchen und finden?

3.1.3 Ansatzpunkte für die Auswahl sittlich orientierter Unternehmensmitglieder

a) Die Stellenanzeige

Der erste Kontakt zwischen Unternehmen und Bewerbern wird gewöhnlich durch eine **Stellenanzeige** hergestellt. Schon bei dieser ersten Kontaktaufnahme versucht das Unternehmen, möglichst gezielt die Bewerber anzusprechen, die für die ausgeschriebene Stelle geeignet sind. Durch die **Selbstselektion** der Bewerber findet eine erste Vorauswahl statt.

In der Regel stellt sich das Unternehmen kurz selbst vor. Sind die Stellenanzeigen über Personalberatungen geschaltet und anonymisiert, dann werden allerdings oft nur die Branche und die Größe des Unternehmens genannt. Nur wenige Unternehmen nutzen bei dieser **Selbstdarstellung** die Chance, auf ihre ethischen Leitlinien hinzuweisen und damit ein erstes Signal an die Bewerber auszusenden. Am ehesten wird noch auf die Grundsätze hingewiesen, umweltverträglich und ressourcenschonend zu wirtschaften, den Mitarbeitern gute Arbeitsbedingungen zu bieten sowie das Wohl des Kunden zu fördern.

Der Unternehmensselbstdarstellung folgen in der Regel eine genaue Beschreibung der Aufgabe und ein **Anforderungsprofil**. Das Anforderungsprofil setzt sich zusammen aus fachlichen Anforderungen (Kenntnisse, Erfahrungen, Fertigkeiten) und persönlichen Anforderungen. Nach einer umfassenden Analyse von Stellenanzeigen für Führungskräfte in verschiedenen überregionalen Zeitungen kommt *Schneider* (vgl. [Ethik] 82ff.) zu folgenden typischen Anforderungen an die Persönlichkeit des Bewerbers:

- **Führungseigenschaften**
  Eigenschaften, die direkt mit der Verantwortung für Personal verbunden sind, wie Fähigkeit zur Motivation, Erfolgs- und Zielorientierung, kooperativer Führungsstil, Vorbild sein, Mitarbeiter fördern und entwickeln.
- **soziale Eigenschaften**
  Eigenschaften im Umgang und in der Kommunikation mit anderen Menschen, z.B. Verhandlungsgeschick, Durchsetzungsvermögen, Kooperationsfähigkeit, Teamfähigkeit, Kommunikationsfähigkeit, sicheres Auftreten, Kontaktfreudigkeit, Überzeugungskraft, Einfühlungsvermögen.
- **Denkeigenschaften**
  Kognitive Voraussetzungen, Denkrichtungen, Orientierungen, bspw. Kreativität, unternehmerisches Denken, analytisches Denken, kostenbewusstes, kundenbewusstes, ergebnisorientiertes, strategisches, erfolgsorientiertes Denken.
- **aufgabenbezogene Eigenschaften**
  Eigenschaften, die sich direkt auf die Erledigung von Aufgaben beziehen, wie Organisationstalent, Mobilität, Selbstständigkeit, Initiative, Belastbarkeit, Entscheidungsfreude.
- **charakterliche Eigenschaften**
  Verantwortungsbewusstsein, Leistungswillen, Fleiß, Aufgeschlossenheit, Integrität, Zuverlässigkeit, Sorgfalt, Gewissenhaftigkeit.

Schneider kommt in seiner Analyse zu dem Schluss, moralische Aspekte spielten bei der Formulierung von Anforderungen an die Bewerber nur eine sehr geringe Rolle (vgl. [Ethik] 87). Es scheinen aber doch eine ganze Reihe von Eigenschaften gefordert zu werden, die eine sittliche Orientierung beinhalten, wie bspw. Verantwortungsbewusstsein, Integrität und Gewissenhaftigkeit. Zumindest als „Sekundärtugenden" können Fleiß und Disziplin (Arbeitsethos), Zuverlässigkeit und Sorgfalt bezeichnet werden (vgl. auch *Leisinger* [Unternehmensethik] 144). Eine ganze Reihe der „sozialen Eigenschaften", wie Einfühlungsvermögen, Kooperations- und Kommunikationsfähigkeit, werden zudem auch im Rahmen der Diskursethik gefordert. Die erwünschten Führungseigenschaften weisen schließlich auf einen **partnerschaftlich-kooperativen Führungsstil** hin, wie er in der Führungsethik propagiert wird.

Nicht immer muss explizit von Moralität gesprochen werden, wenn gleichwohl die moralische Kompetenz der Führungskraft zumindest mit angesprochen wird. Häufig benutzt wird heutzutage in Stellenanzeigen die Forderung nach „sozialer Kompetenz". „Sozialkompetenz" wird schon seit geraumer Zeit als eine der zentralen Führungsfähigkeiten und wichtiger Wettbewerbsfaktor angesehen (vgl. bspw. *Große-Oetringhaus* [Sozialkompetenz] 273ff; *Graf* [Schlüsselqualifikation]). Der Begriff ist schillernd und wird teilweise als eine Art Sammelbegriff für fast alle oben schon genannten Führungseigenschaften, sozialen und charakterlichen Eigenschaften benutzt. Ausdrücklich wird mit dem Begriff der sozialen Kompetenz aber auch die Fähigkeit angesprochen, in einer Gemeinschaft Verantwortung zu übernehmen und aktiv als mündiger Bürger an der gesellschaftlichen Entwicklung mitzuwirken. Zu den Dimensionen sozialer Kompetenz gehören (vgl. *Faix/Laier* [Kompetenz] 63; ähnlich auch *Thommen* [Management-Kompetenz] 17):

- die eigene Verantwortung gegenüber den gesellschaftlichen Gemeinschaften und der Natur erkennen und berücksichtigen können,
- Moral und Ethik respektieren,
- die eigene Moralität aktiv entwickeln,
- sich achtungsvoll, aufrichtig, fair, solidarisch, tolerant, kompromissbereit und einfühlend gegenüber anderen verhalten.

Vor allem über den Begriff der sozialen Kompetenz werden also heute sogar recht häufig in Stellenanzeigen sittliche Anforderungen an die künftigen Mitarbeiter gestellt. Fraglich ist allerdings, ob sowohl den anzeigenschaltenden Unternehmen als auch den angesprochenen Bewerbern der ethische Gehalt der Eigenschaft „Sozialkompetenz“ voll bewusst ist. Um der Eindeutigkeit der Kommunikation willen wäre es besser, die Anforderungen expliziter zu formulieren.

b) Das Auswahlverfahren

Am Beginn des Auswahlverfahrens steht die Formulierung des **Anforderungsprofils**. Sollen die ethischen Leitlinien Eingang in das Auswahlverfahren finden, dann ist ein Abgleich zwischen den Unternehmensgrundsätzen und den Muss- und Sollerwartungen an die Kandidaten notwendig. Nach einer – allerdings schon über 10 Jahre alten – empirischen Erhebung werden nur in sehr wenigen Unternehmen Unternehmensleitbild und -grundsätze explizit zur Basis der Formulierung von Anforderungsprofilen gemacht.

Weit mehr Unternehmen geben jedoch an, sie würden die Bewerber schon darauf hin prüfen, ob sie die unternehmensseitig vertretenen Werte und Normen vermutlich auch einhalten würden (vgl. *Schneider* [Ethik] 101). Wie das geschieht, bleibt allerdings offen. Es scheint, dass man sich vor allem auf die persönlichen Auswahlgespräche und die Menschenkenntnis der Gesprächspartner verlässt.

> **Beispiele**: Ein Mitglied der Geschäftsleitung der *Novartis AG* äußert sich bspw. dahingehend, dass er Personen, die Positionen mit erhöhter Verantwortung anstrebten, schon nach ihrem Wertesystem frage und ob sie zu den unternehmensethischen Grundsätzen stehen könnten. Und der Geschäftsführer der *Plansecur Management GmbH*, einer bundesweit tätigen Unternehmensgruppe für Finanzplanung und -vermittlung, baut auf seine Urteilskraft bei der Auswahl von Mitarbeitern, welche die ethischen Werte des Unternehmens teilen (vgl. *Kokot/Schmidt* [Werte] 35, 99f.).

Das **Vorstellungs- oder Einstellungsgespräch**, welches ohnehin als wichtigstes und am weitesten verbreitetes Selektionsinstrument gilt, ist sicherlich auch eine gute Quelle zur Erkundung der Wertvorstellungen des Bewerbers. Aber auch mit anderen Auswahltechniken, wie Fragebogen, Bearbeitung von Fallstudien, Beobachtung von Gruppendiskussionen und Planspielen lassen sich vermutlich Werthaltungen erkunden. Warum sollte man bspw. eine zukünftige Führungskraft nicht fragen, welche Eigenschaften nach ihrer Meinung eine gute Führungskraft ausmachen? Oder warum sollte man im Rahmen eines Assessment Centers nicht auch ein ethisches Dilemma diskutieren lassen?

Sicherlich gehört es zu den sehr schwierigen Aufgaben, sich ein Bild von der moralischen Kompetenz einer Person zu machen. Im Verlaufe der Durchführung zahlreicher empirischer Studien zur Ermittlung von moralischen Werthaltungen bzw. moralischer Kompetenz bei bestimmten Personen wurden dennoch verschiedene **Testverfahren** entwickelt, von denen angenommen wird, dass man mit ihnen die moralische Grundorientierung und die moralische Urteilskraft z.B. von Führungskräften differenziert ermitteln kann (vgl. *Staffelbach* [Management-Ethik] 248). Damit solche Tests nicht selbst in den Verdacht kommen, unmoralisch zu sein, weil sie zu stark in die Persönlichkeitsrechte eingreifen, ist bei ihrer Durchführung darauf zu achten, dass der zu untersuchenden Person Einblick in das Verfahren und die Auswertung gegeben wird (vgl. *Wittmann* [Ethik] 423). Ein Ansatzpunkt kann auch die Frage nach ehrenamtlichem Engagement sein, weil der Kandidat damit signalisiert, dass er auch bereit ist, uneigennützig zu handeln.

In der Vergangenheit spielten die in den Unternehmens- bzw. Führungsgrundsätzen aufgestellten moralischen Anforderungen an die Persönlichkeit der Führungskräfte bei deren Auswahl kaum eine Rolle oder es wurde sogar im Auswahlverfahren ein ganz anderer Typ Mensch gefordert und gefördert (vgl. *Schneider* [Ethik] 126). Das Idealbild des Managers ist immer noch viel stärker von Eigenschaften geprägt wie Durchsetzungsfähigkeit, Dominanz, Selbstsicherheit und Risikofreude als von Eigenschaften wie Kooperationsvermögen, Fähigkeit zur Vermittlung sowie moralische und soziale Orientierung.

Durch die Medien wurde in letzter Zeit sogar das Bild transportiert, dass Führungskräfte der Wirtschaft häufig korrupt und geradezu unersättlich geldgierig sind. Führungskräfte stellen sich auch untereinander kein gutes Zeugnis aus, was die Persönlichkeit betrifft. Sie halten ihresgleichen häufig für egozentriert, selbstverliebt, eitel, macht- und statusversessen, distanziert und unkommunikativ (vgl. *Schieffer* [Führungspersönlichkeit] 296ff.). Zudem glauben sie, dass eine gewisse Rücksichtslosigkeit und menschliche Härte im Geschäftsleben als Tugend gilt (vgl. *Kerber* [Ethos] 279).

Angesichts des hohen Wirkungspotenzials der Führungskräfte, sowohl durch ihre direkte Entscheidungsmacht als auch durch ihre Vorbildfunktion, ist es sicher bedenklich, wenn die Selektionsmechanismen bisher tatsächlich einen opportunistischen Menschentyp bevorzugen. Eine Auswahl von Mitarbeitern und ganz besonders von Führungspersonen, welche mehr auf die sittliche Orientierung achtet, ist für die Umsetzung der Unternehmensethik, aber „bei weitem nicht nur in unternehmensethischer Hinsicht wichtig“ (*Leisinger* [Unternehmensethik] 144). Opportunistische, geldgierige, machtversessene Führungskräfte sind mit Sicherheit auch ökonomisch schädlich für die Unternehmen.

3.2 Personalbeurteilung und -honorierung

3.2.1 Motivation durch Anreize

Die Motivation der Unternehmensmitglieder, in einer bestimmten Art und Weise zu handeln, hängt immer auch von den innerbetrieblichen Anreizen ab. Es gehört zu den zentralen Vorstellungen der Personalführungstheorie, dass man die Mitarbeiter in ihrem Verhalten gezielt beeinflussen kann, indem man bestimmte Verhaltensweisen honoriert. „**Honorierung**" meint in erster Linie Entgelt (Lohn, Prämien, Gewinnbeteiligungen, Aktienoptionen etc.), kann aber auch in immateriellen Dingen wie Lob, Anerkennung, Status, Macht, interessanten Aufgaben usw. bestehen.

Eine Beförderung bringt meist materielle und immaterielle Vorteile mit sich und gilt als starker Motivator. Die Honorierung basiert auf der **Beurteilung** von Leistungsergebnissen und Verhaltensweisen in einem bestimmten Zeitraum. Ergebnisse und Verhaltensweisen lassen sich nur zum Teil exakt messen (z.B. eine produzierte Stückzahl). Zum großen Teil hängt die Beurteilung von der persönlichen Einschätzung des Vorgesetzten ab.

Die modernen Motivationsmodelle sind sehr komplex (vgl. bspw. *Richter* [Personalführung] 171). Für den **Zusammenhang zwischen Anreizen und Verhalten** spielt u. a. eine Rolle,

- ob eine bestimmte Belohnung überhaupt auf ein individuelles Bedürfnis trifft, ob sich ein Mitarbeiter bspw. für eine Beförderung interessiert.
- wie wahrscheinlich es dem Mitarbeiter erscheint, durch ein bestimmtes Verhalten ein bestimmtes Ergebnis zu erzielen. Das angestrebte Ergebnis kann bspw. wesentlich von der Leistung anderer Mitarbeiter, von der Qualität der Rohstoffe, von externen Einflüssen usw. abhängen. Wird der eigene Einfluss gering geschätzt, dann führt der Anreiz nicht zu einer Mehrleistung.
- wie sicher mit einem erzielten Ergebnis auch eine bestimmte Belohnung verbunden ist. Die Aussicht auf Beförderung ist bspw. ein relativ unsicherer Anreiz, weil meist mehrere Kandidaten dafür in Frage kommen. Außerdem kann das Ergebnis selbst interpretationsbedürftig sein, insbesondere wenn es um die Beurteilung von Verhaltensweisen geht.

Komplizierend kommt hinzu, dass sich die Bedürfnislage des Mitarbeiters im Laufe der Zeit ändern kann, dass subjektive Wahrnehmungen eine Rolle spielen und die Leistungsbereitschaft auch von Faktoren abhängt, die nichts mit dem Anreizsystem zu tun haben (bspw. sympathische Kollegen). Man ist also weit davon entfernt, einfache Reiz-Reaktions-Mechanismen zu kennen, mit denen das Mitarbeiterverhalten zuverlässig gesteuert werden könnte. Das ändert allerdings nichts an der Plausibilität der grundsätzlichen Verhaltenshypothese, dass ein **belohntes Verhalten mit größerer Wahrscheinlichkeit auftritt.**

3.2.2 Der Zusammenhang mit der Unternehmensethik

Die Personalbeurteilung und -honorierung kann in zweifacher Weise mit der Unternehmensethik verbunden werden.

- Zunächst gehört es zu den moralischen Pflichten der Unternehmung, das **Anreizsystem möglichst gerecht zu gestalten**.
- Weiterhin ist darauf zu achten, dass **Moralität belohnt**, zumindest aber nicht bestraft wird.

3.2.2.1 Prinzipien einer gerechten Personalbeurteilung und -honorierung

Die Ausführungen zur Gestaltung eines möglichst gerechten Anreizsystems müssen an dieser Stelle notgedrungen kursorisch bleiben, da die Diskussion der Lohngerechtigkeit leicht ein eigenes Buch füllen würde (vgl. *Hecker* [Lohn- und Preisgerechtigkeit]). Die Einschränkung „möglichst gerecht" deutet bereits an, wie schwierig diese Aufgabe ist. So kann nach unterschiedlichen **Gerechtigkeitsprinzipien** durchaus Unterschiedliches als gerecht angesehen werden. In Abbildung IX/5 wird als Beispiel die Definition von *Kößler* verdeutlicht: Er unterscheidet drei Kernprinzipien (fett gedruckt) und fünf Randprinzipien der Lohngerechtigkeit (vgl. [Lohn] 133).

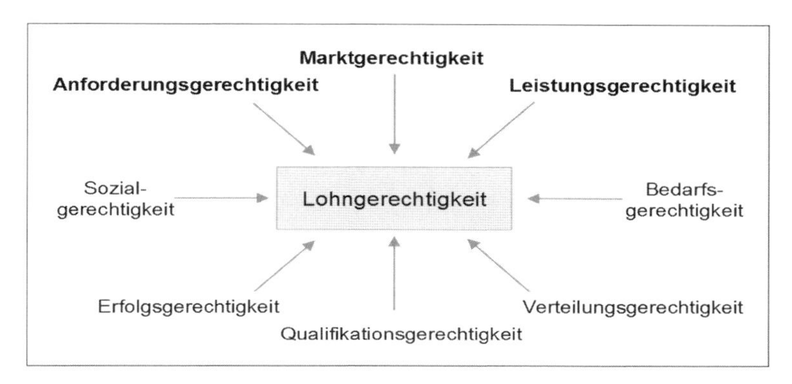

Abb. IX/5: Kern- und Randprinzipien der Lohngerechtigkeit

Im Einzelnen:

- **Anforderungsgerechtigkeit**

  Der Lohn richtet sich nach den abstrakten Anforderungen, die mit einer bestimmten Stelle verbunden sind (bspw. körperliches und geistiges Können, Belastung, Verantwortung). Diese werden im Rahmen eines Arbeitsbewertungsverfahrens festgestellt. Gerecht erscheint zum einen, bei höheren Anforderungen auch höhere Löhne zu zahlen, zum anderen, Arbeitsplätze mit vergleichbaren Anforderungen gleich zu entlohnen.

- **Leistungsgerechtigkeit**

  Die Entlohnung bezieht die individuelle Leistung mit ein, die der Arbeitnehmer auf seinem Arbeitsplatz erbringt, gemessen bspw. in Stückzahlen oder Umsätzen. Gerecht erscheint, die individuell höhere Leistung auch höher zu entlohnen. Zugleich sollte bei gleicher Leistung gleicher Lohn gezahlt werden.

- **Marktgerechtigkeit**

  Der Lohn ändert sich mit der Marktnachfrage nach bestimmten Arbeitsleistungen. Gerecht erscheint, denjenigen höhere Löhne zu zahlen, die eine (im Moment) gefragtere Arbeitsleistung erbringen. Das führt zu schwankenden Löhnen im Zeitablauf, je nach der herrschenden Marktlage. Als Gerechtigkeitsindiz gilt die freiwillige Zustimmung des Arbeitnehmers im Arbeitsvertrag.

- **Bedarfsgerechtigkeit**

  Der Lohn richtet sich nach dem persönlichen Bedarf des Arbeitnehmers. Es wird gefordert, dass der Lohn für eine Vollzeitstelle mindestens die Existenz des Arbeitnehmers sichert. Als gerecht gilt auch, demjenigen mehr zu geben, der mehr braucht, bspw. weil er eine große Familie ernähren muss.

- **Sozialgerechtigkeit**
  Bei diesem Prinzip spielt die Verteilung der Einkommenschancen in einer Gesellschaft eine wichtige Rolle. So könnte es als gerecht angesehen werden, beschäftigten Arbeitnehmern Lohnverzichte zuzumuten, um mehr Arbeitslose einstellen zu können.
- **Erfolgsgerechtigkeit**
  Nach diesem Prinzip hängt die Höhe der Entlohnung vom wirtschaftlichen Erfolg des Unternehmens ab. Man kann darin eine Form der Leistungsgerechtigkeit sehen, wenn man annimmt, dass der wirtschaftliche Erfolg auch von den Mitarbeitern erarbeitet wurde.
- **Verteilungsgerechtigkeit**
  Dieses Prinzip stellt die Frage nach dem gerechten Verhältnis von Lohnsumme und Gewinn. Welcher Anteil vom erarbeiten Mehrwert steht den Kapitaleignern und welcher den Arbeitnehmern zu?
- **Qualifikationsgerechtigkeit**
  Qualifikationsgerechtigkeit berücksichtigt das Arbeitsvermögen eines Arbeitnehmers, auch wenn er es im Moment in seiner Stelle nicht einsetzt. Es wird sozusagen das Potenzial honoriert, welches dem Unternehmen im Prinzip zur Verfügung steht. Als gerecht gilt, Personen mit höherer Qualifikation auch ein höheres Entgelt zu zahlen.

Viele Unternehmen verwenden gleichzeitig verschiedene Prinzipien. Das Grundgehalt richtet sich nach den Anforderungen der Stelle, hinzu kommen häufig flexible, leistungsbezogene Entgelte und Erfolgsbeteiligungen. Qualifikationsgerechtigkeit spielt eine Rolle bei der Zuordnung von Bewerbern zu Stellen. In der Regel wird man versuchen, Personen mit einer Qualifikation zu finden, welche dem Anforderungsprofil der Stelle entspricht und so das Potenzial des Stelleninhabers auch auszuschöpfen. Die Sozial- und Bedarfsgerechtigkeit zu verbessern, wird eher als Aufgabe des Staates angesehen (bspw. durch steuerliche Kinderfreibeträge oder Transfereinkommen).

Angesichts der Vielzahl der teilweise auch noch widersprüchlichen Prinzipien scheint es illusionär, einen allgemein als absolut gerecht akzeptierten Maßstab der Lohndifferenzierung zu finden. Dennoch sollten Unternehmen versuchen, ein relativ gerechtes Vergütungssystem zu etablieren. Da eine empfundene Ungerechtigkeit auf die Mitarbeiter stark demotivierend wirkt und das Image der Unternehmen in der Öffentlichkeit beschädigt, koinzidieren ethische Pflicht und ökonomisches Interesse zumindest teilweise.

3.2.2.2 Beispiele für Lohnungerechtigkeiten

Relative Lohnungerechtigkeiten werden heute vor allem in zwei Bereichen festgestellt:

- Bei der Entlohnung von **Frauen** im Vergleich zu Männern und
- bei der Vergütung für **Führungskräfte** im Vergleich zu anderen Mitarbeitern.

(1) Lohnunterschiede zwischen Männern und Frauen

Seit Jahrzehnten wird schon beklagt, dass **Frauen regelmäßig schlechter entlohnt** werden als Männer (vgl. *Krell/Winter* [Entgeltdifferenzierung]). Leider ist das nach aktuellen Statistiken immer noch der Fall. In Deutschland hatten Frauen 2015 einen im Schnitt 21% geringeren Bruttostundenverdienst als Männer (Gender Pay Gap). Zum Teil ist das durch die andere Erwerbsbiografie der Frauen zu erklären. Sie arbeiten in Branchen mit tendenziell niedrigen Löhnen, unterbrechen häufig die Erwerbstätigkeit wegen der Kinder und arbeiten häufiger in Teilzeit und in Minijobs. Aber selbst bei gleicher Ausbildung, derselben Beschäftigungsform, gleicher Branche und gleichem Beruf liegt die Differenz zum Lohn der Männer immer noch bei durchschnittlich 7% (sog. bereinigte Lohnlücke).

Eine subtile Diskriminierung findet über die Arbeitsbewertung statt. Gängige Arbeitsbewertungsverfahren tendieren dazu, Merkmale, die für sog. Männerberufe typisch sind (etwa dynamische Muskelarbeit) weit höher zu gewichten als solche Merkmale, die viele Frauenarbeitsplätze kennzeichnen (etwa psycho-sozialer Stress). Typische Frauenberufe wie bspw. Kindergärtnerin oder Altenpflegerin sind daher von vorne herein als wenig fordernd eingestuft und können dann, scheinbar anforderungsgerecht, auch niedrig bezahlt werden.

Unternehmen, die diese Form der Diskriminierung vermeiden wollen, können mittlerweile auf eine Reihe von Instrumenten zur geschlechtsneutralen Arbeitsbewertung zurückgreifen (vgl. bspw. *Katz/Baitsch* [Lohngleichheit]; *Stefaniak/Tondorf* [Entgeltgleichheit]). Firmen können u.a. beim Familienministerium kostenlos die Software „Logib-D" herunterladen und damit analysieren, wieviel Lohnungleichheit im eigenen Haus herrscht. Mit der EVA-Liste (**E**valuierung **v**on **A**rbeitsbewertungsverfahren) können Verfahren der Arbeitsbewertung auf Geschlechtsneutralität geprüft werden.

Im Januar 2017 wurde ein neues Gesetz zur Verbesserung der Lohngerechtigkeit im Bundeskabinett beschlossen. Im Kern geht es um mehr Transparenz bei der Entlohnung. Arbeitnehmerinnen in Betrieben mit mehr als 200 Beschäftigten haben ein Auskunftsrecht über die Entlohnung männlicher Kollegen in vergleichbaren Positionen. Die Gehaltsdaten werden zwar nur anonymisiert herausgegeben, führen aber zu deutlich mehr Transparenz über das Gehaltsgefüge. Verdienen Frauen auf einer vergleichbaren Stelle weniger als Männer, kommt das Unternehmen in Begründungszwang und muss die Kriterien der niedrigeren Einstufung offenlegen. Unternehmen ab 500 Arbeitnehmern sollen außerdem verpflichtet werden, im handelsrechtlichen Lagebericht zu ihren Maßnahmen zur Verbesserung der Entgeltgerechtigkeit Stellung zu nehmen. Flankierend zum Gesetzesvorhaben will die Bundesregierung einen Sozialpartnerdialog mit Gewerkschaften und Arbeitgeberverbänden starten, um Muster von struktureller Entgeltungleichheit in Tarifverträgen zu erkennen und zu überwinden.

(2) Vergütung von Führungskräften

Die Prinzipien der Leistungs- und Erfolgsgerechtigkeit sind vor allem in jüngerer Zeit durch die exorbitanten **Managergehälter** ins Gerede gekommen. Vordergründig mag es gerecht erscheinen, wenn die Manager am Erfolg des von ihnen geführten Unternehmens, gemessen am Aktienkurs, durch Aktienoptionen beteiligt werden.

Allerdings sind verschiedene **Probleme** nicht ausreichend beachtet worden:

Die Vergütung mit Aktienoptionen hat zu einer **absoluten Höhe** der Gehälter geführt, die in keiner Weise mehr mit einer persönlichen Leistung erklärt werden kann. In den USA ist es einer Reihe von CEOs gelungen, zwischen 1999 und 2002 Optionen in der

Größenordnung von einer halben bis über einer Milliarde US-Dollar einzulösen – je für sich persönlich (vgl. *Thielemann* [Managergehälter] 361).

Beispiele: Der Ölkonzern *Exxon* verabschiedete den Vorstandsvorsitzenden *Lee Raymond* mit einer Gratifikation von 305 Millionen Euro in den Ruhestand. *VW*-Chef *Martin Winterkorn* erhielt für 2014 ein Gehalt von 16 Millionen Euro. Seine jetzige Betriebsrente beträgt 3100 Euro pro Tag. Die *VW*-Vorstandsfrau *Christine Hohmann-Dennhardt* bekam nach nur 13 Monaten Arbeit eine Abfindung von 12,5 Millionen Euro.

Auch die **relative Höhe** der Managergehälter im Vergleich zum Durchschnittsverdienst eines Arbeitnehmers (Lohnspreizung) gibt Anlass zu Kritik. 1997 verdiente ein Vorstandsmitglied der *Deutschen Bank AG* das 50fache, 1998 das 80fache, 1999 das 200fache, im Jahr 2000 schließlich das 300fache des durchschnittlichen Bruttoverdienstes eines Arbeitnehmers in Deutschland (vgl. *Härtel* [Wandel] 348). Das Durchschnittsgehalt eines CEO eines der größten 500 Unternehmen in den USA stieg in den Jahren von 1980 bis 2001 um stolze 700%. Der durchschnittliche Reallohn eines Industriearbeiters erhöhte sich im gleichen Zeitraum um nur 15% (vgl. *Eckardstein/Konlechner* [Vorstandsvergütung] 10). Auch in Deutschland ist die Entwicklung ähnlich. Die Bezüge der Dax-Vorstände stiegen zwischen 2003 und 2011 um 125% während die Tariflöhne im gleichen Zeitraum nur um 12,3% zunahmen.

Die Manager sind **gegen die Risiken** von Fehlentscheidungen weitgehend **abgesichert**. Während Erfolge zu großen Gehaltszuwächsen führen, gibt es keinen Malus bei Missmanagement.

Beispiel: Dem wegen der Manipulationen bei Abgastests ausgeschiedenen *VW*-Chef *Winterkorn* stehen ca. 30 Mio. Euro an Rente zu und lt. Vertrag auch noch zwei Jahresgehälter Abfindung, also nochmals 32 Mio. Euro. Und das trotz des immensen Schadens für *VW*, der unter seine Ägide durch den Abgasskandal entstanden ist. Angeblich wusste er von nichts, obwohl zugleich immer hervorgehoben wurde, dass er sich um jedes Detail kümmere und jede wichtige Entscheidung selber treffe.

Besonders anstößig erscheint, dass durch Fehler der Manager viele Arbeitnehmer ihren Arbeitsplatz verloren haben oder auf Lohnzuwächse verzichten mussten, und so die Folgen von Managementfehlern zu tragen hatten, während die Manager selbst hohe Gehälter und Boni kassierten.

Beispiel: Nach Jahren voller Managementskandale (Manipulation des Liborzinses, Manipulation des Goldpreises, Steuerhinterziehung beim Handel mit CO_2-Emissionsrechten, Verdacht auf Geldwäsche und Sanktionsverstöße im Handel mit Russland) will die *Deutsche Bank* „aufräumen", indem ca. 9000 Stellen wegfallen, ca. 4000 davon in Deutschland. Der Stellenabbau wird voraussichtlich vor allem Mitarbeiter in den unteren Gehaltsklassen betreffen.

In der Kritik stehen auch die **Determinanten der Vergütung**. Insbesondere die Aktienoptionsprogramme führen dazu, dass die Führungskräfte oft schon dann sehr hohe Prämien kassieren, wenn der Aktienkurs im Rahmen eines generellen wirtschaftlichen Aufschwungs steigt, selbst wenn die Leistung des Unternehmens hinter der der Konkurrenz zurückbleibt (**windfall profits**). Vielfach belegt ist auch die Förderung der **Kurzfristorientierung** durch diese Art der Vergütung, da für die Manager einzig der

Aktienkurs zum Zeitpunkt der Ausübung der Option zählt. So kann die Ankündigung von Kosteneinsparungen durch Entlassungen kurzfristig den Kurs pushen, auch wenn die langfristige Performance dadurch möglicherweise eher leidet. Dass oft schon eine gezielte Signalsetzung die Aktienkurse beeinflusst, lädt zu **Manipulationen** ein. Schließlich ist sicherlich zu fragen, ob es richtig ist, ausschließlich das **Wohlergehen der Aktionäre** (Shareholder Value) zur Messlatte für besondere Belohnungen zu machen. Dass mit der Maximierung des Wertes für die Shareholder über den Marktmechanismus auch das Gemeinwohl maximiert wird, wurde bereits an anderer Stelle als unhaltbare These falsifiziert (vgl. Kapitel III, Abschnitt 2.2.3 und Kapitel IV, Abschnitt 3.2).

Einige Unternehmen, vor allem aus der Finanzbranche, signalisierten in letzter Zeit bereits Einsicht und kündigten **Änderungen ihrer Managerentlohnungssysteme** an. Es soll längere Haltefristen für Aktienoptionen geben, andere Determinanten der Erfolgsmessung wie bspw. Mitarbeiter- und Kundenzufriedenheit sollen eine Rolle spielen und die Haftung für Missmanagement soll verschärft werden. Bei der *Deutschen Bank* wird im Rahmen eines angestrebten „Kulturwandels" auch die Deckelung von Boni diskutiert. Besonders weit geht die *Sparda-Bank München*, welche eine absolute Obergrenze von 25.000 € pro Monat als Höchstgehalt vorgibt und auch die Boni auf maximal zwei Monatsgehälter deckelt. *ThyssenKrupp* und *Siemens* stellten 2010 das Vergütungssystem für Top-Manager erstmals in der Hauptversammlung zur Abstimmung. Der Aufsichtsrat von *VW* verabschiedete Anfang 2017 ein neues Vergütungssystem. Die Vorstandsgehälter werden gedeckelt und der fixe Anteil erhöht, so dass die variablen Vergütungsanteile nicht mehr so stark ins Gewicht fallen. Diese Maßnahmen erfolgten allerdings erst als Reaktion auf politischen Druck und neue Gesetze wie das „Gesetz zur Angemessenheit der Vorstandsvergütung" (VorstAG) (vgl. auch Kapitel X). Von der EU wurde 2014 eine Direktive erlassen (Capital Requirements Directive, CRD IV), nach welcher Bankmanager maximal das doppelte ihres Festgehaltes als Bonus bekommen dürfen. Weil die Banken diese Direktive mit Tricks umgingen, wurde mit den Richtlinien der Europäischen Bankenaufsicht (EBA-Richtlinien) versucht, die Schlupflöcher zu stopfen. Die EBA-Richtlinien sind am 1.1.2017 in Kraft getreten.

3.2.2.3 Der Ehrliche darf nicht der Dumme sein

Als erste Verbindung zwischen Unternehmensethik und Anreizsystem wurde die gerechte Gestaltung der Entlohnungssysteme besprochen. Die zweite Verbindung ist im **Unterstützungspotenzial des Anreizsystems für die Implementierung der Unternehmensethik** zu sehen. Ich gehe von einem Menschenbild aus, nach welchem der Mensch sich bei seinem Handeln nicht nur an materiellen Anreizen orientiert, sondern auch an Werten und Normen, die er für richtig und verbindlich hält. Dass diese Annahme keine Fiktion ist, erfahren wir nicht nur ständig im Alltag, sondern findet seine Bestätigung auch durch zahlreiche Studien und Experimente. Trotzdem spielen natürlich auch die materiellen Belohnungen (oder Bestrafungen) eine Rolle für das Verhalten. Es hieße, die Moralität des Einzelnen stark auf die Probe zu stellen, wenn – wie der Volksmund formuliert – der Ehrliche bzw. Verantwortungsbewusste immer der Dumme wäre.

Was nutzt das Bekenntnis zum Verzicht auf Korruption, wenn derjenige befördert wird, der mit Hilfe von Bestechung den größten Auftrag an Land zieht? Oder wenn der Manager, der im Einklang mit den öffentlichen Bekenntnissen zur Nachhaltigkeit Umweltschutzinvestitionen vornimmt, wegen der Kosten gerügt wird?

Bei allem gebotenen Vertrauen in die Moralität der meisten Menschen ist doch eine **Erosion der moralischen Gesinnung** zu erwarten, wenn man ständig vor Augen geführt bekommt, dass diejenigen Vorteile einheimsen, die sich opportunistisch verhalten.

Beispiele: Ein illustratives Beispiel liefert die Anklage gegen *Sears, Roebuck & Company*: Der Unternehmung wurde vorgeworfen, ihren Kunden im Bereich Autoservice systematisch überflüssige Serviceleistungen und Ersatzteile angedreht zu haben. Die Mitarbeiter wurden durch rigorose Vorgaben von Mindeststunden für Mechaniker und Mindestabsatzmengen für bestimmte Autoteile sowie die Zahlung von Prämien für hohe Umsätze stark unter Druck gesetzt, quasi um jeden Preis zu verkaufen. Belohnt wurde systematisch derjenige, der am wenigsten Skrupel hatte, die Kunden zu belügen. Wie zu erwarten, nahmen die Fälle von Kundenbetrug deutlich zu (vgl. *Paine* [Managing] 107f.). Wie sehr die Belohnungen das Verhalten bestimmen zeigt sich auch eindrücklich bei der immer noch weit verbreiteten Falschberatung von Kunden, die Kapital anlegen wollen. Die Mitarbeiter der Banken verkaufen in erster Linie Produkte, die der Bank bzw. ihnen selbst Provisionen und Boni bescheren, statt das Kundeninteresse in den Vordergrund zu stellen. Überlegt wird daher auch, ob man nicht deutlicher den Finanzvermittler, der auf Provisionsbasis arbeitet, vom neutralen Finanzberater, der ein festes Honorar bekommt, unterscheiden muss. Ein Finanzberater dürfte dann um seine Neutralität zu wahren keinerlei Provisionen von bestimmten Anlageanbietern bekommen.

Was honoriert wird, wird auch gemacht. Darum müssen ethische Gesichtspunkte auch konsequent in die Leistungsbeurteilungs- und Honorierungssysteme internalisiert werden.

„Es gilt die Anreizstrukturen durchgängig so zu gestalten, **dass ethisch verantwortungsvolles Handeln belohnt** und rücksichtsloses, allein an persönlichen Bereicherungs- oder Karrierezielen orientiertes Verhalten demotiviert wird statt umgekehrt" (*Ulrich* [Integrative] 457).

Das beginnt mit einer ausdrücklichen Verankerung der im Unternehmensleitbild ausgesprochenen ethischen Erwartungen an das Verhalten des Einzelnen auch in den **Stellenbeschreibungen**, evtl. sogar im Arbeitsvertrag, um klar zum Ausdruck zu bringen, dass sie Teil der Bewertungsgrundlage sind. Erfolgt die Beurteilung standardisiert oder halb standardisiert, d.h. Beurteilungsmerkmale und Bewertungsstufen sind mehr oder weniger vorgegeben, dann müssen die gewünschten Verhaltensweisen weiterhin in den **Beurteilungsbogen** aufgenommen werden. Eine Erhöhung des Objektivitätsgrades der Beurteilung, die ja häufig auf nicht quantifizierbaren persönlichen Eindrücken beruht, ist durch die **Einbeziehung mehrerer Urteile** möglich. Neben dem direkten Vorgesetzten werden bspw. Kollegen, interne und externe Kunden sowie der Beurteilte selbst befragt (vgl. *Wunderer* [Führung] 337). Durch den Einbezug der Selbstbeurteilung wird der Subjektcharakter des Mitarbeiters bestärkt. Die prinzipielle

Gleichwertigkeit der Menschen, trotz funktional sinnvoller hierarchischer Unter- und Überordnung, kommt in der sog. „Führung von unten", also der Beurteilung der Vorgesetzten durch ihre Mitarbeiter, zum Ausdruck.

Beispiel: Im Unternehmensbericht der *BASF* von 2008 wird es eigens als Ziel ausgewiesen, dass 80% der oberen Führungskräfte einen Feedbackprozess durch ihre Mitarbeiter durchlaufen.

Im Rahmen von Ansätzen zu einem umfassenden Qualitätsmanagement werden seit einiger Zeit auch **Beurteilungen durch die wichtigsten Stakeholdergruppen** (Mitarbeiter, Kunden, Anleger, gesellschaftliche Institutionen) vorgesehen (vgl. *Wunderer* [Führung] 351). Externe Betroffene werden sich allerdings häufig kein unmittelbares Urteil über das Handeln bestimmter Personen bilden können. Ihre Beschwerden beziehen sich vermutlich eher auf bestimmte unerwünschte Ergebnisse des Unternehmenshandelns, wie minderwertige Produkte, Abbau von Arbeitsplätzen, Umweltverschmutzung, Kapitalvernichtung usw. Es ist dann Sache der internen Beurteilungsverfahren, solche Stakeholderbeschwerden in die Mitarbeiterbeurteilung einfließen zu lassen.

Vorteile für unmoralisches Handeln nicht aufkommen zu lassen, ist auch Aufgabe der Kontrollsysteme, die nun besprochen werden.

3.3 Kontrollsysteme

3.3.1 Anreizwirkungen der Kontrolle

Unter **Kontrolle** versteht man im Allgemeinen den Vergleich eines bereits eingetretenen „Ist" oder eines prognostizierten „Wird" mit einem vorgegebenen „Soll" (Plan- oder Normwert). Sie kann sich auf Ereignisse, Handlungen oder Handlungsergebnisse beziehen.

Obwohl die Kontrolle typischerweise rückwärtsgerichtet ist, also feststellt, was bereits eingetreten ist oder sich zumindest schon deutlich abzeichnet, zielt sie doch im Grunde auf die Beeinflussung zukünftiger Ergebnisse oder zukünftigen Verhaltens ab. Auch in Zukunft sollen Norm- und Istwerte übereinstimmen, bzw. bei bisherigen Abweichungen sollen sie zukünftig besser zur Deckung gebracht werden. In der Regel wird man dabei versuchen, das Ist dem Soll anzunähern. Möglich ist aber auch eine Korrektur des Sollwertes (bspw. Absenkung einer unrealistischen Leistungsnorm).

Kontrolle wird fast immer mit **Fremdkontrolle** assoziiert, d.h. eine Instanz gibt einem Untergebenen ein Soll vor (bspw. ein bestimmtes erwünschtes Ergebnis oder eine bestimmte Handlungsweise) und überprüft, ob die Vorgaben erfüllt wurden. Bei Nichterfüllung folgt eine negative Sanktion. Kontrolle kann aber ebenso gut in Form der **Selbstkontrolle** stattfinden, wobei der Untergebene entweder nur die Einhaltung des Solls selbst überprüft oder auch schon an der Bestimmung des Solls beteiligt wird.

Die Kontrolle kann als institutionelle Unterstützung des Wollens verstanden werden, weil sie verhaltenskanalisierende Wirkung hat. Die **Kontrolle übt Anreize aus**:

- Das Kontrollergebnis kann eine **direkte Verhaltenswirkung** haben, welche sich auch bei einer reinen Selbstkontrolle ergibt. Als positives Ergebnis löst es bspw. Zufriedenheit durch die Bestätigung einer Leistung aus und stimuliert so weitere Leistung. Auch ein negatives Ergebnis kann stimulierend wirken, wenn dadurch der Ehrgeiz geweckt wird, es in Zukunft besser zu machen. Bei einem schlechten Kontrollergebnis können allerdings auch Resignation oder gar Widerstand gegen die (Fremd-)Kontrolle erzeugt werden.
- Kontrollen entfalten außerdem ihre Verhaltenswirkung im Rahmen der schon beschriebenen **Beurteilungs- und Honorierungssysteme**. Jede Personalbeurteilung muss sich in irgendeiner Weise auf Kontrollen stützen, wenn sie nicht willkürlich sein soll. Die Verhaltenswirkung ergibt sich dann durch die Konsequenzen, die auf das Kontrollergebnis folgen, also bspw. die Prämie für eine gute Leistung oder die Maßregelung wegen Fehlverhaltens. Schon die bloße Erwartung einer möglichen Kontrolle wirkt sich auf das Verhalten aus. Ist das Kontrollergebnis nicht eindeutig festzustellen, können allerdings von Seiten der Mitarbeiter auch Aktivitäten der Kontrollbeeinflussung erwartet werden, konkret bspw. Bemühungen, Fehlverhalten zu verheimlichen.
- Das Fehlen insbesondere von Handlungskontrollen kann schließlich das sog. **„Schwarzfahrer-Verhalten“** ermutigen, d.h. dass Einzelne zu ihrem persönlichen Vorteil von den vorgeschriebenen Handlungsweisen abweichen und sich dabei auf die Normeinhaltung der meisten anderen verlassen. Die Beobachtung einer sanktionsfreien und vorteilhaften Abweichung von vorgeschriebenen Normen demotiviert die Normeinhaltung auch bei den anderen.

Neben der Funktion der Verhaltensbeeinflussung hat die Kontrolle auch noch die Aufgaben der Analyse und Beurteilung der Lage und der bisherigen Planung sowie der Dokumentation von Handlungen und Ergebnissen nach innen und außen. Sie ist somit Teil des **Informationssystems**.

Insbesondere im Rahmen der Plankontrolle kommt es nicht nur zu dem typischen Soll-Ist/Wird-Vergleich, sondern auch zu einem Soll-Soll-Vergleich (Zielkontrolle), einem Wird-Ist-Vergleich (Prämissenkontrolle) und einem Wird-Wird-Vergleich (Prognosekontrolle). Es geht dabei um die Beurteilung der Planung, also bspw. um die Konsistenz des Zielsystems, die Realitätsnähe der Planungsprämissen und die Güte der Prognosen (vgl. *Fallgatter* [Kontrolle] 670ff.). Die Kontrolle als Bestandteil des Informationssystems wird später unter dem Begriff des Controlling noch näher erläutert.

	Compliance-Programm	Integritätsprogramm
Zielsetzung	Konformität mit externen Verhaltensstandards, speziell mit Gesetzen herstellen	Moralische „Selbststeuerung“ des Mitarbeiters erreichen
Steuerungs-philosophie	Begrenzung diskretionärer Handlungsspielräume, um kriminelles Handeln zu verhindern	Ermöglichung moralischen Handelns

Verhaltensannahme, Menschenbild	Vom materiellen Eigeninteresse geprägtes Wesen; muss extrinsisch motiviert werden	Soziales Wesen, welches von Eigeninteresse, aber auch von Idealen, Werten und Vorbildern beeinflusst wird
Maßnahmen	Schulungen, Einschränkung von Handlungsspielräumen, Überwachung und Kontrolle, Strafen	Schulungen, Vorbild der Führungskräfte, Freiräume für persönliche Verantwortung, Maßnahmen bei der Organisation und bei den Entscheidungsprozessen, Überwachung und Kontrolle, Strafen

Abb. IX/6: Gegenüberstellung von Compliance- und Integritätsprogramm (in Anlehnung an *Paine* [Managing] 113 und *Noll* [Unternehmensethik] 121)

3.3.2 Die Bedeutung der Kontrolle in Compliance- und Integritätsprogrammen

Im Umgang mit zunehmenden Forderungen an die Verantwortung der Unternehmen und forcierter Unternehmenshaftung haben sich nach Beobachtungen von *Paine* (vgl. [Managing]) in den USA zwei unterschiedliche Implementationsstrategien bzw. -programme entwickelt, nämlich das Compliance- und das Integritätsprogramm (vgl. Abb. IX/6).

(1) Der schließende Charakter des Compliance-Programms

Kontrolle wird vor allem, teilweise sogar ausschließlich (so bei *Noll* [Unternehmensethik] 121), mit dem Compliance-Programm verbunden. Begrifflich leitet sich Compliance von „to comply", d.h. „sich fügen", „Folge leisten" ab und meint konkret vor allem, dass dem geltenden Recht Folge geleistet wird.

Als Ziel von **Compliance-Programmen** gilt in erster Linie, Gesetzesbrüche, also kriminelles Verhalten im Unternehmen zu verhindern.

In den USA entstanden Compliance-Programme im Gefolge der 1991 in Kraft getretenen „Federal Sentencing Guidelines for Organizations" (vgl. dazu *Steinherr/Steinmann/Olbrich* [Guidelines]). Diese Richtlinien stellen Strafreduktionen für solche Unternehmen in Aussicht, die institutionelle Vorkehrungen getroffen haben, um Wirtschaftskriminalität der Mitarbeiter vorzubeugen. Damit wurde zugleich eine institutionelle Verantwortung der Unternehmung bejaht: Unternehmen können auch dafür bestraft werden, wenn ihre Mitarbeiter sich im Rahmen ihrer Tätigkeit kriminell verhalten.

In Deutschland wird eine vergleichbare Verpflichtung der Institution Unternehmung bisher nur im Wertpapierhandelsgesetz (WpHG) ausgesprochen. Das WpHG enthält neben dem allgemeinen strafrechtlichen Verbot des Insiderhandels auch die Verpflichtung von Kreditinstituten, (organisatorische) Maßnahmen zur Vermeidung des Missbrauchs von Insiderinformationen zu ergreifen und eine anlegergerechte Wertpapierberatung sicher zu stellen. Als Auslöser für die verstärkte Regulierung des Wertpapierhandels gilt ein drohender Reputationsverlust des Finanzplatzes Deutschland.

Typisch für das Compliance-Programm ist die „Verhinderungslogik“ (*Steinmann/Kustermann* [Unternehmensethik] 212), bzw. wie *Ulrich* es ausdrückt, der „schließende“ Charakter der Maßnahmen ([Integrative] 460). Abweichungen von vorgegebenen Verhaltensstandards sollen verhindert werden, wobei neben der Einschränkung von Handlungs- und Entscheidungsspielräumen vor allem die Fremdkontrolle und die Bestrafung von Verstößen die Maßnahmen bilden. Zu den Compliance-Maßnahmen im Bankensektor gehören bspw. Verbote bestimmter Aktivitäten (z.B. Intraday-Trading, Vor- bzw. Parallelgeschäfte bei Kenntnis der Orderlage, innerbetriebliche Weitergabe von vertraulichen kursrelevanten Informationen), die Einrichtung eigener Compliance-Stellen, die verstärkte Dokumentation und Kontrolle von Eigengeschäften der Mitarbeiter, Führen einer „Beobachtungsliste“ für Wertpapiere, die für Insidergeschäfte prädestiniert erscheinen, zeitweises Verbot von Eigenhandel mit bestimmten Werten (vgl. *Appel/Haueisen* [Compliance]).

(2) Kritik am Compliance-Programm

Das Compliance-Programm und die damit verbundene Betonung der Fremdkontrolle werden teils recht kritisch gesehen. Überwachung, Fremdkontrolle und Sanktionsmaßnahmen werden als Ausdruck einer „**Misstrauenskultur**“ gewertet. Offenbar traue man den Mitarbeitern eine moralische Gesinnung nicht zu, wenn man sie kontrolliere und bestrafe, also auf externe Anreize setze (vgl. *Noll* [Unternehmensethik] 120f.). Außerdem würden auf diese Weise feste Werte „von oben“ autoritativ vorgegeben, statt auf die autonome Verantwortungsfähigkeit der Mitarbeiter zu setzen (vgl. *Ulrich* [Integrative] 460).

Eingedenk der schon verschiedentlich beschriebenen Wechselwirkungen zwischen individueller Moralität und institutionellen Rahmenbedingungen ist diese Kritik nur teilweise berechtigt, nämlich dann, wenn man meint, die individuelle Moralität vollständig durch ausgefeilte Regelwerke und umfassende Kontrollen ersetzen zu können. Das ist auf der Ebene des einzelnen Unternehmens genauso wenig möglich wie auf staatlicher Ebene.

Der Unterschied zwischen Compliance- und Integritätsprogrammen liegt nicht so sehr in der Anwendung von bzw. dem Verzicht auf Kontrollmaßnahmen, sondern in den dahinter stehenden Ziel-Mittel-Vorstellungen. Compliance-Programme verfolgen häufig nur das **moralische Minimalziel**, kriminelles Verhalten zu verhindern (deshalb wird auch der Begriff „Anti-Fraud-Management“ verwendet; fraud (engl.) = Betrug). Typisch ist auch die Besetzung entsprechender Stellen mit Juristen. Es fehlt an Reflexion darüber, ob alles, was legal ist, auch moralisch genannt werden kann.

Außerdem ergreift das Unternehmen keine eigene Initiative zur Lösung von Problemen. Bei den Implementierungsmaßnahmen setzt man sehr stark auf detaillierte Vorschriften als Richtschnur und die Angst vor Strafe als Motivationsfaktor. „Keep us out of trouble“ steht als Leitmotiv hinter den Maßnahmen, weshalb Compliance häufig auch als Teil des Risikomanagements angesehen wird.

Beispiel: Nach dem *VW*-Abgasskandal wurde auch die Arbeit der Complianceabteilung hinterfragt. Warum wurden die Abgasmanipulationen dort nicht frühzeitig erkannt und gestoppt? Erklärt wird das u.a. damit, dass die Complianceabteilung nach dem Skandal um Schmiergeldzahlungen und Lustreisen in 2005 vor allem als Antikorruptionsabteilung ins Leben gerufen wurde. Es wurden bspw. ausgefeilte

Richtlinien entwickelt, welchen Wert Geschenke an Geschäftspartner haben dürfen. Der Gedanke einer aktiven gesellschaftlichen Verantwortung spielte keine Rolle.

(3) Bedeutung der Kontrolle in Integritätsprogrammen

Integritätsprogramme wollen dagegen weitergehende Wertvorstellungen der Unternehmung definieren. „Make our business better" ist das Leitmotiv. Entsprechende Rahmenbedingungen sollen die Mitarbeiter zu eigenverantwortlichem moralischem Handeln im Unternehmen ermutigen. Zu dieser „Ermutigung" gehört auch die formelle Konkretisierung ethischer Erwartungen bspw. in Zielen, Grundsätzen und Richtlinien und die Überprüfung von deren Einhaltung.

Als eine institutionelle Unterstützungsmaßnahme neben anderen haben die Überwachungs- und Kontrollsysteme durchaus ihre Berechtigung und können auch als Teilmaßnahme innerhalb eines Integritätsprogramms angesehen werden (so auch *Paine* [Managing] 111). Beteiligt man die Mitarbeiter schon an der Formulierung der Soll-Vorstellungen, lässt man der Selbstkontrolle mehr Raum und sieht man die Kontrolle auch als Basis für Anerkennung und nicht nur für Maßregelung und Strafe, dann verliert die Kontrolle viel von ihrem negativen Beigeschmack.

Außerdem kann durch Kontrollen vermieden werden, dass die intrinsisch zu ethischem Verhalten motivierten Mitarbeiter durch die ständige Beobachtung erfolgreichen Fehlverhaltens anderer demotiviert werden. Schließlich können nur (glaubwürdige) Kontrollinformationen gegenüber den Stakeholdern belegen, wie ernst es einer Unternehmung mit der Einhaltung ihrer Verhaltensstandards ist.

Viele Unternehmen verfolgen Compliance- und Integrity-Programme nebeneinander. Während sich die Compliancemaßnahmen mehr auf die Verhinderung unmoralischer Praktiken beziehen (bspw. Korruption verhindern sollen), geht es bei den Integritymaßnahmen mehr um die aktive Wahrnehmung der gesellschaftlichen Verantwortung (bspw. durch die Entwicklung umweltschonender Produkte).

Mit der Gestaltung der Kontrollsysteme enden die Erläuterungen der Maßnahmen zur Förderung des „Wollens" des einzelnen Mitarbeiters. Nun folgen die Maßnahmen zur Unterstützung des „Könnens".

4 Die institutionelle Unterstützung des Könnens

Damit ein Mitarbeiter verantwortungsvoll handeln kann, muss er die entsprechenden Fähigkeiten, Kompetenzen und Informationen für seine Entscheidung und seine Handlung haben. In Abbildung IX/2 wurden drei Ansatzpunkte zur Unterstützung des Könnens aufgeführt:

- Personalentwicklung,
- Organisationsstruktur,
- Informationssysteme.

4.1 Personalentwicklung

4.1.1 Funktion der Personalentwicklung

In einem sehr umfassenden Sinne wird die **Funktion** der Personalentwicklung darin gesehen, für die kontinuierliche Deckung des Personalbedarfs in einem Unternehmen zu sorgen, so dass jederzeit „die erforderlichen Qualifikationen rechtzeitig und am richtigen Ort vorhanden sind“ (*Oechsler* [Personal] 440).

Ziel ist aus Unternehmenssicht die Steigerung der Effizienz des Potenzialfaktors „Mensch“ durch einen besseren Abgleich zwischen dem Bedarf des Unternehmens an bestimmten Qualifikationen (Fähigkeiten, Fertigkeiten, Wissen) und dem Bestand an entsprechenden Qualifikationen beim Personal. Den gewünschten „**Job Man Fit**“ (ebenda 442) kann man durch unterschiedliche Maßnahmen anstreben, nämlich

- die Auswahl von passenden Personen für bestehende Stellen im Rahmen der externen Personalselektion,
- die Änderung der bisherigen Zuordnung von Person und Stelle durch Versetzungen und Beförderungen,
- die Änderung der Stelle passend zu den Qualifikationen einer Person (sog. Organisation ad personam),
- die Änderung der Qualifikationen der Person passend zur Stelle durch Aus-, Fort- und Weiterbildung.

Während bei einem sehr weiten Verständnis alle genannten Maßnahmen zur Personalentwicklung gerechnet werden, bilden nach dem engen Verständnis, das weiter verbreitet ist, nur die zuletzt genannten Maßnahmen die Aufgabe der Personalentwicklung.

Personalentwicklung im engeren Sinne zielt ab auf die Erweiterung bzw. Vertiefung bereits bestehender und/oder die Vermittlung neuer Qualifikationen.

Eine solche Qualifikationsvermittlung findet statt im Rahmen der Ausbildung (erste berufsvorbereitende Bildung), der Fortbildung (berufsbegleitende Bildung zur Anpassung der Qualifikation an neue Erfordernisse des bisherigen Arbeitsplatzes), der Weiterbildung (berufsbegleitender Erwerb zusätzlicher neuer Qualifikationen für höherrangige Tätigkeiten) und der Umschulung (Erlernen eines neuen Berufes). Nach diesem – im Folgenden vorausgesetzten – engen Verständnis bildet die Personalentwicklung eher eine **Ergänzung zur Personalselektion**. Man versucht, das bereits vorhandene Personal gezielt weiterzuentwickeln. Durch die Notwendigkeit, die bisherige Qualifikation des Personals festzustellen und sein Potenzial abzuschätzen, ergeben sich allerdings Überschneidungen zu den Aufgaben der Personalselektion und auch der Personalbeurteilung und -honorierung.

4.1.2 Anlässe für Personalentwicklung

Anlässe für Personalentwicklungsmaßnahmen ergeben sich vor allem durch irgendwelche Neuerungen und Änderungen. Beispielhaft seien genannt:

- Umorganisationen: Die Einführung von Gruppenarbeit erfordert bspw. das Einüben von Teamwork.
- Neue Technologien: Der Produktionsmitarbeiter muss an einer neuen Maschine geschult werden.
- Globalisierung: Die Eröffnung eines Zweigwerkes in China macht Kultur- und Sprachstudien nötig.
- Privatisierung: Den Mitarbeitern soll eine stärkere Kundenorientierung vermittelt werden.
- Personalwechsel: Weil eine Führungskraft in absehbarer Zeit ausscheidet, soll rechtzeitig ein Nachfolger geschult und aufgebaut werden.
- Umorientierungen in der Unternehmenspolitik und bei den Strategien.

4.1.3 Inhalte der Personalentwicklung

Was die **Inhalte** der Personalentwicklung betrifft, so können diese in der Vermittlung von fachlichem Wissen (bspw. über ethische Investmentfonds), von berufsbezogenen Fertigkeiten (bspw. Bedienen einer neuen Maschine) und generellen Fähigkeiten bestehen. Zu diesen generellen Fähigkeiten zählen bspw. Lern-, Team-, Kommunikations-, Führungs-, Konflikt-, Konsens-, Entscheidungs- und Innovationsfähigkeit (vgl. *Oechsler* [Personal] 430ff.). Andere nennen neben der Fach- und Methodenkompetenz noch die soziale Kompetenz, die interkulturelle Kompetenz und **ethische Kompetenz** als zentrale Qualifikationserfordernisse insbesondere für Manager (vgl. *Thommen* [Management-Kompetenz] 18).

4.1.4 Methoden und Träger der Personalentwicklung

Einen Überblick über die **Methoden** und die **Träger** der Personalentwicklung vermittelt Abbildung IX/7.

Beim **Training-off-the-job** handelt es sich um Qualifizierungsmaßnahmen, die außerhalb des Arbeitsplatzes stattfinden. Das Training kann in innerbetrieblichen eigenen Einrichtungen – Ausbildungszentren – stattfinden oder außerbetrieblich, mit oder ohne Beteiligung Unternehmensexterner. Externe Anbieter von Qualifizierungsmaßnahmen sind bspw. überbetriebliche Bildungswerke, wie Kammern, Innungen oder Verbände oder auch private Unternehmen. Die Vermittlung von theoretischem Wissen und die Einübung von Verhaltensweisen stehen als Inhalte im Vordergrund. **Workshops, Vorträge, Fallstudien, Rollen- und Planspiele** sind typische Methoden. Es kommen aber auch exotischere Methoden zum Einsatz, wie bspw. ein Überlebenstraining im Dschungel oder ein gemeinsamer Segeltörn.
Beim **Training-on-the-job** erfolgt die Qualifizierung direkt am Arbeitsplatz, hauptsächlich durch eigene Erfahrungen mit der Arbeitstätigkeit. Die zentrale Unterstützungsmethode ist die **Arbeitsunterweisung** (durch Kollegen oder

Vorgesetzte oder auch schriftliche Unterlagen). Sind die Aufgaben umfangreicher und/oder anspruchsvoller und wechseln sie von Zeit zu Zeit, dann sind die Möglichkeiten zum Erwerb von Qualifikationen entsprechend größer. Die organisatorischen Maßnahmen des **Job Enlargement** (Arbeitsausweitung), **Job Enrichment** (Arbeitsanreicherung) und des **Job Rotation** (Arbeitsplatzwechsel) können dementsprechend auch als Methoden der Personalentwicklung angesehen werden. Eine gezielte Förderung kann auch darin gesehen werden, Personen mit **Sonderaufgaben** zu betrauen, sie an **Projekten** teilnehmen zu lassen oder ihnen zeitlich begrenzt die **Stellvertretung** des Vorgesetzten zu übertragen.
Zwischen den beiden oben genannten Maßnahmen liegt das **Training-near-the-job**. Dabei finden die Trainingsmaßnahmen in enger räumlicher, zeitlicher und inhaltlicher Nähe zum Arbeitsplatz statt, bestehen aber nicht direkt in der Arbeitstätigkeit selbst. Die typische Methode ist der **Qualitätszirkel** (auch Lernstatt, Werkstattzirkel, Vorschlagsgruppe genannt). Die Mitarbeiter diskutieren dabei über vorgegebene oder selbstgewählte Themen aus ihrem Arbeitsbereich, meist in regelmäßigen Abständen während der Arbeits-zeit unter Anleitung eines Moderators. Inhalte können sowohl technische als auch zwischenmenschliche Probleme sein sowie die Ausarbeitung von Verbesserungsvorschlägen und Innovationen.
Als **Training-parallel-to-the-job** werden die Methoden des Coaching und des Mentoring eingeordnet. Typisch ist in beiden Fällen eine direkte Beratungs- und Unterstützungsbeziehung zwischen zwei Individuen. Das **Coaching** wird eher von externen professionellen Beratern durchgeführt. Es ist in der Regel nicht darauf ausgerichtet, Wissen zu vermitteln, sondern soll als Hilfe zur Selbsthilfe die Selbstreflexion des Klienten verbessern. Beim **Mentoring** werden erfahrene interne Führungskräfte neuen Führungskräften oder dem Führungsnachwuchs als Berater zur Seite gestellt. Sie sollen in beruflichen und privaten Belangen raten und helfen. Coaching und Mentoring konzentrieren sich auf die Führungsebene.

Abb. IX/7: Methoden der Personalentwicklung (in Anlehnung an *Wunderer* [Führung] 361)

4.1.5 Personalentwicklung als Teil verantwortlichen Personalmanagements

Oben wurde die Funktion der Personalentwicklung aus Sicht der Unternehmung beschrieben. Das Unternehmen braucht „passendes" Personal für bestimmte Aufgaben und muss gegebenenfalls die entsprechenden Fähigkeiten selbst entwickeln. Zugleich geht man aber davon aus, dass auch die Mitarbeiter selbst an der Entwicklung ihrer Fähigkeiten und Kompetenzen interessiert sind. Aus-, Fort- und Weiterbildung tragen zum einen zur Entwicklung und **Entfaltung der Persönlichkeit** bei und haben insofern einen unmittelbaren Wert für die Mitarbeiter. Zum anderen sind sie oft die **Vorbedingung für anspruchsvollere, interessantere und besser bezahlte Aufgaben** und sind somit auch von mittelbarem Interesse.

Personalentwicklung wird sogar teilweise ganz aus der **Sicht der Mitarbeiter** definiert als „Inbegriff aller Maßnahmen, die der beruflichen Entwicklung der Mitarbeiter dienen und ihnen unter Beachtung ihrer persönlichen Interessen die zur optimalen Wahrnehmung ihrer jetzigen und künftigen Aufgaben erforderlichen Qualifikationen vermitteln" (*Mentzel* [Personalentwicklung] 15).

Mit dem Recht auf freie Entfaltung der Persönlichkeit (Grundgesetz Art. 2) und dem Recht auf Bildung (UN-Menschenrechtserklärung Art. 26) kann begründet werden, warum es geradezu als Pflicht der Unternehmen angesehen werden kann, Mitarbeiter aus- und fortzubilden. Wer die Chance zur Selbstentfaltung der Menschen erhöhen will, muss auch wollen, dass ihnen Bildung und Ausbildung offen stehen (vgl. *Wittmann* [Ethik] 418). So wurde in den letzten Jahren immer wieder von den Unternehmen eingefordert, ihrer gesellschaftlichen Verantwortung nachzukommen und auch gering qualifizierten Jugendlichen Ausbildungsplätze bereit zu stellen. Die Erhöhung der Qualifikation der Mitarbeiter gilt zudem als wichtiger Bestandteil der Humanisierung der Arbeit (vgl. *Brakelmann* [Humanisierung] Sp. 435).

Personalentwicklung kann so durchaus gleichermaßen die Zielverwirklichung der Mitarbeiter, der Gesellschaft und des Unternehmens fördern (vgl. *Oechsler* [Personal] 456). Dennoch besteht zwischen dem menschlichen Sinn der Entwicklung des Humanpotenzials und ihrer ökonomischen Verwertbarkeit keine prästabilisierte Harmonie. **Spannungsfelder** ergeben sich beim Umfang, beim Inhalt, bei der Finanzierung und den Adressaten der Entwicklungsmaßnahmen:

- **Umfang**
  Die Mitarbeiter und die Gesellschaft können von sich aus an mehr oder weniger Bildung interessiert sein als ökonomisch notwendig erscheint.
- **Inhalt**
  Die Unternehmen haben überdies vor allem Interesse an der Bildung unternehmensspezifischer Qualifikationen, während den Mitarbeitern (und der Gesellschaft) mehr an generellen Qualifikationen gelegen ist, die sie auch in anderen Kontexten einsetzen können (bspw. ethische Bildung).
- **Finanzierung**
  Damit zusammenhängend befürchten Unternehmen den Verlust ihrer Bildungsinvestitionen und wollen die Mitarbeiter für Bildungsmaßnahmen zur Kasse bitten (bspw. über sog. Rückzahlungsklauseln bei einem vorzeitigen Ausscheiden aus dem Unternehmen). Mitarbeiter wollen dagegen jederzeit das Unternehmen wechseln können.
- **Adressaten**
  Schließlich gewähren die Unternehmen älteren Arbeitnehmern (wozu die Unternehmen häufig schon 50jährige zählen) oft keine Weiterbildung mehr, obwohl gesellschaftlich lebenslanges Lernen erwünscht ist. Von den Unternehmen wird zurzeit häufig gefordert, Flüchtlinge auszubilden und zu integrieren, was durch die fehlenden Sprachkenntnisse sehr aufwendig werden kann.

Von den Unternehmen wird angesichts solcher potenzieller Konflikte gefordert, den Mitarbeiter nicht einseitig als Produktionsfaktor zu begreifen, der passiv an die Bedürfnisse des Unternehmens anzupassen ist, sondern als entwicklungsfähiges und -williges Subjekt mit persönlichem Interesse an Bildung und Entfaltung der eigenen Fähigkeiten. Der **Mitarbeiter** wird als Adressat der Unternehmensverantwortung verstanden, als ein **Stakeholder** mit legitimen Interessen. Die Erwartungen und Wünsche der Mitarbeiter hinsichtlich der Bildungsmöglichkeiten sollten deshalb in der Personalentwicklung Berücksichtigung finden.

Konkret könnte das vor allem durch eine stärkere Beteiligung der Arbeitnehmer an der Entwicklungsplanung erreicht werden (vgl. *Krell* [Personal] 344). Nach dem Prinzip der „Selbstentwicklung" (*Wunderer* [Führung] 359) sollte die Entwicklungsverantwortung stärker an die Mitarbeiter delegiert werden. Entwicklungsziele und -maßnahmen werden in einem Gespräch zwischen Führungskraft und Mitarbeiter partnerschaftlich festgelegt und nicht einfach angeordnet. Interessenkonflikte werden im Idealfall diskursiv gelöst. Selbstverständlich sollte die Auswahl der Teilnehmer diskriminierungsfrei erfolgen (vgl. *Wittmann* [Ethik] 402).

4.1.6 Personalentwicklung zur Unterstützung der Unternehmensethik

Während die Mitarbeiter oben als Stakeholder der Unternehmung angesehen wurden, werden sie nun in der Rolle als Unternehmensmitglieder gesehen, welche sich gegenüber den anderen Stakeholdern moralisch verhalten sollen. Die Ethik wird zum Inhalt der Personalentwicklung. Eine **ethische Aus- und Weiterbildung des Personals** gehört zu den sehr häufig genannten Maßnahmen zur Umsetzung der Unternehmensethik in die Praxis (vgl. bspw. *Wittmann* [Managementethik] 180ff.; *Noll* [Unternehmensethik] 142ff.; *Staffelbach* [Management-Ethik] 414ff.; *Crane/Matten* [ethics] 146f.). Ethische Bildung kann geradezu als Menschenrecht eingefordert werden (vgl. *Kruip* [Menschenrecht]).

4.1.6.1 Entwicklungsziel: Moralische Kompetenz

Als Ziel der Personalentwicklung gilt in diesem Zusammenhang die **Verbesserung der moralischen** (manchmal auch sittlichen oder ethischen) **Kompetenz**. Dahinter verbergen sich wiederum verschiedene Teilkompetenzen, was die inhaltliche Bestimmung des Begriffs erschwert. Abbildung IX/8 versucht, den Begriff der moralischen Kompetenz über die Beschreibung der zugehörigen Teilkompetenzen zu konkretisieren (in Anlehnung an *Staffelbach* [Management-Ethik] 421ff.).

moralische Sensibilität	Kompetenz zur (adäquaten) Wahrnehmung moralischer Probleme
moralische Urteilskraft	Damit ist die Kompetenz gemeint, sich in einer konkreten Situation ein Urteil darüber zu bilden, was das sittlich Gute ist
moralische Motivation	Gründe für die Bereitschaft zum sittlichen Handeln in der Praxis
Verständigungskompetenz (bestehend aus Kommunikations-, Kooperations- und Konfliktfähigkeit)	Bildet die Voraussetzung dafür, dass moralische Konflikte im multipersonalen Kontext diskursiv gelöst werden können

Abb. IX/8: Teilbereiche der moralischen Kompetenz

Die Verwendung der Begriffe differiert allerdings sehr stark. Teilweise wird die moralische Urteilskraft mit der moralischen Kompetenz gleichgesetzt (so bei *Steinmann/Löhr* [Grundlagen] 131). Moralische Urteilskraft und moralische Sensibilität werden zu der neuen Kategorie „reflexive Kompetenz" zusammengefasst (vgl. *Staffelbach* [Management-Ethik] 421). Der bereits früher erwähnte Begriff „soziale Kompetenz" wird teilweise als übergeordnet angesehen, d.h. die moralische Kompetenz bildet eine Dimension der sozialen Kompetenz (so bei *Faix/Laier* [Kompetenz] 63). Teilweise gilt er auch als untergeordnet, d.h. die soziale Kompetenz wird als eine Dimension der moralischen Kompetenz aufgefasst und zwar wird sie mit der Verständigungskompetenz gleichgesetzt (vgl. *Staffelbach* [Management-Ethik] 422). Soziale und ethische Kompetenz werden aber auch als getrennte Bereiche für die Personalentwicklung angesehen (vgl. *Thommen* [Management-Kompetenz] 19).

Im Folgenden wird von der oben dargestellten Unterteilung in vier miteinander verbundene Teilkompetenzen ausgegangen.

4.1.6.2 Verbesserung der moralischen Sensibilität

Innerhalb der Teilkompetenzen lassen sich weiterhin noch eher kognitive und eher affektive Aspekte unterscheiden, also Aspekte des Wissens/der Fertigkeit und solche der inneren Einstellung. Betrachtet man zunächst die **moralische Sensibilität**, so besteht die **kognitive Komponente** in dem Wissen um die Folgen des eigenen Handelns für andere und in der Kenntnis von Werten und Normen. Es muss klar sein, dass die eigenen Entscheidungen und Handlungen auf jeden Fall auch eine moralische Dimension haben, dass man immer neben der ökonomischen Effektivität auch die moralische Zulässigkeit einer Entscheidung oder Handlung in Frage stellen kann. Erforderlich sind Weitsicht und Voraussicht, d.h. die Fähigkeit, die räumlich sowie zeitlich nahen und fernen Folgen abzuschätzen (vgl. *Retzmann* [Bildung] 297).

Leider wird in der universitären Ausbildung von Wirtschaftsfachkräften den Studenten allzu häufig suggeriert, man könne sich auf einen rein ökonomischen Standpunkt stellen und alles andere ausblenden. Das ist aber nur eine „zu theoretischen Zwecken nützliche Fiktion", die nicht „zur Grundlage von praktischen Wertungen realer Tatbestände" gemacht werden kann, wie schon *Max Weber* (vgl. [Wertfreiheit] 529) feststellte. Die ökonomisch „richtigen" Mittel haben nämlich nicht nur eine ökonomische Wirkung. Vielmehr wirken sie sich in aller Regel auch in einer „anderen für menschliche Interessen möglicherweise wichtigen Hinsicht" aus (ebenda).

Um moralische Sensibilität zu erzeugen, muss also den Mitarbeitern zuerst einmal die Illusion geraubt werden, sie befänden sich im Wirtschaftsleben sozusagen in einem moralfreien (möglicherweise sogar gesetzesfreien) Raum, in dem die Kategorien von gut und böse, sittlich richtig und falsch nicht angewendet würden. Um den Mitarbeitern die Normativität und Werthaftigkeit ihres Handelns vor Augen zu führen, ist bspw. eine Auseinandersetzung mit dem Unternehmensleitbild sinnvoll. Da die Einhaltung der Gesetze oft als moralisches Minimum gilt, ist es sicher auch sinnvoll, die Mitarbeiter mit den Gesetzen bekannt zu machen, die für ihren Arbeitsbereich einschlägig sind. Die Finanzanlagenvermittlungsverordnung (FinVermV) fordert in §1 als erstes die Sachkunde des Mitarbeiters, vor allem auch Kenntnisse der einschlägigen Gesetze. Außerdem ist zu vermitteln, dass die Einhaltung der Gesetze tatsächlich vom Unternehmen erwartet wird. Mit Hilfe des Stakeholderkonzeptes kann sehr gut visualisiert werden, dass die Auswirkungen eigener Entscheidungen und Handlungen viele Menschen (negativ) betreffen können.

Die **affektive Komponente** besteht in der inneren Bereitschaft, die Rechte und Interessen anderer als grundsätzlich gleichwertig anzuerkennen, in der Fähigkeit, sich in andere einzufühlen und auf sie Rücksicht zu nehmen. Gefördert werden kann diese Dimension der moralischen Sensibilität vor allem durch die Diskussion von Fällen, in denen sich verschiedene berechtigte Ansprüche gegenüberstehen (Dilemmata). Mit Rollenspielen kann das Einfühlungsvermögen entwickelt werden, weil man sich ja in den anderen hineinversetzen muss, um seine Rolle zu spielen.

4.1.6.3 Verbesserung der moralischen Urteilskraft und Motivation

(1) Stufen der moralischen Entwicklung

Moralische Urteilskraft wird hier so verstanden, dass eine Person in der Lage ist, beim Handeln den moralischen Standpunkt einzunehmen und zu urteilen, welche Handlungsalternative die sittlich richtige ist. Als **moralische Motivation** werden die Gründe bezeichnet, die jemand für sein richtiges Handeln hat.

Untersuchungen der moralischen Entwicklung von Kindern haben gezeigt, dass dabei bestimmte typische Stufen durchschritten werden bis hin zu einer im Hinblick auf Urteilskraft und Motivation voll ausgebildeten Moralität. Berühmt geworden ist in diesem Zusammenhang besonders das Stufenschema von *Lawrence Kohlberg* (vgl. [Is]). Es wird in Abbildung IX/9 skizziert. *Kohlberg* unterscheidet drei moralische Entwicklungsniveaus (mit jeweils zwei hier nicht im Einzelnen dargestellten Stufen).

a) Präkonventioneller Level

Man hat im Grunde keine moralischen Überzeugungen von richtig und falsch, sondern orientiert sich im Handeln am eigenen Vorteil. Wenn man Regeln folgt, dann weil sie von Autoritätspersonen befohlen werden und man bei einer Übertretung bestraft wird oder weil man sich von ihrer Einhaltung Vorteile erhofft. Handeln und Entscheidungen sind mehr von den äußeren Bedingungen als von inneren Überzeugungen geprägt. Rücksicht auf die Interessen anderer ist von Zufälligkeiten abhängig, wenn es gerade vorteilhaft erscheint. Gerechtigkeitsempfinden spielt keine Rolle.

b) Konventioneller Level

Auch auf dieser Stufe orientiert man sich an der Einhaltung von extern vorgegebenen Regeln, aber nicht aus Angst vor Strafe, sondern aus Respekt für das Regelsystem und die dahinter stehenden Autoritäten. Man hält es aus Überzeugung für richtig, die bestehende soziale Ordnung aufrecht zu erhalten, Gesetzen zu gehorchen und (staatliche) Autoritäten zu respektieren, unabhängig von den unmittelbaren Folgen für einen selbst. Die Interessen anderer werden anerkannt, man will vor allem den Menschen, die man kennt, gefallen und helfen. Das moralische Urteil ist sehr stark geprägt davon, was normalerweise als richtig gilt bzw. was von der Bezugsgruppe/Gesellschaft, in der man lebt, erwartet wird.

c) Postkonventioneller Level

Das Individuum sucht nach Werten und Prinzipien, die gültig erscheinen, unabhängig davon, ob bestimmte Autoritätspersonen oder Gruppen sie vertreten. Man ist in der Lage, bestehende Regelsysteme und Autoritäten in Frage zu stellen und sich selbst ein Urteil zu bilden. Das Urteil erfolgt vor dem Hintergrund der Anerkennung von universellen Prinzipien (bspw. dem kategorischen Imperativ) und Werten (wie Würde der Person, Gleichheit, Gerechtigkeit). Werden bestehende Regelsysteme anerkannt, dann weil sie einer individuellen Überprüfung nach diesen Prinzipien und Werten standgehalten haben. Die Motivation zum moralischen Handeln kommt aus der innersten Überzeugung von dessen Richtigkeit und Notwendigkeit. Die Rechte aller Menschen werden respektiert.

Abb. IX/9: Stufen der moralischen Entwicklung nach *Kohlberg*

Was die Urteilskraft betrifft, wird eine Höherentwicklung also darin gesehen, sich von der Fremdvorgabe von Normen zu lösen und zu einem **eigenen Urteil** zu kommen (von der Heteronomie zur Autonomie). Zudem weitet sich der Blick aus vom Ich, über den konkreten anderen bis hin zum abstrakten anderen. Bei der Motivation liegt die Entwicklung in der Verlagerung der Gründe für moralisches Handeln von den externen Anreizen (Bestrafung, Belohnung) zur **inneren Bindung** an die Moral (moralische Gesinnung).

Es wird i. A. als Ziel der ethischen Personalentwicklung angesehen, einen höheren bzw. den höchsten Level der moralischen Entwicklung zu erreichen. Ziel ist nicht die Indoktrination bestimmter Werte und Normen, sondern die **Verbesserung der Struktur moralischen Urteilens** (vgl. *Staffelbach* [Management-Ethik] 249).

(2) Probleme der Moralentwicklung im Unternehmen

Bei allen Verfechtern einer ethischen Personalentwicklung besteht ein ausgeprägtes Problembewusstsein hinsichtlich der betrieblichen Möglichkeiten, frühere Sozialisationsschritte zu korrigieren. Schließlich treten in den Betrieb – abgesehen von jungen Auszubildenden – erwachsene Menschen ein, die in der Familie, der Schule und der Universität bereits eine langjährige Bildung erfahren haben. Dennoch wird die Notwendigkeit und Sinnhaftigkeit von betrieblichen Entwicklungsmaßnahmen bejaht. Die aus der Soziologie bekannte Tatsache der „sekundären Sozialisation" in institutionalen Subwelten (vgl. *Berger/Luckmann* [Konstruktion] 148ff.) spricht durchaus dafür, dass auch bei Erwachsenen noch solche Entwicklungen möglich sind.

Relativ unproblematisch scheint die Vermittlung **ethischen Wissens**. Das moralische Reflexionspotenzial kann sicherlich grundsätzlich durch die Auseinandersetzung mit verschiedenen ethischen Argumentationsweisen, Prinzipien, Werten und Normen gehoben werden. Auch das moralische Urteilsvermögen hat kein anderes Erkenntnisvermögen als den Verstand. Die explizite Auseinandersetzung mit dem Thema kann auch zur Klärung des eigenen moralischen Standpunktes beitragen, der im Alltag oft unbewusst bleibt.

Aber kann man auch die **ethische Motivation** ändern? Das betriebliche Umfeld begünstigt bislang häufig eine Moralität der Stufe 1. *Kohlberg* selbst stellt eine Beziehung zwischen dem präkonventionellen Level der Moralentwicklung und der Wirtschaft her, indem er für das niedrigste Niveau der moralischen Entwicklung die Denkweise des Markttausches zum Vergleich heranzieht. Wenn man etwas für andere tut, dann nur bei einer gleichwertigen Gegenleistung. Die Hierarchie in Verbindung mit starken Anreizen begünstigt zudem den opportunistischen Gehorsam und die innere Abschiebung von Verantwortung auf Autoritätspersonen. Möglicherweise sind viele Menschen sogar aufgrund ihrer primären Sozialisation bereits auf einem höheren Level der moralischen Entwicklung angekommen und fallen erst durch die betriebliche sekundäre Sozialisation in ihrem rollenspezifischen Teil-Selbst als Mitarbeiter wieder auf die Stufe 1 zurück. Man trennt sozusagen zwischen einer Privat- und einer Geschäftsmoral (vgl. *Oppenrieder* [Implementationsprobleme] 38).

> **Beispiel**: „Aber im Inneren ist es bei den Führungskräften so, dass sie sich über ihre Werte bewusst sind, es vielfach aber durch den Apparat nicht mehr nach außen bringen. Die Firmen sind Apparate geworden. Die Manager ... sind vielfach von ihrem System getrieben". So die Äußerung eines Vorstandes im Rahmen einer empirischen Studie zu den Wertvorstellungen von Spitzenmanagern (*Buß* [Moral]).

Die wirtschaftswissenschaftliche Ausbildung trägt ihren Teil zu einer solchen Spaltung zwischen „Mensch" und „Manager" bei, indem sie die Ökonomie als eine nach ihrer eigenen Logik funktionierende Teilwelt präsentiert, in welcher es quasi zur Tugend wird, nur nach seinem eigenen Vorteil zu entscheiden und zu handeln.

Eine ethische Personalentwicklung muss dieses Spannungsfeld thematisieren und die ethische Theorie mit den betrieblichen Handlungsbedingungen vermitteln.

> Es muss klar werden, dass die **Moral in der Praxis nicht etwas vom Wirtschaftshandeln zu Trennendes** ist und dass Wirtschaftsakteure nicht das Privileg genießen, in einem moralfreien Raum zu agieren.

Zur moralischen Kompetenz gehört auch die Fähigkeit zu einer gewissen **Rollendistanz** (vgl. *Retzmann* [Bildung] 298). Aufgezeigt werden kann die praktische Bedeutung moralischer Aspekte bei wirtschaftlichen Entscheidungen vor allem über Fallstudien aus der Wirtschaftspraxis. Zur besseren Vermittlung zwischen den Bereichen Ethik und Ökonomik kann sicherlich auch auf die zahlreichen ökonomischen Vorteile der Unternehmensethik verwiesen werden (bspw. Früherkennung von Risiken durch die Stakeholderanalyse, erhöhte Motivation der Mitarbeiter durch gerechtes Personalmanagement, Kosteneinsparungen durch einen ökologischeren Umgang mit Ressourcen, geringeres Risiko von Skandalen und Gerichtsverfahren, allgemein bessere Reputation usw.). Allerdings muss auch klar werden, dass der wirtschaftliche Vorteil ein positiver Nebeneffekt des moralischen Handelns ist und nicht das zentrale Ziel. Handelt man nämlich nur solange moralisch, wenn und solange es sich auszahlt, ist man wieder auf dem untersten Level der moralischen Entwicklung angekommen.

4.1.6.4 Verbesserung der Verständigungskompetenz

Dass schließlich auch die Verständigungskompetenz (oder Diskursfähigkeit) als Teil der moralischen Kompetenz gelten kann, hat seinen Grund in der Konzeption der **Diskursethik**. Wie bereits früher ausgeführt, kann der Diskurs mit den Betroffenen die persönliche moralische Urteilskraft und die individuelle moralische Gesinnung nicht ersetzen, denn die Teilnehmer müssen bspw. schon mit dem Willen zur Wahrhaftigkeit und mit einer Konsensorientierung in den Diskurs eintreten. Sie müssen auch im Diskurs mit anderen schließlich zu Urteilen kommen, was in ihren Augen das Richtige ist. Da aber gerade für moralische Probleme in der Wirtschaft eine Vielzahl von Betroffenen typisch ist und die Folgen oft nur schwer richtig zu bewerten sind, ist der Versuch einer Lösung zusammen mit den Betroffenen sicherlich eine höchst sinnvolle Ergänzung zur einsamen Gewissensentscheidung.

Die zugehörigen Teilkompetenzen der **Kommunikations-, Kooperations- und Konfliktfähigkeit** gehören auch jenseits der Unternehmensethik immer schon zu den Anforderungen an Mitarbeiter. Deshalb muss die Personalentwicklung einen wichtigen inhaltlichen Unterschied konstatieren: Bei der moralischen Verständigungskompetenz kommt es nicht darauf an, den anderen zu überreden, zu manipulieren, sich durchzusetzen, zu lügen und zu tricksen, wie es beim strategischen „bargaining" gang und gäbe ist. Vielmehr kommt es auf

- einen wirklichen Konsenswillen,
- Ehrlichkeit,
- Offenheit und
- wechselseitige Anerkennung an.

Gefördert werden soll die „**Argumentationsintegrität**" (*Blickle* [Argumentationsintegrität]).

4.1.6.5 Adressaten der Entwicklung

Auf die moralische Kompetenz einzuwirken ist sicher leichter in jüngeren Jahren, wenn sich die eigenen Denkweisen und Überzeugungen noch nicht so verfestigt haben. Das spricht für eine Konzentration der ethischen Personalentwicklung auf die **Auszubildenden**.

> **Beispiel**: Bei *BMW* durchlaufen alle Auszubildenden die Schulung „Nachhaltigkeit von Anfang an", durch welche sie mit dem Konzept der Nachhaltigkeit im Allgemeinen und den Nachhaltigkeitsstrategien von BMW im Besonderen bekannt gemacht werden.

Neben den Unternehmen sind in diesem Bereich auch die **Schulen und Universitäten** gefordert. Bisher ist der Effekt der Schulbildung auf die moralische Kompetenz größer als derjenige der Berufsausbildung (vgl. *Lind* [Entwicklung] 311). Allerdings werden eben bisher auch die Übung praktisch-handwerklicher Fertigkeiten und die Aneignung von Wissen betont, während die Ausbildung genereller Fähigkeiten hinten ansteht.

Die besondere Verantwortung und die Vorbildfunktion prädestinieren auch die **Führungskräfte** als Adressaten für Entwicklungsmaßnahmen im Bereich Unternehmensethik (vgl. *Steinmann/Löhr* [Grundlagen] 130). Sie bilden die Hauptklientel extern durchgeführter Ethik-Seminare. Nach einer – allerdings schon 1993 veröffentlichten – Umfrage bei Top-Managern, halten diese die Weiterentwicklung ihrer ethischen Kompetenz für weitaus wichtiger als eine fachliche Weiterbildung (vgl. *Thommen* [Management-Kompetenz] 18f.). Als innerbetriebliche Multiplikatoren sind daneben auch die Personen wichtig, die im Betrieb für Personalentwicklungsmaßnahmen zuständig sind.

Schließlich sind alle **Mitarbeiter** zumindest insoweit Adressaten von ethischen Personalentwicklungsmaßnahmen, als ihnen die ethischen Standards des Unternehmens, die bspw. in einem Unternehmensleitbild formuliert sind, bekannt gemacht werden müssen.

4.1.7 Entwicklungsmethoden

Im Grunde können alle Methoden der Personalentwicklung auch in diesem speziellen Bereich eingesetzt werden. Erster Ansatzpunkt ist in der Regel die **Wissensvermittlung off-the-job** aber im eigenen Betrieb und durch eigene Mitarbeiter.

Beispiele: Bei der *Novartis AG* erhält bspw. jeder Mitarbeiter bei seinem Eintreten in das Unternehmen den unternehmensinternen Code of Conduct. In gruppenweisen Einführungsveranstaltungen werden die Richtlinien genauer erklärt (vgl. *Kokot/Schmidt* [Werte] 37). Auch bei dem Flugzeugkonzern *Boeing* ist eine Aufklärung neuer Mitarbeiter über die moralischen Standards des Unternehmens obligatorisch, wobei die Personalabteilung und der direkte Vorgesetzte involviert sind. Im Verlaufe der ersten beiden Jahre muss jeder Mitarbeiter darüber hinaus noch ein „Ethics Basic Training" mitmachen, welches von einem hausinternen Spezialisten durchgeführt wird. Auch in diesem Training geht es überwiegend um die Vermittlung der firmeninternen Normen (vgl. *Noll* [Unternehmensethik] 143). Das Unternehmen *Winter* unterstützt sein offensives Umweltmanagement mit Umweltseminaren und umweltbezogenen Bildungsausflügen für seine Auszubildenden. Für alle Mitarbeiter gibt es Vorträge zu Umweltthemen und Umweltberatung für den Haushalt (vgl. *Winter* [Umweltmanagement] 58f.).

Der Klärung der eigenen Wertposition dienen die Methoden der sog. „**value clarification**" (vgl. *Staffelbach* [Management-Ethik] 336ff.). Die Bewusstwerdung bisher implizit wirksamer Werte und Normen wird unterstützt durch Techniken. Beispielsweise werden die Ziele und Wünsche aufgelistet, unter Alternativen gewählt und diese Auswahl mit Hilfe von Wertehierarchien begründet. Es wurden auch Fragenkataloge und Schemata entwickelt, die eine Hinneigung zu bestimmten alltagsethischen Theorien wie Sozialdarwinismus, Konventionalismus, Legalismus bzw. das eigene Wertprofil im Hinblick auf die Unternehmenspolitik aufdecken sollen. Das Lernpotenzial liegt zum einen in der Selbstaufklärung über die eigenen normativen Grundlagen, zum anderen in der Kritik daran und der Auseinandersetzung mit anderen ethischen Vorstellungen.

Sollen ethische Theorien vermittelt werden, dann sind off-the-job Veranstaltungen außerhalb des Unternehmens besonders beliebt. Externe Anbieter sind spezialisierte Unternehmensberatungen, Akademien, wirtschaftsnahe Stiftungen und Verbände oder versierte Einzelpersonen. Die typische Veranstaltungsform ist das Seminar (bzw. der Workshop), welches wiederum verschiedene Methoden kombiniert: **Fallstudien, Rollenspiele, Planspiele und Diskussionen** wechseln sich als interaktive Lehrformen mit **Vorträgen** ab (vgl. *Dahm* [Ethikseminare]). Als Orientierungsrahmen und Struktur für die Vermittlung von Ethik werden u.a. vorgeschlagen: Die zehn Gebote (vgl. *Ockenfels* [Gebote]), die Kardinaltugenden, die Grundwerte, moralische Prinzipien.

Vor allem die Diskussion von moralischen Dilemmata wird als Lehrmethode propagiert, weil im Verlauf der meist lebhaften Diskussion unterschiedliche Positionen zu Tage treten, die zu einer erneuten Reflexion anregen. Wirtschaftsnahe Fallstudien sollen den Bezug zwischen der ethischen Theorie und dem Handlungsfeld der Teilnehmer herstellen, Rollenspiele das Einfühlungsvermögen in andere fördern.

Um das „moral reasoning" zu unterstützen, kann man auch auf **Prüffragenlisten, Entscheidungsbäume**, die Zerlegung von Werten und Normen in sog. **Wertbaumanalysen**, **Strukturformulare** zur Beurteilung von Handlungsoptionen und **Interak-**

tionsanalysen zur Klärung der Stakeholderbeziehungen zurückgreifen (vgl. *Staffelbach* [Management-Ethik] 302ff.). Die Verwendung solcher pragmatischer Entscheidungsinstrumente hat den Vorteil, moralische Problem zu operationalisieren und zu strukturieren. Einfache, rezepthafte Lösungen darf man sich davon allerdings nicht versprechen, denn die Hauptschwierigkeit liegt in der Beantwortung der aufgeworfenen Fragen (bspw. danach, welche Folgen ein Handeln haben wird, wer davon wie betroffen wird und was die beste Lösung für alle Betroffenen wäre).

Off-the-job und durch Experten werden auch die meisten Schulungen zur Verbesserung der Verständigungskompetenz durchgeführt. Als Methoden in diesem Bereich werden u. a. genannt: Transaktionsanalyse, Argumentationsübungen, gruppendynamisches Training, Teamentwicklung, Plan- und Rollenspiele (vgl. *Staffelbach* [Management-Kompetenz] 423). Es ist aber nochmals darauf hin zu weisen, dass es im Hinblick auf die Stützung der Unternehmensethik nicht darum geht, geschicktes Taktieren und Durchsetzen der eigenen Meinung zu lehren, sondern Argumentationsintegrität.

Hilfreich sind in diesem Zusammenhang die sog. **Standards der Argumentationsintegrität** (vgl. *Blickle* [Argumentationsintegrität] 116f.):

(1) Unterlasse es, absichtlich in nicht stringenter Weise zu argumentieren.

(2) Unterlasse es, deine Behauptungen nicht oder nur scheinbar zu begründen.

(3) Unterlasse es, etwas als wahr auszugeben, von dem du weißt, dass es falsch ist.

(4) Unterlasse es, Verantwortung zu leugnen oder abzuschieben.

(5) Unterlasse es, den Sinn eigener oder fremder Beiträge absichtlich sinnentstellend wiederzugeben.

(6) Unterlasse es, unerfüllbare Forderungen zu stellen.

(7) Unterlasse es, den anderen lächerlich zu machen.

(8) Unterlasse es, den anderen zu beleidigen, zu provozieren oder einzuschüchtern.

(9) Unterlasse es, die Argumentation durch bewusstes Vernebeln, durch Killerphrasen und gehäufte Fachausdrücke zu behindern.

Die Gültigkeit dieser Standards wird zumindest intuitiv von jedem bejaht, der sich auf eine Argumentation einlässt. Dennoch ist es sicher empfehlenswert, auf die Gültigkeit dieser Standards auch für die Diskurse in der Wirtschaft hinzuweisen, weil unintegre Kommunikationsstrategien, wie Fehler vertuschen, Informationen verbergen und verbiegen, Vernebeln, Einschüchtern, Gerüchte und Halbwahrheiten verbreiten, Sündenböcke suchen usw. in vielen Unternehmen zum Alltag gehören.

Als Personalentwicklungsmaßnahme kann auch das **Corporate Volunteering** (CV) eingesetzt werden. Darunter versteht man die aktive Unterstützung der Mitarbeiter bei einem ehrenamtlichen Engagement. CV kann sehr verschiedene Formen annehmen, von der Bereitschaft des Unternehmens, dem Mitarbeiter hin und wieder für sein Engagement frei zu geben bis hin zu großen sozialen Projekten, die vom Unternehmen initiiert und gesteuert sowie finanziert werden.

Beispiele: Eine Führungskraft hilft einen Tag bei der Essensausgabe für Bedürftige. Eine Gruppe von Mitarbeitern bekommt eine Woche frei, um gemeinsam einen Spielplatz für die Standortkommune zu bauen.

Vor allem für Manager kann es sehr hilfreich sein, einmal über den Tellerrand des eigenen Unternehmens und der eigenen Karriere hinauszuschauen und in Kontakt mit ganz anderen Lebenswelten zu kommen. Das erweitert den Horizont, führt zur Thematisierung von Sinnfragen und stärkt das Verantwortungsbewusstsein (vgl. *Schöffmann* [Wertevermittlung]). Anerkennung und Unterstützung für das Ehrenamt signalisieren, dass auch in der Wirtschaftswelt Uneigennützigkeit und Hilfsbereitschaft ihren Platz haben.

Im Bereich des **Training near-the-job** können bestehende Qualitätszirkel genutzt werden, um ethische Probleme im Arbeitsbereich zu diskutieren. So könnten die oft sehr allgemeinen Normen des Unternehmensleitbildes auf dieser Ebene konkretisiert werden. Die Mitarbeiter könnten sich bspw. überlegen, was die vom Unternehmen ausgesprochene allgemeine Verpflichtung zum nachhaltigen Wirtschaften ganz konkret an ihrem Arbeitsplatz bedeutet. Die Methode kommt dem Ziel der Selbst-Entwicklung entgegen.

Durch **Coaching** und **Mentoring** findet eine eher informelle Weiterbildung statt. Die enge Beziehung begünstigt, dass der Coach bzw. Mentor als **Vorbild** gesehen und akzeptiert wird. Es geht dabei weniger um Wissensvermittlung, als vielmehr um das Vorleben moralischer Kompetenz und moralischer Entscheidungen. Coach oder Mentor können zudem als Ansprechpartner für moralische Probleme dienen und die Kommunikation über dieses Thema beleben.

Entwicklungsmaßnahmen on-the-job, vor allem solche, die zu einer Ausweitung der persönlichen Verantwortung führen, können indirekt auch zur Förderung der moralischen Kompetenz beitragen, weil sie dem Mitarbeiter mehr Möglichkeiten zu eigenverantwortlichen Entscheidungen geben und ihn somit nicht schon strukturell auf die Stufe 1 der moralischen Entwicklung (Gehorsam gegenüber Autoritätspersonen) festlegen. Ein wichtiges moralpädagogisches Qualifizierungsprogramm besteht vermutlich darin, den Mitarbeitern Gelegenheit zur Praktizierung von Moral zu geben (vgl. auch *Retzmann* [Bildung] 301).

Wie eine Studie zur moralischen Entwicklung von Lehrlingen zeigt (vgl. *Lind* [Entwicklung] 306ff.), gibt es allerdings eine wechselseitige Beziehung zwischen dem Vorhandensein einer autonomen Orientierung und der Möglichkeit, die Moralentwicklung durch die Gewährung von Autonomie zu stimulieren. Verantwortungsvolle Mitarbeiter wollen mehr Selbstbestimmung, mehr Selbstbestimmung erfordert verantwortungsvolle Mitarbeiter. Es kann also durch organisatorische Maßnahmen eher eine bereits vorhandene moralische Kompetenz verstärkt werden.

Als weitere organisationale Bedingungen, die sich positiv auf die Moralentwicklung auswirken, werden genannt (*Rebstock* [Entwicklung] 814):

- Gelegenheiten der Konfrontation mit moralisch relevanten Konfliktsituationen,
- ausreichende Möglichkeiten zu intensiver Kommunikation sowie
- Chancen zur Erfahrung von Kooperation und Verantwortung.

Dies spricht für eine **parallele Personal- und Organisationsentwicklung**: Es ist überhaupt zu betonen, dass sich die Personalentwicklungsmaßnahmen in das Gesamtrepertoire der institutionellen Unterstützungsmaßnahmen einfügen müssen. Die isolierte Durchführung von einigen Seminaren ohne Einbettung in ein schlüssiges Gesamtkonzept wird kaum zu Konsequenzen im Bereich des Handelns führen.

4.2 Organisationsstruktur

4.2.1 Zusammenhang zwischen Organisationsstruktur und Unternehmensethik

Organisation kann verschieden definiert werden (vgl. *Bea/Göbel* [Organisation] 2ff.).

- Im betriebswirtschaftlichen Kontext versteht man darunter zumeist das System genereller und relativ stabiler Normen zur Arbeitsteilung und Koordination in einem Unternehmen. Diese Aufbauorganisation legt fest, wer welche Aufgaben zu erfüllen hat, wer wem Weisungen erteilen darf, wer sich mit wem über was abstimmen muss, wer wen über was informieren muss usw. Die Unternehmung hat in diesem Sinne eine Organisation, die sich formal bspw. in einem Organigramm, in Stellenbeschreibungen, Arbeitsrichtlinien usw. niederschlägt.
- Daneben kann man auch die ordnende Tätigkeit, die zum systematischen Vollzug der Unternehmensaufgabe führt, als Organisation bezeichnen.
- Schließlich wird auch die Unternehmung als Ganzes eine Organisation genannt, weil sie im Unterschied zu anderen Institutionen, die das Leben der Menschen ordnen, die Merkmale der bewussten Gründung, der Zielgerichtetheit und der expliziten Mitgliedschaft aufweist.

Im Folgenden geht es um die Organisation im erstgenannten Sinne, also um die stabile **Struktur, die ein Unternehmen hat**. Diese kann in zweierlei Weise mit der Unternehmensethik verbunden werden:

- Erstens werden an die Gestaltung der Organisationsstruktur selbst moralische Anforderungen gestellt. Im Hinblick auf die Mitarbeiter wird gefordert, dass deren Eigenwert und Subjektgeltung auch in der Organisationsstruktur berücksichtigt wird. Sie sollen in ihrer Arbeit nicht nur als Mittel zum Zweck, als Rädchen im Getriebe, sondern als **Person mit Würde** angesehen werden. Entsprechende Forderungen zur Humanisierung der Arbeit werden schon seit Jahrzehnten diskutiert.
- In Bezug auf die Organisationsstruktur gilt als menschengerecht: Schaffung von Entscheidungs- und Gestaltungsspielräumen, mehr Mitbestimmung und Eigenverantwortung, Abwechslung bei der Arbeit, Möglichkeiten zu sozialen Kontakten, stärkere Integration von Kopf- und Handarbeit, von Entscheidung und Ausführung, Abbau ausgeprägter Arbeitsteilung und strikter Hierarchie, Möglichkeiten zum Lernen (vgl. *Kieser* [Human] 129).
- Zweitens ist auch bei der Organisationsstruktur zu fragen, ob und wie sie die Individualmoral der Unternehmensmitglieder institutionell fördert oder auch behindert. Diese Perspektive steht im Folgenden im Vordergrund. Dabei können wiederum zwei Ansatzpunkte unterschieden werden. Zum einen geht es darum, **organisationale Barrieren abzubauen**, die häufig die Umsetzung von Verantwortung behindern. Zum anderen sollen zusätzliche **organisationale Möglichkeiten zur Unterstützung der Unternehmensethik** geschaffen werden.

4.2.2 Abbau von organisationalen Verantwortungsbarrieren

Aufgrund einer empirischen Untersuchung von Fällen illegalen und unmoralischen Verhaltens von Unternehmen identifizierte *Waters* sieben „organizational blocks", d.h. Barrieren im Unternehmen, welche legales/moralisches Verhalten von Mitarbeitern behindern (vgl. [Corporate]). Vier der sieben Barrieren werden eher mit der Unternehmenskultur verbunden und wurden bereits besprochen (vgl. Abschnitt 2.2.2). Als **strukturelle Barrieren** gelten (vgl. *Oppenrieder* [Implementationsprobleme] 25ff.):

- division of work (Spezialisierung),
- separation of decision (Trennung von Entscheidung und Ausführung) und
- strict line of command (Prinzip von Befehl und Gehorsam).

(1) Horizontale Arbeitsteilung

Die erste Barriere (division of work) bezieht sich auf die horizontale Teilung der Arbeit in der Form der **Spezialisierung**. Eine solche Spezialisierung kann auf verschiedene Art und Weise zu moralisch unerwünschten Ergebnissen beitragen:

(a) Es kann durch die mangelhafte Koordination von arbeitsteiligen Handlungen leichter zu **Missverständnissen** und **Fehlern** kommen, die keiner gewollt hat, die aber zu fatalen Folgen führen. Zum Beispiel könnte unklar sein, bei wem die Zuständigkeit für die Kontrolle eines Teils liegt: Beim Wareneingang, bei der Produktion oder beim Warenausgang. Weil jede Abteilung denkt, dass die anderen zuständig sind, wird schließlich gar nicht kontrolliert und es kommt zur Gefährdung von Kunden.

(b) **Verantwortung** lässt sich vortrefflich **abschieben**, wenn jeder nur einen kleinen Teilschritt in einem Gesamtprozess übernimmt.

> **Beispiel**: Der Leukämietod eines Mitarbeiters der Raffinerie *Amoco Fina* konnte eindeutig auf eine Benzol-Vergiftung zurückgeführt werden, die er sich bei der Arbeit zuzog. Aber wer war daran schuld? Der Sicherheitsingenieur, der die Gefahr für gering erklärte? Der Geschäftsführer der Raffinerie, der Hinweise des Gesundheitsamtes auf die Gefahren nicht ernst nahm? Sein Vorgesetzter in den USA, der eine Produktionsumstellung aus Kostengründen ablehnte? Der Leiter des Forschungslabors, der die Gefahren von Benzol nicht ausreichend untersuchte? Erst acht Jahre nach dem tragischen Tod des Mitarbeiters kam es zu einem Prozess. Keiner der Angeklagten konnte schuldig gesprochen werden, weil nicht nachweisbar war, dass eines der beschuldigten Individuen für die Entscheidung zur Weiterführung der Benzolproduktion zuständig war (vgl. *Fetzer* [Verantwortung] 34).

(c) Eine starke Arbeitsteilung begünstigt eine Erscheinung, die als „déformation professionelle" bezeichnet wird oder – despektierlich – auch als Fachidiotentum. Die Experten entwickeln häufig eine extreme **Selektivität des Blickwinkels**, d.h. sie sehen nur noch einen kleinen Ausschnitt aus der Welt und verdrängen alle anderen Aspekte, einschließlich der möglicherweise negativen Folgen ihres Handelns für andere. Überdies schotten sie sich gegen Kritik mit einer eigenen Sprache ab und neigen dazu, Gefahren, mit denen sie täglich umgehen, zu verniedlichen.

Besonders problematisch wird dies bei einer Arbeitsteilung zwischen Stab und Linie, wenn die Experten zwar die Entscheidung vorbereiten, selbst aber nicht die letzte Entscheidungsverantwortung tragen. Der Experte kann sich moralisch entlasten, indem er darauf hinweist, dass er ja nur beraten, nicht aber entschieden hat. Der Linienmanager wiederum wird darauf verweisen, dass er sich auf die Sachkompetenz des Experten verlassen hat (vgl. *Oppenrieder* [Implementationsprobleme] 27f.).

(2) Vertikale Arbeitsteilung

Mit der zweiten und dritten Barriere (separation of decision, strict line of command) wird die vertikale Arbeitsteilung in Vorgesetzte und Untergebene, also die **Hierarchie** angesprochen (vgl. *Oppenrieder* [Implementationsprobleme] 28ff.). Die Untergebenen können ihre **Verantwortung** auf den Vorgesetzten **abschieben**, weil sie ja schließlich tun müssen, was ihnen befohlen wird. Der Druck auf die Mitarbeiter wird durch die Kontroll- und Sanktionsmöglichkeiten der Vorgesetzten erhöht. Die Vorgesetzten können sich zu ihrer persönlichen Entlastung einerseits auf Befehle von noch höherer Stelle berufen und sich andererseits auf den Standpunkt zurückziehen, dass sie ja nur (quantitative) Ziele vorgeben, die Mittelwahl aber den Mitarbeitern überlassen. Man gibt bspw. hohe Verkaufsquoten für Autoersatzteile vor und sagt nicht, die Autowerkstatt solle dem Kunden auch unnötige Ersatzteile aufschwatzen, obwohl das nahezu zwangsläufig die Folge der überhöhten Quoten ist (vgl. *Paine* [Managing] 107). Oder man gibt den Bankberatern hohe Vertriebsziele vor, die diese nur erfüllen können, wenn sie die Kunden falsch beraten.

Ein weiteres Problem liegt in der **Filterwirkung** der Hierarchie. Gerade die vertikale Kommunikation ist häufig gestört. Untergebene hüten sich, negative Informationen und Kritik nach oben zu kommunizieren, Vorgesetzte ignorieren oder beschönigen problematische Informationen. Hinweise auf unmoralische Praktiken werden so von beiden Seiten geflissentlich übersehen. Ist die Hierarchie sehr steil, verstärken sich die Schwierigkeiten, weil die Kommunikationswege länger werden und die eigene Verantwortung immer marginaler erscheint.

(3) Re-Integration getrennter Bereiche

Die „organisierte Unverantwortlichkeit" (*Beck* [Gegengifte]) lässt sich auf die zahlreichen **Trennungen** zurückführen, die für die Organisationsstruktur im Unternehmen typisch sind: Die einen kaufen ein, die anderen produzieren, wieder andere verkaufen, den einen obliegt die Planung, den anderen die Ausführung einer Handlung, manche bereiten eine Entscheidung vor, andere treffen die Entscheidung, die einen arbeiten mit dem Kopf, die anderen mit den Händen usw.

Wie bereits erläutert wurde, beinhaltet der Begriff „Verantwortung" aber gerade eine integrative Perspektive. Es kommt auf die Absicht (Gesinnung), die Handlung und die Folgen an (vgl. Kapitel V). Diese Integration wird aber durch die Struktur behindert. Die einen handeln nur auf Befehl von oben und schalten ihren Willen aus. Die anderen geben nur Ziele und Absichten vor, setzen sie aber nicht selbst in die Tat um. Die funktionale Arbeitsteilung bestärkt die Tendenz, die Folgen des Handelns nur partiell zu erwägen.

Empfehlungen zum Abbau der Organisationsbarrieren basieren dementsprechend auch hauptsächlich auf der Idee der **Re-Integration** In ganzheitlichen Arbeitsprozessen sollen Teilfunktionen wieder zusammengeführt werden, so dass auch ein Verantwortlicher für das Endergebnis benannt werden kann. Entscheiden, Ausführen und Kontrollieren, Denken und Handeln sollen wieder stärker integriert, die Hierarchie abgebaut werden (vgl. *Steinmann/Löhr* [Grundlagen] 120). Die Selbstabstimmung von

Teilaufgaben in der Gruppe soll die Verantwortung für die Koordination an die Ausführenden delegieren. Mit Job Rotation wird der Blick über den eigenen Zuständigkeitsbereich hinaus geweitet. Eine flache Hierarchie verbunden mit partnerschaftlicher Führung baut Informationsfilter ab. Durch mehr Autonomie wird Vertrauen in die Selbstverantwortung der Organisationsmitglieder signalisiert und deren moralische Kompetenz gestärkt. Möglichkeiten zur sozialen Interaktion legen den Grundstein für die interpersonale Verständigung.

Die Empfehlungen zum Abbau organisationaler Blockaden für ethisches Verhalten decken sich weitgehend mit den Vorschlägen zur Humanisierung der Organisation. Das kommt nicht von ungefähr, denn Selbstzwecklichkeit und Würde des Menschen entspringen ja gerade seiner Stellung als sittliches Subjekt. Eine Organisationsstruktur, welche dem Eigenwert des Menschen Rechnung tragen soll, muss ihn gerade auch als sittliches Subjekt ernst nehmen.

4.2.3 Aufbau von organisationalen Unterstützungspotenzialen

Der Abbau organisationaler Hemmnisse für verantwortliches Handeln reicht oft alleine noch nicht aus, um die Unternehmensethik zu stützen. Als weitere Maßnahme wird der Aufbau spezieller Strukturen mit ethischem Auftrag empfohlen (vgl. *Steinmann/Löhr* [Grundlagen] 113ff.). Der Aufbau spezieller Compliance-Strukturen gilt zumindest in den großen börsennotierten Unternehmen mittlerweile als Pflichtprogramm für die Manager. Bei *Siemens* sind mittlerweile mehr als 600 Personen weltweit nur für Compliance-Maßnahmen abgestellt. Einen Überblick (ohne Anspruch auf Vollständigkeit) über die möglichen Einrichtungen gibt die Abbildung IX/10.

	Einrichtungen für spezielle Stakeholder bzw. Anliegen	**Einrichtungen für den gesamten Bereich der Unternehmensethik**
Einzelpersonen	• Ombudsperson bspw. für Mitarbeiter • Beschwerdestelle für Kunden • Beauftragte (bspw. für Umweltschutz, für Gleichstellung, Behinderte, Verbraucherschutz) • Public Interest Director • …	• Ombudsstelle für Ethik • Ethikbeauftragter • CSR-Beauftragte • Ethics officer • Compliance officer • …
Gremien	• Arbeitsbewertungskommission • Runder Tisch Nachhaltigkeit • Antikorruptionsabteilung • …	• Ethik-Kommission • Abteilung für Umwelt- und Gesellschaftspolitik • Complianceabteilung • …

Abb. IX/10: Spezielle interne Strukturen zur Unterstützung der Unternehmensethik

Die verschiedenen Einrichtungen aus Abbildung IX/10 werden nun näher erläutert.

4.2.3.1 Stellen

(1) Ombudspersonen

Viele Unternehmen beschäftigen inzwischen einen Ombudsmann. Der Begriff „**Ombudsmann**“ kommt ursprünglich aus Schweden und bezeichnet dort ein Amt, dessen Inhaber die Stellung des einzelnen Bürgers gegenüber staatlichen Stellen stärken soll, indem er Beschwerden und Klagen z.B. wegen Amtsmissbrauch oder willkürlicher Entscheide überprüft. Im Unternehmen ist der Ombudsmann (der selbstverständlich auch eine Frau sein kann) die offizielle Ansprechstelle für Anliegen externer oder interner Gruppierungen.

Die Ombudsstelle hat somit eine **Zugangsfunktion**. Sie soll die Hemmschwelle zur Kommunikation abbauen. Dazu gehört auch, dass diese Stelle nicht als Sprachrohr der Unternehmensinteressen fungiert, sondern wirklich offen ist für die Stakeholderanliegen, die an sie herangetragen werden. Die Ombudsperson hat daneben auch die Funktion, Konflikte abzufangen, bevor sie eskalieren, also eine Schlichtungsfunktion. Im Hinblick auf die Mitarbeiter kann sie bspw. ein externes Whistle Blowing überflüssig machen, indem die Missstände im Unternehmen angesprochen und gelöst werden. *Staffelbach* sieht die Ombudsperson vor allem als „institutionalisiertes Dialogorgan“ (vgl. [Management-Ethik] 328).

Um die Neutralität der Stelle zu unterstreichen und das Vertrauen der Mitarbeiter zu erhöhen, ist es empfehlenswert, sie mit einer unternehmensexternen Person zu besetzen.

> **Beispiel**: Der *Gesamtverband der deutschen Versicherungswirtschaft e. V.* beschäftigt bspw. einen Ombudsmann für Versicherungen, welcher zwar Erfahrung im Versicherungswesen mitbringen sollte, aber in den letzten drei Jahren vor Amtsantritt nicht hauptberuflich in der Versicherungsbranche tätig gewesen sein darf. Er kümmert sich vor allem um Beschwerden von Versicherungskunden. Für Verbraucher ist die Inanspruchnahme dieser Schlichtungsstelle kostenlos. *Daimler* hat seit 2012 einen externen „Neutralen Mittler“ als Ansprechpartner für Mitarbeiter, die Hinweise auf Rechtsverletzungen oder Regelverstöße geben wollen.

(2) Beschwerdestellen

Eine ganz ähnliche Funktion erfüllt die Beschwerdestelle, die bisher vor allem im Hinblick auf **Kundenbeschwerden** eingerichtet wird. Wie der Begriff „Beschwerdestelle“ schon aussagt, will man auf diese Weise Reklamationen und Unzufriedenheit mit den Produkten wahrnehmen. Bei einer echten Stakeholderorientierung werden solche Beschwerden aber nicht einfach passiv abgewartet, sondern ausdrücklich erleichtert und ermuntert, z.B. durch Hinweise auf gebührenfreie telefonische Hotlines in der Werbung und/oder auf der Verpackung oder durch enge Zusammenarbeit mit dem Handel. Die Beschwerdestelle wird nicht als „Meckerkasten“ aufgefasst, sondern als Ort des Dialogs zwischen Unternehmen und Verbrauchern. Als Beispiel kann die Beschwerdestelle der *Deutschen Post* genannt werden. Beschwerden können per Brief, per Email, per Telefon oder über den Postzusteller angebracht werden.

Auf Beschwerden bzw. Hinweise von Mitarbeitern reagieren unternehmensinterne Hotlines. Dort können Mitarbeiter auch anonym auf Missstände hinweisen, bspw. beim Verdacht auf Verstöße gegen die Compliance- oder Ethikrichtlinien.

(3) Beauftragte

Beauftragte können ebenfalls die Funktion einer Ombuds- und Beschwerdestelle übernehmen. Ihr Aufgabenspektrum geht aber darüber hinaus. Der/die Beauftragte soll nicht nur Anlaufstelle für Vorschläge und Beschwerden sein, sondern im Interesse einzelner Gruppierungen oder im Hinblick auf bestimmte Bereiche Probleme und Konflikte antizipativ diagnostizieren und aufgrund seiner/ihrer Fachkompetenz auch Lösungsvorschläge machen. Auch die Schulung der Mitarbeiter in bestimmten Bereichen kann zum Aufgabenfeld der Beauftragten gehören. Zur **Dialog- und Schlichtungsfunktion** kommen die **Innovations-, Impuls- und Entwicklungsfunktion** (vgl. *Staffelbach* [Management-Ethik] 329).

Beauftragte sind in vielen Bereichen gesetzlich vorgeschrieben (bspw. Datenschutz-, Gewässerschutz-, Frauen-, Schwerbehinderten-, Arbeitssicherheitsbeauftragte), können aber auch freiwillig ernannt werden (bspw. Antikorruptionsbeauftragte, Klimaschutzbeauftragter). Für manche Beauftragte wird sogar die hierarchische Eingliederung direkt unterhalb der Geschäftsführung gesetzlich geregelt (vgl. *Schmidt-Leithoff* [Beauftragte]).

Beispiel: Viele Unternehmen haben bspw. Geldwäschebeauftragte, welche dafür Sorge tragen sollen, dass Gelder aus kriminellen Machenschaften nicht mit Hilfe des Unternehmens legalisiert werden können. Insbesondere die Finanzdienstleistungsunternehmen sind dazu gesetzlich verpflichtet. Bei Unternehmen, die mit hochwertigen Konsumgütern handeln (Juweliere, Kunst- und Antiquitätenhändler, Verkäufer von Luxusautos usw.) sind die Regelungen in den verschiedenen Bundesländern unterschiedlich streng. Rheinland-Pfalz schreibt die Bestellung eines Geldwäschebeauftragten für Unternehmen aus diesen Branchen vor, wenn sie regelmäßig mehr als zehn Mitarbeiter beschäftigen.

(4) Public Interest Director

In zahlreichen US-Unternehmen werden externe Interessengruppen durch die sog. Public Interest Directors vertreten, die **Sitz und Stimme im Board** haben. Sie vertreten bspw. die Anliegen von Verbrauchern, von Frauen oder von ethnischen Minderheiten. Sie sammeln einschlägige Informationen, machen Verbesserungsvorschläge, kontrollieren die Fortschritte und sind Ansprechpartner bei Problemen (vgl. *Sullivan* [Problems]).

Auf deutsche Verhältnisse übertragen könnten besonders relevanten Stakeholdergruppen Sitz und Stimme im Aufsichtsrat eingeräumt werden, vergleichbar der bereits bestehenden Mitbestimmung der Arbeitnehmer. Das öffentliche Interesse an Umweltschutz könnte bspw. durch einen Umweltdirektor im Aufsichtsrat gewahrt werden (vgl. *Gerum* [Umweltdirektor]).

Die tatsächlichen Mitwirkungs- und Einflussmöglichkeiten können sehr unterschiedlich sein, je nachdem, wer diese Personen auswählen darf, wie viel Einblick ihnen in die Unternehmensführung gewährt wird und ob sie neben einem Anhörungsrecht auch wirkliche Mitbestimmungsrechte haben (z.B. über einen Katalog zustimmungspflichtiger Geschäfte).

(5) Einzelpersonen mit Zuständigkeit für den gesamten Bereich der Unternehmensethik

Einzelpersonen können auch für das gesamte Spektrum unternehmensethischer Probleme und Fragen zuständig sein. Sog. „**ethics officers**" oder „**compliance officers**" waren 1995 schon in einem Drittel der 1000 größten Unternehmen der USA zu finden. Die *„Ethics and Compliance Officer Association"*, eine 1992 gegründete Vereinigung dieser Fachleute, weist zur Zeit etwa 1300 Mitglieder auf. Zu den zentralen Aufgaben zählt der Berufsverband

- die proaktive Unterstützung „ethischer Praktiken" im Geschäftsleben,
- die Sorge für die unbedingte Einhaltung aller Gesetze,
- die Prüfung neuer Geschäftsideen und Strategien auf rechtliche und moralische Bedenken,
- das Aufdecken von juristischen und ethischen Problemen,
- die Weitergabe von Informationen auch an die Öffentlichkeit (Whistle Blowing), wenn Sicherheit und Gesundheit von Stakeholdern gefährdet sind, und
- die Weiterentwicklung der Idee einer moralischen Verantwortung der Unternehmen.

Überdies sollen sie als Rollenvorbilder verdeutlichen, dass moralisches Handeln im Unternehmen erwünscht ist. In deutschen Unternehmen werden entsprechende Stellen auch als „**CSR-Beauftragte(r)**" oder „**CR-Beauftragte(r)**" bezeichnet (CSR steht für Corporate Social Responsibility). Vor allem im Groß- und Einzelhandel sind sie schon häufiger zu finden. Über CSR-Beauftragte verfügen bspw. *Aldi* und die *Lekkerland AG*. *Daimler* hat seit mehreren Jahren ein Vorstandsressort „Integrität und Recht" eingerichtet, welches sich um Recht, Compliance und Corporate Responsibility konzernweit kümmern soll. Ein „Chief Compliance Officer" berichtet direkt an den Vorstand und den Aufsichtsrat. Für die verschiedenen Geschäftsbereiche gibt es divisionale Compliance Officer sowie einen „Regional Compliance Officer" speziell für China und Nordostasien. Die Stelleninhaberin des Vorstandsressorts Compliance bei *Daimler* wechselte am 1. Januar 2016 zu *Volkswagen* und besetzte dort das neu geschaffene Ressort im Konzernvorstand „Integrität und Recht". (Nach 13 Monaten Arbeit ist sie allerdings Anfang 2017 schon wieder ausgeschieden und sorgte durch die Höhe ihrer Abfindung von 12,5 Millionen Euro für Diskussionen).

4.2.3.2 Gremien

Neben den singulären Stellen können auch multipersonale Gremien zur institutionellen Unterstützung der Unternehmensethik geschaffen werden.

(1) Kommissionen und Runde Tische

Kommissionen (oder Ausschüsse) setzen sich aus mehreren Personen zusammen, die in zeitlichen Abständen zur Beratung und oft auch zur Entscheidung zusammentreten. Sie sind eine typische Erscheinungsform der Sekundärorganisation. Die Mitglieder kommen aus unterschiedlichen Bereichen, können wechseln und es können auch Externe einbezogen werden. Mit Hilfe einer Arbeitsbewertungskommission könnten bspw. Methoden der diskriminierungsfreien Arbeitsbewertung für typische Frauenberufe erarbeitet werden. Neben Mitarbeitern der Personalabteilung könnten daran betroffene Frauen, Betriebsratsmitglieder und externe Experten teilnehmen. Eine Humanisierungskommission könnte sich Gedanken darüber machen, wie die Arbeit menschengerechter gestaltet werden kann. Solche Ausschüsse können sehr flexibel zusammengestellt und eingesetzt werden.

Zu den am häufigsten diskutierten Möglichkeiten der organisatorischen Unterstützung der Unternehmensethik gehört die **Ethik-Kommission** (ethics committee). Solche Gremien sind teilweise vorgeschrieben, wie bspw. die Ethik-Kommission für Ärzte nach dem Heilberufsgesetz.

> **Beispiel**: Die *Ethik-Kommission der Landesärztekammer Rheinland-Pfalz* setzt sich z.B. aus sieben Mitgliedern zusammen, und zwar aus vier Ärzten und drei nichtärztlichen Mitgliedern. Ein nichtärztliches Mitglied muss die Befähigung zum Richteramt haben, ein weiteres Mitglied soll den Bereich der Kirchen repräsentieren. Bei Bedarf können weitere Experten hinzugezogen werden. Diese Kommission soll bei den Treffen im Abstand von ca. zwei Wochen insbesondere medizinische Forschungsvorhaben prüfen und die Ärztinnen/Ärzte in allen berufsethischen Fragen beraten.

Auf freiwilliger Basis werden Ethik-Kommissionen mittlerweile auch in Unternehmen eingerichtet, wobei die ihnen zugeschriebenen Funktionen unterschiedlich sind. Zum einen wird die Kommission als **Beratungs- und Dienstleistungsgremium** für die Unternehmensführung aufgefasst, mit folgenden **Aufgaben** (vgl. *Staffelbach* [Management-Ethik] 331ff.):

- das Unternehmensleitbild und die Richtlinien entwickeln, prüfen und evtl. anpassen,
- allen Unternehmensmitgliedern die ethischen Leitlinien bekannt machen,
- deren Einhaltung kontrollieren,
- die Einhaltung forcieren, z.B. durch die Entwicklung von Sanktionen,
- Verstößen und (externen und internen) Beschwerden nachgehen,
- Fragen beantworten, besonders zu Grauzonen der Unternehmenspolitik,
- die Anstrengungen zur Institutionalisierung der Ethik prüfen und weiterentwickeln,
- ethische Probleme bei der Unternehmensführung zur Sprache bringen.

Zum anderen soll die Kommission zum „**Forum des Dialogs**" zwischen Konfliktparteien werden (vgl. *Steinmann/Löhr* [Grundlagen] 115). Im Vordergrund steht also die Möglichkeit, dass Vertreter des Unternehmens und bestimmter Interessengruppen zusammentreffen, um miteinander zu reden. Die beiden Funktionen schließen sich nicht aus, legen aber teilweise unterschiedliche organisatorische Lösungen nahe. Geht es vor allem um den Dialog mit den Stakeholdern zu einem speziellen Thema, dann ist der sog. „**runde Tisch**" eine gute Lösung. Der Begriff „runder Tisch" symbolisiert die gleichberechtigte, hierarchiefreie Stellung der Teilnehmer.

> **Beispiel:** Seit 2004 gibt es den „Roundtable on Sustainable Palm Oil (RSPO)", ein vom *Word Wildlife Found (WWF)* initiiertes Treffen der verschiedensten Stakeholder, welche mit der Palmöl-Produktion zu tun haben. Plantagenbesitzer, Vertreter der

Erzeugerstaaten, Händler, Unternehmen, die Palmöl weiterverarbeiten (bspw. Henkel), diverse NGOs und Bankenvertreter treffen sich, um gemeinsam Wege zu einer nachhaltigeren Palmölproduktion zu erkunden und Fortschritte zu überwachen (vgl. *Tan et al.* [Palm Oil]).

Soll die Kommission in erster Linie Expertenwissen bereitstellen, bei Problemfällen helfen, die internen Maßnahmen weiterentwickeln und ganz allgemein die Unternehmensführung in Sachen Ethik beraten, dann liegt im Grunde die Weiterentwicklung in Richtung einer **Stabsabteilung** nahe.

(2) Abteilungen

Eine **Abteilung** ist die dauerhafte Zusammenfassung mehrerer Stellen unter einer Instanz und Bestandteil der Primärorganisation. Sie wird nur für Daueraufgaben gebildet.

Beispiele: Der *Otto-Versand* verfügt bspw. über eine Stabsabteilung „Umwelt- und Gesellschaftspolitik" mit Experten aus den Bereichen Naturwissenschaft, Umwelttechnik, Betriebswirtschaft, Recht und Kommunikation, die dem erklärten Ziel einer nachhaltigen und sozialverantwortlichen Unternehmenspolitik zur Durchsetzung verhelfen sollen (vgl. *Lohrie/Merck* [Sozialverantwortung] 45).

Das Mobilfunkunternehmen *Vodafone Deutschland* hat seit 2004 eine eigene CSR-Abteilung, die direkt der Geschäftsleitung unterstellt ist. Die Abteilung soll vor allem die CSR-Aktivitäten im Unternehmen koordinieren und den Austausch mit den Stakeholdern pflegen. Die CSR-Abteilung arbeitet bspw. eng mit der internen Umweltschutzabteilung und dem Naturschutzbund zusammen, um das Recycling von alten Handys zu forcieren.

4.2.3.3 Situative Faktoren

Welche organisatorischen Maßnahmen ein Unternehmen wählt, hängt einmal von der Bedeutung ab, die man der Ethik im Allgemeinen oder speziellen Problembereichen zumisst, zum anderen aber von der Branche und natürlich auch von der Unternehmensgröße. Bei manchen Unternehmen wird einfach das Aufgabenspektrum einer vorhandenen Stelle oder Abteilung aufgestockt. Der Rechtsberater fungiert bspw. nebenbei als Compliancebeauftragter oder die Public Relations-Fachleute sollen ein Unternehmensleitbild erarbeiten. Vor allem in sehr großen Unternehmen trifft man dagegen manchmal gleich mehrere Abteilungen an, die auf das Stakeholdermanagement spezialisiert sind.

Eine große amerikanische Versicherung verfügt bspw. über eine Abteilung für „Public Policy Issues Analysis", die sich mit der Aufdeckung und Analyse von Stakeholderanliegen beschäftigt, eine „Corporate Social Responsibility Unit", welche die Unternehmensverantwortung nach innen etablieren und kontrollieren soll und eine Abteilung „Corporate Communications", welche vor allem die Unternehmenspolitik nach außen vertritt. Hinzu kommen fallweise gebildete Task Forces für besonders wichtig erscheinende Stakeholderanliegen. (vgl. *Miles* [Managing] 134ff.).

4.2.3.4 Vor- und Nachteile spezieller Stellen und Gremien für die Unternehmensethik

Die Einrichtung spezieller Stellen, Kommissionen oder Abteilungen für Unternehmensethik ist in Europa nicht so verbreitet wie in den USA (vgl. *Crane/Matten* [ethics] 146), nimmt aber in der letzten Zeit deutlich zu. Tatsächlich kann man die Einrichtung solcher Organisationseinheiten auch problematisieren.

Die Gründe dafür liegen zum einen darin, dass man in der Praxis vielfach der Meinung ist, die entsprechenden Aufgaben könnten und sollten von den **Führungskräften selbst** übernommen werden. Als erste Anlaufstelle für ethische Konflikte im Arbeitsbereich gilt bspw. der eigene Vorgesetzte (vgl. *Kokot/Schmidt* [Werte] 87). Zum anderen wird sogar eine Gefahr in der Einrichtung von speziellen internen Strukturen für die Unternehmensethik gesehen. Ein Ethikbeauftragter im Unternehmen würde ja den Eindruck erwecken, als gäbe es einen **Spezialisten**, der für Ethik zuständig sei, und alle anderen brauchten sich nicht darum zu kümmern, befürchtet bspw. der Mehrheitsgesellschafter eines deutschen Unternehmens (vgl. ebenda 95).

Der **gesetzliche Zwang** zur Etablierung bestimmter Beauftragter oder zur Einrichtung von Ethik-Kommissionen in bestimmten Bereichen ist aber ein Indiz dafür, dass man sich im Allgemeinen sehr wohl eine positive Wirkung davon verspricht, wenn bestimmte Personen oder Gremien explizit für ethische Belange zuständig sind. So ist es für Mitarbeiter sicher leichter, sich mit Bedenken wegen irgendwelcher Geschäftspraktiken an eine neutrale Ombudsperson zu wenden, als an den eigenen Vorgesetzten. Auch für Stakeholder **erleichtert** es den Kontakt mit dem Unternehmen, wenn es spezielle Anlaufstellen gibt. Weiterhin fehlt es den Managern oft an dem nötigen Wissen, um die Folgen ihrer Handlungen abzuschätzen. Sie brauchen schon deshalb die **Expertise** von Spezialisten und institutionalisierte Möglichkeiten für den **Austausch** mit Kollegen und Betroffenen. Vor dem Hintergrund der Diskursethik ist die **Einrichtung eines Forums** für dialogische Verständigung mit den Betroffenen in Form einer Ethik-Kommission oder eines „runden Tisches“ sogar die wichtigste Maßnahme der Unternehmensethik (vgl. *Steinmann/Löhr* [Beitrag] 263).

Um es ein weiteres Mal zu sagen: Institutionen können kein Ersatz sein für die Individualmoral. Die Moralität kann nicht an eine spezielle Person oder ein Gremium delegiert werden. Aber die Verankerung der Unternehmensethik in der Struktur kann sehr wohl mithelfen, dass die Führungskräfte und Mitarbeiter, die sittlich richtig handeln wollen, dies auch können.

Als letztes Thema im Zusammenhang mit der Unterstützung des „Könnens“ steht noch die Gestaltung der Informationssysteme aus, denn die Mitarbeiter benötigen auch entsprechende Informationen, um verantwortungsvoll handeln zu können.

4.3 Informationssysteme

4.3.1 Die Einordnung der Informationsaufgabe in das Controlling

„Controlling“ ist sicher einer der schillerndsten Begriffe der Betriebswirtschaftslehre. Die Vielzahl an unterschiedlichen Controlling-Begriffen und Konzeptionen kann hier nicht vorgestellt werden. Im Kern werden aber immer zwei Aufgaben zur Abgrenzung des

Controlling herangezogen: Koordination und Informationsversorgung (vgl. den Überblick bei *Friedl* [Controlling] 237).

In den letzten Jahren wurde vor allem die Koordinationsaufgabe in den Vordergrund gestellt, Controlling zu einer Art umfassender **Koordinationslehre** ausgebaut (vgl. bspw. *Küpper* [Controlling]). Demnach soll das Controlling erstens alle Führungsteilsysteme miteinander koordinieren, also Planung mit Kontrolle, Kontrolle mit Organisation, Organisation mit Personalführung, Personalführung mit Informationssystem, Organisation mit Planung usw. Zweitens sollen innerhalb der einzelnen Führungsteilsysteme alle Elemente abgestimmt werden, also bspw. im Planungssystem die Investitions- und Produktionsplanung, Produktions- und Absatzplanung, Investitions- und Finanzplanung, um nur einige zu nennen.

Mit der **Anpassungs- und Innovationsfunktion** des Controlling wird schließlich auch noch die Abstimmung zwischen Umwelt und Unternehmen zur Controllingaufgabe (vgl. ebenda 17f.). Controlling wird nach dieser Auffassung praktisch identisch mit strategischer Unternehmensführung, deren Kern in der Abstimmung zwischen Umwelt und Unternehmen, zwischen den Führungssubsystemen und zwischen den Elementen der Subsysteme gesehen wird (vgl. *Bea/Haas* [Management] 16f.). Controlling ist in diesem Sinne eine originäre Führungsaufgabe.

In der Praxis wird Controlling dagegen in der Regel als eine **Führungsunterstützungsfunktion** verstanden, wobei der Schwerpunkt auf der **Informationsversorgung** der Führungskräfte liegt. Dazu zählt die Gestaltung von Informationssystemen ebenso wie die problemspezifische Informationsbereitstellung, also Sammlung, Verarbeitung und Übermittlung von Informationen (vgl. *Friedl* [Controlling] 259). Was Umfang und Art der durch das Controlling zu beschaffenden Informationen angeht, bestehen unterschiedliche Auffassungen. Verbreitet ist die Ansicht, das Controlling solle die Unternehmensführung vor allem hinsichtlich der Erreichung der wirtschaftlichen Ziele Gewinn, Rentabilität und Liquidität unterstützen. Die entsprechenden Informationen kommen dann vor allem aus dem Rechnungswesen und dem Finanzbereich. Typische Instrumente sind erfolgsorientierte Kennzahlensysteme.

Nach einer anderen Auffassung unterstützt das Controlling die Führung dagegen bei der Erreichung sämtlicher Unternehmensziele (vgl. ebenda, 253f.). Dementsprechend weiter gefasst wird auch die Informationsaufgabe. Das Controlling müsste dann bspw. auch Informationen zur Qualität der Produkte, zur Kunden- oder Mitarbeiterzufriedenheit bereitstellen.

Ebenfalls strittig ist das hierarchische Verhältnis von Unternehmensführung und Controlling:

- Soll das Controlling die Unternehmensführung mit Informationen „versorgen", dann spricht das für eine organisatorische Unterordnung, eine Stabsfunktion des Controllingbereiches. Die Unternehmensführung bestimmt ihren Informationsbedarf, das Controlling stellt die Informationen bereit.
- Auf der anderen Seite wird dem Controlling aber auch die Aufgabe zugeordnet, die Rationalität der Führung zu sichern und Engpässe der Führungsrationalität auszugleichen (vgl. *Weber* [Controlling]) sowie Führungshandlungen zu kontrollieren, kritisch zu reflektieren und zu verbessern (vgl. *Pietsch/Scherm* [Reflexionsaufgabe]).

Damit gewinnt das Controlling eine übergeordnete Stellung gegenüber der Unternehmensführung. Es wird zur „**Metaführung**" (vgl. *Hahn* [Controlling] 27).

- Schließlich besteht noch die Auffassung, Controlling sei originäre Aufgabe des Managements oder gar aller Mitarbeiter (vgl. ebenda, 19, 22).

4.3.2 Die Beziehung von Controlling und Unternehmensethik

Die verschiedenen Controllingkonzeptionen führen auch zu unterschiedlichen Beziehungen zwischen Controlling und Unternehmensethik. Ethisches Controlling kann zum Ersten als Metaführungssystem verstanden werden, zum Zweiten als Führungsunterstützungssystem mit besonderen Informationsaufgaben (vgl. Abbildung IX/11).

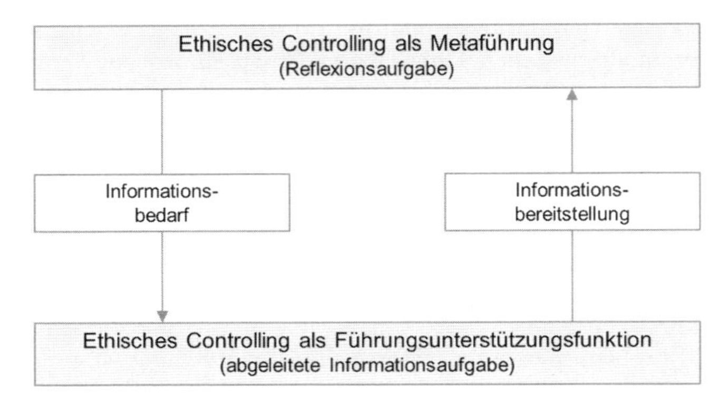

Abb. IX/11: Controlling als Metaführungs- und Führungsunterstützungssystem (in Anlehnung an *Pietsch/Scherm* [Reflexionsaufgabe] 311)

Übernimmt man die Perspektive, dass Controlling „**Metaführung**" ist, dann hat ein ethisches Controlling Kontroll- und Verbesserungsaufgaben hinsichtlich einer verantwortungsbewussten Unternehmensführung wahrzunehmen (vgl. *Weibler/Lucht* [Controlling] 881ff.). Ein solches Controlling würde die Unternehmenspolitik von Grund auf kritisch reflektieren. Es ginge zunächst darum, das ökonomische Rationalitätsverständnis kritisch zu hinterfragen und Verantwortung als übergeordnete Perspektive im Zielsystem des Unternehmens zu etablieren.

Sodann wäre zu fragen, was dieser Perspektivenwechsel für die Gestaltung der Führungssubsysteme (bspw. Planung, Organisation, Personaleinsatz und -führung) zu bedeuten hat. Passend zu den veränderten Unternehmenszielen wären auch personale und strukturell-kulturelle Maßnahmen zu ergreifen, welche diese Ziele unterstützen. Der Controller sollte bspw. die Kommunikation über ethische Fragen durch die Einrichtung von Diskursarenen fördern und er sollte als „kritischer Counterpart" (*Weibler/Lucht* [Controlling] 886) der Führungskräfte auch eine Art Personalentwicklungsfunktion übernehmen. Schließlich verbleibt ihm auch noch die Aufgabe der „abweichungsorientierten Reflexion", also der Kontrolle (ebenda 882). Ethisches Controlling würde damit praktisch deckungsgleich mit Unternehmensethik bzw. ethischem Management.

Wählt man die engere Perspektive des Controllings im Sinne eines **Führungsunterstützungssystems mit der Aufgabe der Informationsversorgung**, dann lassen sich wiederum zwei Bezüge zur Unternehmensethik herstellen:

- Zum einen kann man – ähnlich wie bei der Organisationsstruktur – fragen, ob durch das herkömmliche Controlling Verantwortung behindert wird.
- Zum anderen ist nach den Möglichkeiten zu fragen, durch Controlling die Unternehmensethik aktiv zu unterstützen (ähnlich auch *Wittmann* [Controlling] 245).

4.3.2.1 Barrierewirkung des herkömmlichen Controlling

Eine Barrierewirkung des Controlling kann dann bejaht werden, wenn es **sehr stark mit erfolgsorientierten Kennzahlen arbeitet** und das **Informationssystem ganz auf die Erreichung des Gewinn- bzw. Rentabilitätszieles** in einzelnen Unternehmensbereichen ausgerichtet ist. *Hahn* [Controlling] 21) definiert bspw.: „Als Führungsphilosophie verlangt es (das Controlling; E. G.), das gesamte Entscheiden und Handeln in der Unternehmung ergebnisorientiert auszurichten". Die controllingbasierte Ausrichtung der Führung auf die Verbesserung monetärer Zielvorgaben wird kritisiert, weil sie Handlungen fördert, die **kurzfristig quantitativ messbare Ergebnisse** bringen. Risiken werden ebenso ausgeblendet wie langfristige Folgen, schwerer messbare Folgen und Folgen, die in anderen Unternehmensbereichen anfallen (vgl. *Friedl* [Controlling] 288).

Das ist für die Umsetzung der Unternehmensethik immer dann fatal, wenn die verantwortungsvolleren Handlungsmöglichkeiten nach den Maßstäben des Controlling schlechter abschneiden. Reputationseffekte fallen bspw. eher langfristig an, können nicht gut in Zahlen ausgedrückt werden und strahlen auch auf andere Bereiche aus. Ähnliches gilt für Humanisierungsprojekte in der Arbeitsgestaltung. Warum sollte ein Bereichsleiter dann eine Alternative wählen, die kurzfristig weniger Gewinn verspricht dafür aber auf Dauer (vielleicht) eine bessere Reputation oder Motivation der Mitarbeiter?

Um diese Barrieren abzubauen, müsste sich das Controlling von der einseitigen Orientierung an monetären Erfolgsgrößen lösen und zu einer langfristigeren, qualitative und indirekte Folgen einbeziehenden Bewertung von Handlungsoptionen beitragen, wie es im Grunde auch schon seit Jahren für das sog. strategische Controlling gefordert wird (vgl. *Eschenbach* [Controlling]).

4.3.2.2 Unterstützung der Unternehmensethik durch Informationsbereitstellung

Da das Informationssystem auf das Zielsystem des Unternehmens ausgerichtet sein soll, erfordern veränderte Unternehmensziele auch **Anpassungen beim Controlling**. Durch die Unternehmensethik entstehen ganz neue Informationserfordernisse. Wenn sich das Unternehmen bspw. in seinem Leitbild zu einer nachhaltigen und sozialverantwortlichen Unternehmensführung verpflichtet und zur Bezahlung der Manager auch nach ihren „sozialen Erfolgen", dann entsteht ein Informationsbedarf, der mit den üblichen betrieblichen Kennzahlen nicht befriedigt werden kann. Controlling als Führungsunterstützungssystem hat diese **neuen Informationen bereitzustellen**.

Die von verantwortungsbewussten Führungskräften geforderte Weitsicht und Voraussicht, was die Folgen ihrer Entscheidungen betrifft, ist nicht nur eine Frage des Wollens, sondern auch des Könnens. Will ein Unternehmen bspw. die Einhaltung bestimmter Sozialstandards garantieren, dann müssen entsprechende „Sozialaudits" bei den Lieferanten und Sublieferanten durchgeführt werden, um überhaupt zu wissen, welche Standards bei diesen gelten. Sollen die verkauften Produkte ökologisch unbedenklich sein, dann braucht man Informationen über ihre Umweltverträglichkeit. Will man Abfälle bei der Produktion reduzieren, sind zunächst einmal Informationen darüber zu erheben, welche Abfälle in welchen Mengen bei welchen Produktionsschritten anfallen (zu den entsprechenden Aktivitäten beim *Otto-Versand* vgl. *Lohrie/Merck* [Sozialverantwortung] 44ff.). Vor der Einführung einer neuen Technologie ist eine Technikfolgenabschätzung nötig, wenn man ihre Verantwortbarkeit bewerten will.

Die Informationen schlagen sich zunächst nieder in **internen Berichten**, welche zum einen die **Entscheidungsgrundlage** für künftige Aktivitäten bilden und zum anderen als rückblickende **Kontrollinformation** wirken. Sie bilden aber auch den Input für eine **erweiterte externe Berichterstattung** gegenüber der Öffentlichkeit, bspw. für Sozialbilanzen und Ökobilanzen (vgl. *Eisele* [Bilanzen] 494ff.) sowie CR-Reports.

Sozialbilanzen zielen auf eine Dokumentation der gesellschaftlichen Auswirkungen der Unternehmenstätigkeit ab. Sie bestehen in der Regel aus den drei Elementen Sozialbericht, Wertschöpfungsrechnung und Sozialrechnung. Im Sozialbericht stellt das Unternehmen vor allem seine Maßnahmen und Leistungen im Personalbereich verbal und in Form von statistischen Daten dar, bspw. Personalstruktur und -entwicklung, Aus- und Weiterbildungsmaßnahmen, Arbeitszeit, Altersversorgung. In der Wertschöpfungsrechnung wird der Beitrag des Unternehmens zum Sozialprodukt abgebildet, und zwar nach der Entstehung und der Verwendung. Die Sozialrechnung weist zahlenmäßig alle quantifizierbaren gesellschaftsbezogenen Aufwendungen aus, bspw. Investitionen für den Umweltschutz, und stellt ihnen gesellschaftsbezogene Erträge gegenüber (bspw. Subventionen).

Aufgrund des gestiegenen Umweltbewusstseins sind in den 80er Jahren des letzten Jahrhunderts auch **Ökobilanzen** als eigenständige Rechnungen mit Kontroll- und Informationsfunktion nach innen und außen entwickelt worden.

Viele Unternehmen fassen inzwischen ihre umwelt- und gesellschaftsbezogenen Aktivitäten in speziellen Nachhaltigkeitsberichten, CSR-Berichten bzw. **CR-Reports** und **Gemeinwohlbilanzen** zusammen. Darin geht es dann um Themen wie Work-Life-Balance und Diversity in Bezug auf die Mitarbeiter, um weniger Schadstoffausstoß, geringeren Energieverbrauch und verbesserte Recyclingquoten in Bezug auf die Umwelt, um gute Arbeitsbedingungen und faire Löhne bei den Zulieferern aus Entwicklungsländern, um sinnvolle Produkte für die Kunden usw. Nach einer Untersuchung der Wirtschaftsprüfungsgesellschaft *PricewaterhouseCoopers* gaben 2011 schon 26 der DAX-30-Unternehmen solche Berichte heraus.

Beispiele: Beim Autohersteller *BMW* sind gut sechzig Mitarbeiter neben ihrem normalen Job beinahe ein Jahr lang damit beschäftigt, den alle zwei Jahre erscheinenden Nachhaltigkeitsbericht zu erstellen. Unterstützt werden sie dabei von externen Partnern wie Wirtschaftsprüfern, Redakteuren, Übersetzern und Lektoren (vgl. *Dilk/Littger* [Hosen] 58. Zu den ersten Unternehmen, die eine Gemeinwohlbilanz veröffentlichen, gehört die *Sparda-Bank München e. G.* (vgl. www.sparda-m.de).

Im Oktober 2014 hat die EU eine Richtlinie erlassen, welche große Unternehmen (ab 500 Mitarbeitern) zur Angabe „nichtfinanzieller Informationen" verpflichtet (Richtlinie

2014/95/EU). Das europäische Parlament nimmt dabei ausdrücklich Bezug auf die Förderung der sozialen Verantwortung der Unternehmen (CSR). Die Unternehmen sollen über Konzepte, Ergebnisse und Risiken berichten zu den Themen Umweltschutz, soziale Belange und Arbeitnehmerbelange sowie Achtung der Menschenrechte und Bekämpfung der Korruption. Bis Ende 2016 soll die Richtlinie in nationales Recht umgesetzt sein. Die Berichtspflicht beginnt am 1. Januar 2017. Einschränkend gilt die Berichtspflicht allerdings nur für Unternehmen „von öffentlichem Interesse", wozu oft Banken, Versicherungen und börsennotierte Unternehmen gezählt werden. Es wird den Mitgliedsstaaten aber frei gestellt, weitere Unternehmen dazu zu rechnen. Bis Ende 2016 will die EU Leitlinien für die Berichterstattung entwickeln. Unternehmen können sich aber auch auf andere internationale Rahmenwerke stützen, etwa die Leitlinien der Global Reporting Initiative (www.globalreporting.org). Auch der „Deutsche Nachhaltigkeitskodex" (DNK) (www.deutscher-nachhaltigkeitskodex.de) ist als ein möglicher Standard zur Erfüllung der Berichtspflichten anerkannt. Der DNK wurde 2011 vom Rat für nachhaltige Entwicklung erarbeitet und 2015 komplett überarbeitet. Er soll helfen bei der strategischen Ausrichtung und der internen Steuerung hin zu mehr Verantwortung. Zugleich soll er leicht fassliche Informationen bereitstellen insbesondere für Finanzanalysten und Investoren, aber auch für die interessierte Öffentlichkeit (vgl. Kapitel X).

4.3.3 Beispiel: Öko-Controlling

„Der Einbezug ökologischer Belange in die Unternehmenspolitik stellt sich für das erste als ein höchst umfassendes *Informationsproblem*, das fraglos eines eigenen spezifischen Managements bedarf. Controlling als betont professionelles Unterstützungssystem der Unternehmensführung in Sachen Information ist hier gleichsam von genuiner Zuständigkeit", heißt es in einem programmatischen Beitrag zur Konzeption einer ökologisch verpflichteten Unternehmensführung (*Seidel* [Controlling] 358). Eine **ökologische Buchhaltung** soll bspw. folgende Größen erfassen und nach Möglichkeit auch bewerten:

- Ressourcenverbräuche bei der Produktion (einschließlich der Ressourcenverbräuche für eingekaufte Roh-, Hilfs- und Betriebsstoffe) mit Zusatzinformationen, wie Knappheit der Ressourcen, Wirkung der Ressourcenentnahme auf die Biosphäre, Reproduzierbarkeit der Ressourcen,
- Emissionen fester, flüssiger und gasförmiger Schadstoffe an die natürliche Umwelt (Boden, Wasser, Luft) im Zusammenhang mit dem betrieblichen Produktionsprozess im Normalfall und die Gefahr solcher Emissionen im Störfall,
- Umweltbelastung der Produkte bei ihrem Gebrauch oder Verbrauch,
- Umweltbelastung der Produkte und ihrer Verpackung bei der Entsorgung,
- Aufwendungen des Unternehmens zur Minderung und/oder Beseitigung der Umweltbelastungen.

Als Krönung und Abschluss der ökologischen Buchhaltung gilt eine umfassende betriebliche **Umweltbilanz**. Anknüpfungspunkte für Umwelt- oder Öko-Bilanzen bieten aber auch einzelne Produkte, Produktionsprozesse oder Teilbetriebe. Die Ökobilanz ist eine zeitraumbezogene, materielle Stromgrößenrechnung. Bei Produktionsprozess- oder Betriebsbilanzen wird ein einzelner Herstellungsvorgang bzw. der kumulierte Gesamtprozess der betrieblichen Leistungserstellung einer Analyse unterzogen. Der Input in Form von Energie, Roh-, Hilfs- und Betriebsstoffen sowie Vorprodukten wird dem Output, d.h. den Produkten und den Emissionen gegenübergestellt. Produktbezogene Ökobilanzen sind umfassender angelegt, weil sie auch noch die Umweltwirkungen der Vorprodukte einbeziehen sowie den späteren Gebrauch und die Entsorgung (vgl. *Eisele* [Bilanzen] 496).

Als Extrakt können aus den Ökobilanzen auch **Umweltkennzahlen** gewonnen werden (vgl. *Seidel* [Controlling] 367f.). Als weitere Arten von umweltbezogenen Rechnungen werden vorgeschlagen: Umweltkostenrechnung, Umwelt-Budget-Rechnung, Ökologische Kosten-Nutzen-Rechnung, umweltbezogene Investitionsrechnung (vgl. *Wagner* [Umweltökonomie] 177ff.).

Beispiel: Der Sportartikelhersteller *Puma* hat in Zusammenarbeit mit der Unternehmensberatung *PricewaterhouseCoopers* (pwc) und der Beratungsunternehmung *Trucost* errechnet, was ein herkömmlich produzierter Schuh oder ein T-Shirt an Umweltkosten verursacht, wenn man die gesamte Wertschöpfungskette von der Rohstoffproduktion bis zum Verkauf berücksichtigt. In die Rechnung gingen ein: Kohlendioxid-Emissionen, Wasserverbrauch, Landverbrauch, Entsorgung von Abfällen und Luftverschmutzung. „Umweltverbrauch bekommt ein Preisschild" heißt es dazu auf der Homepage von *pwc* (vgl. www.pwc.de/de/nachhaltigkeit/index.jhtml).

Die Mess- und Bewertungsprobleme in diesem Bereich sind groß, denn man hat es zunächst mit „weichen Daten" zu tun (vgl. *Seidel* [Controlling] 359). Dennoch liegt gerade in der Quantifizierung und engen Anlehnung an die klassischen Instrumente des Rechnungswesens die beste Chance, sich im Unternehmen Gehör zu verschaffen. Mit solchen Rechnungen lässt sich auch am ehesten belegen, dass Umweltschutz keineswegs immer den Gewinn schmälern muss, sei es, dass umweltschonendere Produktionsverfahren unmittelbar billiger sind, weil bspw. Ressourcen gespart werden, sei es dass zusätzlichen Umweltschutzkosten ausgleichende staatliche Subventionen gegenüberstehen oder sei es, dass ein offensives Umweltschutzmarketing die Kosten übersteigende Erlöse erwarten lässt.

4.3.4 Corporate Social Performance als Information für den Kapitalmarkt

Wie gut ein Unternehmen die geforderte Verantwortung insgesamt, also im sozialen, ökologischen und ökonomischen Bereich, wahrnimmt, versucht man mit der Messung der **Corporate Social Performance** (**CSP**) zu quantifizieren. Eine solche Maßzahl dient vor allem den **Analysten** und **Investoren** als Entscheidungshilfe, die ein ethisches Investment bevorzugen. Die Messung der CSP ist besonders für Unternehmensexterne allerdings mit vielen **Problemen** verbunden (vgl. *Bassen/Senkl* [Leistungsindikatoren]).

- Es muss entschieden werden, welche Indikatoren zur Bewertung herangezogen werden. Die Messung der Höhe von Spendenleistungen bspw. ist sicherlich zu eindimensional.
- Die gesuchten Informationen sind häufig schwer zu finden, weil es keine standardisierte Offenlegung gibt.

- Sie liegen oft in narrativer, qualitativer Form vor („wir bemühen uns um den Umweltschutz") und sind dann kaum zu quantifizieren.
- Ein Vergleich zwischen den Unternehmen fällt schwer, weil die Informationen zu unterschiedlich sind.
- Es ist nicht klar, wie zuverlässig die Informationen sind, wenn bspw. die Unternehmen selbst entsprechende Fragebögen ausfüllen.

Wünschenswert wäre aus Sicht des Kapitalmarktes eine standardisierte, qualitätsvolle externe Berichterstattung, welche alle relevanten Informationen nachvollziehbar und am besten nachprüfbar liefert. Die Standardisierung kann die Kosten für die Informationssuche und Verarbeitung verringern und erhöht die Vergleichbarkeit der Informationen im Zeitablauf und zwischen den Unternehmen.

Um die Berichtsqualität zu verbessern, wurden von verschiedenen Organisationen Leitfäden erarbeitet. Die *Global Reporting Initiative* (GRI) hat bspw. einen Leitfaden zur Nachhaltigkeitsberichterstattung entwickelt, welcher zur einheitlichen Verwendung bestimmter Leistungsindikatoren beitragen soll (www.globalreporting.org). Die Indikatoren sollen ökologische, gesellschaftlich/soziale und ökonomische Leistungen darstellen. Im Einzelnen:

- Ökologische Indikatoren

  Materialien, Energie, Wasser, Biodiversität, Emissionen/Abwasser/Abfall, Produkte/Dienstleistungen, Einhaltung von Rechtsvorschriften, Transport, Umweltschutzausgaben und -investitionen.
- Soziale Indikatoren

  Arbeitspraktiken, Menschenrechte, Gesellschaft, Produktverantwortung.
- Ökonomische Indikatoren

  Wirtschaftliche Leistung, Marktpräsenz, mittelbare wirtschaftliche Auswirkungen.

Die *Deutsche Vereinigung für Finanzanalyse und Asset Management* (DVFA) und das *Laboratory on Market Valuation of Financial and Non-Financial Performance* (Valuation Lab) sind weitere Institutionen, die sich mit der Frage beschäftigen, wie man die CSP messen kann. Der *Dow Jones Sustainability Index* (DJSI) (www.djindexes.com/sustainability) misst die Nachhaltigkeit von großen börsennotierten Unternehmen mit Hilfe von Fragebögen und den Informationen aus öffentlich zugänglichen Dokumenten wie Jahresberichte. Nach dem „best in class" Prinzip werden die 10% nachhaltigsten Unternehmen einer Branche in den Index aufgenommen und können damit um Investoren und Kunden werben. Bei der Beurteilung von Unternehmen werden häufig die drei Messbereiche environmental, social und governance issues (ESG) unterschieden. Ökonomische Indikatoren werden unter der Kategorie „longterm viability" dargestellt.

Bei der Messung können **Zielkonflikte** auftreten:

- Es sind Zielkonflikte zwischen **Einheitlichkeit** und **Relevanz** der Indikatoren möglich. Relativ wenige und standardisierte Größen lassen sich kostengünstiger erheben und verarbeiten, vernachlässigen aber möglicherweise wichtige Unterschiede zwischen den Unternehmen. Daher werden häufig branchenspezifische Anpassungen der verwendeten Leistungsindikatoren empfohlen, was wiederum branchenübergreifende Vergleiche erschwert. Im DJSI werden bspw. 43% der Fragen branchenübergreifend gestellt und 57% branchenspezifisch. Im Laufe der Jahre hat sich der Anteil der branchenbezogenen Fragen vergrößert, was dafür spricht, dass es große branchenbezogene Unterschiede gibt bei den relevanten Kriterien zur Messung der Nachhaltigkeit.

- Wie bei allen Messungen „weicher" Faktoren treten auch in diesem Bereich Zielkonflikte zwischen der **Reliabilität** und der **Validität** der verwendeten Indikatoren auf. So ist die Krankheitsrate der Mitarbeiter sicherlich reliabel (zuverlässig messbar), ob sie aber ein valides (gültiges) Maß für die eigentlich interessierende Größe „Mitarbeiterzufriedenheit" ist, kann bezweifelt werden. Der insgesamt deutliche Rückgang der Krankheitstage von Arbeitnehmern in den vergangenen Jahren wird häufig mit der wachsenden Angst der Mitarbeiter vor Arbeitsplatzverlust in Verbindung gebracht. Da der Indikator die Gründe nicht angibt, könnte so einem Unternehmen soziale Nachhaltigkeit bescheinigt werden, welches besonders viel Druck auf seine Mitarbeiter ausübt.
- Ein dritter Zielkonflikt besteht zwischen der **Wirtschaftlichkeit** und **Vollständigkeit** der Berichterstattung. Wenn die Unternehmen die geforderten Daten nicht schon bisher für die interne oder externe Berichterstattung erheben (bspw. für Sozial- und Ökobilanzen), werden sie sicherlich abwägen, ob sich die zusätzlichen Kosten für die Messung lohnen.

Ob die Unternehmen bereit sind, solche CSP-Indikatoren zu messen und zu veröffentlichen, hängt auch von der Umwelt ab, in der sie agieren. Gibt es bspw. Organisationen, die sich Gedanken über die Messmöglichkeiten machen, setzt sich die Politik für eine solche externe Berichterstattung ein, machen Ratingagenturen und Investoren von den Informationen Gebrauch, um das ethische Investment zu fördern, dann wird es für das einzelne Unternehmen leichter, die „social performance" zum Unternehmensziel zu machen. Wie überbetriebliche Institutionen die Unternehmensethik unterstützen können, wird nun zum Thema.

X Die überbetrieblichen Institutionen

[1] Die institutionelle Unterstützung des Sollens

[2] Die institutionelle Unterstützung des Wollens

[3] Die institutionelle Unterstützung des Könnens

So wie der einzelne Mitarbeiter in die betrieblichen Institutionen eingebettet ist und in seinem Handeln von ihnen beeinflusst wird, so ist das Unternehmen als Ganzes wiederum in eine überbetriebliche Rahmenordnung integriert, welche einzelne Handlungen verbietet oder gebietet, unterstützt, nahelegt, belohnt oder bestraft. Zwar liegt die Hauptverantwortung für die Gestaltung der überbetrieblichen Institutionen zum großen Teil nicht mehr direkt bei den Unternehmen selbst, sondern bspw. beim Gesetzgeber, bei Verbänden, internationalen Organisationen und Civil Society Groups. Das enthebt die Unternehmen aber nicht einer wesentlichen Mitverantwortung. Im Kapitel VII wurde diese Mitverantwortung unter dem Begriff der „ordnungspolitische Strategien" bereits angesprochen. Die Gestaltung der überbetrieblichen Institutionen ist somit ein wichtiger Baustein im Rahmen des Managements der Verantwortung (vgl. Abbildung X/1).

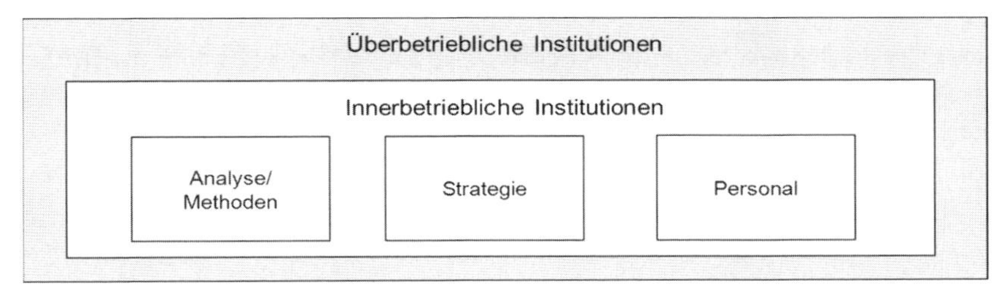

Abb. X/1: Die überbetrieblichen Institutionen im Management der Verantwortung

Die überbetrieblichen Institutionen übernehmen eine systemische Führungsfunktion, indem sie klar machen, was die Menschen tun sollen (Kapitel 1), sie motivieren, entsprechend zu handeln (Kapitel 2) und ihnen bei der Umsetzung helfen (Kapitel 3). Abbildung X/2 gibt einen Überblick über die jeweiligen Maßnahmen zur Unterstützung der Unternehmensethik, die nun näher erläutert werden sollen.

1 Die institutionelle Unterstützung des Sollens

Es gibt unterschiedliche überbetriebliche Institutionen, denen an einer Klärung des moralisch richtigen Verhaltens im Wirtschaftsleben gelegen ist:

- Der Staat erlässt Gesetze und Verordnungen,
- ergänzend zu diesen Vorschriften gibt es verschiedene Regelsysteme von Verbänden, Kammern oder auch internationalen Zusammenschlüssen und Nichtregierungsorganisationen.

Sollen	Wollen	Können
Ziel: Es muss deutlich werden, was von den Unternehmen erwartet wird, welche Handlungen erlaubt/ erwünscht bzw. verboten/ unerwünscht sind	**Ziel:** Die Unternehmen müssen motiviert werden, in der gewünschten Art und Weise zu handeln	**Ziel:** Dem Unternehmen muss es erleichtert werden, in der gewünschten Art und Weise zu handeln
Mittel: • Gesetze und Verordnungen • Kodizes und Konventionen	**Mittel:** • Kontrollen • Anreize	**Mittel:** • Wirtschaftsethik in der schulischen und universitäten Ausbildung • Verbraucheraufklärung und -bildung

Abb. X/2: Überblick über die überbetrieblichen Maßnahmen zur Unterstützung der Unternehmensethik

1.1 Gesetze und Verordnungen

1.1.1 Schutzrechte für Anspruchsgruppen

Der Staat klärt die Unternehmen über das, was sie tun sollen, vor allem durch Gesetze und Verordnungen auf. Alle Stakeholdergruppen genießen in unserem Land zahlreiche gesetzliche Schutzrechte.

- Sehr ausgeprägt sind in Deutschland die **Arbeitnehmerschutzrechte**. *Arbeitszeitgesetz, Arbeitnehmer-Entsendegesetz, Aufstiegsfortbildungsförderungsgesetz, Altersteilzeitgesetz, Arbeitnehmerüberlassungsgesetz, Arbeitsstättenverordnung, Arbeitsmittelbenutzungsverordnung, Anwerbestoppausnahmeverordnung, Arbeitsvermittlerverordnung*, das sind nur einige der einschlägigen Gesetze und Verordnungen, die mit dem Buchstaben „A“ beginnen. Es geht weiter über das *Betriebsverfassungsgesetz* bis hin zum *Zivildienstgesetz*.
- Auch der **Verbraucherschutz** ist in zahlreichen Gesetzen und Verordnungen fixiert, von denen hier nur wenige genannt werden können. *Das Gesetz über allgemeine Geschäftsbedingungen* soll die Verbraucher davor schützen, durch das berüchtigte „Kleingedruckte“ im Vertrag hereingelegt zu werden. Das *Haustürwiderrufsgesetz* bietet Schutz davor, sich durch aufdringliche Vertreter zu Geschäften genötigt zu sehen, die man eigentlich gar nicht eingehen will. Die *Preisangabenverordnung* verpflichtet die Anbieter zu Preiswahrheit und Preisklarheit, damit den Kunden auch ein Preisvergleich möglich ist. Die *Lebensmittelverordnung* soll sicherstellen, dass nur gesundheitlich unbedenkliche Lebensmittel in den Verkehr kommen. Die *EU Lebensmittelinformationsverordnung LMIV* regelt seit Ende 2014, dass Imitate von Lebensmitteln gekennzeichnet werden müssen. Dazu gehören sog. „Analogkäse“ (ein Gemisch aus Fett, Eiweiß, Wasser und Aromastoffen imitiert echten Käse) oder auch „Formfleisch“ (ein aus kleinen Fleischstücken zusammengeklebtes Stück Fleisch imitiert ein gewachsenes Stück Fleisch). Im *Gesetz gegen den unlauteren Wettbewerb* wird jede Irreführung der Verbraucher über Eigenschaft, Qualität, Herkunft usw. der Produkte

verboten. Im *Jugendschutzgesetz* ist geregelt, dass an Kinder und Jugendliche bestimmte Produkte nicht verkauft werden dürfen.

- Der **Anlegerschutz** wurde erst in jüngster Zeit durch das *Anlegerschutzverbesserungsgesetz* verstärkt. Die Informationspflichten der Unternehmen gegenüber den (potenziellen) Anlegern wurden ausgeweitet, alle Personen mit Insiderwissen müssen in ein Verzeichnis aufgenommen werden, Vorstände können persönlich auf Schadenersatz verklagt werden, wenn ein Anleger durch falsche Informationen des Unternehmens Verluste erleidet. Umfangreiche Vorschriften enthält auch das *Wertpapierhandelsgesetz*. Dem Anlegerschutz dienen darüber hinaus alle Gesetze und Verordnungen, welche die Unternehmen verpflichten, durch den Jahresabschluss ein den tatsächlichen Verhältnissen entsprechendes Bild der Vermögens-, Ertrags- und Finanzlage zu vermitteln.
- Eine umfassende **Umweltschutzgesetzgebung** regelt die Abfallentsorgung, die Luftreinhaltung, den Lärmschutz, den Gewässerschutz, den Landschaftsschutz usw.
- Zahlreich sind auch die Gesetze und Verordnungen zum **Tierschutz**. Die Haltung von Nutztieren, der Umgang mit Versuchstieren, der Transport von Nutztieren, der Handel mit exotischen Tieren, sehr vieles ist bereits bis ins Detail gesetzlich geregelt.

In solchen gesetzlichen Regelungen kommt sehr deutlich zum Ausdruck, dass der gerechte Ausgleich der Interessen keineswegs alleine den Marktkräften anvertraut werden kann. Die Anbieter müssen bspw. zur **Markttransparenz**, welche eine zentrale Funktionsbedingung des Marktes darstellt, gesetzlich verpflichtet werden. Folgten sie alleine ihrem Eigeninteresse, dann würden sie ohne solche Gesetze ihren Informationsvorsprung vor den Nachfragern zu ihren Gunsten ausnutzen.

Beispiele: Der angeblich gesunde Wellness-Tee „Zitrone Physalis“ von *Pfanner* enthält so geringe Mengen der Frucht Physalis, dass diese Zutat nicht mal deklariert werden muss. Das Getränk besteht aus gerade mal 15% Tee, der Rest ist Wasser mit künstlichen Aromastoffen und 44 Stück Würfelzucker auf 2 Liter Getränk. Puten-Cervelatwurst von *Gutfried* bestand fast zur Hälfte aus Schweinefleisch, was nur im Kleingedruckten auf der Rückseite der Verpackung zu erkennen war. Nach massiven Verbraucherprotesten wurde diese Irreführung beendet. Mit 60% Fett und Zucker ist die angeblich leichte und gesunde Milchschnitte von *Ferrero* fettreicher und ungesünder als Schokosahnetorte (alle Beispiele von www.foodwatch.de).

1.1.2 Ergänzungsbedürftigkeit der Gesetzgebung

Trotz der unüberschaubaren Fülle von Gesetzen und Verordnungen, kann die Gesetzgebung niemals einen vollständigen Ersatz für die Moralität der Akteure bieten.

1. **Gesetze werden in vielen Bereichen der Wirtschaft schlicht ignoriert**. In der Bauwirtschaft sind gesetzeswidrige Beschäftigungsverhältnisse mit Dumpinglöhnen gang und gäbe, um durch die gesparten Lohnkosten wettbewerbsfähiger zu werden. Es ist auch bekannt, dass sich Spediteure sehr häufig nicht um die vorgeschriebenen Höchstlenkzeiten und Pausen der Fahrer scheren, weil jede Stunde Zeitersparnis bares Geld bedeutet. Wer die Gefahr des „Erwischtwerdens“ und die dann fällige Strafe kühl ins ökonomische Kalkül zieht, wird sehr häufig zu dem Schluss kommen, dass sich die Gesetzesübertretung auszahlt.

2. **Gesetze können geschickt umgangen** werden, so dass die Legalität des Handelns gewahrt bleibt, obwohl dem Sinn des Gesetzes nicht Genüge getan wird. So ist es bspw. laut Rundfunkstaatsvertrag verboten, Kindersendungen durch Werbung zu unterbrechen. Indem die Sender solche Programme zum „Familienprogramm" umdefinieren, entfällt die Werberestriktion (vgl. *Göbel* [Werbung] 665). Oder Arbeitnehmer werden zu Selbstständigen erklärt und über Werkverträge beschäftigt, womit auf einen Schlag alle Arbeitnehmerschutzrechte entfallen. Die im Einzelfall sehr schwierige Abgrenzung zwischen abhängig Beschäftigten und selbstständig Tätigen begünstigt ein solches Ausweichen. Ein neues Gesetz gegen die missbräuchliche Verwendung von Werkverträgen ist in Vorbereitung.

3. Viele Gesetze enthalten eine **Grauzone durch die Benutzung unklarer Rechtsbegriffe**. Formeln wie „nach Treu und Glauben", „nach den guten Sitten", „nach Handelsbrauch", „nach der Verkehrssitte", „berechtigtes Interesse", „angemessene Entschädigung", Adjektive wie „gewissenhaft", „sorgfältig" oder „ordnungsgemäß" weisen darauf hin, dass der Gesetzgeber nicht jedes Detail genau vorschreiben kann, sondern auf die sinnvolle Ergänzung und Interpretation der Vorschriften durch die Handelnden angewiesen ist.

   Beispiel: Das *Gesetz zur Angemessenheit der Vorstandsvergütung* (VorstAG) von 2009 schreibt vor, dass die Vorstandsbezüge in einem angemessenen Verhältnis zu den Aufgaben und Leistungen des Vorstands, zur Lage der Gesellschaft und der üblichen Vergütung stehen sollen. Was das konkret heißt, müssen die Wirtschaftsakteure selbst aushandeln. Bezug nehmen sollen die Handelnden dabei einerseits auf die Sitten und Bräuche als informale Normen, andererseits auch auf ihr Gewissen als innere moralische Instanz.

4. Trotz der Fülle an Gesetzen besteht ein **Mangel an gesetzlichen Grundlagen** in vielen Bereichen des Lebens. Zum einen schafft die technische Entwicklung ständig neue Handlungsmöglichkeiten, für die es nicht sofort passende Rechtsnormen geben kann.

   Beispiel: In den letzten Jahren sind „clevere" Geschäftsleute immer wieder in die Lücken gestoßen, die sich durch Innovationen auf dem Gebiet der Informationstechnologie ergaben und haben Internet- und Handynutzer gnadenlos abgezockt. Erst im August 2012 wurde der §312g im BGB „Pflichten im elektronischen Geschäftsverkehr" ergänzt, um Verbraucher vor Abo- und Kostenfallen im Internet besser zu schützen.

   Zum anderen gibt es große Unterschiede zwischen den Rechtssystemen verschiedener Länder und wenig international gültiges Recht. Längst nicht in allen Ländern sind bspw. die Arbeiterschutzrechte und Umweltschutzrechte so umfassend, wie bei uns. Im Rahmen der globalen Wirtschaft ist es für viele Unternehmen heute ein Leichtes, auf Länder mit weniger strengen Regulierungen auszuweichen, und wenn es nur der offizielle Firmensitz ist, der verlegt wird.

   Beispiel: Bekannt ist dieses Ausweichen in weniger regulierte Länder z.B. aus der Schifffahrtbranche. Sobald das Schiff offiziell unter der Flagge eines entsprechenden Landes fährt, kann noch der letzte rostige „Seelenverkäufer" mit einer Mannschaft aus schlecht bezahlten, unausgebildeten Hilfskräften auf große Fahrt gehen, auch wenn das nach deutschem Recht verboten ist.

5. Schließlich ist die Moralität auch nötig, um **bestehende Gesetze kritisch zu hinterfragen**. Es kann sich bspw. herausstellen, dass eigentlich einsichtige und gut gemeinte Gesetze unerwünschte Folgen zeitigen, die man bei der Gesetzgebung nicht ausreichend antizipiert hat. So ist immer wieder heftig umstritten, ob nicht viele Arbeitnehmerschutzrechte die Neueinstellung von Arbeitnehmern behindern. Viele Arbeitgeber scheuen Neueinstellungen bei einer Auftragsspitze, weil sie die Arbeitnehmer bei einem Auftragsrückgang nur schwer wieder entlassen können. Die Interessen der Arbeitslosen sind offenbar bei der Konzeption der Gesetze nicht ausreichend berücksichtigt worden. Und manchmal werden auch in unserem Rechtsstaat Handlungsweisen legalisiert, die moralisch fragwürdig erscheinen.

   Beispiel: So dürfen bspw. potenzielle Mieter gegenüber dem Vermieter und potenzielle Arbeitnehmer gegenüber dem Arbeitgeber in vieler Hinsicht lügen, um sich Wettbewerbsvorteile zu verschaffen.

   Da ehrliche Menschen dadurch systematisch benachteiligt werden, tragen solche rechtlichen Regelungen zur Erosion der Moral bei.

1.2 Kodizes und Konventionen

1.2.1 Funktionen, Verbindlichkeit und Geltungsbereiche

Im Bewusstsein dieser Mängel in der Gesetzgebung sind zahlreiche ergänzende ethische Kodizes und Konventionen für den Bereich der Wirtschaft entwickelt worden (vgl. *Simma/Heinemann* [Codes]).

Sie haben die folgenden **Funktionen**:

- Sie ergänzen das Recht dadurch, dass sie das Fehlen von Gesetzen in bestimmten Bereichen oder Ländern ausgleichen.
- Sie sollen helfen, die Graubereiche der Gesetzgebung sinnvoll zu interpretieren.
- Sie verpflichten die Unternehmen nochmals explizit auf die Einhaltung der Gesetze.
- Sie vereinheitlichen die Standards für gute Unternehmensführung.
- Sie können ethisch gesonnenen Mitarbeitern eine Hilfestellung für die Praxis geben.

Die **Verbindlichkeit** ist unterschiedlich, die Einhaltung aber grundsätzlich **rechtlich nicht erzwingbar**. Es kann sich um eine rein appellative Empfehlung einer Privatperson oder Organisation handeln oder auch um eine innerorganisatorisch verbindliche Verpflichtung bspw. für alle freiwilligen Mitglieder eines Verbandes oder Vereins, verbunden mit der Androhung von Sanktionen gegen Verstöße.

Höhere Verbindlichkeit erlangt ein Kodex durch die Verankerung in der Berufsordnung einer berufsständischen Kammer. Über die Pflichtmitgliedschaft in der Kammer (bspw. Ärztekammer) werden alle, die den Beruf ausüben, an den Kodex gebunden. Eine gewisse rechtliche Verbindlichkeit können Kodizes dadurch erlangen, dass sie von der Rechtsprechung zur Präzisierung von unbestimmten gesetzlichen Begriffen wie „Verstoß gegen die guten Sitten" herangezogen werden. Schließlich ist auch eine Umsetzung der ursprünglich freiwilligen Verpflichtung in nationales oder internationales

Recht denkbar. Besonders die UN-Resolutionen haben eine wichtige Funktion für die Rechtssetzung. Im Grundsatz beruht die Respektierung solcher Verhaltenskodizes aber auf Freiwilligkeit.

Während das Unternehmensleitbild sich auf ein Unternehmen bezieht, beanspruchen Kodizes und Konventionen eine überbetriebliche Geltung. Der **Geltungsbereich** kann sich auf eine Branche, eine Berufsgruppe, ein Land, einen Wirtschaftsraum oder auch die ganze Welt erstrecken. Branchen- oder Berufsverbände, Kammern, Vereine, Akademien, Nichtregierungsorganisationen, internationale Zusammenschlüsse wie die *OECD*, die *Vereinten Nationen* sowie deren Sonderorganisationen, Wissenschaftler und Praktiker haben sich Gedanken darüber gemacht, was richtiges Handeln für die Wirtschaft konkret bedeutet und Verhaltensvorschriften entworfen.

Im Folgenden werden näher beschrieben:

- Regelsysteme in Bezug auf Branchen
- Regelsysteme in Bezug auf Produkte
- Berufs- und Standesregeln
- Themenspezifische Regelwerke
- Verhaltenskodizes für Organisationen

1.2.2 Regelsysteme in Bezug auf Branchen

Soll-Vorstellungen für das wirtschaftliche Handeln gibt es zunächst für bestimmte Branchen.

(1) Chemiebranche

In der Chemiebranche steht die Verpflichtung im Vordergrund, für **Sicherheit** bei Produktion, Transport, Lagerung und Verbrauch der zum Teil gefährlichen Stoffe zu sorgen. Arbeitssicherheit, Transportsicherheit, Produktverantwortung bzw. Verbrauchersicherheit sind zentrale Grundsätze. Auch die **Erhaltung der Umwelt** ist ein Kernthema. Weitere Themen sind der Umgang mit neuen Techniken wie z.B. der Gentechnik oder der Nanotechnologie und die Durchführung von Tierversuchen. Im Jahr 2008 haben die Sozialpartner BAVC (Bundesarbeitgeberverband Chemie) und IG BCE (Industriegewerkschaft Bergbau, Chemie, Energie) gemeinsame Leitlinien für verantwortliches Handeln in der sozialen Marktwirtschaft verabschiedet. In diesen Leitlinien wird auch die Förderung von Dialogprozessen mit Stakeholdern angesprochen sowie die Notwendigkeit von ethischen Schulungen für Führungskräfte betont. Die Leitlinien nehmen Bezug auf die Initiative „Responsible Care", welche schon seit 1991 nach Verbesserungen im Bereich Umwelt, Sicherheit und Gesundheit in der Chemiebranche strebt. Der Verband der Chemischen Industrie VCI gilt damit als einer der Vorreiter in Sachen gesellschaftlicher Verantwortung der Wirtschaft (vgl. www.vci.de/Nachhaltigkeit/ResponsibleCare). In Bezug auf das Thema **Tierschutz** bekennt sich eine Reihe von Chemieunternehmen zur „3 R"-Initiative. Die 3 R stehen für Replacement, Reduction und Refinement. Wenn immer möglich, sollen Tierversuche durch andere Prüfmethoden ersetzt werden (Replacement). Ist das nicht möglich, dann soll die Anzahl zumindest reduziert werden, bspw. durch einen sorgfältigen Versuchsaufbau (Reduction). Bei allen unvermeidlichen Tierversuchen ist auf eine möglichst geringe Belastung der Tiere zu achten (Refinement) (vgl. www.forschung3r.ch).

(2) Bauindustrie

Der *bayerische Bauindustrieverband* hat angeregt, ein bauspezifisches „EthikManagement-System" (EMS) zu etablieren. Zu den Verhaltensstandards gehört u. a. die Verpflichtung zur Rechtstreue, also die Ablehnung illegaler Beschäftigungspraktiken sowie von Bestechung und Bestechlichkeit. Da in der Bauwirtschaft viel mit Subunternehmen gearbeitet wird, sollen „Wertprogramme" auch bei Subunternehmen durchgeführt werden, d.h. kein Unternehmer soll sich damit herausreden können, dass ja schließlich nicht er es war, der bspw. illegale Arbeiter beschäftigte. Die Bauindustrie selbst ist offenbar der Meinung, dass illegale und unerwünschte Praktiken durch das Strafrecht alleine nicht zu beseitigen sind und setzt auf eine freiwillige Selbstbindung der Unternehmen. Dem EMB-Wertemanagement Bau e.V. gehören inzwischen über 100 Mitglieder an.

(3) Pharmazeutische Industrie

Als drittes Beispiel für einen branchenbezogenen Kodex sei noch der „Kodex der Mitglieder des Bundesverbandes der Pharmazeutischen Industrie BPI e.V." genannt, in welchem u. a. Regeln für die **Arzneimittelwerbung** und für den **Umgang mit Ärzten** aufgestellt werden. Eine Regel für die Arzneimittelwerbung lautet bspw., Medikamente nur dann als „neu" zu bezeichnen, wenn sie noch nicht länger als ein Jahr auf dem Markt sind. Außerdem muss deutlich gekennzeichnet werden, in welcher Hinsicht ein Medikament neu ist (neuer Wirkstoff, neue Indikation, neue Darreichungsform oder nur neue Packungsgröße). Werbung muss außerdem deutlich als solche erkennbar sein und darf nicht mit redaktionellen Beiträgen verwechselbar sein. Nach den Verhaltensempfehlungen für den Umgang mit Ärzten darf den Ärzten kein Entgelt oder ein anderer geldwerter Vorteil dafür geboten werden, dass sie ganz bestimmte Medikamente verschreiben oder empfehlen. Auch Apothekern darf kein Entgelt dafür geboten werden, dass sie in ihren Schaufenstern für bestimmte Medikamente werben. Der Verhaltenskodex wurde 2008 durch den neu gegründeten Verein „Arzneimittel und Kooperation im Gesundheitswesen" (AKG) novelliert. Dieser Verein hat sich die freiwillige Selbstkontrolle der pharmazeutischen Industrie zur Aufgabe gemacht (vgl. www.ak-gesundheitswesen.de/verhaltenskodex).

1.2.3 Regelsysteme in Bezug auf Produkte

Ansatzpunkt für die Entwicklung von nicht-gesetzlichen Regelwerken können auch bestimmte **Produkte** sein.

(1) Muttermilchersatzprodukte

Die *Weltgesundheitsorganisation* (WHO) hat z.B. einen Verhaltenskodex für die **Vermarktung** von Muttermilchersatzprodukten aufgestellt. Für die Vermarktung von Muttermilchersatzprodukten wird Zurückhaltung bei der Werbung empfohlen. Insbesondere sollen keine Gratisproben verteilt werden, und es ist auf die Überlegenheit der Muttermilch hinzuweisen.

(2) Pestizide

Von der *Food and Agriculture Organisation* (FAO) wurde ein umfassendes Regelwerk für die **Produktion und Vermarktung** von Pestiziden erlassen. Zu den Regeln für die Pestizidvermarktung gehören u. a. ein verantwortungsvolles Marketing und die Pflicht, für einen sachgerechten Umgang mit den Produkten zu sorgen. Außerdem sollen Anstrengungen unternommen werden, um weniger giftige Produkte mit gleicher Wirkung zu entwickeln.

(3) Schnittblumen

Die Menschenrechtsorganisation *Food First International Action Network* (FIAN) initiierte die sog. „Blumenkampagne" und entwarf einen „Verhaltenskodex für die umwelt- und sozialverträgliche Produktion von Schnittblumen" (vgl. *Weißmann* [Kampagne] 123). Dieser Kodex nimmt wiederum Bezug auf andere Regelwerke, insbesondere auf die Konventionen der *International Labour Organisation* (ILO). Gefordert werden vor dem Hintergrund der **Menschenrechte** Gewerkschaftsfreiheit, Gleichbehandlung, existenzsichernde Löhne, angemessene Arbeitszeiten, Verzicht auf Kinder- und Zwangsarbeit. Da in der Schnittblumenproduktion sehr viele hochgiftige Pestizide und andere Chemikalien eingesetzt werden, betreffen zentrale Forderungen auch die **Sicherheit und Gesundheit am Arbeitsplatz** sowie den Umweltschutz. Es soll bspw. ausgeschlossen werden, dass bei uns aufgrund gravierender Nebenwirkungen längst verbotene Pestizide in Südamerika oder Afrika weiter eingesetzt werden, was einen typischen Fall von legalem, aber unmoralischem Verhalten darstellt.

(4) Bekleidung

Besonders um die **Verbesserung der Arbeitsbedingungen** bei der Produktion von Bekleidungsstücken geht es im Kodex der *„Clean Clothes Campaign"* (vgl. www.cleanclothes.org). Der „Code of Labour Practices for the Apparel Industry Including Sportswear" lehnt sich ebenfalls an die schon erwähnten *ILO*-Konventionen an und fordert Gewerkschaftsfreiheit, Verzicht auf Diskriminierung, keine Zwangs- und Kinderarbeit, Standards für Gesundheit und Sicherheit am Arbeitsplatz, höchstens 48 Arbeitsstunden in der Woche mit höchstens 12 freiwilligen Überstunden, existenzsichernde Löhne.

In vielen Ländern der Welt existieren keine entsprechenden gesetzlichen Arbeitnehmerschutzbestimmungen, so dass es eine Sache der moralischen Selbstverpflichtung wird, solche Standards einzuhalten. Bisher haben sehr viele Gewerkschaften und Nichtregierungsorganisationen aus Europa und Asien den Code unterzeichnet, allerdings nur „some companies", wie es in der angegebenen Internetquelle heißt.

Um die weitere Verwertung bzw. Entsorgung von Altkleidern kümmert sich der Dachverband *„FairWertung e.V."* In seinen Standards für Kleidersammlungen legt er fest: Die Kleidersammlung dient ausschließlich gemeinnützigen Zwecken, es werden alle Rechtsnormen eingehalten, bei der Entsorgung wird auf Umweltschutz geachtet, es wird klar und wahr informiert und größtmögliche Transparenz geschaffen (vgl. www.fairwertung.de).

1.2.4 Berufs- und Standesregeln

Schon von alters her gibt es **berufsbezogene Kodizes**. Es wird sogar als konstitutives Merkmal für einen Berufsstand angesehen, dass er über bestimmte moralische Soll-Vorstellungen zu berufsspezifischen Haltungen und Handlungen verfügt (vgl. *Staffelbach* [Management-Ethik] 393). Als ältestes Beispiel einer berufsbezogenen ethischen Selbstverpflichtung kann wohl der Hippokratische Eid der Ärzte gelten. Sogenannte Standesregeln gibt es aber nicht nur für Ärzte, sondern für viele sog. **freie Berufe**, auch bspw. für Rechtsanwälte, Psychotherapeuten und Wirtschaftsprüfer, um nur einige zu nennen.

(1) Wirtschaftsprüfer

Für Wirtschaftsprüfer ist die **Wahrhaftigkeit und Unabhängigkeit des Urteils** ein moralisches Desiderat. Die Prüfer können in Interessenkonflikte kommen, wenn sie sich dem Unternehmen, das sie bezahlt, verpflichtet fühlen und/oder wirtschaftlich von seinen Prüfungsaufträgen abhängig sind. Besonders prekär ist eine Vermischung von Unternehmensberatung und Wirtschaftsprüfung, weil das zu einer Art Selbstprüfung führt.

Die Berufsausübung des Wirtschaftsprüfers ist **stark gesetzlich** reglementiert. Daneben existiert aber auch noch ein „Code of Ethics for Professional Accountants", der von einer eigens eingerichteten **Ethik-Kommission** des internationalen Wirtschaftsprüferverbandes (*International Federation of Accountants*, IFAC) entwickelt wurde und zu dessen zentralen Forderungen Integrität, Objektivität, Fachkompetenz und Sorgfalt sowie Verschwiegenheit gehören. Der Verband fordert und fördert auch eine stärkere Berücksichtigung von Ethik in der Ausbildung in seinem „International Education Standard for Professional Accountants".

Die Gesetzgebung alleine reicht nicht aus, weil die Prüfung sich oft auf Bereiche erstreckt, die selbst nicht eindeutig geregelt sind und Interpretationsspielraum lassen, bspw. bei den Bilanzierungsregeln. Außerdem hat die geprüfte Unternehmung keinen Anlass, Verstöße, die zu ihren Gunsten stattfanden, aufzudecken. Und die Gruppen, die eigentlich durch die Wirtschaftsprüfung in ihren Interessen geschützt werden sollen (bspw. Eigenkapital- und Fremdkapitalgeber), verfügen selbst nicht über die Zeit und Kompetenz für eigenständige Kontrollen. Darum wird neben der umfassenden Gesetzgebung auch noch die Selbstbindung an moralische Grundsätze für unverzichtbar gehalten (vgl. *Ballwieser/Clemm* [Wirtschaftsprüfung] 414). Eine gewisse Skepsis hinsichtlich der Moralität der Prüfer kann man allerdings daraus ablesen, dass 2007 mit dem *Berufsaufsichtsreformgesetz* (BARefG) die Befugnisse der Wirtschaftsprüferkammer zur Kontrolle und Sanktionierung von Verstößen gegen die Berufspflichten deutlich erweitert wurden (vgl. *Lenz* [Prüfer] 332).

(2) Ingenieure

Der *Verein deutscher Ingenieure* (VDI), eine berufsständische Interessenvertretung, hat einen Ausschuss „Ethische Ingenieursverantwortung" mit der Ausarbeitung eines Ethik-Kodex für Ingenieure beauftragt. In der Präambel des Kodex „Ethische Grundsätze des Ingenieurberufs" heißt es: „Ingenieure und Ingenieurinnen sind sich ihrer besonderen Verantwortung bewußt. Sie richten ihr Handeln im Beruf an ethischen Grundsätzen und Kriterien aus und setzen diese konsequent in die Praxis um. Die Grundsätze bieten Orientierung und unterstützen die Einzelnen bei der Beurteilung von Verantwortungskonflikten".

In berufsmoralischen Konfliktfällen sind notfalls auch die Verweigerung der weiteren Mitarbeit und die Alarmierung der Öffentlichkeit in Betracht zu ziehen. Das öffentliche Wohl ist dem privaten Interesse übergeordnet. Den Ingenieuren wird eine **hohe Eigenverantwortung** zugesprochen. Sie sollen sich nicht auf den Standpunkt zurückziehen, sie seien nur Ausführungsorgan der Ziele und Zwecke ihrer Auftraggeber und darum auch nicht für die Folgen verantwortlich. Im Regelfall findet der Ingenieur kein wohl definiertes Problem mit einer eindeutig besten Lösung vor, die er nur noch technisch umzusetzen hat. Vielmehr definiert er häufig die Probleme mit, steckt den Suchraum für alternative Lösungen ab und liefert den wesentlichen Input für die Bewertung der Alternativen. Da er immer auch Mitgestalter technischer Produkte und Verfahren ist, wird er in die Praxis der Auftraggeber und in die Folgen, die daraus für Dritte erwachsen, hineingezogen (vgl. *Ekhardt/Löffler* [Verantwortung] 322f.). Seine Sachkompetenz prädestiniert ihn zu einer sorgfältigen und reichhaltigen Prognose der Folgen technischer Entwicklungen, insbesondere der daraus erwachsenden Risiken für Mensch und Natur. Er hat gegenüber der Gesellschaft die „Bringpflicht", vor solchen Risiken zu warnen und alternative Handlungsoptionen aufzuzeigen (vgl. *Hubig* [Ingenieurkodizes]). Dazu gehört auch die Aufgabe, die technik-ethische Reflexion an Schulen und Hochschulen zu fördern

(3) Führungskräfte in der Wirtschaft

Speziell für die Führungskräfte in der Wirtschaft wurde in Zusammenarbeit zwischen der *Deutschen Gesellschaft für Unternehmensführung* und Wissenschaftlern der **wert(e)-orientierte Führungskräfte-Kodex** entwickelt (vgl. *Brink/Tiberius* [Management] 533ff.). Die Präambel enthält die allgemeine Verpflichtung der Manager, „dem Unternehmen und seinen legitimen Anspruchsgruppen Gutes zu tun und Schaden zu vermeiden". In zwölf Grundsätzen wird diese allgemeine Verpflichtung präzisiert. Postuliert wird von den Managern u. a. Anerkennung, Wertschätzung und Achtung der Stakeholder, Fairness, Offenheit, Wahrhaftigkeit, Vertrauenswürdigkeit und Diskursbereitschaft im Umgang mit ihnen, die Beachtung des Prinzips der Nachhaltigkeit sowie tugendhaftes und vorbildliches Verhalten.

An den zentralen Stakeholdergruppen der Kunden, Mitarbeiter, Geldgeber und der Gesellschaft orientiert ist auch ein Kodex für Führungskräfte, der bereits vor über 30 Jahren entworfen wurde, das sog. „**Davoser Manifest**". Die Verhaltensrichtlinien für ethisches Wohlverhalten bei der Unternehmensführung wurden am Schlusstag des Dritten Europäischen Management Symposiums in Davos im Jahr 1973 vorgelegt. In der Präambel wird als Unternehmensaufgabe herausgestellt, Kunden, Mitarbeitern, Geldgebern und der Gesellschaft zu dienen und deren widerstreitende Interessen zum Ausgleich zu bringen. Als gesellschaftliche Aufgaben werden Umweltschutz, menschendienlicher Fortschritt und Unterstützung des Gemeinwesens durch Steuerzahlungen hervorgehoben. Der Unternehmensgewinn wird als notwendiges Mittel verantwortlicher Unternehmensführung angesehen, nicht als Endziel (vgl. *Steinmann* [Lehre] 472f.).

Der „*Päpstliche Rat für Gerechtigkeit und Frieden*" hat 2012 eine „Ermutigung für Führungskräfte in der Wirtschaft" herausgegeben. Respekt vor der Menschenwürde und Dienst am Gemeinwohl werden als grundlegende Prinzipien angesehen. Daraus werden sechs „praktische Prinzipien" abgeleitet (vgl. *Turkson/Toso* [Unternehmer] 17):

- Unternehmen sollen Güter produzieren, die wirklich gut sind und Dienstleistungen anbieten, die wirklich dienen.
- Sie sollen Solidarität üben mit den Armen.
- Sie sollen die Würde der menschlichen Arbeit fördern.
- Durch subsidiäre Strukturen sollen sie den Mitarbeitern angemessene Mitwirkungsmöglichkeiten gewähren.
- Sie sollen Ressourcen nachhaltig nutzen.
- Sie sollen Gerechtigkeit üben gegenüber allen Stakeholdern.

Während ältere Berufskodizes auch oder sogar überwiegend eine interne Loyalität der Mitglieder gegenüber den Kollegen und dem Berufsstand insgesamt fordern und Kritik an Kollegen verpönt ist (vgl. bspw. *Lenk/Maring* [Ingenieur] 342), sind die neueren Kodizes viel stärker an den externen Folgen und der Verantwortung gegenüber der Gesellschaft orientiert. So wird bspw. in den Grundsätzen ärztlicher Ethik zwar Kollegialität gefordert, aber zugleich ausdrücklich darauf verwiesen, dass es nicht zu den Standesregeln gehört, ärztliche Kunstfehler oder anderes Fehlverhalten von Kollegen zu decken.

1.2.5 Themenspezifische Regelwerke

Verhaltensregeln können sich weiterhin auf bestimmte Themen beziehen.

(1) Corporate Governance

Corporate Governance heißt wörtlich übersetzt „Unternehmensregierung". Mit dem Begriff „Corporate Governance" wird im engeren Sinne die Führungsorganisation großer (börsennotierter) Unternehmen erfasst. Es geht dann speziell um die Rechte und Pflichten von Organen wie Vorstand und Aufsichtsrat. Heute wird der Begriff teilweise sehr weit benutzt im Sinne von „Unternehmensführung".

Für deutsche Unternehmen ist der „**Deutsche Corporate Governance Kodex**" maßgeblich, der erstmals 2002 von einer Regierungskommission erarbeitet und seitdem immer wieder aktualisiert wurde. Es handelt sich bei den Kodexempfehlungen um sog. „soft law", d.h. sie sind nicht rechtlich bindend, Abweichungen müssen aber offengelegt werden. Ferner enthält der Kodex auch noch relativ unverbindliche Anregungen (www.corporate-governance-code.de).

2009 wurde der Kodex umfassend geändert. Hieß es in der Präambel bis einschließlich 2008, dass der Kodex die Rechte der Aktionäre verdeutlichen soll, so wird neuerdings die Verpflichtung des Vorstandes darin gesehen, im Einklang mit den Prinzipien der sozialen Marktwirtschaft für den Bestand des Unternehmens und seine nachhaltige Wertschöpfung zu sorgen. Ausdrücklich wird auch darauf hingewiesen, dass die Belange der Arbeitnehmer und der sonstigen **Stakeholder** zu berücksichtigen sind. Nach den Erfahrungen der Finanzkrise wird von den Unternehmen insgesamt ein nachhaltigeres und verantwortungsvolleres wirtschaftliches Handeln gefordert, welches durch eine einseitige Ausrichtung auf den Shareholder Value nicht mehr gesichert erscheint.

Aktuelle Änderungen wurden auch hinsichtlich der **Vergütung von Managern** vorgenommen. Die Vergütung soll stärker am langfristigen Erfolg orientiert sein, sie soll nicht zum Eingehen unangemessener Risiken anreizen, die Höhe von Abfindungen soll reduziert werden und die Vergütungen von Vorstandsmitgliedern sind unter Namensnennung offen zu legen. Bei der Besetzung von Vorständen und Aufsichtsräten soll auf eine stärkere Beteiligung von Frauen und Ausländern geachtet werden.

(2) Arbeitsnormen

Die 1919 gegründete „International Labour Organization" (ILO) beschäftigt sich vor allem mit den Rechten der Arbeitnehmer und versucht, international verbindliche Arbeitsnormen zu etablieren. Seit 1946 ist die ILO eine Sonderorganisation der UN. Vier **Kernarbeitsnormen** bilden das Grundgerüst der Arbeitnehmerrechte: Vereinigungsfreiheit und Recht auf Kollektivverhandlungen, Beseitigung der Zwangsarbeit,

Abschaffung der Kinderarbeit, Verbot der Diskriminierung in Beschäftigung und Beruf. Durch zahlreiche Übereinkommen (zurzeit 189) und Empfehlungen werden diese Kernarbeitsnormen ergänzt (vgl. www.ilo.org). Dabei geht es bspw. um die Begrenzung der Arbeitszeit, um Sicherheit und Gesundheit am Arbeitsplatz, um ein existenzsicherndes Mindesteinkommen, um soziale Sicherung, um den Schutz werdender Mütter, um die Arbeitsbedingungen für spezielle Arbeitnehmergruppen wie bspw. Hausangestellte oder Seeleute. Bei weitem nicht alle Normen werden international anerkannt und umgesetzt. Das schon 1970 erarbeitete Übereinkommen C131 zur Festsetzung von Mindestlöhnen ist bspw. von Deutschland noch immer nicht ratifiziert. Rechtliche Verbindlichkeit gewinnen die Normen erst durch die nationale Gesetzgebung eines Landes.

Die „Dreigliedrige Grundsatzerklärung über Multinationale Unternehmen und Sozialpolitik" der ILO bzw. ihrer Unterorganisation IAA wendet sich speziell an die großen multinationalen Unternehmen und fordert von ihnen Verantwortung ein bei der Verbesserung der Beschäftigung, der Ausbildung, der Arbeits- und Lebensbedingungen und Arbeitsbeziehungen, insbesondere in der sog. Dritten Welt.

(3) Kinderarbeit

Dem Kampf gegen Kinderarbeit in der **Teppichindustrie** hat sich das Bündnis *RUGMARK* gewidmet, ein Zusammenschluss von Teppichproduzenten, Teppichhändlern und verschiedensten Hilfsorganisationen (z.B. *Brot für die Welt*, *Misereor*, *Terre des hommes*). An Knüpfstuhlbesitzer und Teppichexporteure wird die Bedingung gestellt, keine Kinder unter 14 Jahren zu beschäftigen. An alle Mitarbeiter sind die gesetzlichen Mindestlöhne zu zahlen. Außerdem leisten die Mitglieder des Bündnisses einen Beitrag zur Finanzierung von Sozialprogrammen für ehemalige „Teppichkinder", in denen sie lesen, schreiben und rechnen lernen und eine handwerkliche Grundausbildung erhalten (vgl. www.rugmark.de).

(4) Fairer Handel

Die Förderung des **fairen Handels mit der Dritten Welt** ist Ziel des Vereins *TransFair*. Zu den Regeln fairen Handels gehören die Zahlung eines Mindestpreises plus Entwicklungszuschlag an die Erzeuger, die anteilige Vorfinanzierung bspw. von Saatgut, eine längere Vertragsbindung mit den Erzeugern und Direkthandel unter Beteiligung der Produzenten. Außerdem gelten für die beschäftigten Arbeiter die Regeln der ILO-Konventionen. Die Umweltverträglichkeit der Produktion soll bestimmten Mindestanforderungen genügen. Ökologischer Anbau wird gefördert.

Eine breite Allianz von 39 Organisationen (bspw. *UNICEF*, *NABU*, *Misereor*) unterstützt die Initiative (vgl. www.transfair.org). Speziell dem Ziel eines fairen und nachhaltigen Handels haben sich auch zahlreiche weitere Verbände verschrieben, z.B. *International Federation of Alternative Trade* (IFAT), *European Fair Trade Association* (EFTA).

(5) Bekämpfung der Korruption

Ein weiteres wichtiges Problemfeld stellt die Korruption dar. Meist bringt man die Korruption mit der **Bestechung von staatlichen Amtsträgern** in Verbindung. Bspw. erhält der Bürgermeister einer Gemeinde Schmiergeld von einer Baufirma, damit diese einen Auftrag der Gemeinde bekommt. Oder einem Finanzbeamten wird mit Hilfe von Geschenken nahe gelegt, bei der Steuer nicht so genau hinzuschauen.

Bestechung und Bestechlichkeit kommen aber auch zwischen **privaten Akteuren** vor. Der Einkaufsleiter eines Unternehmens wird leicht zur Zielscheibe von Bestechungsversuchen, weil er über die Auswahl von Lieferanten entscheidet.

> Allgemein kann man **Korruption** definieren als die missbräuchliche Ausnutzung einer Position für private Zwecke (vgl. *Pritzl/Schneider* [Korruption] 312).

In den meisten Staaten existieren zwar **Gesetze** gegen Korruption. Diese erfassen aber oft nur die Bestechung der Amtsträger im eigenen Land, wenden sich dagegen nicht gegen Bestechung von ausländischen Amtsträgern, selbst wenn diese von inländischen Unternehmen verübt wird. Eine internationale gesetzliche Grundlage fehlt. Außerdem ist oft nur die öffentliche Korruption, also die Bestechung von Amtsträgern, ausdrücklich in einschlägigen Gesetzen verboten. Korruption im privatwirtschaftlichen Bereich wird nur über den Umweg einer Beeinträchtigung des Wettbewerbs strafbar.

Schließlich ist auch die Gefahr einer Aufdeckung, Verfolgung und Bestrafung solcher Delikte eher gering (vgl. ebenda 318f.). Das Strafrecht alleine reicht auch nicht hin, weil gerade im Bereich der Korruption die rechtliche Grauzone zwischen Bestechung, Erfolgsprovisionen und Freundschaftsdienst bzw. Geschenken sehr breit ist.

> **Beispiele**: Wer will schon nachweisen, ob es Patronage, also eine regelwidrige Bevorzugung einer Person, ist, wenn die Tochter des Bürgermeisters eine Lehrstelle bei der Baufirma bekommt, die dann die Stadthalle bauen darf? Auch ist es nicht illegal, Personen für sehr geringe Leistungen sehr hoch zu bezahlen, wie es vor allem mit Hilfe sog. Beraterverträge für Politiker immer wieder praktiziert wird. Viele Pharmareferenten stimmen die Ärzte mit Hilfe von wertvollen Reisen auf den Verkauf der von ihnen vertretenen Arzneimittel ein. Offiziell sind diese Reisen dann von der Pharmaindustrie angebotene kostenlose Weiterbildungsveranstaltungen.

Darüber hinaus ist die Korruption in vielen Ländern trotz einschlägiger Gesetze **kulturell fest verankert** und gilt als mehr oder weniger selbstverständlich. Das fehlende Unrechtsbewusstsein wird auch von Seiten der Ökonomik verstärkt, welche die Korruption gerne als freiwilligen Tauschakt ansieht, bei dem beide Parteien gewinnen (vgl. *Homann* [Korruption] 242). Ausgeblendet werden die externen Effekte, welche die Allgemeinheit zu tragen haben. Bspw. werden öffentliche Bauten durch Korruption verteuert und es kommt nicht der beste Anbieter zum Zuge, sondern der skrupelloseste. Auch wird das Vertrauen in den Staat und seine Bediensteten untergraben.

Gegen die Korruption wenden sich **verschiedene internationale Konventionen**. Zu nennen sind etwa die „United Nations Declaration Against Corruption and Bribery in International Commmercial Transactions“ von 1996 oder die zwischen 2000 und 2003 ausgearbeitete „United Nations Convention Against Corruption“. Die *OECD* (Organisation für die wirtschaftliche Zusammenarbeit und Entwicklung) hat 1997 ein „Übereinkommen über die Bekämpfung der Bestechung von ausländischen Amtsträgern im internationalen Geschäftsverkehr“ erzielt, das von allen 29 OECD-Staaten unterzeichnet wurde. Die Unterzeichnerstaaten haben sich verpflichtet, die Bestimmungen in nationales Recht umzusetzen.

Die in Deutschland 1993 gegründete internationale Nichtregierungsorganisation *Transparency International* bemüht sich ebenfalls durch die Erarbeitung international gültiger Verhaltensregeln die Korruption auf nationaler und internationaler Ebene zu bekämpfen (www.transparency.org).

Ein weiterer wichtiger Baustein der Korruptionsbekämpfung sind sog. „Anti-Bestechungs-Pakte", in denen sich Auftraggeber und Anbieter im Zusammenhang mit größeren Projekten selbst zu einem bestechungsfreien Verhalten und zur Offenlegung aller Provisionszahlungen verpflichten und Strafmaßnahmen bei Verstößen akzeptieren (vgl. *Wiehen* [Transparency]).

(6) Umweltschutz und Entwicklung

Mit der sog. „Rio-Erklärung zu Umweltschutz und Entwicklung" wurden gleich zwei miteinander verwobene Themenkomplexe aufgegriffen und 1992 in ein Grundsatzpapier der *Vereinten Nationen* eingebracht. Zentrale Grundsätze betreffen die **Erhaltung, den Schutz und die Wiederherstellung eines gesunden und unversehrten Ökosystems**. Die Staaten verpflichten sich bspw. dazu, nicht nachhaltige Produktionsweisen und Konsumgewohnheiten abzubauen, für eine stärkere Internalisierung von Umweltkosten beim Verursacher zu sorgen, bei Projekten mit starken Umweltauswirkungen ein Umweltverträglichkeitsgutachten einzuholen. Die Industrieländer werden ermahnt, keine umweltschädigenden Stoffe oder Tätigkeiten in die Entwicklungsländer zu verlagern. Das Kyoto-Protokoll zum Klimaschutz von 1997 war ein Meilenstein der internationalen Klimapolitik. Allerdings trat es erst 2005 tatsächlich in Kraft, weil erst zu diesem Zeitpunkt genügend Länder das Abkommen ratifiziert hatten. Die USA als einer der größten Klimasünder ratifizierten es nie. Am Abend des 12.12.2015 wurde in Paris auf der aktuellsten UN-Klimakonferenz endlich ein Klimaschutzabkommen getroffen, in welchem sich weltumspannend 195 Länder verpflichten, die Erderwärmung auf deutlich unter 2 Grad zu begrenzen. Eine zentrale Maßnahme besteht darin, auf die fossilen Energieträger Kohle, Gas und Öl nach und nach zu verzichten und stattdessen erneuerbare Energien zu verwenden.

Als Aufgabe der entwickelten Länder wird es angesehen, **Armut in der Welt zu beseitigen und auf eine weltweite Angleichung im Lebensstandard hinzuwirken**. Mittel dazu sind bspw. die Weitergabe von Technologien und Wissen zu fairen Bedingungen und ein offener fairer Handel. Den armen Ländern wird das Recht zugesprochen, ihre natürlichen Reichtümer selbst zu nutzen. Die wirtschaftliche Entwicklung sollte im Einklang mit dem Gedanken der Erhaltung der natürlichen Lebensgrundlagen stehen.

1.2.6 Verhaltenskodizes für Organisationen

Eine Reihe von Kodizes wendet sich an Unternehmen oder auch allgemein an Organisationen.

(1) *OECD*-Leitsätze für multinationale Unternehmen

Verschiedene Kodizes gelten für eine spezifische Gruppe von Unternehmen, nämlich die (großen) multinationalen Unternehmen, oft auch kurz „MNUs" genannt. Für diese stellt sich insbesondere das Problem fehlenden internationalen Rechts. Außerdem tragen sie durch ihre Größe und Wirtschaftsmacht sowie durch ihr Engagement in Entwicklungsländern eine besondere Verantwortung.

Die „*OECD*-Leitsätze für multinationale Unternehmen" (in der Neufassung 2011) erstrecken sich auf **alle wesentlichen Aspekte des Unternehmensverhaltens**. Gefordert werden u. a. die ehrliche Information der Öffentlichkeit über die Geschäftstätigkeit, die Struktur und die finanzwirtschaftliche Lage, die Einhaltung aller international anerkannter Kernarbeitsnormen, Umweltschutz, Bekämpfung der Korruption, Rücksicht auf die Verbraucherinteressen, Transfer von Wissenschaft und Technologie in die Entwicklungsländer, Verzicht auf wettbewerbsbeschränkende Maßnahmen, die Einhaltung aller Steuervorschriften.

In den vorangestellten allgemeinen Grundsätzen wird überdies die **Einhaltung der Menschenrechte** angemahnt und die **Nachhaltigkeit** zum Ziel erklärt, sowie den Unternehmen aufgetragen, für **Selbstregulierungspraktiken und Managementsysteme** zu sorgen, welche eine gute Unternehmensführung unterstützen. Zu diesen empfehlenswerten Praktiken wird ausdrücklich gezählt, die Arbeitnehmer entsprechend zu schulen und von Strafen für solche Arbeitnehmer abzusehen, die ein Fehlverhalten aufdecken (sog. Whistle Blowing).

Die Leitsätze werden nicht nur von den 34 Mitgliedsländern anerkannt, sondern auch u. a. von Argentinien, Brasilien, Rumänien und Peru. Da der ganz überwiegende Teil der multinationalen Unternehmen aus den OECD-Staaten stammt, ist die Bedeutung dieser Leitsätze groß (vgl. www.oecd.org).

(2) UN Global Compact und UN-Leitprinzipien für Wirtschaft und Menschenrechte

Die zehn Prinzipien des Global Compact

Menschenrechte	Arbeitsstandards	Umwelt	Gegen Korruption
• Prinzip 1: Unternehmen sollten die international anerkannten Menschenrechte respektieren und ihre Einhaltung unterstützen. • Prinzip 2: Sie sollten sich nicht an Menschenrechtsverletzungen mitschuldig machen.	• Prinzip 3: Unternehmen sollten die Freiheit der Arbeitnehmer zum Zusammenschluss und das Recht auf kollektive Verhandlungen hochhalten; • Prinzip 4: jede Form der Zwangsarbeit eliminieren; • Prinzip 5: Kinderarbeit abschaffen und • Prinzip 6: Diskriminierungen bei der Einstellung und Beschäftigung vermeiden.	• Prinzip 7: Unternehmen sollten umsichtig mit Umweltgefahren umgehen; • Prinzip 8: sie sollten Initiativen ergreifen, um eine größere Umweltverantwortung zu erreichen und • Prinzip 9: die Entwicklung und Verbreitung umweltfreundlicher Technologien unterstützen.	• Prinzip 10: Unternehmen sollten alle Formen der Korruption bekämpfen, einschließlich Bestechung und Erpressung.

Abb. X/3: Die Prinzipien des Global Compact (eigene Übersetzung)

Unter der Ägide des UN-Generalsekretariats wurde im Jahr 2000 der „Global Compact" ins Leben gerufen. Unternehmen, die diesem „Pakt" beitreten, verpflichten sich zur Einhaltung der in Abb. X/3 dargestellten **zehn Prinzipien**, welche die vier Bereiche **Menschenrechte, Arbeitsbedingungen, Umweltschutz und Korruptionsbekämpfung** umfassen (vgl. www.unglobalcompact.org). Die Prinzipien wurden abgeleitet aus der Allgemeinen Erklärung der Menschenrechte, den Konventionen der *ILO* zu den Rechten der Arbeiter, der Rio-Erklärung zu Umweltschutz und Entwicklung und der UN-Konvention gegen Korruption. Die Mitgliederliste umfasst u. a. auch 50 deutsche Unternehmen, bspw. *Allianz*, *BASF*, *Deutsche Telekom*, *Daimler*, *Faber-Castell*, *Siemens*.

Im Juni 2011 verabschiedete der UN-Menschenrechtsrat die „UN-Leitprinzipien für Wirtschaft und Menschenrechte" (vgl. www.ohchr.org Dokumen A/HRC17/31). Entlang von drei Säulen werden verschiedenen Akteuren unterschiedliche Aufgaben zugewiesen: Staaten sollen erstens ihre Bürger vor Menschenrechtsverletzungen durch Unternehmen schützen, zweitens wird den Unternehmen eine eigene Verantwortung für die Achtung der Menschenrechte zugeordnet. Drittens werden Staaten und Firmen aufgefordert, Betroffenen mehr Möglichkeiten zu einzuräumen, Beschwerden vorzubringen und auch Abhilfe zu schaffen. Die Verantwortung der Unternehmen bezieht sich ausdrücklich auch auf die Zulieferkette. Die Unternehmen werden aufgefordert, die Achtung der Menschenrechte durch ihre Politik und Prozesse im Unternehmen zu institutionalisieren. Dazu gehören bspw. die offizielle Verpflichtung zur Einhaltung der Menschenrechte, Konsultationen mit Betroffenen und Experten für Menschenrechte, interne Kontrollen und Berichte über Risiken und die ergriffenen Gegenmaßnahmen.

(3) Social Accountability 8000 und AccountAbility 1000

Als private Initiative zur Regulierung des Verhaltens multinationaler Unternehmen ist besonders der Sozialstandard „Social Accountability 8000" (SA 8000) bekannt geworden (vgl. *Gilbert* [Social]; *Duncker* [Social]). Die Idee zu SA 8000 wurde 1996 von einer amerikanischen Verbraucherorganisation entwickelt, dem *„Council on Economic Priorities"* (CEP). Aus dieser ging 1997 als Träger des Programms die Institution *„Social Accountability International"* (SAI) hervor (www.sa-intl.org). Die Verhaltensstandards wurden in einem **Multistakeholderprozess**, bei dem Vertreter verschiedener Branchen, Gewerkschaftsvertreter, Arbeiter-, Unternehmer-, Investorenvertreter, Nichtregierungsorganisationen sowie Regierungsorganisationen beteiligt waren, entwickelt. Sie sollen **weltweite Gültigkeit** haben.

Inhaltlich lehnen sich die Forderungen stark an bereits bestehende Kodizes und Konventionen an, besonders an die Menschenrechtserklärung der *Vereinten Nationen* und an verschiedene Konventionen der *International Labour Organisation* (ILO). Verboten sind demnach Kinder- und Zwangsarbeit, Diskriminierung, Disziplinierung durch körperliche Strafen und Lohnkürzungen, geboten werden gesunde und sichere Arbeitsbedingungen, Gewerkschaftsfreiheit, maßvolle Arbeitszeiten (höchstens 60 Stunden die Woche) mit mindestens einem freien Tag in der Woche, Zahlung der gesetzlichen Mindestlöhne, die bei einer regulären Vollzeitstelle mindestens die Existenz sichern sollen. Empfohlen wird, für entlassene Kinder und Jugendliche ein Hilfsprogramm zu entwickeln, so dass sie auf keinen Fall durch die Einführung des SA 8000 schlechter gestellt werden. Selbstverständlich wird auch die Einhaltung der Gesetze gefordert.

Die Unternehmen sollen die Verpflichtung auf diese Standards dokumentieren und diese Selbstverpflichtung gegenüber allen Mitarbeitern und der Öffentlichkeit bekannt machen. Erwünscht ist die Einflussnahme auf die Zulieferbetriebe, die Standards ebenfalls einzuhalten. Der SA 8000 ist im Vergleich mit den OECD-Leitsätzen sehr eng gefasst, weil er zu den Themenbereichen Publizität, Verbraucher- und Umweltschutz, Korruption, Technologietransfer und Wettbewerb nichts sagt. Es geht **nur um die Verbesserung der Arbeitsbedingungen im Produktionsprozess**. Eine Besonderheit des SA 8000 ist die Möglichkeit, die erfolgreiche Umsetzung des Standards durch unabhängige Prüfgesellschaften **zertifizieren** zu lassen.

In Großbritannien wurde 1995 die Non-Profit-Organisation **AccountAbility** gegründet, welche sich zum Ziel gesetzt hat, Unternehmen durch die Vorgabe von Standards bei einer verantwortungsvolleren Unternehmenspolitik zu unterstützen (vgl. www.accountability.org). In einem Multistakeholderprozess werden die erarbeiteten Standards ständig weiterentwickelt. Aus der letzten Überarbeitungsrunde ging 2008 der **AA1000APS** hervor, der **AccountAbility Principles Standard**. Drei Prinzipien leiten demnach eine verantwortungsvolle Unternehmenspolitik: Inklusivität (Inclusivity), Wesentlichkeit (Materiality) und Reaktivität (Responsiveness). Mit der Inklusivität wird gefordert, Stakeholder und ihre Anliegen in die Unternehmenspolitik einzubinden. Das Prinzip der Wesentlichkeit meint, sich über die Stakeholderanliegen zu informieren und die besonders wichtigen Anliegen herauszufiltern. Damit kann auch verbunden sein, bei konfligierenden Anliegen Prioritäten zu setzen. Reaktivität schließlich bedeutet, auf wesentliche Stakeholderanliegen einzugehen mit konkreten Maßnahmen. Zu jedem Prinzip werden noch Kriterien der praktischen Umsetzung erarbeitet. Zum Prinzip der Inklusivität gehören bspw. das Bekenntnis zur Verantwortung gegenüber den Stakeholdern und die Schaffung von Zugangsstrukturen, um mit den Stakeholdern in Kontakt zu treten. Es geht insgesamt mehr um die grundsätzliche Vorgehensweise im Rahmen einer verantwortungsvollen Unternehmensführung als um konkrete inhaltliche Normen. Ergänzend kommt der **AA1000AS**, der **Assurance Standard**, hinzu, der vorgibt, wie das Unternehmen auf seine Nachhaltigkeit geprüft werden kann. In einem ersten Schritt geht es um die Prüfung der Einhaltung der Prinzipien des AA1000APS anhand der Kriterien. In einem zweiten Schritt werden die vom Unternehmen veröffentlichten Daten der CSR-Berichterstattung auf Richtigkeit geprüft. Solche Prüfungen werden bspw. von Wirtschaftsprüfungsgesellschaften durchgeführt und das Ergebnis wird testiert. In der Unternehmenspraxis ist der AA1000 Standard recht beliebt. Der *VW*-Konzern, die *Otto Group*, *RWE*, die *Telekom* und *Vodafone* haben sich u. a. nach dem AA1000AS prüfen lassen.

(4) CSR-Norm ISO 26000

Die *International Organization for Standardization* (ISO) (www.iso.org) hat mit dem „Guidance on social responsibility" einen Standard für die sozial verantwortliche Führung von Organisationen entwickelt, der u. a. auch für Unternehmen gilt. In einem mehrjährigen Prozess wurden **Experten aus mehr als 90 Ländern** befragt. Die Experten kamen aus sechs Stakeholdergruppen: Konsumenten, Regierungen, Industrie, Mitarbeiter, NGOs und Forschung.

Als Oberziel einer verantwortlichen Führung gilt in diesem Leitfaden, einen Beitrag zur nachhaltigen Entwicklung zu leisten. Präzisiert wird dieses Ziel in **sieben Prinzipien**:

- Eine Organisation sollte Verantwortung übernehmen für die Folgen ihres Entscheidens und Handelns auf die Gesellschaft und die Umwelt.
- Eine Organisation sollte ihr Entscheiden und Handeln transparent machen.
- Eine Organisation sollte jederzeit ethisch handeln.
- Eine Organisation sollte die Interessen ihrer Stakeholder respektieren und berücksichtigen.
- Eine Organisation sollte das Gesetz respektieren.
- Eine Organisation sollte internationale Verhaltensnormen respektieren.
- Eine Organisation sollte die Wichtigkeit und Universalität der Menschenrechte anerkennen und sie respektieren.

Daneben werden auch **sieben Kernbereiche** (core subjects) der sozialen Verantwortung benannt:

- **Organizational governance**
  Die Unternehmensführung sollte so gestaltet sein, dass die sieben Prinzipien in die Entscheidungen und Handlungen einfließen.
- **Human rights**
  u. a. gebührende Sorgfalt bei der Abschätzung von Risiken für Menschenrechtsverletzungen, keine Komplizenschaft mit Menschenrechtsverletzern, Beseitigung von Missständen, keine Diskriminierung bspw. von Frauen und Behinderten, keine Kinderarbeit, Respektierung aller Menschenrechte.
- **Labour practices**
  u. a. Beachtung aller Arbeitsrechtsnormen, humane Arbeitsbedingungen, ausreichende und gerechte Entlohnung, Förderung des Dialogs zwischen Arbeitgebern und Arbeitnehmern, offene Information der Mitarbeiter, Ausbildung und Entwicklung der Mitarbeiter
- **The environment**
  u. a. bei allen Aktivitäten die Umweltwirkungen abschätzen, sauberer und energiesparender produzieren, Emissionen und Abfälle reduzieren, Ökosysteme schützen und wieder instandsetzen, Biodiversität bewahren.
- **Fair operating practices**
  u. a. Korruption bekämpfen, keinen unfairen politischen Einfluss nehmen, fairen Wettbewerb nicht behindern, Eigentumsrechte respektieren, Einfluss in der Wertschöpfungskette verantwortungsvoll nutzen.
- **Consumer issues**
  u. a. ehrliche und umfassende Information der Verbraucher, faire Verträge, gesunde und sichere Produkte, faires Beschwerdemanagement, Datenschutz, transparente Preispolitik, Zugang zu wichtigen Produkten und Dienstleistungen für alle anbieten, auch für Bedürftige, den nachhaltigen Konsum fördern.
- **Community involvement and development**
  u. a. ein guter Bürger in der Gemeinde sein, Ausbildungsmöglichkeiten bieten, auch für benachteiligte Gruppen, Arbeitsplätze schaffen, Technologietransfer ermöglichen, soziale Investments tätigen.

Schließlich werden auch Vorschläge gemacht für die **institutionelle Verankerung** der Verantwortung in der Organisation. Folgende Aktivitäten werden empfohlen:

- Den Willen zur Verantwortung in Vision und Leitbild bekunden,
- Stakeholder und deren Anliegen identifizieren und bewerten,
- messbare Ziele setzen, Pläne erarbeiten und Budgets zuteilen,
- eine Kultur der Verantwortung schaffen,
- Prozesse und Strukturen anpassen,
- Wissen und Fähigkeiten der Organisationsmitglieder entwickeln,
- relevante Informationen komplett, verständlich und ehrlich nach innen und außen kommunizieren.

Verantwortung soll zu einem integralen Bestandteil der Unternehmenspolitik, der Kultur, der Struktur, der Strategien und operativen Tätigkeiten werden.

Die ISO-Norm ist **sehr ausführlich** (einschließlich Einführung und Literatur sind es über 100 Seiten), was Vor- und Nachteile hat. Der **Vorteil**: Es wird bis ins Detail verdeutlicht, was Unternehmensverantwortung heißt. Dadurch und auch aufgrund der Reputation der Standardisierungsorganisation gelingt es, den Vorwurf der Schwammigkeit und Beliebigkeit des Begriffes „(Corporate) Social Responsibility“ bzw. Unternehmensethik zu entkräften. **Nachteil**: Das Regelwerk ist schwer kommunizierbar und weniger griffig als bspw. die zehn Prinzipien des Global Compact.

Die Empfehlungen der ISO-Norm sind nur insoweit verbindlich, wie sie mit gesetzlichen Regelungen übereinstimmen. Im englischen Originaltext wird die insgesamt geringe Verbindlichkeit mit dem Wort „should“ ausgedrückt. Anders als bei anderen ISO-Normen ist **keine Zertifizierung** von Organisationen nach diesem Standard vorgesehen.

In der ISO-Norm wird die unbedingte und universale Gültigkeit bestimmter Prinzipien postuliert. Insbesondere gelten die Menschenrechte als unbeschränkt gültig in allen Ländern, Kulturen und Situationen. Es ist jedoch teilweise umstritten, ob es überhaupt solche universell gültigen ethischen Werte und Normen geben kann. Diese Diskussion wird jetzt zum Thema.

1.3 Globale Regelsysteme und das Problem interkultureller Konflikte

1.3.1 Vereinheitlichung der Normen als Ziel

Sinn einer überbetrieblichen Kodifizierung von Verhaltensregeln ist insbesondere die Vereinheitlichung der Normen in einem Land, einem Wirtschaftsraum oder gar weltweit. Ökonomisch gesehen stellt es für die Unternehmen ein großes Problem dar, wenn sie Normen einhalten müssen – oder sich auch selbst zur Einhaltung von Normen verpflichten –, denen andere Unternehmen nicht folgen müssen (oder wollen). Ihr moralisches Verhalten kann dann **ausgebeutet** werden.

Beispiel: Die USA haben sich durch den „Foreign Corrupt Practices Act" von 1977 schon früh zur Bekämpfung der Korruption entschlossen und die Bestechung von Amtsträgern im Ausland durch inländische Unternehmen unter Strafe gestellt.

Dagegen konnten in Deutschland noch bis vor wenigen Jahren im Ausland gezahlte Schmiergelder als „nützliche Aufwendungen" von den Unternehmen steuermindernd geltend gemacht werden. Es gibt Berechnungen, nach denen den USA durch ihre Vorreiterrolle Verluste im mehrstelligen Milliardenbereich entstanden sind (vgl. *Noll* [Unternehmensethik] 184).

Um solche Wettbewerbsverzerrungen zu vermeiden, erscheint es sehr sinnvoll, (weltweit) **möglichst einheitliche Regeln** zumindest für alle Unternehmen einer Branche aufzustellen. Der Anreiz zur Selbstverpflichtung auf diese Regeln wird für die Unternehmen deutlich größer, wenn sie erwarten können, dass sich auch die Konkurrenten an die selben Regeln halten.

In dieser Vereinheitlichung liegt aber auch ein großes Problem, welches in einer den *OECD*- Leitsätzen vorangestellten Erklärung des Vorsitzenden der Ministerratstagung zum Ausdruck kommt. Dort heißt es: „Die Leitsätze spiegeln die gemeinsamen Wertvorstellungen der Regierungen jener Länder wider, die Ursprung des größten Teils der weltweiten Direktinvestitionsströme sind und in denen die meisten multinationalen Unternehmen ihren Hauptsitz haben".

Während implizit ein Basiskonsens über die weltweite Gültigkeit bestimmter moralischer Normen und Werte unterstellt wird, sind es zunächst einmal die **Wertvorstellungen der westlichen Industrieländer**, die in dem *OECD*-Kodex zum Ausdruck kommen. Die Verbreitung weltweiter Sozial- und Umweltstandards wird daher von nicht wenigen Schwellen- und Entwicklungsländern als neuer „Werteimperialismus" abgelehnt (vgl. *Scherer* [Spirale] 11). Damit wird in Frage gestellt, ob es überhaupt einen weltweiten Konsens über Verhaltensgrundsätze für die Wirtschaft geben kann.

1.3.2 Gibt es universal gültige Werte und Normen?

Im interkulturellen Kontext können grundsätzlich **verschiedene Positionen** eingenommen werden (vgl. *Kreikebaum/Behnam/Gilbert* [Management] 112ff.).

- Als **Ethnozentrismus** bezeichnet man eine Position, welche die eigene Kultur und die in ihr herrschenden Wert- und Normenvorstellungen unreflektiert für überlegen hält. Die Überzeugung, über die richtigen Werte und Normen zu verfügen, führt zu dem Bestreben, diese in andere Länder zu übertragen. Gefördert wird eine globale Kultur mit weltweit ähnlichen Verhaltensregeln, wie sie im Stammhaus herrschen.
- Zu einer globalen Angleichung der Verhaltensregeln führt auch der **Universalismus**. Im Gegensatz zum Ethnozentrismus sucht der Universalismus aber nach Werten und Normen, die interkulturell gültig sind und für alle Menschen gelten. Der Universalist hält ethische Werte und Normen für vernünftig begründbar. Demnach wären bspw. die Menschenrechte und der Schutz der natürlichen Umwelt eine universell gültige Basis richtigen Handelns.

- Das Gegenprogramm zu beiden Positionen ist der **Kulturrelativismus**, der die empirische Vielfalt in den Normen und Werten als gegeben und unvermeidbar akzeptiert, weil man nach Überzeugung der Relativisten sowieso nicht begründen kann, warum ein bestimmtes Verhalten besser oder schlechter sein soll, als ein anderes. In einem multinationalen Unternehmen müsste man also mit den vielen verschiedenen Standards leben und sich den jeweiligen Landessitten anpassen. Kinderarbeit, rassistische Diskriminierung bestimmter Bevölkerungsgruppen, körperliche Züchtigung als Disziplinierungsmittel, Bestechung, lebensgefährliche und umweltzerstörende Arbeitsbedingungen usw. müsste man demnach als „landesüblich" akzeptieren. Als Beispiel für eine solche Anpassung an die Landessitten kann das Wegretuschieren von Frauen im *IKEA*-Katalog für Saudi-Arabien genannt werden. Eine Sprecherin von *IKEA* hat sich inzwischen dafür ausdrücklich entschuldigt und betont, dass ein solches Vorgehen mit den Werten der IKEA-Gruppe nicht vereinbar sei, weil es eine Diskriminierung aufgrund des Geschlechts darstelle.

Die oben angesprochene Kritik am Kultur- bzw. Werteimperialismus der internationalen Regelwerke (und der sie vertretenden Unternehmen) basiert allerdings selten auf einer relativistischen Position, welche die Möglichkeit der Begründung moralischer Werte, Prinzipien und Normen überhaupt leugnet. Umstritten ist vielmehr, ob die **Verhaltensregeln universal gültig** sind, oder ob sie nicht doch **typisch „westlich"** sind, also einer ethnozentristischen Sichtweise entspringen.

Zweifel am kulturübergreifenden Universalismus der Werte und Normen nähren zunächst etliche **regionale Menschenrechtserklärungen,** wie die „Banjul-Charta" der afrikanischen Staaten von 1981, die „Allgemeine Erklärung der Menschenrechte im Islam" (ebenfalls von 1981) oder die „Bangkok-Erklärung asiatischer Staaten" von 1993.

Kulturelle Unterschiede zwischen diesen Erklärungen und der UN-Deklaration lassen sich in verschiedener Hinsicht feststellen (vgl. *Kreide* [Deliberation] 141ff.):

- Dem Westen wird vorgehalten, die Rechte des Individuums überzubetonen und seine **Pflichten** gegenüber der Familie, der Gesellschaft, dem Staat zu vernachlässigen. Die regionalen Erklärungen enthalten dagegen die ausdrückliche Verpflichtung des Einzelnen auf das Gemeinwohl und zahlreiche Einzelpflichten (bspw. Sorge für die Armen, Fürsorgepflichten zwischen Eltern und Kindern).
- Viele asiatische Staaten sind **skeptisch gegenüber den Freiheitsrechten** und politischen Rechten des Einzelnen. Staatliche Ordnung und Stabilität scheinen ihnen wichtiger als Freiheit und Demokratie.
- Vor allem im Islam werden die **religiösen Wurzeln** der Menschenrechte hervorgehoben. Sie werden unmittelbar aus dem Koran abgeleitet. Im Westen gilt dagegen die säkulare Vernunft als Begründungsquelle für die Verhaltensnormen.
- Die „Banjul-Charta" enthält überdies ergänzende **Rechte der Völker**, bspw. die Rechte auf Freiheit von Fremdherrschaft, auf kulturelle Identität, auf Entwicklung sowie auf eine intakte Umwelt. Man spricht auch von den Menschenrechten der dritten Generation (vgl. *Hilpert* [Menschenrechte] 41).

Der Vorwurf des Ethnozentrismus kann weiterhin darauf gestützt werden, dass die Menschenrechtserklärung von 1948 tatsächlich unter der Führung westlicher Staaten entstanden ist.

Auf der anderen Seite gibt es sehr stichhaltige Gründe, die **gegen die Ethnozentrismus-These** sprechen.

- Erstens existieren mit den internationalen Pakten über bürgerliche und politische Rechte sowie über wirtschaftliche, soziale und kulturelle Rechte, die beide 1966 von der UN verabschiedet wurden und 1976 in Kraft traten, zwei ganz wichtige internationale Menschenrechts-Vereinbarungen, welche in einer Zeit entwickelt und verabschiedet wurden, in welcher das **Gewicht** der westlichen Länder in den Gremien bereits deutlich geringer war, als das **der nicht-westlichen Länder** (Afrika, Asien, Südamerika). Zu den Mitgliedsstaaten dieser Pakte gehören bspw. Indien, Japan, Ägypten, Iran und Irak.
- Zweitens gibt es auch in den regionalen Menschenrechtserklärungen einen starken **Kern gemeinsamer Werte und Normen**. In der „Banjul-Charta“ und der „Bangkok-Erklärung“ werden die allgemeine Erklärung der Menschenrechte von 1948 und die UN-Pakte ausdrücklich gewürdigt. Freiheit, Gleichheit, Brüderlichkeit, Ehre und Würde der Person sind die zentralen „guten Werte“ in der Präambel der islamischen Menschenrechtserklärung.
- Es besteht auch zweifellos ein breiter Konsens über die zentralen Verhaltensleitsätze für die wirtschaftliche Tätigkeit: Zahlung eines gerechten und existenzsichernden Lohnes, gleicher Lohn für gleiche Arbeit, gesunde und sichere Arbeitsbedingungen, Schutz von Privatsphäre und Eigentum, Versammlungsfreiheit, Umweltschutz, Verbot von Betrug, Lüge und Ausbeutung, Verzicht auf Diskriminierung, Achtung und Toleranz im Umgang miteinander, Recht auf Information und Bildung, das sind nur einige der Kernnormen, die offenbar allgemein akzeptiert sind.
- Drittens bejahen alle **Menschenrechtsorganisationen** der Länder Asiens, Afrikas und Lateinamerikas die Gültigkeit der internationalen Kodizes zu den Menschenrechten. Zweifel werden zum einen von der führenden politischen Schicht angemeldet, vor allem hinsichtlich der politischen und bürgerlichen Rechte. Das nährt den Verdacht, dass bspw. die sog. „Asiatischen Werte“ des Gehorsams und der Unterordnung des Einzelnen unter die Gemeinschaft als Waffe der Politik eingesetzt werden, um die Macht zu erhalten und Demokratisierungsbestrebungen zu unterdrücken (vgl. *Tomuschat* [Werte] 18).
- Zum anderen sind es die Vertreter der einheimischen Wirtschaft, welche die Etablierung weltweiter Sozial- und Umweltstandards ablehnen, weil sie gerade in den niedrigen Standards den entscheidenden Wettbewerbsvorteil ihrer Länder sehen. Hinter der Ablehnung stecken also wirtschaftliche Interessen (vgl. *Scherer* [Spirale] 11).

1.3.3 Plädoyer für die Anerkennung weltweit gültiger Normen und Werte

Meines Erachtens darf man davon ausgehen, dass die internationalen Kodizes und Konventionen einen **Basiskonsens moralischer Werte und Normen** repräsentieren, die weltweit zur Grundlage des wirtschaftlichen Handelns gemacht werden sollten. Gerade wenn man den Ausweg aus dem „interkulturellen Dilemma“ im diskursethischen Ansatz sieht und nur die Normen für anerkennungswürdig hält, auf die man sich im gemeinsamen Diskurs geeinigt hat (vgl. *Kreikebaum/Behnam/Gilbert* [Management] 118f.), dann kann die Mehrzahl der oben angeführten Kodizes und Konventionen doch durchaus als begründet gelten. Schließlich sind sie das Ergebnis oft jahrzehntelanger, globaler Diskussionen zwischen gleichberechtigten Parteien, die sich freiwillig geeinigt haben. Die CSR-Norm ISO 26000 wurde bspw. von 2002 bis 2010 diskutiert unter Beteiligung von 90 Ländern und 40 großen internationalen Organisationen. Es wurde ausdrücklich darauf geachtet, auch die weniger entwickelten Länder an dieser Diskussion zu beteiligen.

Das heißt nicht, dass die Einwände der Kritiker nicht teilweise berechtigt wären. Auch im Westen wird seit langem diskutiert, ob der Verweis auf die den Menschenrechten korrespondierenden **Menschenpflichten** in der UN-Menschenrechtserklärung nicht zu kurz kommt und ob die Verantwortung des Einzelnen für die Gemeinschaft nicht stärker betont werden müsste (vgl. *Hilpert* [Menschenrechte] 162ff.). Damit werden die Menschenrechte aber nicht in Frage gestellt, sondern vielmehr **ergänzt um den Aspekt des Gemeinwohls.** Auch die regionale Akzentuierung bestimmter Aspekte (bspw. das Recht auf Entwicklung bei den afrikanischen Staaten) und die kulturspezifische Aneignung der Werte und Normen (bspw. vermittelt über den Koran in der islamischen Welt) stellen den universalen Basiskonsens nicht zwangsläufig in Frage, sondern können vielmehr als Hilfe zu seiner weltweiten Verbreitung angesehen werden (vgl. ebenda, 225ff.).

Man sollte den zweifellos vorhandenen Basiskonsens über richtiges Verhalten im wirtschaftlichen Kontext nicht durch übertriebene Begründungsansprüche zerreden, denn aus der Sicht der Institutionenethik ist die breite, **möglichst weltweite Anerkennung von bestimmten Normen** eine zentrale Vorbedingung für die bessere Vereinbarkeit von ökonomischen und ethischen Zielen. Solange es die Möglichkeit gibt, hohen Sozial- und Umweltstandards durch die Verlagerung der Produktion auszuweichen, stehen gerade die Unternehmen unter einem starken Wettbewerbsdruck, die sich korrekt verhalten wollen. Es steht zu befürchten, dass dann eine „Spirale nach unten" in Gang gesetzt wird und ein immer größerer Teil der Wirtschaft die soziale und ökologische Verantwortung vernachlässigt (vgl. *Scherer* [Spirale] 12).

Nach diesen Ausführungen über die Möglichkeiten der institutionellen Unterstützung des Sollens wenden wir uns nun der Förderung der Motivation der Unternehmen zum moralisch richtigen Handeln zu.

2 Die institutionelle Unterstützung des Wollens

Laut Abbildung X/2 können Kontrollen und die entsprechende Gestaltung von Anreizen motivationsfördernd auf die Unternehmen wirken.

2.1 Kontrollen

Viele Unternehmen bekennen sich mittlerweile zu den oben angeführten Verhaltensrichtlinien und haben sie explizit in einem Unternehmensleitbild verankert. Doch wie kann man sicher sein, dass die selbst auferlegten Regeln im Unternehmensalltag auch umgesetzt werden? Die Glaubwürdigkeit der Selbstverpflichtung steigt durch **überbetriebliche Kontrollen** deutlich an. Verschiedene Kontrollinstanzen sind denkbar:

- Staatliche Kontrollen,
- Kontrollen durch die Öffentlichkeit,
- Kontrollen durch wirtschaftsnahe Organisationen,

- Kontrollen durch gemeinnützige Organisationen,
- Kommerzielle Kontrollanbieter.

2.1.1 Staatliche Kontrollen

Hinsichtlich der Einhaltung von Gesetzen gilt der **Staat als Kontrollinstanz** schlechthin. Die Verlockung zum Bruch der Gesetze ergibt sich für die Unternehmen auch aus der Gewissheit, dass Wirtschaftsvergehen selten aufgedeckt und noch seltener empfindlich bestraft werden. In der Regel fehlt es nicht an einschlägigen Gesetzen, sondern an konsequenten Kontrollen. Die geringe Gefahr des „Erwischtwerdens" geht in das ökonomische Kalkül der Täter ein.

Die Gewissheit, dass viele „schwarze Schafe" mit ihren Gesetzesbrüchen durchkommen und Vorteile daraus ziehen, untergräbt auf die Dauer aber auch die Moralität der Gesetzestreuen. Wünschenswert wären daher deutlich mehr staatliche Kontrollen im Bereich der Wirtschaft.

> **Beispiel:** Der erschreckend hohe Einsatz von Antibiotika in der Tiermast kann nach Ansicht vieler Experten nur durch deutlich mehr Kontrollen und schärfere Sanktionen gesenkt werden. Kontrolliert werden sollten nicht nur die Mastbetriebe, sondern auch die Tierärzte, die offenbar sehr schnell zur Verschreibung von Antibiotika bereit sind.

2.1.2 Kontrollen durch die Öffentlichkeit

Der „Global Compact" setzt stark auf die Kontrolle durch die **Öffentlichkeit**. Unternehmen, die dem „Global Compact" beitreten, verpflichten sich zu einem öffentlichen Bekenntnis auf die zehn Prinzipien und müssen jährlich über die Maßnahmen berichten, die sie zur Umsetzung der Prinzipien konkret ergriffen haben (Communication on Progress).

In einem sog. „Learning Forum" werden die Tätigkeiten der Unternehmen in kürzeren Beispielen oder längeren Fallstudien vorgestellt. Da die Öffentlichkeit durch das Internet Zugriff auf diese Daten hat, kann sie jederzeit prüfen, was das Unternehmen tatsächlich unternimmt, um seiner Selbstverpflichtung nachzukommen. Liefern Unternehmen über längere Zeit keine Fortschrittsberichte ab, werden sie zunächst in der Teilnehmerliste markiert und können letztlich von der Liste gestrichen werden. Die Namen gestrichener Teilnehmer werden veröffentlicht. Beschwerden über Verstöße gegen die Prinzipien können schriftlich an das Generalsekretariat der Vereinten Nationen eingereicht werden, welches den Beschwerden nachgeht.

Das öffentliche Bekenntnis zu den Prinzipien erzeugt durchaus „**Erfüllungsdruck**" in der Öffentlichkeit. So hat bspw. ein amerikanischer Arbeitsrechtsaktivist Klage gegen den Sportartikelhersteller *Nike* geführt, ein prominentes Mitglied im Global Compact (vgl. *Greenhouse* [Advertising]). *Nike* hatte in Informationsbroschüren behauptet, die Arbeitsbedingungen in Indonesien und Vietnam hätten sich deutlich verbessert, was aber nach den Recherchen des Beschwerdeführers gar nicht stimmte. Die Entlarvung der „Menschenrechtsrhetorik" bedeutete für *Nike* nicht nur den Verlust von 1,5 Millionen Dollar, welche das Unternehmen aufgrund einer außergerichtlichen Regelung an die *Fair Labor Association* zahlen musste, sondern vor allem auch einen enormen Reputationsverlust.

Durch das **Internet** ist es heute leicht geworden, gute und schlechte Erfahrungen mit Unternehmen einer breiten Öffentlichkeit bekannt zu machen. Kritische Konsumenten nutzen diese Möglichkeit inzwischen gezielt, um Fehlverhalten anzuprangern bzw. gute Beispiele publik zu machen. Auf der Plattform www.gute-banken.de sollen bspw. Bankkundinnen über ihre Erfahrungen berichten, die Banken bewerten und mit anderen diskutieren. Der Verein foodwatch stellt auf seiner Internetseite Beispiele für Lebensmittel vor, durch welche der Verbraucher in irgendeiner Weise getäuscht wird und fordert die Verbraucher zu Beschwerden auf. Die Verbraucherzentrale stellt auf ihrer Website www.lebensmittelklarheit.de viele Informationen zu fragwürdigen Praktiken im Lebensmittelhandel bereit, seien es irreführende Angaben zur Regionalität, zu Inhaltsstoffen, Füllmengen, Nährwert oder Preis.

Als öffentliche Kontrollinstitutionen wirken auch die **Medien**, die immer wieder das Fehlverhalten von Unternehmen aufdecken und anprangern. Sie stellen oft erst die notwendige Öffentlichkeit her, die zum Druck auf die Unternehmen führt. Zwar tun sie das in der Regel durchaus aus Eigeninteresse, denn solche Themen eignen sich vorzüglich zur Attraktion der Rezipienten. Gleichzeitig erfüllen sie damit aber auch die Funktion der Erhaltung und Reproduktion von Moral, weil sie den öffentlichen Diskurs mobilisieren (vgl. *Daub* [Medien] 10f.).

2.1.3 Kontrollen durch wirtschaftsnahe Organisationen und Peer-Kontrolle

Die Kontrolle kann auch auf wirtschaftsnahe Organisationen übertragen werden. Es ist bspw. verbreitet, dass die **Berufsverbände, Branchenverbände und Kammern** die Einhaltung der von ihnen erlassenen Regeln auch kontrollieren.

Beispiele

Die *Wirtschaftsprüferkammer* wurde 2007 durch ein „Gesetz zur Stärkung der Berufsaufsicht“ mit erweiterten Ermittlungs- und Sanktionsbefugnissen ausgestattet, um Verstöße gegen die Berufspflichten umfassender aufzudecken und stärker zu ahnden (vgl. *Lenz* [Prüfer] 332).

Die freiwilligen Selbstbeschränkungen in Bezug auf die Werbung, die es bspw. für die Zigarettenindustrie, die Automobilindustrie oder den Versandhandel gibt, werden von den entsprechenden *Branchenverbänden* überwacht. Übertretungen werden teilweise durch Bußgelder geahndet. Berufsverbände sanktionieren eklatantes Fehlverhalten mit einem Ausschluss des Mitgliedes.

Von der Wirtschaft werden auch eigene Kontrollinstitutionen ins Leben gerufen. Der Verein *„INTEGRITAS – Verein für lautere Heilmittelwerbung“* wird z.B. von Arzneimittelherstellern, Reformwarenherstellern und Werbeagenturen getragen. Er hat die Aufgabe, die Heilmittelwerbung in Fernsehen, Hörfunk, Zeitungen und Zeitschriften systematisch und lückenlos auf ihre Vereinbarkeit mit den einschlägigen Gesetzen und Branchenrichtlinien zu überprüfen (vgl. *Nickel* [Werbung] 68).

Als Organ der Selbstkontrolle in der Werbung fungiert auch der *Deutsche Werberat*, der 1972 durch den *Zentralverband der deutschen Werbewirtschaft* gegründet wurde. Der Werberat entwickelt Verhaltensregeln für die Werbung und überwacht ihre Einhaltung. Er dient als Ansprechpartner für Beschwerden von Verbrauchern, Verbraucherorganisationen und Wettbewerbern über Regelverstöße. Ist die Beschwerde berechtigt, dann wird die betreffende Unternehmung zur Unterlassung der Werbung aufgefordert. Schlimmstenfalls wird bei Gesetzesverstößen die Zentrale zur Bekämpfung unlauteren Wettbewerbs eingeschaltet, die dann den Rechtsweg einschlägt. Verstößt die Werbung nur gegen die verbandsinternen Regeln, ist die schärfste Sanktion die öffentliche Rüge des betroffenen Unternehmens (vgl. ebenda 51ff.). Europaweit haben sich entsprechende Überwachungsorganisationen zur *Europäischen Allianz der Werbeselbstkontrolle* zusammengeschlossen (*European Advertising Standards Alliance*; EASA; www.easa-alliance.org).

Der Bayerische Bauindustrieverband hat eigens den Verein *„Ethikmanagement der Bauwirtschaft e.V.“* gegründet, der als Träger eines Auditprozesses fungiert. Die Baufirmen, die sich freiwillig am „EthikManagementSystem“ der Bauwirtschaft beteiligen, werden auf die Einhaltung der Richtlinien überprüft und können ein Zertifikat bekommen (vgl. *Wieland/Grüninger* [EthikManagementSysteme] 167ff.).

Die Kontrolle durch andere Unternehmen, die sog. **Peer-Evaluierung**, ist eine besondere Form der Kontrolle, die bspw. von den Mitgliedsunternehmen der Initiative „Gemeinwohl-Ökonomie“ gepflegt wird (vgl. www.gemeinwohl-oekonomie.org). Diese Initiative ist als Verein organisiert, dem mittlerweile schon über 800 Unternehmen angehören. Die Unternehmen helfen sich wechselseitig bei der Erstellung einer Gemeinwohlbilanz und prüfen diese auch wechselseitig.

2.1.4 Kontrollen durch gemeinnützige Organisationen

Während bei Kontrollen durch wirtschaftsnahe Organisationen und wechselseitige Kontrollen zwischen Unternehmen immer die Objektivität des Urteils in Frage gestellt werden kann, sind die **von der Wirtschaft unabhängigen**, gemeinnützigen Kontrollorganisationen besonders glaubwürdig in ihrem Urteil. Die Unabhängigkeit der Kontrolle ist insbesondere dann wichtig, wenn den Unternehmen durch irgendwelche Zertifikate oder Gütesiegel verantwortliches Handeln bescheinigt werden soll.

Beispiele

Will ein Teppichhersteller oder -händler das *RUGMARK*-Siegel benutzen, das den Verzicht auf Kinderarbeit signalisiert, muss er sich von eigenen *RUGMARK*-Inspektoren kontrollieren lassen und eine Lizenz zur Benutzung des Siegels erwerben (vgl. www.rugmark.net).

Ob Schnittblumen produzierende Betriebe die Umweltschutzauflagen und Sozialstandards des „Flower label program“ erfüllen, kontrolliert die unabhängige Firma *AgrarControl GmbH*. Sie wird von der öffentlichen Hand und von Gewerkschafts- und Produzentenvertretern getragen. Ist ein Produzent einmal zertifiziert, finden jährliche Nachkontrollen durch geschulte Inspekteure aus den Produzentenländern statt (vgl. auch www.fairflowers.de).

Seit 1993 kümmert sich die Zertifizierungsorganisation *„Forest Stewardship Council“* (www.fsc.org) um die Kontrolle der nachhaltigen Waldbewirtschaftung und vergibt Zertifikate für sozial und ökologisch verträglich erzeugtes Holz.

Der gemeinnützige Verein *TransFair* erteilt Gütesiegel für fair gehandelte Produkte. Händler, die solche Produkte anbieten wollen, müssen eine Lizenz erwerben. *TransFair* selbst kontrolliert die deutschen Lizenznehmer von Fair Trade-Produkten, die Kontrolle des internationalen Handels obliegt einer eigens geschaffenen Zertifizierungsorganisation, der *FLOCert GmbH* (FLO steht für Fair Trade Labelling Organisations International; www.fairtrade.net). Die Einhaltung der Richtlinien durch die Produzenten wird von einheimischen FLO-Inspekteuren geprüft.

Um die objektive Aufklärung der Verbraucher bemühen sich die Verbraucherzentralen und -verbände. Eine gewisse Verschiebung in den Informationsbedürfnissen über die Jahre ist bspw. bei der *Stiftung Warentest* zu erkennen. Ging es zunächst bei den vergleichenden Warentests vorrangig um die Produktqualität und das Preis-Leistungs-Verhältnis, traten später auch ökologische Kriterien hinzu. Seit 2004 führt die Stiftung Warentest auch vergleichende Unternehmenstests durch.

Die Grundlagen für ein solches sozial-ökologisches Unternehmensrating entwickelte u. a. das *Institut für Markt-Umwelt-Gesellschaft e. V.* (vgl. www.imug.de), welches auch selbst die Ökoperformance und Sozialperformance von Unternehmen bewertet und branchenbezogen vergleicht. Die sechs zentralen Bewertungsdimensionen sind Informationsoffenheit, Verbraucherinteressen, Arbeitnehmerinteressen, Frauenförderung, Behinderteninteressen und Umweltengagement. In Büchern („Der Unternehmenstester"), Faltblättern der Verbraucherorganisationen und Verbraucherzeitschriften werden die Ergebnisse verbreitet.

Von Seiten der Wissenschaft wurde der *Frankfurt-Hohenheimer-Leitfaden* (FHL) als Instrument für ein ethisches Unternehmensrating entwickelt. Die drei Hauptkategorien der Bewertung bilden die Sozial-, Umwelt- und Kulturverträglichkeit. Außergewöhnlich und besonders schwierig zu messen ist das Kriterium der Kulturverträglichkeit. Es bedeutet u. a., dass bestehende Kulturen durch die Unternehmenstätigkeit nicht verletzt werden sollten, wie es bspw. durch die Unterdrückung lokaler Handwerkstraditionen geschieht (vgl. *Hoffmann/Reisch/Scherhorn* [Kriterien]).

2.1.5 Kommerzielle Kontrollanbieter

Das Kontrollieren und Zertifizieren von Unternehmen nach ethischen Kriterien entwickelt sich mittlerweile auch zu einem **neuen Dienstleistungsmarkt** mit kommerziellen Kontrollanbietern.

Speziell um die Kontrolle sog. „ethischer Fonds" kümmern sich eine ganze Reihe von **Rating-Agenturen**. Mitte 2008 waren in Deutschland 174 Investmentfonds zugelassen, die das „socially responsible investing" unterstützen und nur die Anteile von Unternehmen in ihr Portfolio aufnehmen, die bestimmten festgelegten Kriterien entsprechen (bspw. ökologisch nachhaltiges Wirtschaften, Förderung erneuerbarer Energien, keine Kinder- oder Zwangsarbeit, keine Waffengeschäfte).

Spezialisierte Research- und Rating-Agenturen untersuchen, in welche Unternehmen die Fonds aufgrund ihrer Kriterien investieren dürfen und in welche nicht. Dabei werden verschiedene Methoden der Bewertung eingesetzt. Bei der Negativauslese werden vor allem Verstöße gegen die Kriterien registriert (bspw. Angebot von Rüstungsgütern, Tierversuche). Nach dem „Best-in-class"-Ansatz wird bewertet, welches Unternehmen in bestimmten Kategorien am besten abschneidet (bspw. im Umweltschutz oder bei den Arbeitsbedingungen in Entwicklungs- und Schwellenländern). Die Bewertung resultiert in einer aggregierten Endnote oder in individuell zusammengestellten Einzelbewertungen (vgl. *Hoffmann/Reisch/Scherhorn* [Kriterien] 3).

Wer ein **EG-Öko Audit**, also eine Umweltbetriebsprüfung nach den Richtlinien der EU, durchführen lassen will, kann auf eine Vielzahl von zugelassenen Gutachtern und akkreditierten Zertifizierungsunternehmen zurückgreifen. Mit der Akkreditierung wird den Gutachtern/Unternehmen bestätigt, dass sie die notwendige Kompetenz zur Kontrolle in einem bestimmten Bereich besitzen. Für die Akkreditierung gibt es wiederum eigene Organisationen, teils unter staatlicher Aufsicht. Auch bei der Zertifizierung nach dem SA 8000 sind es externe, unabhängige Zertifizierungsunternehmen, welche die Kontrollen durchführen (vgl. *Gilbert* [Social] 128).

Unternehmensberatungen und **Wirtschaftsprüfungsgesellschaften** haben ebenfalls das Geschäftsfeld der CSR-Zertifizierung entdeckt. *Pricewaterhouse Coopers* (PwC) hat bspw. schon für diverse deutsche Unternehmen Testate nach dem Standard AA1000AS ausgestellt. Prüfungen im Rahmen des Dow Jones Sustainability Index werden von der Wirtschaftsprüfungsgesellschaft *Deloitte* durchgeführt.

Kommerzielle Kontroll- und Zertifizierungsunternehmen werden teilweise abgelehnt (ausdrücklich bspw. von der *CleanClothesCampaign*; vgl. www.clean clothes.org). Tatsächlich können Bedenken hinsichtlich der **Unabhängigkeit des Urteils** aufkommen, besonders dann, wenn der Prüfer vom geprüften Unternehmen bezahlt wird. Dieses Problem ist nicht auf die sozial-ökologische Prüfung eines Unternehmens beschränkt, sondern besteht auch im Hinblick auf die traditionelle Wirtschaftsprüfung. Wie der Fall *Enron* gezeigt hat, sind auch Wirtschaftsprüfungsgesellschaften nicht dagegen gefeit, ihren Kunden „gefällig" zu sein und – wie im Fall *Enron* – Finanzierungs- und Bilanzierungstricks zu decken (vgl. *Aßländer* [Watchdogs] 20). Die Gefahr von „Gefälligkeitszertifizierungen" steigt aber vermutlich noch an, wenn es um so „weiche" Daten wie die Sozialperformance geht.

Es stellt sich dann die Frage der **Kontrolle der Kontrolleure**. Die Initiative „SA 8000" baut deshalb auf die zusätzliche Kontrolle durch die Betroffenen vor Ort und durch gemeinnützige Organisationen, die sowohl Einspruch gegen die Zertifizierung einer Produktionsstätte als auch gegen die Akkreditierung der Zertifizierungsgesellschaft erheben können (vgl. *Gilbert* [Social] 138).

2.2 Anreize

Für die Durchsetzung von Verhaltensnormen im Bereich der Wirtschaft wird es immer wieder als entscheidend angesehen, dass ihre Einhaltung nicht mit den ökonomischen Zielen kollidiert. Zwar ist die Ethik der Gewinnerzielung systematisch vorgeordnet, aber die geringsten Stakeholderkonflikte sind bei einer Harmonisierung von ökonomischen und ethischen Zielen im Unternehmen zu erwarten. Auf überbetrieblicher Ebene kann eine ganze Menge dafür getan werden, dass sich richtiges Handeln für Unternehmen auch auszahlt, zumindest aber keine untragbaren zusätzlichen Belastungen entstehen und Fehlverhalten sich nicht lohnt. Unterstützend wirken:

- Die Bestrafung von Fehlverhalten,
- die Kompensation von Zusatzkosten,
- die Beseitigung von Fehlanreizen und
- die Generierung von Zusatznutzen.

2.2.1 Bestrafung von Fehlverhalten

Ein wichtiger Anreiz zum Einhalten der Normen besteht in der **Bestrafung von Fehlverhalten**, welches durch Kontrollen aufgedeckt wird.

Der Ökonom *Gary S. Becker* (vgl. *Becker/Becker* [Ökonomik] 173ff.) regte schon vor zwei Jahrzehnten an, Wirtschaftskriminalität mit **deutlich höheren Geldstrafen** zu belegen. Die Höhe der Strafe sollte sich zunächst an der Höhe der Folgeschäden orientieren, welche durch das unternehmerische Fehlverhalten erzeugt werden. Da die Wahrscheinlichkeit des „Erwischtwerdens" in das Kalkül der Täter eingehe, sollten die Strafen überdies noch mit einem entsprechenden Faktor multipliziert werden. Bei Folgeschäden von einer Million Euro und einer 50%igen Chance, ungestraft davon zu kommen, solle die Strafe also zwei Millionen Euro betragen. Selbst wenn die Unternehmen mit einer fifty-fifty Chance rechnen, nicht erwischt zu werden, ist der Erwartungswert der Strafe (0,5 x 2 Mio. Euro) dann nicht mehr niedriger als die zu erwartenden negativen Folgen für die Gesellschaft. Es ist also auf jeden Fall die Möglichkeit einer Wiedergutmachung gegeben. Meist wird der Erwartungswert der Strafe überdies deutlich höher liegen, als der Gewinn aus den kriminellen Handlungen, so dass eine abschreckende Wirkung zu erwarten ist.

Nach den Vorstellungen von *Transparency International* sollten alle Unternehmen, die in Bestechung verwickelt waren, in einem **Anti-Korruptionsregister** aufgeführt und eine Zeit lang von der Vergabe öffentlicher Aufträge ausgeschlossen werden.

In der Schweiz ist die **Vergabe öffentlicher Aufträge** an die Bedingung geknüpft, dass Unternehmen Männer und Frauen bei gleicher Leistung auch gleich entlohnen.

Auch **nicht-staatliche Institutionen** können Fehlverhalten deutlich sanktionieren. Berufsverbänden steht bspw. als schärfste Sanktion der Ausschluss eines Mitgliedes zur Verfügung, was bei einer Zwangsmitgliedschaft einem Berufsverbot gleichkommt. Konsumenten können unternehmerisches Fehlverhalten durch Kaufboykotte bestrafen.

2.2.2 Kompensation von Zusatzkosten

Eine weitere Möglichkeit, das erwünschte Verhalten gezielt zu fördern, besteht in der Kompensation von Zusatzkosten durch **finanzielle Transfers**, insbesondere von Seiten des Staates.

> **Beispiele**: Solche Transferzahlungen können zum einen direkt an die Unternehmen gehen. So gibt es bspw. staatlicherseits Zuschüsse für die Einstellung von Langzeitarbeitslosen, älteren Arbeitnehmern und Schwerbehinderten. Mit Zuschüssen für die Einstellung von Auszubildenden versuchen verschiedene Bundesländer, Handwerk und Industrie zu mehr Ausbildungsanstrengungen zu animieren. Staatlich gesponsert wird auch die Erzeugung und Nutzung von regenerativen Energien aus Sonne und Wind.

Zum anderen wenden sich die staatlichen Finanzhilfen auch an die **Konsumenten**.

> **Beispiele:** Wer bspw. eine Solaranlage anschaffen will, kann einen Teil der Kosten vom Bund erstattet bekommen. Damit soll der Markt in Gang gesetzt werden, der lange auf niedrigem Niveau stagnierte. Den Käufern waren die Kosten für eine Solaranlage zu hoch und die Anbieter konnten aufgrund der geringen Absatzmengen keine ausreichenden Erfahrungskurveneffekte erzielen, um den Preis deutlich zu senken. Die Beihilfen sollten die Nachfrage beleben und so auf Dauer zu einer billigeren Massenproduktion führen. Da das inzwischen teilweise gelungen ist, wurde die Solarförderung mittlerweile reduziert. Aktuell diskutiert wird eine staatliche Prämie von bis zu 5000 € beim Kauf eines Elektroautos, um den Absatz anzukurbeln.

Neben den direkten Zuschüssen sind auch günstige Kredite von der Kreditanstalt für Wiederaufbau und Steuererleichterungen Anreizmöglichkeiten, um ökologisch sinnvolle, aber teure Produkte für Käufer attraktiv zu machen.

Beispiele: Günstige Kredite gibt es bspw. für energiesparende Heizsysteme, Steuererleichterungen für Autos mit modernster Abgastechnik.

2.2.3 Beseitigung von Fehlanreizen

Sehr wichtig erscheint auch die **Beseitigung von Fehlanreizen**. Besonders im Bereich der EU unterstützen die **Subventionierungen** vielfach ein unerwünschtes Verhalten.

Beispiele: So führen Subventionen zunächst zur Überproduktion von Fleisch und Milch. Weitere Subventionen werden dann dafür gezahlt, dass Schlachtvieh in sog. Drittstaaten ausgeführt wird, was zu langen und qualvollen Tiertransporten führt. Stark subventioniert wird auch der Export von Milchpulver, so dass Entwicklungs- und Schwellenländer auf dem Weltmarkt mit diesem Produkt keine Chance mehr haben. In den USA haben massive Subventionen zu einer starken Erhöhung der Produktionsmengen von Reis und Zucker beigetragen, Produkte, die gerade auch von den armen Ländern der Welt erzeugt und angeboten werden. Sie sind dadurch kaum noch in der Lage, kostendeckende Preise für ihre Erzeugnisse auf dem Weltmarkt zu erzielen. Die Gesundheitsgefahren, die von Dieselkraftstoff ausgehen, lassen dessen steuerliche Begünstigung fragwürdig erscheinen. Immer wieder diskutiert wird auch, ob es angesichts der Umweltschäden durch den Flugverkehr nicht verkehrt ist, Flugbenzin unversteuert zu lassen.

2.2.4 Generierung von Zusatznutzen

Überbetriebliche Institutionen können schließlich den Unternehmen auch helfen, aus ihrem verantwortlichen Handeln einen **Zusatznutzen** zu gewinnen. Viele Konsumenten sind mittlerweile durchaus bereit, für Produkte aus sozial-ökologischer Produktion und fairem Handel auch etwas mehr zu zahlen. Zwischen 2004 und 2014 ist der Pro-Kopf-Umsatz mit fair gehandelten Produkten in Deutschland um das Zehnfache gestiegen. Im Geschäftsjahr 2015 erreichte der faire Handel eine neue Rekordhöhe und stieg gegenüber 2014 noch einmal um 11% (www.forum-fairer-handel.de).

Von zentraler Bedeutung für die Vermarktung sind **glaubwürdige ethische Warenzeichen**. Überbetriebliche Organisationen, die solche Siegel entwickeln, die Einhaltung der Bedingungen unabhängig kontrollieren und Siegelmarketing betreiben, helfen den Unternehmen ganz entscheidend bei der Vermarktung. Da die gesamte Produktions- und Handelskette überwacht wird, geraten auch zunehmend die Lieferanten unter Druck, sich zertifizieren zu lassen, weil sie sonst wichtige Kunden verlieren.

Zum Nutzen ethischen Wohlverhaltens tragen auch die Organisationen bei, die über den **Zugang von Unternehmen zu den ethischen Fonds** wachen. Da solche Fonds für eine steigende Anzahl von institutionellen Anlegern attraktiv sind, stellt der Zugang zu diesen Fonds ebenfalls einen Anreiz dar.

In Österreich haben einige Bundesländer und Gemeinden beschlossen, solche Unternehmen bei der **Vergabe öffentlicher Aufträge zu bevorzugen**, die der Initiative „gemeinwohlorientierte Ökonomie" angehören und eine Gemeinwohlbilanz erstellen.

Als ökonomischer Vorteil der Unternehmensethik wird nicht zuletzt auch das damit verbundene positive Image genannt. Zum **Imagegewinn** tragen u. a. die **Preise** bei, die mittlerweile von vielen Institutionen verliehen werden. Die Organisation *Social Accountability International* vergibt bspw. an Unternehmen, die in ihren weltweiten Produktionsbedingungen als vorbildlich gelten den „Corporate Conscience Award", von *Transparency International* wird der „Integrity Award" an Unternehmen und Personen verliehen, welche sich stark in der Korruptionsbekämpfung engagieren, den „Preis für Unternehmensethik" verleiht das *Deutsche Netzwerk Wirtschaftsethik DNWE* für vorbildliches Sozial- und Umweltengagement, Preise speziell für Umweltmanagement gibt es von internationalen Organisationen wie der *UNESCO*, vom Bund, den Ländern, Städten und Gemeinden, Verbänden und Kammern.

Für die Unternehmen ist es nicht so sehr die Dotierung der Preise, die als Anreiz wirkt, sondern die positive Wirkung in der Öffentlichkeit. Diese wird durch Medienberichte vervielfacht. Aus dem guten Image entstehen positive ökonomische Effekte einmal im Bereich der Mitarbeiterrekrutierung und Mitarbeitermotivation, weiterhin aber auch im Absatzbereich, wenn das gute Firmenimage auf die angebotenen Produkte/Dienstleistungen ausstrahlt.

Zum Abschluss der Überlegungen zur Gestaltung der überbetrieblichen Institutionen werden nun Möglichkeiten diskutiert, mit denen man es den Unternehmen erleichtern kann, ethisch verantwortlich zu handeln.

3 Die institutionelle Unterstützung des Könnens

Die überbetriebliche Unterstützung der Unternehmen bei der Wahrnehmung ihrer sozialen Verantwortung kann direkt oder indirekt erfolgen. Eine direkte Unterstützung besteht darin, den Unternehmen konkrete Hilfen für ihre **CSR-Berichterstattung** anzubieten. Leitlinien gibt es bspw. von der Global Reporting Initiative und vom Rat für nachhaltige Entwicklung. Die indirekte Unterstützung setzt bei den anderen Marktteilnehmern an. Bei der Förderung der ethischen Kompetenzen der Marktteilnehmer durch überbetriebliche Institutionen spielen insbesondere die **Integration der Unternehmensethik in der Ausbildung** sowie die **Verbraucheraufklärung und -bildung** eine entscheidende Rolle. Zum einen können die Unternehmen dann leichter auf die CSR-Kompetenz potenzieller Mitarbeiter zugreifen. Zum anderen lassen sich Verantwortung und Gewinn problemloser vereinbaren, wenn die Konsumenten positiv auf die Anstrengungen der Unternehmen reagieren.

3.1 Leitlinien für die CSR-Berichterstattung

Die Non-Profit Organisation **Global Reporting Initiative** (GRI) wurde 1997 in Boston gegründet (www.globalreporting.org). Ihre Hauptaufgabe ist die Entwicklung von Leitlinien zur Erstellung von Nachhaltigkeitsberichten bzw. CSR-Berichten. Mittlerweile gibt es die vierte Aktualisierung der Leitlinien zur Nachhaltigkeitsberichterstattung (G4). An der Weiterentwicklung waren hunderte von Experten und Stakeholdern rund um den Globus beteiligt. Weltweit werden die GRI-Leitlinien von den Unternehmen, die einen CSR-Bericht erstellen, am meisten genutzt. Konkret geht es um die

Hilfe bei der Erstellung von Berichten zu Themen wie wirtschaftliche und ökologische Verantwortung, Arbeitspraktiken und menschenwürdige Beschäftigung, Beachtung der Menschenrechte, gesellschaftliche Verantwortung (u.a. Korruptionsbekämpfung, Einhaltung der Gesetze bzw. Compliance, kein wettbewerbswidriges Verhalten), Produktverantwortung.

Diese Themen werden dann noch durch genauere „Standardangaben" erläutert. Es gibt zwei Arten von Standardangaben: allgemeine Standardangaben und spezifische Standardangaben.

Bei den **allgemeinen Standardangaben** geht es zunächst um einen allgemeinen Überblick über die Organisation, also Größe, Organisationsprofil, Vergütungssystem usw. Darüber hinaus ist darzustellen, ob und wie die Organisation strategisch auf Nachhaltigkeit ausgerichtet ist. Abgefragt werden bspw. Vision und Strategie in Bezug auf Nachhaltigkeit, Einbindung von Stakeholdern, CSR-Zuständigkeit auf der Vorstandsebene. Speziell in Bezug auf die Ethik wird bspw. verlangt, den Ethikkodex zu beschreiben und die Verfahren zu nennen für die Meldung von ethisch nicht vertretbarem Verhalten.

Die **spezifischen Standardangaben** gehen auf konkrete Handlungsfelder ein wie bspw. auf die „Produktverantwortung". Eine Unterkategorie zu diesem Handlungsfeld ist das Marketing. Beim Thema „Marketing" muss bspw. angegeben werden, ob das Unternehmen Produkte verkauft, die verboten oder umstritten sind, ob es Fälle gab, in denen Gesetze oder freiwillige Verhaltensregeln in Bezug auf Marketing nicht eingehalten wurden, ob es Beschwerden gab in Bezug auf den Schutz der Privatsphäre von Kunden und ob das Unternehmen Bußgelder zahlen musste wegen der Nichteinhaltung von Gesetzen und Vorschriften in Bezug auf die Bereitstellung und Nutzung von Produkten und Dienstleistungen.

Welche Angaben erforderlich sind hängt auch davon ab, ob die Option „Kern" oder „Umfassend" gewählt wird. Die „**Kern**"**-Option** enthält alle wesentlichen Elemente eines Nachhaltigkeitsberichts, die „**Umfassend**"**-Option** erfordert weitere Angaben zur Strategie und Analyse, zur Unternehmensführung sowie zur Ethik und Integrität der Organisation.

G4 ist auf eine allgemeine Anwendbarkeit ausgelegt, egal welche Branche, Größe oder welchen Standort eine Organisation hat. Vor allem bei den spezifischen Standardangaben können über die Wahl der „**wesentlichen Aspekte**" aber Unterschiede zwischen den Organisationen berücksichtigt werden. So ist bspw. für eine Bank das Thema der ökologischen Verantwortung weniger zentral als das Thema der Produktverantwortung. Um die branchenspezifischen Besonderheiten noch besser zu berücksichtigen, hat die GRI zehn branchenbezogene Zusätze (GRI-Branchenangaben) veröffentlicht. Die Konzentration auf die wesentlichen Aspekte wird in den G4 besonders betont. Es soll verhindert werden, dass die Leser solcher Berichte mit Massen unwesentlicher Informationen „zugemüllt" werden.

Es wird ein Vorgehen in fünf Schritten empfohlen:

(1) Verschaffen Sie sich eine Übersicht über die Grundsätze und Standardangaben.

(2) Wählen Sie zwischen den Optionen „Kern" und „Umfassend" aus.

(3) Ermitteln Sie die Informationen zu den allgemeinen Standardangaben.

(4) Ermitteln Sie die Informationen zu den spezifischen Standardangaben, die für die Organisation wesentlich sind.

(5) Legen Sie die aufbereiteten Informationen in einem Nachhaltigkeitsbericht dar.

Bei der Umsetzung sollten folgende Grundsätze eingehalten werden:

(1) **Einbeziehung von Stakeholdern.** Die Organisation sollte ihre Stakeholder angeben und erläutern, inwiefern sie auf deren angemessene Interessen eingegangen ist.

(2) **Nachhaltigkeitskontext.** Der Bericht sollte die Leistung der Organisation im größeren Zusammenhang einer nachhaltigen Entwicklung darstellen.

(3) **Wesentlichkeit.** Der Bericht sollte die wesentlichen wirtschaftlichen, ökologischen und gesellschaftlichen Auswirkungen der Organisation wiedergeben. Die Wesentlichkeit einer Information wird auch vom Interesse der Stakeholder bestimmt.

(4) **Vollständigkeit.** Der Bericht sollte vollständig sein, d.h. alle wesentlichen Aspekte so abdecken, dass die Stakeholder die Leistung der Organisation beurteilen können.

(5) **Ausgewogenheit.** Der Bericht sollte sowohl positive als auch negative Aspekte der Leistung der Organisation beinhalten, um ein ausgewogenes wertfreies Bild zu vermitteln.

(6) **Vergleichbarkeit.** Die Informationen sollten so dargestellt werden, dass eine Vergleichbarkeit mit früheren Leistungen und Zielvorgaben möglich ist.

(7) **Genauigkeit.** Die Informationen sollten so genau und detailliert sein, dass Stakeholder die Leistung der Organisation bewerten können.

(8) **Aktualität.** Die Informationen werden regelmäßig erhoben und rechtzeitig veröffentlicht, so dass Stakeholder aufgrund dieser Berichte fundierte Entscheidungen treffen können.

(9) **Klarheit.** Informationen sollten klar und verständlich kommuniziert werden.

(10) **Verlässlichkeit.** Die Informationen sollten so aufbereitet sein, dass sie einer Überprüfung unterzogen werden können.

Die Informationen können in der Form quantitativer **Indikatoren** dargestellt werden. So kann man bspw. leicht in Zahlen erfassen, wie viele Beschäftigte Elternzeit in Anspruch nahmen und wie viele nach Beendigung der Elternzeit an den Arbeitsplatz zurückgekehrt sind, getrennt nach Geschlecht. Die Zahlen alleine lassen vielleicht schon erkennen, dass der Prozentsatz der Männer, die Elternzeit nehmen, immer noch sehr gering ist und dass die Rückkehrrate der Frauen nach Beendigung der Elternzeit ebenfalls gering ist. Wenn das Unternehmen mehr Geschlechtergerechtigkeit anstrebt, dann reichen diese Zahlen alleine aber nicht aus. Es muss auch dargestellt werden, dass man es bspw. für wesentlich hält, mehr Männer zur Elternzeit zu ermutigen, welche Ziele in welchem Zeitraum angepeilt werden, mit welchen Maßnahmen man das erreichen will, in wessen Zuständigkeit die Umsetzung der Maßnahmen fällt usw. Die Indikatoren werden daher ergänzt durch den „**Disclosure on Management Approach**" **(DMA)**. Die GRI definiert diesen Ansatz so, dass es sich um „narrative informations" handelt. Die Zahlen werden also durch qualitative Informationen ergänzt, durch welche vor allem näher erläutert wird, warum man einen Aspekt für wesentlich hält, welche Ziele man verfolgt, wie die Maßnahmen und Zuständigkeiten aussehen, welche Ressourcen bereitgestellt werden, wie Fortschritte gemessen werden sollen usw. Kurz: Es wird erläutert, wie das Management in Bezug auf einen Nachhaltigkeitsaspekt aussieht.

Die Berichte wenden sich zunächst an Externe, bspw. an Finanzanalysten, welche nach Anlagemöglichkeiten für ein ethisches Investment suchen. Die Berichterstattung hilft aber auch den Unternehmen selbst dabei, ihre Geschäftstätigkeit gezielt auf mehr Nachhaltigkeit auszurichten. Der Zwang, in strukturierter Weise die Erwartungen der Stakeholder zu ergründen, Risiken und Probleme aufzudecken, Ziele zu setzen, Maßnahmen zu überlegen, Leistung und Veränderung zu messen macht das abstrakte Konstrukt „Nachhaltigkeit" bzw. „CSR" greifbarer und konkreter.

Die Anforderungen an die Inhalte der Berichte weisen eine große Ähnlichkeit auf mit den „Zehn Prinzipien" des Global Compact der Vereinten Nationen und mit den OECD-Leitsätzen für multinationale Unternehmen. Das unterstreicht noch einmal, dass bei allen kulturellen Unterschieden doch ein großer Konsens da ist hinsichtlich einer guten und verantwortungsvollen Unternehmensführung.

In Deutschland wurde 2011 der „**Deutsche Nachhaltigkeitskodex**" (DNK) vorgestellt (www.deutscher-nachhaltigkeitskodex.de). Er soll ebenfalls einen Rahmen für die Berichterstattung zu Nachhaltigkeitsleistungen von Organisationen bieten. 2015 wurde der DNK komplett überarbeitet. Der DNK wird von der Geschäftsstelle des Rates für Nachhaltige Entwicklung betreut (www.nachhaltigkeitsrat.de). Der Rat arbeitet im Auftrag der Bundesregierung.

Die Ähnlichkeit mit den Inhalten des GRI-Leitfadens ist groß. Es werden drei große Themenbereiche unterschieden: Wirtschaft, Soziales und Umwelt. Die Anforderungen in diesen Bereichen werden mit insgesamt 20 Kriterien präzisiert. Zu diesen Kriterien gehören bspw. die Offenlegung von klimarelevanten Emissionen, die Ziele und Maßnahmen zur Verbesserung der Chancengerechtigkeit, die Maßnahmen zur Vermeidung von rechtswidrigem Verhalten. Bei der Auswahl der Leistungsindikatoren verweist der DNK ausdrücklich auf die GRI-Leitlinien. Insgesamt ist der DNK aber kürzer und komprimierter. Das wird als Vorteil herausgestellt: Der DNK sei einfach, überschaubar, leicht handhabbar. Deshalb gilt er auch als gute Hilfe für kleine und mittlere Unternehmen sowie für „Einsteiger" in die CSR-Berichterstattung. Bei jedem Kriterium berichtet das Unternehmen, wie es den Kodexkriterien entspricht (comply), oder erklärt plausibel, warum es über bestimmte Kriterien nichts sagen kann (explain). So kann man als Unternehmen auch sehen, wo noch Lücken sind und sich von Bericht zu Bericht weiterentwickeln.

Der DNK wird von der EU-Kommission als ein möglicher Standard zur Erfüllung der ab 2016 geltenden europäischen Pflicht zur CSR-Berichterstattung anerkannt. Diese Pflicht trifft allerdings nur Unternehmen des öffentlichen Interesses mit mehr als 500 Mitarbeitern. Definitiv als „von öffentlichem Interesse" benannt werden oft börsennotierte Unternehmen sowie Versicherungen und Banken. Bislang ist die Berichterstattung nach dem DNK freiwillig. Der DNK sammelt die Berichte in einer Datenbank, auf welche bspw. Finanzanalysten und Investoren zugreifen können.

3.2 Wirtschaftsethik in der schulischen und universitären Ausbildung

Die ethische Personalentwicklung in den Unternehmen soll die moralische Kompetenz der Mitarbeiter und Führungskräfte verbessern. Das fällt umso leichter, je breiter die vorhandene Basis ist, die in früheren Sozialisierungsphasen bereits gelegt wurde. So hat bspw. die schulische Bildung einen großen Einfluss auf die moralisch-kognitive Entwicklung (vgl. *Lind* [Entwicklung] 311).

Der Staat erkennt seinen Auftrag zur **Bildung der moralischen Kompetenz** durchaus an, denn kein Staat kann auf die Dauer existieren, wenn nicht die große Mehrheit seiner Bürger die allgemeinen sittlichen Regeln des Miteinanders beachtet. Haben früher fast ausschließlich die Kirchen über den Religionsunterricht diesen Bildungsauftrag übernommen, so ist seit etwa zwei Jahrzehnten der religiös ungebundene Ethikunterricht auf dem Vormarsch. Mit der Einführung des Ethikunterrichts an Schulen sollte sichergestellt werden, dass trotz der wachsenden Distanz eines großen Teils der Bevölkerung zu den Kirchen (und der damit verbundenen Nichtteilnahme der Kinder am Religionsunterricht) weiterhin eine werteorientierte Erziehung an den Schulen stattfindet.

Im Rahmen von **Religions- und Ethikunterricht an Schulen** könnten auch wirtschaftsethische Themen aufgegriffen werden. Da 70% der Berufsanfänger eine Berufsschule durchlaufen, bietet es sich an, ethische Fragestellungen verstärkt in die Unterrichtsinhalte auch für gewerbliche und kaufmännische Berufe zu integrieren. Es entspricht sowieso dem offiziellen Bildungsauftrag der Berufsschulen, bei ihren Schülern „die Fähigkeit und Bereitschaft zu fördern, bei der individuellen Lebensgestaltung und im öffentlichen Leben verantwortungsbewusst zu handeln“. Auch soll die „Humankompetenz“ entwickelt werden, zu welcher „die Entwicklung durchdachter Wertvorstellungen und die selbstbestimmte Bindung an Werte“ gezählt wird (vgl. *Retzmann* [Unternehmensethik] 13).

Die religionspädagogischen Einrichtungen der verschiedenen Kirchen bemühen sich im Verbund mit gemeinnützigen Einrichtungen (z.B. dem *Netzwerk Wirtschaftsethik*), wirtschaftsnahen Organisationen (z.B. Kammern) und Unternehmen seit einiger Zeit um die Entwicklung von Curricula für die Lehre von Wirtschafts- und Unternehmensethik an **beruflichen Schulen** und die Fortbildung von Berufsschullehrern und -lehrerinnen (vgl. *Pabst* [Berufsschule]; [Bildung]). Angeregt wird auch die stärkere Integration wirtschaftsethischer Themen in den Unterricht **allgemeinbildender Schulen**, vor allem im Zusammenhang mit Wirtschaftskursen (vgl. *Menzel* [Unternehmensethik]). Seit 2001 ist bspw. in Baden-Württemberg ein Ethisch-Philosophisches Grundlagenstudium obligatorisch für alle Lehramtsstudierenden für Gymnasien. Das von gemeinnützigen Stiftungen getragene Projekt „ethos“ hat zum Ziel, Unterrichtseinheiten zur Wirtschafts- und Unternehmensethik inklusive einer fachdidaktischen Einführung zu entwickeln. Die Unterrichtsbausteine richten sich speziell an LehrerInnen für Politik und Wirtschaft an Gymnasien, können aber auch an Berufsschulen eingesetzt werden. Die Bausteine thematisieren bspw. Ethisches Investment, Whistleblowing, das Ombudsmann-Verfahren und Drogen als Waren (vgl. *Retzmann* [Bildung]).

Da in den **Universitäten und Fachhochschulen** die zukünftigen Führungskräfte ausgebildet werden, gilt eine angemessene Berücksichtigung wirtschafts- und unternehmensethischer Themen in diesen Bildungsinstitutionen als besonders wichtig. In diesem Bereich hat sich in den letzten Jahren sehr viel getan. Schlaglichtartig seien einige der Entwicklungen beleuchtet.

(1) Bestandsaufnahmen des Status Quo

Verschiedene Institutionen haben untersucht, welche Rolle das Thema der unternehmerischen Verantwortung in der Ausbildung spielt. Beispielhaft zu *nennen ist der „Second European Survey on Corporate Social Responsibility Research, Education and Other Iniatives in Business Schools and Universities" von 2008* (vgl. *Orlitzky/Moon* [Second]). Die *European Academy of Business in Society* (EABIS), die *European Foundation for Management Development* (EFMD) und das *International Centre for Corporate Social Responsibility* (ICCSR) haben in einer weltweiten Online-Studie 142 Leiter von Business Schools und Universitäten zu den Aktivitäten im Bereich Ethik befragt. Im Ergebnis wird eine deutliche Zunahme der Aktivitäten festgestellt. Die teilweise sehr hohen Prozentzahlen (81% der Ausbildungsstätten geben bspw. an, dass sie im Bereich CSR einen „particular research focus" haben) sind allerdings mit einer gewissen Vorsicht zu genießen. Die Forscher selbst nehmen an, dass sich vor allem die Hochschulen an der Umfrage beteiligt haben, die tatsächlich ein besonderes Interesse an dem Thema haben. Die Ergebnisse sind also nicht repräsentativ. Außerdem ist die Bandbreite der Aktivitäten sehr unterschiedlich, von umfangreichen CSR-Programmen bis hin zur freiwilligen Teilnahme an einzelnen Kursen.

Seit Ende 2012 veröffentlicht ist ein CSR-Atlas NRW, mit welchem alle CSR-Aktivitäten an wirtschaftswissenschaftlichen Fachbereichen von Universitäten und Fachhochschulen in Nordrhein-Westfalen erfasst werden (www.csr-atlas.de). In über zwei Drittel der Fachbereiche werden CSR-Themen in eigenen Fachmodulen aufgegriffen. Vereinzelt gibt es eigene Studiengänge mit CSR-Bezug. Ergänzend kommen Angebote hinzu, die auf studentische Initiativen zurückgehen, sowie Forschungsprojekte.

Auf dem Weltwirtschaftsforum in Davos wurde 2017 ein Bericht mit dem Titel „Educating for Sustainable Development" vorgestellt. Herausgegeben wurde dieser Bericht u.a. vom International Sustainable Campus Network (ISCN). In diesem Netzwerk sind Hochschulen organisiert, welche den Gedanken der Nachhaltigkeit sowohl auf dem eigenen Campus umsetzen als auch in ihre Lehre und Forschung integrieren wollen (www.international-sustainable-campus-network.org). Namhafte Universitäten wie Yale, Princeton und Oxford sind Mitglieder im ISCN.

Als wichtige Ursache für die Zunahme des Lehrangebots gilt die **wachsende Nachfrage seitens der Studierenden**. Diese dürfte wiederum zumindest teilweise mit dem wachsenden Interesse der Unternehmen zu tun haben. Wenn die Unternehmen Ethik „nachfragen", ergeben sich daraus auch neue Berufschancen für entsprechend ausgebildete junge Leute als CSR-Beauftragte oder ethics officer.

Speziell für den deutschsprachigen Raum hat das *Deutsche Netzwerk Wirtschaftsethik* (dnwe) 2008 das Lehrangebot für Wirtschaftsethik untersucht und stellte in der Zeitschrift „Forum Wirtschaftsethik" (Nr. 1 und Nr. 2 2008) die Ergebnisse einer Studie zum CSR-Angebot sowie einzelne Lehrstühle und ihre Veranstaltungen vor. Die Studie ergab, dass mehr als 60% der Universitäten mit wirtschaftswissenschaftlichen Studiengängen die Themen Wirtschafts- und Unternehmensethik und/oder Umweltmanagement im Lehrangebot haben (vgl. *Schwerk* [Corporate] 10). Auch die Zahl von 20 vorgestellten Lehrstühlen erscheint hoch.

Bei näherer Betrachtung ist die Integration in die ökonomische Lehre allerdings nicht so umfangreich, wie es auf den ersten Blick scheint (so auch *Aßländer* [Deutschland] 212). Ordentliche Lehrstühle für Wirtschafts- und Unternehmensethik gibt es nur wenige, davon einer in der Schweiz und mehrere von der Wirtschaft geförderte Stiftungslehrstühle, deren langfristige Finanzierung ungewiss bleibt. Werden wirtschaftsethische Angebote durch theologische oder philosophische Lehrstühle mit einbezogen, dann sieht es besser aus. Es stellt sich aber die Frage, ob die künftigen Führungskräfte solche Angebote wahrnehmen Häufig scheint es noch dem persönlichen Interesse eines Lehrstuhlinhabers überlassen, ob er neben seinem ausgewiesenen Fachgebiet auch Veranstaltungen zum Thema Wirtschaftsethik anbietet. Die Teilnahme an solchen Angeboten ist in der Regel freiwillig.

(2) Initiativen von Institutionen

Eine ganze Reihe von Institutionen hat sich in den letzten Jahren um die stärkere Integration ethischer Themen in die ökonomische Ausbildung bemüht. Neben den oben bereits erwähnten seien noch einige beispielhaft genannt:

Das Büro des *UN Global Compact* hat 2007 die „**Principles for Responsible Management Education**" (PRME) entwickelt. Die Stimulierung von Forschung und Lehre zum Thema Wirtschafts- und Unternehmensethik ist das erklärte Ziel.

Das *Aspen Institute Center for Business Education*, eine Non-Profit-Organisation, bewertet Business Schools danach, ob sie „issues of social and environmental stewardship" in ihre Lehre und Forschung einfließen lassen. Die Ranking-Iniative hat den Namen „**Beyond Grey Pinstripes**" (jenseits grauer Nadelstreifen).

Im deutschen *Verband der Hochschullehrer für Betriebswirtschaft* hat sich eine Arbeitsgruppe entwickelt, die zum Ziel hat, die „**Ethics Education**" stärker in die ökonomische Lehre, speziell auch die Betriebswirtschaftslehre, einzubringen. Es wurden mehrere Workshops veranstaltet und ein Memorandum verabschiedet, um die bestehende Ausbildungslücke möglichst bald zu schließen.

An der Humbold-Universität zu Berlin arbeitet das *Institut für Management* in Kooperation mit dem *Centrum für Corporate Citizenship Deutschland* (CCCD) und der *Robert Bosch-Stiftung* an einem wirtschaftsethischen **Curriculum** für wirtschaftswissenschaftliche Studiengänge (vgl. auch *Haase* [Managementausbildung]).

Die stärkere Integration von CSR-Themen in Forschung und Lehre mahnten in den letzten Jahren auch verschiedene deutsche und europäische politische Institutionen an, bspw. das Bundesministerium für Arbeit und Soziales sowie die Europäische Kommission. „Kein Wirtschaftsstudent darf die Universität verlassen ohne sozialethisches Wissen und Kompetenz" mahnt auch der Vorsitzende der Deutschen Kommission Justitia et Pax, Bischof *Stephan Ackermann* (vgl. o. V. [Unternehmen]).

Last but not least ist das *Studentische Netzwerk für Wirtschafts- und Unternehmensethik – sneep* als wichtiger „Treiber" hinsichtlich einer stärkeren Integration von Ethik in die wirtschaftswissenschaftliche Ausbildung zu erwähnen (vgl. www.sneep.info). Die Nachfrage der Studierenden gilt als einer der zentralen Gründe für die Etablierung von Lehrangeboten zu Themen wie Corporate (Social) Responsibility, Corporate Citizenship, Wirtschafts-

und Unternehmensethik. *Sneep* kooperiert seit kurzem mit der privaten FOM Hochschule, der größten wirtschaftswissenschaftlichen Fakultät Deutschlands. Die FOM Hochschule für Oekonomie und Management bietet speziell berufsbegleitende Studiengänge an 24 Standorten in Deutschland und in Luxemburg an. Nachhaltigkeit und Wirtschaftsethik sind inzwischen fester Bestandteil der Curricula. In einem „KompetenzCentrum für Corporate Social Responsibility" wird zudem an praxisrelevanten Fragen geforscht.

(3) Lehrmaterialien und -methoden

Die zunehmende Bedeutung des Themas Unternehmensethik in der wirtschaftswissenschaftlichen Ausbildung kann man auch an entsprechenden **Veröffentlichungen** ablesen. Die Zeitschrift für Wirtschafts- und Unternehmensethik gestaltete 2009 ein Heft mit dem Themenschwerpunkt „Ethics Education" (Heft 2). Das *Interfakultäre Zentrum für Ethik* in den Wissenschaften an der Universität Tübingen dokumentiert seine Erfahrungen mit „Ethik als Schlüsselkompetenz in Bachelor-Studiengängen" (vgl. *Fehling* [Ethik]) und stellt Konzeptionen und Materialien für die Lehre vor. Fallstudiensammlungen werden mit dem Ziel konzipiert, die (universitäre) Lehre der Wirtschafts- und Unternehmensethik zu unterstützen (vgl. *Smith/Lenssen* [Mainstreaming]; *Clausen* [Grundwissen]). Materialien für den Schulunterricht zum Thema „fairer Handel" bietet das *Forum fairer Handel*, ein Zusammenschluss verschiedener Akteure, die sich insbesondere mit der Fairness in den internationalen Handelsbeziehungen beschäftigen (www.forum-fairer-handel.de).

Als viel versprechende neue Lehrmethode wird an einigen Einrichtungen das „**Service Learning**" eingesetzt. Die Idee ist, dass man am besten durch aktives Engagement lernt. Studierende erhalten die Möglichkeit, ihre erlernten Kompetenzen in einer sozialen Einrichtung anzuwenden, bspw. eine Marketingkampagne für eine Behindertenwerkstatt zu konzipieren. Die Erfahrung des uneigennützigen Helfens und das Eintauchen in eine ganz andere Lebenswelt bilden eine Art Kontrastprogramm zur üblichen ökonomischen Ausbildung. Der Dienst an der Gesellschaft (Service) wird verbunden mit der wissenschaftlichen Vorbereitung und der Reflexion des ehrenamtlichen Engagements (Learning).

> **Beispiel**: Das Projekt „UNIAKTIV" der *Universität Duisburg/Essen* versucht seit 2005, die Idee des Service Learning in alle Fachbereiche hinein zu tragen. Als Vorteile für die Studierenden werden hervorgehoben: Die Praxiserfahrung, die Ausbildung der Sozialkompetenz, damit auch verbesserte Chancen auf dem Arbeitsmarkt, Credit-Points und nicht zuletzt das gute Gefühl, etwas Sinnvolles zu tun (vgl. www.uniaktiv.org). Die Hochschule für Technik (HFT) in Stuttgart bietet regelmäßig Kurse für Service Learning an und unterstützt die Studierenden dabei, sich selbst passende Projekte zu überlegen. Diese Leistung wird dann auch für das „Ethikum" angerechnet, ein Zertifikat, welches zusätzlich zu Bachelor oder Masterabschlüssen erworben werden kann (vgl. www.hft-stuttgart.de).

Ein weiterer Ansatzpunkt zur Förderung von ethischen Kompetenzen durch überbetriebliche Institutionen liegt in der Aufklärung der Verbraucher.

3.3 Verbraucheraufklärung und -bildung

3.3.1 Das Idealbild vom souveränen Verbraucher

Die neoklassische Wirtschaftstheorie sieht die Alleinverantwortung für die Marktergebnisse bei den Konsumenten. *Galbraith* glossiert die Lehre vom „souveränen Verbraucher" folgendermaßen ([Industriegesellschaft] 238):

„Praktisch die gesamte Wirtschaftsanalyse und Wirtschaftslehre geht davon aus, dass die Initiative beim Verbraucher liege. Auf Grund von Bedürfnissen, die aus ihm heraus entstehen oder die ihm von seiner Umgebung vermittelt werden, kauft er auf dem Markt Güter und Dienstleistungen. Hieraus ergeben sich Gelegenheiten, mehr oder weniger Geld zu verdienen – die Signale des Marktes an die Herstellerfirmen. Diese richten sich nach den Signalen, die vom Markt und damit letztlich vom Verbraucher ausgehen. Der Weg dieser Instruktionen verläuft nur in eine Richtung: vom einzelnen an den Markt und vom Markt an den Hersteller. Das alles wird recht gefällig durch eine Terminologie unterstützt, die unterstellt, dass alle Macht beim Verbraucher liege. Man nennt es die Souveränität des Verbrauchers."

Gegen eine solche umfassende Abschiebung der Verantwortung von den Produzenten auf die Konsumenten können vielerlei Einwände erhoben werden. Wie bereits früher (vgl. Kapitel IV) dargestellt wurde,

- erfindet die Industrie ständig neue Produkte und Dienstleistungen und weckt den Bedarf danach durch massive Werbeaufwendungen;
- ist das Angebot für die Verbraucher bei weitem nicht so transparent, wie es das Modell des idealen Marktes vorsieht;
- müssen die Verbraucher auch Budgetrestriktionen beachten und können sich nicht immer das kaufen, was sie eigentlich bevorzugen würden (bspw. Bio-Lebensmittel);
- ist ein Wechsel zu einem anderen Anbieter teilweise schwierig und mit hohen Kosten verbunden;
- bietet die Industrie nicht immer an, was man gerne hätte (bspw. Produkte mit sehr hoher Lebensdauer).

3.3.2 Mitverantwortung der Verbraucher

Trotz dieser Einwände gegen eine alleinige Verantwortung des Verbrauchers, kann und soll ihnen natürlich nicht jegliche **Mitverantwortung für die Marktergebnisse** abgesprochen werden. Mit einer Initiative unter dem Slogan „shopping for a better world" brachte die amerikanische Verbraucherorganisation *Council on Economic Priorities* vor mehr als zwei Jahrzehnten die Macht der Verbraucher auf den Punkt. Letztlich bestimmen die Kunden mit ihrem Einkaufsverhalten über das ökonomische Wohl und Wehe der Unternehmen. Mit ihrer Nachfragemacht vermögen sie die Unternehmenspolitik zu beeinflussen. Sie können von einem Anbieter abwandern, auch andere zu einem Kaufboykott animieren oder sich auch bewusst für einen verantwortungsbewussten Anbieter entscheiden.

Viele Unternehmen nutzen mittlerweile schon ihre Nachfragemacht gegenüber den Lieferanten und verlangen von ihnen bspw. eine Umwelt- oder Sozialzertifizierung.

Über den Erfolg dieser Unternehmenspolitik entscheidet aber letztlich der Endverbraucher, der Konsument. Nicht von ungefähr wird daher gleich im allerersten Beitrag des vierbändigen „Handbuchs der Wirtschaftsethik“ von den Konsumenten ein reifer und verantwortungsbewusster Umgang mit den eigenen Bedürfnissen verlangt (vgl. *Korff* [Dimensionen] 48). Die „ethischen Investitionen“ sind nicht nur von Seiten der Produzenten zu erbringen, sondern auch von Seiten der Verbraucher.

Leitidee des verantwortungsbewussten Verbrauchers ist der „zukunftsfähige Konsum“ (vgl. *Hansen/Schrader* [Konsum]). Bei einer Bedarfsreflexion sollten auch die sozialen und ökologischen Folgen der Produktion der nachgefragten Güter bedacht werden, und zwar auch für Menschen in weit entfernten Regionen und für zukünftige Generationen. Die Verantwortung im Umgang mit der Nachfragemacht kann sich äußern als

- Verzicht auf Konsum,
- Verringerung des Konsums,
- Nutzung von ökologisch oder sozial verträglicheren Substituten oder Varianten.

Immer mehr Verbraucher pflegen bewusst einen **„Lifestyle of Health and Sustainability“**. Diese „Lohas“ suchen achtsam und gut informiert Produkte und Dienstleistungen aus, die ihren strengen Kriterien von Gesundheit sowie ökologischer und sozialer Nachhaltigkeit entsprechen.

Da die Macht der Konsumenten aber aufgrund der oben dargestellten Abweichungen vom Idealbild des souveränen Nachfragers eingeschränkt ist, brauchen sie Hilfestellungen durch überbetriebliche Institutionen, um ihren Part im freien Spiel der Marktkräfte tatsächlich erfüllen zu können.

3.3.3 Hilfestellungen für den verantwortungsbewussten Verbraucher

(1) Verbraucherinformation und -beratung

Die Erhöhung der Markttransparenz durch die Bereitstellung von unabhängigen und glaubwürdigen Informationen über das Angebot und die Anbieter ist ohne Zweifel eine zentrale Voraussetzung für die Wahrnehmung von Konsumverantwortung. Der einzelne Konsument ist kaum in der Lage, sich die nötigen Informationen selbst zu beschaffen. Die **Verbraucherinformation und -beratung** stellt daher auch das Kernstück der Verbraucherpolitik dar (vgl. *Kuhlmann* [Verbraucherpolitik]). Vor allem die anbieterunabhängigen Informationen der von der Öffentlichkeit getragenen Verbraucherverbände und -institutionen (z.B. *Stiftung Warentest*) sowie der gemeinnützigen Vereine (z.B. *TransFair, foodwatch)* bieten dem Konsumenten sachlich fundierte und objektive Aussagen zu den Eigenschaften der Produkte/Dienstleistungen und zunehmend auch zu den Eigenschaften der anbietenden Unternehmen. Einkaufsführer unterstützen bewusste Verbraucher mit Informationen (bspw. *Grimm* [Shopping]).

Um den Konsumenten in einer informationsüberfluteten Gesellschaft nicht zu überfordern, sind komprimierte und leicht erfassbare Informationen wichtig. In idealer Weise erfüllen **„Label“ oder „Siegel“** diese Funktion. Als „Labeling“ bezeichnet man den Prozess der Beurteilung, der Informationsverdichtung und Kennzeichnung eines Bewertungsgegenstandes nach bestimmten Kriterien (vgl. *Hansen/Kull* [Öko-Label] 265). Das notwendige Detailwissen wird von Sachverständigen erhoben und sukzessive komprimiert zu einer leicht kommunizierbaren Schlüsselinformation. Da die Experten die Kriterien der Bewertung aussuchen, die Einhaltung der Kriterien überprüfen und über deren Gewichtung bei der Addition zu einem Gesamturteil entscheiden, muss der Verbraucher dem Expertenurteil vertrauen. Damit verlagert sich sein Informationsproblem auf die Bewertung der Bewertungsinstitutionen und -methoden. Die Prüfmethoden zur Energieeffizienz bestimmter Produkte sind bspw. hoch umstritten, weil die Prüfung unter Laborbedingungen stattfindet und der attestierte Verbrauch oft sehr wenig mit dem realen Verbrauch im Alltag zu tun hat.

Ein weiteres Problem für die Verbraucher entsteht durch die Inflationierung der Gütezeichen. Eine Zusammenstellung der „wichtigsten Siegel" (vgl. *Hartmann* [Märchen] 22f.). zählt immer noch 26 Siegel auf. Der von der Bundesregierung beauftragte Rat für Nachhaltige Entwicklung empfiehlt 50 verschiedene Siegel. Die online-Datenbank des Vereins Verbraucher Initiative e. V. enthält mehr als 450 Siegel. Wenn jedes Unternehmen seine eigenen Label und Siegel erfinden darf, wenn bspw. nahezu jedes Produkt den Zusatz „Bio" oder „Öko" trägt, dann ist die Information schließlich nichts mehr wert. Manche Label stehen im Verdacht, den Unternehmen beim „Greenwashing" zu helfen und mit sehr niedrigen Standards zu arbeiten. Um die Label-Flut zu verhindern und die Qualität des Informationsinstrumentes zu erhalten, sind daher überbetriebliche Regulierungen notwendig.

Die Informationen können ihre Wirkung allerdings nur entfalten, wenn sie von den Konsumenten auch nachgefragt und schließlich im Handeln berücksichtigt werden. Die Kunden müssen sich als Bürger in sozial-ökologischer Verantwortung sehen und die Mühe der Informationsbeschaffung und -verarbeitung auf sich nehmen. Zur Verantwortung der Konsumenten gehört weiterhin, die eigenen Bedürfnisse und Präferenzen zu reflektieren. Konsumfreiheit bedeutet gerade nicht, jedem aktuellen Bedürfnis spontan nachzugeben oder sich Bedürfnisse einreden zu lassen. Ein souveräner Verbraucher kennt seine Bedürfnisse und konsumiert bewusst und kognitiv kontrolliert. Aufgrund seines Verantwortungsgefühls interessiert ihn nicht nur sein persönlicher kurzfristiger Genuss, sondern auch die Folgen seines Konsumstils für andere Menschen, für Tiere und die natürliche Umwelt (vgl. *Korff* [Dimensionen] 45ff.).

Kognitive Kontrolle, Weitsicht und Rücksicht beim Konsum nehmen in der Gruppe der Älteren und der höher Gebildeten zu, sind aber bei weitem keine generellen Maximen. Die Zahl der Privatinsolvenzen ist in den letzten Jahren in Deutschland zwar leicht gesunken, aber immer noch überschulden sich viele Haushalte hoffnungslos, weil sie weit über ihre Verhältnisse konsumieren. Es herrscht vor allem bei Jüngeren und weniger Gebildeten häufig eine Mentalität des „Ich, Ich, Ich – und Jetzt", wie es der Wirtschaftsnobelpreisträger *Paul A. Samuelson* ausdrückt (vgl. *Samuelson* [Markt] 90). Nicht das Einkommen regiert den Konsum, sondern die aktuellen Wünsche, die permanent auf sofortige Erfüllung drängen. Schon Kinder empfinden einen Konsumzwang, weil sie nur mit den „richtigen" Markenartikeln (Schulranzen, Turnschuhe, Jeans, Handy usw.) von Gleichaltrigen anerkannt werden. Für *Deborah Doane* gehört es zu den Mythen über CSR, dass ethischer Konsum den Wandel hin zu verantwortungsvollerer Unternehmensführung vorantreiben wird. Ihrer Meinung nach würden Konsumenten nur in ihrem eigenen kurzfristigen finanziellen Interesse handeln.

(2) Verbraucherbildung

Wie sehr die Konsumenten sich in ihrem Konsumstil von außen lenken lassen, ist auch eine Frage der Sozialisation und Erziehung. Neben der Verbraucherinformation ist daher auch die **Verbraucherbildung** eine wichtige Aufgabe der Verbraucherpolitik. Eine „Pädagogik des Konsums“ (*Mertens* [Konsum] 450) ist nicht vornehmlich darauf angelegt, Askese zu predigen, obwohl zweifellos auch der Verzicht auf Güter oder Dienstleistungen Teil eines reflektierten Konsums sein kann. Ziel ist vielmehr, Lernhilfen anzubieten für einen vernünftig-abwägenden, kritisch-bewussten Konsumstil. Die Waren sollen wieder als Mittel zum Zweck erkannt werden, Konsum seine Selbstzwecklichkeit als Lebensinhalt und Stimulans verlieren. Eine Rückbesinnung auf die hinter dem Konsum stehenden humanen Bedürfnisse (bspw. Freundschaft, Zugehörigkeit, Anerkennung, Gesundheit, Geselligkeit, Unterhaltung) lässt erkennen, dass diese Bedürfnisse häufig nur scheinbar durch den Kauf und Verbrauch von Waren befriedigt werden.

Leitziel des **reflektierten Konsums** ist nicht der Verzicht auf Bedürfnisbefriedigung und auch nicht die Vorgabe eines Kataloges von „guten“ Bedürfnissen, sondern zunächst ein höherer Grad an Freiheit und Selbstbestimmung im Umgang mit der Warenwelt. Aus dieser Freiheit heraus kann der Konsument dann eigenverantwortliche Entscheidungen treffen, die im besten Fall nicht nur seine Lebensqualität, sondern auch die der Mitmenschen erhöhen.

Die Verbraucherbildung sollte bereits bei Kindern und Jugendlichen in der Schule ansetzen und ihre Fähigkeit und Motivation zu reflektiertem Konsum stärken (*Kuhlmann* [Verbraucherpolitik] 2537).

> **Beispiel**: Ein gutes Beispiel für Verbraucherbildung liefert das Projekt „Warenethik“ an der *Kaufmännischen Berufsschule Hannover* (vgl. *Lungershausen* [Warenethik]). In dem Projekt wurden die Schüler und Schülerinnen mit der Spezialisierung auf Handelsberufe bewusst mit ihrer Doppelrolle als Anbieter und Konsumenten von Waren konfrontiert. Kaufmännische Berufsethik und Konsumethik wurden miteinander verknüpft, um zu unterstreichen, dass Anbieter und Nachfrager Verantwortung für die Marktergebnisse haben.

Im Hinblick auf die Verbraucherbildung ist nicht zuletzt auch an die Verantwortung der Eltern zu appellieren, die in allen Dingen des Konsums das erste und wichtigste Vorbild für ihre Kinder sind.

Zusammenfassung, Rückblick und Ausblick

Zusammenfassung

Was soll ich tun? Was soll sein? Wie soll ich sein? Diese ethischen Grundfragen stellen sich dem Menschen in seiner Rolle als Wirtschaftsakteur genauso wie in anderen Rollen. Die Wirtschaft ist kein moralfreier Raum, denn der Markt funktioniert nicht als der „magische Trichter", der unbändig eigennütziges Handeln in Gemeinwohl verwandelt. Was ökonomisch effizient erscheint, weil es bestimmten Menschen materielle Vorteile bringt, kann in vielerlei anderer Hinsicht unvernünftig und schädlich sein, bspw. die Umwelt zerstören, Tiere quälen, zu Gesundheitsschäden führen, Menschen in die Schuldenfalle treiben, die Solidarsysteme und den Staat ruinieren.

Die **Folgen wirtschaftlichen Handelns** müssen daher genauso ethisch gegeneinander abgewogen werden wie bspw. die Folgen medizinischen, wissenschaftlichen oder politischen Handelns. Ethik als die Lehre von der Moral ist auch auf den Bereich der Wirtschaft anzuwenden. Wirtschaftssubjekte müssen auf die Folgen ihres Entscheidens und Handelns für die Betroffenen achten und Verantwortung übernehmen.

Verantwortung tragen zunächst die **Individuen** in der Wirtschaft, also Konsumenten, Arbeitnehmer, Unternehmer, Manager, Investoren, Wirtschaftsprüfer usw. Sie müssen aufgrund einer moralischen Gesinnung bereit sein, ihre Handlungen und die Folgen ihres Handelns auf der Basis verbindlicher Pflichten, Güter und Werte zu prüfen und das Richtige zu tun. Die monologische Verantwortung wird ergänzt durch den Diskurs mit den Betroffenen bzw. mit Experten für bestimmte Sachfragen.

Aber auch die **Unternehmen können als moralische Akteure angesehen werden**. Sie treffen als abgrenzbare Subjekte mit Hilfe ihrer inneren Struktur (strategische) Entscheidungen, die andere betreffen. Zugleich kanalisiert diese innere Struktur auch das Handeln der Individuen im Unternehmen.

Unternehmensethik muss daher an zwei Stellen ansetzen: bei den **Personen** (Führungskräfte, Mitarbeiter) und den **Institutionen der inneren Struktur** (Leitbild, Unternehmenskultur, Personalauswahl, -beurteilung und -honorierung sowie -entwicklung, Kontrollsysteme, Organisationsstruktur und Informationssysteme). Ohne die Hilfe der institutionellen Rahmenbedingungen sind die Individuen im Unternehmen leicht kognitiv und/oder motivationsmäßig überfordert. Auf der anderen Seite können nur Individuen die Rahmenbedingungen schaffen und mit Leben erfüllen. Ziel der Unternehmensethik sind umfassend vernünftige, ökonomisch effiziente und menschendienliche Unternehmenshandlungen.

Diese Argumentation lässt sich auf das Verhältnis von Unternehmung und **überbetrieblicher Rahmenordnung** übertragen. Angesichts der Globalisierung der Wirtschaft und einer zunehmenden Länderkonkurrenz um die Ansiedlung von Unternehmen wird eine weltweite Wirtschaftsordnung immer wichtiger. In Ansätzen findet man bereits eine Weltwirtschaftsethik in den internationalen Kodizes.

Die Rahmenordnung sollte dazu beitragen, dass das einzelne Unternehmen leichter verantwortungsvoll handeln kann. Insbesondere soll verhindert werden, dass Konkurrenten durch unmoralisches Verhalten die verantwortungsbewussten Unternehmen ausbeuten können. Von den Unternehmen bzw. den Unternehmensmitgliedern ist aber auch Unterstützung für eine am Gemeinwohl orientierte Ordnungspolitik zu erwarten sowie die prinzipielle, nicht auf einem ökonomischen Kalkül beruhende Achtung vor dem Gesetz.

Rückblick

Die Diskussion um die soziale Verantwortung der Unternehmen bzw. die Corporate Social Responsibility ist nicht neu. Den Reifegrad des Forschungsfeldes kann man daran ablesen, dass es inzwischen eine „Geschichtsschreibung" zum Thema CSR gibt. Die Zeitschrift für Wirtschafts- und Unternehmensethik hat das Heft 1 aus dem Jahr 2016 ganz einer „historischen Perspektive" gewidmet. In Amerika sind in den letzten Jahren umfassende historische Überblickswerke entstanden (vgl. *Carroll et al.* [Corporate]; *Abend* [Moral]).

Die Vielzahl der Ansätze, die unterschiedlichen Zugänge (philosophisch, theologisch, volks- oder betriebswirtschaftlich) und die Begriffsvielfalt machen es schwer, eine verbindliche Geschichte zu präsentieren. Es ist offenbar schon unmöglich, den Beginn von CSR zu datieren. Das 1953 erschienene Buch von *Howard R. Bowen* mit dem Titel „Social Responsibility of the Businessman" wird manchmal als Anfangspunkt genannt, *Bowen* zum „Father of Corporate Responsibility" erklärt (*Carroll* [Responsibility] 270). *Abend* verweist dagegen darauf, dass schon zu Beginn des 20. Jahrhunderts zahlreiche Business Schools „Business Ethics" lehrten und mehr „social responsibility" der Unternehmen von zahlreichen Vertretern aus Wissenschaft, Politik und Wirtschaft eingefordert wurde (vgl. [History]). Andere gehen noch weiter zurück und beginnen mit der industriellen Revolution. Zumindest wurde schon in dieser Zeit mit Nachdruck die „soziale Frage" nach der Lage der Arbeiter gestellt und die Unternehmen wurden bspw. mit der päpstlichen Sozialenzyklika „Rerum Novarum" von 1891 ausdrücklich an ihre soziale Verantwortung erinnert. Das Leitbild des „Ehrbaren Kaufmanns" erlebte seine Blütezeit bereits im Mittelalter, und wird noch heute als Basis für eine verantwortungsvolle Unternehmensführung angesehen (vgl. *Schwalbach* [Kaufleute] 229). Und schon in der Antike sann *Aristoteles* über den eigentlichen Sinn der Wirtschaft nach und stellte die löbliche naturgemäße Erwerbskunst einem „gewinnsüchtigen Handeln" gegenüber.

Dass man dennoch das Gefühl hat, es handele sich bei CSR um ein relativ neues Phänomen, lässt sich vielleicht darauf zurückführen, dass die moderne BWL das Thema lange aus ihrem Zuständigkeitsbereich völlig ausgeschlossen hatte. Sie sah sich selbst eher als Teil der theoretischen Philosophie und nicht der praktischen Philosophie, wollte „wertfrei" bleiben. In Deutschland kam noch hinzu, dass sich der ethisch-normative Ansatz der BWL von *Heinrich Nicklisch* (1876-1946) durch seine Nähe zum Nationalsozialismus diskreditierte. Außerdem zeigten sich nach dem Zweiten Weltkrieg zunächst vor allem die positiven Seiten des marktwirtschaftlichen Systems. Der Wohlstand wuchs und die unsichtbare Hand des Marktes schien wunderbar zu funktionieren. Erst nachdem die externen Effekte dieser Wirtschaftsweise für alle fühlbarer und sichtbarer wurden, begann man erneut darüber nachzudenken, ob die Aufforderung zur Gewinnmaximierung tatsächlich als normative Richtschnur für die Unternehmen ausreicht.

Die Globalisierung mit ihren Folgeproblemen hat die Diskussion um die Beziehung zwischen Unternehmen und Gesellschaft weiter angeheizt. Seit den 1990er Jahren haben sich Theorie und Praxis von CSR rasant weiterentwickelt. Doch was ist dadurch tatsächlich erreicht worden? Sind die Unternehmen nachhaltiger, gerechter, ehrlicher, moralischer geworden? Es ist sehr schwer diese Frage seriös zu beantworten. Was soll man messen? Auf der Basis welcher Daten? Wer soll messen? Oft ist es leichter, den Input zu messen als das, was dieser tatsächlich bewirkt. Man kann bspw. genau beziffern, wie viel das Unternehmen für einen Ethikbeauftragten ausgibt, aber schwer in Zahlen fassen, wie die Situation für bestimmte Stakeholder dadurch verbessert wurde. Ein großes Problem stellt auch die Fälschung von Daten dar. Im Vorfeld von Ethik-Audits, bspw. bei Lieferanten aus Entwicklungs- und Schwellenländern, werden die Mitarbeiter trainiert, das „Richtige“ zu sagen. Nach Erfahrungen von Unternehmensberatungen, die Audits anbieten, werden in China in 95% der untersuchten Fabriken gefälschte Daten präsentiert (*Blowfield/Murray* [Corporate] 284). Die meisten Informationen zu CSR-Aktivitäten stammen außerdem von den Unternehmen selbst, die naturgemäß ein Interesse daran haben, sich gut zu präsentieren. Wie im Fall *VW* wieder klar wurde, ist das Bekenntnis zu CSR und Nachhaltigkeit manchmal reine PR und weder in den Kernprozessen noch in der Unternehmenskultur wirklich verankert.

Dennoch wäre es auch falsch zu sagen, dass die Diskussion der letzten 30 Jahre überhaupt nichts bewirkt hätte. Der Einfluss auf „business attitudes, awareness, and practices“ ist sogar beeindruckend (*Blowfield/Murray* [Corporate] 295). Kaum ein größeres Unternehmen kommt heute ohne irgendeine Form von CSR-Leitbild und CSR-Reporting aus. Die wenigsten multinationalen Unternehmen würden heute noch leugnen, dass sie auch eine Mitverantwortung für die Arbeitsbedingungen ihrer Zulieferer haben. Standards für mehr Umweltschutz, die Einhaltung der Menschenrechte und bessere Arbeitsbedingungen sowie gegen Korruption und Kinderarbeit sind in vielen Branchen Teil der Selbstregulation. Die Kunden geben von Jahr zu Jahr mehr Geld aus für fair gehandelte und biologisch erzeugte Produkte. Das ethische Investment wächst seit Jahren stark an. CSR wird an immer mehr Hochschulen als wichtiger Bereich der Ausbildung künftiger Führungskräfte gesehen. Es ist wohl vor allem eine Frage der Perspektive, ob man auf das schaut, was schon erreicht wurde oder auf das, was noch im Argen liegt.

Ausblick

Wie es in Zukunft weitergeht, ist ebenfalls schwer zu beantworten. 2005 entwickelte *Allen White* (vgl. [Fade]) drei Szenarien für die Zukunft von CSR:

In Szenario eins verschwindet CSR als kurzfristige Modeerscheinung wieder in der Versenkung. Für den Vorhersagezeitraum von zehn Jahren hat sich diese Prognose offensichtlich nicht bewahrheitet.

Szenario zwei malt ein sehr optimistisches Bild. Unternehmen jeder Größe und Eigentümerstruktur haben CSR zum integralen Bestandteil ihres Managements gemacht. Auch diese Prognose ist nicht eingetroffen. Nur etwa 1% der multinationalen Unternehmen sind bspw. Mitglieder im Global Compact.

Bleibt Szenario drei, nach welchem die Unternehmen unter dem Druck von Civil Society Groups, Mitarbeitern, Kunden, Kommunen usw. eine Phase der Transformation durchlaufen, weg von einer reinen Shareholder-Orientierung hin zu einem Stakeholder-Modell des Unternehmens. Die Effizienz eines Unternehmens wird nicht mehr nur am kurzfristigen Gewinn festgemacht, sondern auch an ihrem langfristigen positiven Beitrag für die Gesellschaft. „Tomorrow´s leading companies will be those providing goods and services in ways that address major societal challenges, such as poverty, climate change, depletion of natural resources, globalization, and demographic shifts.“ (*Blowfield/Murray* [Corporate] 347). Bleibt zu hoffen, dass sich dieses Szenario bewahrheitet.

Literaturverzeichnis

Abend, Gabriel: The [Moral] Background: An Inquiry into the History of Business Ethics, Princeton 2014.

Abend, Gabriel: How to Tell the [History] of Business Ethics, in: Zeitschrift für Wirtschafts- und Unternehmensethik zfwu, 17. Jg. (2016), Heft 1, S. 42–76.

Albach, Horst: [Betriebswirtschaftslehre] ohne Unternehmensethik! In: Zeitschrift für Betriebswirtschaft, 75. Jg. (2005), S. 809–829.

Alemann, Annette von: Gesellschaftliche [Verantwortung] und ökonomische Handlungslogik, Deutungsmuster von Führungskräften der deutschen Wirtschaft, Wiesbaden 2015.

Apel, Karl-Otto: [Diskursethik] als Verantwortungsethik und das Problem der ökonomischen Rationalität, in: Apel, Karl-Otto: Diskurs und Verantwortung, Frankfurt/M. 1988, S. 270–305.

Apel, Karl-Otto: Die [Situation] des Menschen als ethisches Problem, in: Apel, Karl-Otto: Diskurs und Verantwortung, Frankfurt/M. 1988, S. 42–68.

Apel, Karl-Otto: Kann der postkantische [Standpunkt] der Moralität noch einmal in substantielle Sittlichkeit >aufgehoben< werden? Das geschichtsbezogene Anwendungsproblem der Diskursethik zwischen Utopie und Regression, in: Apel, Karl-Otto: Diskurs und Verantwortung, Frankfurt/M. 1988, S. 103–153.

Apel, Karl-Otto: [Grenzen] der Diskursethik? Versuch einer Zwischenbilanz, in: Zeitschrift für philosophische Forschung, Band 40, Heft 1, Januar-März 1986, S. 3–31.

Appel, Klaus, Haueisen, Gunter K.: [Compliance] bei Banken – Vertrauensbildende Maßnahmen im Wertpapiergeschäft, in: Bausch, Thomas, Kleinfeld, Annette, Steinmann, Horst (Hrsg.): Unternehmensethik in der Wirtschaftspraxis, München und Mering 2000, S. 67–84.

Argyris, Chris: On Organizational [Learning], Cambridge Mass., Oxford 1994.

Aristoteles: [Metaphysik], Schriften zur ersten Philosophie, Stuttgart 1984.

Aristoteles: [NE] Nikomachische Ethik, Werke Band 6, 2. A., Darmstadt 1960.

Aristoteles: [Politik I], Buch I, Werke Band 9/I, Darmstadt 1991.

Aristoteles: [Politik II], Buch II, Werke Band 9/II, Darmstadt 1991.

Aßländer, Michael S.: Why the [Watchdogs] didn‘t bark, Gründe für das Moralversagen im Falle Enron, in: Forum Wirtschaftsethik, 13. Jg. (2005), Nr. 2, S. 19–25.

Aßländer, Michael S.: Die Wirtschafts- und Unternehmensethikausbildung in [Deutschland] – Versuch einer Standortbestimmung, in: Zeitschrift für Wirtschafts- und Unternehmensethik zfwu, 10. Jg. (2009), Heft 2, S. 203–217.

Ballwieser, Wolfgang, Clemm, Hermann: [Wirtschaftsprüfung], in: Korff, Wilhelm (Hrsg.): Handbuch der Wirtschaftsethik, Bd. 3: Ethik wirtschaftlichen Handelns, Gütersloh 1999, S. 399–416.

Bassen, Alexander, Senkl, Daniela: Ermittlung von [Leistungsindikatoren] nachhaltiger Unternehmensführung aus Kapitalmarktperspektive, in: Controlling, Themenheft 4/5 2010.

Bassen, Alexander, Meyer, Katrin, Schlange, Joachim: The [Influence] of Corporate Responsibility on the Cost of Capital, Workingpaper, Hamburg 2007.

Bayertz, Kurt: Eine kurze [Geschichte] der Herkunft der Verantwortung, in: Bayertz, Kurt et al. (Hrsg.): Verantwortung, Prinzip oder Problem, Darmstadt 1995, S. 3–71.

Bea, Franz Xaver, Göbel, Elisabeth: [Organisation], 4. A., Stuttgart 2010.

Bea, Franz Xaver, Haas, Jürgen: Strategisches [Management], 8. A., Konstanz und München 2016.

Bea, Franz Xaver: [Führung], in: Bea, Franz Xaver, Friedl, Birgit, Schweitzer, Marcell (Hrsg.): Allgemeine Betriebswirtschaftslehre, Bd. 2: Führung, 9. A., Stuttgart 2005, S. 1–15.

Bea, Franz Xaver: [Ziele] und Zielkonflikte, in: Schreyögg, Georg, von Werder, Axel (Hrsg.): Handwörterbuch Unternehmensführung und Organisation, 4. A., Stuttgart 2004, Sp. 1674–1680.

Beck, Uwe: [Gegengifte], Die organisierte Unverantwortlichkeit, Frankfurt/M. 1988.

Becker, Gary S., Becker, Guity Nashat: Die [Ökonomik] des Alltags, Tübingen 1998.

Becker, S.: Mehr [Familie] für den Unternehmenserfolg, in: Personalwirtschaft, Heft 7, 2003, S. 32–35.

Bentham, Jeremy: Eine [Einführung] in die Prinzipien der Moral und der Gesetzgebung, in: Höffe, Otfried (Hrsg.): Einführung in die utilitaristische Ethik, Klassische und zeitgenössische Texte, 3. A., Tübingen 2003, S. 55–83.

Berger, Peter L., Luckmann, Thomas: Die gesellschaftliche [Konstruktion] der Wirklichkeit, 3. A., Frankfurt/M. 1972.

Berkel, Karl, Herzog, Rainer: [Unternehmenskultur] und Ethik, Heidelberg 1997.

Bird, Frederick: Learning from [History], The Relevance of the History of Business Ethics for the Practice of Business Ethics, in: Zeitschrift für Wirtschafts- und Unternehmensethik zfwu, 17. Jg. (2016), Nr. 1, S. 8–36.

Blickle, Gerhard: [Argumentationsintegrität]: Anstöße für eine reflexive Managementethik? In: Wagner, Dieter, Nolte, Heike (Hrsg.): Managementbildung, München und Mering 1996, S. 113–123.

Blowfield, Michael, Murray, Alan: [Corporate] Responsibility, 3. A., Oxford 2014.

Böckle, Franz: [Fundamentalmoral], 2. A., München 1978.

Brakelmann, Günter: [Humanisierung] der Arbeit, in: Enderle, Georges u. a. (Hrsg.): Lexikon der Wirtschaftsethik, Freiburg, Basel, Wien 1993, Sp. 431–440.

Brandt, Richard B.: Einige Vorzüge einer bestimmten Form des [Regelutilitarismus], in: Höffe, Otfried (Hrsg.): Einführung in die utilitaristische Ethik, Klassische und zeitgenössische Texte, 3. A., Tübingen 2003, S. 183–222.

Brink, Alexander, Tiberius, Victor A. (Hrsg.): Ethisches [Management], Bern, Stuttgart, Wien 2005.

Broad, Charles D.: Five [Types] of Ethical Theory, London 1930.

Brugger, Walter: [Philosophie], in: Brugger, Walter (Hrsg.): Philosophisches Wörterbuch, Freiburg i. Br. 1992.

Büscher, Martin: Integrative [Wirtschaftsethik], in: Die Unternehmung, 49. Jg. (1995), S. 273–284.

Buß, Eugen: Man überlebt nicht, wenn man die [Moral] hochhält, in: Frankfurter Allgemeine Zeitung v. 26.2.2008.

Carroll, Archie B.: Corporate Social [Responsibility]: Evolution of a Definitional Construct, in: Business & Society, 38. Jg. (1999), Nr. 3, S. 268–295.

Carroll, Archie B., Lipartito, Kenneth J. , Post, James E., Werhane, Patricia: [Corporate] Responsibility – The American Experience, Princeton 2012.

Center for Business Ethics: Instilling Ethical [Values] in Large Corporations, in: Journal of Business Ethics, 1992, Nr. 11, S. 863–867.

Center for Business Ethics: Are Corporations [Instutionalizing] Ethics? In: Journal of Business Ethics, 1986, S. 85–91.

Clausen, Andrea: [Grundwissen] Unternehmensethik, Ein Arbeitsbuch, Tübingen 2009.

Coase, Ronald H.: The [Nature] of the Firm, in: Economica, November 1937, S. 386–405.

Crane, Andrew, Matten, Dirk: Business [Ethics]: A European Perspective, New York 2004.

Dahm, Karl-Wilhelm: „Management of Values", [Ethikseminare] für Führungskräfte, Teil 1 in: Forum Wirtschaftsethik, 1993, Nr. 2, S. 4–9, Teil 2 in: Forum Wirtschaftsethik, 1994, Nr. 2, S. 3–11.

Daub, Claus-Heinrich: [Medien] und Konsumenten als Machtfaktoren im Kampf um ethisches Verhalten in der Wirtschaft, in: Forum Wirtschaftsethik, 1999, Nr. 3, S. 7–11.

Dilk, Anja, Littger, Heike: [Hosen] runter!, in: enorm, Wirtschaft für den Menschen, Nr. 4 Aug./Sept. 2012, S. 58–61.

Doane, Deborah: The [Myth] of CSR. The Problem with Assuming that Companies Can Do Well While also Doing Good is that Markets Don't Really Work that Way, in: Stanford Social Innovation Review, Vol. 3 (2005), No. 3, S. 21–29.

Donaldson, Thomas, Preston, Lee E.: The [Stakeholder] Theory of the Corporation: Concepts, Evidence and Implications, in: Academy of Management Review, Vol. 20 (1995), No. 1, S. 65–91.

Drumm, Hans Jürgen: [Personalwirtschaftslehre], 6. A., Berlin 2008.

Duncker, Sybille: [Social] Accountability International, in: Zeitschrift für Wirtschafts- und Unternehmensethik, 2003, S. 245–246.

Eckardstein, Dudo von, Konlechner, Stefan: [Vorstandsvergütung] und gesellschaftliche Verantwortung der Unternehmung, München und Mering 2008.

Eisele, Wolfgang: [Bilanzen], in: Bea, Franz Xaver, Friedl, Birgit, Schweitzer, Marcell (Hrsg.): Allgemeine Betriebswirtschaftslehre, Bd. 2: Führung, 9. A., Stuttgart 2005, S. 459–667.

Ekardt, Hanns-Peter, Löffler, Reiner: Zur gesellschaftlichen [Verantwortung] der Bauingenieure. Sachlogische Strukturen der Ingenieurarbeit am Beispiel des Bauwesens und das Problem der Verantwortung, in: Steinmann, Horst, Löhr, Albert (Hrsg.): Unternehmensethik, Stuttgart 1989, S. 315–332.

Enderle, Georges: Zur [Grundlegung] einer Unternehmensethik: das Unternehmen als moralischer Akteur, in: Homann, Karl (Hrsg.): Aktuelle Probleme der Wirtschaftsethik, Berlin 1992, S. 143–158.

Enderle, Georges: Zum [Zusammenhang] von Wirtschaftsethik, Unternehmensethik und Führungsethik, in: Steinmann, Horst, Löhr, Albert (Hrsg.): Unternehmensethik, Stuttgart 1989, S. 163–77.

Enderle, Georges: [Wirtschaftsethik] im Werden, Stuttgart 1988.

Enderle, Georges: Problembereiche einer [Führungsethik] im Unternehmen, Forschungsstelle für Wirtschaftsethik an der Hochschule St. Gallen, November 1986.

Epstein, Edwin M.: The [Corporate] Social Policy Process: Beyond Business Ethics, Corporate Social Responsibility and Corporate Social Responsiveness, in: California Management Review, Vol. 29 (1987), No. 3, S. 99–114.

Erlei, Mathias, Leschke, Martin, Sauerland, Dirk: [Neue] Institutionenökonomik, 2. A., Stuttgart 2007.

Eschenbach, Rolf: Strategisches [Controlling], in: Gleich, Ronald, Seidenschwarz, Werner (Hrsg.): Die Kunst des Controlling, München 1997, S. 93–113.

Faix, Werner G., Laier, Angelika: Soziale [Kompetenz], Wettbewerbsfaktor der Zukunft, 2. A., Wiesbaden 1996.

Fallgatter, Michael J.: [Kontrolle], in: Schreyögg, Georg, von Werder, Axel (Hrsg.): Handwörterbuch Unternehmensführung und Organisation, 4. A., Stuttgart 2004, Sp. 668–679.

Fehling, Jochen (Hrsg.): Ethik als Schlüsselkompetenz in Bachelor-Studiengängen, Konzeptionen, Materialien, Literatur, Tübingen 2009.

Fehr, Ernst, Schmidt, Klaus M.: A Theory of [Fairness], Competition, and Cooperation, in: The Quartely Journal of Economics, August 1999, S. 817–867.

Fetzer, Joachim: Die [Verantwortung] der Unternehmung, Gütersloh 2004.

Fifka, Matthias, Kraus, Stella: Das mittlere [Management] – Rollenkonflikt, Leistungsdruck und Moral, Dr. Jürgen Meyer Stiftung, Köln 2013.

Figge, Frank, Schaltegger, Stefan: Was ist „[Stakeholder] Value“? Vom Schlagwort zur Messung, Lüneburg 1999.

Forschner, Maximilian: Formale [Ethik] – materiale Ethik, in: Höffe, Otfried (Hrsg.): Lexikon der Ethik, 5. A., München 1997, S. 74f. (Reihenfolge?)

Forschner, Maximilian: [Güter], in: Höffe, Otfried (Hrsg.): Lexikon der Ethik, 5. A., München 1997, S. 120f.

Forschner, Maximilian: [Moralprinzip], in: Höffe, Otfried (Hrsg.): Lexikon der Ethik, 7. A., München 2008.

Forschner, Maximilian: [Pflichtenkollision], in: Höffe, Otfried (Hrsg.): Lexikon der Ethik, 7. A., München 2008.

Freeman, Edward R.: Strategic [Management], A Stakeholder Approach, Marshfield MA 1984.

Freeman, Edward R., Gilbert, Daniel R. jr.: [Unternehmensstrategie], Ethik und persönliche Verantwortung, Frankfurt, New York 1991.

French, Peter A.: Collective and Corporate Responsibility, New York 1984.

French, Peter A.: The [Corporation] as a Moral Person, in: American Philosophical Quarterly, Vol. 16 (1979), S. 207–215.

Friedl, Birgit: [Controlling], in: Bea, Franz Xaver, Friedl, Birgit, Schweitzer, Marcell (Hrsg.): Allgemeine Betriebswirtschaftslehre, Bd. 2: Führung, Stuttgart 2005, S. 235–335.

Furger, Franz: Was [Ethik] begründet, Deontologie oder Teleologie, Hintergrund und Tragweite einer moraltheologischen Auseinandersetzung, Zürich u.a. 1984.

Galbraith, John Kenneth: Die moderne [Industriegesellschaft], München, Zürich 1968.

Gege, Maximilian: [Möglichkeiten] und Schwierigkeiten bei der Einführung eines offensiven Umweltmanagements in der betrieblichen Praxis, in: Pieroth, Elmar, Wicke, Lutz (Hrsg.): Chancen der Betriebe durch Umweltschutz, Freiburg i.Br. 1988, S. 75–94.

Gellerman, Saul W.: Why „good“ [managers] make bad ethical choices, in: Harvard Business Review, July/August 1986, S. 85–90.

Gerum, Elmar: Ein [Umweltdirektor] in die mitbestimmte Unternehmensverfassung? In: Die Mitbestimmung, 40. Jg. (1994), S. 45–46.

Giddens, Anthony: Die [Konstitution] der Gesellschaft, Grundzüge einer Theorie der Strukturierung, Frankfurt/M. 1988.

Gilbert, Dirk Ulrich: [Social] Accountability 8000 – Ein praktikables Instrument zur Implementierung von Unternehmensethik in international tätigen Unternehmen? In: Zeitschrift für Wirtschafts- und Unternehmensethik, 2. Jg. (2001), Heft 2, S. 123–148.

Gmür, Markus: Was ist ein „idealer [Manager]“ und was ist eine „ideale Managerin“? Geschlechtsstereotypen und ihre Bedeutung für die Eignungsbeurteilung von Männern und Frauen in Führungspositionen, in: Zeitschrift für Personalforschung, 18. Jg. (2004), Heft 4, S. 396–417.

Göbel, Elisabeth: [Entscheidungen] in Unternehmen, Konstanz und München 2014.

Göbel, Elisabeth: Neue [Institutionenökonomik], Stuttgart 2002.

Göbel, Elisabeth: [Werbung], in: Korff, Wilhelm (Hrsg.): Handbuch der Wirtschaftsethik, Bd. 4: Ausgewählte Handlungsfelder, Gütersloh 1999, S. 648–670.

Göbel, Elisabeth: Das [Management] der sozialen Verantwortung, Berlin 1992.

Goodpaster, Kenneth E., Matthews, John B.: Können [Unternehmen] ein Gewissen haben? In: Harvard Manager, Unternehmensethik, Band 1, S. 9–18.

Grabner-Kräuter, Sonja: Die [Ethisierung] des Unternehmens, Wiesbaden 1998.

Graf, Andrea: [Schlüsselqualifikation] Soziale Kompetenz – Eine Vergleichsstudie in deutschen und US-amerikanischen Versicherungsunternehmen, in: Zeitschrift für Personalforschung, 16. Jg. (2002), Heft 3, S. 376–391.

Grawert, Achim: Ethik und Managementbildung, in: Wagner, Dieter, Nolte, Heike (Hrsg.): Managementbildung: Grundlagen und Perspektiven, München, Mering 1996, S. 91–112.

Greenhouse, Linda: The Supreme Court: [Advertising]; Nike Free Speech Case is Unexpectedly Returned to California, in: New York Times, 27.6.2003.

Grimm, Fred: [Shopping] hilft die Welt verbessern, München 2008.

Große-Oetringhaus, Wigand F.: [Sozialkompetenz] – ein neues Anspruchsniveau für die Personalpolitik, in: Zeitschrift für betriebswirtschaftliche Forschung, 45. Jg. (1993), S. 270–295.

Grundherr, Michael von: [Kompetenz], Selbstwirksamkeitserwartungen und die Rolle von Vorbildern in der Ordnungsethik, in: Zeitschrift für Wirtschafts- und Unternehmensethik zfwu, 15. Jg. (2014), Nr. 3, S. 319–334.

Gutenberg, Erich: Grundlagen der Betriebswirtschaftslehre, Band 1: Die Produktion, 6. A., Berlin 1961.

Haas, Robert D.: [Unternehmensethik] als globale Herausforderung, Zur Umsetzung ethischer Werte bei Levi Strauss & Co., in: Forum Wirtschaftsethik, 2. Jg. (1994), Nr. 3, S. 1–3.

Haase, Michaela: Wissensgrundlagen der [Managementausbildung]: Der Beitrag der Unternehmens- und Wirtschaftsethik zur Entwicklung der Kompetenzen von

Business Schools und Universitäten, in: Scherer, Andreas Georg, Patzer, Moritz (Hrsg.): Betriebswirtschaftslehre und Unternehmensethik, Wiesbaden 2008, S. 203–228.

Habermas, Jürgen: [Erläuterungen] zur Diskursethik, Frankfurt/M. 1991.

Habermas, Jürgen: [Moralbewußtsein] und kommunikatives Handeln, Frankfurt/M. 1983.

Habermas, Jürgen: [Strukturwandel] der Öffentlichkeit, 7. A., Neuwied und Berlin 1975.

Habermas, Jürgen: [Legitimationsprobleme] im Spätkapitalismus, 2. A., Frankfurt/M. 1973.

Hahn, Dietger: [Controlling] in Deutschland – State of the Art, in: Gleich, Ronald, Seidenschwarz, Werner (Hrsg.): Die Kunst des Controlling, München 1997, S. 13–46.

Hansen, Ursula, Kull, Stephan: [Öko-Label] als umweltbezogenes Informationsinstrument: Begründungszusammenhänge und Interessen, in: Marketing ZFP, 1994, Heft 4, S. 265–274.

Hansen, Ursula, Schoenheit, Ingo: [Verbraucherabteilungen] in den USA, Ein Konzept in der Reifephase – Lernmöglichkeiten für die Bundesrepublik Deutschland, Stiftung Verbraucherinstitut, Berlin 1986.

Hansen, Ursula, Schrader, Ulf: Zukunftsfähiger [Konsum] als Ziel der Wirtschaftstätigkeit, in: Korff, Wilhelm (Hrsg.): Handbuch der Wirtschaftsethik, Bd. 3: Ethik wirtschaftlichen Handelns, Gütersloh 1999, S. 463–486.

Härtel, Hans-Hagen: Fundamentaler [Wandel] der Maßstäbe, in: Wirtschaftsdienst, 84. Jg. (2004), Heft 6, S. 347–350.

Hartmann, Kathrin: Das [Märchen] vom guten Produkt, in: enorm, Wirtschaft für den Menschen, Nr. 4 Aug./Sept. 2012, S. 16–24.

Hayek, Friedrich August von: Recht, Gesetzgebung und Freiheit, Band 1: [Regeln] und Ordnung, München 1980.

Heald, Morrell: Management´s [Responsibility] to Society: The Growth of an Idea, in: The Business History Review, Vol. 31 (1957), S. 375–384.

Hecker, Christian: [Lohn- und Preisgerechtigkeit]. Historische Rückblicke und aktuelle Perspektiven unter besonderer Berücksichtigung der christlichen Soziallehren, Marburg 2008.

Hegel, Georg Wilhelm Friedrich: [Grundlinien] einer Philosophie des Rechts oder Naturrecht und Staatswissenschaft im Grundrisse, nach der Ausgabe v. Eduard Gans hrsg. und mit einem Anhang versehen v. Hermann Klenner, Berlin 1981.

Hey, Dieter, Schröter, Armin: Muß-Bedingungen beim Führen: Theorie und Praxis, in: Bayer, Hermann (Hrsg.): Unternehmensführung und [Führungsethik], Heidelberg 1985, S. 29–48.

Hill, Wilhelm: Der [Shareholder] Value und die Stakeholder, in: Die Unternehmung, 50. Jg. (1996), S. 411–420.

Hilpert, Konrad: Die [Menschenrechte], Geschichte, Theologie, Aktualität, Düsseldorf 1991.

Hobbes, Thomas: [Leviathan], Darmstadt 1996.

Höffe, Otfried (Hrsg.): [Einführung] in die utilitaristische Ethik, 3. A., Tübingen, Basel 2003.

Höffe, Otfried: [Gemeinsinn], in: Höffe, Otfried (Hrsg.): Lexikon der Ethik, 7. A., München 2008

Höffe, Otfried: [Gerechtigkeit], in: Höffe, Otfried (Hrsg.): Lexikon der Ethik, 7. A., München 2008

Höffe, Otfried: [Moral], in: Höffe, Otfried (Hrsg.): Lexikon der Ethik, 7. A., München 2008.

Höffe, Otfried: [Sittlichkeit], in: Höffe, Otfried (Hrsg.): Lexikon der Ethik, 7. A., München 2008.

Höffe, Otfried: [Tugend], in: Höffe, Otfried (Hrsg.): Lexikon der Ethik, 5. A., München 1997, S. 306–309.

Höffe, Otfried: [Verantwortung], in: Höffe, Otfried (Hrsg.): Lexikon der Ethik, 7. A., München 2008.

Hofer, Charles Warren, Schendel, Dan: [Strategy] Formulation: Analytical Concepts, St. Paul et al. 1978.

Hoffmann, Johannes, Reisch, Lucia A., Scherhorn, Gerhard: Ethische [Kriterien] zur Bewertung von Unternehmen, Bericht über den Frankfurt-Hohenheimer Leitfaden, in: Forum Wirtschaftsethik, 6. Jg. (1998), Nr. 4, S. 3–6.

Homann, Karl: Taugt die abendländisch-christliche [Ethik] noch für das 21. Jahrhundert? In: Lütge, Christoph (Hrsg.): Anreize und Moral, Münster 2003, S. 3–25.

Homann, Karl: Unternehmensethik und [Korruption], In: Lütge, Christoph (Hrsg.): Anreize und Moral, Münster 2003, S. 233–267.

Homann, Karl: Die [Legitimation] von Institutionen, in: Korff, Wilhelm (Hrsg.): Handbuch der Wirtschaftsethik, Band 2: Ethik wirtschaftlicher Ordnungen, Gütersloh 1999, S. 50–95.

Homann, Karl: Die [Relevanz] der Ökonomik für die Implementation ethischer Zielsetzungen, in: Korff, Wilhelm (Hrsg.): Handbuch der Wirtschaftsethik, Band 1: Verhältnisbestimmung von Wirtschaft und Ethik, Gütersloh 1999, S. 322–343.

Homann, Karl, Blome-Drees, Franz: Wirtschafts- und [Unternehmensethik], Göttingen 1992.

Horn, Christoph: [Wert], in: Höffe, Otfried (Hrsg.): Lexikon der Ethik, 7. A., München 2008.

Hubig, Christoph: Was leisten [Ingenieurkodizes]? Über ethische Ingenieurverantwortung, in: Ethik Magazin, 3. Jg. (2001), 12–17.

Institut für Wirtschaftsethik der Universität St. Gallen (Hrsg.): Soziale [Unternehmensverantwortung] aus Bürgersicht, Studie im Auftrag der Philip Morris GmbH, München 2003.

Jensen, Annette: [Verhaltenskodizes] machen Schule, in: Mitbestimmung, 9/2003, S. 18–21.

Kaas, Klaus Peter, Busch, Anina: Inspektions-, Erfahrungs- und [Vertrauenseigenschaften] von Produkten, in: Marketing, Zeitschrift für Forschung und Praxis, 18. Jg. (1996), Heft 4, S. 243–252.

Kant, Immanuel: [Grundlegung] zur Metaphysik der Sitten, in: Werkausgabe Band VII, hrsg. v. Wilhelm Weischedel, Frankfurt/M. 1974, erste Auflage 1785 (A), zweite Auflage 1786 (B).

Kant, Immanuel: [Kritik] der praktischen Vernunft, in: Werkausgabe Band VII, hrsg. v. Wilhelm Weischedel, Frankfurt/M. 1974, erste Auflage 1788 (A).

Kant, Immanuel: Die [Religion] innerhalb der Grenzen der bloßen Vernunft, in: Werkausgabe Band VIII, hrsg. v. Wilhelm Weischedel, Frankfurt/M. 1974, erste Auflage 1793 (A), zweite Auflage 1794 (B).

Kant, Immanuel: Die Metaphysik der Sitten, Erster Teil: metaphysische Anfangsgründe der [Rechtslehre], in: Werkausgabe Band VIII, hrsg. v. Wilhelm Weischedel, Frankfurt/M. 1974, erste Auflage 1797 (A), zweite Auflage 1798 (B).

Kant, Immanuel: Die Metaphysik der Sitten, Zweiter Teil: metaphysische Anfangsgründe der [Tugendlehre], in: Werkausgabe Band VIII, hrsg. v. Wilhelm Weischedel, Frankfurt/M. 1974, erste Auflage 1797 (A).

Kant, Immanuel: Über ein vermeintes [Recht] aus Menschenliebe zu lügen, in: Werkausgabe Band VIII, hrsg. v. Wilhelm Weischedel, Frankfurt/M. 1974.

Kant, Immanuel: Zum ewigen [Frieden], Anhang, in: Werke Band VI, Schriften zur Anthropologie, Geschichtsphilosophie, Politik und Pädagogik, Darmstadt 1970.

Katz, Christian, Baitsch, Christof: [Lohngleichheit] für die Praxis: zwei Instrumente zur geschlechtsunabhängigen Arbeitsbewertung, Zürich u.a. 1997.

Kaufmann, Arthur: [Recht] und Sittlichkeit aus rechtsphilosophischer Sicht, in: Gründel, Johannes (Hrsg.): Recht und Sittlichkeit, Freiburg i. Br. 1982, S. 48–71.

Kerber, Walter (S. J.): Zum [Ethos] von Führungskräften, Ergebnisse einer empirischen Untersuchung, in: Steinmann, Horst, Löhr, Albert (Hrsg.): Unternehmensethik, Stuttgart 1989, S. 273–283.

Kerber, Walter: [Gemeinwohl], sozialphilosophische Grundlagen, in: Staatslexikon, 2. Band, Sonderausgabe der 7. A., Freiburg i. Br. 1995, Sp. 857–859.

Kiefer, Heinz J.: Grundwerte-orientierte Unternehmenspolitik und ethisches Vorbild der Führungskräfte, in: Bayer, Hermann (Hrsg.): Unternehmensführung und [Führungsethik], Heidelberg 1985, S. 59–73.

Kieser, Alfred: [Human] Relations-Bewegung und Organisationspsychologie, in: Kieser, Alfred (Hrsg.): Organisationstheorien, 3. A., Stuttgart, Berlin, Köln 1999, S. 101–131.

Kirchgässner, Gebhard: [Homo] Oeconomicus, 4. A., Tübingen 2013.

Kirchschläger, Peter G.: [CSR] zwischen Greenwashing und ethischer Reflexion, Menschenrechte als ethischer Referenzrahmen für Corporate Social Responsibility (CSR), in: Zeitschrift für Wirtschafts- und Unternehmensethik zfwu, 16. Jg. (2015), Heft 3, S. 264–287.

Kleinfeld, Annette: [Ethik] und Wirtschaft – unversöhnbar oder untrennbar? In: Klie, T. (Hrsg.): Wirtschaftsethik: Die Moral im wirtschaftlichen Handeln, Rehburg-Loccum 1996, S. 19–37.

Kohlberg, Lawrence: Die Psychologie der [Moralentwicklung], Frankfurt/M. 1995.

Kohlberg, Lawrence: From [Is] to Ought, in: Mishel, Th. (Hrsg.): Cognitive Development and Epistemology, New York 1971, S. 151–236.

Kokot, Friedrich, Schmidt, Matthias (Hrsg.): [Werte] schaffen Zukunftsfähigkeit, mit Praktikern im Gespräch über verantwortungsbewusste Unternehmensführung, München und Mering 2005.

Korff, Wilhelm: Neue [Dimensionen] der bedürfnisethischen Frage, in: Korff, Wilhelm (Hrsg.): Handbuch der Wirtschaftsethik, Bd. 1: Verhältnisbestimmung von Wirtschaft und Ethik, Gütersloh 1999, S. 31–50.

Korff, Wilhelm: Ethische [Entscheidungsverfahren], in: Korff, Wilhelm (Hrsg.): Handbuch der Wirtschaftsethik, Band 1: Verhältnisbestimmung von Wirtschaft und Ethik, Gütersloh 1999, S. 309–322.

Korff, Wilhelm: Kernenergie und [Moraltheologie], Der Beitrag der theologischen Ethik zur Frage allgemeiner Kriterien ethischer Entscheidungsprozesse, Frankfurt/M. 1979.

Koslowski, Peter: Warum hat sich das Fach Wirtschaftsethik (noch) nicht durchgesetzt? In: Forum Wirtschaftsethik, 10. Jg. (2002), Nr. 1, S. 2–3.

Kößler, Michael: Der gerechte [Lohn] aus betriebswirtschaftlicher und philosophischer Sicht, Linz 2001.

Kreide, Regina: Zwischen [Deliberation] und Verhandlung, Zur Gerechtigkeit globaler und regionaler Menschenrechtsabkommen, in: Brunkhorst, Hauke, Grözinger, Gerd, Matiaske, Wenzel (Hrsg.): Peripherie und Zentrum in der Weltgesellschaft, München und Mering 2004, S. 135–163.

Kreikebaum, Hartmut, Behnam, Michael, Gilbert, Dirk Ulrich: [Management] ethischer Konflikte in international tätigen Unternehmen, Wiesbaden 2001.

Krell, Gertraude, Winter, Regine: Anforderungsabhängige [Entgeltdifferenzierung]: Orientierungshilfen auf dem Weg zu einer diskriminierungsfreieren Arbeitsbewertung, in: Krell, Gertraude (Hrsg.): Chancengleichheit durch Personalpolitik, 3. A., Wiesbaden 2001, S. 321–342.

Krell, Gertraude: [Personal], in: Korff, Wilhelm (Hrsg.): Handbuch der Wirtschaftsethik, Bd. 3: Ethik wirtschaftlichen Handelns, Gütersloh 1999, S. 340–354.

Kruip, Gerhard: Gibt es ein [Menschenrecht] auf ethische Bildung? In: Zeitschrift für Wirtschafts- und Unternehmensethik zfwu, 10. Jg. (2009), Nr. 2, S. 164–179.

Krupinski, Guido: Führungsethik für die Wirtschaftspraxis, Grundlagen, Konzepte, Umsetzung, Wiesbaden 1993.

Kuhlmann, Eberhard: [Verbraucherpolitik], in: Tietz, Bruno u.a. (Hrsg.): Handwörterbuch des Marketing, 2. A., Stuttgart 1995, Sp. 2529–2545.

Küpper, Hans-Ulrich, Picot, Arnold: [Gegenstand] der Unternehmensethik, in: Korff, Wilhelm (Hrsg.): Handbuch der Wirtschaftsethik, Bd. 3: Ethik wirtschaftlichen Handelns, Gütersloh 1999, S. 132–148.

Küpper, Hans-Ulrich: [Controlling], Konzeption, Aufgaben und Instrumente, 2. A., Stuttgart 1997.

Laubach, Thomas: [Entscheidungen], Die Anwendungsfälle sittlichen Urteilens und Handelns, in: Hunold, Gerfried H., Laubach, Thomas, Geis, Andreas (Hrsg.): Theologische Ethik, ein Werkbuch, Tübingen, Basel 2000, S. 264–277.

Lay, Rupert: [Ethik] für Manager, Düsseldorf, Wien, New York 1989.

Leisinger, Klaus M.: [Unternehmensethik], Globale Verantwortung und modernes Management, München 1997.

Lenk, Hans, Maring, Matthias: Der [Ingenieur] als Experte eines Freien Berufes und seine Verantwortung in der technisierten Gesellschaft, in: Steinmann, Horst, Löhr, Albert (Hrsg.): Unternehmensethik, Stuttgart 1989, S. 333–347.

Lenz, Hansrudi: Der Rationale [Prüfer] und moralische Normen: Ist der Ethikkodex für Wirtschaftsprüfer mehr als nur ein Lippenbekenntnis? In: Scherer, Andreas Georg, Patzer, Moritz (Hrsg.): Betriebswirtschaftslehre und Unternehmensethik, Wiesbaden 2008, S. 315–336.

Lind, Georg: Moralische [Entwicklung] in betrieblichen Organisationen, in: Steinmann, Horst, Löhr, Albert (Hrsg.): Unternehmensethik, Stuttgart 1989, S. 299–314.

Lohrie, Achim, Merck, Johannes: [Sozialverantwortung] im Handel, Praktische Erfahrungen beim Otto Versand unter besonderer Berücksichtigung des SA 8000, in: Bausch, Thomas, Kleinfeld, Annette, Steinmann, Horst (Hrsg.): Unternehmensethik in der Wirtschaftspraxis, München, Mering 2000, S. 43–54.

Lotter, Wolf: Was ist eigentlich [Whistleblowing]? In: Brandeins, 5. Jg. (2003), Heft 6, S. 126f.

Lungershausen, Helmut: [Warenethik], Agenda 21 und ein Schulprojekt, in: Forum Wirtschaftsethik, 9. Jg. (2001), Nr. 1, S. 12–16.

Macharzina, Klaus: [Unternehmensführung], Das internationale Managementwissen, 2. A., Wiesbaden 1995.

Mack, Elke: [Wirtschaft] und Ethik – wie Feuer und Wasser? In: Engagement, Nr. 3, 2000, S. 181–190.

Madrian, Jens-Peter: Interessengruppenorientierte [Unternehmensführung], Hamburg 1998.

Mag, Wolfgang: Was ist ökonomisches [Denken]?, in: Die Betriebswirtschaft, 48. Jg. (1988), S. 761–776.

Maier, Hans: Wie universal sind die [Menschenrechte]? Freiburg i. Br. 1997.

Maitland, Ian: Self-Defeating [Lobbying], in: The Journal of Business Strategy, Vol. 7 (1986), Fall, S. 67–74.

Margolis, Joshua Daniel, Walsh, James Patrick: [People] and Profits? The Search for a Link Between a Company´s Social and Financial Performance, Ann Arbor MI 2001.

Marx, Reinhard, Wulsdorf, Helge: Christliche [Sozialethik], Paderborn 2002.

Marx, Reinhard: Die Konzentration auf die Kapitalrendite ist eine Verirrung, Interview im Handelsblatt, Wochenendausgabe 18./19./20. Mai 2012, S. 60–65.

Mayrhofer, Wolfgang, Meyer, Michael: [Organisationskultur], in: Schreyögg, Georg, von Werder, Axel (Hrsg.): Handwörterbuch Unternehmensführung und Organisation, 4. A., Stuttgart 2004, Sp. 1025–1033.

Mead, George Herbert: [Geist], Identität und Gesellschaft, Frankfurt/M. 1968.

Meller, Eberhard: [Möglichkeiten] des inner- und überbetrieblichen Recyclings, in: Pieroth, Elmar, Wicke, Lutz (Hrsg.): Chancen der Betriebe durch Umweltschutz, Freiburg i.Br. 1988, S. 151–172.

Mentzel, Wolfgang: Unternehmenssicherung durch [Personalentwicklung], 4. A., Freiburg 1989.

Menzel, Malte: [Unternehmensethik] in der Schule, in: Wirtschafts- und Unternehmensethik in der Aus- und Weiterbildung, Speyrer Texte aus der Ev. Akademie der Pfalz, 2005, Nr. 12, S. 4–7.

Mertens, Gerhard: [Konsum] und personale Identität, in: Korff, Wilhelm (Hrsg.): Handbuch der Wirtschaftsethik, Bd. 3: Ethik wirtschaftlichen Handelns, Gütersloh 1999, S. 449–463.

Miles, Robert H.: [Managing] the Corporate Social Environment, A Grounded Theory, Englewood Cliffs N. J. 1987.

Milgrom, Paul, Roberts, John: [Economics], Organization & Management, Upper Saddle River NJ 1992.

Mill, John Stuart: [Utilitarismus], in: Höffe, Otfried (Hrsg.): Einführung in die utilitaristische Ethik, Klassische und zeitgenössische Texte, 2. A., Tübingen 1992, S. 84–97.

Mises, Ludwig von: [Human] Action, A Treatise on Economics, London 1949.

Molitor, Bruno: [Wirtschaftsethik], München 1989.

Münch, Richard: Die [Struktur] der Moderne, Grundmuster und differentielle Gestaltung des institutionellen Aufbaus der modernen Gesellschaften, Frankfurt/M. 1992.

Neuberger, Oswald: [Personalentwicklung], 2. A., Stuttgart 1994.

Neuberger, Oswald, Kompa, Ain: Wir, die Firma, Der [Kult] um die Unternehmenskultur, Weinheim u.a. 1987.

Nickel, Volker: [Werbung] in Grenzen, Report über Werbekontrolle in Deutschland, 11. A., Bonn 1994.

Nieschlag, Robert, Dichtl, Erwin, Hörschgen, Hans: [Marketing], 18. A., Berlin 1997.

Noll, Bernd: Wirtschafts- und [Unternehmensethik] in der Marktwirtschaft, 2. A., Stuttgart, Berlin, Köln 2013.

Noll, Bernd: [Grundriss] der Wirtschaftsethik, von der Stammesmoral zur Ethik der Globalisierung, Stuttgart 2010.

Nusser, Karl-Heinz: [Vertragsethik], in: Pieper, Annemarie (Hrsg.): Geschichte der neueren Ethik, Band 1: Neuzeit, Tübingen 1992, S. 47–65.

Ockenfels, Wolfgang: Zehn [Gebote] für die Wirtschaft, hrsg. v. Bund Katholischer Unternehmer BKU, Beiträge zur Gesellschaftspolitik Nr. 37, Oktober 2006.

Oechsler, Walter A.: [Personal] und Arbeit, 7. A., München 2010.

Ohne Verfasser: [Gut], in: Dichtl, Erwin, Issing, Otmar (Hrsg.): Vahlens großes Wirtschaftslexikon, Band 1, 2. A., München 1993, S. 870.

Ohne Verfasser: Kardinal und Bischof rufen [Unternehmen] zu mehr Verantwortung auf, in: Trierischer Volksfreund, 20.9.2012, S. 16.

Oppenrieder, Bernd: [Implementationsprobleme] einer Unternehmensethik, Diskussionsbeiträge Heft 34 des Lehrstuhls für allgemeine Betriebswirtschaftslehre und Unternehmensführung der Universität Erlangen-Nürnberg, Prof. Dr. Horst Steinmann, Nürnberg 1986.

Orlitzky, Marc, Moon, Jeremy: [Second] European Survey on Corporate Social Responsibility Research, Education and Other Initiatives in Business Schools and Universities, ICCSR Research Paper, No. 51 – 2008, Nottingham University UK.

Osterloh, Margit: [Unternehmensethik] und Unternehmenskultur, in: Steinmann, Horst, Löhr, Albert (Hrsg.): Unternehmensethik, Stuttgart 1989, S. 143–161.

Ott, Alfred E.: [Wirtschaftstheorie], Eine erste Einführung, Göttingen 1989.

Pabst, Hans-Jürgen: Die Berufliche [Bildung] der Zukunft. Was könnte der wirtschaftsethische Beitrag sein? In: Forum Wirtschaftsethik, 9. Jg. (2001), Nr. 1, S. 8–11.

Pabst, Hans-Jürgen: [Berufsschule] und Wirtschaftsethik – Quo Vadis? In: Forum Wirtschaftsethik, 5. Jg. (1997), Nr. 1, S. 12–15.

Paine, Lynn Sharp: [Managing] for Organizational Integrity, in: Harvard Business Review, 1994, March-April, S. 106–117.

Pieper, Annemarie: [Ethik] und Moral, Eine Einführung in die praktische Philosophie, München 1985.

Pies, Ingo: Theoretische [Grundlagen] demokratischer Wirtschafts- und Gesellschaftspolitik – Der Beitrag Gary Beckers, in: Pies, Ingo, Leschke, Martin (Hrsg.): Gary Beckers ökonomischer Imperialismus, Tübingen 1998, S. 1–29.

Pies, Ingo, Blome-Drees, Franz: Zur [Theoriekonkurrenz] unternehmensethischer Konzepte, in: Zeitschrift für betriebswirtschaftliche Forschung, 47. Jg. (1995), S. 175–179.

Pies, Ingo, Blome-Drees, Franz: Was leistet die [Unternehmensethik]? In: Zeitschrift für betriebswirtschaftliche Forschung, 45. Jg. (1993), S. 748–768.

Pietsch, Gotthard, Scherm, Ewald: Die [Reflexionsaufgabe] im Zentrum des Controlling, in: Kostenrechnungspraxis krp, 45. Jg. (2001), Heft 5, S. 307–313.

Porter, Michael E.: [Wettbewerbsstrategie], Frankfurt/M. 1983.

Porter, Michael E.: [Wettbewerbsvorteile], 8. A., Frankfurt/M. 2014.

Post, James E., Preston, Lee E., Sachs, Sybille: [Redefining] the Corporation, Stakeholder Management and Organizational Wealth, Stanford University Press 2002.

Pritzl, Rupert F. J., Schneider, Friedrich: [Korruption], in: Korff, Wilhelm (Hrsg.): Handbuch der Wirtschaftsethik, Bd. 4: Ausgewählte Handlungsfelder, Gütersloh 1999, S. 310–333.

Probst, Gilbert J. B.: [Selbst-Organisation], Ordnungsprozesse in sozialen Systemen aus ganzheitlicher Sicht, Berlin, Hamburg 1987.

Prognos AG: Betriebswirtschaftliche [Effekte] familienfreundlicher Maßnahmen, hrsg. vom Bundesministerium für Familie, Senioren, Frauen und Jugend, 2003.

Pufé, Iris: [Nachhaltigkeit], Konstanz und München, 2. A., 2014.

Quante, Michael: [Einführung] in die Allgemeine Ethik, 5. A., Darmstadt 2013.

Rappaport, Alfred: [Shareholder] Value, Wertsteigerung als Maßstab für die Unternehmensführung, Stuttgart 1994.

Rawls, John: Eine [Theorie] der Gerechtigkeit, Frankfurt/M. 1979.

Ray, Paul, Anderson, Ruth: [Cultural] Creatives, How 50 Million People are Changing the World, New York 2000.

Rebstock, Michael: Moralische [Entwicklung] in Organisationen, in: Die Betriebswirtschaft, 53. Jg. (1993), S. 807–818.

Retzmann, Thomas: Wirtschafts- und [Unternehmensethik] in den Lernfeldern der Berufsschule, in: Wirtschafts- und Unternehmensethik in der Aus- und Weiterbildung, Speyrer Texte aus der Ev. Akademie der Pfalz, 2005, Nr. 12, S. 8–15.

Retzmann, Thomas: Wirtschafts-, Unternehmens- und Führungsethik – eine gute Gelegenheit zur moralischen [Bildung] von Führungskräften? In: Geißler, Harald (Hrsg.): Unternehmensethik, Managementverantwortung und Weiterbildung, Neuwied, Kriftel, Berlin 1997, S. 283–306.

Rhenman, Eric: Industrial [Democracy] and Industrial Management, London 1968.

Rich, Arthur: [Wirtschaftsethik], Grundlagen in theologischer Perspektive, 3. A., Gütersloh 1987.

Rich, Arthur: [Wirtschaftsethik II], Marktwirtschaft, Planwirtschaft, Weltwirtschaft aus sozialethischer Sicht, 1. A., Gütersloh 1990.

Richter, Manfred: [Personalführung], 4. A., Stuttgart 1999.

Rieger, Wilhelm: [Einführung] in die Privatwirtschaftslehre, 2. A., Erlangen 1959.

Ringe, Gunter: [Homo] oeconomicus, in: Vahlens großes Wirtschaftslexikon, hrsg. v. Dichtl. Erwin, Issing, Otmar, Band 1, 2. A., München 1993, Sp. 924f.

Rinken, Alfred: [Öffentlichkeit], in: Staatslexikon, hrsg. v. der Görres-Gesellschaft, Band 4, 7. A., Freiburg i. Br. u. a. 1995, Sp. 138–142.

Röpke, Wilhelm: Die [Lehre] von der Wirtschaft, 12. A., Bern 1959.

Röpke, Wilhelm: [Jenseits] von Angebot und Nachfrage, 5. A., Bern 1979.

Rudolph, Bernd: [Finanzmärkte], in: Korff, Wilhelm (Hrsg.): Handbuch der Wirtschaftsethik, Bd. 3: Ethik wirtschaftlichen Handelns, Gütersloh 1999, S. 274–292.

Samuelson, Paul A.: Der [Markt] hat kein Herz, in: Der Spiegel, Nr. 38 v. 17.09.2005, S. 86–90.

Schaltegger, Stefan: [Bildung] und Durchsetzung von Interessen zwischen Stakeholdern der Unternehmung, Eine politisch-ökonomische Perspektive, in: Die Unternehmung, 53. Jg. (1999), Nr. 1, S. 3–20.

Schein, Edgar H.: [Organizational Culture] and Leadership, San Francisco u. a. 1985.

Schein, Edgar H.: Coming to a New Awareness of Organizational [Culture], in: Schein, Edgar H. (Hrsg.): The Art of Managing Human Resources, New York 1987, S. 261–277.

Scherer, Andreas Georg: Multinationale [Unternehmen] und Globalisierung, Zur Neuorientierung der Theorie der Multinationalen Unternehmung, Heidelberg 2003.

Scherer, Andreas Georg: [Spirale] nach unten? Zur Verantwortung multinationaler Unternehmen bei der Etablierung weltweiter Sozial- und Umweltstandards, in: Forum Wirtschaftsethik, 5. Jg. (1997), Nr. 3, S. 11–13.

Schieffer, Alexander: [Führungspersönlichkeit], Struktur, Wirkung und Entwicklung erfolgreicher Top-Führungskräfte, Wiesbaden 1998.

Schmalenbach, Eugen: Die Privatwirtschaftslehre als [Kunstlehre], in: Zeitschrift für handelswissenschaftliche Forschung, 1911/12, S. 304–316, wiederabgedruckt in: Zeitschrift für betriebswirtschaftliche Forschung, 1970, S. 490–498.

Schmidt, Karen: Die [Steilmann-Gruppe], in: Forum Wirtschaftsethik, 2. Jg. (1994), Nr. 3, S. 3–5.

Schmidt, Walter: [Führungsethik] als Grundlage betrieblichen Managements, Heidelberg 1986.

Schmidt-Leithoff, Christian: [Beauftragte], rechtlich vorgesehene, in: Handwörterbuch der Organisation, hrsg. v. Erich Frese, 3. A., Stuttgart 1992, Sp. 281–292.

Schmoller, Gustav von: [Grundriß] der Allgemeinen Volkswirtschaftslehre, München 1900.

Schneider, Armin: [Ethik] bei der Auswahl von Führungskräften: Herausforderungen an die Weiterbildung, Frankfurt/M. u.a. 1993.

Schneider, Dieter: [Betriebswirtschaftslehre], Bd. 1: Grundlagen, München, Wien 1993.

Schneider, Dieter: Unternehmensethik und Gewinnprinzip in der Betriebswirtschaftslehre, in: Zeitschrift für betriebswirtschaftliche Forschung, 42. Jg. (1990), S. 869–891.

Schreyögg, Georg: Kann und darf man [Organisationskulturen] verändern? In: Dülfer, Eberhard (Hrsg.): Organisationskultur, 2. A., Stuttgart 1991, S. 201–214.

Schüller, Bruno: Die [Begründung] sittlicher Urteile, Typen ethischer Argumentation in der Moraltheologie, 2. A., Düsseldorf 1980.

Schütrumpf, Eckart: [Erläuterungen], in: Aristoteles, Werke in deutscher Übersetzung, Band 9: Politik, Buch I, Darmstadt 1991, S. 37–134.

Schwalbach, Joachim: Ehrbare [Kaufleute] als Leitbild verantwortungsvoller Unternehmensführung, in: Zeitschrift für Wirtschafts- und Unternehmensethik zfwu, 17. Jg. (2016), Heft 2, S. 216–231.

Schwerk, Anja: [Corporate] Responsibility – ein Business Case für die akademische Ausbildung von Managern? In: Forum Wirtschaftsethik, 16. Jg. (2008), Nr. 1, S. 6–15.

Scott, W. Richard: [Institutions] and Organizations, 2. A., Thousand Oaks u.a. 2001.

Scott-Morgan, Peter: Die heimlichen [Spielregeln], Die Macht der ungeschriebenen Gesetze im Unternehmen, Frankfurt/M., New York 1994.

Seidel, Eberhard: Ökologisches [Controlling] – Zur Konzeption einer ökologisch verpflichteten Führung von und in Unternehmen, in: Wunderer, Rolf (Hrsg.): Betriebswirtschaftslehre als Management- und Führungslehre, 3. A., Stuttgart 1995, S. 353–372.

Sell, Stefan: Schlecker als Fallbeispiel für Lohndumping und mehr, Anmerkungen zur Entwicklung der Arbeitsbedingungen im Einzelhandel, Remagener Beiträge zur aktuellen Sozialpolitik, Remagen April 2009.

Sidgwick, Henry: Die [Methoden] der Ethik, in: Höffe, Otfried (Hrsg.): Einführung in die utilitaristische Ethik, Klassische und zeitgenössische Texte, 2. A., Tübingen 1992, S. 98–122.

Sigmund, Karl, Fehr, Ernst, Nowak, Martin A.: [Teilen] und helfen – Ursprünge sozialen Verhaltens, in: Spektrum der Wissenschaft, März 2002, S. 52–59.

Simma, Bruno, Heinemann, Andreas: [Codes] of Conduct, in: Korff, Wilhelm (Hrsg.): Handbuch der Wirtschaftsethik, Band 2: Ethik wirtschaftlicher Ordnungen, Gütersloh 1999, S. 403–418.

Simon, Frank: Unternehmerischer [Erfolg] und gesellschaftliche Verantwortung, Wiesbaden 1994.

Sinclair, Amanda: [Approaches] to Organisational Culture and Ethics, in: Journal of Business Ethics, 1993, Nr. 12, S. 63–73.

Smart, John J. C.: Extremer und eingeschränkter [Utilitarismus], in: Höffe, Otfried (Hrsg.): Einführung in die utilitaristische Ethik, Klassische und zeitgenössische Texte, 2. A., Tübingen 1992, S. 167–182.

Smith, Adam: Der [Wohlstand] der Nationen, DTV, 6. A., München 1993.

Smith, N. Craig, Lenssen, Gilbert: [Mainstreaming] Corporate Responsibility, Chichester UK 2009.

Staffelbach, Bruno: [Management-Ethik], Ansätze und Konzepte aus betriebswirtschaftlicher Sicht, Bern, Stuttgart, Wien 1994.

Stefaniak, Anna, Tondorf, Karin: Alles, was recht ist, [Entgeltgleichheit] durch diskriminierungsfreie Arbeitsbewertung in Deutschland, Großbritannien und Österreich, München, Mering 2002.

Steinherr, Christian, Steinmann, Horst, Olbrich, Thomas: Die US-Sentencing Commission [Guidelines], eine Dokumentation, Diskussionsbeitrag Nr. 90 des Lehrstuhls für Allgemeine Betriebswirtschaftslehre und Unternehmensführung der Universität Erlangen-Nürnberg, Nürnberg 1997.

Steinmann, Horst, Kustermann, Brigitte: [Unternehmensethik] und Management: Überlegungen zur Integration der Unternehmensethik in den Managementprozess, in: Korff, Wilhelm (Hrsg.): Handbuch der Wirtschaftsethik, Bd. 3: Ethik wirtschaftlichen Handelns, Gütersloh 1999, S. 210–231.

Steinmann, Horst, Löhr, Albert: [Grundlagen] der Unternehmensethik, Stuttgart 1991.

Steinmann, Horst, Löhr, Albert: Der [Beitrag] von Ethik-Kommissionen zur Legitimation der Unternehmensführung, in: Steinmann, Horst, Löhr, Albert (Hrsg.): Unternehmensethik, Stuttgart 1989, S. 259–269.

Steinmann, Horst, Oppenrieder, Bernd: Brauchen wir eine [Unternehmensethik]? In: Die Betriebswirtschaft, 45. Jg. (1985), S. 170–183.

Steinmann, Horst, Schreyögg, Georg: [Management], Grundlagen der Unternehmensführung, 3. A., Wiesbaden 1993.

Steinmann, Horst: Zur [Lehre] von der „gesellschaftlichen Verantwortung der Unternehmensführung“, zugleich eine Kritik des Davoser Manifests, in: Wirtschaftswissenschaftliches Studium WiSt, 2. Jg. (1973), S. 467–473.

Stigler, George J., Becker, Gary S.: De [Gustibus] Non Est Disputandum, in: American Economic Review, Vol. 67 (1977), No. 2, S. 76–90.

Stippel, Peter: [Kunde] schlägt Shareholder, in: Absatzwirtschaft, 1998, Nr. 4, S. 14f.

Stöber, Sören: „Mapping the Terrain“ – Wirtschafts- und Unternehmensethik an deutschen Hochschulen, in: Wirtschafts- und Unternehmensethik in der Aus- und Weiterbildung, Speyrer Texte aus der Ev. Akademie der Pfalz, 2005, Nr. 12, S. 26–31.

Strenger, Hermann J.: Unternehmensethische [Grundsätze] in der chemischen Industrie, in: Steinmann, Horst, Löhr, Albert (Hrsg.): Unternehmensethik, Stuttgart 1989, S. 365–381.

Sullivan, Leon H.: [Problems] and Opportunities of Public Interest Directors, in: Anshen, Melvin (Hrsg.): Managing the Socially Responsible Corporation, New York 1974, S. 168–178.

Summer, Ludwig: Der unternehmensethische Begriff der „[Verantwortung]“, Eine Grundlegung im Anschluss an Jonas, Kant und Habermas, Wiesbaden 1998.

Tan, K. T. et al.: [Palm] Oil: Addressing Issues and towards sustainable development, in: Renewable and Sustainable Energy Reviews, 13 (2009), S. 420–427.

Teutsch, Gotthard M.: Die [Würde] der Kreatur: Erläuterungen zu einem Verfassungsbegriff am Beispiel des Tieres, Stuttgart 1995.

Thielemann, Ulrich: [Managergehälter] – eine Frage der Ethik, in: Wirtschaftsdienst, 84. Jg. (2004), Heft 6, S. 358–362.

Thielemann, Ulrich: Was spricht gegen [angewandte] Ethik? Erläutert am Beispiel der Wirtschaftsethik, in: Ethica, 2000, S. 37–68.

Thielemann, Ulrich: Das [Prinzip] Markt, Kritik der ökonomischen Tauschlogik, Bern u. a. 1996.

Thommen, Jean-Paul: [Management-Kompetenz] durch Weiterbildung, in: Thommen, Jean-Paul (Hrsg.): Management-Komeptenz, Wiesbaden 1995, S. 11–29.

Thurn, Valentin, Ott, Ursula: [Nestbeschmutzer] oder Helden? Zivilcourage im Beruf, in: Reichold, Hermann, Löhr, Albert, Blicke, Gerhard (Hrsg.): Wirtschaftsbürger oder Marktopfer? München u.a. 2001, S. 101–106.

Tokarski, Kim Oliver: Ethik und Entrepreneurship, eine theoretische sowie empirische Analyse junger Unternehmen im Rahmen einer Unternehmensethikforschung, Wiesbaden 2008.

Tomuschat, Christian: Europäische vs. Asiatische [Werte]. Scheitert die Universalisierung der Menschenrechte? Manuskript eines Vortrags am 27. Juni 2000 an der Humboldt-Universität zu Berlin.

Transparency International (Hrsg.): [Whistleblowing] in Europe, Legal Protections for Whistleblowers in the EU, 2013.

Turkson, Peter K. A., Toso, Mario: Zum Unternehmer berufen! Eine Ermutigung für Führungskräfte in der Wirtschaft, hrsg. vom Päpstlichen Rat für Gerechtigkeit und Frieden, Rom und Köln 2012.

Ulrich, Peter: [Integrative] Wirtschaftsethik, Grundlagen einer lebensdienlichen Ökonomie, 4. A. 2007.

Ulrich, Peter: [Integritätsmanagement] und „verdiente" Reputation, in: iomanagement, 2001, Nr. 1–2, S. 42–47.

Ulrich, Peter: [Führungsethik], in: Korff, Wilhelm (Hrsg.): Handbuch der Wirtschaftsethik, Bd. 4: Ausgewählte Handlungsfelder, Gütersloh 1999, S. 230–248.

Ulrich, Peter: Wofür sind [Unternehmen] verantwortlich? Diskussionspapier Nr. 80 des Instituts für Wirtschaftsethik der Hochschule St. Gallen, 1998.

Ulrich, Peter: [Wirtschaftsethik] als Beitrag zur Bildung mündiger Wirtschaftsbürger, Diskussionspapier Nr. 57 des Instituts für Wirtschaftsethik der Hochschule St. Gallen, Juli 1993.

Ulrich, Peter: [Korrektive], funktionale oder grundlagenkritische Wirtschaftsethik? Leitideen zu einer ethikbewussten Ökonomie, Diskussionspapier Nr. 38 des Instituts für Wirtschaftsethik der Hochschule St. Gallen, 1990.

Ulrich, Peter: [Unternehmensethik] – Führungsinstrument oder Grundlagenreflexion, in: Steinmann, Horst, Löhr, Albert (Hrsg.): Unternehmensethik, Stuttgart 1989, S. 179–200.

Ulrich, Peter: [Wirtschaften] heisst Wert schaffen, in: forum für Fach- und Führungsnachwuchs, 5. Jg. (1989), Mai, S. 8–19.

Ulrich, Peter: Die neue [Sachlichkeit] oder: Wie kann die Unternehmensethik betriebswirtschaftlich zur Sache kommen, in: Die Unternehmung, 41. Jg. (1987), S. 409–424.

Ulrich, Peter: Systemsteuerung und [Kulturentwicklung], in: Die Unternehmung, 38. Jg. (1984), S. 303–325.

Ulrich, Peter: [Plädoyer] für unternehmungspolitische Vernunft, in: Management-Zeitschrift io, 1980, Nr. 1, S. 32–38.

Ulrich, Werner: [Management] oder die Kunst, Entscheidungen zu treffen, die andere betreffen, in: Die Unternehmung, 38. Jg. (1984), Nr. 4, S. 326–346.

Urmson, James O.: Zur [Interpretation] der Moralphilosophie, in: Höffe, Otfried (Hrsg.): Einführung in die utilitaristische Ethik, Klassische und zeitgenössische Texte, 2. A., Tübingen 1992, S. 123–134.

VDI-Ausschuss: Einladung zur Diskussion! [Entwurf] eines Ethik-Kodexes für Ingenieure, in: Ethik Magazin, 3. Jg. (2001), Heft 1, S. 18f.

Vogt, Markus: Das neue Sozialprinzip [Nachhaltigkeit] als Antwort auf die ökologische Herausforderung, in: Korff, Wilhelm (Hrsg.): Handbuch der Wirtschaftsethik, Bd. 1: Verhältnisbestimmung von Wirtschaft und Ethik, Gütersloh 1999, S. 237–257.

Wagner, Gerd R.: Betriebswirtschaftliche [Umweltökonomie], Stuttgart 1997.

Waters, James A.: [Corporate] Morality as an Organizational Phenomenon, in: Steinmann, Horst, Löhr, Albert (Hrsg.): Unternehmensethik, 2. A., Stuttgart 1991, S. 281–300.

Weber, Jürgen: Einführung in das [Controlling], 14. A., Stuttgart 2014.

Weber, Max: [Politik] als Beruf, in: Gesammelte Politische Schriften, hrsg. v. Johannes Winckelmann, 5. A., Tübingen 1988, S. 505–560.

Weber, Max: [Wirtschaft] und Gesellschaft, Grundriss der verstehenden Soziologie, 5. A., Tübingen 1980.

Weber, Max: Der Sinn der „[Wertfreiheit]" der soziologischen und ökonomischen Wissenschaften, in: Weber, Max: Gesammelte Aufsätze zur Wissenschaftslehre, 3. A., Tübingen 1968, S. 489–540.

Weibler, Jürgen, Lucht, Thomas: [Controlling] und Ethik – Grundlegung eines Zusammenhangs, in: Scherm, Ewald, Pietsch, Gotthard (Hrsg.): Controlling, Theorien und Konzeptionen, München 2004, S. 872–891.

Weinschenck, Günther, Dabbert, Stephan: [Tiere] im Wirtschaftsprozess, in: Korff, Wilhelm (Hrsg.): Handbuch der Wirtschaftsethik, Bd. 4: Ausgewählte Handlungsfelder, Gütersloh 1999, S. 555–581.

Weißmann, Norbert: Von der [Kampagne] über Warenzeichen zum Sozialmanagementsystem – die Operationalisierung von ethischen Zielen für Unternehmen und Konsumenten, in: Bausch, Thomas, Kleinfeld, Annette, Steinmann, Horst (Hrsg.): Unternehmensethik in der Wirtschaftspraxis, München und Mering 2000, S. 119–138.

Weydt, Elisabeth: Eine [Frage] der Ehre, in: enorm, Wirtschaft für den Menschen, Nr. 5, Okt. – Nov. 2012, S. 49–55.

White, Allen: [Fade], Integrate or Transform? The Future of CSR, in: BSR Newsletter, August 2005, ist online verfügbar.

Wiehen, Michael H.: [Transparency] International – eine Einführung, in: Forum Wirtschaftsethik, 7. Jg. (1999), Nr. 3, S. 21–25.

Wieland, Josef, Grüninger, Stephan: [EthikManagementSysteme] und ihre Auditierung, Theoretische Einordnung und praktische Erfahrungen, in: Bausch, Thomas, Kleinfeld, Annette, Steinmann, Horst (Hrsg.): Unternehmensethik in der Wirtschaftspraxis, München und Mering 2000, S. 155–189.

Wieland, Josef: [Ethik] im Unternehmen – ein Widerspruch in sich selbst? In: Personalführung, Nr. 8, 1999, S. 18–23.

Windolf, Paul: [Korruption], Betrug und „Corporate Governance" in den USA – Anmerkungen zu Enron, in: Leviathan, Zeitschrift für Sozialwissenschaft, 31. Jg. (2003), Heft 2, S. 185–218.

Winter, Georg: Offensives [Umweltmanagement] in der Praxis, in: Pieroth, Elmar, Wicke, Lutz (Hrsg.): Chancen der Betriebe durch Umweltschutz: Plädoyer für ein offensives Umweltschutzmanagement, Freiburg i. Br. 1988, S. 53–74.

Wittmann, Stephan: [Ethik] im Personalmanagement, Grundlagen und Perspektiven einer verantwortungsbewussten Führung von Mitarbeitern, Bern, Stuttgart, Wien 1998.

Wittmann, Stephan: [Controlling] und Ethik – Grundlagen und Konzepte aus unternehmensethischer Perspektive, in: Zeitschrift für Planung, 6. Jg. (1995), Heft 3, S. 241–262.

Wittmann, Stephan: Praxisorientierte [Managementethik], Münster, Hamburg 1994.

Wöhe, Günter: [Einführung] in die Allgemeine Betriebswirtschaftslehre, 25. A., München 2013.

Wörz, Michael: [System] und Dialog, Wirtschaftsethik als Selbstorganisation und Beratung, Stuttgart 1994.

Wunderer, Rolf: [Führung] und Zusammenarbeit, Eine unternehmerische Führungslehre, unter Mitarbeit von Petra Dick, 5. A., München und Neuwied 2003.

Zerfass, Ansgar: [Medienunternehmen] als Impulsgeber für Medienethik, Strategien für die Wahrnehmung sozialer Verantwortung, in: Forum Wirtschaftsethik, 12. Jg. (2004), Nr. 3, S. 20–24.

Initiativen/Institutionen und Internetadressen zum Thema

Institution/Initiative	Internetadresse
AccountAbility Ltd. entwickelt Standards und führt Ratings durch, um das Thema Nachhaltigkeit in Organisationen zu verankern	www.accountability.org
Amnesty International untersucht Menschenrechtsverletzungen und will den Schutz der Menschenrechte verbessern	www.amnesty.org www.amnesty.de
Ashoka Deutschland sucht und unterstützt social entrepreneurs (Sozialunternehmen)	www.germany.ashoka.org
Beyond Grey Pinstripes Ranking von Unternehmen nach ihrem sozialen und ökologischen Engagement durch das *Aspen Institute Center for Business Education*	www.beyondgreypinstripes.org
Business Social Compliance Initiative Iniative der Konsumgüterindustrie mit dem Ziel, die Arbeitsbedingungen in der Zuliefererkette zu verbessern	www.bsci-eu.org
Centrum für Corporate Citizenship Deutschland versteht sich als Schnittstelle zwischen Wirtschaft, Wissenschaft und Politik in Sachen Unternehmensverantwortung	www.cccdeutschland.org
Clean Clothes Campaign (CCC) internationaler Zusammenschluss von Organisationen mit dem Ziel, die Arbeitsbedingungen in der Textilbranche zu verbessern	www.cleanclothes.org
Corporate Accountability Netzwerk von Menschenrechtsorganisationen, Gewerkschaften, kirchlichen und entwicklungspolitischen Organisationen, Verbraucher- und Umweltverbänden; setzt sich dafür ein, dass Unternehmen die Menschenrechte beachten, Umwelt- und Sozialstandards einhalten	www.cora-netz.de
Corporate Social Responsibility Europe Netzwerk aus 70 multinationalen Unternehmen und 25 nationalen Partnerorganisationen; will CSR fördern	www.csreurope.org
Corporate Social Responsibility Germany Internetportal der Bundesvereinigung der deutschen Arbeitgeberverbände e.V. (BDA) und des Bundesverbandes der Deutschen Industrie e.V. (BDI); will Beispiele guter Unternehmensführung vorstellen, Erfahrungen austauschen und ein Netzwerk schaffen	www.csrgermany.de
Corporate Social Responsibility in Deutschland Initiative des Bundesministeriums für Arbeit und Soziales; will die Bundesregierung bei der Entwicklung und Etablierung einer nationalen CSR-Strategie beraten und unterstützen	www.csr-in-deutschland.de
Corporate Social Responsibility Info will insbesondere die Berichterstattung der Unternehmen zur Nachhaltigkeit prüfen und verbessern	www.csrinfo.org

Corporate Responsibility Interface Center e.V. unterstützt das ethische Investieren	www.cric-ev.de
CSR WeltWeit Onlineportal der Bertelsmann Stiftung; will das Engagement deutscher Unternehmen im Ausland sichtbar machen und unterstützen	www.csr-weltweit.de
CSR News GmbH Informationsdienst und Dialogplattform zum Thema Corporate Social Responsibility; Stellenbörse im Bereich CSR; Verzeichnis zu CSR-Berichterstattung; Bibliographie zum Thema CSR und weitere Dienste	www.csr-news.net www.csr-jobs.net www.csr-reporting.net www.csr-literature.net
Deutscher Corporate Governance Kodex Regierungskommission erarbeitet Empfehlungen für die Führung und Überwachung deutscher (börsennotierter) Unternehmen	www.corporate-governance-code.de
Deutscher Nachhaltigkeitskodex (DNK) Bietet einen Rahmen für die Berichterstattung über die Nachhaltigkeit bzw. CSR von Organisationen	www.deutscher-nachhaltigkeitskodex.de
Deutsches Netzwerk Wirtschaftsethik e.V. will insbesondere den Dialog zwischen Praxis und Wissenschaft über Wirtschafts- und Unternehmensethik fördern; zeichnet vorbildliche Unternehmen mit einem Preis aus	www.dnwe.de
Dow Jones Sustainability Index soll die Leistung von Unternehmen hinsichtlich der Nachhaltigkeit der Unternehmensführung messen und bekannt machen	www.djindexes.com/sustainability
Ecosense Forum nachhaltige Entwicklung der deutschen Wirtschaft e. V. Netzwerk von Unternehmen, welches sich als Dialogforum und Think Tank für die Umsetzung von CSR und Nachhaltigkeit in Unternehmen versteht.	www.ecosense.de
Enorm, Wirtschaft für den Menschen Magazin, welches sich sehr praxisorientiert mit wirtschaftsethischen Themen beschäftigt	www.enorm-magazin.de
Ethical Trading Initiative unterstützt den fairen Handel und will die Arbeitsbedingungen entlang der Zuliefererkette verbessern	www.ethicaltrade.org
European Academy of Business in Society (EABIS) Netzwerk von Unternehmen, Business Schools und akademischen Institutionen, unterstützt von der EU-Kommission; will CSR in die unternehmerische Praxis und die Ausbildung von Führungskräfte integrieren	www.eabis.org
European Business Ethics Network (EBEN) will durch Publikationen und Tagungen zum Thema CSR den Gedanken der Unternehmensverantwortung verbreiten	www.eben-net.org
European Fair Trade Association (EFTA) Förderung des fairen Handels	www.european-fair-trade-association.org
European Foundation for Management Development (EFMD) Zusammenschluss von Business Schools und Unternehmen mit dem Ziel der Verbesserung der Managementausbildung u. a. auch im Hinblick auf CSR	www.efmd.org

European Social Investment Forum — www.eurosif.org

will nachhaltiges Investieren fördern; Mitglieder sind u. a. Pensionsfonds und Finanzdienstleister

European Advertising Standards Alliance (EASA) — www.easa-alliance.org

Institution der Werbeselbstkontrolle; will die Einhaltung hoher ethischer Standards in der kommerziellen Kommunikation erreichen

Experts in Responsible Investment Solutions — www.eiris.org

will Anleger mit unabhängigen Informationen über Unternehmen versorgen, um das ethische Investieren zu unterstützen

FairWertung — www.fairwertung.de

kümmert sich um die faire Verwertung bzw. umweltgerechte Entsorgung von Altkleidern

Food First International Action Network (FIAN) — www.fian.de

hat sich insbesondere dem Kampf gegen den Hunger in der Welt verschrieben

Forum nachhaltige Entwicklung der Deutschen Wirtschaft e.V. — www.econsense.de

gegründet auf Initiative des *BDI*; Zusammenschluss deutscher Unternehmen, die international tätig sind; Ziel ist die Förderung nachhaltigen Wirtschaftens

Fair Trade Labelling Organizations International (FLO) — www.fairtrade.net

fördert den fairen Handel insbesondere zwischen Industrie- und Entwicklungsländern durch die Entwicklung und Kontrolle von Standards und die Vergabe des *Fair Trade*-Siegels

Fair Labour Association (FLA) — www.fairlabor.org

Initiative von Unternehmen, Universitäten und NGOs mit dem Ziel, die Arbeitsbedingungen entlang der Zuliefererkette zu verbessern

Flower Label Program — www.fairflowers.de

setzt sich ein für bessere Arbeitsbedingungen und mehr Umweltschutz bei der Produktion von Schnittblumen; bietet Zertifikate an

Forest Stewarship Council (FSC) — www.fsc.org

setzt sich für die nachhaltige Bewirtschaftung von Wäldern ein, entwickelt Standards und vergibt ein Gütesiegel

Foodwatch die essensretter — www.foodwatch.de

hat es sich zur Aufgabe gemacht, der Lebensmittelindustrie auf die Finger zu schauen und Verbrauchertäuschungen aufzudecken und abzustellen

Forschung 3 R — www.forschung3r.ch

unterstützt Forschungsprojekte, die zum Ziel haben, die Anzahl von Tierversuchen zu reduzieren

Forum fairer Handel — www.forum-fairer-handel.de

Netzwerk von verschiedenen Akteuren im fairen Handel, u.a. GEPA, Weltladen-Dachverband, Naturland-Verband; mit Öffentlichkeitsarbeit, politischer Arbeit und Bildungsarbeit soll der faire Handel gefördert werden.

Gemeinwohl Ökonomie Iniative von Unternehmen, Privatpersonen, Organisationen und Politik, durch welche Unternehmen bei der Erstellung einer Gemeinwohl-Bilanz unterstützt werden sollen	www.gemeinwohl-oekonomie.org
Gesellschaft zur Förderung von Wirtschaftswissenschaften und Ethik e.V. beschäftigt sich mit der Wirtschafts- und Unternehmensethik auf der Basis christlicher Werte	www.wirtschaftundethik.de
Germanwatch Organisation, die sich insbesondere als Lobby für mehr Gerechtigkeit zwischen Industrie- und Entwicklungsländern sowie für Nachhaltigkeit einsetzt	www.germanwatch.org
Global Reporting Iniative (GRI) unterstützt die Nachhaltigkeitsberichterstattung von Unternehmen, um sie transparenter, vergleichbarer und glaubwürdiger zu gestalten	www.globalreporting.org
International Centre for Corporate Social Responsibility (ICCSR) Forschungszentrum an der *Nottingham University Business School* (UK)	www.nottingham.ac.uk/business/ICCSR
International Labor Organization (ILO) Sonderorganisation der UN; erarbeitet Normen im Bereich Arbeit (humane Arbeitsbedingungen, gerechte Löhne, Verbot von Kinderarbeit usw.)	www.ilo.org
Initiative Neue Qualität der Arbeit Vertreter von Bund, Ländern, Gewerkschaften, Stiftungen und Unternehmen wollen Beschäftigung und menschengerechte Arbeitsplätze fördern	www.inqa.de
International Federation of Alternative Trade (IFAT); umbenannt in *World Fair Trade Organization* Netzwerk von Organisationen, die sich dem fairen Handel widmen	www.ifat.org www.wfto.com
International Organization for Standardization (ISO) erarbeitete u. a. einen „Guidance on social responsibility“ (ISO 26000), der CR weltweit standardisieren soll	www.iso.org
Lifestyle on Health and Sustainability Verbraucherinitiative, die einen gesunden und ökologisch wie sozial nachhaltigen Konsumstil propagiert	www.lohas.de
Nachhaltigkeitsrat Gruppe von 13 Personen des öffentlichen Lebens, die die Regierung in ihrer Nachhaltigkeitspolitik beraten soll; erarbeitet Empfehlungen für Unternehmen und Konsumenten	www.nachhaltigkeitsrat.de
New Economics Foundation (nef) versteht sich als Think Tank zu Fragen einer nachhaltigeren und sozialeren Wirtschaft	www.neweconomics.org
Organization for Economic Co-Operation and Development (OECD) entwickelte u. a. Leitsätze für CSR in multinationalen Unternehmen.	www.oecd.org

Oikos International — www.oikos-international.org

Studentenvereinigung, die sich für nachhaltiges Wirtschaften und für eine stärkere Integration von Wirtschafts- und Unternehmensethik in die Ausbildung einsetzt

Responsible Care — www.responsiblecare.org

Zusammenschluss von Unternehmen aus der Chemiebranche, die Umweltschutz, Arbeitssicherheit, Produktverantwortung und Transportsicherheit fördern wollen

Rugmark — www.rugmark.net

Initiative zur Bekämpfung von Kinderarbeit speziell in der Teppichindustrie; vergibt ein Gütesiegel

Schwab Foundation — www.schwabfound.org

sucht und unterstützt social entrepreneurs (Sozialunternehmen)

Social Accountability International (SAI) — www.sa-intl.org

setzt und kontrolliert den Standard SA8000, zertifiziert Unternehmen nach diesem Standard

Student Network for Ethics in Economics and Practice (SNEEP) — www.sneep.info

Studentenvereinigung, die sich für nachhaltiges Wirtschaften und für eine stärkere Integration von Wirtschafts- und Unternehmensethik in die Ausbildung einsetzt

Transparency International e.V. — www.transparency.org

Organisation, die sich im Kampf gegen Korruption engagiert

TransFair e.V. — www.transfair.org

Organisation zur Unterstützung des fairen Handels

UN Global Compact — www.unglobalcompact.org

Netzwerk der *Vereinten Nationen* mit ca. 5000 Unternehmen, die sich zur Einhaltung der 10 Prinzipien für verantwortliche Unternehmensführung verpflichtet haben

UN Principles for Responsible Investment (PRI) — www.unpri.org

entwickelt Prinzipien für die Bewertung von Unternehmen hinsichtlich ihres Engagements für Umwelt und soziale Belange

UN Principles for Responsible Management Education — www.unprme.org

Initiative des UN Global Compact zur stärkeren Integration von Wirtschafts- und Unternehmensethik in die ökonomische Forschung und Lehre

UNIAKTIV — www.uniaktiv.org

Projekt an der Universität Duisburg-Essen, um das bürgerschaftliche Engagement von Studierenden zu stimulieren

UNIDO Responsible Entrepreneurs Achievement Programme — www.unido.org/reap

Initiative zur Unterstützung speziell von kleinen und mittleren Unternehmen bei der Etablierung von CSR

Verbraucherzentrale Bundesverband e.V. — www.vzbv.de

Dachverband der 16 deutschen Verbraucherzentralen und 25 weiterer Verbände aus dem Bereich Konsumentenschutz

World Resources Institute — www.wri.org

versteht sich als Ideenschmiede zur Forcierung der nachhaltigen Entwicklung

Namensregister

Sachregister mit Glossarhinweisen

G

H

I

K

L

M

Q

R

S

T

U

Z